旅游管理译丛

旅游休闲地理学

——环境·地点·空间(第三版)

[英]C. 米歇尔·霍尔
斯蒂芬·J. 佩奇 著
周昌军 何佳梅 译

旅游教育出版社
TOURISM EDUCATION PRESS

北京市版权局著作权合同登记图字:01-2006-6822号

策划编辑:赖春梅
责任编辑:董茂永

图书在版编目(CIP)数据

旅游休闲地理学:环境·地点·空间:第3版/(英)霍尔,(英)佩奇著;周昌军,何佳梅译.—北京:旅游教育出版社,2007.8

ISBN 978-7-5637-1533-6

Ⅰ.旅… Ⅱ.①霍…②佩…③周…④何… Ⅲ.旅游地理学 Ⅳ.F591.99

中国版本图书馆CIP数据核字(2007)第117292号

旅游管理译丛

旅游休闲地理学

——环境·地点·空间(第三版)

[英]C.米歇尔·霍尔、斯蒂芬·J.佩奇 著

周昌军 何佳梅 译

出版单位	旅游教育出版社
地　　址	北京市朝阳区定福庄南里1号
邮　　编	100024
发行电话	(010)65778403　65728372　65767462(传真)
本社网址	www.tepcb.com
E-mail	tepfx@163.com
排版单位	北京东远先行彩色图文中心
印刷单位	北京科普瑞印刷责任有限公司
经销单位	新华书店
开　　本	787×960　1/16
印　　张	31.75
字　　数	499千字
版　　次	2007年9月第1版
印　　次	2007年9月第1次印刷
印　　数	1-5000册
定　　价	50.00元

(图书如有装订差错请与发行部联系)

目录

插图目录

图 目 录

表目录

致谢

写作此书的目的是为了介绍旅游休闲地理学的发展动态与变化情况。颇为有趣的是，此书由两位地理学者合作编著，但在该书手稿初次完成之际，他们[①]当时却不在地理系工作。尽管该书涵盖的内容较为广泛、深入，几乎相当于第一版容量的两倍，但笔者承认，仍有不少领域涉及的不够全面。

本书在很大程度上着眼于发达世界。然而，本书并不是仅仅在讨论英国和北美国家的地理学发展状况，而忽略了澳大利亚、新西兰、新加坡、南非和南太平洋等国家和地区地理学者所作出的贡献；相反，本书讨论的是用英语写就的旅游休闲地理方面的文章文献资料。本书也并不否认欧洲和其他地区地理学者在旅游休闲方面所做出的大量研究成果（见第一章）。然而，值得一提的是，尽管教育和研究工作日益全球化，英语日益成为国际性的学术语言，进行孤立研究的可能性正在减小，但是，绝大多数英语国家和地区的地理学者在开展其大部分旅游休闲研究工作的时候是独立于欧洲和亚洲而进行的。

为此，本书明确了地理学者在旅游休闲领域关注和研究的许多重大问题。显然，该学科分支存在大量亟待解决的工作。然而，正如书中也提到的那样，该研究领域没有得到应有的重视；由此得出的一个结论是，今后既要加强旅游休闲地理的研究，也要加强旅游作为一个独立学术研究学科的建设。本书认为，我们现在正处于一个变化和转型的时期，旅游与休闲在社会理

①此处的“他们”与前面的“两位地理学者”及下文的“笔者”均指本书的两位作者。——译者

论和人文地理学中的地位进一步得以确认,成为当代关注的热点话题;同时,对旅游业和旅游教育"应用性"研究的需求日益增多。虽然该书第三版进行了全面修订、更新与扩充,但在地理学者发表有关旅游休闲文章、出版有关旅游休闲著作快速增长的时代,这无疑是一个巨大的挑战。为此,本书在参考书目中列出了许多有重大影响的领先研究成果,供读者查阅参考。在此向各位作者表示感谢。的确,本书试图要做的一件事情就是,向所有需要从网上下载文章的旅游休闲专业学生强调旅游休闲地理学研究的丰厚成果。正如书中指出的,旅游与休闲,特别是旅游休闲地理学并非新兴学科!

斯蒂芬·佩奇在此要感谢的人有很多,正是由于他们的帮助,才使该书得以顺利完成。他们也提供了不少有价值的观点,牺牲了大量时间对某些主题进行讨论,其中包括:马丁·奥普曼、西蒙·米尔恩、查理·约翰斯顿、皮普·福勒、道格·皮尔斯、汤姆·亨奇和凯文·伍。提姆·本特雷和米歇尔·巴克都曾经是新西兰梅西大学旅游博士后研究员,在学术研究方面为我们提供了智力支持。罗伊·伍德毕业于苏格兰酒店管理学院,在旅游与服务研究方面提供了宝贵的意见。另外,感谢英格兰斯塔福德郡大学的斯蒂芬·威廉姆斯教授,他是我早期对休闲地理学产生兴趣的启蒙老师。

对我们两位作者都产生重要影响的其他人包括:托尼·维塔利斯教授、罗宾·史密斯先生、梅西大学管理系和惠灵顿维多利亚大学商业管理学院。

米歇尔·霍尔在此要感谢的人有:比尔·布兰维尔、彼得·伯恩斯、迪克·巴特勒、提姆·寇尔斯、阿瑟·康纳切、戴夫·克莱格、罗斯·道凌、大卫·杜沃尔、德里克·霍尔、塞西莉亚·荷葛蒂、托尔·弗洛格费而特、斯蒂凡·古斯凌、詹姆士·西格汉姆、汤姆·亨奇、布鲁诺·詹森、约翰·珍肯斯、阿兰·卢、西蒙·麦克阿瑟、迈德雷恩·马特逊、戴尔特·穆勒、梅克·莫拉玛雅、朱莉·皮切、罗伯特·普里斯顿－怀特、格雷格·理查德、克里斯·赖安、扎克·萨瑞恩、安娜－朵拉·赛特斯多特、朱迪特·苏里科、大卫·特尔夫、达伦·蒂莫西、古斯塔·威瑟、吉尔夫·沃尔、吉姆·沃姆斯勒、布赖恩·韦勒、阿兰·威廉姆斯和桑德拉·沃尔,他们通过各种方式向我提出建议和观点,我在写作之时适当吸取了他们的思想。对该书写作过程起过重要作用的还有:加文·布拉斯、杰弗·巴克利、尼克·凯伍、布鲁斯·考克波恩、艾维斯·卡斯特罗、斯蒂芬·卡明斯、伏都·古拉斯、星期日报、埃德·虎珀、尼尔和提姆·芬、杰克逊·古德、莎拉·麦克拉奇兰、文尼·瑞利、大卫·西尔维亚、詹妮弗·沃恩斯、克里斯·威尔逊和BBC广播(第六频道)。由于莫尼卡·基尔默的大力帮助,该书得以被出版社出版。同时还必须感谢的是,瑞典于米欧大学社会经济地理系的愉快氛围,使该书能够在大学休假期间得以完成。

就私人而言,斯蒂芬想在此感谢乔和罗斯,米歇尔想在此感谢乔迪。我们两人一致达成共识,如果没有各位给予我们的大力支持和鞭策,尤其是罗斯的出色校对工作,我们的工作可能会面临相当大的困难,我们研究旅游休闲也不会有这么多乐趣。

最后,我们对鲁特里奇出版社的安德鲁·穆尔德先生有意出版该书表示真诚的谢意。

C.米歇尔·霍尔　　斯蒂芬·J.佩奇
于米欧大学　　于斯特灵

资料使用授权说明

许多组织和机构允许作者在该书中有权使用其相关资料或数据，我们在此表示感谢。如有不当之处，请版权所有人通过出版商与我们取得联系，我们将尽一切可能维护其权益。

授权我们使用其资料或数据的单位和个人包括：前伦敦港区开发总公司、地理协会、泰勒·弗朗西斯出版集团、培生教育集团、卡若琳·哈里森、埃尔思维尔、Channel View 出版社、英格兰乡村服务机构、国家游憩公园协会与休闲研究学报、约翰·韦利与约翰·霍普金斯大学出版社。此外，伦敦纽汉区和莱斯特市议会司法部同意授权使用各种图表，这部分工作主要是由詹姆士·西格汉姆、奥塔哥大学旅游研究中心和西蒙·麦克阿瑟完成的。新西兰旅游研究学会授权我们使用其各种调查统计资料，J.D. 外泽斯普恩为我们研究英国酒吧分布格局变化提供了资料。前阿盖尔郡、诸岛屿地区、洛蒙德湖、斯特灵和特罗萨奇旅游委员会为书中提供了大量图片（其余图片为作者本人提供）。

第一章

旅游与休闲概述

在世界变得日益全球化、联系日益紧密的今天，地理知识比以往任何时候都重要。如果不了解地理和地理学知识，谁能说自己是一个知识渊博的学者？

（苏姗·卡特，美国地理学者协会主席，2000:2）

从某种程度上说，我们的特征是由所在的位置形成的。从根本上说，人们之间的相互联系以及人类与环境之间的相互影响都可以在地理方面找到答案，地理环境或者创造了机会，或者制造了障碍。地理学的研究思路和研究方法为分析从当地的用地决策到国际冲突等一切问题提供了必要的切入点。

（亚历山大·墨菲，美国地理学者协会主席，2004:3）

旅游被公认为世界上最大的产业，标志着其发展规模与重要性的数字之高令人惊讶。例如，根据世界旅游组织（WTO 1996）的统计，1995 年世界旅游人数为 5.67 亿，国际旅游收入为 600 亿美元。2000 年世界旅游人数为 6.983 亿，国际旅游收入达到 4 760 亿美元（WTO 2001）。尽管 2003 年国际旅游人数下降了 1.2%，为 6.94 亿，比 2002 年减少 850 万人，成为有史以来国际旅游人数减少最多的一年，但是 2004 年有望出现大幅反弹（WTO 2004a，2004b）。

然而，旅游、旅游者及其影响的分布情况明显不均衡。不管是就国际范围、区域范围还是地方范围而言，都存在着相当大的差异。以 2003 年为例（WTO 2004a）：

- 欧洲的国际旅游增长率为零。虽然东欧地区国际旅游人数持续增长，但是西欧地区国际旅游人数却减少了 370 万人（下降 3%）。
- 美洲地区的国际旅游人数总体上出现减少（下降 1%）。北美地区下降了

5%；与此相反，加勒比地区和南美洲出现大幅度增长，分别增长了 8% 和 12%。

• 受“非典”疫情的影响，亚洲和太平洋地区国际旅游人数大幅度下滑，减少了 1200 万人（下降 9%），其中东南亚地区下降 16%，而南亚地区却增长了 17%。

• 尽管存在安全隐患，但中东地区和非洲却出现了快速恢复现象，各地区的国际旅游人数达到历史最好水平，分别增长了 10% 和 5%。

世界旅游与旅行理事会（WTTC 2000）运用旅游卫星账户系统进行测量后认为，全球旅游业对世界 GDP 的贡献率为 11%（35 750 亿美元），直接和间接提供了 2 亿个就业机会（占全球总就业机会的 8%，或者说，每 12.4 个就业机会中就有 1 个旅游工作）。

据估计，到 2010 年，旅游业对全球 GDP 的经济贡献率将提高到 11.6%（65 910 亿美元），同时将提供 2.5 亿个就业机会（占全球总就业机会的 9%，或者说，每 11 个就业机会中就有 1 个旅游工作）。据世界旅游与旅行理事会（2001a）预计，到 2011 年，旅游业对全球 GDP 的贡献率将达到 11%，并为全世界创造 260 417 000 个就业机会（占全球总就业机会的 9%，或者说，每 11.2 个就业机会中就有 1 个旅游工作）。

这些数字代表的直接经济意义不仅表现在旅游目的地地区和旅游客源地地区，而且表现在旅游者在旅途中的中转目的地地区，游客在这些地方可以购买便宜的旅游产品，感到更舒适、更安全。然而，国际旅游市场的发展变化还与国内旅游度假相关联，因为旅游者的旅游行程不仅发生在国际目的地之间，也发生在国内目的地与国际目的地之间。因此，跟其他经济活动一样，旅游也反映了国际经济之间的相互联系日益紧密。事实上，就客源地、目的地和旅游线路之间的关系本质而言，旅游现象的发生，不仅依赖于交通、服务和贸易体系，而且依赖于消费者和旅游产品生产商之间的社会、政治和环境关系。显然，这些问题都是地理学者的研究方向。例如，L. S. 米切尔（Mitchell 1979）就探讨了地理学对旅游研究可能作出的贡献：

> 地理学者往往通过三维视角来研究问题，即，地点、环境、关系……在概念方面，地理学者一直主张从时间和空间角度来思考其研究领域……因此，地理学者所关注的是整个地球空间，尤其是位置关系和具体地点。尽管其他两个因素（即环境、关系）能修正或加深对一个地点最初形成的偏见，但是对于空间的描述、评价和理解对地理学者思想的影响是最重要的。
>
> 米切尔（Mitchell 1979：237）

尽管旅游对全球而言具有重要意义，地理学对旅游现象的分析与理解会有很大作用；尽管，在主流地理学以外的旅游休闲研究领域，地理学者已经对旅游休闲现象的理解作出了巨大贡献（Butler 2004），但旅游与休闲研究在地理学领域内的地位却相对较低。该书的写作正是在这种比较矛盾的形势下进行的，尽管地理学和地理学者所作出的贡献已经得到了旅游休闲研究机构和学术期刊的广泛认可，但旅游休闲的重要性在地理学研究机构、地理学期刊、非专门旅游休闲类地理教材及其他地理学分支的认可度相对较低。正如卢(Lew 2001)指出的那样，我们不仅面临着如何给休闲、游憩和旅游下定义的问题(见下文)，同时还要明确地理文献包括哪些内容。本书综合考虑了各种资料来源，包括：在地理部门和其他学术机构工作的地理学者发表的文章著作；地理学期刊发表的文章；探讨地理学主题、同时又对旅游休闲地理研究有影响的文章等。引用的文献资料归属为"休闲类"还是"旅游类"是由著者决定的。归为休闲类的文章一般侧重于研究较为本土化的行为，通常是非商业性的户外行为；旅游研究则一般从更大尺度上来看待休闲活动，通常是国际范围的距离，并包括过夜停留行为，其商业性更为突出。当然，正如本书所指出的，这种分类并不是绝对的，随着时间的推移，这两类研究正日益趋于交叉融合。因此，本书试图通过对当代旅游休闲地理学发展现状的阐释，指出旅游休闲地理学研究的广度和深度，为地理学者提高休闲旅游研究学术水平提出建议。

插图 1.1　英国剑桥。在这条繁华商业街上的人，哪些是旅游者，哪些是当地休闲居民？研究人员需要对他们进行仔细辨别。

本章内容分成以下若干部分。首先，研究分析了旅游与休闲之间的关系；其次，评述了地理学领域内开展旅游休闲研究的各种方法；最后，提出了本书研究旅游休闲地理学的思路。

一、旅游、游憩、休闲与流动

旅游、游憩与休闲一般被认为是一组相互关联、意义重叠的概念。尽管有诸多概念，但是对于休闲、游憩和旅游定义涉及的行为方式、场合、时间及原因仍然存在争议（Poria et al. 2003; Butler 2004）。在分析休闲的含义时，斯多克戴尔（Stockdale 1985）提出了休闲概念的三大要点：

- 一定时期内，个体可自由支配选择的心理活动或状态；
- 客观上，休闲与工作相对立，是非工作时间或闲暇时间的感受；
- 主观上，休闲活动强调发生时本质上的观念，其呈现的意义在于个人信念与知觉系统，因此可能发生在任何时间与任何场合。

据此，赫伯特（Herbert 1988）认为，休闲是个体自主做出选择、自愿参加活动的时间。

地理学者对休闲活动产生了浓厚的研究兴趣（Lavery 1975; Patmore 1977, 1978, 1979, 1980; Coppock 1982; Herbert 1987）。地理学者对休闲研究的传统思路主要集中在休闲活动内容方面。与此相对的是，格利普提斯（Glyptis 1981a）认为，休闲概念则更应强调个体对休闲感知的重要性。

> 这样可以考虑到个体休闲体验的完整性，这是一条较为主观性的思路，它将重点从活动内容转变为活动主体，从集体转变为个体，从活动表达转变为功能表述。
>
> 赫伯特（Herbert 1988:243）

针对休闲的这种经验性研究思路具有很大的影响力。例如，范特斯通（Featherstone 1987）指出：

> 一系列特定的休闲选择方案只有在分类地图上描绘出来的时候，我们才能理解其意义和重要性。这张地图必须确定休闲活动的社会领域和层次结构。
>
> 范特斯通（Featherstone 1987:115）

与此相类似，G. 肖和 A. M. 威廉姆斯（G. Shaw & A. M. Williams 1994）从地理学角度对旅游进行批判性研究时，也采用了休闲的经验性定义。

给休闲下定义的这种方法同样适用于旅游和游憩，其意义在于突出了休闲定义和休闲活动发生的社会环境，然而这种方法显然与“客观性的方法”相违背：客观性是一种能够适用于各种情况与条件（见第二章）的技术定义方法。需要强调指出的是，应根据不同的目的使用不同的定义。给休闲、旅游和游憩下一个通用的定义是不可能的，其定义应根据使用目的和环境进行相应调整。各种定义确定的是"游戏规则"，或者说，是进行讨论、争议和研究的"约定条件"。我们对专业术语进行定义，实际上就是对研究对象的意义进行解释。

尽管休闲定义具有主观性，然而，在较大尺度上，仍然需要对个体感知与个体活动进行综合考虑，从而对休闲、旅游与游憩之间的关系形成一个集合性的印象。在这个集合中，休闲概念的外延最大，旅游与游憩一般被视为休闲的子集（Coppock 1982；P. E. Murphy 1985；Herbert 1988）。在研究范围更广的地理学领域，R. J. 约翰斯顿（R. J. Johnston 1985a: 10）认为，"理论学科的存在对知识起着保持、深化和促进作用"，这当然也适用于旅游休闲地理学的研究。

图 1.1 说明了休闲、游憩与旅游之间的相互关系。帕克（Parker 1999）形象地解释为：

通过对休闲的总体性研究，我们得到了最有力的解释。这是因为，社会并不能简单地划分为体育运动员、电视观众、旅游者等群体，同一个人可以同时拥有所有这些身份。

帕克（Parker 1999:21）

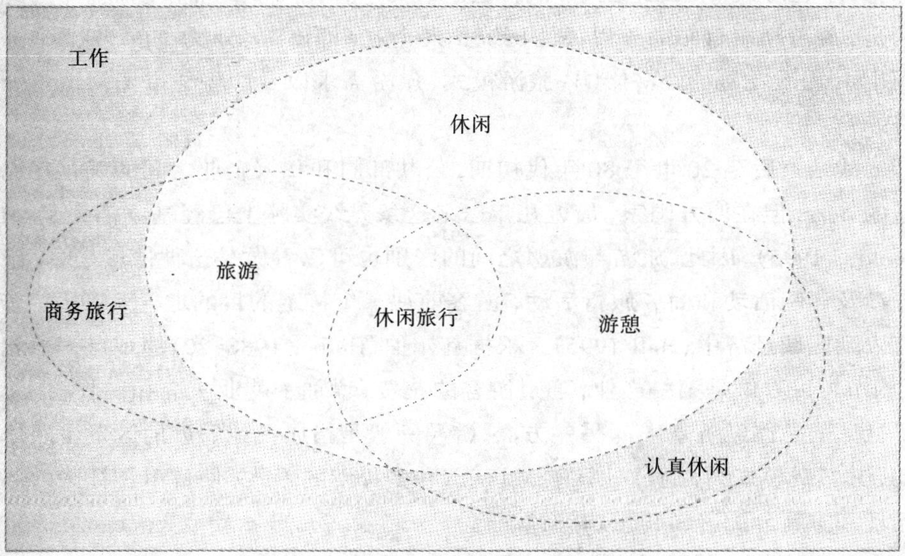

图 1.1　休闲、游憩与旅游之间的相互关系

这段话表明了把旅游与游憩看作休闲概念一部分的意义。图中的虚线用来表示各概念之间的界线是“软性的”。工作与休闲之间主要存在两个重叠区域：首先是商务旅行，这是出于工作目的而发生的旅游形式，以区别于休闲目的的旅游；其次是深度休闲，是指在休闲与工作之间存在的一种状态，追求一项业余活动，培养爱好与兴趣（Stebbins 1979）。正如斯蒂宾斯（Stebbins）所说：

> 在后工业社会，休闲不再被看做是逃离艰辛工作的一种主要疗养方式……如果休闲对许多人而言变成了改善工作、实现自我、提高身份、表达自我的方式，那么人们必须要认真选择休闲形式。要达到这个目标，只能通过深度休闲的形式，而不是间或休闲和浅度休闲。
>
> 斯蒂宾斯（Stebbins 1982：253）

图 1.1 还表明，游憩与旅游之间存在相当大的重叠之处。例如，鲍德维斯（Bodewes 1981）把旅游看作是一种游憩现象。同样，D. G. 佩尔斯（D. G. Pearce 1987a: 1）指出，“越来越普遍的共识是，旅游构成了休闲广谱上的一个区域”。

从历史上看，户外游憩研究的开展是独立于旅游研究的。正如克兰普顿和理查森（Crompton & Richardson 1986：38）指出的那样，“旅游一直被看做是源于私人空间的商业经济现象。相反，游憩与公园却被看做是属于公共空间的、对社会和资源的关注”。户外游憩研究的重点一直集中在对公共部门（即社区和土地管理机构）的关注上，例如，郊野地区管理、社会承载力和休闲体验的非市场评价。与此相反的是，旅游则一直倾向于以关注传统私人企业（即旅游业）为主的“应用性”研究，例如，旅游花费的经济影响、旅游模式、旅游需求以及广告与市场营销（Harris 等，1987）。

二战结束后至 20 世纪 80 年代初期，公共部门和私人企业之间的确存在比较明显的界线，但在西方国家，最近几年以来这条界线实际上已经基本消失了（Hall & Jenkins 1995）。因此，旅游与游憩之间的区别也可以看做是这种情形之一。旅游首先涉及休闲活动和商务旅行活动，游客前往一个特定的目的地，货币从游客手中流入到区域经济中（Hall 1995）。根据赫尔伯（Helber 1988：20）的观点，“由此看来，旅游可以看做是第一产业，通过游客的花费，增加了就业机会和税收收入，增强了社区的总体经济基础”。另一方面，游憩一般是指居民在邻近地区发生的休闲活动，其花费模式为“通过一日游、过夜游和多日游的形式，使货币在社区内部进行循环和重新分配”（Helber 1988：20—1）。

自然环境与户外游憩环境显然是旅游的重要组成部分，自人们对自然型旅游活动和生态旅游活动产生兴趣以来，尤其如此（例如，P. Valentine 1984，1992；Weiler & Hall 1992；Lindberg & McKercher 1997）。的确，户外游憩资源和旅游资源应视为休闲体验过程中相互补充的环境与资源(Fedler 1987)。虽然如此,但是有些学者,如皮格拉姆(Pigram 1985:184),认为"旅游活动属于游憩行为的范畴",而有些学者,如墨菲(Murphy 1985),则表达了相反的观点,将游憩作为旅游概念的组成部分。然而,这场争论有点类似于下面这个争论:"如果有一只杯子,只装了半杯水,你是觉得一半是满的还是一半是空的呢?"事实上,随着旅游与游憩研究的不断深入,两者的概念已相互借鉴(Ryan 1991);同时,随着社会的发展变化,尤其是政府角色的转变,游憩与旅游之间的分界线已经很快变得"十分模糊,意义重叠是现在的区分标准"(Crompton & Richardson 1986: 38)。正如皮格拉姆(Pigram 1985)指出的:

> 那些试图对游憩与旅游进行区分的尝试获得成功的可能性很小,这种区分似乎建立在这样的假设条件基础之上:户外游憩吸引那些身体强壮、自立性强的群体,而旅游则满足那些寻求较为轻松的消遣娱乐活动的群体的需求。
>
> 皮格拉姆(Pigram 1985:184)

与此相似,在更大尺度上,詹森—维贝克和戴特沃斯(Jansen-Verbeke & Dietvorst 1987: 263)认为,"至少在个体的感知里面,游憩与旅游之间的区别正在变得无关紧要"。对于肖和威廉姆斯(Shaw & Williams 1994)的观点,我们认为,情况并不完全是那样,特别是在个体如何界定其行为方面。然而,这两个概念在理论、活动内容及影响方面的趋同性越来越明显,随着游憩行为的日益商业化,公共部门和私人企业在游憩与休闲方面的责任发生了实质性变化,这种趋同性尤其明显。需要指出的是,国际旅游统计官方指南中包含了一日游的短途游览者类别,使游憩与旅游的划分更加任意化(联合国 1994)。因此,旅游可以解释为诸多游憩行为中的一种形式,比如外出旅行或短期临时离开居住地。第二章中对旅游的技术定义进行了更为详尽的分析。

最近对旅游提出的一个较新的概念认为,虽然旅游具有相当重要的意义,但也只不过是人类流动的形式之一(Bell & Ward 2000; Coles et al. 2004; Hall 2005a, 2005b),其中寇尔斯(Coles 2004)等认为,旅游研究必须立足于对个体流动性深层意义的理解,而不仅仅是对旅游者的理解。因此,作为一种流动形式,要明确旅游的概念,需要提出一种将旅游与其他流动形式相关联的思路,如迁移(King etc. 2000; Williams & Hall 2000; Hall & Williams 2002; Duval 2003)、跨国界流动和向国外散居(Coles & Timothy 2004; Coles et al. 2004)、迁居第二家园(Hall & Müller 2004)和远程流动(Frändberg & Vilhelmson 2003)。这种研究思路与社会学的最新发展动态相似(Urry 2000, 2004),但实际上与海格斯特兰德和普来德(Hägerstrand 1970, 1984; Pred 1977)等地理学者在时间地理方面的早期研究传统有着更为久远的渊源。时间地理本身就曾对社会学产生过重大影响（Giddens 1984），由此看来，在旅游研究中考虑流动因素并非是什么新思路。例如，沃尔夫（Wolfe 1966）曾指出，“游憩专业的绝大部分学生把学习重点放在旅行原因的研究上，而很少有人去探讨流动的意义”。流动是“当今某些休闲活动的核心——特别是户外游憩活动和休闲旅游活动”。同样，考斯格罗夫和杰克逊（Cosgrove & Jackson 1972）曾就度假区建设问题撰文指出：

> “时尚”是可分析的，它是受社会声望的激发而显现出来的，而社会声望具有地理隔离的特点。在这种隔离区的限制之下，个体进取心催生隔离区发生变化。不同社会阶层的地理流动导致了这些隔离区的位置和范围不断发生变化。流动性的增强、收入的增加和闲暇时间的增多促进了19世纪度假区的建设。
>
> 考斯格罗夫和杰克逊（Cosgrove & Jackson 1972:34）

考斯格罗夫和杰克逊（Cosgrove & Jackson 1972）明确了时间和收入水平，对旅游研究具有重大意义（Hall 2005a, 2005b）。虽然时间预算是时间地理学中的一个重点，但就其在旅游中的地位进行的探讨还较少。造成这种现象的主要原因之一是，旅游通常被描述成“逃离日常生活”（Hall 2005a, 2005b）。近年来，时空压缩导致了个体时空路径的根本变化。生活在2005年的人的常规时空路径既不同于生活在1984年的人，更不同于20世纪60年代和20世纪70年代的人。1984年吉登斯（Giddens）正在撰文论述日常时空路径，而20世纪70年代海格斯特兰德（Hägerstrand 1970）也正在从事这方面的研究（Hall 2005a, 2005c）。相反，对于那些收入较高和时间充足的人，特别是发达国家的这类人而言，自愿进行较长时间的休闲活动或者因公商务旅行（我们通常称之为旅游）是其日常生活的一个组成部分。这种活动，或每个季节一次，或每年一次，对于一些流动性较强的个人而言，则每周一次，甚至每天一次。霍尔（Hall 2005b）甚至认为，这种情况的一个可能的解释是，旅游研究本质上是对富人群体的研究，而对那些没有出游行为和流动较少的群体的旅游研究还比较缺乏。

尽管许多人的空间流动性不断扩大，但仍存在时间限制，人们能够外出旅行或参加旅游活动的时间总是有限的（Hägerstrand 1970；Pred 1977；Hall 2005a）。交通资源利用的增多及其利用率的提高，有可能扩大一定时间内旅游的地理空间范围。旅游费用预算指的是可支配收入中用于旅游的部分，假设消费者的平均交通费用保持不变，那么固定的旅游费用预算就在可支配收入与旅行距离之间建立了一种直接的关系（见 Schafer & Victor 2000）。如果人们的时间预算是固定的，那么那些愿意多付钱的人将会改变交通方式，以提高速度，因此可以在总的时间预算范围内减少与其他活动有关的路上所用时间（Schafer 2000；Hall 2005a），从而对旅游定义中考虑时间因素的常用方法提出了概念和技术上的挑战(见第二章)。

二、尺度问题:经验主义、范式与演变

地理学者致力于地点、空间和环境的研究，这三者在许多有影响的地理研究中都发挥着重要作用(例如, Haggett 1979),揭示了一个基本概念的核心要素——即,尺度(Del Casino & Hanna 2000)。对地理学者而言,对各种现象的研究、分析和解释就是在一定尺度上进行的,正是尺度使地理学与社会科学的许多其他领域区别开来。从全球、全国、区域和地方等不同尺度认识各种现象以及各个尺度上不同过程的相互作用及变化,一直是实证主义—经验主义地理学的特色(详见 Johnston 1991)。下一节评述的许多经典研究中,如艾奇森的研究(Aitchison 1990)很显然主要是根据经验主义—实证主义分析模型评论了地理学对休闲游憩研究作出的贡献，其科学解释的路线严格遵循了 1945—1970 年间英美地理学提出的实证主义模型。人文地理学致力于模型构建与试验，并将其用于旅游与游憩研究（参见 D. G. Pearce 1995a)，在很大程度上反映了地理学主要分支学科的发展趋势，而行为地理学、人本主义地理学和较晚近的文化地理学的最新研究成果，才刚刚开始渗透到旅游休闲地理学者的思想当中。

20 世纪 90 年代开始发展、现在已经在旅游休闲地理学中积聚了动力的新范式(即,对研究问题进行思考并给出概念界定的方法)开始发挥作用。结果,“新兴文化地理学”的研究成果已经开始对旅游休闲地理学的研究方法进行渗透，并带给后者一些改变,甚或使其重新进行自我界定。克劳奇(Crouch 1999a)根据人类学的传统,将休闲旅游的概念界定为“经历”,表明地理学者对此概念的贡献,他们关注的是人与人之间、人与空间和休闲旅游环境之间的关系。然而,如何从根本上重新定义地理学者对空间的关注?这需要一种对空间进行重新审视和置于一定环境进行研究的方法。克劳奇(Crouch 1999a)认为,空间可以是物质的、具体的,也可以是隐蔽的或想象的,这对活动发生的地点和空间的传统含义提出了质疑。这一新的概念在这句话中得到了体现:“乡村和城市、花园、沙滩、荒岛以及街道,在重要的休闲旅游地区能够形成强烈的隐性注意”(Crouch 1999a:4)。

在文化地理学中,空间是隐性的事物,人们借此享受到休闲旅游的乐趣。文化地理学对概念的这种关注，大多源于人本主义地理学（Relph 1976, 1981）和文化研究。例如,斯奎尔(Squire 1994)认为,休闲与游憩行为体现了人们将其日常计划勾勒成各种地图的方式。这种对个体或群体的关注、对人类体验的关注以及对休闲旅游空间象征意义的关注，为地理学开展休闲旅游研究开辟了广泛的渠道。例

如,科罗克和波肯斯(Cloke & Perkins 1999)研究了探险旅游的象征意义,探讨了符号与意义方面的许多问题。

在这种背景下,D. 威廉姆斯和凯尔滕邦(D. Williams & Kaltenborn 1999)对休闲别墅的用途及其意义的分析具有重大意义,因为它也质疑了地理学与旅游学强调旅游是一种短暂时空现象的传统含义(另见 A. M. Williams & Hall 2000)。的确,他们向传统的看待旅游的思想提出了挑战,认为需要把旅游和休闲看作是一种动态性较强的现象,人们在空间上的循环和流动是惯例而非特例。他们认为,向旅游休闲空间的流动使人们与各个地点建立了联系,形成了一定特征和意义。换句话说,旅游与休闲深深地体现在日常生活及人们赋予生活的意义之中,对人们的生活越来越重要。从本质上而言,这与时空压缩性质的快速改变有关(详见 Hall 2005a),也与促使人们生活与"地球村"概念联系日益紧密的其他机制有关。新兴的休闲旅游文化地理学发生转变中很明显的一个问题是,缺少一个使这些观点融入主流旅游休闲地理学的具体参考框架或指导研究的议程。该分支学科内似乎发生了社会与文化分离现象,折射出人文地理学的其他发展状况:出现了两种不同的语言、知识基础和分析模式(即,经验主义—实证主义和定性分析学派文化学者),但他们都没有找到一种用于互相交流的通用语言。提到这些问题,现在需要回顾一下旅游休闲地理学的发展历史,并对影响其发展的许多研究成果进行一番探讨。

三、旅游休闲地理学的发展简史

自 20 世纪初以来,旅游与休闲就已经成为英美国家地理学研究的课题,早期的研究重点集中在人口统计问题和经济问题方面(Cleveland 1910; Wrigley 1919; Whitbeck 1920; Allix 1922; Cornish 1930, 1934; McMurray 1930; S. B. Jones 1933; O' Dell 1935; Selke 1936; Carlson 1938),以及游憩在美国国家公园和国家森林地区的作用(例如,Carhart 1920; Graves 1920; Meinecke 1929; Atwood 1931; Chapman 1938)。布朗(Brown 1935)提出了被他称为"向地理学者发出的邀请"的观点:

> 从地理学的角度来看,旅游研究具有十分诱人的前景:可以探索崭新的、独创性的研究方法,可以发现旅游这一处女地的众多事实及其社会价值。
>
> 布朗(Brown 1935:471)

然而,坎贝尔(Campbell 1966:85)却挖苦似的说,"这个邀请似乎遭到了拒绝"。正如迪西(Deasy 1949:240)指出的:"由于地理学者对旅游业关注不够,因此缺乏相应的研究方法以及对该课题地理资料的整理、分析、阐释和图解表达。"然而,1945年至 20 世纪 60 年代期间或许并非像坎贝尔所说的那样毫无成果。

在20世纪30年代美国经济地理学对旅游与休闲初步研究的基础上，战后美国在这一领域的研究主要集中在旅游的经济影响方面，一是区域目的地（例如，Crisler & Hunt 1952; Ullman 1954; Ullman & Volk 1961; Deasy & Gries 1966），一是旅游路线（Eiselen 1945）。尽管库珀（Cooper 1947）对季节性和旅游动机问题的探讨预示了20世纪80年代和90年代地理学对旅游进行的一些研究，但人们对该领域的研究兴趣之后停止了多年。虽然如此，这样至少保证了旅游休闲地理学在20世纪50年代美国地理学发展史上留下了一个篇章（McMurray 1954）。[另见 Meyer - Arendt (2000) 关于1951—1998年间北美博士论文和硕士论文对旅游课题研究的文章，拓展了美国 Jafari 和 Aaser(1988)、Meyer - Arendt 和 Lew(1999)的早期研究成果。]

在英国，E. W. 吉尔伯特（E. W. Gilbert 1939, 1949, 1954）在英国海滨度假地建设方面进行了重要研究，地理学者也为政府进行了有关海滨度假旅游发展问题的研究（《观察家》*Observer* 1944）。尽管有些博士论文谈及了度假区问题（Butler 2004），但直到20世纪60年代，英国在旅游领域进一步的直接研究却很少。在殖民地时期之后的南亚地区，地理学者对旅游休闲方式研究产生了兴趣，罗宾逊（Robinson 1972）指出，斯宾塞和托马斯（Spencer & Thomas 1948）、惠灵顿（Withington 1961）和索夫（Sopher 1968）早期研究的贡献是出版了《地理评论》（*The Geographical Review*）。在同时期的加拿大，大量的旅游地理研究主要是由一名地理学家完成的，即，罗伊·乌尔夫（Roy Wolfe 1964），其早期关于安大略夏季度假村的文章，为以后第二家园建设（例如，Coppock 1977a; Hall & Müller 2004）和旅游与迁移（Williams & Hall 2000; Hall & Williams 2002）地理研究奠定了基础。

尽管20世纪30年代至50年代间在旅游休闲研究方面做了一些有意义的工作，但实际上直到20世纪60年代这方面的研究才开始加速发展，70年代旅游休闲方面的出版物出现一派繁荣景象。20世纪60年代出现了若干对旅游休闲地理学颇有影响的评述（R. E. Murphy 1963; Wolfe 1964, 1967; Winsberg 1966; L. S. Mitchell 1969a, 1969b; Mercer 1970）；同时区域学科对地区发展做出了重大贡献（例如，Guthrie 1961; Christaller 1963; Piperoglou 1966）；对资源管理与土地管理方面的承载力提出了概念，并进行了研究（R. Lucas 1964; Wagar 1964），即今天仍然在继续讨论的可持续发展问题和环境管理问题（Coccossis 2004）。尽管如此，即使晚在1970年，A. 威廉姆斯和泽林斯基（A. Williams & Zelinsky 1970）仍然指出："实际上，旅游领域的所有知识还局限在国家内部的描述与分析上"。事实的确如此，在对整个旅游领域的研究进行评述时，他们指出：

随着第三代喷气式飞机的发明和旅游上的其他创新性发明，旅游在经济上的重要性巨大，并且其作用正日益增强，旅游在信息传播与观点扩散方面可能具有重大意义，今后旅游对改变迁移模式、平衡支出、调整用地布局和调整总体社会经济结构诸方面都具有较大的潜在意义。考虑到上述因素，我们很吃惊地发现，地理学者、人类统计学家及其他社会科学家对旅游者流动给予的关注是多么少。

威廉姆斯和泽林斯基(Williams & Zelinsky 1970:549)

与此相类似，穆瑟(Mercer 1970:261)指出："直到最近，地理学者对世界上富裕国家日益增多的闲暇时间的意义的探讨还是相当少，这很令人吃惊。即使现在，休闲仍然是地理学研究中一个被人遗忘的角落，这的确不容乐观"。虽然如此，以前和现在的情况仍然是，各个地区在休闲、游憩与旅游研究侧重点方面存在差异。例如，巴特勒(Butler 2004:146)指出，尽管"直到20世纪80年代，除了英国后裔(如Butler, Marsh, Murphy & Wall)及其学生所做的工作以外，在北美地区很难发现多少由地理学者开展的旅游研究"，但实际上北美地区大量的游憩与休闲研究工作都是由地理学者和非地理学者完成的。

20世纪70年代和80年代初期，地理文献方面出现了大量有影响的文章和专著(例如，Lavery 1971c; Cosgrove & Jackson 1972; Coppock & Duffield 1975; Matley 1976; H. Robinson 1976; Coppock 1877a; D. G. Pearce 1981, 1987a; Mathieson & Wall 1982; Patmore 1983; Pigram 1983; S. L. J. Smith 1983a)，表现出良好的研究态势。的确，在此期间地理学者提出了众多在旅游文献方面具有极为重要意义的概念，如旅游地生命周期理论(Butler 1980)和旅游系统的概念(Board et al. 1978)。1972年鲍尔德(Board)等在研究英国达特姆尔国家公园的休闲行为时，指出：

旅游系统是由诸多游客集中点(节点)和不同地区内部的道路网络(联结)构成的：它们之间的各种关系用旅游流这一术语来表示。研究人员开始分析达特姆尔公园内部的旅游系统……在各大主要节点、若干次要节点和道路网络的三条连接线(在此被称为游线)上进行了观察。

收集了与旅游系统三大特性有关的资料——游客的基本特征、游客在不同地点发生的活动及游客在不同地点之间发生的活动。

鲍尔德(Board et al. 1978:46)

然而，尽管地理学者在旅游休闲研究方面的出版物在不断增多，但其关注的仍然是旅游地理学。在旅游地理学方面的一本专业杂志《旅游研究期刊》(*Annals of Tourism Research*)的简介中，L. S. 米切尔(L. S. Mitchell 1979: 235)指出，"地理学刊物发表的旅游研究文章不多，积极参与旅游学科研究的人员较少，地理学者研究旅游专业声望较低，限制了旅游地理学的发展"。在同一期专刊中，D. G. 佩尔斯(D. G. Pearce 1979: 246)站在历史的角度对该研究领域进行了精彩的评论分析，他指出，"即使半个世纪以后，也很难把旅游地理学说成是地理学科较为广泛的研究范围或者旅游学科一般领域中的一个课题”。S. L. J 史密斯(S. L. J. Smith 1982)在讨论游憩地理学时,根据库恩(Kuhn 1969)的范式概念,探讨了游憩休闲地理学:

有人可能还认为,游憩地理学正处于“前范式”状态——游憩地理学的历史表现的是知识多样性的日益增强,而并不是把一套统一的理论和方法简单地集中在一起……游憩地理学作为一个智力活动领域,如果还面临什么特殊挑战的话,也不是缺乏范式。

史密斯(Smith 1982:19)

尽管如此,他仍然认为,“对该领域以往的成就及其复杂性缺乏了解和正确评价”(Smith 1982:19)。这一评论在过去和现在看来,都是恰当的。

最近,佩尔斯(Pearce 1995a:3)指出,“旅游地理学仍然缺乏牢固的概念基础和理论基础”。因此,巴特勒(Butler 1980,2005)提出的生命周期等模型和佩尔斯(1987a)评述的那些模型,在概念理解方面的作用都十分有限;同时,L. S. 米切尔(L. S. Mitchell 1991: 10)也表达了他的担忧:“没有公认的范式或参考理论来指导旅游研究”。的确如此,巴特勒(Butler 2000,2004)甚至认为,不仅休闲、游憩与旅游研究在地理学上是一个负面形象,而且“与经济学、社会学和人类学相比,地理学在休闲、游憩与旅游领域的研究所产生的影响也是一个负面形象”(Butler 2004:152)。这些评论意见对旅游休闲地理学的发展现状提出了质疑。下面我们再来讨论一下人们关注的这些问题。

四、旅游休闲地理学的现状

旅游休闲地理学的研究并不是孤立于地理学和其他学科而进行的,也不是孤立于我们所在的社会。旅游休闲地理学者是“大社会中的小社会”,其学术工作“并非是一个封闭的系统,而是向社会上的各种影响因素开放的,因为它属于社会的一部分”(R. J. Johnston 1991:1)。研究一门学科的发展及其历史,“并不是简单地按照年代顺序描述所取得的成就,而是要研究一个区域的社会关系、存在的争议、思考问题的角度、有关的结果及结论(Johnston 1991:11)”。事实上,约翰斯顿(Johnston 1985a)突出强调了对应用地理学存在的普遍批评,在应用地理学方面:

根据有些人的观点,将地理学提高到应用性的经验—分析学科的地位,实际上源于政治形势的需要。发现的问题停留在经验主义和现实主义层次上,提出的解决办法不重视实际问题、与产生问题的过程也毫无关联。治标不治本。有人主张建立一门基础性更强的应用地理学,尤其是应用人文地理学,从而与政府部门、公共服务部门和商业企业脱离关系。

约翰斯顿(Johnston 1985a:21)

旅游与休闲研究工作中存在的问题是，其组织、管理与资金均源自首先是公共机构和私人企业的行为。这使得地理学者在道德上处于进退两难的尴尬局面，因为研究工作越来越难以摆脱其依赖的公共政策框架或经济(决策)环境。因为，如果脱离了相关的政策或环境，将招致对学术机构“象牙塔”的强烈批评，也就无法从根本上参与公共部门机构和私人企业的决策。

旅游地理学者是地理学者群体下面的一个亚群体，地理学者群体是学术界、科学家和知识分子群体的一部分，学术界、科学家和知识分子群体是社会的一个子集；而社会是具有某种文化的，其中包括地理学和旅游学内容的科学文化。根据社会结构及其知识基础可以预测活动：研究实践是活动内容的组成部分，其中包括旅游研究活动。因此，旅游学术界群体是一个“制度化的社会群体”(Grano 1981:26)，在此背景下，旅游学术界人士实现了群体化，根据外部结构确定了其学科的内部目标(根据 Johnston 1991)。学科内容必须与其环境相互关联，“以便学科变化(创新性的或非创新性的)能与环境内部的重大事件联系起来”(Johnston 1991:277)。与此相类似，斯托达特(Stoddart 1981:1)在回顾地理学发展史时指出，“地理学科思想观点的提出和内容结构的设置都是针对复杂的社会刺激因素、经济刺激因素、思想刺激因素和知识刺激因素而发展起来的”。

“在一定时间、一定地点条件下，一门学科的内容体现了有关个体在其知识社会化背景下对外部环境和影响所作出的反应”(Johnston 1983a:4)。表 1.1 对旅游休闲地理学的主要研究思路进行了归类。格兰诺(Grano 1981)建立了一个地理学外部影响和内部变化模型，为旅游休闲地理学研究提供了一个很有价值的参考框架(图 1.2)。该图分为三个相互联系的领域：

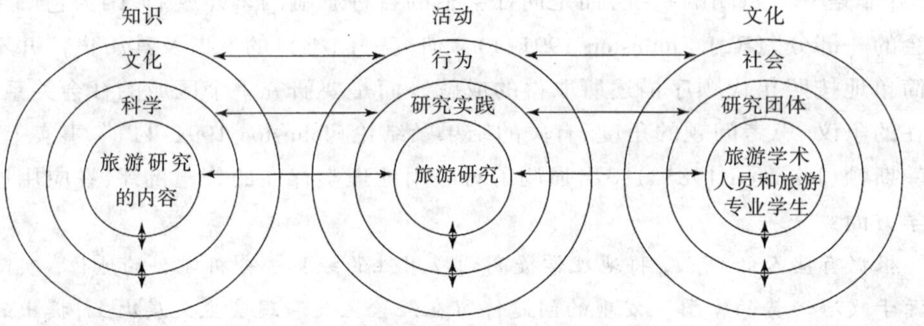

图 1.2 旅游研究的背景

资料来源：根据格兰诺(Grano 1981)

表 1.1 旅游休闲地理学主要研究思路分类

D. G. 佩尔斯 (D. G. Pearce 1979)	R. V. 史密斯和米切尔 (R. V. Smith & Mitchell 1990)	米切尔和墨菲 (Mitchell & Murphy 1991)	佩尔斯 (Pearce 1995a)	霍尔和卢 (Hall & Lew 1998)
供应因素的空间模式	空间模式	环境因素	旅游模型	环境因素
需求的空间模式	发展中国家的旅游	区域因素	旅游需求	区域因素
度假区地理	旅游的演化	空间因素	国际旅游模式	空间因素
游客移动与流动	旅游的影响	演化因素	国内旅游模式	演化因素
旅游的影响	旅游研究方法		国内旅游流	旅游规划
旅游空间模型	规划与开发		旅游的空间差异	都市旅游
	海滨旅游		全国旅游结构与区域旅游结构	现代化与发展
	旅游住宿		岛屿旅游的空间结构	性别与特征
	度假地周期			
	旅游概念		海滨度假地	地方市场营销与促销
	旅游目的地		都市地区	全球化与经济文化变化
				可持续发展

- **知识** 旅游地理学研究的内容
- **活动** 研究实践中的旅游休闲活动
- **文化** 研究群体和广义社会中的学术界人士和学生

五、知识

《人文地理学词典》(Johnston et al. 1986) 将地理学定义为“研究人类居住的地球表面空间”(Haggett 1986:1975)。如此简单的一个定义容易蒙蔽我们,并掩盖了学术地理学不断发展和充满争论的性质,从而也掩盖了旅游休闲地理学的这些性质。早在 19 世纪 70 年代德国建立地理系的时候,地理作为一门理论学科就开始得到发展,并作为专业教育成为知识的一个来源(P. J. Taylor 1985)。紧随其后的是英国和美国地理学科的发展,但其大发展时期出现在 20 世纪。詹姆士(James 1972)认为,专业化培训项目的开设标志着地理学从古典时代向当代的演变。弗里曼(Freeman 1961)在其所著的《百年地理学》(*A Hundred Years of Geography*)中提出了地理学发展的六大趋势。它们是:

- **百科全书式的发展趋势**　为西欧和北美地区的统治阶级、商业阶级和居民提供关于世界各地的新知识。
- **教育的趋势**　一门学科开始创造知识、具有实用性,以确保其自身未来的发展。各类中等学校和高等学校开展的地理教育工作表明了这一趋势。
- **殖民地传统**　20世纪最初几十年的特点是对环境的关注。英国扩张为一个帝国,从一个大都会枢纽发展到在空间上和政治上建立了广泛联系的组织,广泛利用了地理知识和技术。
- **推广性趋势**　充分利用百科全书式发展模式和殖民传统所获得的资料。用于阐释这些资料的方法形成了地理学科发展早期范式的基础。
- **政治趋势**　形成了地理专业知识在当代被用于政治目的的方式(例如,第一次世界大战后重新绘制了欧洲地图)。
- **专业化趋势**　它是地理知识不断扩展和个人无法精通所有专业领域的必然结果。越来越严格的研究工作要求地理学者从事某一领域的专门研究。

在这些发展趋势提出之后,约翰斯顿(Johnston 1991: 38)指出,"这些发展趋势中,有些代表地理学的哲学思想,有些代表研究方法,有些代表意识形态"。约翰斯顿(Johnston)认为有三个特殊的范式对人文地理学的发展意义尤为重大:探索、环境决定论与可能论、区域。

1. 探索

探索指的是对世界上未知区域状况进行探测、调查,收集整理信息。很多此类活动是由地理协会及慈善家资助的。伦敦地理协会(RGS)原来是这样的一个组织,即使在今天,它仍然是各种探险活动的主要资助方,这些探险活动在其出版的刊物《地理学报》(*The Geographical Journal*)上进行报道。探索活动的主题在旅游地理学方面具有重大意义,特别是探险家所传达的各地形象确定了目的地保持至今的形象。例如,欧洲人对太平洋的"发现"是其浪漫乐园形象确立的关键因素(Douglas & Douglas 1996)。

2. 环境决定论与可能论

约翰斯顿(Johnston 1991)认为,环境决定论与可能论是两种相互对立的观点,是对现代社会进行归纳概括的早期尝试。它们寻求的是对地球上人类生存模式的解释,而非仅仅描述。其基本结论是,人类活动是由其所在的自然环境的各要素所控制的。环境决定论的起源最早可追溯到达尔文的研究及其著作《物种起源》，美国地理学者威廉·莫里斯·戴维（William Morris Davies）利用其进化论观点提出了地形地貌演化模型。19世纪还出现了一大批拥护环境决定论的地理学者，特别是德国地理学家弗里德里西·拉采尔（Friedrich Ratzel 1844—1904）和美国地理学家埃伦·邱吉尔·森普尔（Ellen Churchill Semple 1863—1932），在其著作《地理环境的影响》（*Influences of Geographic Environment*）中提出"人类是地球表面的产物"。

与决定论相对立的观点是可能论。法国地理学者提出证据表明，自然环境仅提供了一系列可能的机会，人类具有相当大的选择自由。其中一方面是由其自身的文化传统和敏感倾向所决定的。可能论与决定论之争一直持续到20世纪60年代，已经对旅游地理学产生了一定影响，因为地点、文化景观和文化遗产等概念导致了对旅游的影响存在很大争议。有证据可以证明，在有些讨论中可以发现环境决定论的内容，如气候对旅游行为的影响（Paul 1972；Adams 1973；Mieczkowski 1985；de Freitas 1990，2003）和气候变化对旅游行为的潜在影响（Wall et al. 1986；Wall & Badke 1994；Agnew & Viner 2001；Hall & Higham 2005）。

3. 区域

区域和区域地理学思想主宰英国和美国地理学直到20世纪50年代，其依据的原则是对各种现象归纳与解释的最佳来源是区域内部。约翰斯顿（Johnston 1991）指出，赫伯特逊（Herbertson 1905）的贡献在于将地球划分为若干自然区域，并尝试研究较小尺度地区以确定其特征。在北美，理查德·哈特尚（Richard Hartshorne）进行的研究影响在于，确定了地理学的重点是研究地区差异，综合考虑有关特征，从而对一个地方进行全面描述。对区域的特别重视即使在20世纪90年代仍然是许多中小学校和高等院校地理学科的一大特色。在新的一个世纪，区域已经成为L. 墨菲和海伦（L. Murphy & Le Heron 1999: 15）所说的"新区域地理学"必不可少的内容，"新区域地理学综合了早期区域地理学的内容和政治经济学、地理学、妇女地理学和地理信息系统等领域的新内容"。区域整体的发展要求对有助于形成区域范式的地理区域进行专业研究。

区域的概念仍然在旅游休闲地理学中扮演着重要角色，主要表现在以下五个主要研究与学术领域：

- **区域旅游地理学** 自20世纪80年代末期以来，地理学者搜集使用的大量区域资料一定程度上受到区域经济组织和政治组织的影响，成为当代旅游过程基础研究的指导依据。地理学者从区域角度对旅游进行的研究主要包括在如下地区：西欧（A. M. Williams & Shaw 1988）、加拿大（Wall 1989）、东欧（D. R. Hall 1991）、欧洲（Montanari & Williams 1995）、两极地区（C. M. Hall & Johnston 1995）、澳大利亚（C. M. Hall 1995, 2003a）、中国（Lew & Wu 1995）、南非（Rogerson & Visser 2004; Visser & Rogerson 2004），南太平洋（Hall & Page 1996）、环太平洋地区（Hall et al. 1997），以及南亚和东南亚（Hall & Page 2000）。

- **目的地地区** 鉴于目的地是旅游研究的一个重要概念，人们在目的地地区的理解、管理和市场营销研究方面做了大量工作（参见 S. L. J. Smith & Brown 1981; Mitchell 1984; S. L. J. Smith 1983a, 1987, 1995; Heath & Wall 1992）。
- **区域规划与开发** 对政治区域和行政区域发展蓝图的规划，为管理与开发提供了依据，并能促进旅游休闲业的发展。这方面的研究颇多，尤其是欧洲，政府把旅游强调为带动经济发展的手段（例如，D. G. Pearce 1988a, 1992a, 1995a, 1995b; A. M. Williams & Shaw 1988; D. R. Hall 1991; Heath & Wall 1992; C. M. Hall et al. 1997; Hall 1999; Hall & Boyd 2005）。
- **综合与整合** 区域内综合与整合的重要性在于，这是实现资源整合与综合管理的重要途径（见 Lang 1988; Wight 1993, 1995; Pearce 1995b; Hall 1999）。
- **研究方法** 各个国家对学科分支的发展（如 Pearce 1979; Butler 2004）和具体研究方法进行了探讨，例如，英国（Duffield 1984）、西班牙（Bote Gomez 1996）、德国（Kreisel 2004）、澳大利亚与新西兰（D. G. Pearce & Mings 1984; Pearce 1999a）、中国（Bao 2002）、日本（Takeuchi 1984）、法国（Barbier & Pearce 1984; Iazzarrotti 2002）、南非（Rogerson & Visser 2004; Visser & Rogerson 2004），以及美国（L. S. Michell 1969a, 1979, 1984; R. V. Smith & Mitchell 1990; Mitchell & Murphy 1991）。

约翰斯顿（Johnston 1991）绘图说明了地理学科的发展，强调了影响其发展方向的许多其他趋势，如下所述：

- 系统研究的发展和科学方法的采用，提出了各种调查研究方法。
- 20 世纪 60 至 70 年代对空间变量和空间系统分析的重视，发展了空间分析技术，提出了系统理论。
- 行为地理学的发展是对空间科学方法作出的反应，认为人类行为不能简单地用逻辑实证主义模型进行解释。行为地理学侧重过程，认为人们的决策和空间行为是过程，而不是传统空间分析所强调的结果（J. Gold 1980）。
- 人本主义地理学的兴起，它强调个体为决策者。行为主义观点倾向于把人的行为看作是对刺激的反应，认为个体与预测人类行为可能后果的模型并不一致。与此相对，人本主义地理学认为个体不断地与环境发生相互作用，而环境自身及周围也都处于变化之中(R. J. Johnston 1991)。它没有运用任何定义科学的行为模型，但承认各种观点在适当的环境下才是正确的。

• 应用地理学，指“将地理学知识和技术应用于解决经济问题和社会问题”(Johnston 1986:17)。

• 激进地理学观点，往往以新马克思主义为基础(Peet 1977a, 1977b)，但在20世纪80至90年代基础得以拓宽，开始考虑性别、个性、全球化、地方化、后殖民主义、后现代主义等问题和批判社会理论中关于空间的作用（例如，Harvey 1987, 1988, 1989a, 1989b, 1990, 1993; Soja 1989; Benko & Strohmmayer 1997; Crouch 1999b; Blom 2000)。

上述各种地理学观点与旅游休闲研究都有一定相关性。然而，这些观点的应用程度差别巨大，研究的重点主要集中在空间分析和应用地理学领域（表1.2)。需要指出的是，旅游休闲地理学方面最有影响的两本著作——佩尔斯(Pearce 1987a, 1995a)论旅游的著作和S. L. J. 史密斯(S. L. J. Smith 1983a)论游憩的著作，尽管都承认了行为研究的作用，但其研究问题的出发点主要还是空间角度。与此相对，肖和威廉姆斯(Shaw & Williams 1994)从地理学角度研究旅游的文章对旅游研究提出了批判性较强的观点，认为政治经济、生产、消费、全球化与商业化对旅游的发展变化具有至关重要的作用。在某种意义上，佩尔斯(Pearce 1995a)与肖和威廉姆斯(Shaw & Williams 1994, 2002, 2004)代表了当今旅游休闲地理学方面最具影响力的两大阵营。前者是主导观点，代表着比较“传统”的空间分析方法和“应用”地理学（可用于某些公共机构部门和商业部门)。后者是新兴观点，代表着范围更广、自反式的分析方法，认为旅游休闲研究的重点应该有更广阔的视野。虽然克劳奇(Crouch 1999b)代表了另一种不同的自反式分析方法，侧重于把个性、冲突和人看做是社会化、具体化的对象，但也可以成为旅游与文化地理之间加强沟通的桥梁。毫无疑问，休闲与旅游正在“开始成为后实证主义地理学或后结构主义地理学关注和探讨的问题”(Aitcheson et al. 2000: 1)。人文地理学中最近出现的“文化转向”已经对旅游研究产生了重大影响(Debbage & Ioannides 2004)，尤其是在文化表现、文化主体、性别、后殖民主义(Hall & Tucker 2004)和权力等问题上。的确，人文地理学的形势已经发生如此大的变化，以致人们产生了争议：约翰斯顿(Johnston 1991)的“激进”地理学是否还能真正说成是激进。

布里顿(Britton 1991)呼吁旅游休闲地理的理论化，确认并揭示旅游是一种有组织的、受内在动力和社会动力系统驱动的活动。在很大程度上，肖和威廉姆斯(Shaw & Williams 1994,2002,2004)是对此作出明确反应的代表。不管是从游客和东道地区的角度，还是从旅游业（和“文化业”）的角度，或者从政府多方面参与旅游系统的角度看，分析旅游生产系统如何“销售和批发”人，都是“现实”社会构建和地方社会构建的政治经济的内容(Britton 1991:475)。

对许多旅游休闲地理专业的学生而言，这一号召似乎不妥，它使地理学严重偏离了用以解释决策结果的空间核心。然而这并不值得大惊小怪，因为旅游休闲地理学反映出整个地理学科内对空间分析的各种框架还存在着比较广泛的混乱现象。尽管传统的空间科学可以提供有用的信息，但它对进一步理解特定时间点实现结果的过程帮助不大，对旅游休闲地理学如何与社会科学的更多争论联系起来的意义也不大。

旅游休闲地理学面临的最大压力之一是它与地理学其他组成部分之间的联系程度。马特雷(Matley 1976:5)认为，“旅游的每一方面几乎没有不涉及地理的，地理学的每个分支也几乎没有不涉及旅游现象研究的”(另见 Mercer 1970)。尽管我们很容易会同意这一观点，但同时必须注意到，自 20 世纪 20 年代末以来这些分支学科对旅游的影响极其不稳定。

当前面临的最大困难之一是，尽管旅游休闲地理学与地理学其他分支及其他学科之间存在各种关系，但这种关系却不是相互的。例如，虽然穆瑟（Mercer 1970）认识到了游憩、旅游与休闲对社会地理学的意义（另见 W. M. Williams 1979)，但杰克逊和史密斯(Jackson & Smith 1984)等出版的各种教科书中却没有分析这些概念。与此相类似，怀特黑德等(Whitehead 1993)发表的一篇名为《城市景观设计》(*The Making of the urban Landscape*)的文章中也没有提到旅游休闲活动在城市环境中的作用。旅游在经济地理学教科书中也是一个明显的缺项(Debbage & Ioannides 1998)。从较广泛的学科角度提到旅游休闲地理学是约翰斯顿(Johnston 1991)的战后英美地理学权威著作，这可能是贡献最大的一次。索引里没有出现休闲、游憩和旅游这些专业术语，仅在应用地理学这一章《环境保护论》中用三行文字对此进行了评述：“一个具有特殊意义的课题是休闲研究及休闲活动对环境需求增长的研究”，随后提到参考派特摩尔（Patmore 1970，1983)和欧文斯(Owens 1984)的文章。这与其说是在诋毁约翰斯顿的恢弘学术著作，不如说是英美地理学中对旅游休闲地理学地位的一个恰当评价，旅游与休闲被认为有意义的唯一地方是乡村地区，旅游者与休闲者被看做是不受欢迎的人！造成这种情况的原因是多方面的，但可能也在于地理研究所涉及的文化和行为等因素。

表 1.2 地理学派及其与旅游休闲地理学之间的关系

研究方法	重点概念	代表作品
空间分析	实证主义、位置分析、地图、系统、网络、形态学	• 空间结构:Fesenmaier and Lieber 1987 • 空间分析:S. L. J. Smith 1983b; Wall et al. 1985; Hinch 1990; Ashworth and Dietvorst 1995 • 旅游流与旅游模式:A. Williams and Zelinsky 1970; Corsi and Harvey 1979; Forer and Pearce 1984; D. G. Pearce 1987a, 1990a, 1993b, 1995a; Murphy and Keller1990; Oppermann 1992 • 重力模型:Malamud 1973;Bell 1977 • 形态学:Pigram 1977 • 区域分析:S. L. J. Smith 1987
行为地理学	行为主义、行动主义环境感知、扩散、心象地图、决策、行为空间、空间偏好	• 心象地图:Walmesley and Jenkins 1992; Jenkins and Walmesley 1993 • 环境认知:Aldskogius 1977 • 旅游者空间行为:Carlson 1978;Cooper 1981;Debbage 1991 • 旅游者行为:Murphy and Rosenblood 1974; Arbel and Pizam 1977; Pearce 1988a • 环境感知:Wolfe 1970 • 游憩替代:Anderson and Brown 1984
人本主义地理学	人的作用、分析的主观性、诠释、地点、景观、存在主义、现象学、人种学、生活世界	• 旅游位置的不确定性:Relph 1976 • 历史地理学:Wall and Marsh 1982; Marsh 1985; Towner 1996
应用地理学	规划、遥感、地理信息系统公共政策、地图学、区域开发、承载力	• 规划:Murphy 1985;Getz 1986a; Dowling 1993, 1997; C. M. Hall et al. 1997; C. M. Hall 2000a • 区域开发:Coppock 1977a, 1977b; D. G. Pearce 1988b, 1990a, 1992a • 旅游开发:D. G. Pearce 1981, 1989; Cooke 1982; Lew 1985; P. E. Murphy 1985; Cater 1987 • 土著居民:Mercer 1994; Butler and Hinch 1996; Lew and van Otten 1997 • 乡村旅游与游憩:Coppock and Dufffield 1975; Getz 1981; Glyptis 1991; Page and Getz 1997; Butler et al. 1998 • 城市旅游与游憩:Ashworth 1989, 1992b; Law 1993, 1996; Page 1995a; Hinch 1996; Murphy 1997; Page and Hall 2003; Connell and Page 2005 • 健康:Clift and Page 1996; Wilks and Page 2003 • 目的地营销:Dilley 1986; Heath and Wall 1992 • 地方营销:Ashworth and Woogd 1988; Madsden 1992; Fretter 1993

续表

研究方法	重点概念	代表作品
应用地理学	规划、遥感、地理信息系统公共政策、地图学、区域开发、承载力	• 公共政策与管理:Cooper 1987; D. G. Pearce 1992b; J. Jenkins 1993 • 旅游影响(微观层次):Pigram 1980; Mathieson and Wall 1982; Edington and Edingon 1986; Edwards 1987 • 旅游生命周期:Butler 1980, 2005; Cooper and Jackson 1989; Debbage 1990 • 交通:Wall 1971, 1972; Page 1994b, 1999, 2005 • 景点:Lew 1987 • 第二家园:Aldskogius 1968; Coppock 1977a; Gartner 1987; Hall and Müller 2004 • 地理信息系统:Kliskey and Kearsley 1993; Elliott – White and Finn 1998 • 国家公园:Nelson 1973; Olwig and Olwig 1979; Marsh 1983; Calais and Kirkpatrick 1986; Cole et al. 1987; Davies 1987; Hall 1992a; McKercher 1993c • 遗产管理:Gale and Jacobs 1987; Lew 1989; Ashworth and Tunbridge 1990, 1996; Hall and McArthur 1996, 1998; Graham et al. 2000 • 户外游憩管理:Pigram and Jenkins 1999 • 可持续发展:Butler 1990, 1991, 1992, 1998; Pigram 1990; Ashworth 1992b; Bramwell and Lane 1993; Cater 1993; Dearden 1993; McKercher 1993a, 1993b; Cater and Lowman 1994; Ding and Pigram 1994; Murphy 1994; Mowforth and Munt 1997; Hall and Lew 1998; Aronsson 2000; Page and Thorn 1997, 2002 • 生态旅游:Weiler 1991; Eagles 1992; Cater 1993; Cater and Lowman 1994; Blamey 1995; Weaver 1998; Fennel 1999; Page and Dowling 2001 • 安全:C. M. Hall 2002; Hall et al. 2003b • 全球环境变化与气候变化:K. Smith 1990; Wall and Badke 1994; Gössling 2002; Gössling et al. 2002; de Freitas 2003; Hall and Higham 2005 • 小企业与企业家:Buhalis and Cooper 1998; Page et al. 1999; Ateljevic and Doorne 2000; Getz and Carlsen 2000; Getz et al. 2004
“激进”学派	新马克思主义分析、政府的作用、性别、全球化、地方化、特征、后殖民主义、后现代主义、空间的作用	• 政治经济:Britton 1982; Ley and Olds 1988; A. Williams 2004 • 社会理论:Britton 1991; Shaw and Williams 1994, 2002, 2004 • 症状分析:Waitt 1997 • 地方促销与商品化:Ashworth and Voogd 1990a, 1990b, 1994; Kearns and Philo 1993; Chang et al. 1996; Tunbridge and Ashworth 1996; Waitt and McGuirk 1997 • 文化特征:Byrne et al. 1993; D. Crouch 1994; Squire 1994 • 性别:Adler and Brennner 1992; Kinnaird and Hall 1994; Aitchison 1997, 1999; Aitchison et al. 2000 • “新文化研究”:Aitchison 1999; Aitchison et al. 2000; Crouch 1999b • 后殖民主义:C. M. Hall and Tucker 2004

插图 1.2/1.3 苏格兰罗蒙湖畔。罗蒙湖畔众多的零售商店为游人提供了一个重要景观，其中一家名气很大的商户和一处大型旅游景点又对此起到了画龙点睛的作用。

插图 1.4 苏格兰罗蒙湖和托撒契国家公园（Trossachs National Park）大门中心广场。位于公园南部，是一个主要的游客入园口，为游客提供介绍公园情况和咨询服务。

六、行动：建立一门应用性的旅游休闲地理学

20 世纪 50 年代的地理研究文献开始越来越多地注重实用性（参见 Johnston 1991），其中有一部分试图提高地理学科在社会上的影响力。伴随着对实用性关注的是地理科学研究方法的创立，强调以系统为中心，注重地理学原理的应用性，关注现实世界的问题。1945 年以后地理学开始关注实用性和应用性，对这种现象一个可能的解释是，地理系本科生招生规模扩大，除了教学以外还要保障学生的就业机会。20 世纪 60 年代还出现了众多值得注意的研究成果（如，斯坦普 Stamp 1960），赞扬了地理学者对社会所作的贡献。然而在这些颇有影响的研究中只是顺便提到了休闲与旅游，因为地理学的主导目标是“科学方法”、“逻辑实证主义”和量化研究，从区域描述转变为更系统的空间分析形式。这些研究成果是至关重要

的，因为它们为后来从事休闲旅游研究的地理学者奠定了基础。但是，20 世纪 50 至 60 年代地理学发展的结果之一，即，"应用"研究的兴起，却使专业研究的路子越来越窄，90 年代达到了顶峰。约翰斯顿(Johnston 1991)概括了 20 世纪 60 至 70 年代地理学内部在学科研究重点方面出现的日益明显的紧张局势，这种紧张局势在一定程度上掩盖了与激进派的争论(参见 Harvey 1974)。造成紧张的基本原因是地理学者应当如何运用其掌握的技能来解决社会问题。这就对地理学的哲学基础提出了质疑——地理学者如果把重点放在应用性研究上，受益者将是谁？

20 世纪 70 年代召开的英美地理学会议越来越多地争论并意识到致力于公共政策研究的地理学者的价值。考普克(Coppock 1974)认为，决策者们并没有意识到地理学者可能对决策作出的贡献。但批评方却怀疑给政府提建议的价值所在，因为政府负责为地理学者发工资，同时也已经对地理学者从事研究的领域进行了限制。哈维(Harvey 1974)提出了一个至关重要的问题："有什么样的公共政策就有什么样的地理学"，认为：

> 个人参与决策的动机是个人抱负、学科优势、社会需要及整个学科的道德义务；另一方面，地理学早已被政府通过大学进行了利用，使地理学者产生了决策过程的权力错觉，而决策不过是为了维持现状。
>
> 约翰斯顿(Johnston 1991:198)

的确，帕乔内(Pacione 1999a)对应用地理学进行的辩护重申了许多内在冲突和"正统"人文地理学者提出的问题：

> 应用地理学涉及的是将地理学知识和技术运用到解决现实世界的社会问题、经济问题和环境问题。应用地理学的基本思想是效用性和实用性，基本目标是以解决问题为核心，但却招致了地理界其他"非实用主义"成员的强烈反对。对应用地理学派提出的批评，主要来自马克思主义者和最近的后现代理论主义者，他们对应用地理学有潜力解决当今世界各地人民面临的重大问题持怀疑态度。
>
> 帕乔内(Pacione 1999a:1)

"新文化地理学"的出现进一步加剧了地理学科内部的紧张关系，认为"应用地理学或实用性研究的思想是混乱的观点，不符合社会地理学最近出现的'文化转向'，也不符合最近几年出现的后现代理论"(Pacione 1999a:3)。事实上，帕乔内的主张是地理学者个体的研究内容是个体意识问题。很明显的是，有些研究比其他形式的研究更"实用"，对旅游休闲现象的研究当然属于此列。"'实用性研究'的概念提出了对谁有用的基本疑问，以及谁决定什么有用(Pacione 1999a:4)"，这是人文地理学领域一直进行的关于实用性的争论，焦点是对信息建立理论和进行解释的新方法，以及对地理学科的主要作用提出了质疑。P. J. 泰勒 (P. J. Taylor

1985）富有鼓动性和思考性地分析了“地理观点的价值”，发现正统研究与应用研究二者出现了循环发展的特征。泰勒（Taylor 1985）观察到的是，当外部压力最大的时候，地理学科领域内开始寻求解决问题的方法。与此相反，在经济比较繁荣的时期，活跃的是较为正统的学术研究活动。泰勒（Taylor 1985）将这些趋势与世界经济的长期发展趋势联系起来，确定了应用地理学处于优势的三个不同时期：19世纪末期、一战和二战之间的时期、20世纪80年代中期。

然而，约翰斯顿（Johnston 1991）也指出了斯坦普（Stamp）对应用地理学作出的贡献，早在20世纪30年代，他就对英国的用地状况进行了调查，后来又参与了战后用地规划（Stamp 1982）。尽管早期的“应用地理学”的出现大多出于经验主义的传统，但是山特（Sant 1982）对应用地理学的调查表明，对这一名称的使用在19世纪末期国际地理联合会（IGU）的早期会议上就出现了，后来断断续续一直到20世纪60年代。应用地理学的主要研究方向也是由国际地理联合会组织及其出版的大量刊物（例如，阿克曼 Ackerman 1963）公布出去的。山特（Sant 1982）和约翰斯顿（Johnston 1991）对20世纪30至50年代之间地理学者在应用地理学方面的研究兴趣的研究和分析的基础是：

- 行政管理的区域化（E. W. Gilbert 1951）
- 土地利用的勘察（Stamp 1948）
- 区域分析和航拍照片判读（G. Taylor 1951）
- 城市规划与区域规划

斯坦普（Stamp 1960）的《应用地理学》（*Applied Geography*）是一本很有影响的书，引用了他本人在地理学方面进行的研究工作，强调了空间分析可以提供许多有潜力的研究领域。山特（Sant 1982）对斯坦普的贡献作了如下评价：

> 斯坦普的书给人一种内容浮浅的错觉，这并非由于斯坦普思想幼稚，而恰恰是由于他对自己的判断力和经验充满了自信。他成绩斐然，声誉卓著。今天我们生活在一个缺乏自信的时代。或许这是因为我们更喜欢发明复杂的事物……至少，应用地理学的研究范围和研究方法比二三十年之前更广泛、更具体。
>
> 山特（Sant 1982:8）

山特（Sant 1982）认为，应用地理学不是一个分支学科，而是与理论地理学之间保持一种独立的关系。它有不同的研究方法。它旨在提供解决办法，必须与不熟悉该学科内容、传统、问题的“外行”和内部的保守派进行对话，它也有能力公开批评那些偏离了主流范式的研究行为。尽管该学科已经出版了大量以应用性研究为主的刊物（如《应用地理学》*Applied Geography*），高等院校也开设了众多应用性课程，但该名称的使用仍然不够稳定。正如山特（Sant 1982:136）指出的，“应用地理学的根本症结在于它是关于地理学的研究。也就是说，它研究的是人文景观和自然景观”。需要指出的是，山特的文章中将游憩和地理学者的贡献纳入了应用地理学领域，这一特点在肯泽(Kenzer 1989)的研究和约翰斯顿(Johnston 1991)的概述中也曾提到。

然而，有些评论人士感到，“以应用性作为研究重点”思想的兴起意味着应用性学科脱离了其根本，从而无法“阐释居民、地方、文化和全球或区域整体之间的相互关系”(Kenzer 1989:2)。根据批评人士的观点，这种情况导致的结果是：更加重视技术的作用，人文地理学者更多地将技术运用于其地理研究，从而会减弱对真实世界的研究和实地调查研究。例如，研究中地理信息系统(GIS)的运用意味着不再需要传统的实地调查，而更多的是基于实验室的分析(Van der Knaap 1999)，从而远离了真实的世界。正如福勒(Forer 1999:96)指出的，“新兴的地理信息技术无处不在，使我们的测量对象和测量方式发生着革命性变化”。事实上，泰兰特和康戴尔(Tarrant and Cordell 1999)在研究美国国家森林公园户外游憩活动时就指出，地理信息系统的使用在分析环境公正和公平方面是意义极大的工具。有些批评人士指出，如果应用研究成为主导，增设偏重技术性的地理课程的必然结果是人文地理将失去其“核心”，也不再教授地理学的传统概念和基础知识。因此，富有讽刺意味的是，在很多本科地理专业，在讲授地理学思想发展的时候，应用地理学的广泛背景往往很少得到重视，甚至得不到重视，与此形成鲜明对照的是，重点放在了定量研究、计算机分析和技能训练上。

相反，强调应用研究的支持者认为，尽管由于专业化的发展使地理学在20世纪80至90年代出现了明显的分化，但却对社会做出了有益的贡献。很多有才华的地理学者已经认识到需要离开其学术环境，以便将其掌握的技术、知识和观点运用到社会中，在为社会做出一系列贡献的同时又能对自己的研究工作进行反思和分析。

就休闲与旅游而言，很多从事该领域研究的地理学者可能都不在高等院校的地理系工作。然而，他们却保持并充分发挥着地理分析的作用，从更广阔的范围来理解旅游休闲研究。地理学科很少重视地理学者在旅游研究与教育方面的作用，至少在英国是这样。只是到了20世纪90年代，才出现了英国地理学会等组织，认识到旅游休闲作为一个严肃学术研究领域的意义。与此相反，美国地理学者协会和加拿大地理学者协会却一直积极得多，自20世纪70年代以来就成立了研究团体。国际地理联合会(IGU)“旅游休闲与全球变化(期限:2000－2008)研究小组”(前身为1994—2000年的国际地理联合会“可持续旅游地理研究小组”，1984—1992年的国际地理联合会“旅游休闲委员会”)等国际组织提供了另一种研究形式的论坛，为地理学者与有相似研究兴趣的非地理学者之间进行交流提供了舞台。虽然出现了一些这样的举动，但旅游休闲地理学与广义上的地理学科之间的关系仍然面临着两大主要问题：

- 地理学科内兴起了应用地理学，应用地理学内又出现了旅游休闲地理学，批评者认为这不过是昙花一现，缺乏实质内容和严格的学科体系。
- 有些国家（如英国和澳大利亚）的地理机构和地理系往往认识不到旅游休闲作为有利于加强地理学建设的"合法"研究领域的重要性。

其中一个结果是，20 世纪 80 至 90 年代对旅游休闲研究产生兴趣的许多地理学者不再因循守旧，也不惧怕其研究活动受到指责，开始转战新的战场，最终成立了独立的旅游研究中心或旅游系。然而，这并不否认派特摩尔、考普克、穆瑟、格利普提斯和佩尔斯（Patmore, Coppock, Mercer, Glyptis and Pearce）等杰出地理学者所做出的突出贡献，他们将旅游休闲确立为地理学科内一个严肃学术研究领域。尽管如此，大量的目前仍在商学院或旅游休闲系工作的地理学者，其研究方向成为交叉学科研究的一部分，这样能够有利于开展应用性研究。的确，在某些情况下，历史本身会不断地重复。规划发展成为一门学科，脱离了一些地理根源，环境系的建立也导致了与旅游研究中心地理学者的分手。

自 20 世纪 80 年代中期以来，许多地理学者不愿意使其事业进程受到那些否认旅游休闲是主流空间研究活动的同行观点的阻碍，他们大都已经从地理学科分离出来。例如，在新西兰，除了一两个例外情况，所有以旅游休闲为研究重点的地理学者现在都在商学院、旅游休闲系或其他非地理系工作。这种情况与澳大利亚的情况没有太大的差别，在澳大利亚，广泛利用了专业地理学者来适应旅游教育规模扩大这种发展的需求（Weiler and Hall 1991）。詹尼斯基和米切尔（Janiskee and Mitchell）得出了如下结论：

> 作为一名从事休闲研究的地理学者，这当然是一个意义重大、令人激动的时刻。经过一个缓慢的开始阶段以后，旅游休闲地理学实现了关键性的跨越，必定有一个光明的前景……无疑，将休闲地理学的知识和技术用于解决学术环境以外的问题为该学科带来了诸多潜在的回报：为休闲地理学者提供更多就业机会，刺激问题解决型学术研究活动的开展，研究目的或社会价值更为明确，学术圈内外的透明度更高。
>
> 詹尼斯基和米切尔（Janiskee and Mitchell 1989：159）

需要指出的是，詹尼斯基和米切尔（Janiskee and Mitchell 1989）同时还认识到：

> 由于"基础"研究和"应用"研究之间没有明显的界线，应用研究对正统学术研究也不会造成威胁，因此对应用研究是否有利于休闲地理学没有过多的争论。相

反，真正的问题是，休闲地理学者能否拥有足够的资源和热情转向解决问题的研究领域，在更广泛和更稳定的基础上开展工作。

詹尼斯基和米切尔（Janiskee and Mitchell ）

尽管这种情况在北美地区可能是真的，但在2005年的英国和许多其他国家却并非如此。在这些国家，地理学者从事旅游休闲方面的应用地理研究一直被视为是为了金钱利益而失去了自身价值和技能，或者他们被认为没有对地理学科的发展作出贡献。然而，富有讽刺意味的是，“准休闲地理学者”（即，那些不认为自己是休闲地理学者、却使用简单的旅游休闲概念在刊物上发表文章的人）人数越来越多，并不断出现在地理学刊物和一些旅游休闲刊物上。事实上，正是由于在20世纪80年代末和90年代，旅游被政府用来应对全球经济结构调整所带来的影响、人们也越来越关注环境保护（Hall and Lew 1998），地理学者“发现”了旅游与休闲。根据詹尼斯基和米切尔（Janiskee and Mitchell 1989：159）的观点，这些贡献“尽管是受欢迎的，但并不令人满意，它们不能替代大批从事科学—理论—规律研究的专家取得的成果，而这些成果却是一个地区发展进步所需要的”。如果学术界人士要与影响地理学科及地理学界的有关各方和利益团体建立联系的话，“对问题解决的需要和对传统学术研究领域以外的机遇增强意识、正确评价”（Janiskee and Mitchell 1989：159）是至关重要的。拥有旅游休闲知识和技术的地理学者需要开辟有特色的研究领域，承担基础研究和应用研究，解决公共部门和私人企业面临的问题，借以说明空间分析和综合教育的有用性。即便

应用地理学者所承担的研究的数量十分惊人，但是也没有自满的理由，因为应用地理学的各方面影响已经混杂在一起，低于人们的期望……造成这种情况的原因有若干方面，其中包括：地理学科的折中性和重点不突出，“地理工作”正在由其他学科的“非地理学者”承担。这就削弱了地理学作为一门学科的特征，拿不出什么独特的东西。

帕乔内（Pacione 1999a：10－11）

尽管如此，佩尔斯（Pearce 1999a）在回顾新西兰的旅游地理学时指出，许多地理学者在应用性研究方面所作出的贡献似乎没有得到旅游地理刊物的足够重视。因此，有必要仔细考虑地理学者能够影响旅游休闲研究的技术和方法。

七、文化

旅游休闲地理学的文化层面，即该分支学科知识的社会学方面，作为旅游休闲研究整体的一部分，一直没有得到重视。这是极为不幸的，因为这意味着对旅游

休闲地理学来源的理解是很不完整的，同时也必然会影响到我们对旅游休闲地理学去向的理解。巴恩斯(Barnes 1982)指出：

社会因素、技术因素和经济因素普遍影响到科学发展的速度和方向……事实上，大量科学变化的发生并不是因为外部指导或经济支配……某些领域的客观研究可能取得了较快的进步……原因在于它们与其他问题的相关性。

巴恩斯(Barnes 1982:102－103)

同样，约翰斯顿(Johnston 1991)也观察到：

学科研究必须要放在其所在的社会背景当中。然而，学术团体成员不一定全盘接受社会背景及其发出的指令和刺激，他们可能希望利用其学术基础予以反驳，表达不满。但是很多因素限制了这种不满的表达。大多数学术团体都设立在高等院校内，许多学校要依靠政府拨款维持生存，政府可以通过其掌握的经济权力来(间接地)影响教学与研究内容。有些大学依靠私人经济来源，因此它们必须使其赞助方相信它们所做的工作与当前社会关注的问题息息相关。

约翰斯顿(Johnston 1991:24－5)

正如前面所提到的，从地理学的角度研究旅游，在广泛的学术地理学领域内受到的关注较少。造成这种情况的若干相关因素如下：

- 政府对开展旅游地理研究的兴趣不大。
- 旅游没有被看做是学术严谨的学科。
- 开展旅游休闲研究不仅面临着大量尚未解决的理论问题，而且许多现有的理论基础也十分薄弱。
- 旅游休闲地理学者在提高旅游休闲地理学在整个地理学科中的地位方面没有取得太大成就。
- 许多旅游休闲地理学者现在就职于非地理系或私人企业。

例如，跟政治或公共政策等某些旅游研究领域不同，政府对开展旅游休闲地理学研究提供了一定程度的支持(Hall 1994;Hall and Jenkins 1995)。然而，对研究活动提供的这些支持一般倾向于旅游流空间模式分析和基础设施选址问题研究，而不侧重可能产生不良政治后果的性别和社会影响等应用地理研究。的确，即使政府支持旅游的环境影响研究，也可能产生政治上有争议的结果，不利于旅游企业利益。因此，对旅游休闲研究提供资助往往会增强旅游休闲地理学较为保守的空间科学层面的发展，而付出的代价是牺牲了会对该学科的发展做出更大理论贡献的基础性研究。尽管政府和企业对旅游研究明显缺乏兴趣，社区对旅游开发也产生了各种冲突，但必须要承认的是，此类研究具有极强的实用性，其研究结果有助于加深对决策过程的理解(例如，P. E. Murphy 1985)，提高旅游规划水平，有助于长期保持旅游目的地的生存能力。

尽管20世纪80至90年代出现了旅游休闲研究的蓬勃发展，但很多人仍然不把旅游看做是一项严肃的研究课题，往往将它等同于在旅行社预订、一次旅游安排或学习如何倒啤酒。的确，旅游研究往往被认为是轻率的行为。马修斯（Matthews 1983:304）发现，"在一般的美国大学，学术上对旅游研究感兴趣的政治学者会被认为行为轻率、学识肤浅——不是作风严谨的学者，而是投机取巧者，想寻找一次免税的度假"。这一结论几乎具有普遍适用性。与V.L.史密斯（V.L. Smith 1977:1）20世纪70年代对旅游的文化与社会因素的观察结果相类似，现在仍然有很多人认为旅游是不值得严肃的地理学者研究的课题。L.S.米切尔（L.S. Mitchell 1997）是旅游休闲地理研究领域一位著名的学者，参加完美国地理学会"休闲旅游与体育专业委员会"（RTSnet）兴趣小组的一次讨论后，在私下交流的时候他谈到了休闲与旅游在美国地理学中的地位。他指出：

休闲地理学从未成为地理学科的一个重要成员，因为人们认为，对追求享乐的个人和群体进行研究不可能是严肃的行为。请注意看一下本月在加利福尼亚举行的女性旅游研讨会的副标题（"旅游不是吃喝玩乐"）。尽管旅游是世界上第一大经济活动，休闲（特别是被动休闲）活动占用了人们的大量时间，体育运动几乎是很多美国人非常狂热的活动，但研究这些现象的地理学者却没有得到足够的重视。

地理研究在方法、理论和空间方面还存在着诸多问题。产生问题的原因在于各种可能分析框架的多样性以及某些方面理论基础比较薄弱。正如爱欧尼德斯（Ioannides 1996:221）指出的，"尽管旅游地理学长期以来是一个已经得到认可的专业，但该研究领域比较薄弱的理论基础使其一直在地理学的边缘徘徊"。

就地理学本身而论，大都缺乏明确的或意见一致的研究方法和研究思想，更何况旅游休闲地理学，这样就在研究人员的理性和感性上形成了一个雷区，当作者的价值立场与其研究结果有重大关系时，情况尤其如此。例如，伯顿（Burton 1982:323-4）认为，旅游休闲研究受到的困扰是这些问题："缺乏理性协调，研究人员相互之间缺乏足够的思想交流；研究方法和研究技术不充分；缺乏该领域内一致认可的概念和规则"。然而，与此相反，霍尔（Hall 1994:7）则认为，"事实上，针对这些概念而引发的争议应当视为在严肃学术研究中出现健康有活力的新兴领域的标志，应当受到欢迎和鼓励，而不能看作造成困窘局面的根源"。

可能影响旅游休闲地理学地位的另一个因素是该分支学科在整个地理学科

中得到支持的程度。例如，就美国的情况而言，米切尔（Mitchell 1997）认为：

在美国，没有哪一个著名学者是通过出版物或以其人格力量来宣传研究内容的。在本人看来，有很多优秀的地理研究成果发表出来，研究领域也得到了拓宽，但是很少研究成果发表在地理刊物上；大部分研究成果却发表在专刊或混合学科刊物上……出版了大量刊物，但却没有使人们产生兴趣，也没有树立广泛认可的声誉。

在英国，作为英国地理研究学会“地理系列研究”的一部分，肖和威廉姆斯（Shaw and Williams 1994）发表的《旅游的关键问题》（*Critical Issues in Tourism*）提升了该研究领域的地位。虽然如此，但现在的情况仍然是，旅游休闲地理学研究成果和出版物的绝大多数学术性读者是旅游休闲系的人员，而不是地理系的人员。不过也有一些迹象表明这种情况可能会发生变化。首先是1999年《旅游地理》（*Tourism Geographies*）学刊的创办（艾伦·卢主编，鲁特里奇出版社出版），试图在现有读者内和潜在读者中大力宣传该学科。在一定程度上，该专业性刊物的出现类似于其他专业性地理刊物，如《应用地理学》（*Applied Geography*）和《交通地理学刊》（*Journal of Transport Geography*），可以看做是该研究领域走向成熟的表现。其次，国际地理联合会“旅游休闲地理与全球变化研究小组”及其前身“旅游地理可持续发展研究小组”做了大量工作，与乡村可持续发展体系等国际地理联合会的其他委员会和美国地理学者协会等国内社团组织共同主办了一系列学术会议和专业会议。第三，旅游与休闲在当代社会的城市和乡村地区的地位日益重要，加深了人们对该领域潜在意义的认识程度。换言之，旅游现在是文化领域的一项重要内容，其他地理学者再也很难无视它的存在。最后，旅游休闲地理学者现在认为，他们能够对地理学科做出一定贡献，特别是在对服务经济、工业化和区域发展的理解（如，Ioannides 1995，1996；d'Hauteserre 1996）以及对传统资源管理和可持续性的关注（如，Zurick 1992；Hall and Lew 1998）等这样一些领域。

影响旅游休闲地理学科地位的最后一个因素是，从事该领域研究的地理学者在非地理系、旅游休闲研究系、商学院和环境研究与规划系增加就业的程度。在大多数西方国家，旅游已经被认为是一个重要就业部门，反过来，旅游也要求教育机构能培养出合格的旅游人才。因此，开设旅游休闲与酒店管理本科和研究生专业的大学、大专院校的数量增长十分迅猛，从而为旅游休闲地理学者提供了大量潜在的就业机会。在学生数量大幅度增长的旅游休闲系或者一个新成立的院系开辟一番事业，这样的机遇对那些在传统的地理系事业进展缓慢的个人以及工作在主流地理研究边缘的个人具有很大的吸引力。约翰斯顿(Johnston 1991: 281)认为,“对环境变化做出的这种反应是学者的个人行为,但他们寻求的不仅仅是捍卫和提高自身的地位以及发展个人事业”。

在地理学以外出现了大量旅游休闲方面的研究活动,这同时意味着许多地理学者越来越多地在旅游休闲刊物上发表文章,而不是在地理学刊物上发表文章。这些成果对旅游研究可能极为重要,但对该学科以外的地理学研究可能意义不大[例如巴特勒(Butler 1980)发表的具有重大影响的文章《目的地生命周期》]。由此,在非地理系工作的地理学者会发现自己正在从事与地理学关系不大的跨学科研究活动。这自然就引出了一个问题:这的确很重要。各门学科都在随着时间的推移而发生变化,专业研究领域的变化取决于内部因素和外部因素。约翰斯顿(Johnston 1991)指出:

一门学科一直追求的目标是推动知识的进步。每门学科都在特定的研究领域追求这一目标。

从事该学科研究的每位成员都在为此做着自己的贡献:开展科研活动,报告自己的研究成果,将研究成果汇入学科文献资料,从事传播知识和推动学科发展的教育活动;此外,他们还要证明该学科与整个社会的“关联性”。但是没有一成不变的学科体系,也没有一种根据学科内容对学术人员进行正确划分的方法。目前现有的这些学科都包含在早期学者群体建立的学科范围以内,学科界线是相互渗透的,因此各学科之间相互影响。学科界线偶尔会发生变化,通常是一门新学科的建立,在已有学术空间划分的范围内占据一席之地。

约翰斯顿(Johnston 1991:9)

借用一下 20 世纪 80 年代一本主要地理学教材的书名《地理事关重大!》(*Geography Matters*!)(Massey and Allen 1984),地理之所以事关重大的原因在于空间性、地点、特征、景观和区域等核心地理概念的意义重大,它们不仅对旅游休闲地理学而言,对整个旅游休闲研究而言都是至关重要的。的确,社会科学(如 Bell and Ward 2000; Urry 2000)对流动的概念越来越感兴趣,证实了旅游休闲地理学者长期以来一直对休闲流动性重视(Hall 2005a)的意义所在。在评论地理学者在旅游领域所做的工作时,布里顿(Britton 1991)指出:

(他们)不愿意明确承认自己所研究现象的资本特性……这个问题至关重要,因为它意味着我们对旅游休闲业动态性及其涉及的社会活动的理解缺乏充分的理论基础。

布里顿(Britton 1991:451)

然而,这样的批评可以适用于整个旅游休闲研究活动(Hall 1994)。

观察与思考:英美以外地区的旅游休闲地理学

尽管本书重点探讨的是英语国家的旅游休闲地理学,但是需要指出的是,其他地区传统地理学领域内也对旅游休闲地理学产生了越来越浓厚的兴趣。国际地理联合会旅游研究小组等组织推动了旅游休闲学术研究团体的国际化,学生规模不断扩大,欧盟内部的学术交流不断加强,英语作为国际学术语言的使用也意味着以英语为母语的学者和以英语为第二语言的学者之间的交流在不断增多。英语学术刊物现在越来越多地在以英语为非母语的国家出版,例如,土耳其出版了《安纳托利亚》(*Anatolia*),塞浦路斯出版了《今日旅游》(*Tourism Today*)。同时,有一些旅游地理学者能够将非英语的文献资料介绍给英语地理学者,其中贡献最突出的是在法国完成博士学习的多·佩尔斯(Doug Pearce),其代表著作是《旅游发展》(*Tourism Development* 1981, 1989)和《今日旅游》(*Tourism Today* 1995a)。

对各种语言和各个国家的旅游休闲文献资料进行分析就会发现,用英语出版的旅游休闲刊物日益增多,这在其他国家和地区也得到了体现,只是在学科方面存在着一些差异和问题。例如,对国际地理联合会德国委员会编辑出版的《德国地理研究(1996—1999)》(*German Geographical Research* 1996 - 1999)进行分析就可以看出,旅游现在是出版刊物的一个重大课题。东亚和东南亚地区进行的德国地理研究的分析表明,该地区在旅游研究方面出现了大幅度增长(Kraas & Taubmann 2000)。克雷泽尔(Kreisel 2004)对德语国家的旅游休闲地理学状况进行了认真研究,重点提到了若干特定主题和问题,包括慕尼黑学院对休闲行为的研究。

卢比奥(Rubio 1998 - 9)对西班牙旅游地理学现状的分析表明,西班牙旅游地理学方面的出版物规模增幅巨大,尤其是关于乡村地区的旅游地理学著作,与其国际旅游人数同步增长。与此类似,韦恩斯和格林姆(Wayens & Grimmeau 2003)也公布了比利时旅游地理研究的大幅增长情况。

法国地理学在旅游休闲研究方面也有悠久的传统(Iazzarotti 2002),其20世纪60至70年代的旅游休闲研究在理论建设和出版范围方面都比英美地区先进得多。产生这种情况的一个原因可能是,旅游长期以来一直被认为是法国阿尔卑斯山地区经济发展的重要因素,旅游对文化景观和自然景观都会产生重要影响（如 Knafou 1978）。另外，地中海沿岸旅游的发展为从事海滨度假区建设研究提供了基础（如，Burner 1963；Barbaza 1966），同时，旅游休闲作为“第二家园”的重要性研究也有十分悠久的传统。最近，法国地理学者在以下方面出版了大量著作：旅游的影响（如，Michaud 1983，1992；Escourrou 1993；Debarbieux 1995），城市旅游（如，Iazzararotti 1995；Potier and Cazes 1996，1998），旅游的社会构建（如，Boyer 1996；Deprest 1997）。在分析法国的旅游休闲地理学时，纳芙（Knafou 2000）指出了研究方法和研究课题的多样性。的确，对法国的一些教材和著作（Lozato 1985；Clary 1993；Dewailly and Flament 1993；Deprest 1997；Baron－Yellés 1999）进行分析可以发现，正如英美的人文地理学情况一样，用于旅游地理学研究的传统空间分析方法正日益面临受后现代主义强烈影响的各种观点的挑战（Knafou et al. 1997）。

荷兰和北欧国家地理学受到英美旅游休闲地理学的影响要比法国和德国大得多，这在很大程度上是由于英语作为第二语言的作用和大量用英语发表的研究成果。海滨旅游、乡村旅游和区域发展是荷兰旅游地理中备受重视的课题（Ashworth and Dietvorst 1995；Dietz and Kwaad 2000），格雷格·艾施沃斯（Greg Ashworth）的工作对城市旅游和遗产旅游领域产生了重大影响（参见 Ashworth 1989，1999；Ashworth and Tunbridge 1996；Ashworth and Ennen 1998）（另见第五章）。北欧国家的旅游休闲地理学对周边地区的旅游和第二家园建设（例如，Finnvedeni 1960；Aldskogius 1968；Jaakson 1986；Halseth and Rosenberg 1995；Kaltenborn 1997a，1997b，1998；Müller 1999；Aronsson 2000；Saarinen 2001，2003；Hall and Boyd 2005）以及全球环境变化和当代的流动性研究（Gössling 2002；Frändberg and Vilhelmson 2003；Gössling and Hall 2003）产生了相当大的影响。然而，与英美旅游地理学情况相同的是，众多颇有影响力的地理学者不在地理系工作，而就职于商学院（如，Ettema and Timmermans 1997；Timmermans and Morgansky 1999）或旅游系（如，Flognfeldt 1998）。亚洲旅游地理学者也受到了英美出版物和研究的深远影响，尽管大量亚洲的研究成果还需要用英语出版发表。例如，对韩国人文地理学（Kim 2000）和应用地理学进行分析（Lee 2000）表明，韩国在节事旅游、乡村旅游、海滨旅游和度假区开发等方面发表了大量文章。有证据表明，中国对旅游地理学的研究兴趣也在与日俱增(如, Lew and Wu 1995; Guo et al. 2000; Bao 2002)。

在地理学者进行旅游研究方面增长规模巨大的一个地区是南非。尽管南非地理学的某些领域无疑受到了英美地理学的重大影响,与荷兰和德国地理学保持着不少联系,但种族隔离时期与国际学术团体之间的接触有所减少。种族隔离的废除使南非地理学在更广泛的领域与外界重新建立了联系 (最好的一个例证是南非于 2002 年主办的国际地理联合会区域会议,旅游成为会议论文中最热门的话题),同时提高了南非旅游休闲地理学者的地位,他们能够以国际眼光解决当地问题,与新南非面临的具体发展问题联系了起来(Rogerson and Visser 2004; Visser and Rogerson 2004)。

以上讨论并不等于对英语地区以外存在的数量庞大的旅游休闲文献进行的全面分析。然而,上述讨论已经表明,不管操何种语言的地理学者几乎普遍对旅游休闲研究产生了兴趣,英美旅游休闲地理学面临的压力在其他地区同样存在。另外,随着英语作为学术语言的影响力的持续扩大,各种文献资料之间正日益打破界限,相互融合,母语为非英语的学者越来越多地用英语在刊物上发表文章,国际地理联合会参加人数在持续增加,提交的会议论文主要用英语写成。

八、旅游休闲地理学的演变

本章主要从学术研究的角度评述了旅游休闲地理学的发展状况。旅游休闲地理学是处于地理学科边缘的一个应用研究领域,但是也有很强的学术性。由于受到空间系统分析方法的支配,旅游休闲地理学的理论基础显得相对比较薄弱,因此使它无法对整个地理学科的研究工作产生显著的影响。虽然如此,自 20 世纪 90 年代初以来,有迹象表明,旅游休闲地理学的特征和命运正在发生演变。首先,旅游地理学者的出版物在数量和质量上都有重大提高,虽然没有影响到该学科以外的地理学科,但对指导旅游休闲研究产生了重大影响。其次,旅游休闲地理学者开始有意识地为旅游休闲地理研究提供较强的理论基础,既从当代社会理论中获取信息,又对当代社会理论的发展作出贡献,特别是在全球化、地方化、商业化、结构调整和可持续发展等问题方面 (如, Britton 1991; Hall 1994; Shaw and Williams

1994; Hall and Jenkins 1995; Ioannides 1995, 1996; Montanari and Williams 1995; Hall and Lew 1998)。最后,旅游休闲地理学者正在更加积极地推动自身在学术领域和非学术领域的工作。

本书重点强调了上述若干主题,一方面力求突出地理学和地理学者在旅游休闲研究方面的范围、性质和贡献。另一方面,本书还旨在对该领域出现的理论演变的性质进行一些探讨和思考。图 1.3 表明了本书探讨的很多重点问题的整体框架,尝试说明旅游休闲地理学中若干重点问题之间的相互关系,包括与游憩、旅游和家庭休闲有关的机会谱及其相应的供求因素。它们自身受到对旅游实施管理的管理结构和管理制度的影响与调节。通过供求、消费与生产之间的交叉作用而产生的影响表现在众多的不同环境之中,每个环境都提供了单独的地方体验,构建了休闲/旅游空间。

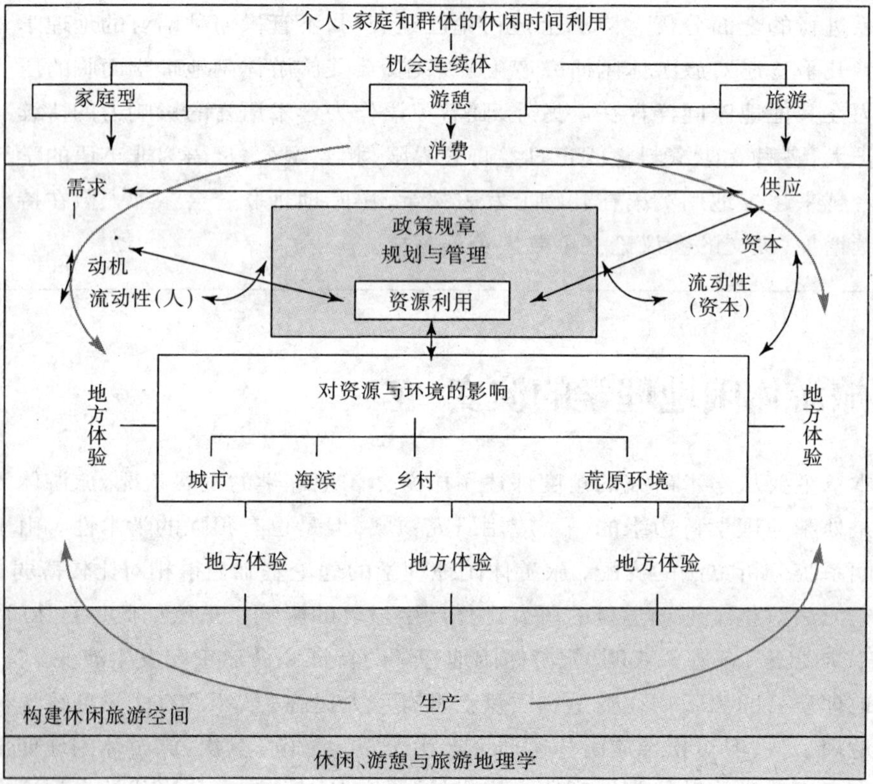

图 1.3　本书的结构框架

接下来的第二章和第三章分析了旅游休闲的供求因素。第二章探讨了旅游休闲需求的概念及其分析、各种研究观点及其对地理分析的意义。作为第四章的基础，第三章探讨了对旅游休闲资源进行评价的主要技术方法，研究了与旅游休闲影响有关的供求变量之间的相互作用，分析了政府政策作为旅游休闲机会决定性因素的作用，旅游休闲机会是旅游者和休闲者对公共空间和私人空间的利用问题。

第四章探讨了旅游休闲活动产生的不同类型的影响，并提出了解决环境影响、社会文化影响和经济影响的不同方法。其后的四章（五至八章）分析了各种环境中（城市、乡村、郊野、海滨和海洋地区）旅游休闲活动的特性，强调了它们在形成和影响人们的旅游休闲机会方面的作用以及此类活动对发生地的影响。

地理学在旅游休闲领域中的最大贡献之一是规划研究和政策分析。第九章探讨了在不同地理尺度上建立规划体制和政策体制的必要性，尤其是旅游规划的不同传统。第十章，即最后一章，分析了旅游休闲地理学今后的发展前景及地理学和地理学者在理解旅游休闲现象方面可能作出的贡献。自 20 世纪 20 年代末以来，旅游与休闲一直是地理研究的一个直接课题，并且已经发展成为应用地理学的一个重要领域。在此期间，研究方法与研究思想也随着研究内容的变化而变化。旅游与休闲是十分复杂的现象，不管是就全球尺度而言还是就地方尺度而言，都会对经济、社会文化、环境和政治产生重大影响。当前，地理学者不仅要进一步理解导致旅游休闲空间结果产生的过程，而且要将自身的知识传播给其他地理学者、旅游休闲专业的学生、公共部门、私人企业以及受这些现象影响的其他群体。

思考问题

1. 地理知识是否比以往更重要了？它对了解当代世界有何关系？

2. “对休闲地理学者而言，这是一个令人兴奋的时刻”。讨论一下这句话的含义。

参考阅读

介绍旅游休闲地理学领域主要学派和研究方法的参考著作包括：

Crouch, D. (ed.) (1999) *Leisure/ Tourism Geographies: Practices and Geographical Knowledge*, London: Routledge(a fascinating range of readings from a ‘new’ cultural studies perspective).

Lew, A. A., Hall, C. M. and Williams, A. M. (eds) (2004) *Companion to Tourism*, Oxford: Blackwell (a large collection of essays on various major research themes and traditions in the geography of tourism as well as the wider tourism literature).

Pearce, D. G. (1995) *Tourism Today: A Geographical Analysis*, 2nd edn, Harlow: Longman(from a traditional spatial perspective).

Shaw, G. and Williams, A. M. (2002) *Critical Issues in Tourism: A Geographical Perspective*, 2nd edn, Oxford: Blackwell(from more of a critical perspective).

Shaw, G. and Williams, A. (2004) *Tourism and Tourism Spaces*, London: Sage (from a more theoretical perspective).

With respect to recreation see

Pigram, J. J. and Jenkins, J. (1999) *Outdoor Recreation Management*, London: Routledge

(also provides a good introduction to the contemporary literature).

See also

World Travel and Tourism Council website: http: //www. wttc. org

World Tourism Organisation website: http: //www. world – tourism. org

第二章

休闲旅游的需求因素分析

对社会学家而言，理解人类为何参与休闲旅游活动是一个日益重要的问题，也是一个十分复杂的研究领域。从历史上看，地理学者对休闲旅游者可自由支配时间利用行为方面的研究作出的贡献较少（Jackson 1988)，而倾向于运用量化方式和统计数据分析需求的积聚模式。在研究休闲和地点的含义时，仅有很少情况下运用了理论方法和定性分析方法(如，Stockowski 2002)。除了少数例外情况(如Goodall 1990；Mansfeld 1992)，对研究活动的这种划分几乎是僵化的，这意味着，旅游休闲的行为研究自20世纪90年代初才开始对范围较广的研究团体产生影响(例如，参见 Walmesley 和 Lewis1993 年发表的关于地理学者的行为研究方法的文章)，主要的研究（例如，Walmesley and Jenkins 1992; Jenkins and Walmesley 1993)是将空间原理运用到休闲旅游行为分析。自20世纪90年代初以来，地理学者开始明确休闲旅游需求如何导致了与特定社会群体、民族群体、性别群体和边缘群体(如残疾人)有关的休闲旅游**地理学**，以及他们在其闲暇时间内进行消费或者由于种种障碍和限制不能消费而给各个地方带来的意义。正如麦克阿沃尔(McAvoy 2002) 的书中指出的那样，美国土著印第安人与白人对休闲资源的价值观和利用方式具有截然不同的地方含义。结果是为不同群体构建了一系列社会性的、文化性的和政治性的休闲旅游景观(Aitchison et al. 2000)。

一、地理学者与旅游休闲需求：历史观点

即使像铎瑞(Durie 2003：1)等旅游休闲研究方面的历史学者也指出，“旅游文献在最近几年内发生了翻天覆地的变化”。在发表的大量有关旅游历史的研究成果中，许多文章叙述了旅游休闲在不同年代的发展情况，最有代表性的是新编教

材中的专题文章(如 Walton 1983; Gold and Gold 1995),如铎瑞(Durie 2003)的著作《度假天堂苏格兰: 1780—1939 年的苏格兰旅游》(Scotland for the Holidays: Tourism in Scotland 1780—1939)。此类对旅游休闲发展历史的研究在英语和法语文献中是显而易见的(如 McGibbon 2000;Tissot 2000)。然而,地理学者在旅游休闲需求的历史分析方面尚未发挥重要作用,但有一些明显例外的情况(如 Towner 1996),基于两个重要发展过程:一是需求的模式与性质在时间上的连续性,二是旅游休闲现象的连续性由社会内部的政治、文化、经济力量的发展变化而形成的,从而导致了环境的变化(Page 2003a)。但它们并不是地理分析的突出因素,也不是对明显例外的旅游休闲现象的解释(Towner 1996)。但正如各种形式的历史分析一样,它为旅游休闲在空间和时间上的发展方式提供了基础、环境和解释。结果,历史地理学与历史学及其用于分析旅游休闲现象的研究方法之间的相互关联性被低估,这种相互关联性却经常被用来作为当今休闲现象复杂性的背景。"历史是通往未来的钥匙"的观点进一步说明了这一事实。这种观点也对当前普遍流行的关于当今社会休闲现象解释的假设提出了质疑。例如,贝利斯(Bayliss 2003)在研究"一战"和"二战"之间由安文设计、位于外伦敦的两座类似乡村风格的庄园时,依据口述历史和文献资料对居民的休闲生活进行了推想,对这些庄园形成结论是很复杂的,因为 1919—1939 年期间在此居住的家庭超过一百万个。而战后,研究人员往往将这些庄园视为社会障碍,因为这是一些缺乏社区情感和社区精神的荒无人烟之地。贝利斯(Bayliss 2003)通过研究两座具有对比性的庄园,指出:开展的休闲活动具有多样性,倡导正式休闲和非正式休闲的各种组织和社会团体发挥了重要作用,庄园的规划思想是营造休闲空间、丰富居民生活、倡导休闲活动、建设花园绿地。其结论远远超出了口头流传的"这些庄园是社会障碍"的说法。贝利斯(Bayliss 2003)还指出,两次世界大战之间的那些年代出现了家庭形式的休闲需求,收音机成为一种十分普遍的大众媒介,促进了休闲行为和社会的相互影响。因此,历史地理学者和旅游休闲历史分析的作用是始终贯穿全书的一个主题,目的在于从时间和空间的角度对休闲地理学进行理解和阐释。

地理学者对休闲需求研究的贡献:总结回顾

在休闲文献中,地理学者的贡献往往被归为社会科学类,如社会学、心理学和规划,而其在空间性和地方性上的贡献却显得十分模糊。本章探讨的是与休闲旅游行为有关的一些重点问题和几个新概念,这些概念用来理解为什么有些社会群体不能参与休闲活动(如社会排斥),以及这种情况对休闲模式的影响。休闲的空间性在许多休闲空间研究中显得十分模糊(如 Shields 1991;Urry 1995)。随后对研究人员使用的主要资料来源进行分析，强调指出，地理学者使用这些资料是为了明确休闲活动的模式、过程和意义。

在休闲旅游文献资料中，人们对偏离了行为过程和空间结果、无法从整体上理解旅游的理论性研究和概念性研究越来越感到无所适从(见第一章)。根据摩尔等(Moore et al. 1995: 74)的观点,“休闲与旅游的各种动机因素之间的关系”具有共同的线索;而莱柏(Leiper 1990)认为,旅游是一种重要的休闲形式,旅游活动与休闲活动的动机因素之间具有一定的共同性,放松或与朋友聚会等很多需求同样可以在休闲或旅游的情况下得到满足。尽管莱柏(Leiper 1990)的观点有值得肯定之处,但将休闲活动归为一种不确定的状态就假定了旅游与休闲之间没有可以区分的属性。皮格拉姆和詹肯斯(Pigram and Jenkins 1999: 19)认为,“休闲需求这一术语往往等同于个体偏好或个体欲望,不管个体是否拥有能满足其需要的经济资源和其他资源”。由此看来,体现在行为或活动参与上的是偏好—愿望—欲望的层次水平。需要指出的是,如果我们承认某些旅游动机的确会将旅游体验从休闲体验中区别出来，反之亦然，并且与旅游休闲活动有关的一系列特定动机在每种十分相似的情况下都是独特的，那么莱柏（Leiper 1990）的观点就具有很大的正确性。为此,下面的讨论将对休闲需求进行分析,重点是休闲文献中普遍提出的各种解释,其后讨论旅游的情况及提出的相关问题,根据莱柏（Leiper 1990）和摩尔等(Moore et al. 1995)提出的观点对各种文献资料进行比较和对比。

二、休闲需求

与休闲旅游有关的人类活动是个体或群体自愿参与的活动行为。然而,要理解休闲旅游的这一性质需要采取概念方法，要能合理阐释参与休闲活动的欲望和机会之间复杂的相互影响关系。考普克和达菲尔德（Coppock and Duffield 1975)认为:

> 要成功地进行户外休闲研究，取决于两个对立因素的综合考虑：休闲的社会现象或……个体在户外休闲（和旅游）上花费的那部分闲暇时间和……特定休闲活动所必需的自然资源。
>
> 考普克和达菲尔德(Coppock and Duffield 1975:2)

换句话说，考普克和达菲尔德（Coppock and Duffield 1975）认为，必须认识到人类对休闲旅游活动的参与或愿望的需求与满足所需要的资源、设施和机会之间的关系。人们提出了大量关于需求和供应的概念,并应用于传统的市场经济,个体可以有选择地消费休闲旅游产品（参见 Vendenin 1978；D. J. Shaw 1979；Riordan 1982 关于前苏联对于这些问题的讨论）。罗伯茨等（Roberts et al. 2001）指出，自20 世纪 80 年代以来前苏联（今俄罗斯联邦）从最平等的社会之一转变为最不平等的社会之一，尽管提供的休闲机会不平等，但休闲的确为俄罗斯人生活质量的提高作出了重要贡献。在众多对战后苏联地理学的评论文章中，认为俄罗斯的研究对国际地理学的发展产生的影响不大（关于苏联的意识形态和马克思主义的理论争议除外）。然而，在休闲与游憩领域，对于休闲需求研究和正在出现的对休闲现象的研究兴趣却有着悠久的传统，大量的研究成果可以作为证明（Nefedova and Zemlianoi 1997；Tchistiakova and Pabanne 1997；Ioffe and Nefedova 2001；Kruzhalin 2002）；在社会科学方面也做出了广泛的贡献，如基沃斯达瓦（Gvozdeva 1999）的研究探讨了后共产主义俄罗斯妇女闲暇时间增多的现象。

史密斯（Smith 1989）认为：

休闲地理学者对需求一词的使用至少有四种不同的方式。最具有传统意义的是新古典主义定义：需求是以不同价格消费某些商品的数量……需求的第二个定义是指当前的消费，但它对休闲研究人员价值不大，因为它没有说明参与的倾向或当前需要未满足的程度。需求还用来指未得到满足的需要。……最后，需求用来说明心理体验的欲望。

S. L. J. 史密斯（S. L. J. Smith 1989：45）

相反，派特摩尔（Patmore 1983：54）则认为，“对休闲的认识要远比客观分析容易得多……产生难点的原因只有一部分在于概念：同样重要的是可用资料的性质和局限性”。该部分试图对此进行解释。

根据皮格拉姆（Pigram 1983）的观点，休闲文献中对“需求”这一术语的使用普遍显得很模糊。我们可以区分一般层次上的需求，指的是“个体偏好或个体欲望，不管个体是否拥有能满足其需要的经济资源和其他资源”（Pigram 1983：16），体现了某些活动的行为特征与偏好。在另一个层次上，有具体的活动或活动的参与性，通常表达为出游率，用以测量可观察的实际出游行为。可观察的需求与实际参与不一致的一个原因在于“潜在需求”的概念（由于缺少休闲机会而无法满足的需求）。耐特斯基（Knetsch 1969）确认了参与和需求之间的不匹配和混淆现象，他认为，我们不能简单地看待人们所做的事情并把它与人们想做的事情联系起来。比较理想的做法是，任何对需求的分析都要考虑到人们没有参与的原因，并研究克服这些障碍的方法，比如提供新的资源、了解社会文化制约因素。皮格拉姆和詹肯斯（Pigram and Jenkins 1999）认为：

在现实世界中，休闲需求很少等同于参与。总体需求与实际参与（或者表述为有效需求、可观察的需求或外显需求）之间的差异被称为“潜在需求”或“潜在参与”——当休闲机会的供应条件达到理想状态的时候，尚未得到满足的那部分需求就会转化为参与。

皮格拉姆和詹肯斯(Pigram and Jenkins 1999: 20)

为了总结影响参与休闲决策的各个因素，皮格拉姆(Pigram 193)构建了图 2.1，突出了影响决策过程的各种复杂变量。

大多数研究都分析了有效需求，即实际参与而不是潜在需求。地理学者的贡献主要是从时间和空间的角度对与供应有关的需求（即特定景区的需求）进行了研究。这至少源于 20 世纪 30 年代地理学对资源确认、利用和分析的传统。考普克和达菲尔德(Coppock and Duffield 1975)对被动休闲和主动休闲进行了区分，从而开始区别各种不同形式的需求。尽管从数量上而言，被动休闲是最重要的一种形式，但是由于其分散性和无组织性，很难进行研究。考普克和达菲尔德（Coppock and Duffield 1975)认为：

乡村地区的主动休闲在很多方面与被动休闲是有区别的。不仅参与者是少数来乡村地区进行户外休闲的人，而且他们一般比较年轻，具有许多不同的社会经济特征：他们往往要依赖乡村地区的特殊(有时是稀有的)休闲资源……但跟被动休闲相同的是，关于此类活动的信息一般比较缺乏。

考普克和达菲尔德(Coppock and Duffield 1975:40)

这说明，有必要认真分析休闲需求以及促进休闲需求和制约休闲需求的各种因素。但是激发人们参与休闲活动的动机是什么呢？

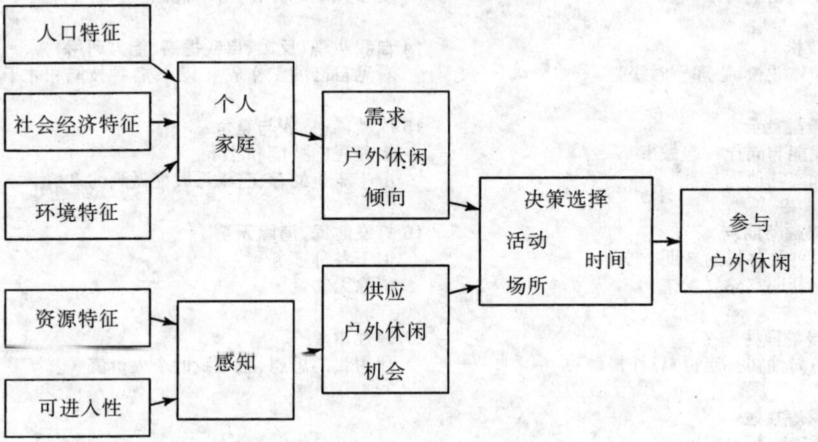

图 2.1　户外休闲决策过程

资料来源：皮格拉姆(Pigram 1983)

阿盖尔（Argyle 1996）认为，人们参与休闲游憩活动的原因之一在于人的社会化过程和个性特征，父母和同龄人等在童年时期的影响是社会影响的基础，对人们后来活动的选择会产生影响。事实上，成年人的休闲爱好几乎有一半是在童年后形成的，个性因素影响到对具体休闲方式的偏好。然而，理解激发个体从事各种形式休闲活动的心理因素主要是心理学家的任务，因为这是动机的一种固有形式。

研究休闲动机的一种简单方法是向休闲活动者询问“是什么真正激发他们参与休闲活动”。克兰德（Crandall 1980）根据其对休闲动机的研究，综合了该领域以前的研究成果，列出了 17 种动机因素（表 2. 1）；卡帕诺夫（Kabanoff 1982）也确定了一个相似的动机因素清单（表 2. 2）。从表 2. 1 和表 2. 2 中可以清楚地看出，寻求放松、需要刺激和自我满足的动机是很明显的，尽管阿盖尔（Argyle 1996）认为特定的休闲方式有特定的动机。然而，托克尔德森（Torkildsen 1992:79）则认为，自

表 2.1　克兰德的动机清单

1 享受大自然，逃离现代文明 暂时逃离现代文明 亲近大自然	**10 认可，身份** 向其他人表明我能做这件事 因此其他人会对我进行高度评价
2 逃离日常事务和责任 变化一下我的日常行为 躲避日常责任	**11 社会权力的显示** 能够控制其他人 处于有权力的位置
3 锻炼身体 锻炼、健美健身	**12 利他主义** 帮助他人
4 创造性 显示创造力	**13 寻求刺激** 由于风险的存在，寻求刺激
5 放松 身体放松、心理暂时松弛	**14 自我实现（反馈、自我提高、能力利用）** 看见自己的工作成果、发挥各种技能和才干
6 接触社会 我能与同伴一起做事 远离其他人	**15 成就感、挑战与竞争** 培养我的技能和才干 由于竞争的存在，学习我能做到的事情
7 接触新朋友 跟各种各样的新朋友交谈 与新朋友建立友谊	**16 打发时间、消除无聊** 忙于各种事务 消除无聊
8 接触异性 与异性在一起，与异性接触	**17 理性审美** 利用我的思想，思考我的个人价值
9 家庭接触 暂时离开家庭 有利于家庭成员关系更融洽	

资料来源：克兰德（Crandall 1980）

表 2.2 卡帕诺夫的休闲需求表

休闲需求等级	等级组成要素	要素平均值
1 自主权	组织自己的项目和活动	2.78
	从事自己认为有意义的事情	3.39
2 放松	放松,不紧张	3.20
	身心松弛	2.94
3 家庭活动	家庭成员关系更融洽	2.81
	享受家庭生活	3.30
4 逃离日常事务	逃离日常生活的责任	2.85
	改变日常生活	3.12
5 相互作用	结交新朋友	2.35
	享受与他人在一起	2.55
6 寻求刺激	寻求新的不一样的体验	2.66
	寻求兴奋与刺激感觉	2.89
7 发挥技能	发挥技术与能力	2.89
	培养新的技能	2.61
8 健康	保持体形健美	2.47
	健康原因	2.46
9 尊重	赢得他人的尊重或羡慕	2.11
	向他人展示自己的才能	2.15
10 挑战/竞争	参与竞争	1.87
	在困难或严酷环境中检验自己	2.31
11 领导/社会权力	组织团体活动	1.79
	取得领导职位	1.48

资料来源:卡帕诺夫(Kabanoff 1982)

我平衡是与人类动机有关联的一个基本概念,人们具有一种维持自身体内稳定状态的潜在欲望。人类的需要,是"个体在生理或精神方面的缺乏或不足"(C. Morgan and King 1966: 776),打破了自我平衡状态。从根本上说,人类的需要必须得到满足。生理学理论认为,人类的一切行为都是受到一定的动机激发而产生的。这就使我们想到了与休闲旅游动机关系最密切的研究成果之一——马斯洛的人类需求层次理论。

马斯洛的人类需求层次模型与休闲旅游动机

在关于休闲旅游的社会心理学文献中,马斯洛(Maslow 1954)的需求层次理论一直是引用最频繁的动机理论之一。其基本原理是个体需求按照等级排列(图2.2),假定的前提是自我实现是人们追求的一个最高层次。马斯洛认为,如果较低层次

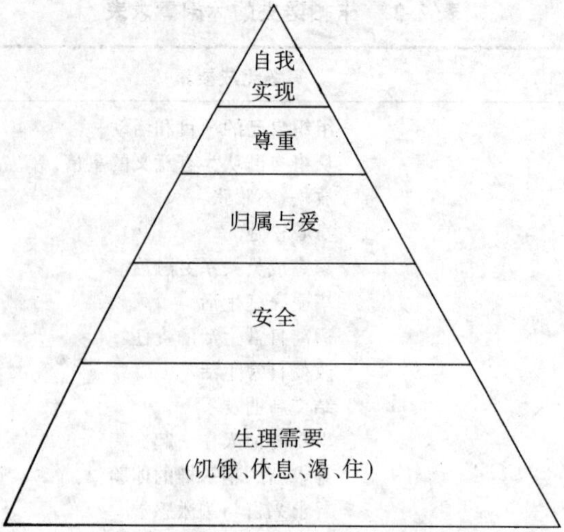

图 2.2　马斯洛的需求层次

的需要得不到满足，那么这种层次的需要将支配着人们的行为。一旦这些需要得到满足，个体的行为将受到较高层次需要的激发。在此动机顺序中，马斯洛确定了"缺乏动机或减少紧张动机"和"诱导动机或激励动机"(Cooper et al. 1993: 21)，他认为，该动机模式可以应用于工作环境和非工作环境。尽管马斯洛的理论解决了休闲旅游动机的大量研究工作，但是他如何和为何确定五种基本需求尚不是很清楚。该理论普遍应用于休闲旅游研究，是因为它在理解人类行为时认识到了其中可理解的和可预见的方面，而相比之下，其他研究则认为人类行为是没有理性的和不可预见的。

尽管马斯洛的模型不一定十分理想，因为有些需要可能会同时出现，但它确实强调了人类需要发展的形式，个体都朝着有利于自身成长的方向努力。因此，马斯洛帮助我们确定并划分了人们在休闲(和旅游)环境中的需要类型。提尔曼 (Tillman 1974) 总结了包括游憩需求在内、涉及范围更广泛的个体休闲需求，包括：

- 追求新鲜体验(如探险经历)
- 放松、逃离和幻想
- 认可与身份
- 安全(免遭饥渴或疼痛之苦)
- 支配欲(控制自身环境)
- 社会反应与相互作用(与他人发生相互关系、相互影响)

- 心理活动(感知与理解)
- 创造性
- 必须的需要
- 生理活动和健康需要

布拉德肖(Bradshaw 1972)提出了一个不同的观点，他认为社会需求具有很强大的力量，可将其划分为规范需要、感觉需要、特殊需要和比较需要，来解释需求。穆瑟(Mercer 1973)、古德贝(Godbey 1976)和麦克阿沃尔(McAlvoy 1977)在休闲研究中发展了布拉德肖的观点，对他提出的四大类需求进行了修订，增加了创造需要、替换需要和伪装需要。规范需要建立在价值判断的基础之上，往往是由专业人员确定、认为他们感到适合于其他人的需要。感觉需要是个体可能有的、但不一定表达出来的需求，是基于某人想做的事情而产生的，是一种可感知的需要。特殊需要指的是那些现有的休闲活动需求与偏好，往往是可以测量的，但只是需求观点的一部分，因为新的休闲机会可能会产生新的需求。比较需要在一般人群与特殊群体(如残疾人、老年人或少数民族)存在对比的情况下是显而易见的，通过比较来确定现有的供应能否满足特殊群体的需要。创造需要可能源于决策人员和规划人员的需求，他们设计、推出新的服务项目或活动项目，供人们使用。伪装需要是由个体或社会通过想象而创造出来的，不一定是必需的，可能处于广泛休闲需求的边缘。然而，替换需要却承认了人类需求的动态性特征，即，随着时间的推移，个体在不断发展，个体在生命周期中的位置也在不断变化，人类需求会发生变化。随着时间的推移，个体在其生命周期中要经历四个主要阶段(Ken and Rapoport 1975)：

- 青年(求学阶段)
- 成年初期
- 成熟期(中年)
- 后期阶段(退休以后)

其他研究人员(如 Iso - Ahola 1980; Neulinger 1981)则强调无拘无束的心灵自由感受是一种重要的动机来源。阿盖尔(Argyle 1996)对此类研究进行了总结，他认为，休闲的内在动机与三个基本因素有关：

- 社会动机
- 基本的生理享受(如吃、喝、性、运动)
- 社会学习(以往的学习如何来解释参加某种活动的倾向)

由奇凯岑特米哈伊(Csikszentmihalyi 1975)提出、用来解释动机的一个很有用的概念是“**沉浸**”(flow)。个体一般倾向于找到一种全神贯注参与休闲活动的感觉，当自我意识降低时，达到体验感觉的高潮——一种沉浸其中的感觉——这就是主要的内在动机。沉浸被解释为由于面临挑战和自身技能而形成的一种平衡，可以出现在四种情况之下：

- 挑战性大、技能水平高，产生沉浸其中的感觉
- 挑战性过于强大，产生焦虑感
- 如果挑战过于容易，则产生无聊感
- 挑战和技能水平过低，则缺乏兴趣

但这并不意味着每个人总是寻求激励性强的休闲活动。有些休闲活动可能只是满足放松的需要，要求不高，激励性较差。艾沃特和霍伦赫斯特（Ewert and Hollenhurst 1989）指出，那些参与高风险户外游憩活动（如漂流）的人把运动视为一种沉浸体验，根据研究预测，随着技能水平的提高，他们也将增加参与次数、加大风险水平。然而，即使这样，群体的内在动机仍旧保持不变，低强度激励和高强度激励似乎同时存在。由此看来，觉醒程度在时时变化，探险旅游经营商可以利用这一特点来管理探险体验，提高参与者的满足程度（Hall and McArthur 1994; Egner 2002; Page et al. 2005）。

休闲可能还会增强自身形象，由此身份成为动机产生的基础，因为参与休闲活动可以形成对一个特定群体的归属感。有些活动可能还要求掌握专门技能、增强自尊。班杜拉（Bandura 1977）认为，在休闲活动要求具备一定能力水平的情况下，感知自身从事某项技术的能力成为一种动机，一种自信感和对自身能力的判断，会产生自我效能感。

尽管动机具有重要意义，但显而易见的是，没有与休闲有关的一种单纯的理论甚或明确的一致意见。相反，“在各种动机理论中，需求被看做是个体为了获得满足和完善而在自身内部产生的一种力量。有各种层次和类型的需求，包括十分重要的自我实现需要和生理发展的需要”（Torkildsen 1992：86）。理解需求和内在动机以及隐含在休闲动机研究中的一些观点，为我们洞察人们为什么参与休闲活动提供了广阔思路。但是，不仅有必要理解为什么人们参与休闲活动，而且还要了解可能阻碍人们参与休闲活动的因素。托克尔德森（Torkildsen 1992）列出了影响休闲参与的三大类因素：个人因素、社会环境因素、机会因素。这些影响因素（表2.3）对理解休闲参与的某些制约因素有很大价值。

三、休闲的制约因素

在休闲研究文献中出现了一个专业研究领域，侧重制约因素的研究，即研究那些制约人们参与休闲活动的因素、环境或作用。根据发表的各种研究成果，确定

表 2.3　影响休闲参与的因素

个人因素	社会与环境因素	机会因素
年龄	职业	可利用的资源
生命周期中所处阶段	收入	设施——类型与质量
性别	可支配收入	意识
婚姻状况	物质财富与用品	对机会的感知
赡养人及年龄	汽车拥有量与流动性	休闲服务项目
生活意愿与目的	可利用时间	设施的分布
个人义务	职责与义务	可进入性与位置
决策水平	家庭与社会环境	活动的选择
休闲感知	朋友与同辈群体	交通
态度与动机	社会角色与关系	花费:参与前、中、后
兴趣与倾向	环境因素	管理:政策与扶持
技术与能力——身体、社会与智力	大众休闲因素	市场营销
个性与信心	教育与成就	计划制定
文化修养	人口因素	组织与领导
教养与背景	文化因素	社会了解程度
		政策

资料来源:托克尔德森(Torkildsen 1992)

了两种形式的制约因素:干预因素,即在偏好和参与之间产生干预作用的那些因素;在先因素,影响一个人决定不参与休闲活动的因素。

尽管休闲制约因素方面的研究文章早在20世纪60年代就已有发表,但广泛的研究则出现在20世纪80年代,其中大量文章(如,Crawford and Godbey 1987; Crawford et al. 1991)还确定了近年的研究议程。克劳福特和古德贝(Crawford and Godbey 1987)在早期发表的文章中提出了三大类制约因素:个人内在因素、人际关系因素和结构因素。在随后发表的研究文章中,克劳福特等(Crawford et al. 1991)在以前提出的三类制约因素的基础上设计了一个制约等级模型,如图2.3所示。由此可以看出:

- 参与休闲实际上是一个协商的过程,众多因素按顺序排列;
- 制约因素出现的顺序形成了一个"重要性等级",其中个人内在制约因素在顺序上影响力最大;
- 社会阶级对是否参与休闲活动具有很大的影响力,从而形成了一个社会特权阶层,即社会阶级的形成是一个强有力的影响因素,可能成为制约因素。

该研究成果为制约因素的进一步分析与评价提供了参考框架(如,Samdahl and Jekubovich 1997; Henderson 1997)。事实上,杰克逊等(Jackson et al. 1993)的研究

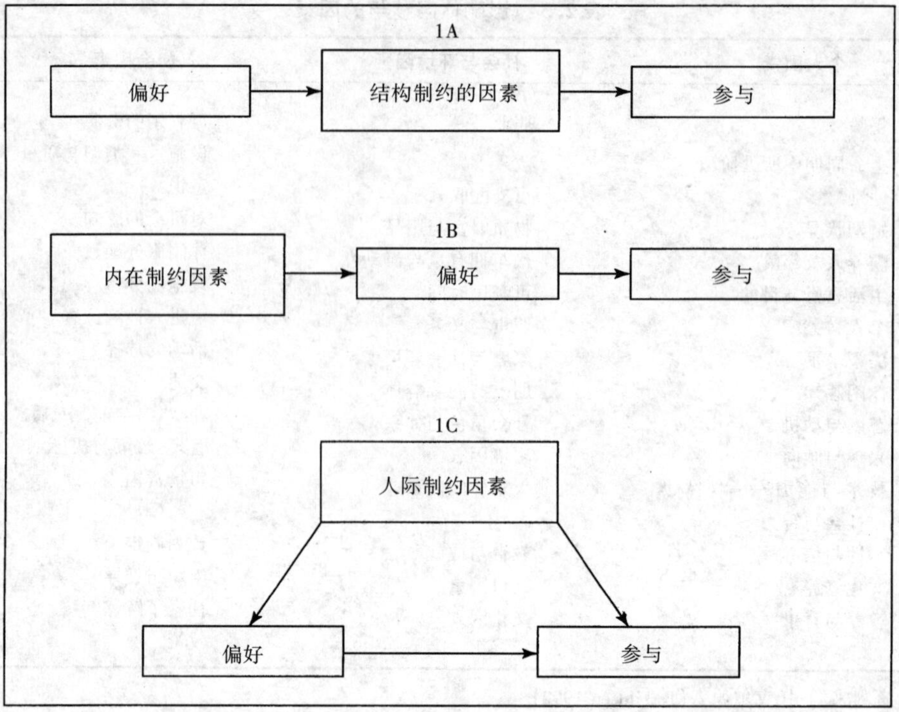

图 2.3　克劳福特和古德贝(Crawford and Godbey)提出的三类休闲制约因素

资料来源:克劳福特等(Crawford et al.)

表明,理解休闲制约因素的真正关键在于协商过程,即,即使在制约因素十分明显的情况下,个体是如何继续参与休闲体验的。最终,皮格拉姆(Pigram 1983)建立的模型帮助我们解释了参与行为发生的环境,以及制约个人参与的根本因素对过程施加影响的方式。在这种背景下,我们能够意识到闲暇时间和闲暇空间在不同文化背景(参见 Horne 1998:日本社会评述)和不同群体中的利用情况(西方对闲暇时间概念的理解不适合于这些地方)。例如,可汗(Khan 1997)在研究孟加拉国乡村贫穷妇女的休闲体验时发现,显而易见的是"把闲暇看做是自由可支配时间或非工作时间的传统休闲研究方法"(Khan 1997:18)是毫无意义的,因为自由可支配时间或非工作时间与必需工作时间之间的界限很模糊,每天的必需工作往往都是十分繁杂的。经验主义学派进行了大量值得注意的研究,强调了主要的休闲制约因素。例如,凯和杰克逊(Kay and Jackson 1991)对英国 366 名成年人的休闲制约因素进行了一次著名的研究,指出:

- 53%的人认为金钱是主要的制约因素；
- 36%的人认为缺少时间是主要制约因素；
- 与家庭或工作冲突、交通问题和关注健康是其他制约因素。

在加拿大阿尔伯塔省进行的一项研究对1 891人进行了调查，方式是让被调查者对15个制约活动参与的可能因素进行评价。结果显示，社会孤立、可进入性、个人原因（缺乏自信或技能）、花费、时间和设施是主要制约因素。有人提出，这些制约因素从重要性来说有一个具体的顺序问题，其中最重要的制约因素是人际关系因素，其次是结构因素（即缺少时间或金钱）。然而，S. 肖等（S. Shaw et al. 1991）却对这些观点提出了质疑，他们发现，在一次对14 674名加拿大人就11个制约因素进行的调查中，只有缺乏精力和健康状况差是导致休闲活动参与率低的原因。因此，正如凯和杰克逊（Kay and Jackson 1991）所说，障碍是可以协商的或可以解决的。派特摩尔（Patmore 1983）总结出主要的休闲制约因素：

- 季节性
- 生物因素和社会因素
- 金钱与流动性
- 资源与时尚

有无时间也是一个重要制约因素。

考普克和达菲尔德（Coppock and Duffield 1975:8）认为，需求发生的主要变化是由于个体和群体对每天、每周和每年的闲暇时间预算使用的变化引起的。考普克和达菲尔德（Coppock and Duffield 1975）以及派特摩尔（Patmore 1983）利用了相似的资料来源，如英国全国休闲试点调查（英国旅行协会与基尔大学：1967，1969）的结果和杨与威尔默特（Young and Wilmott 1973）进行的家庭行为的社会研究的成果，来分析时间预算、需求变化和制约因素等问题。最重要的区别之一是“周末大大增加了可用于休闲活动的时间，休闲活动又影响了周末时间预算”（Coppock and Duffield 1975: 4）。然而，如果我们不考虑每天和每周的闲暇时间来看待有关的个体和群体，有一系列重要因素影响到对休闲模式的解释。

阿盖尔（Argyle 1996）认为，研究休闲活动的制约因素和有利因素的主要原因之一是了解“有多少人参与了各种形式的休闲活动，他们花了多长时间，以及男性与女性之间、青年人与老年人之间、其他群体之间有何不同”（Argyle 1996）。这是因为，有些群体，如，

妇女、老年人和失业人员面临着特殊的制约因素，影响到他们参与休闲游憩活动的能力。人们参与这些活动是因为他们想这样做，或者出于自身的原因，为了

寻求开心、娱乐或自我提高，或者为了实现自己确定的目标，但不是为了获得物质利益。

阿盖尔(Argyle 1996:33)

四、季节性

派特摩尔(Patmore 1983)指出：

最顽固的制约因素之一是气候的影响，在户外活动场所表现得最为明显。季节的更替既影响到白天可利用的时间，也影响到有利于活动参与者户外舒适程度的温度。

派特摩尔(Patmore 1983)

这反映了休闲活动的季节性，即不可避免地形成了有利条件下的旺季和不利条件下的淡季。派特摩尔(Patmore 1983)指出了休闲活动的连续性，即有的表现出较强的季节性，有的在不同季节的参与性变化不大。第一类，是季节性最强的活动，包括依赖天气状况的户外活动(往往是非正式的)。第二类，是具有过渡意义的中间型，温度不一定是限制因素，意志比较坚强的参与者可能会有一定程度的不舒适感(如步行或球类运动)。最后一类是室内活动，可以是正式的，也可以是非正式的，实际上基本没有季节性。另外，季节的自然制约因素、气候和天气通过缩短特定资源用于开展活动的时间而限制了需求(Patmore 1983:72)。虽然在某些情况下资源替代(如人造滑雪场代替天然滑雪场)会有一定帮助，但人造资源无法提供真实资源带来的让人产生的那种兴奋或快乐。

五、经济资源与休闲机会

据阿盖尔(Argyle 1996)观察，很多研究强调缺少金钱是影响参与休闲活动的一个制约因素；而寇尔特(Coalter 1993)则发现，缺少金钱对参与体育活动的影响不大。凯和杰克逊(Kay and Jackson 1991)承认，金钱或可支配收入是参与需要花钱的活动(社交方面的吃喝)的制约因素，但对比较便宜的体育活动影响不大。比特曼(Bittman 2002)指出，在澳大利亚进行的一项“时间利用调查”的结果表明，参与休闲活动的时间是由工作时间、家庭责任和性别决定的。研究发现，家庭收入对可利用的闲暇时间没有重要影响。收入、职业和是否拥有汽车共同影响了休闲活动的参与，正如派特摩尔(Patmore 1983)所做的简要总结：

那些拥有技术性职业的人、收入较高的人、拥有私人汽车的人和受全日制教育时间较长的人一般比较喜欢丰富多彩的主动性休闲活动，而不太重视家庭内外的被动式休闲。

派特摩尔(Patmore 1983:78)

20世纪60年代以来在很多发达国家（美国和加拿大等地区时间更早），汽车为个人提供了最大限度的流动性和更广泛利用休闲的机会。例如，对英国的研究表明，大多数拥有汽车的家庭参与体育和休闲活动的倾向是没有汽车的家庭的两倍（Hillman and Whalley 1977）。即使这样，马丁和梅森（Martin and Mason 1979）发现：

休闲存在的矛盾之一是，尽管就休闲活动的产生而言，时间和金钱是互为补充的，但就个体可利用资源而言，它们却是相互竞争的。在寻求大多数休闲活动之前，购买休闲产品与服务既需要一部分闲暇时间，也需要一部分金钱。

马丁和梅森(Martin and Mason 1979:62)

可进入性和经济资源问题也提出了一些社会内容方面的问题，本书后面要进行较为全面的探讨。然而，麦瑟(Mather 2003)指出，参与户外游憩活动与社会经济地位和富裕程度有密切的关系。这表明，由于受到供应缺乏和经济资源少等因素的制约，社会经济地位较低的群体参与休闲活动的比率较低。斯利（Slee 2002）指出，1998年进行的一次乡村地区旅游调查显示，在乡村地区，17%的被调查者没有外出旅游过，主要原因是没有吸引力而不是经济方面的原因。因此，主张增加供应以满足受到制约的需求这一论点就可能站不住脚了。柯里（Curry 2001）发现，事实上，英格兰和威尔士在1990—1997年期间土地的使用净增长了

插图2.1　加利福尼亚迪斯尼乐园，是一个备受欢迎的家庭旅游休闲场所。个人安全保障是构成其环境氛围的一大特点。

450 000 公顷。麦瑟（Mather 2003）探讨了英格兰和威尔士（乡村与路权法案 2000）及苏格兰（土地改革法案 2003）新颁布的法规，这些法规扩大了公众对土地利用的法律基础和使用范围，也扩大了休闲用地范围。与此相关的争论也是出于健康目的和推动体育锻炼，步行道和步行活动的增加就体现了这一点。例如，麦瑟(Mather 2003)指出，据估计 20 世纪 90 年代在苏格兰乡村地区，每年参加步行休闲活动的人次达到 3 亿人次(创造了 3 亿英镑的收入，提供了 2 万个专职就业机会)。即便如此，麦瑟(Mather 2003)仍指出，开放休闲用地不会导致休闲活动的大规模增长。

六、性别与社会制约因素

性别一直是对休闲参与产生有力影响的一个重要因素，休闲需求调查也一直体现了这一特点。阿盖尔(Argyle 1996)认为：

> 由于有众多的女权主义作家，因此关于这个话题有一个影响很大的理论。由于工作的需要和希望妇女待在家里的丈夫的阻力，妇女很少有休闲活动，甚至没有休闲活动……如果休闲被看做是带薪工作的对立面，那么休闲的概念只适用于男士。
>
> 阿盖尔(Argyle 1996:44；另见 Deem 1986)

因此，有孩子的妇女参与休闲活动的时间较少，而全职或兼职工作的妇女比男同事的可利用时间要少(参见阿盖尔对这个问题的详细探讨)。在休闲文献中可以找到对这些观点的大力支持，男性的空闲时间比较长而且是安排在黄金时段（如晚上和周末）（Pigram 1983），这从一定程度上说明了性别差异的存在。塔尔博特(Talbot 1979)的研究更详细地探讨了这个主题。罗杰斯(Rodgers 1977)证明了欧洲男性与女性在以参与体育活动作为休闲方式方面存在巨大差异，在每 100 名女性参与的体育活动中，参与体育活动的男性人数则为：英国为 188 人，西班牙为 176 人，法国为 159 人，比利时为 127 人，挪威为 127 人，荷兰为 116 人，前联邦德国为 111 人。尽管资料来源的准确性和变化性能够在一定程度上说明这种差异的可变性，但性别差异的存在是显而易见的。文化地理学的最新研究表明，性别、阶级和年龄等身体特征会促进或阻碍个体对特定休闲方式的参与程度。换句话说，这说明了建立休闲理论的重要性，理论的核心应该强调个体的身心都参与休闲活动。地理学从文化视角和性别视角对休闲进行研究，斯克拉顿和沃森(Scraton and Watson 1998)以及默尔和唐纳(Mowl and Towner 1995)的研究就是很好的佐证。就性别意义而言，普里特查德等（Pritchard et al. 2002）还研究了曼彻斯特同性恋聚居区的情况。

年龄对休闲活动的参与也有强烈的影响，亨得利等（Hendry et al. 1993）认为青少年时期是休闲需求的高峰期。其中有两个关于参与和制约的重要解释。生命周期分为若干阶段，这是一个很有用的概念，可以用来解释为什么有小孩的妇女的休闲机会比青少年少。同样，一般用体力和精力来解释成年后期直至晚年阶段参与主动休闲活动下降的趋势。1972 年进行的大伦敦地区休闲调查（大伦敦委员会 1976）确定了如下一些特征：

- 有些活动的参与性随年龄增长出现显著下降（如足球等消耗体力较大的运动项目）
- 有些活动的参与性在整个生命周期中基本保持不变（如网球和室内游泳）
- 有些活动的参与性随年龄增长而上升（如高尔夫球和散步）

事实上，这些调查结果不仅说明了年龄（一定程度上也包括性别）的重要性，而且也说明生命周期对参与性发生变化或"触发变化"的重要性（Patmore 1983）。其中一个触发阶段是退休，尽管有时退休被说成是一生中触发变化的事件，但 J. A. 龙（J. A. Long 1987）发现，58% 的男性退休人员在休闲活动方面没有发生变化，8% 的退休人员参与学习活动，3% 的退休人员培养摄影兴趣，3% 的退休人员参与体育活动。阿盖尔（Argyle 1996：63）在其对退休人员的研究中强调指出，"人们继续从事跟以前一样的休闲活动，只是不如原来那么积极，更多地以家庭为中心，很少参与新的休闲项目"。

七、休闲空间的"恐惧现象"：参与的性别障碍

自 20 世纪 80 年代以来，人们对城市环境带来的恐惧、个人安全和空间含义的作用产生了越来越浓厚的兴趣（例如，Fyfe and Banister 1996； Koskela and Pain 2000），同时也对个人安全的性别因素产生了兴趣（S. J. Smith 1987； G. Valentine 1989）。个人安全对城市环境中使用公共空间和城市公园等公共休闲资源具有重要的影响。事实上，对这些问题的关注可能源于地理学科发生的变化"和社会科学领域出现的新颖而富有挑战性的思想导致的变化"（Aitchison 1999：20）。就休闲地理学而言，这种变化带来的结果会涉及关注与新文化地理学有关的性别关系和理论，以及构建休闲空间的概念体系和理论体系。格林等（Green et al. 1990：311）的评述体现了这种观点的核心原则之一："社会对妇女休闲进行管理的一个重要方面是，调节妇女对公共空间的使用及其在这些场所的行为"。这些重要的观点直到最近才开始出现在旅游地理学领域（参见 Crouch 2000），而旅游地理学

在个人安全研究方面的经验主义方法、逻辑—实证主义方法对性别和公共空间的关注很少。

就概念而言，对恐惧现象的分析，特别是对性别含义的分析，可以很好地说明妇女这一特殊群体对休闲活动的参与问题。应用到城市休闲游憩空间，这一观点则揭示了男性对公共休闲空间的支配地位（Aitchison 1999）。新兴文化地理学已经看到，随着新观点发展成为概念和理论，休闲地理学者开始逐渐摆脱实证主义范式和构建模型的年代。女性观点的兴起是地理学者在休闲研究方面一个显著的成果，女性休闲研究者开展的具有划时代意义研究起了进一步的推动作用（例如，Talbot 1979; Deem 1986; Green et al. 1987）。

舒尔默 - 史密斯和汉纳姆（Shurmer-Smith and Hannam 1994: 13）在其评论中概括了新文化地理学的兴起所带来的一个主要问题："在地理思想中，地点是一个貌似简单的概念。我们想让它变得难一些。"这里有很多对新文化地理学提出的批评：我们必须要有坚实的社会理论基础、文化基础，并掌握用来支持辩论的新术语。导致的一个结果是：

> 自 20 世纪 90 年代初以来，正如它的名义所指的那样，新文化地理学表明：空间、地点和景观——包括休闲旅游景观——是不确定的，是处于不断转换的状态，这是因为景观的各种提供者、使用者和调解者内部和相互之间持续发生的权力斗争和抵抗。
>
> 艾奇森（Aitchison 1999:29）

这意味着要重视过程与方式，而不仅仅是结构与体系，批评了早期的休闲地理学研究没有把空间当作一个问题，也没有认识到景观中的人文因素。我们必须认识到，这种观点只代表了地理研究中的一种观点，强调文化现象的多样性、差异性和细微差别，文化现象是逻辑实证主义地理思想的对立面，实证主义寻求的是空间模式、空间形式和空间现象过程的稳定性、一致性和概括性。结果，

> 人们对休闲旅游作为后实证主义地理学中的文化现象而产生了新的兴趣。新文化地理学已经形成并与社会文化研究融合在一起，正在共同来研究休闲旅游发展过程中行为的多样性、意义、消费趋势和特征。
>
> 艾奇森（Aitchison 1999:29）

下面的案例研究的重点是性别因素。根据马奇（Madge 1997）对莱斯特城市公园系统的调查结果，鉴于休闲制约因素研究文献中（如 Henderson 1997）对女性及其参与制约因素（如 Jackson 1994）的关注越来越多，现在应该把重点放在恐惧问题的研究上了。

案例研究:"恐惧现象"及其对休闲参与制约的影响

据估计，正常情况下英国有 40% 的人口使用城市公园（Garner 1996）。但批评方认为，城市公园作为一种休闲资源，正在被公众疏远（Vidal 1994）。对有些群体(如妇女、儿童和少数民族)来说,这种情况尤为严重，恐惧成为制约使用的一个因素。莱温斯克罗夫特和麦克威尔(Ravenscroft and Markwell 2000)指出,如果公园得到合理的管理与维护,年轻人会大量涌入公园。戈波斯特(Gobster 2002)也重申了这一点,虽然在美国的讨论中出现了环境与休闲资源公平的观点（Floyd and Johnson 2002）,但有些群体能够使用这些资源,有些群体却被禁止使用。乌雷和诺－乌尔－阿敏（Woolley and Noor-Ul-Amin 1999）研究了巴基斯坦后裔青少年对设菲尔德公共空间的使用情况,认为他们对这些空间有各种各样的被动使用和主动使用。这给休闲制约因素研究文献中增加了新的内容。对英国发生的城市公园日益不被重视的解释是公共支出的减少,从 1981—1982 年休闲预算的 54% 下降到 1991—1992 年的 44% ,近年来更低。当然,这些统计数据需要认识到公园服务项目的对外承包而提高了经济效益。

20 世纪 90 年代的情况日益表明，城市公园不再被认为是从事休闲活动的安全场所。伯吉斯等(Burgess et al. 1998a)进行的创新研究"格林尼治绿地项目"指出了恐惧的问题，包括青少年中的反社会行为和其他恶意破坏行为,降低了当地人的参与乐趣和参与数量。澳大利亚(墨尔本公园 1983）和北美地区（R. Taylor et al. 1985; Westover 1985; Solecki and Welch 1995）也表示出了对使用公园和公共空间的不安全感和恐惧的关注。其他研究还表明,妇女、黑人、老年人和同性恋群体可能会被限制使用城市空间,而不像其他群体那么自由（Adler and Brenner 1992; Maitland 1992）。伯吉斯等(Burgess et al. 1998a:472)在评论格林尼治的情况时指出:"很多人表达了在公共空间的不安全感和脆弱感,反映出他们担心遭到个人攻击和伤害。在亚裔社区,公共空间不断发生的种族攻击事件进一步加剧了这种感觉。"结果如马奇(Madge 1997:238)指出的那样,"这种来源于社会制度的不平等的恐惧,转化为不愿意在某天某时去某个公共空间的空间行为"。对地理学者而言,就是研究这种恐惧的空间表现形式及其对休闲资源使用的影响(Page et al. 1994)。本书后面的

第五章会对莱斯特城市公园的发展演变进行探讨，但在说明主要研究结果之前需要分析一下马奇研究的社会背景。

“恐惧现象”与莱斯特城市公园的使用情况

莱斯特位于英格兰中部偏东，人口 272 000，面积 73.09 平方公里，是一座中等大小的城市。其独特之处在于这里聚居了多个种族：白人占 72%，亚裔占 24%，非裔占 2%，华裔及其他民族占 2%。尽管该市的城市工业发展较快（参见 Pritchard 1976；Page 1988），但令人羡慕的却是，这里分布着广大绿地。到 1994 年，莱斯特市委员会负责管理 1 200 多公顷绿地，占全市总面积的 20%。从国际上看，这个比例算是很高的，因此，自然增强了该市给人的绿色感和开阔感。当前大多数公园和绿地都已经制定了各自的管理计划，到 2005 前全部落实到位（参见 http://www.leicester.gov.uk）。

在这种情况下，马奇（Madge 1997）对恐惧现象的分析是很及时的。调查方式是在大街上对莱斯特居民进行面对面的访谈，大约调查了 535 人，以了解全市公园和绿地的使用情况。根据调查结果，发现了影响公园使用的十个主要制约因素，按照重要性大小排列如下：

- 恐惧
- 天气
- 由于工作关系缺少时间
- 家庭制约因素
- 缺少交通条件
- 缺少吸引力
- 对可利用设施了解较少
- 家务
- 路途遥远
- 体力差，去不了公园

大约 43% 的被调查者认为恐惧是制约其使用公园的一个“非常重要”的因素。性别差异也很明显，75% 的妇女和 50% 的男士表示恐惧是使用公园的一个重要制约因素。这与韦斯托福（Westover 1985）在北美地区调查的结果是一致的，在北美有 90% 的女性被调查者感到单独在公园里会不安全。对莱斯特受害者的情况研究（如 Willis 1992）显示，妇女由于面对犯罪时处于弱势地位而有更大的不安全感。

在研究种族背景时发现，亚裔群体表示的恐惧感要超过白人群体和非裔群体，这反映了城市环境中犯罪受害情况、种族歧视和种族攻击。就年龄而言，45岁以上的人表示的恐惧水平最高。正如马奇(Madge 1997：241)的恰当评述："然而，对犯罪恐惧的结果是很清楚的：老年人较少使用公园从事休闲活动"。

在恐惧原因方面，马奇（Madge 1997）发现，对使用公园产生恐惧的主要原因是与实际的或可能的身体伤害有关的忧虑（例如，抢劫、性侵害、闲逛人员、青年帮派、狗的侵害和种族侵害）。妇女最大的恐惧是受到男性的性侵害。这些结果反映了在莱斯特妇女居住的地方普遍存在的对性暴力的恐惧程度，尤其是妇女经常遭受性骚扰，但很少有报道(Women's Equality Unit 1993)。实际上，77%的女性被调查者担心在公园遭遇到性侵害，这一比例远远高于在爱丁堡（Anderson et al. 1990）和西雅图(Warr 1985)进行的类似调查的结果。非裔群体和亚裔群体对种族攻击的恐惧程度要大大高于白人群体。

这些调查结果在休闲行为与公园的使用中得到了体现。妇女一般避免去较空旷的场所、没有灯光的地方和那些长有茂密灌木丛和树木的地方。夜幕降临也导致去这种地方的恐惧感加剧，尤其是孤身一人的情况下。马奇(Madge 1997)指出：

> 恐惧是影响莱斯特公园使用情况的一个重要因素。恐惧的强度和原因随着性别、种族和年龄等社会特征而发生变化，并影响到公园使用的空间行为。恐惧感通过一系列重叠的社会力量、意识形态力量和制度力量得到调节，这些力量又转变为空间行为。
>
> 马奇(Madge 1997:241)

马奇(Madge 1997)的研究结果强调了制约休闲行为的一个新的因素，这个因素可以具体到性别、种族和社会三个方面来影响休闲资源的使用。尽管马奇(Madge 1997)批评了现有休闲研究文献中忽略了恐惧问题，但恐惧的确是城市环境中比休闲研究更为复杂的一个问题。霍伊尔斯(Hoyles 1994)主张加强公共场所的女性化，马奇(Madge 1997)则主张加强日常监督管理，鼓励公众参与和使用公园与绿地，建设安全性更高的公园是创建安全城市复杂工程的重要内容。考斯克拉与佩恩（Koskela and Pain 2000）指出，由于对犯罪的恐惧遍及城市的每个角落，很难将恐惧从城市环境中赶走。通过对东京和纽约城市公共空间的研究，塞布瑞斯基(Cybriwsky 1999)认识到，必须加大公共场所的管理力度，提高安全性，否则人们将返回到私人场所并调整在休闲空间的社会行为。吉登斯(Giddens 1990：20)认识到的一个特点是，“监督是使现代社会摆脱传统社会活动方式的一种手段”。有些研究是从更大的范围进行的，巴顿(Button 2003：227)指出，“战后时期，被称为‘大型私有财产’的设施出现了增长，包括大型购物商场、休闲设施、设有大门的社区和机场……这些设施，通常为私人所有而免费对公众开放，但却引起了新的争论……被称为‘准公共空间’或‘混合空间’。结果是公众能否使用这些空间是由财产所有人说了算”。对此类休闲空间的评论(如 Uzzell 1995)表明，即使是购物商场等私人场所也提供了社交空间及满足很多心理需要与偏好的空间，特别是休闲消费。这些场所取代了以前的公共文化场所及满足很多休闲需要的公共场所，如公园和绿地。这些商场空间被认为产生了地方性意义(Relph 1976)，它们与休闲场所或休闲空间没有关系。因此，商场等管理程度高而且安全的地方减少了恐惧感；反过来，这些私人经营的空间会阻碍人们与城市公共空间建立积极的关系。

考斯克拉与佩恩(Koskela and Pain 2000：279)主张，“地理学者和规划人员应当更多地考虑到安全问题的复杂性……地点对恐惧的产生有一定影响，但可能同等重要或更重要的是恐惧形成我们的理解、感知的方式以及空间与地点使用的方式”。这对马奇(Madge 1997)研究的城市公园的休闲利用这一情况而言当然是对的，其研究结果可以广泛应用于发达国家城市休闲资源的使用方面。考斯克拉与佩恩(Koskela and Pain 2000：274)分析道：“城市绿地空间和林地常常被认为是危险的地方，不安全感往往制约了妇女对这些地方的使用”，在这个论断成为一个错误观点之前，在解决城市化社会对犯罪和休闲资源恐惧方面还有大量需要改进的工作。然而，简单地利用购物商场等人工合成的或人为创造的休闲空间作为替代物，不能满足人们的日常休闲需求，因为各城市内的许多私有休闲空间都是精心设计的与消费有关的环境，就其本质而言，可能会将那些不能成为消费者的群体排斥在外。

小结

- 恐惧现象是影响某些社会群体参与休闲活动的一个重要因素。

● 恐惧问题对某些群体参与模式（如老年人和妇女）的影响比对其他群体的影响大。

● 创建安全性较强的公共休闲空间是较难解决的问题，因为这将涉及加强对日常休闲空间的监督管理。

● 新文化地理学，尤其是性别地理学，对解释妇女休闲空间的恐惧感、城市空间使用的制约因素及由此而导致的不平等等问题提供了非常宝贵的观点。

● 关于城市公园开发与利用的具体探讨，详见第五章。

八、社会排斥：调节休闲参与

在前面的案例研究中，源自恐惧感、关注个人安全和公共空间使用的制约因素都强调了一个比较新的概念，许多社会科学研究人员开始用它来解释参与的社会制约因素，即社会排斥。拜恩(Byrne 1999)探讨后发现，这个词语是作为政治术语出现的，用来解释整个社会发生的变化如何影响特定的人和特殊群体。这暗示着社会体系中的制度问题决定了某些群体的命运。它继承了关于社会底层贫困问题的早期论断和解释(参见 Page 1988)，取代了贫困问题的简单含义。贫困被认为是缺少资源，特别是收入高低成为调节社会参与程度的一个因素。相反，排斥是一个动态性较强的概念，暗示着人们被排除(全部或部分)在社会的各种制度之外，而制度是人们完全融入社会和参与社会的保障。在政治上，排斥也被看做是剥夺了作为公民的个人权利。在后工业化社会，对排斥的理论解释源自社会工作的变化性、工作的不安全感日益明显，服务部门在不断扩大，福利制度作出调整以减少公共支出，种族来源也是产生排斥的一个因素，另外还有商品和服务的获得情况。

因此，跟贫困问题相同的是，社会排斥是一个涉及诸多方面的过程，但不同的是，社会排斥包含了被排斥在决策参与之外。参与决策使人拥有成为公民、享受就业和参与社会文化过程的条件，大多数公民都可以获得这些条件。地理学上的排斥关注的重点是特定街区(如多重剥夺的地区)。地理学者对多重剥夺的描绘是为了确定贫困问题和其他社会条件(如贫困、失业、住房条件差、教育条件差、高犯罪率、卫生条件差)交叉出现的情况，从而归纳出一种独特的排斥现象。对需求的规模和性质影响最大的因素之一很明显是社会经济状况的差异。根据罗杰斯(Rodgers 1993: 126)的观点，社会福利[参见史密斯(D. M. Smith 1977)关于社会福利的概念及福利地理学的讨论]是“影响休闲需求数量和结构的一个重要因素，并影响到满足休闲需求的公共设施和商业设施的作用”。罗杰斯(Rodgers 1993)利用环境系(DoE)的社会剥夺指数(关于剥夺指数的讨论，参见 Townsend 1979；Page 1988)，即，根据失业情况、拥挤状况、单亲家庭、靠养老金维持生活的家庭、住房质量和种族来源等因素计算得出的负指数，对英格兰西北各地区的综合社会压力和汽车拥有水平进行了排名，并将其研究结果用来确定需求旺盛或疲软的休闲市场的地理分布情况，特别是它们在市场驱动下的地方休闲经济中在休闲活动方面的支付能力。同样，2000 年描绘的伦敦各行政区多重剥夺分布格局（国家统计局 2003）披露了市区及其他“衰退”区的情况，说明往往是市议会的大型住宅区在微观上集中造成了特色鲜明的剥夺区。例如，伦敦哈克尼郡阿尔哈姆莱茨区、东伦敦的纽汉以及南华克镇和一些特殊行政区数量众多的小区很明显是剥夺程度最严重的地区。与此相似，新政策研究协会(Harrop and Palmer 2002)的一份报告分析了英格兰乡村地区的贫困问题和社会排斥现象，指出：在乡村地区 18% 的人口是低收入家庭，而城市地区则是 24%。这就为决策者们提出了特殊的挑战，以解决社会排斥问题，而休闲参与的社会排斥问题正是其中重要问题之一。

与休闲活动有关的政府机构(如英国文化、媒体与体育部)已经制定了针对处于社会排斥危险之中的各个群体参与旅游、休闲与体育活动的战略，这毫不令人吃惊。例如，其中很多计划的目标是通过免费参观博物馆以提高这些群体对艺术体育活动的参与程度，通过城市改造战略(如社区改造)来解决一些卫生、犯罪、就业和教育等问题最严重的地区的社会剥夺与自然剥夺。例如，设菲尔德制定了一项文化发展的十五年计划，发展针对边缘群体的文化产业和文化工程，对市区改造产生了促进作用(英国文化、媒体与体育部 1999)。名为《算我一个》(*Count Me In*)(J. A. Long 2002)的报告中指出了休闲活动可能会对社会包容作出的贡献，让处于社会排斥危险边缘的群体(如失业人员、老年人和妇女群体)更多地参与体育运动、艺术活动、媒体活动、文化活动和户外活动，以促进个人发展(如，提高自尊、培养人际交往技能、构建人际关系)，加强社会凝聚力(增强公民自豪感、弘扬本民族文化、与其他社会文化群体建立关系)，提倡积极公民权，承担更多社会责任，行使自身权利，发挥人的潜力。

这些政策计划与评价性研究表明，尽管社会剥夺的空间动态性是由复杂的过程造成的，并受到政府政策、当地经济条件、全球化和社会群体空间隔离的影响，但是打破社会排斥的枷锁是有可能的。事实上，《1995 年英国残疾人保障法案》(残疾人有权享受各种设施与服务，英国于 2004 年 10 月份开始实施——详见 G. Miller and Kirk 2002)是在欧盟的倡导下制定的关于社会包容的一部法律，将强制许多旅游休闲服务企业允许残疾人使用其全部设施与服务项目，在微观上提高了休闲设施的利用率。

九、资源与时尚

尽管休闲参与模型和休闲制约因素分析可以利用年龄、性别、婚姻状况和社会因素(如住房、收入和汽车拥有量等情况)等变量预测人们参与休闲活动的可能性,但在确定个体活动(如高尔夫运动)时,预测的精确性却出现了下降。其原因在于,此类休闲研究模型常常认识不到在有众多资源的情况下选择与偏好的作用。就此而言,地缘上接近、并能利用休闲资源是一个重要的决定因素。伯顿(Burton 1971)对此进行了证实。他发现,在英国,如果居住在离休闲资源半英里至 3/4 英里之间的范围, 人们对该休闲资源的使用可能会提高三倍。派特摩尔 (Patmore 1983) 和佩奇等 (Page et al. 1994) 在研究城市公园时也强调了这一特点。威尔(Veal 1987)利用经典的距离衰退理论来说明这个特点,如图 2.4 所示(另见 Baxter 1979; Greer and Wall 1979; Chavas et al. 1989)。这表明,对于游泳池这样的休

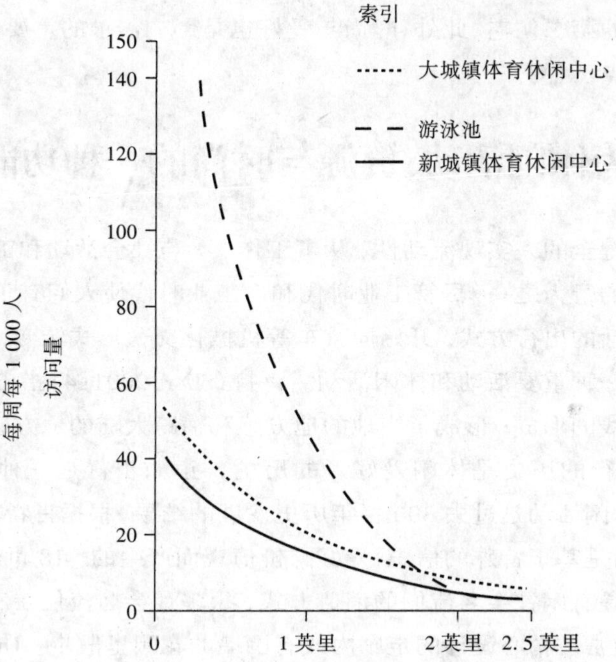

图 2.4　距离的影响与休闲设施提供的地理集中区

资料来源:根据威尔(Veal 1987)的资料整理

闲资源而言，距离近会增加使用倾向；然而对于人们需要驱车前往的休闲中心而言，距离衰减的作用对距离和参与关系表现出缓慢的下降趋势。在城市地区以外，休闲资源的空间分布显得更为多样化，因此需要认真分析与供求有关的休闲机会。考维尔等(Colwell et al. 2002)研究了休闲需求对居住位置的影响，他们认为，消费者可能会根据休闲活动偏好选择居住区。他们还指出了在休闲偏好地区拥有第二住宅的重要性。然而即使在此种情况下，距离仍然是休闲决策的一个重要因素(Hall and Müller 2004)。

在瑞典案例研究中，詹森和穆勒(Jansson and Müller 2003)证明，25%的第二住宅拥有者在距其第一住宅14公里范围内拥有第二住宅，50%在不到37公里范围内拥有第二住宅，75%在不到98公里范围内拥有第二住宅。休闲设施齐全的地区影响了本来规律性衰退的第二住宅格局。休闲旅行对时间的敏感性意味着，游人过夜居住的地方一般集中于在时间和距离上与出发点较近的位置(Hall 2005a, 2005b)。这表明，在周末休闲带以外的第二住宅基本不受第一住宅位置的约束；每年去往第二住宅的频率为一次或两次。然而，第二住宅的位置并不单单取决于旅行时间，而是还要受到设施和景观等条件的影响，因此在海滨地区和山区会发现为此目的而建造的第二住宅。此外，时尚与爱好也是影响需求的重要因素，下面的例子说明了这一点。

十、步行作为休闲活动：资源与时尚的一种功能

步行是体格健全的人实现流动性、从事工作、参与社会活动和工作以外活动的人类必不可少的行为之一。尽管工业时代和后工业时代使人们有了更大的空间活动范围和更灵活的出行方式，开始向汽车等机械化交通形式转变，但步行仍然是日常生活中的一种重要活动和休闲活动。肖特(Short 2001:4)指出，“步行促进了道路和贸易路线的形成；形成了当地的地方感和横跨大陆的地方感；促进了地图的产生……步行的历史是休闲爱好者的历史，正如步行是一种休闲爱好行为”。步行作为休闲活动是过去300多年历史发展的结果，根据肖特(Short 2001)的观点，这种行为是基于特殊的信念、爱好与价值观而产生的。18世纪之前，把步行作为一种乐趣是有闲社会名流们的消遣方式，很多社会名流住在庄园、城堡和宫殿里面，他们通常在精心设计的走廊内或有围墙的花园里散步。18、19世纪，华兹华斯(Wordsworth)在大湖区创作的作品(如1807年的《两卷诗歌》)及其他浪漫派诗人的作品，推崇向往大自然的浪漫主义思想，讴歌大自然中的远距离行走，欣赏自然美及与之相关的乡村风景，设计大师布朗设计的自然风格的住宅，用几何

布局代替了传统设计模式，营造了独立的观赏环境。伯顿(de Botton 2003: 138)认为，华兹华斯的诗歌使“定期的大自然之旅成为消除城市邪恶的必备良药”。这种消遣性步行环境的意义在简·奥斯丁的小说中得到了赞扬：逃离家庭所在地的社会群体与集会，享受无忧无虑的漫步。19 世纪这种趋势逐渐扩散到西方世界工业城市中正在崛起的中产阶级（参见第五章），19 世纪 50 年代以后随着闲暇时间的增多，最终又扩散到工人阶级。城市公园和其他散步空间的开辟允许人们在周日下午从事散步活动，并接受社会规章制度的管理。海滨地区的一日游也表明了这一点，那里划定了正式的散步区，供维多利亚女王时代的人和爱德华七世时代的人休闲使用。后来逐渐出现了各种步行俱乐部和其他有组织的团体，休闲散步在空间范围上不断扩散，形成了漫步(英国)、丛林徒步旅行(澳大利亚)和远足(新西兰)等形式，并演变成为一种流行文化，成为乡村游日益增多和设立公园、保护区、人行道的重要因素（参见如下案例研究：新南威尔士丛林徒步旅行运动和澳大利亚国家公园的设立）。

20 世纪城市地区把步行作为休闲活动的现象发生了重大转变，肖特 (Short 2001)指出：

> 步行是在露天公共场所进行，而老城市的公共场所正遭到废弃和侵蚀，被不需要离开家的技术和服务所挤占，并被很多地方的恐惧所笼罩……很多新地方的公共空间甚至没有进行设计：以前的公共空间被设计成存放私人汽车的地方；购物商场取代了大街，大街上没有人行道；大楼通过车库才能进入……恐惧造就了建筑设计的整体风格，城市设计，特别是南加利福尼亚，本来应该是人行道的地方却让人怀疑是许多部门机构和设有大门的社区。
>
> 肖特(Short 2001:10)

因此，许多工业城市社会的步行已经开始转向乡村地区，并成为一种休闲活动，这使得乡村环境遭遇到了物质和精神方面的冲击，而不仅仅是视觉上的冲击(Edensor 2000)。

案例研究：马里斯·丹菲 (Myles Dunphy) 与澳大利亚丛林徒步旅行运动

马里斯·丹菲被认为是“新南威尔士森林保护之父”(Barnes and Wells 1985: 7)。丹菲 1891 年出生于墨尔本，是家中的长子，父亲是爱尔兰人，母亲是塔斯马尼亚人。他们家于 1907 年迁到悉尼，但是由于大家庭的经济压力，丹菲很早就退学参加工作了，成为一名绘图师。他所从事的高质量绘图工作使他获益匪浅，他能够影响公众对郊野地区的欣赏(Thompson 1986)。虽然不是正式的宗教信徒，但丹菲却深刻认识到了郊野地区的精神意义。汤普森(Thompson 1985：26—7)在研究丹菲的一本古老笔记时发现，丹菲曾写道，“为了了解上帝而研究大自然”，这话让人想起了约翰·缪尔 (John Muir) 富有生态保护概念的浪漫主义作品(C. M. Hall 1992a)。

丹菲对澳大利亚公园发展的最大贡献在于他所倡导的丛林徒步旅行运动。1914 年 10 月，丹菲跟他的朋友赫伯特·盖勒普和罗伊·拉德一起组建了山地旅行俱乐部(Dunphy 1979b: 55)。1924 年经过修订后，该俱乐部确立的目标是“前去欣赏全国各地的峡谷、山脉和最富有野趣的地方”，目的是“尊重人类福祉、保护野生动植物、保护自然之美”(Prineas and Gold 1983: 29)。根据丹菲(Dunphy 1979a)的描写，山地旅行俱乐部

> 已经与郊野地区结下兄弟情谊……会员们喜欢静静地行走，观赏野生动植物。在河畔橡树树荫下支起水壶，在微风中弹奏琴弦，欣赏河谷炊烟弥漫，观看溪水潺潺。
>
> 丹菲(Dunphy 1979a：30)

俱乐部会员被称为“徒步旅行者”。他们远离“人群拥挤的道路”，实践着“一种合作、自立、忍耐、保护野生动植物和原始森林地带的信仰……其生活方式接近展示自然之美与自然奇迹”(Dunphy 1973，in Bardwell 1979：16)。澳大利亚人注重兄弟义气的传统在俱乐部得到了充分体现：俱乐部拒绝接受妇女加入其行列，会员均是接到邀请加入的。这种做法被认为是有缺陷的，因为它不利于俱乐部在更大范围内增进人们对自然保护和丛林徒步旅行的兴趣(Dunphy 1973：3)。尽管如此，山地旅行俱乐部类似于美国东部的阿巴拉契亚山俱乐部 (Manning 1985) 和西部的山地俱乐部，在新南威尔士倡导欣赏自然和步行体验方面发挥了重大作用(C. M. Hall 1988)。

郊野地区富有浪漫情怀，人们接触大自然是有益处的，这些观点使山地俱乐部不会处于孤立的境地。J. 德比特先生在《太阳报》上发表了一封信倡议成立“徒步旅行俱乐部”，在答复此信时，一位名叫杰斯·斯科特的女士写道，“随着春天的到来，乡村的美景在向‘徒步旅行者’召唤，让他来欣赏它们的朴实与华贵”。然而，要求山地旅行俱乐部提供步行旅游信息

的各种压力却导致了一个新的丛林旅行俱乐部的成立（Dunphy 1973：3）。"其成员不会损害丛林的兄弟情谊"，决定"为公众提供服务，成立一个新的步行俱乐部，制定简单的章程和入会条件，目标是成为一个休闲徒步旅行俱乐部"，向男性和女性同时开放（Dunphy 1973:4）。

新成立的俱乐部最初称为"特洛皮徒步旅行俱乐部"，1927年12月8日在其第二次会议上改名为"悉尼郊野徒步旅行者"（Dunphy 1973:5）。该徒步旅行俱乐部在倡导欣赏乡野地区方面发挥了重要作用，它使很多人，包括男性和女性，能够参与一个有意识地提倡保护自然的组织。

悉尼郊野徒步旅行者俱乐部的成立带动了其他几个俱乐部的创办，主要有郊野行踪俱乐部和海滨山地徒步旅行俱乐部。1932年，这些徒步旅行俱乐部联合组建了新南威尔士丛林徒步旅行俱乐部联盟。丛林徒步旅行者另外做出的一个贡献是促成了国家公园与原始地区理事会在同年的成立，马里斯·丹菲担任秘书长。

国家公园与原始地区理事会的目标之一是提倡"保护现有的、正在使用的各种徒步旅行路线，特别是那些具有观赏价值和历史意义的路线"（Dunphy 1973: 7—8, in Bardwell 1979: 17）。尽管该理事会是从休闲游憩的角度来看待郊野地区，但其最关注的是如何采用类似美国的做法对郊野地区进行保护。的确，国家公园与原始地区理事会和马里斯·丹菲受到了美国保护自然这一精神的强烈影响（C. M. Hall 1992a）。1932年丹菲得到了美国国家公园的宣传册，为澳大利亚创办国家公园的思想起了"宣传"作用（Thompson 1985:26），这无疑为丛林徒步旅行运动的开展打下了基础，国家公园与原始地区理事会为创办公园和徒步旅行自然区进行宣传。

自从成立之日起，国家公园与原始地区理事会最关注的是两大原始地区的保护工作——蓝山山脉和印第安原始部落，这两个地区都是马里斯·丹菲个人重点关心的地方。早在1922年，丹菲就提出了设立国家公园保护蓝山山脉郊野地区的思想，山地徒步旅行俱乐部讨论并采纳了他的建议（Prineas 1976—7；Dunphy 1979b）。然而，后来丹菲回忆道（引自Colley 1984: 29），即便如此，在那个时期"仍然花了大约十年时间才认识到全国各地遭受的破坏，才开始意识到保护工作的必要性"。1927年，他的建议被悉尼郊野徒步旅行俱乐部采纳（Dunphy 1979b），然而直到20世纪30年代，一场针对蓝山公园的重大保护运动才拉开帷幕。

1931年，山地徒步旅行俱乐部、悉尼郊野徒步旅行俱乐部和野生动植物保护协会为防止格罗斯河蓝桉森林树木的树皮遭到切割而联合起来。然而，这40英亩的树木最初不是得到了州政府的保护，而是通过保护组织购买下这片森林而得到了保护(Dunphy 1979a)。丛林徒步旅行者拯救蓝桉森林树木的浪漫之举在诗人罗兰·鲁宾逊 (Roland Robinson 1973)描写格罗斯河地区的诗歌中得到了体现：

希腊的神庙，哥特式的大教堂，也没有如此慷慨大方。我们在这儿搭起帐篷，负鼠从树上爬下来，身上背着自己的孩子，等待我们的喂养。粗俗无知的"澳大利亚佬"为了不择手段地捞钱而想毁掉一切，所以现在只剩了一个地方，由于丛林徒步旅行者的努力，保存了最初的原始状态。

鲁宾逊(Robinson 1973:163)

格罗斯河蓝桉森林得到保护的事件说明保护组织有能力保持陆地的自然状态，并为国家公园与原始地区理事会在蓝山山脉进一步开展保护行动打下了基础。国家公园与原始地区理事会提出了一个"蓝山国家公园发展计划"，这可能是澳大利亚保护组织动员群众支持郊野地区保护的第一次重大行动。1934年8月24日，国家公园与原始地区理事会花钱在《卡图巴日报》(*Katoomba Daily*)的增刊上做了长达四个版面的宣传，并配有地图和照片。增刊的重点是马里斯·丹菲提出的蓝山国家公园设计图，划定了"原始保护区"。

澳大利亚蓝山山脉以其景色壮观而闻名，这里有巨大的峡谷、广袤的山岳公园、海拔4 400英尺的高地、成片的蕨类植物、森林覆盖的幽谷、飞流的瀑布、各种各样的森林河流景观以及大片荒野，周边的城镇和旅游度假区为国内外游客提供了应有尽有的便利和舒适享受。

增刊试图将这里的优美风景与旅游联系起来，这并不令人吃惊。后来澳大利亚陷入经济萧条，把保护自然与直接的经济效益挂上钩是一个合理的策略。然而，值得指出的是，1934年国家公园与原始地区理事会认为，蓝山的砂岩地"可能就是沙漠地"，从而强化了荒野地区是"无价值"土地的概念(参见第七章)。丹菲(Dunphy 1979a)本人指出"广大的蓝山砂岩地崎岖不平，是不毛之地"。虽然国家公园与原始地区理事会在1934年也提出了荒野地区的某些积极价值，指出了区域规划中保护荒野地区的必要性，防止河流侵蚀和土地退化。否则，这些地方"就会成为一片岩石裸露、毫无用处的地区，既不适于森林保护和水土保持，也不适于居住、休闲、放牧，更没有其他利用价值”。指出了保护工作的“进步”意义，但增刊的主要作用在于推动户外休闲活动的发展。

1934 年国家公园与原始地区理事会印制的大约 6 000 份增刊，有一半在蓝山地区发放，另一半在悉尼发放（Dunphy 1979b: 60）。尽管增刊的制作质量很高，但对公园建设的建议却一直未见任何行动，直到 1959 年 9 月 25 日，占地 62 000 公顷、位于蓝山山脉中心地区的蓝山国家公园才首次见诸报端。这里现在是蓝山世界遗产的一部分。

尽管丹菲和国家公园与原始地区理事会的努力取得了一定成功，保留了原始地区用作郊野休闲，但新南威尔士州政府对土地利用的观点仍然停留在满足功利主义需求上。鉴于经济萧条和第二次世界大战的需求，或许这并不令人惊讶。因为正是在两战之间徒步旅行俱乐部空前繁荣的那些年，澳大利亚向保护自然迈出了试验性的第一步。然而，人口较多的维多利亚州和新南威尔士州却没太重视自然保护与郊野保护（Bardwell 1974），或许表明了在城市化过程中发展户外休闲的重要性。

此时期的国家公园通常被各州政府看做是“创造收入的旅游风景区”（Bardwell 1982:5），而不是具有科研意义或郊野休闲作用的地区。例如，1926 年有人要求保护国家公园内的动植物，却遭到了西澳土地管理与勘察部的拒绝，其理由“主要是为了引导人们前往保护区……采集野花装饰家庭，参加花展”（西澳土地管理与勘察部秘书，档案号：13479/98，1926 年 10 月 19 日，C. M. Hall 1992a）。有一句遥远的呼唤来自悉尼郊野徒步旅行者俱乐部的座右铭：“原始森林曾经在你的面前；把它留给你的身后”（Dunphy 1979b: 60）。

因此，为了了解具体休闲活动是如何由时尚、文化、社会变化、经济转变和新兴技术（如与电视有关的多媒体家庭娱乐系统）形成的，了解其制约因素、促进因素和休闲趋势的作用，我们关注的重点现在要转向：如何测度需求，需求为地理学者提出的问题，在全国、区域、地方直至微观领域等不同地理尺度上对需求进行分析的方法。

十一、休闲需求的测量

大多数地理学者认为一直缺乏休闲需求方面的合适数据，派特摩尔（Patmore

1983)解释说：

20 世纪 60 年代以前，资料较为分散、不完整，缺乏一致性。美国户外游憩资源研究委员会进行的研究工作及其研究成果在 1962 年的发表，推动了英国的相关工作。后来在 20 世纪 60 年代后期开展了两次范围较大的全国调查：全国休闲试点调查……和政府规划中的社会休闲调查……这些全国范围的调查工作一直是独具特色的。

派特摩尔(Patmore 1983)

尽管这些调查还存在许多局限性——它们是“一次性”研究活动，数据收集方法对每次调查的数据没有可比性，由于分析调查结果需要较长时间，所以公布的调查结果往往已经过时——但这毕竟是对需求进行分析的开始。虽然家庭大调查(GHS)一般每隔 4 年进行一次（参见 Parker 1999），其中包括大量有关休闲的问题，然而，自 1972 年以来英国并没有开展专门针对休闲的重大调查。

十二、休闲需求测量的问题与方法

为了了解休闲习惯，采用社会调查方法向个体询问休闲习惯方面的问题，仍然是应用最广泛的方法。朗特瑞与拉瓦斯(Rowntree and Lavers 1951)进行的具有深远意义的研究“英国人的生活与休闲”是一个很好的例证，说明了战后英国早期构建休闲参与模式所使用的各种研究方法与资料来源。此时，研究人员已经认识到，要明确参与程度、非参与程度和各自的频度，需要一定的精确度。为此，调查问题需要采用家庭大调查的格式类型，要从时间和数量两个方面来测度需求。派特摩尔（Patmore 1983：57）引用了家庭大调查的格式，一开始向被调查者问的问题是：“截止到上个星期天的四周内……闲暇时间您做过什么事情？……”

调查数据很少能记录研究人员所需要的全部信息（例如，被调查者回忆的事情可能不够准确全面），被调查者对专业术语的理解可能不同于研究人员的本意。因此，需要采取多种调查方法以形成对休闲需求相互补充而又各具特色的观点。

休闲文献中主要运用了三种方法：

- 时间预算法，在特定时间内连续记录抽样人口的休闲活动，包括让被调查者对其活动内容做日记[祖冉奈克等(Zuzanek et al. 1998)对荷兰人和加拿大人时间利用的调查是一个可供参考的好例子]。

- 问卷调查法，要求被调查者详细回答个人参与休闲活动的问题，有时既涉及定量问题，也涉及定性问题，由于访谈时间所限，调查规模一般较小。

• 大型问卷调查法，能够获得对统计起很大作用的各级样本。此类调查可以使用简单明了的问题，可以侧重一项具体的休闲活动，也可以涵盖整个休闲活动谱（例如，1993 年的家庭大调查对英国 16 岁及 16 岁以上的 17 574 人进行了调查）。为了说明如何使用这些方法及如何分析所得数据，下面对时间预算法和全国休闲活动调查进行探讨。

十三、时间预算调查法

1. 休闲时间预算

考普克和达菲尔德（Coppock and Duffield 1975）认为：

休闲是人们在其闲暇时间内自由（在制约范围以内）选择的活动；人们支配其时间的方式（时间预算）对确定休闲需求来说至关重要，因为它决定了休闲活动可能发生的地点。

考普克和达菲尔德（Coppock and Duffield 1975）

因此，时间预算分析是需求研究至关重要的手段（Anderson 1971；Fukaz 1989）。时间预算系统记录一个人的时间利用情况，说明其在一定时间内（通常是一天或一周）活动的时间长度、先后顺序和时间安排。如果加上活动地点，则称为时空预算。时间预算研究有利于了解其他研究方法不能直接观测到的时空行为模式，因为有些研究方法缺乏实用性，有些则可能侵犯个人隐私。进行时间预算研究通常利用由被试人员填写的详细日志（参见 Pearce 1988a; Debbage 1991）。然而，与较为传统的调查方法相比，这种方法尚未得到广泛应用，因为个人很难做准确的记录。例如，在 1966 年和 1974—1975 年间，英国广播公司安排听众调查部招募人员，对全周内容做详细记录，每半个小时记录一次。即使在如此短的时间范围内，参与人员准确记录信息的积极性也日趋下降（Patmore 1983）。然而，由格利普提斯（Glyptis 1981a）进行的开创性研究就利用了做日记的方法，分析了 595 名到乡村地区来的游客。被试人员对三天和五个晚上的主要活动做了详细记录。所有被试人员总共确定了多达 129 种不同的休闲活动，每个人平均记录了 11 种。该研究的意义在于，从统计学的角度分析了样本，并对人口进行了分组，明确了不同被试群体的休闲方式，不同社会阶层的人可能会从事相似的休闲活动。

2. 旅游时间预算

在旅游研究中，这种方法被用来系统记录一个人在一定时间内（一般是较短时间，比如一天或一周）的时间利用情况（D. G. Pearce 1988a; Debbage 1991）。使用这种研究方法的基本假设之一是，旅游行为与旅游活动是选择的结果，这一点已经得到了弗洛尔（Floor 1990）的证实。佩尔斯（Pearce 1987c）认为，旅游研究人员一直较为忽视旅游活动的研究，另外也缺乏相关数据。尽管问卷调查解决了一些问题，但调查结果往往不能全面评价旅游活动，包括正式旅游活动和非正式旅游活动及各自的相对重要性。斯瑞福特（Thrift 1977）分析了日常旅游活动行为的三个主要制约因素，即：

- **可比性制约因素** （例如，吃饭和睡觉等生理需要）
- **陪伴性制约因素** （例如，需要跟他人之间发生相互作用，共同参与活动）
- **权威性制约因素** （例如，在活动受到控制的情况下，在某个时间点不允许参与活动）

查平（Chapin 1974）和斯瑞福特（Thrift 1977）都确定了影响具体活动和日常旅游活动环境的选择因素和制约因素，跟前面讨论的休闲文献中提到的休闲制约因素具有相似性。通过日志形式、时间预算来记录旅游活动类型的方法在众多研究中得到了运用，格威瑞拉（Gaviria 1975）、库珀（Cooper 1981）、P. L. 佩尔斯（P. L. Pearce 1981）、D. G. 佩尔斯（D. G. Pearce 1986）和德比奇（Debbage 1991）都曾提到过。这些研究中提出的方法问题强调了如何选择合适的时间尺度来记录旅游活动的问题。P. L. 佩尔斯（P. L. Pearce 1981）使用了三个主要时间段（早上、下午和晚上），格威瑞拉（Gaviria 1975）选择了一刻钟的时间，库珀（Cooper 1981）则使用了五个时间顺序。尽管按照时间记录活动对旅游者而言是很费力的工作，但 D. G. 佩尔斯（D. G. Pearce 1986）认为，此类调查方法主要关注的是使用的方法种类、涵盖的时间期限和选择样本的类型。此外，查平（Chapin 1974）认为这种研究可以选择使用三种主要调查方法：

- **项目清单方法**，被调查人员在预先设计好的清单上选择其参与的休闲活动。
- **昨日活动调查法**，要求被调查人员回答他们前一天所做的事情以及地点和时间。
- **明日活动调查法**，被调查人员记录其所做的事情以及地点和时间。

尽管时间预算研究仍然是旅游研究中的试验方法，但它的确为详细了解旅游时间的使用情况及旅游活动类型提供了很大的可能性（Woo 1996）。

3. 英国 2000 年时间使用情况调查

迄今为止规模最大的研究工作是英国 2000 年时间使用情况调查（国家统计局 ONS 2002），开展此项活动的目的是分析人们如何使用时间。调查分别抽取了家庭样本和家庭成员样本，采用家庭问卷调查和日志调查方法，时间是2000年1月份(详见 http://www.statics.gov.uk)。调查结果根据时间使用类型对主要活动和次要活动花费的时间进行了分析。一天内主要活动的时间使用特点如图2.5所示。由此可见，男性和女性每天花在个人健康与睡觉上的时间分别占接近44%和略多于44%，其次是工作占了时间使用中的主要部分。男性和女性用于与工作有关的活动方面的时间分别占15%和9%左右，用于家务方面的时间分别占低于10%和大约17%，在休闲活动方面(如体育活动、业余爱好、游戏、社交活动、娱乐活动和大众媒体)花费的时间分别占20%和20.33%。男性休闲时间的近65%用于看电视，女性则是55%。同样值得注意的是，被动式休闲活动占了主导。

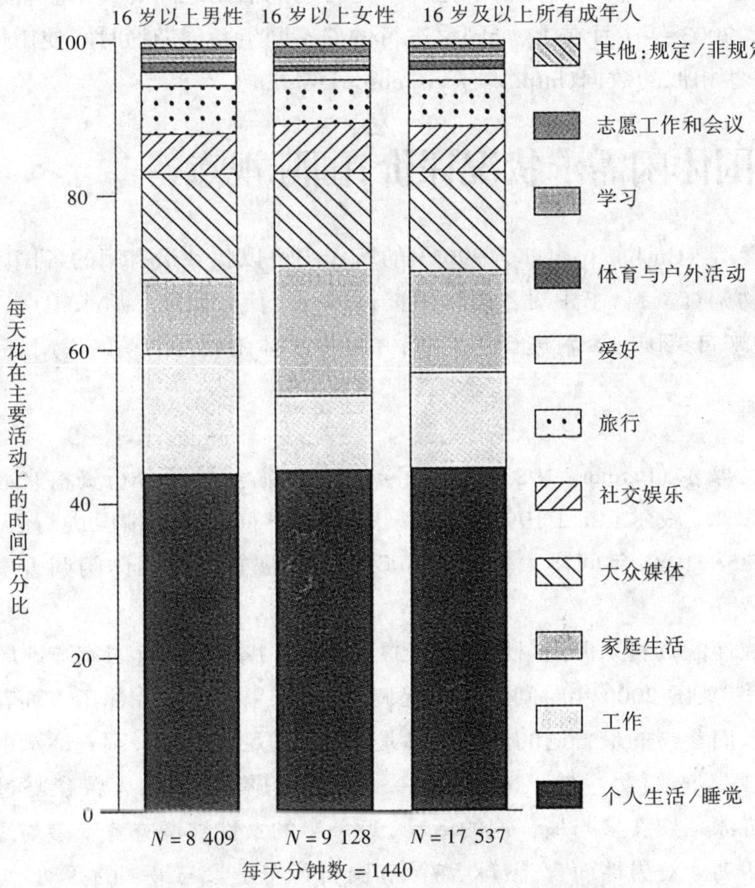

图2.5 2000年16岁及以上总人口、男性和女性的时间预算

资料来源：ONS(2002)数据

成年人休闲活动的时间安排：早上 8 点参与休闲活动的人占 7%，中午 12 点增加到 14%，下午 4 点增加到 23%，下午 8 点增加到 57%，晚上 12 点下降到 13%（此时 79% 的人正在睡觉）。但周五和周一至周四的情况有所不同，周五午夜参与休闲活动的成年人占 17%。在周末，休息和疗养是主要的休闲活动。周末晚上是最普遍的休闲活动时间，2/3 的成年人在周六晚上 9 点左右参与休闲活动，特别是社交活动。

对年龄 8－15 岁之间的年轻人所做日志进行分析，结果表明：年轻人

- 睡觉时间比成年人多，平均每天 10 个小时（成年人平均每天八个半小时）
- 每天有半个小时的体育活动时间

这种调查方法的价值在于，明确了影响休闲需求的生物因素、社会因素和经济因素以外的其他因素，从整体上分析了花费不同时间的活动之间的关系。就整个欧盟地区而言，2003 年 7 月在 13 个国家进行的“不同生命周期的时间使用情况调查”提供了一些相似的数据（http: //www. europa. eu. int）。

十四、各国休闲需求状况评价：国际视点

在卡斯曼等（Cushman et al. 1996a）的著作中可以找到最有用的各国闲暇时间与休闲活动调查资料，书中对各国休闲资料进行了比较研究。后来帕克（Parker 1990）对书中来自英国的资料进行了更新，并分析了休闲调查活动的作用。

1. 英国

自从派特摩尔（Patmore 1983）发表了英国休闲游憩模式分析资料来源的详细研究报告以来，威尔（Veal 1992）又对家庭大调查（GHS）的情况进行了更新，并研究了 1985—1986 年间澳大利亚联邦政府在开展首次全国休闲调查中发挥的作用。

最具权威性的资料来源是《社会趋势 33》（*Social Trends 33*）（国家统计局 ONS 2003），它利用“英国 2000 年时间使用情况调查”的结果确定了在休闲方面花费的时间数量。人们参与的最普遍的体育活动是步行/远足，在开展调查活动的前一个月几乎有 1/4 的妇女参与了该项活动，男性中只有 19% 的人曾参与过该活动。健身和游泳是妇女参与最普遍的活动，近一半的女性被调查者未参与过任何形式的体育活动。对男性而言，台球、游泳和骑自行车是参与最多的活动。

在被动休闲活动方面，参加“文化活动”（如参观美术馆或博物馆）的人占了 22%。与此相对照的是，被调查者中 57% 的人去过电影院，24% 的人看过戏剧，

12%的人看过古典音乐演出，6%的人看过芭蕾舞，6%的人看过歌剧，5%的人看过当代舞蹈表演。值得注意的是，看电影的人数几乎增长了一倍，而参加其他文化活动的人数则较为稳定。然而，各社会群体与不同年龄组的情况也不尽相同。例如，看电影比例最高的是15－24岁年龄组，其中50%的人每月去一次电影院，而年龄在35岁及以上的年龄组则只有15%的人每月去一次电影院。另外，年龄在7－14岁的儿童也是一个正在增长的重要市场，尤其是在综合性文化场所的参与方面。

在一日游活动方面，“1998年英国一日游调查”提供了英国国内一日游的相关数据，2002—2003年的调查报告也提供了最新数据。

在2002—2003年间，“英国一日游调查”发现大不列颠80%的成年人在过去两周内参与过休闲性一日游活动，其中50%的人去过城镇，21%的人去过乡村，10%的人去过海滨，8%的人去过森林，另有6%的人去过能划船的水域，5%的人去过不能划船的水域(TNS 2004)。

就旅游活动而言，1995—1999年间国内度假旅游人数增长了20%，据估计2000年旅游人次为1.06亿，2001年下降为1.02亿人次。2001年使用最普遍的住宿方式是住在亲朋好友家中(占41%)，24%的人住在宾馆、汽车旅馆或旅店。其次是房车(占8%)和租房(独立房、公寓或小木屋，占8%)。国内旅游最受欢迎的目的地是英格兰西南部地区、中部地区，以及苏格兰和伦敦。在这些目的地地区，小城镇、大城市、乡村和海滨地区一直是主要的景区点。据估计，英国现有6 400处免费和付费景区点，2001年共接待了4.52亿游客。

在英国居民的出境旅游方面，2003年有4 120万人去往国外度假。英国出境旅游人数一直在不断上升：1971年为420万人，1981年为1 310万人，1991年为2 080万人，1998年为3 200万人，2001年为3 870万人，2003年增长到4 120万人。

图2.6说明了英国度假旅游者在海外旅游的变化情况。很多目的地在接待英国旅游人数方面发生了较大的波动。2001年，接待旅游人数增长最快的是地中海国家，而下降最大的国家是德国、加拿大和以色列。

研究人员认为，很大的一个问题是，《社会趋势》(*Social Trends*)等许多资料来源未能按时间序列连续地把数据记录下来。结果，2003年的数据直接来自2000年时间使用情况调查，而家庭大调查的数据则来自以前的家庭休闲活动资料。

2. 美国

在美国，最有用的休闲研究活动之一是“全国休闲与环境调查”，这是一项正

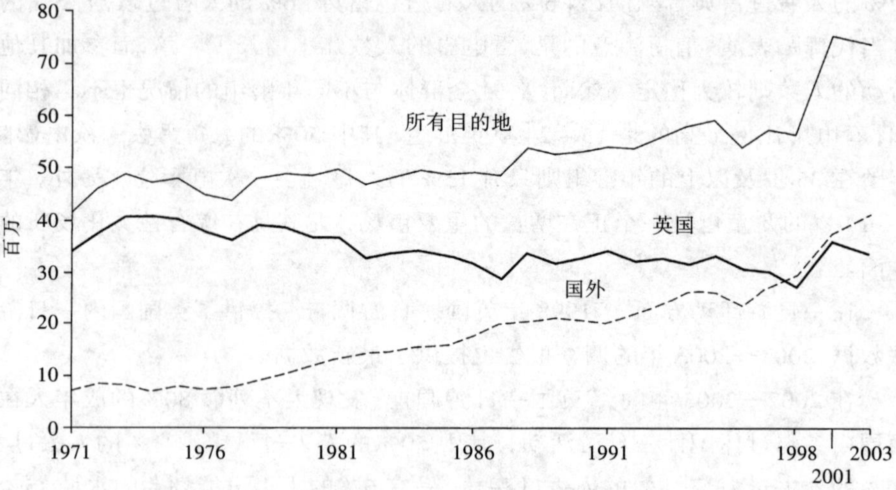

图 2.6　1971—2003 年间英国居民进行为期四晚或四晚以上海外度假情况

资料来源：根据《社会趋势 33》整理，国家统计局(2003)；Http: //www. staruk. org

在进行的全国和各联邦都参与的调查活动。该活动最早是由“户外游憩资源研究委员会”于 1960 年发起的，这是首次全国范围的户外游憩调查，后来在 1965 年、1970 年、1972 年、1977 年、1982—1983 年、1994—1995 年和 2000—2001 年进行过，1994 年更名为“全国休闲与环境调查”(NSRE)。在 2001 年进行的调查中对包括美国各地各种族在内的 50 000 人进行了访谈，研究的主题有：户外游憩参与情况、人口特征、家庭背景、生活方式、休闲参与的制约因素和休闲环境问题等。考戴尔等(Cordell et al. 2002)指出，这是迄今为止美国最详细的此类调查活动。

美国人口 2.84 亿多，预计 2020 年增长到 3.25 亿，2050 年增长到 4.04 亿，2075 年增长到 4.81 亿。其中最显著的一个变化是人口种族的多样性越来越强，到 2050 年英美后裔的比例将由 76% 下降到 50%。相反，到 2050 年，非裔美国人的比例将由 12% 增长到 15%，拉美血统美国人的比例将由 9% 增长到 21%，其他种族的比例将由 4% 增长到 11%。这种变化将对各群体的休闲需求及活动类型产生重大影响。考戴尔等(Cordell et al. 2002:22)总结了 2001—2002 年“全国休闲与环境调查”(NSRE)的结果，情况如下：

- 几乎所有的被调查者(97%)在接受访谈之前的 12 个月内都曾参加过至少一种形式的户外休闲游憩活动（研究表明，年龄在 15 岁以上的 2.06 亿人曾参与过 77 种户外活动中的一种或多种）。
- 步行一直是最重要的休闲活动，83.8% 的人参加过该项活动。

• 其他休闲活动包括：与家人或亲朋好友参加户外聚会（73.5%）；野餐（53.5%）；游览户外景点、自然景区/动物园（57.2%）；观光/摄影（54%）。

• 最不受欢迎的活动是：候鸟狩猎（2.3%）；潜水（1.9%）；冲浪（1.5%）；帆板（0.8%）。

• 根据 1995 年全国休闲与环境调查的结果，增长最快的活动是玩鸟，1983－2000 年间的增长速度为 236%。同期增长的其他活动项目有：徒步旅行（增长 19.6%）；驾驶雪地汽车（增长 107.5%）；天然水域中游泳（增长 64%）；背包旅行（增长 165.9%）；步行（增长 97.2%）。

• 按照人员参与比例，增长最快的前四项休闲活动是：观鸟（33.4%）；徒步旅行（34.3%）；背包旅行（10.9%）；驾驶雪地汽车（31.4%）。

考戴尔等（Cordell et al. 2002: 39）得出的结论是，“如果美国居民的实际收入（排除通货膨胀因素）像 1960 年至 2000 年之间那样持续增加……可以预料的是，各种户外休闲活动都将面临不断上升的压力”，特别是高消费活动（如越野驾车），而徒步旅行等较为廉价的活动受到的影响很小。种族的日益多样化也会影响到休闲需求，因为不同的社会群体对户外活动（也包括室内休闲活动）具有不同的社会文化观点（Virden and Walker 1999）。

3. 波兰

波兰是一个值得注意的例子，休闲在这个后共产主义国家发挥了新的作用（Jung 1994，1996），市场改革和意识形态变化导致了 1989 年以后休闲的新角色（参见 Kwiatkowska 1999 对波兰当代休闲现象的探讨，休闲是一种文化形式，已经从共产主义时代的集体休闲消费形式转向较为西方化的个人休闲消费形式）。许多研究人员探讨了国内休闲现象发生的变化，例如休闲时间的性别差异（Tarkowska 2002）和残障对休闲活动的影响（Siwiński 1998）。政府设立的中央统计局（GUS）收集整理了大量资料，每年以波兰语出版一本《波兰共和国统计年鉴》，其中的旅游数据由旅游学会负责整理（http://www.intur.com.pl）。荣格（Jung 1996）指出，1972—1990 年间的休闲活动发展趋势主要有以下几个特点：

• 听收音机和看电视一直是主要的参与性休闲活动。

• 以前的共产主义文化活动，如看电影、欣赏戏剧和歌剧，其地位下降，观众已经从 1972 年占人口的一半多下降到 1990 年的低于 1/3。

• 20 世纪 80 年代的经济和政治改革导致了参与高消费文化活动（如参观博物馆、展览和去音乐厅观看演出）的大幅下降。

奥祖斯卡（Olszewska 1989）对时间预算进行了比较详细的研究，荣格（Jung

1996）强调了若干影响休闲参与的重大全球性因素，特别是媒体对大众文化的影响越来越重要；此外，尽管国家取消了度假旅游的社会补助，但出境旅游的波兰人却日益增多（也包括入境旅游人数）。电子大众媒体对休闲消费也产生了重要影响。在后共产主义时代，休闲的商业化、财富的两极分化日益严重、经济保障越来越差、失业率增加以及犯罪率提高等问题成为影响休闲参与的新情况。

上述三个案例的休闲需求状况分析表明，各类人口的休闲活动行为表现出了一定的共同特征：被动式休闲活动占主导，制约城市上班居民参与休闲活动的重要因素是时间预算。另外，三个国家通过调查了解的休闲需求形式在各自特定环境中既有有利因素，也有制约因素。即便如此，必须认识到卡斯曼等（Cushman et al. 1996b: 12）对这种全国性调查活动的批评和关注："最近，定性研究方法日益流行，学术界对调查研究产生了一个不好的印象"。结果，从事定性研究的学者指出了定量研究实证主义方法的缺点和局限性（参见 Johnston 1991 探讨的地理学、地理学者与研究方法的哲学观点）。之前我们讨论的是全国性的休闲需求，接下来我们要讨论的是区域性休闲需求，分析地理学者在区域地理框架内对需求分析可能作出的贡献。

十五、伦敦地区的休闲需求

在前面的全国休闲需求研究中，比较欠缺的是需求的地理模式分析，主要是因为全国范围的研究一般都缺乏区域因素的考虑。需求的空间变化正是地理学者的研究兴趣所在，有大量研究工作利用了地理学的空间分析方法来研究需求模式。英格兰西北部就是一个这样的地区，它有利于我们了解休闲需求的规模与性质；罗杰斯（Rogers 1969）根据"全国休闲试点调查"提出了自己的观点，对研究西北地区的休闲现象作出了贡献，并和派特摩尔（Patmore 1972）一起发表了《英格兰西北地区休闲研究》。国家统计局（ONS 2003）也以系列报告的形式发表了题为《伦敦焦点》的类似研究。

伦敦是一个国际性城市，人口约 700 万；2002 年，伦敦居民到国外旅游的人数达到 1 150 万人次，占英国出境旅游总人次的 19%。这反映出，虽然伦敦人口只占全国总人口的 12%，但伦敦作为一个生活和工作的地方，在经济、政治和文化方面具有重要地位。出境旅游是在闲暇时间进行，或者是因公出差，很多人前往西欧（790 万），90 万人前往美国和加拿大。海外旅行期间休闲时间的使用出于很多目的，在前面讨论的英国 2000 年时间使用情况调查中也对此进行了重点说明。在伦敦，2000 年看电视、VCD 或 DVD 的时间随着年龄变化而不同：8－15 岁的年龄组每周看 16.9 个小时，16－34 岁的年龄组每周看 17.1 个小时，35－60 岁的年龄组每周看 16.7 个小时，65 岁及以上年龄组则上升到每周看 25.7 个小时。而 8 岁或 8 岁以上的所有人平均每周看 18 个小时。这些数字都低于全国水平，可能的原因是伦敦居民拥有的景区景点和文化设施数量多于其他地区的居民。在体育健身活动方面，绝大多数体育场馆和游泳池（66%）都位于外伦敦地区，这里居住着 60% 的人口。观看足球比赛是一项重要的娱乐活动：伦敦有 12 个足球队，每年举办 19 000—39 000 场主场比赛。看电影也是一项重要的消遣活动，2002 年伦敦电影院共售出 1.76 亿张电影票，几乎 60% 的伦敦居民一年看两次电影。事实上，近 1/3 的居民一个月看一次电影，远远高于全国水平。同样，伦敦居民前往剧院等其他文化设施的比例也高于全国水平。2002 年伦敦有 10 亿人次参加了各种文化活动，依次是看剧院演出、参观美术馆、参加流行/摇滚音乐会、观看古典音乐表演、观看爵士乐表演、观看当代舞蹈和芭蕾舞表演。

在休闲支出方面，国家统计局根据 2001—2002“家庭支出调查”的统计结果，发现：

• 2001—2002 年间，伦敦家庭每周在休闲娱乐方面的支出平均为 75 英镑。高出全国水平的 10%。

• 由于自身的生活方式、生活习惯和收入较高等原因，伦敦居民每年在外出就餐方面的支出比全国水平高出 364 英镑，全国 19% 的咖啡馆和饭店位于伦敦地区。

• 另外，伦敦居民每年在文化活动和购置音响设备方面的支出分别比全国高出 93 英镑和 31 英镑。

值得注意的是，伦敦居民每年在包价度假旅游方面的支出却低于 156 英镑（尽管 25% 的人还支付不起度假费用）。就休闲场所而言（餐馆、咖啡馆、酒吧、俱乐部、酒店、野营地、图书馆、博物馆和体育休闲场所），伦敦占了全国总数的 13%。难怪 2001 年伦敦休闲行业的就业人员占了全国同类工作总数的 16%，其中在剧院和电影院就业的比例最高（占 32%）。

区域分析体现了地理学者对区域及时空异同的研究兴趣。通过区域分析，可以明显发现英国在休闲需求方面存在的地区差异，在很多其他国家往往也存在这一特点。这些差异的存在突出了地理研究在了解不同尺度需求方面的重要性。最重要的贡献之一是对具体地点的需求进行研究，它主要是通过现场调查的方式完成的。为此，下一个重点是分析休闲活动现场调查。

十六、微观层次需求的空间分析:现场调查

在20世纪60至70年代日益增多的休闲地理研究文献中（参见罗杰斯关于需求的研究，Rogers 1973)，现场调查成为最多的资料来源（第六章将重述这一问题)。格利普提斯(Glyptis 1981b：277)指出，“大量的现场调查——主要根据伯顿(Burton 1966)设计的形式进行……确定了旅游者及其旅游活动的特征。通过很多资料的分析，反映出游客的社会特征、旅行距离、交通方式、旅游时间长短、旅游目的和出游频率(Elson 1977)”。格利普提斯(Glyptis 1981b)同时指出，行为分析在20世纪80年代已经比较成熟，但现场调查曾忽略了这一点。虽然现场调查方面的研究资料数量庞大，很难一一罗列清楚（参见 Harrison 1991)，但对休闲者的行为而不是社会经济特征进行研究的新颖方法在出版的文献中一直不是很常见，仅有某些文章对该领域进行了探讨（例如，Locke 1985)，其中一个例子是格利普提斯(Glyptis 1981b)对英国赫尔附近占地242公顷的西伍德公地进行的研究。通过观测休闲活动参与人员行为的方法，他对距离赫尔市区13公里处公共牧场中一片地形起伏的草地进行了研究，分析了休闲人员使用景区的空间分布情况。在现场观察到的主要休闲活动有坐在草地上、享受日光浴、散步、野炊、做游戏、待在汽车里。在夏天人比较多的一个星期天，有多达2 000人来这里。运用分布图的形式，将观测结果绘制成地图，按照时间和空间确定游客分布情况；逗留时间（利用汽车登记资料确定）和不同日期与时间使用的地图对分析游客行为的传统社会调查方法起了补充作用。景区特点、景区入口、能否停车、景点位置和设施分布有利于更详细地了解景区的使用情况。格利普提斯(Glyptis 1981b)在8月和9月的5天内，从上午11点到下午6点，对游客进行观察，收集数据。周末游客到达景区的时间是中午12点至下午2点之间，高峰期是在下午4点半，绝大多数游客在景区内逗留1—2个小时。一天时间内不同活动使用密度的逐渐变化也各不相同，游戏和野炊活动在星期天午饭后开始下降，散步在整个下午一直增加。当地居民还表现出在非高峰期使用景区的偏好，形成随着时间推移而出现扩散和聚集程度增强的分布模式。表现在通往景区的道路上，游客停车位置靠近所游览的景区（15码以内)。另外还发现，游客喜欢去标志性景点和观景点等设施，喜欢从流动摊点购买点心等零食，一天内的使用密度在不断增加，而不是趋于分散。

格利普提斯(Glyptis 1981c)设计了一个简单的模型，用以解释游客分散的动态特征(图2.7)。图2.7表明，最初来到景区的游客选择临近停车场的有利位置，随着下午早些时候游客的继续涌入，出现“入侵阶段”，最初的聚集点不断扩大。随

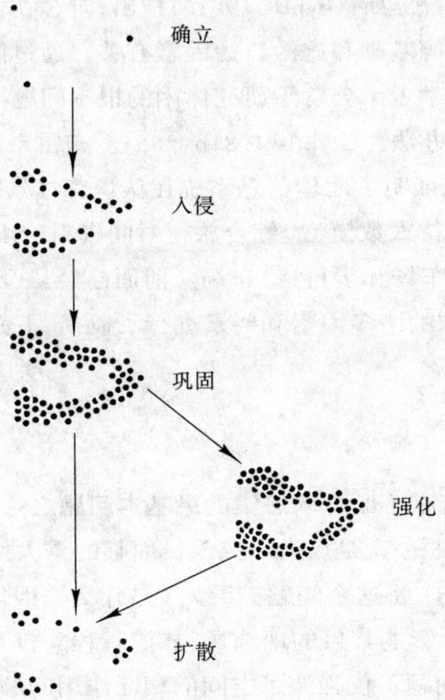

图 2.7 格利普提斯(Glyptis)的非正式休闲场所游客分散模型

资料来源:根据格利普提斯(Glyptis 1981c)的模型整理而成

着游客到来速度的放慢,发生一定程度的填充与巩固现象。此后,随着游人逐渐离开,出现分散现象,分布形式越来越不规则。这种格局会受到下午新来游客的影响,使之得到强化。格利普提斯(Glyptis 1991:119)认为,即使"景区的游客密度明显加大,在尚有可以分让的空间和不限制公众到来的情况下,游客的空间分散形式仍然相当稳定"。利用邻近算法,格利普提斯(Glyptis 1981c)测量了游客群之间的距离,游客之间存在一个感觉舒适、能够容忍的距离,不同文化背景的人对私人空间的大小要求不一样。事实上,格利普提斯(Glyptis 1991:19)评论说,"在某一天,随着使用程度的提高,空间的占用比例实际在下降:游客仅使用了他们可利用空间的大约 1/5,在高峰期他们甚至选择占有更少空间。换言之,景区的承载力在持续变化"。该研究同时还强调了多用途休闲场所的重要性,因为这种地方能够满足多种休闲需求。伯顿(Burton 1974)对英国斯塔福德郡坎诺克狩猎场进行调查发现,每个景区都不能视为是孤立的:景区之间存在相互关系,了解这些关系对于景区管理至关重要。格利普提斯(Glyptis 1981c)指出,游客在使用景区时具有一定的一致性,休闲形式与资源基础和旅游行为因素有关。通过简单的修正可以增加或降低容量,因为“地理学者十分善于研究休闲的根本问题……诊断景区管理中存在的问题,并提出解决办法”(Glyptis 1981b:285)。布雷奈尔德等(Brainaird et al. 2003)进行的一项研究证明了地理信息系统在认识森林景区中的重要价值:了解景区需求,构建景区接待人数模型,综合旅行时间资料,明确周边人口的作用,规划交通与景区设施(停车场和步行道)布局。前面已经从全国、区域和地方等各种空间尺度上对休闲需求的诸多因素和要素进行了概括,下面再来讨论旅游需求。

十七、旅游需求

旅游研究人员一直在不断寻求答案的最基本问题之一是:旅游者为什么去旅游?这个看似简单的问题一直是旅游研究人员面临的重大挑战之一。D. G. 佩尔斯(D. G. Pearce 1995a: 18)将这个问题扩展为“是什么原因促使人们离开自己的常住地而前往其他地方?影响其目的地选择、旅游行程安排及旅游活动等旅游行为的因素有哪些?”这些问题不仅强调了空间的相互作用问题,而且使地理学者产生了以下问题:

- 旅游者为什么外出旅游?
- 他们前往哪些地方?
- 他们什么时间去,如何去?

这些基本问题涉及旅游行为的空间特征及旅游产生的影响,并向目的地管理部门提出了一个挑战:是面向“大众市场”还是吸引高端市场。换言之,了解旅游需求是分析为什么发展旅游、谁投资建设目的地及靠什么吸引客源市场等问题的出发点。巴顿(de Botton 2003:9)在其论文《旅行的艺术》(*The Art of Travel*)中指出,“我们经常得到无数关于**去哪里**旅行的建议,但很少听说我们**为什么去**以及**如何去**的问题”。然而,地理学者在回答旅游需求方面的一些重大问题时具有相对的比较优势,因为“地理学者没有处在旅游研究的最前沿,该领域的研究由心理学家、社会学家、市场学家和经济学家占主导地位。其中有些研究人员已经触及目的地选择的多样化动机等问题”(D. G. Pearce 1995a:18)。然而,旅游行为与动机研究一直不是关于旅游空间分析的传统逻辑实证主义和经验主义方法研究的对象,当然有些例外情况(如 Walmesley and Jenkins 1992)。社会心理学领域的旅游行为研究文献比地理学领域多,其侧重点在于了解旅游行为如何在空间上对旅游产生影响。

十八、什么是旅游需求

旅游需求分析采用的方法主要取决于研究人员的学科观点（参见 G. Crouch 1994）。地理学者以独特的空间视角把需求看做是“外出旅游或希望外出旅游并使用其工作和居住地以外其他地方的旅游设施和服务设施的总人数”（Mathieson and Wall 1982：1），在这种情况下，需求“被看做是个体旅游动机与其能力之间的关系”(D. G. Pearce 1995a：18)，同时强调了对发展国内旅游和国际旅游的空间影响。相比之下，“经济学者强调人们在一定时间内以一系列可能价格中的一种具体价格愿意购买和能够购买的产品或服务的数量。心理学者则从动机与行为的角度来看待需求”(Cooper et al. 1993：15)，尤斯尔(Uysal 1998)分析了更广意义上的旅游需求。

从概念的角度而言，旅游需求有三个重要因素：

• **有效需求或实际需求** 指参加旅游活动的人数，通常表达为旅游人数。这是旅游统计学最常见的测量对象，意味着最权威的资料来源是对有效需求的测量结果。

• **受抑制的需求** 也称为潜在需求，指那些由于条件限制（如缺乏购买力或度假时间有限）而不能去旅游的人。如果条件发生变化，潜在需求可以转化为有效需求。还有延迟需求，如果某一目的地或地区能够满足需求，制约因素(如缺少床位等旅游供应因素)也可以转化为有效需求。

• **没有需求** 指那些没有旅游欲望的人这一独特类别。

根据库珀等(Cooper et al. 1993: 16)的观点，旅游需求还可以用其他若干概念来分析：

• **需求替代** 某一特定活动的需求可以由另一种活动来替代。

• **需求改变** 由于竞争目的地的定价策略、特殊事件或发展趋势和爱好等因素而导致旅游的地理分布情况发生变化。

由此可见，作为一个抽象概念，旅游需求分析仍然属于旅游经济学范畴（Witt and Martin 1989, 1992; Bull 1991）。图 2. 8 根据尤斯尔(Uysal 1998)关于旅游需求的总体观点，总结了各学科提出的需求的主要决定因素。然而，却很少有人讨论可称之为“背景”因素的意义，而背景因素往往是旅游的地理制约因素，如旅游流行病的作用(Steffen et al. 2003)。在卫生条件差的高风险国家接触病毒，可能成为影响旅游者健康的重要危险因素。正如威尔克斯和佩奇(Wilks and Page 2003)指出的那样，很多关于需求的争议对这些问题尚未给出充分的证实。例如，英国外交与联邦

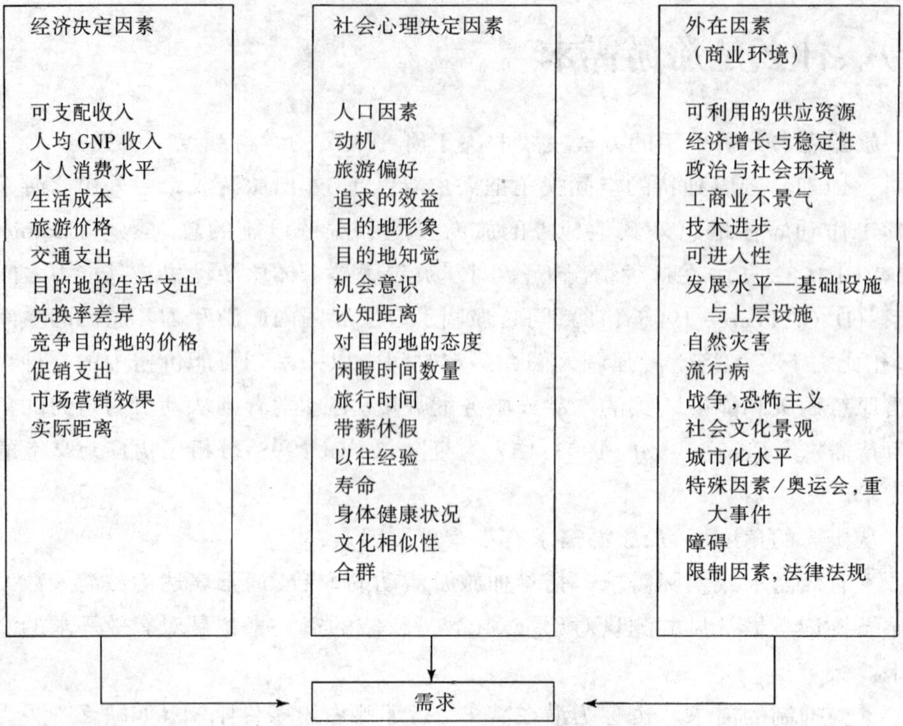

图 2.8　旅游需求的决定因素

资料来源：尤斯尔（Uysal 1998）

事务部向旅游者提出了风险警示的建议，其中说明了旅游者到高风险地区旅游可能遇到的各种风险，如人身伤害、人身攻击、抢劫、饮用当地自来水引起的胃肠疾病、丢失护照。然而，影响旅游者选择和参与某种具体旅游形式决策过程的因素很大程度上属于消费行为与消费动机的范畴。

十九、旅游动机

慕田荷（Moutinho 1987：16）认为，动机是"一种需求的状态，推动个体朝向能够带来满足感的某类行动"。库珀等（Cooper et al. 1993：20）认为"个体的旅游需求可看作是一个受众多因素影响的消费过程，这些因素可以是需要和欲望的结合，时间和金钱的结合，或形象、观点和态度的结合"。毫不奇怪，这是一个极其复杂的研究领域，在这样的一个章节中不可能进行深入探讨。虽然如此，P. L. 佩尔斯（P. L. Pearce 1993）仍在该领域发表过颇有影响的文章，勾勒了"旅游动机的蓝

图”,认为要想建立旅游动机理论,必须考虑如下事项:

- 旅游动机概念的定位
- 在旅游专业领域的任务
- 所有权与使用者
- 便于沟通
- 注重实际测量
- 采用动态研究方法
- 提出多种动机观点
- 解决并阐明内在动机和外在动机的方法

迄今为止尚没有提出能够得到各领域研究人员普遍采纳和认可的万能的旅游动机理论,其主要原因:一是旅游研究具有多学科性;二是将复杂的心理现象与行为简化为在各种旅游背景中都能够进行验证的一套概念及最终成为普遍接受的理论,存在很大困难。因此,库珀等(Cooper et al. 1993: 20)倾向于将个体看作旅游需求的核心要素,以便理解激发旅游者外出旅游的动机是什么。他们认为:

没有两个个体是完全相同的,态度、知觉和动机方面的差异对旅游决策具有重要影响,其中态度取决于个体对世界的知觉。知觉是对一个地方或旅游公司的心理印象……是由很多因素决定的,包括童年生活、家庭状况和工作经验。然而,态度和知觉本身无法解释人们为什么去旅游。激发旅游需求的内部动力称为旅游动机。

如果将旅游者看作消费者，那么旅游需求可以通过消费决策过程表示出来，从而可以区分出激发需求的四个要素:

- **需求兴奋剂**　驱动个体做出旅游度假决定的因素。
- **需求过滤器**　即使动机很强烈，但可能存在制约需求的经济因素、社会因素或心理因素。
- **影响因子**　对激发消费兴趣或旅游选择的兴奋剂起增强或压制作用的因素。
- **角色**　参与旅游产品购买的家庭成员及对目的地、产品、消费地点、消费时间和消费方式做出选择的决策者的作用。

这些因素虽然不能说明人们为什么选择去旅游的原因,但却强调了旅游决策过程的重要性。

二十、马斯洛的需求层次模型与旅游动机

在旅游社会心理学领域,在马斯洛理论(曾在前面休闲部分探讨过)基础上发表的研究具体动机的成果越来越多,超出了格林斯坦(Grinstein 1955)提出的需要

“逃避现实”的概念含义。既存在激发个体寻求旅游度假经历的驱动因素，也存在作为吸引力的拉动因素（如旅游度假地和旅游经营商开展的促销活动）。赖安（Ryan 1991：25－9）对旅游动机进行了综合分析，确定了如下被普遍用来解释为什么人们去旅游目的地寻求旅游度假经历的原因，包括：

- 逃离世俗环境的欲望
- 追求身心放松和疗养康复
- 寻求游乐嬉戏的机会
- 增进家庭的融洽关系
- 追求声望，因为不同的目的地能够使人在同辈或同事中赢得社会声望
- 寻求社会相互影响

插图 2.2 苏格兰西部拉各斯海滨。游人在海滨散步的情景说明，维多利亚女王和爱德华国王时代流行的保健散步活动现在仍然是海滨度假地一日游游人的一项重要活动。

插图 2.3 交通运输是供应链中的一个重要环节，与海岛等周边景点连接起来，也成为这些地点的景观和旅游活动。

- 寻求教育机会
- 实现愿望
- 购物

显而易见，各种休闲活动都是对某种情况的暂时逃离，而旅游的独特之处在于：

旅游是对现实的真正逃离，前往一个或多个目的地寻求休闲度假体验……这样，旅游度假过程中发生的变化是多方面的：地点、节奏、情绪、生活方式、行为、态度。旅游使人暂时退出了影响日常生活的很多环境。

莱柏，引自 D. G. 佩尔斯(Leiper 1984, cited in D. G. Pearce 1995a: 19)

在大多数旅游动机研究中，这些因素都是以某种形式出现的。克朗普顿(Crompton 1979) 等研究人员强调，各种社会心理动机可以构成一个统一体；艾叟 - 阿赫拉(Iso - Ahola 1980)提出的理论认为，旅游动机既有逃离因素，也有寻求因素，即旅游者在追求某种东西。然而，丹(Dann 1981)的理论或许是最有用的观点之一，他将主要的旅游动机因素概括为：

- 旅游是对缺乏但希望得到的东西做出的一种反应
- 目的地的拉动力是对动机推动力做出的反应
- 追求自身爱好
- 动机的各种目的
- 动机类型
- 动机与旅游体验
- 动机的定义与含义

麦金托什和戈尔德纳(McIntosh and Goeldner 1990)进一步将该理论概括为：

- 身体健康动机
- 文化动机
- 交际动机
- 地位和声望动机

在动机理论的基础上，根据旅游者寻求的体验类型，科恩 (Cohen 1972) 区分了四种类型的旅游者：

- 团队型大众旅游者，参加包价旅游团，严格执行旅游行程计划，与目的地东道地区的接触最少。
- 散客型大众旅游者，跟团队型大众旅游者使用相同的设施，但同时希望在目的地游览没有包括在旅游行程内的其他景点。
- 探索型旅游者，独立安排其旅行计划，希望体验目的地地区的社会文化方式。

• 流浪型旅游者，不希望与其他旅游者接触或住在一起，喜欢与东道地区居民住在一起(参见 V. L. Smith 1992)。

显然，这种分类存在很多问题，因为它没有考虑旅游度假活动的日益多样化特点和旅游行为的不一致性(P. L. Pearce 1982)。其他研究人员建议，克服这一困难的一个方法是首先考虑到旅游者选择游览的不同目的地的情况，然后建立一个类似于科恩(Cohen 1972)分类方法的等级变化模型，但不能是绝对化的分类。

与此形成对比的是，帕洛格 (Plog 1974) 将美国人口划分为不同的心理类型，其中旅游者是在一个从自我中心型到多中心型连续的范围内分布的 (参见图 2.9)。自我中心型的人，其特点是思想谨小慎微，多忧多虑，不爱冒险；处于另一极的多中心型的人，特点是外向开朗，兴趣广泛多变，喜新奇，好冒险 (另见 Plog 2001; S. L. J. Smith 1990a, 1990b)。

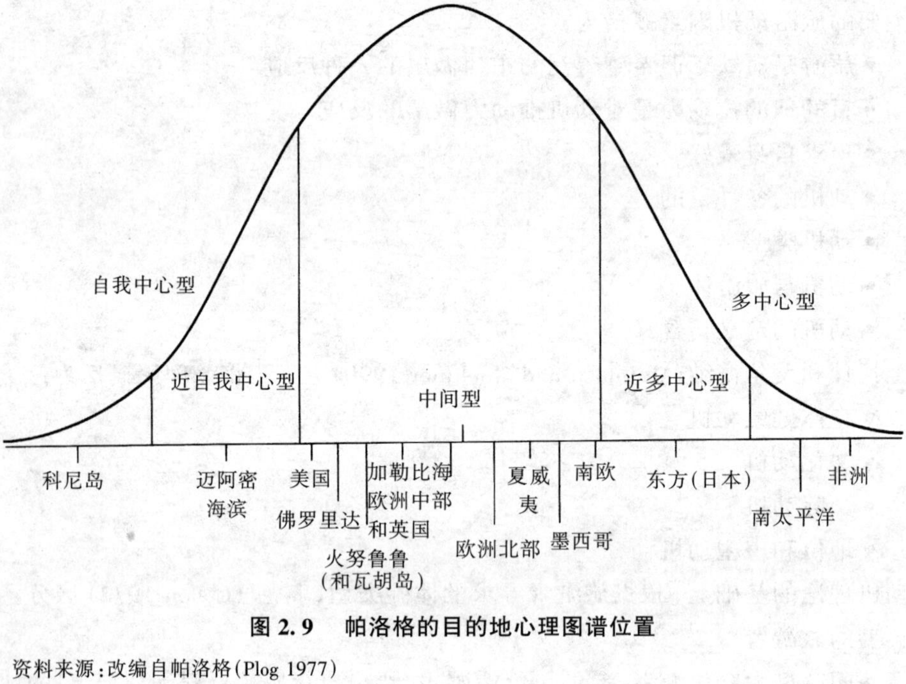

图 2.9 帕洛格的目的地心理图谱位置

资料来源：改编自帕洛格(Plog 1977)

D. G. 佩尔斯 (D. G. Pearce 1995a) 强调了这些观点的空间意义，各种类型旅游者寻求的不同目的地都将随着时间推移而发生变化。然而，P. L. 佩尔斯 (P. L. Pearce 1993) 却对此提出了批评意见，认为帕洛格的模型很难加以利用，因为它没有区分外在动机和内在动机，没有在旅游者个体不断变化的特征中加入动态因素。因此，他对此类模型不以为然，认为旅游者个体的旅游行为是一个“过程”，在此过程中人们“从不同阶段出发，这些阶段在其生命周期中可能会发生变化，也可能由于金钱、健康或其他人的原因而受到阻碍。人们也可能从其旅游过程中退出，或根本不参加旅游活动，从而不再是这个系统的组成部分”（P. L. Pearce 1993：125）。

图 2. 10 列出了佩尔斯根据马斯洛需求层次理论构建的休闲层次模型，其中有五种层次的动机，即：

①生理需要

②安全需要

③社会关系需要

④特殊兴趣和自我发展需要

⑤自我实现需要

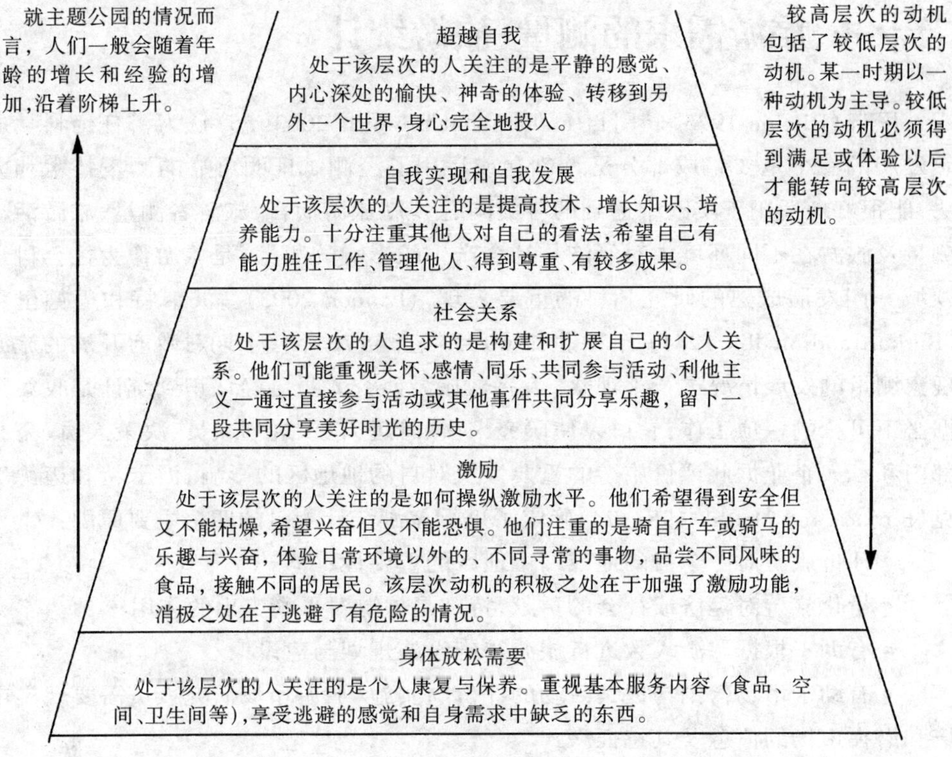

图 2. 10　对主题公园的需求层次（国内游客）

资料来源：佩尔斯（Pearce 1993a）

库珀等(Cooper et al. 1993: 23)认为,"旅游动机方面的研究资料尚处于发展过程的不成熟阶段。事实已经表明,动机是不同旅游需求形式背后一个必不可少的概念"。从现有的旅游动机研究文献来看,决定旅游动机的问题概括如下:

- 旅游不是单一的具体产品,而是满足众多需要的各种产品和经历的组合。
- 旅游者并非总是意识到自己内心深处的心理需要与观点,甚至在他们确切知道其心理需求的情况下,也不会明显暴露出来。
- 旅游动机可以是多重的,也可以是对立的(推动因素和拉动因素)。
- 各种动机可以随时间推移而发生变化,同时也是紧紧联系在一起的(例如,知觉、学习、个性和文化通常是独立的,它们又是绑在一起的)。P. L. 佩尔斯(P. L. Pearce 1993)提出的休闲层次等动态化理论对推进该领域的理解与研究具有重要作用。

在分析了旅游动机方面的一些问题之后,下面我们要探讨一下如何运用统计方法来测量和记录旅游需求。

二十一、旅游需求的测量:旅游统计

里奇(Ritchie 1975,转引自 Latham and Edwards 2003: 55)认为,"任何科学成熟发展的一个重要组成部分是,创立或运用了经测试证明可靠的测量技术和方法,能很好地适用于实践中遇到的各类问题"。就旅游而言,旅游者测量、旅游活动测量及旅游在不同环境中对经济与社会产生的影响的测量,是旅游作为社会科学领域一门发展成熟的研究学科的重要表现(Lennon 2003)。波卡特和迈德里克(Burkart and Medlik 1981)于 20 世纪 60 年代直至 70 年代末期对政府开展的旅游现象测量的发展情况进行了观察。大多数旅游研究人员已经认识到统计是收集数据必不可少的一项工作,它可以使研究人员、管理人员、规划人员、决策人员、公共部门和私人企业据此评价旅游的重要性及对目的地地区的影响。波卡特和迈德里克(Burkart and Medlik 1981:74)确定了进行旅游统计测量的四个主要原因:

- 评价旅游对一个目的地或一个地区的重要性;
- 量化旅游对经济或社会的贡献,特别是旅游对平衡支出的作用;
- 有助于根据旅游人数进行旅游基础设施规划与建设;
- 有助于市场营销与促销活动的评价与实施,旅游市场研究人员需要现实市场和潜在市场的信息及其特征。

由此可见,旅游统计对测量全球、一个国家乃至一个目的地等不同地理尺度上的旅游人数、规模、影响和价值是非常必要的。最近又采用了旅游卫星账户(TSAs),

以便于各个国家制定一套评价其旅游经济的方法（这种技术的推出及应用，详见Frechtling 1996）。然而，由各个组织提供给用户的各类统计数据之间仍然存在信息上的差异。旅游统计部门在进行旅游统计时确定了收集、整理和分析旅游统计数据的方法和程序（世界旅游组织，1995），但这些方法却只有很少一部分研究人员和专业技术人员才能理解。因此，该部分试图阐明旅游统计数值表现形式的复杂性及其对空间分析的作用，地理学者具有深厚的定量分析传统（Johnston 1991），而这一传统恰恰就体现在利用和依赖这些数据来了解旅游活动的空间变化与空间格局上。本科生和研究生往往要求了解一定的旅游统计知识，而大部分旅游教材对此内容涉及的很少；遇到这种问题的时候，一般是通过过于专业化的文章进行讨论，而看懂此类文章的读者人数又很少（例如，Frechtling 1996）。

对于旅游统计一个常见的误解看法是，认为这些数据来源于完整的、权威性的资料（即，它们回答了研究人员提出的全部问题）（Lennon 2003）。另一个相关问题是，统计数据一般被认为是最近的，数据的采集、分析、整理直到分发至有关人员手中在时间上没有延迟。事实上，大部分旅游统计数据"一般是对旅游人数、旅游次数、逗留时间和旅游花费的测量，通常是按照总体情况或划分为商务旅游或休闲旅游等类别表示出来的"（Latham 1989：55—6）。另外，出版的绝大多数旅游统计资料都来源于抽样调查，为了能代表实际情况，其结果要按照一个度量标准经过加权计算或统计方法上的处理。实际上，这往往意味着，旅游统计数据受到样本规模产生的误差的影响。

旅游人数的统计测量绝没有那么简单；莱瑟和爱德华兹（Latham and Edwards 1989, 2003）确定了若干与旅游人数统计有关的特殊问题：

- 旅游者是临时过客，流动性很强，使抽样调查统计工作变得比较困难，不容易保证统计的准确性和方法上的严格性。
- 对旅游者等流动人口进行访谈通常是在不熟悉的环境中进行，一般是港口、离开地点或抵达地点，这些地方的噪音背景会影响被调查者回答问题。
- 天气等其他变量可能会影响被调查者回答问题。

即使抽样调查问题减少到最低限度，也必须谨慎对待旅游统计数据，因为另外的方法问题可能影响结果。例如，旅游调查通常包括：

- 旅游者行前研究，包括旅游者的旅游习惯和目的地选择倾向（意向研究）。
- 旅游者途中研究，包括旅游者的实际旅游行为和剩余的旅游活动计划或行程安排（实际行为研究和意向研究）。
- 目的地或具体旅游景区点旅游者研究，包括实际旅游行为、满意程度、对目的地的影响及今后打算（实际行为研究和意向研究）。

• 旅游者游后研究，包括旅游者在景区点的体验、从目的地返回的途中或回到居住地(游后研究)。

在各种资源制约因素不影响统计的理想状态下，前面提到的每种方法都可以用来为旅游及旅游行为研究提供广泛的资料。在现实世界中，各种各样的组织和政府机构都会选择能满足其自身特殊需要的一种研究方法。在实践上，大多数出于实用目的的旅游统计通常可以归为如下类别：

• 旅游规模测量，计算接待人数、离境人数、旅游次数和停留天数。

• 旅游花费调查，对旅游者在目的地和旅途中的花费进行调查。

• 旅游者特征调查，了解到某一目的地旅游的不同市场和细分市场的特点。

然而，在获得任何旅游统计数据之前，必须要解决如何界定旅游者这一复杂而又棘手的问题。那么，如何来界定和区分旅游与旅游者这两个术语呢？

二十二、旅游的定义

旅行(travel)与**旅游**(tourism)这两个术语在出版的旅游文献中往往是交互使用的，它们通常用来指“对人类活动及商务活动的研究领域，人们由于商务、消遣或个人原因而暂时离开其常住地和日常工作环境”(R. Chadwick 1994:65)。这两个术语用在不同情况下一般指的是相似的事物，美国的研究人员一直倾向于使用“旅行”一词，实际上指的也是旅游。尽管存在这一固有语义问题的困扰，但一般普遍认为，这两个术语不管是单独使用还是一起使用，都用来“描写”三个要点：

• 人的流动。

• 一个经济部门或一项产业。

• 一个广泛的系统，人们之间相互作用，构成各种关系(人们到常住地以外地区去旅游的需要和满足需要、提供产品的服务行业)。

查德威克(Chadwick 1994)

以这个出发点为基础，我们可以开始探讨一些较为复杂的问题，最终明确**旅游**和**旅游者**两个术语的可行定义。

波卡特和迈德里克(Burkart and Medlik 1981:41)从历史的角度研究了**旅游**这一术语的历史发展过程，指出了研究人员在区分旅游的概念和技术定义方面所做的工作之间的差别。旅游的概念指的是“广义的概念体系，明确旅游的基本特征，将旅游与相似、相关但不同的现象区分开来”。与此相对的是，技术定义则是随着研究人员提出合适的度量标准并进行修订而产生的，是出于统计、立法和管理等目的，意味着可能存在多个满足特定目的的技术定义。然而，旅游的概念及研究目的的确定，是旅游统计应考虑的一个重要因素，以便使用户能熟悉统计数据的来源和背景。

大多数旅游教材、文章和专著现在都采用旅游的标准定义或者对概念的解释，这通常是受到社会科学家观点的影响(即，地理学、经济学、政治学、社会学或其他学科)。波卡特和迈德里克(Burkart and Medlik 1981)对旅游概念的情况进行了有效分析，确定了与概念有关的五大主要特征。

- 旅游源自人的流动，即人们前往不同目的地并在那里逗留。
- 所有旅游活动都包括两个要素：前往目的地的旅行和在目的地的逗留与活动。
- 旅行与逗留发生在日常居住和工作地点以外，因此旅游活动不同于途经地和目的地的居民和上班人员的活动，途经地和目的地是旅游者旅行经过的地方和逗留的地方。
- 到旅游目的地的流动具有临时性和短暂性特点，目的是在几天内、几周内或几个月内返回家中。
- 去目的地游览的目的不是永久居住或工作获得报酬。

波卡特和迈德里克(Burkart and Medlik 1981:42)

此外，波卡特和迈德里克（Burkart and Medlik 1981）将旅游作为一个概念进行界定，具有重大意义，因为它正确承认了大量旅游活动就是休闲活动，要有可自由支配的时间和金钱，休闲往往是参加旅游活动的一个主要目的。但这并等于限制了旅游的整体概念，旅游的基本特征可以通过一个含义更广泛的概念得以阐释。所有旅游活动都涉及某种程度的旅行，但并非所有旅行活动都是旅游；绝大多数旅游活动都具有临时性和短暂性，使之与移居行为区分开来。因此，从旅游的广义解释来看，也要考虑旅游的技术定义[另见 Leiper（1990）的详细讨论，Medlik（1993）和 Hall（1995）也简要列举了一系列定义]。

二十三、旅游的技术定义

旅游的技术定义是各种需要确定测量人数的组织机构经常采用的，一般要明确三个主要问题(详见 BarOn 1984)：

- 旅游目的（如，旅游者类型，是商务旅游、度假旅游、探亲访友还是其他目的）。
- 旅游时间，要求离开居住地和在目的地期间有一个最短时间和最长时间期限。大多数情况下，要求离开居住地最短时间为 24 小时以上，最长不超过 1 年。

• 可以算做旅游者、也可以不算做旅游者的情况，例如，邮轮乘客，在登机登船等特殊地点的中转乘客，在一个目的地逗留不到 24 小时的短程游览者(如免签证穿越英吉利海峡的欧洲一日游市场)。

世界旅游组织于 1991 年在渥太华召开的"国际旅行与旅游会议"，分析、扩展并确定了旅游的技术定义，认为"旅游是人们出自获取报酬以外的任何目的而到其惯常环境以外的地方旅行，并在该地停留不超过规定时间所产生的活动"。其中，"惯常环境"排除了日常居住地区的旅行、住所与工作地点之间频繁、有规律的旅行和其他日常性的社区内旅行；"不超过规定时间"排除了长期迁居或移民；"获取报酬以外的任何目的"排除了仅仅是为了工作而进行的迁移。下面的这些定义是由世界旅游组织提出来的：

• 国际旅游：包括非当地居民来一国游览的入境旅游和一国居民到另一个国家游览的出境旅游。

• 境内旅游：指一国居民在自己国家境内的游览活动。

• 国内旅游：指境内旅游和入境旅游（一个国家境内的住宿设施和旅游景点构成旅游市场)。

• 本国公民旅游：指境内旅游和出境旅游(本国公民构成的旅游市场)。

(世界旅游组织，引自 R. Chadwick 1994:66)

为了改进旅游统计工作和加深对旅游的理解，联合国 (UN 1994) 和世界旅游组织(WTO 1991a)还建议对游客、旅游者和短程游览者(一日游游客)进行区分。根据世界旅游组织 (WTO 1991a) 的建议，国际旅游者被定义为"离开定居国到其他国家访问、至少停留一晚但不超过一年的人，其主要目的不是在访问国获取报酬"；国际短程游览者(如乘坐邮轮的游客)被定义为"离开定居国当天到其他国家访问、不在访问国过夜并且停留时间不超过 24 小时的人，其主要目的不是在访问国获取报酬"。另外，对国内旅游者也提出了类似的定义，其中时间期限为"不超过六个月"(WTO 1991a;UN1994)。

值得注意的是，联合国和世界旅游组织提出的旅游的技术定义中包括一日游或"短程游览者"类别，使得休闲与旅游之间的界限变得更为任意化，国际上越来越一致地认为"旅游"指所有的游览活动，既包括过夜游，也包括一日游(UN 1994:5)。随着交通技术的不断改进，一日游对一些国家来说变得越来越重要。联合国 (UN 1994: 9) 指出，"一日游对消费者和很多供应商来说都具有十分重要的意义，特别是旅游景点、交通企业和餐饮企业"。

R. 查德威克(R. Chadwick 1994)将旅游者的定义推进了一个层次，提出了旅行者 (旅游者) 类型说，强调了旅游者 (旅行者) 和非旅行者 (非旅游者) 之间的区别，如图 2.11 所示。图 2.11 有独到之处，因为它不仅突出了参与各种旅游活动的所有社会组成部分，而且考虑了旅游动机。它还十分有用，因为它说明了在决定哪

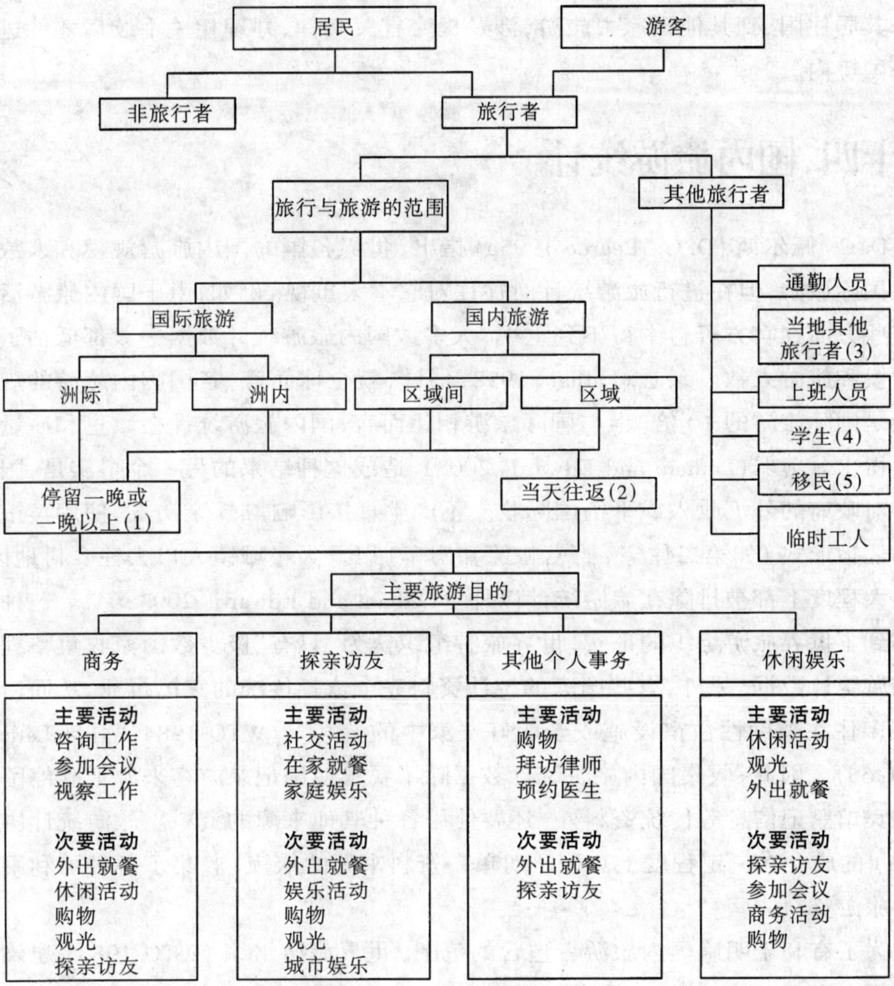

(1)国际技术定义中的“旅游”。

(2)国际技术定义中的“短程游览者”。

(3)行程短于规定的旅游距离，例如，离家不到 50 英里(80 公里)。

(4)只在家和学校之间往来的学生——学生的其他旅行活动属于旅游范围。

(5) 所有迁移到新地方居住的人，包括所有单程旅行者，如移居他国定居者、移入某国定居者、难民、国内移居人员和流浪人员。

图 2.11　旅游者的分类

资料来源：查德威克(Chadwick 1987)

些群体归为旅游、哪些群体排除在外时可能遇到的技术问题。根据旅游者的这种分类方法，需要明确国际旅游和国内旅游之间的区别。国内旅游通常是指旅游者离开其常住地到本国境内的其他地区旅游。与此相对，国际旅游一般是指旅游者离开其居住国、到其他国家去旅游，涉及提交有关文件、办理相关手续后才能进入另一国境内。

二十四、国内旅游统计

D. G. 佩尔斯(D. G. Pearce 1995a)指出，世界各国的国内旅游规模和人数都超过国际旅游，但在进行旅游统计时往往对它不太重视。例如，由于国内旅游活动的某些方面在官方资料中得不到重视，大多数国内旅游统计数据一般都低估了旅游规模和旅游人数。莱瑟(Latham 1998)估计，就全球而言，各国国内旅游的规模可能是国际旅游的10倍。但与国际旅游相比而言，国内旅游统计在数量和质量上都显得十分薄弱(Latham and Edwards 2003)。造成这种结果的另一个事实是，国内旅游对政府的外汇收入或平衡国际收支不产生直接影响。"探亲访友、使用宾馆以外的住宿形式(如第二住宅、野营帐篷和房车)以及大量城镇人口去往乡村地区，在很大程度上都被排除在旅游统计以外"(Latham and Edwards 2003:64)。这种情况得到了世界旅游组织的证实，世界旅游组织认为，只有"极少数国家收集整理国内旅游统计数据。另外，有些国家的统计资料完全依赖传统的宾馆行业，从而遗漏了很多住在辅助性住宿设施或亲朋好友家中的游客"(WTO 1984，引自 Latham 1989:65)。因此，收集国内旅游统计数据除了要求使用记录游客来源地和停留时间的宾馆登记信息等传统资料外，还要使用各种其他来源的资料。旅游统计协会(TSA)的成立在一定程度上克服了对单一资料来源的依赖，收集了各种可利用的国内旅游资料。

为了有利于明确国内旅游者包含的范围，世界旅游组织(WTO 1983)建议采用如下定义：

> 在本国境内某个地方旅游不超过一年的任何人，其主要目的不是为了在访问地获取报酬。

这个定义既包括了过夜停留的国内旅游者，也包括了访问时间不到24小时、不过夜停留的国内短程游览者。事实上，莱瑟和爱德华兹(Latham and Edwards 2003:65)指出了除世界旅游组织提出的那些定义以外的各种定义，并认为如下问题使情况进一步变得复杂化：

- **访问目的** 各国都使用这个概念，将国内旅游者界定为旅行活动的目的不是为了获取报酬的人。

- **旅行时间与旅行距离**　某些定义称，旅游者应发生过夜停留行为或达到规定的最短旅行距离。

- **住宿类型**　出于实际工作的需要，有些国家将国内旅游者限定为使用商业住宿设施的那部分游客(根据 Latham and Edwards 2003:65－6)。

在使用世界旅游组织的定义时遇到了一些问题，这可能也反映出各个国家这样进行统计的原因，但不一定有利于理解统计本身的含义。世界旅游组织(WTO 1981)指出了国内旅游统计的四个用途：

- 计算旅游对一个国家经济的贡献水平。由于确定旅游的贡献程度十分复杂，因此只能估算旅游在 GDP 中所占的比重。

- 有助于开展旅游市场营销与促销工作。政府设立的旅游机构尽可能鼓励居民在国内旅游度假，而不去海外旅游（参见 Hall 1997a 对环太平洋地区国家的讨论）。

- 有助于政府制定区域发展政策。政府将旅游作为区域发展的手段，鼓励热点地区的国内旅游者去欠发达地区旅游，促进不同地区的旅游发展水平。

- 实现社会发展目标。为生活相对比较贫困的群体制定社会旅游政策，便于他们详细了解本国国民的旅游度假习惯。

区域性旅游组织和地方性旅游组织、旅游目的地和各种旅游企业也使用这些统计数据。但是国内旅游是如何测量的呢？

波卡特和迈德里克（Burkart and Medlik 1981）认为，有两个问题需要进行测量：一是全国的旅游规模、旅游收入和旅游特点，二是各旅游目的地的旅游规模、旅游收入和旅游特点。世界旅游组织(WTO 1981，引自 Latham 1989)指出，收集国内旅游统计数据的最低要求是收集旅游接待人数和旅游者在住宿设施停留天数方面的资料，其分类标准是：

- 月份
- 住宿设施的档次类型
- 住宿设施的位置和国内旅游的全部花费

莱瑟和爱德华兹(Latham and Edwards 2003)认为，包括停留天数、入住率和平均花费在内的这些变量可以提供另外一些资料。许多国家还收集整理了世界旅游组织确定的最低标准以外的辅助信息，包括旅游者的社会经济特征、旅游交通的使用情况和旅游目的。但是这些资料的收集需要一定的支出，而许多欠发达国家国内旅游的统计基础仍然是比较薄弱的。

国内旅游统计所采用的方法通常是根据抽样调查结果对旅游人数、旅游收入和旅游规模进行估计，因为进行大规模旅游活动调查需要花费较高的成本。此类材料使用者面临的直接问题是数据存在的误差和欠准确。例如，莱瑟（Latham 1989）分析了当前用来补充宾馆登记信息资料的如下抽样调查方法：

- **家庭调查** 前往居民家中进行访谈，了解有关休闲旅游的信息。在欧洲开展此类调查的一个例子是欧盟进行的综合研究。经济合作与发展组织（OECD）于1967年提出了全国旅游调查应收集的资料类型，但自此以后全世界范围内在家庭调查收集资料方面几乎没有取得什么进展。加拿大统计局每月进行一次家庭调查，为“加拿大旅游调查”设计了旅游方面的问题（参见 http://www.statcan.ca）。美国“全国旅游调查”是家庭调查的另外一个例子。
- **目的地调查** 在旅游活动较频繁的地区或目的地进行。此类研究常常关注的是住宿设施使用方面的统计数据，对游客进行抽样调查，也可能用到家庭调查的现有资料。
- **途中调查** 在旅行途中对旅游者进行调查，以研究旅游者的特征。尽管这是对旅游者进行访谈比较方便的一种办法（参见 Page 1994a, 1994b），但调查结果不一定具有代表性，不能全面了解乘坐不同交通工具的旅游者情况。

以上调查中，调查人员要求被调查者将调查表寄回去的时候，可能会出现问题回答不全面或不作回答等情况（参见 Hurst 1987 对这种调查方法使用情况的分析）。

二十五、国际旅游统计

收集整理国际旅游资料的两大组织是世界旅游组织和经济合作与发展组织。另外，亚太地区旅游协会和东盟旅游工作小组等区域性国际旅游组织也收集国际旅游统计资料（Hall 1997a）。佩奇（Page 1994b）分析了前两个组织在国际旅游方面的主要出版物，指出了各自的详细内容。世界旅游组织的主要出版物是《旅游统计年鉴》（*Yearbook of Tourism Statistics*），其内容概括了近150个国家和地区最主要的旅游统计数据。经济合作与发展组织的主要出版物是《旅游政策与国际旅游》（*Tourism Policy and International Tourism*）（被称为“蓝皮书”），涉及的范围不够全面，仅包括了25个国家，但却涵盖了大多数主要的客源地和接待地。其主要出发点是研究政府政策和国际旅游的制约因素，从而扩展了世界旅游组织出版物中没有涉及的某些领域（关于资料来源的详细探讨，参见 Withyman 1985）。

与国内旅游比较而言，国际旅游统计资料的收集通常是为了评价旅游对一个国家收支平衡的影响，但魏茨曼（Withyman 1985）认为：

出境旅游者似乎没太引起民意调查者和人口调查者的注意。诚然，一个国家的出境旅游者就是另一个国家（或许是几个国家）的入境旅游者，对目的地国家来说，他们是相当受欢迎的一部分游客：不仅是收入的重要来源，而且也是该国在国际市场上吸引力的象征。这意味着，政府一般更热衷于测量入境旅游，而不是出境旅游，或者至少是已经这样做了，并公布了结果。

魏茨曼（Withyman 1985：69）

这段话表明，政府更关心的是旅游对收支平衡的影响。国家旅游机构的市场营销部门使用这些统计资料来确定国际市场营销工作的目标。另外，旅游行业也把这些统计资料作为其战略规划的一部分内容，更直接的目的是确定机会市场。即便如此，谢克尔福德（Shackleford 1980）认为，旅游统计资料的收集应当是政府的责任，应达到资料收集的国际标准（WTO 1996）。然而，日益明显的情况是，只有在证明资料收集产生经济效益的情况下，各国政府才坚持收集整理旅游统计资料。在资金条件受到限制的情况下，旅游统计资料的收集与整理可能受到阻碍。这同时提出了一个重要的方法问题：测量的到底是什么。魏茨曼（Withyman 1985）认为：

在复杂的国际旅游和旅游统计中，研究人员理应谨慎前行；但从各方面情况来看，发展形势一派繁荣。并非所有的资料来源都像它们的表面那样——仔细研究一下发现，有些资料本身前后不一致，往往不适合于旅游业研究人员和规划人员参考使用。

魏茨曼（Withyman 1985：61）

魏茨曼（Withyman 1985）提出的关键问题是在国际旅游测量对象（例如，是游客天数还是游客晚数）、程序和方法等方面旅游资料缺乏可比性。

弗莱奇特凌（Frechtling 1976a）认为，各国机构和国际机构在国际旅游统计方面采用的方法都集中在旅途、旅行和旅行者的普通定义上（详见 Chadwick 1994）。然而，在这个问题上一直存在的主要难点是，商务旅行是否应被视为一种独立的旅游活动。查德威克（Chadwick 1994：75）指出，“北美学者的一致意见似乎是，尽管存在一些争议……商务旅行应当被视为旅游的一部分”。巴昂（BarOn 1984）分析了联合国和世界旅游组织提出的国际旅游的标准定义及术语解释，认为恩古（Ngoh 1985）的研究很有意义，因为它考虑了这些定义在测量国际旅游时提出的实际问题，并找到了解决难点的办法。

莱瑟（Latham 1989）建议，收集国际旅游统计资料应涉及的主要问题有：

- 旅游人数

- 旅游者的花费
- 旅游者的特征及其旅行特点

正如国内旅游的情况那样，推测成为大多数国际旅游统计资料的基础，因为资料收集方法不能保证准确数据。例如，旅游人数统计资料往往来源于出入境处(如机场和海港)或住宿设施计算的旅游人数。但这种资料涉及的是旅行次数，而不是旅游者个体，因为一位旅游者在一年内可能不止旅行一次，但每次旅行都被单独计算了。就花费统计而言，旅游花费通常是指旅游者在一国境内的支出，不包括支付给旅游交通经营商的费用。但这些统计数据的获得往往是根据银行记录资料对外汇收入的估算，或者来源于旅游服务企业提供的数据，或者更常见的是来源于对旅游者直接进行的社会调查。怀特和沃克 (White and Walker 1982) 与巴瑞耶(Baretje 1982)对这种资料收集方法的有效性和准确性直接提出了质疑，分析了造成偏差和误差的主要原因。

爱德华兹(Edwards 1991:68—69)认为，“分别就花费和收入方面的数据而言，旅游统计资料的收集通常采用下面五种方法中的一种”：

- 在各边境口岸计算所有出入境的人，通常采用填写入境卡/出境卡的方式，以数量较大的出入境人数作为标准。在旅游流量特别大的情况下，一般采用10%的抽样调查方法(即，让1/10的人填写入境卡/出境卡)。新西兰等国家对入境卡和出境卡或抽样调查进行比较分析，以了解游客实际停留天数。
- 在边境口岸抽取一定的入境或出境游客样本，进行访谈，详细了解游客的特征及在该国境内的活动内容。这种方法通常要求仔细选取样本，保证足够大的样本数量，设计较全面的和旅游统计有关的问题，如访问地点、旅游花费、住宿设施的使用情况及其他相关问题。
- 从入境游客中选取一定数量的样本，发给他们调查问卷，填完后交给或邮寄给调查人员。加拿大采用的是这种方法，但却遗漏了经由美国从公路上直接入境的游客。
- 对一个国家包括旅游者和非旅游者在内的全部人口进行抽样调查，但这样获取典型样本的代价通常十分昂贵。
- 有关住宿设施经营者记录的住宿人数和住宿天数。这种资料收集方法存在的问题是住宿设施经营者缺乏记录准确信息的动机，在根据床位营业额决定纳税的地方，情况尤其如此(参见 Page 1989 对伦敦这个问题的讨论)。

资料收集的最后一个方面是游客特征，分析游客的特征与旅行习惯。例如，英国进行的“国际旅客调查”(IPS) 全面调查了国际旅游人数、花费和特征等方面的资料。

二十六、方法问题

莱瑟和爱德华兹（Latham and Edwards 2003）对旅游统计中资料收集使用的主要方法进行了研究。他们指出，在美国各州资助的旅游研究中，转换研究是一种普遍采用的方法，用以分析评价广告活动和游客调查、对各州接待的游客样本进行评估。另外还讨论了资料收集使用的其他方法（例如，日志式问卷调查、特别观察和个人访谈——参见 Mullins and Heywood 1984; Perdue 1985）。然而很少有人研究样本选取、样本设计和这种调查可能造成的误差等问题（Aaker and Day 1986; Cannon 1987）。事实上，在大多数旅游调查中缺乏对抽样调查估算可靠性的研究（关于这个问题的专题讨论，参见 Latham and Edwards 2003:70 – 1）。在很多情况下，大型旅游调查活动十分重视样本的选取工作和调查结果中可能体现出来的偏差。因此，任何旅游调查活动都需要十分注意统计和数学上的准确性，尤其是调查的设计及可能对结果产生的影响。赖安（Ryan 1995）对这个问题进行了详细讨论。

赖安（Ryan 1995）十分精彩地分析了调查设计、问卷设计、样本选取以及不同形式旅游资料所使用的统计技术等问题，为旅游统计资料分析方法与技术提供了重要参考。在此不再赘述赖安的精彩分析，但他提出的国内国际旅游统计资料收集整理的准确性问题值得特别重视。

赖安（Ryan 1995）认为，资料收集的误差会导致资料分析的误差。与国内国际旅游统计有关的最常见问题包括：

- 资料收集所使用的方法会受到各国行政因素、机构因素和法律因素的影响。
- 样本数量太少会导致无法接受的样本选取误差，有些情况下样本设计存在缺陷。
- 旅游统计资料收集的程序得不到有关机构的支持。

另外，爱德华兹（Edwards 1991:68）认为，“第四个可能的原因——算术错误和数据处理错误——只是偶尔会造成严重的错误”。他指出，“旅游统计人员知识渊博、谨慎尽责，但必须要使用他们原本就知道会产生误差数据的方法”，因此，对任何旅游资料而言，造成误差的潜在原因显然是所使用的资料收集方法。反过来，资料收集方法通常又受到法律制度、行政体制、现有经济资源和人力资源的影响。

在旅游花费和旅游收入资料方面，国际货币基金（IMF）等组织颁布了收支平衡统计工作的指导方针。但也有发生误差的情况：旅游者在海外银行账户支付服务费用导致漏损；存在外汇黑市交易的极端情况下导致漏损。爱德华兹（Edwards 1991）建议，定期对离境游客和归国公民进行访谈调查会有助于估算旅游花费水平。

尽管旅游统计方面存在明显的问题，但爱德华兹（Edwards 1991）仍然认为，欧洲之外大多数目的地的旅游接待人数和停留天数的资料有理由认为是可靠的。

在欧洲范围内，英国的出入境旅游资料是相当令人满意的。希腊、葡萄牙、西班牙和前南斯拉夫似乎都有可使用的边境入境人数资料。问题最严重的是欧洲中心大陆的国家，如法国、德国、意大利和荷兰，对它们来说，无法恰当测量出入境旅游人数。

对许多欧洲国家来说，很明显低估了它们住宿设施的接待人数和住宿天数……通常旅游花费和旅游收入是更为合理的指标。欧洲以外的地区也存在大量陆路人口流动的问题，如：加拿大和美国之间（双向流动）、美国至墨西哥的人口流动和香港至中国内地的人口流动。

爱德华兹（Edwards 1991：72）

考虑到这些潜在的制约因素，爱德华兹（Edwards 1991）提出，研究人员应收集整理各种不同来源的资料，这样不仅可以克服各种资料的缺点，而且可以拓宽现有的资料基础。爱德华兹（Edwards 1991）为不同国家使用多种资料进行旅游比较研究提出了指导意见（另见 Dann 1993 关于使用国籍等不同旅游指标的局限性的讨论）。对旅游资料进行整理一直是对旅游行业各类组织的主要要求之一。爱德华兹（Edwards 1991：73）列出了分析旅游发展趋势时应考虑的一些关键问题：

- 旅游接待人数或住宿接待人数是否在范围或定义方面发生了变化？
- 前些年的临时资料后来是否已经进行了修订？
- 资料的可靠性是否已经发生了变化，旅游产品爱好的改变如何影响统计资料？

即便如此，发展趋势分析仍然是大多数旅游研究的基本出发点。分析了旅游统计的问题，下面我们再来探讨地理学者对这些统计资料进行分析的方法，以及不同尺度旅游活动的差异。

二十七、旅游发展趋势：国际视点

D. G. 佩尔斯（D. G. Pearce 1995a）对地理学者分析旅游模式的情况进行了开创性研究，充分反映了他对旅游空间分析方法发展做出的国际贡献。佩尔斯（Pearce 1995a）运用地理学方法和概念、统计资料及旅游活动的一手资料，分析了国内国际旅游活动的发展过程与动态模式。但该部分仅对地理学者用空间视角研究当代旅游需求的方法进行了有限分析(详见 D. G. Pearce 1995a)。

二十八、全球旅游发展趋势

世界旅游组织是国际旅游资料的主要来源,这些资料由各国政府负责资料收集的机构提供。尽管大多数国际旅游者被说成是“口岸入境人员”(即,通过边境口岸记录而确定的入境人员),但入/出境卡(使用这种卡的国家)也提供了国际旅游者特征方面的其他具体信息,在不使用出/入境卡的国家,通常采用定期旅游调查的方法。世界旅游组织的统计主要限于各类旅游者,在有些情况下,对这些资料进行地理划分会受到限制,因为资料整理机构只是简单地对旅游者进行了描述和分类,而没有列出全部入境人员的清单。

就国际旅游增长情况而言,图 2.12 说明,许多发达国家的出境旅游在 20 世纪 60 年代开始稳步持续增长。在 20 世纪 60 年代末,航空交通新技术的发展(如波音 737、747 巨型喷气式飞机和 DC10 飞机的发明)推动了国际旅游的快速增长,直至 70 年代初发生石油危机。80 年代的增长率发生了变化,上升趋势受到海湾危机等事件的冲击,但国际旅游仍然保持了强劲的增长势头,年均增长率大都超过 5%,直到 90 年代末增长速度才开始放缓。然而,图 2.13 表明,直到 20 世纪 90 年代末之前,国际旅游收入的增长一直超过旅游人数的增长(石油危机和海湾危机时期除外),增长速度保持在 10%-20%,表明旅游对各国经济产生了显著的影响。自 2000 年以来,特别是自“9.11”恐怖袭击事件发生以后,增长速度开始减缓,2001 年的旅游花费比 2000 年下降了 2.9%。随着国际旅游消费信心的提高,2002 年的旅游花费增长了 3.2%。

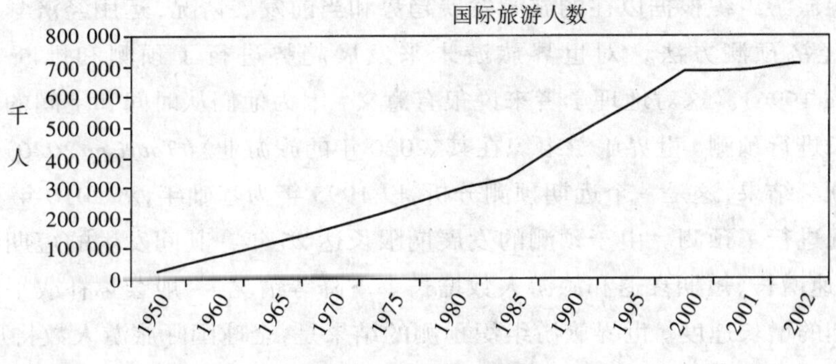

图 2.12 1950—2002 年国际旅游人数增长情况

资料来源:根据世界旅游组织资料整理

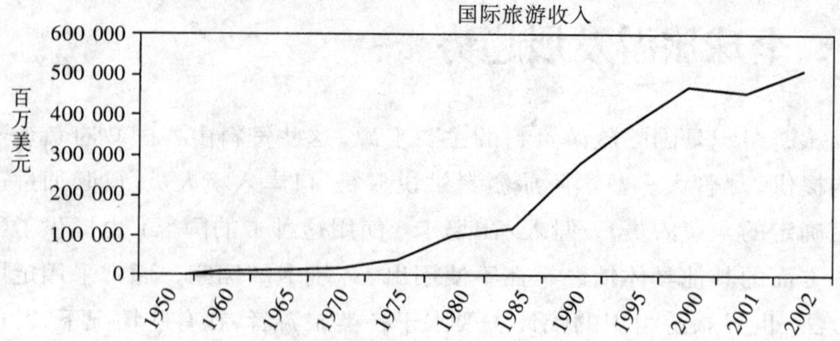

图 2.13　1950—2002 年国际旅游收入增长情况

资料来源:根据世界旅游组织资料整理

表 2.4 列出了 1980—2002 年间排名前十位的旅游目的地，其中法国在 22 年期间一直是排名第一位的国家,中国等一些发展中国家出现了大幅增长。除美国和中国以外,欧洲仍然在旅游接待人数方面占绝对优势,前七位目的地国家的排名变化很小。中国在入境旅游增长方面取得了显著成绩，其国际旅游收入在 2002 年排名第五位。作为世界上最大的旅游收入国，美国和西班牙一直保持着前两名的位置,其次是法国、意大利、中国、德国、英国、澳大利亚、中国香港和希腊(2002 年)。

到 2020 年的国际旅游发展趋势

世界旅游组织根据以往的旅游发展趋势和当前发展情况,运用经济学者使用的计量经济预测方法，对世界旅游未来发展趋势进行了预测和推断（详见 Frechtling 1996)。这对地理学者来说很有意义，因为他们从时间和空间的角度对旅游增长进行预测。世界旅游组织在其《2020 年的旅游业》(*Tourism 2020*)报告中提出了预测结果,这是一个远期预测分析,以 1995 年为基础年,对 2010 年和 2020 年的情况进行了预测。由于预测的发展期限长达 25 年，其间发生的短期波动现象,如快速增长、短期衰退和旅游人数增长率下降等情况,一般会弥补或平衡以往预测时期的增长速度。世界旅游组织预测的结果是,全球国际旅游人数将从 1995 年的 5.65 亿增长到 2010 年的 10 亿,2020 年将达到 15 亿。这些增长速度将对增长地区产生空间上的显著影响。世界旅游组织预测,到 2020 年,排名前三位的接待地区将是欧洲(7.17 亿人)、东亚太平洋地区(3.97 亿人)和美洲(2.82 亿人)。这表明,东亚太平洋地区将是增长速度最快的地区(跟以前的有关研究结果一致,Hall and Page 2000; Page2001),年增长率将达到 5%,超过世界平均增长率(4.1%)。另据预测,欧洲在全球国际旅游接待人数中所占份额将从 1995 年的 60%下降到 2020 年的 46%,世界旅游的地理分布格局也将发生变化,以满足东亚太平洋地区发展新趋势的要求。同时,1995—2020 年间远程旅游年均增长率有望达到 5.4%,而区域内旅游年增长率仅有 3.8%。

表 2.4 1980—2002 年间世界主要国际旅游目的地(按国家划分)

国家	旅游接待人数	2002 年排名	1980 年排名
法国	77 000 000	1	1
西班牙	51 000 000	2	2
美国	41 900 000	3	3
意大利	39 800 000	4	4
中国	36 800 000	5	19
英国	24 200 000	6	7
加拿大	20 100 000	7	6
墨西哥	19 700 000	8	8
澳大利亚	18 600 000	9	5
德国	18 000 000	10	9

资料来源:根据世界旅游组织 1980—2002 年间资料修订、整理

二十九、国内旅游发展趋势

人们对旅游卫星账户的兴趣越来越浓厚,从而推动了许多国家国内旅游研究日益受到重视,试图填补旅游研究领域这部分研究知识的空白。20 世纪 90 年代初,D. G. 佩尔斯(D. G. Pearce 1995a: 67)对这种情况进行了比较公平的评价,他指出,"国内旅游往往不如国际旅游那么正式和系统,从而导致的一种倾向是许多政府机构、研究人员及其他组织认为国内旅游意义不大"。许多国家对此进行了重新考虑,因为在"9.11"等灾难事故发生以后,国际旅游的增长速度和旅游接待人数出现下降,美国和欧洲等开始将注意力转向国内旅游,政府部门开始意识到国内旅游的重要性。尽管如此,一些国家的少量资料还存在问题,因为它们不是直接

记录的接待人数。这就要求对不同空间尺度的旅游格局和旅游流向进行分析，考虑国家境内各种不同来源的旅游者与目的地地区之间的相互影响，并详细了解区域间的旅游流向情况。有些情况下，可以通过知名的旅游线路确定旅游流向，如英国热点目的地之间的马车旅游线路(D. G. Pearce 1995a)。佩奇(Page 2003a)最近从区域的角度对苏格兰的旅游资料进行了分析，研究了苏格兰马车旅游的区域分布情况。从微观角度对具体地点进行研究，其空间分析要容易得多，还能对旅游活动产生的影响进行监测。例如，位于比利时的世界"一战"战役遗址伊珀尔 2003 年吸引了大约 35 万名旅游者，50% 为学习"一战"历史的儿童，50% 为英国游客，其中至少有 20% 的家庭与"一战"有联系。结果促进了当地旅游企业的繁荣。

就方法而言，很明显，如果是政府部门和其他公共机构组织负责国内旅游资料的收集整理工作，"其结果往往不具有直接的可比性，会限制对旅游总体格局和发展趋势的认识"(D. G. Pearce 1995a：67)。为此，在此值得一提的是 D. G. 佩尔斯(D. G. Pearce 1993b)进行的创新研究，其中包含了对一个国家(新西兰)国内旅游情况的系统分析，这是很少见的。佩尔斯(Pearce 1995a)指出：

> 还有少数几个综合区域研究的案例，分析的基础是建立完整的客源地和目的地模型……但是可用于构建模型的合适而可靠的旅游统计资料很少。
>
> D. G. 佩尔斯(D. G. Pearce 1995a：67)

进行全国性调查有利于反映人口基础。构建了客源地—目的地模型的少数几个综合性研究之一是 1983 年进行的"新西兰国内旅游调查"(新西兰旅游委员会 1993a)，后来又进行了更新。

三十、新西兰国内旅游调查

国内旅游资料的收集比国际旅游资料的收集难，一个很简单的原因是国内旅游者不用跨越边境，也不要求正式的登记信息。因此，国内旅游预测只能根据比较有代表性的抽样调查进行。在各种调查中，样本数量和代表性大小是至关重要的，1000 左右的样本数是比较容易处理的，也是比较容易收集的，可以提供反映全国发展情况比较准确的数据，但在区域尺度上用处就不大了。

1. 新西兰国内旅游的规模与重要性

新西兰旅游与宣传处（NZTP）于 20 世纪 80 年代进行的国内旅游调查对 12 000 个样本进行了访谈。95% 样本的置信界限是 ±0.9%，因此对预测全国情况是非常可靠的。即便如此，研究人员仍然指出，随着样本数量的减少，最大允许误差会迅速上升，在解释各小组样本的结果时要特别注意。他们还提醒，抽取大批样本进行抽样结果预测时，抽样误差也同时被放大了。表示为预测结果时，抽样误差可能会达到很大的数值，但如果表示为百分比的形式，则显得相当小（NZTP 1987）。这表明，即便来自全国调查的区域统计资料也会有很大的不准确性（Hall and Kearsley 2001）。

据预计，1999 年新西兰居民至少住一晚的旅游人次为 1 660 万，总的住宿天数达到 5 290 万；过夜旅游总花费为 41 亿新西兰元。此外，单程超过 40 公里以上的一日游人数为 4 430 万，旅游花费 28 亿新西兰元（Forsyte Research 2000）。按当地货币计算，国内旅游收入与国际旅游收入水平相当，而且成为大部分旅游基础设施得以维持的根本基础。这些国内旅游数字来自福赛特研究中心 1999 年受前自然科学基金委员会委托而承担的一项重大课题研究。该研究的首要目的是明确新西兰国内旅游对经济产生的直接影响，其次是测量 1999 年国内过夜旅游和一日游的情况，以便进行区域分析。这是自 1989—1990 年 AGB 麦克乃尔调查机构开展系列国内旅游调查活动以来的第一次大规模研究，也是第一次除了测量过夜旅游外还测量一日游情况的研究活动。在此之前仅有的一次研究是由 D. G. 西门斯（D. G. Simmons 1997）进行的一次试点调查。福赛特研究中心收集的样本数量相当大，访谈对象达 17 037 人，数据的质量很高。

2. 新西兰国内旅游发展情况及经济影响的空间分布情况

从总体上看，新西兰国内旅游人数的 70% 前往北岛或在北岛境内。坎特伯雷和奥塔哥是南岛主要旅游目的地。按净人 · 晚计算，区域性旅游流呈现出很有趣的情况。北岛前往南岛的净旅游人数大约为 250 万人 · 晚。在北岛，奥克兰和惠灵顿是主要的两大“赤字”地区，总共输出大约 900 万人 · 晚。主要受益者是北岛、怀卡托和丰盛湾。在南岛，主要受益者是奥塔哥和尼尔森，其次是马堡峡湾和西海岸。坎特伯雷是唯一一个出现赤字的地区（图 2. 14）。

全部游客中大约有一半（46%）的旅游目的是休闲度假，平均逗留时间为 3. 8 晚；1/3 是为了探亲访友（35%，逗留时间为 2. 9 晚）；另有 12% 为商务旅行，平均逗留时间为 2. 5 晚。当然，旅游的经济影响并非与旅游类型直接成比例分配。普遍使用的住宿设施是亲朋好友的私人住宅或借用的第二住宅。汽车旅馆是最常用的商业住宿设施，占 14%；宾馆仅接待了 7% 的游客，其中很大一部分是商务旅游者（Forsyte Research 2000; Hall and Kearsley 2001）。

总的旅游收入在两岛之间是根据旅游人数成比例划分的，但游客每天的平均花费在各地区之间相差很大，惠灵顿和奥克兰最高，北岛、吉斯本和马堡峡湾最

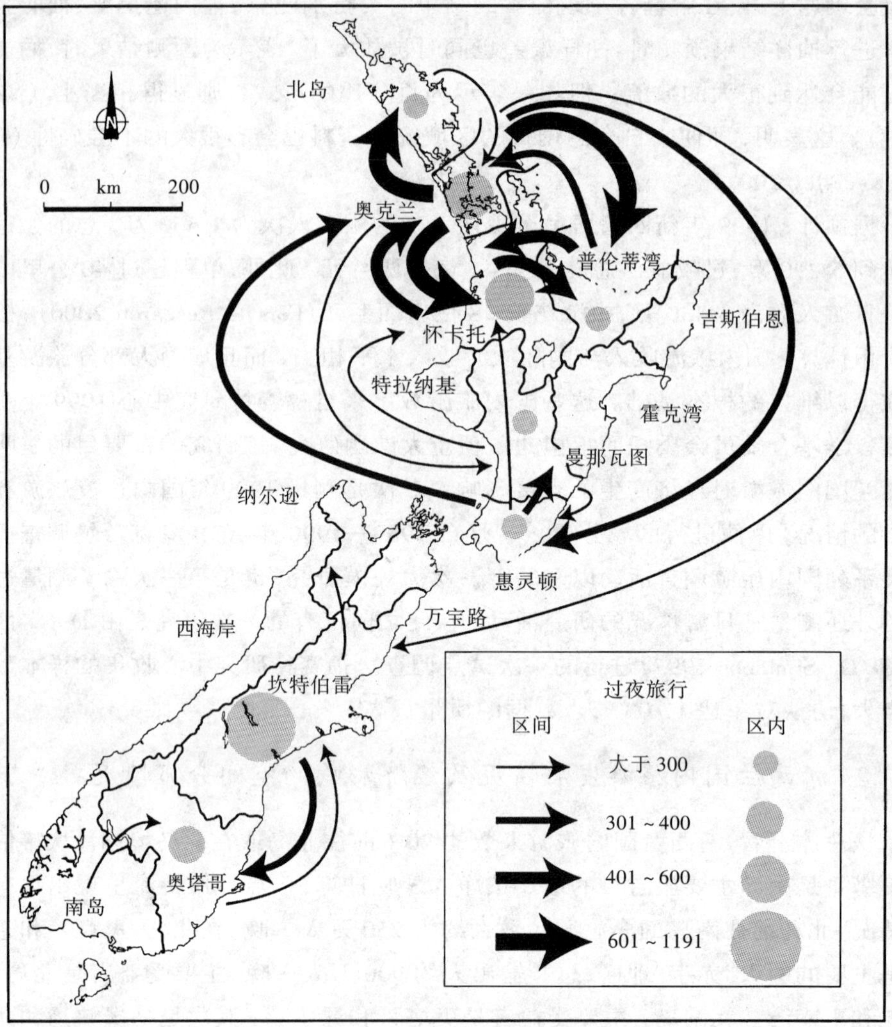

图 2.14　新西兰旅游流向分析

低。结果,奥克兰旅游总收入最高,超过 7 000 万新西兰元,其次是怀卡托、惠灵顿和坎特伯雷。北岛的旅游总收入为 28 亿新西兰元,南岛的旅游总收入为 12.9 亿新西兰元。即使收入最少的地区——吉斯本,其旅游收入也接近 4 700 万新西兰元,但吉斯本的净流出人口较少。就收入的区域流动而言,北岛居民在南岛的旅游支出达 2.12 亿新西兰元。迄今为止,奥克兰的净赤字最大(为 4.53 亿新西兰元)。在南岛,各地区都是净受益者,因此国内旅游是主要经济部门,也是调整区域间收入重新分配的有力手段。总体上看,旅游总花费中的 1/4 用于住宿,1/4 强用于就餐，1/10用于各类购物花费，交通、娱乐和酒精饮料消费大约各占1/10。商务旅游的日均花费是其他类型旅游活动的3倍，交通和住宿花费高于其他方面的花费。探亲访友旅游者在交通方面的花费比度假旅游者稍高，但住宿方面的花费无疑要低得多(Forsyte Research 2000; Hall and Kearsley 2001)。

三十一、结论

休闲与旅游研究中对行为问题的分析表明，在休闲与旅游现象分析方面虽然存在不同的社会理论与方法，但“就行为而言，似乎没有太大的必要一定坚持对旅游与休闲现象进行明显的区分。因此，应遵循的原则是：这两个领域的研究工作具有很大的共同性，这样做是很有利的”(Moore et al. 1995: 75)。摩尔等(Moore et al. 1995: 79)认为，“对旅游与休闲的行为分析，几乎没有必要采取截然不同的方法”。我们需要从人们的日常生活中来观察每种活动，以了解各自是如何安排的。文献资料中对休闲动机和旅游动机有明显的区分，对相似人群的比较研究以及这些动机的异同点研究必然要渗透到研究文献之中。尽管地理学者从需求的角度重点研究了休闲与旅游行为，但主要是定量分析和具体景区研究，还没有将比较方法运用到休闲—旅游统一性研究上。康奈尔(Connell 2005)的一项著名研究对大量旅游休闲研究、特别是旅游休闲现象的空间分析忽视历史背景的倾向提出了质疑。佩奇(Page 2003a)认为，旅游休闲地理学分析的连续性和变化性为研究活动提供了一个限定条件，因为文化、社会与空间三者之间的相互作用通过时间的不断演变而构成了各种景观和休闲旅游形式。正如本书许多章节中表明的那样，历史原则对了解、研究活动以外的旅游休闲现象是必不可少的。这在分析供应问题时表现得更为明显，随着产品需求与服务需求以及市场的变化，供应因素也要随着时间推移作出调整和发展。

思考问题

1. 什么是休闲需求，地理学者如何对其进行测量？
2. 休闲资源的使用与休闲需求模式的一致性有多大？
3. 旅游需求在旅游的时空分析方面有什么作用？
4. “使用旅游行为心理理论与模型并不能解释人们为什么前往特定地点旅游度假。”讨论一下这句话的含义。

参考阅读

下面的研究对了解休闲需求十分有帮助：

Pigram, J. J. and Jenkins, J. (1999) *Outdoor Recreation Maagement*, London: Routledge(by far the best book on recreational research published to date by geographers).

In terms of factors constraining demand see

Crawford , D., Jackson, E. and Godbey, G. (1991) 'A hierarchical model of leisure constraints', *Leisure Sciences*, 13: 309 – 20.

A good example of the constraints on demand can be found in

Madge, C. (1997) 'Public parks and the geography of fear', *Tijdscbrift Voor Economiscbe en Sociale Geografie*, 88: 237 – 50.

At a general level , the best overviews of studies of tourism demand are:

Crouch, G. (1994) 'The study of tourism demand : A review of findings', *Journal of Travel Research*, 33(1): 2 – 21.

Shaw, G., Agarwal, S. and Bull, P. (2000) 'Tourism consumption and tourist behaviour: A British perspective', *Tourism Geographies*, 2(3): 264 – 89.

TNS (2004) Leisure Day Visits 2004, TNS: Edinburgh.

Uysal, M. (1998) 'The determinants of tourism demand: A theoretical perspective', in D. Ioannides and K. Debbage (eds) *The Economic Geograpby of the Tourist Industry: A Supply – side Analysis* , London: Routledge, pp. 79 – 95.

For tourism demand the following is a useful introduction to the growth of demand in one country:

Barke, M., Towner, J. and Newton, M. (eds) (1996) *Tourism in Spain: Critical Issues* , Wallingford: CAB International.

This should be read in conjunction with

Shaw, G. and Williams, A. (eds) (1997) *The Rise and Fall of British Coastal Resorts: Cultural and Econoic Perspectives*, London: Mansell.

A ueful collection of readings with respect to tourism statistics is

Lennon, J. (ed.) (2003) *Tourism Statistics: International Perspectives and Current Issues*, London: Continuum. and the chapter by:

Latham, J. and Edwards, C. (2003) 'The statistical measurement of tourism' in C. Cooper (ed.) *Classic Reviews in Tourism*, Clevedon: Channel View, 55 – 76.

第三章

休闲旅游的供应因素分析

在休闲旅游文献资料中，对休闲旅游活动供应因素的概念性研究和理论性研究成果较少(Sinclair and Stabler 1992)。地理学者一直从较为传统的空间分析角度对休闲旅游的供应因素进行研究，体现出运用经济地理学和同源地理学领域的概念与模型的倾向，其基本关注对象是休闲旅游资源的区位与空间分布情况，而资源是作为构成各种休闲旅游活动的基础。然而，自从20世纪90年代中期以来随着定性研究的日益增多，地理学对供应问题的一些研究开始向休闲供应空间分析的实证主义方法提出挑战(如，Aitchison 1999)。结果产生了更深奥的休闲文化地理学(详见第二章的探讨)，强调对休闲旅游供应方面的关键地理问题进行理论解释的重要性。特别是这样的一些研究问题，如谁得到了什么，偏爱什么地方，为什么？因此，地理学者需要以更富有挑战性的眼光来考虑不同尺度的政府部门和私人企业的休闲旅游供应方式。本章将就一些新出现的争议及地理学者对供应问题分析作出的贡献进行探讨。

一、休闲供应因素

根据克鲁茨外泽(Kreutzwiser 1989:21)的观点，“供应指的是休闲资源，包括自然资源和人造资源，它们为休闲活动提供了基础。这是一个相当复杂的概念，受到众多因素的影响，对它的解释也在不断发生变化”。皮格拉姆和詹肯斯(Pigram and Jenkins 1999)认为：

> 在一个完美的世界里，户外休闲活动需求会有满足它的充足休闲资源供应……在现实中，供求因素之间的相互作用会受到空间因素、社会/制度/政治因素、心理因素、经济因素和个人因素的制约。
>
> 皮格拉姆和詹肯斯(Pigram and Jenkins 1999:57)

休闲供应的概念也促使地理学者对休闲的分类和演变进行了大量思考。考普克和达菲尔德(Coppock and Duffield 1975：151)进一步从空间的角度来探讨这个主题，认为“休闲者住所与其所使用的资源之间的空间相互作用是供求模式的关键因素”，主张对这种相互作用进行综合分析，以解释休闲者在其居住地和目的地的活动方式对供应变量产生了怎样的影响，如，他们前往什么地方、在那里从事什么活动，其活动如何影响了资源基础。为此，本部分首先讨论的是地理学者用以说明和分析休闲机会供应的基本方法，然后分析供求之间的空间相互作用，说明两者之间的相互关系。这主要是依据地理学者综合分析得出的休闲活动的三大特征，即：

- 区位特征，指不同类型休闲资源供应的区位特点。
- 需求和使用特征。
- 空间相互作用，指休闲资源需求与供应之间发生的相互影响，强调旅途特点和具体资源的使用方式。

资源所在地的各类休闲活动可以是集中的、分散的或综合的，从而为我们提出了若干问题，例如，如何评价资源容纳游客的承载力，如何解决资源使用中的各种冲突现象，如何解决管理与规划问题。

作为对休闲感兴趣的文化地理学者，其研究兴趣不太注重供应的空间特点，而在于文化因素如何影响和调整供求之间的空间相互作用。

二、地理学者分析休闲供应问题的方法

许多经典休闲文献中总结了地理学者的研究方法(例如，Patmore 1970；Lavery 1971c；I. G. Simmmons 1974；Pigram 1983)，他们对供应所持观点在很大程度上取决于对休闲资源的评价。根据资源的概念一般认为，资源包括那些具有经济价值、并用于生产目的的有形物体。从休闲的角度来看，自然资源具有重要的意义，尤其是水体、乡村地区和露天空间等资源。有的资源具有实物形态(如煤炭和铁矿石)但并不真正意味着它们就是一种休闲资源，只有当社会对其潜在价值的主观评价能够满足人类需要和需求的情况下，它们才被认为是休闲资源(O'Riordan 1971)。

然而，休闲资源绝不仅仅是一个被动的要素——必须创造性地对其进行利用才能满足某些重要社会目标。因此，休闲资源是“自然环境或人工环境中的要素，它为能满足休闲需要提供了机会。它是一个连续统一体，既包括自然资源，也包括人工设施”(Kreutzwiser 1989:22)。然而，格利普提斯(Glyptis 1989a:135)认为，“伴随着休闲活动的是，休闲资源的定义十分复杂……休闲资源包括陆地、水体和景观等自然资源以及体育中心、游泳池、公园和游乐场所等人造资源”，但她同时指

出，少数休闲活动也利用那些现有的或专门出于休闲目的而设计的资源。

插图 3.1　加利福尼亚州旧金山。一些看似与旅游休闲不沾边的场所也可以开发为旅游休闲资源。人们为了参观恶魔岛监狱而排起了长队。

插图 3.2　旧金山恶魔岛监狱。

皮格拉姆和詹肯斯(Pigram and Jenkins 1999：59)指出，“将环境要素确定、评价为休闲资源取决于众多因素(如经济因素、社会态度、社会认知、政治观点和技术发展)”，并认为，户外休闲资源可以包括与空间、地貌和气候特点有关的各种环境。这就拓展了哈特(Hart 1996)提出的“休闲资源基础”的含义，早期“休闲资源基础”指乡村地区或各类景观的自然价值，克劳森和奈奇(Clawson and Knetsch 1966)用特定术语阐明了这一含义：

没有什么东西使特定陆地或水体的自然景观或环境成为休闲资源；而是由于人类的天性、能力和欲望等综合因素使其成为休闲资源的，否则它们可能也不过是没有太大意义的岩石、土壤和树木。

克劳森和奈奇(Clawson and Knetsch 1966:7)

然而，这些资源并不是静止不变的，因为新的潮流或社会价值观会赋予环境作为休闲资源的新含义。

乡村地区的休闲现象往往伴随着农业生产、森林资源与水资源的开发利用而产生(Goodall and Whittow 1975)。就此而言,休闲资源的确定需要认识到资源的多种用途(下文将进行讨论)。尽管格利普提斯(Glyptis 1989a)还指出许多休闲形式的需求很少有用地需要，但我们研究的是有用地需要的休闲形式，因为地理学者的研究兴趣是在地球表面发生的人类活动和各种现象及其相互关系。即使格利普提斯(Glyptis 1989a)的研究也几乎没有明显注意到资源基础——供应因素——只是强调了派特摩尔(Patmore 1983)的观点：

派特摩尔持有鲜明的地理学观点，但他却充分认识到了社会因素、经济因素和政治因素之间的相互影响，并掌握了丰富的资料……大量文献资料关注的是当代休闲活动的现状与休闲对用地和水资源的需求，许多参考资料都提到了管理问题及解决方案。

格利普提斯(Glyptis 1989a:137)

但这仍然不能说明地理学者在分析休闲供应问题方面提出的方法、概念和特殊技术。

出版的文献资料中缺乏这方面的研究是很荒唐的，同时出现的一种倾向是研究人员只是在边边角角做了些探索，对休闲资源进行了简单描述，这证实了 S. L. J. 史密斯(S. L. J. Smith 1983a: 184)指出的休闲研究面临着两大劣势:“休闲地理学仍然处在 20 世纪 80 年代比较幼稚的现象描述与归纳研究阶段”。这句话的意思是，研究人员发现更多的休闲现象时，对其进行分类并确立专业研究领域，但来自外部的各种压力(如政府和企业对研究项目提供资助)共同造成了一种幼稚归纳的情况。幼稚归纳是指在应该运用复杂分析技术研究休闲现象的情况下(如多元回归分析和多重因素分析)，却使用了比较简单的概念，在休闲供应研究方面尤为如此。缺少理论研究意味着，地理学者除了使用简单的空间分析手段以外，在该领域的研究没有创新。尽管出现了少量有理论依据的研究(例如，Perkins 1993)和城市休闲旅游方面的创新尝试研究 (Doorne 1998)，但基本的理论体系仍然不健全。S. L. J. 史密斯 (S. L. J. Smith 1983a) 所做的评论一直是休闲地理学中一个重要的争议点，在休闲供应问题上尤其如此。史密斯(Smith 1983a: 184)对该领域的综合分析也一直是地理学者在休闲研究方面进行的仅有的几个综合成果之一，值得我们探讨，因为它是休闲地理学的最新研究成果，但不一定必须探讨，因为它同时说明地理学者创立了多样性的研究方法。S. L. J. 史密斯(S. L. J. Smith 1989:304)列出了地理学者提出的主要研究问题,这些问题概括了对供应因素的特别关注:

• 资源位于什么地方?其质量如何,容量多大?这些资源的使用会对资源基础和当地环境产生什么影响?对生活在这些地区的居民和其他使用者又会产生什么影响?

• 人们利用这些资源或设施的难易程度如何? 旅游花费是多少? 有没有其他制约因素,如可进入性存在的问题、日程安排不合适、门票费用过高,以及种族障碍、语言障碍和社会障碍等。

• 需要提供什么样的新设施或新资源? 应优先供应什么? 谁来买单? 特定地点的新设施预计有多少人使用?

• 休闲偏好方面有什么区域差异? 为什么会有这些差异? 它们是否代表着爱好、文化或历史不平等方面的差异?

这些问题在下面的"观察与思考"中有很好的说明。"沃尔索耳大城市自治镇委员会休闲供应分析"选自英国审计委员会发表的2003年度报告中"服务供应"部分。该文指出,有诸多空间问题与地区的社会经济问题糅杂在一起,相互交织、盘根错节,同时还分析了供应问题以及稀有资源如何公平分配的问题。

观察与思考:地方政府在休闲供应方面的费用支出——沃尔索耳大城市自治镇委员会

在英国,对公共部门开支进行审计的政府机构是审计委员会(网址http://www.audit-commission.gov.uk),它负责审核地方政府在储备供应方面的支出,这是在"1999年地方政府法案"中规定的。审计委员会提交的"检查报告"对地方政府在具体地区的休闲供应的范围及程度进行说明。2003年10月份,该委员会提交了一份关于沃尔索耳的报告。沃尔索耳是英格兰中西部的一个大城市自治镇,拥有人口253 500,其中大约13.6%的人口是少数民族。以前的工业基础比较薄弱,再加上地方经济结构调整,导致的失业率在2003年3月份达到4.9%,几乎相当于全国平均失业率水平的两倍。大约45%的人口居住在英格兰前10%的最贫困地区(沃尔索耳居第12位)。2003—2004年间在休闲服务方面的支出费用为703万英镑,其中近50%花在资本密集型的休闲中心建设上,另外近300万英镑花在公园建设上(见图3.1)。这说明了地方政府休闲供应的范围,既有室内休闲设施,也有户外开放空间。从图3.1中还可以明显看出，政府推行了各种计划，鼓励当地居民积极参加体育与休闲活动，以提高居民的健康水平和生活享受。例如，镇委员会在失业率较高地区推行的“活跃社区工程”及其他特殊工程的目标是：到 2011 年使不积极参加体育锻炼的人口比例从 40% 降低到 25%。地方政府的许多目标都纳入了“镇委员会工作计划”（如提高健康水平和生活享受）以及具体部门的发展战略当中（如休闲与社区服务处制定的“2003—2004 年服务计划”和“体育与积极休闲发展战略）。尽管有这样的文件，审计委员会（2003：9）的报告仍然发现，“当前对沃尔索耳的休闲活动和自治镇的体育与休闲服务缺乏明确的战略指导，表明镇委员会不能根据当地需要或优先发展项目来明确地指导资源使用情况”。镇委员会对此做出的反应是，要重新研究供应情况，制定全镇休闲发展计划，使休闲供应满足当地居民需求。审计委员会还审核了供应的具体方面（如休闲体验的质量、参加人员、与其他地区相比取得的成绩以及提高成绩的措施）。最后，审计委员会（2003）提出了建议，总结了应采取行动的若干方面，包括：制定平衡地方需要、区域需要和全国需要的明确战略目标，制定投资规划等。

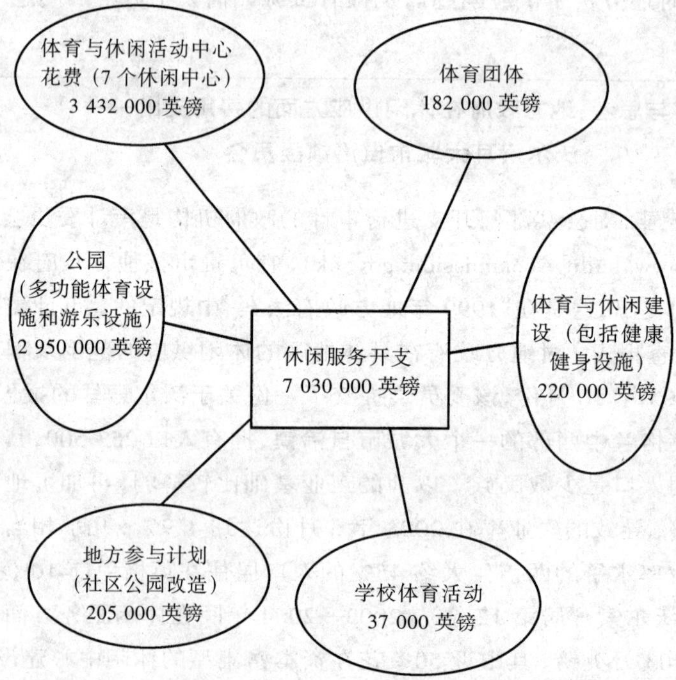

图 3.1　休闲服务开支情况

——沃尔索耳自治镇委员会 2003—2004 年

S. L. J. 史密斯 (S. L. J. Smith 1983a) 认为，地理学者在研究休闲地理学方面有多种方法，包括：

- 区位的描述性研究
- 旅行的描述性研究
- 区位的解释性研究
- 旅行的解释性研究
- 区位的预测性研究
- 旅行的预测性研究
- 区位的规范性研究
- 旅行的规范性研究

为此，有必要对各种研究方法进行简要讨论，以突出地理学者对相关的休闲供应研究作出的贡献。但由于篇幅所限，在此主要探讨一下区位与旅行的描述性研究、区位与旅行的解释性研究及区位的预测性研究和区位的规范性研究。这里提到的其他研究方法详见史密斯(Smith 1983a)。

三、区位与旅行的描述性研究

S. L. J. 史密斯(S. L. J. Smith 1983a)认为，"描述区位就是研究差异"，可以根据休闲资源所在区位的性质进行分类，可以列出与具体活动有关的资源分布情况，并绘制成地图。在这种情况下，休闲资源调查与评价引起了很大关注，并成为初步研究休闲供应数量与质量特点的主要工作。例如，户外休闲资源调查委员会开展的资源调查与评价 (Chubb and Chubb 1981; 另见第七章) 就是这种研究方法的代表，它按照不同地区，用表格和地图的形式说明了美国沿海地区指定的公共休闲区数量。一个更为复杂的方法是按照类型与用途对资源进行分类，例如，克劳森和奈奇 (Clawson and Knetsch 1968) 建立了被广泛引用的休闲资源模型，将休闲资源划分为城市资源与乡村资源、媒介资源与享用资源。其他分类还包括人造资源与自然资源、正式资源 (如，旅游休闲) 与非正式资源 (如，日常休闲)、精细资源与粗放资源、脆弱资源与耐受资源、公有资源与私有资源(Wall 1989)。"加拿大土地调查与评价"(区域经济发展部 1972 年) 是一个很好的资源调查案例，它"全面总结了加拿大定居点内自然休闲资源的数量、质量与分布情况；根据当前的休闲偏好，分析了非城市土地的休闲容量；表明了休闲与用地的类型"。其分类情况如表 3.1 所示。尽管有人对这种资料收集方法及解释的一致性提出批评，但它的确对加拿大土地资源支持休闲活动的潜力进行了非常有价值的综合研究。S. L. J.

史密斯（S. L. J. Smith 1983a）也探索了更先进的方法用于休闲资源分类，其中包括分散方法（将资源细分为不同的类别）和集聚方法（各种类型的资源划分为几个大类）。在分散研究方面一个值得注意的例子是费罗波维奇（Filoppovich 1979）对莫斯科附近地区休闲发展的分析。与此相对，杜班耶维奇（Dubaniewicz 1976）对波兰罗兹沃尔沃迪西的研究则探讨了休闲发展的集聚特点，确定了区域内生物资源、非生物资源和人造资源的位置，并绘制了地图。分散研究的应用一直比集聚研究广泛。然而，这类分析方法都忽视了人类（即主观性）对休闲资源评价的重要性（如考普克和达菲尔德对乡村地区休闲潜力的评价 Coppock and Duffield 1975）。

20 世纪 60 年代末和 70 年代初，在休闲资源研究方面一个突出的争议是休闲环境评价（Duffield and Owen 1970），主要涉及休闲资源的描述，即，测量人们休闲偏好的审美研究及其对景观变化的反应方式。皮格拉姆和詹肯斯（Pigram and Jenkins 1999：76）认为，景观的多样性、个人的偏好及个体的感知使评价的主观性很强。在评价自然景观时，有两个基本要素：一是景观的特质（即，景观的组成部分，是调查评价中的可视部分，如植被、水、人类住所），二是品质，它是一个比较——评价概念，一定程度上是由景观特征决定的。安文（Unwin 1976）将确定景观品质的过程分为三个阶段：

- **景观描述**，是对景观特征的客观评价，以便划分景观类型。
- **景观偏好**，确定具体景观特征的偏好等级，它在很大程度上取决于主观偏好和价值标准。
- **景观评价**，对景观的具体品质进行评价，分析具体人员的偏好。

表 3.1　加拿大土地调查的用地分类

类　别	
1 容量很高	这些土地的自然容量能保证和维持对一种或多种密集型活动很强的年使用率和使用水平，如大型海水浴场或全国知名的滑雪场。
2 容量高	这些土地的自然容量能保证和维持对一种或多种密集型活动较强的年使用率。
3 容量较高	这些土地的自然容量能保证和维持对中密集型或密集型活动较强的年使用率。
4 容量中等	这些土地的自然容量能保证和维持对分散型活动的年使用率。
5 容量中低	这些土地的自然容量能保证和维持对分散型活动中偏低水平的年使用率。
6 容量低	这些土地缺少较高水平的自然品质和重要特征，但其自然容量能保证和维持对分散型活动的低年使用率。
7 容量过低	这些土地几乎不具备开展大众化休闲活动的容量，但存在可以开展专业化较强的休闲活动的机会，或者只是作为开放空间。

凡恩（Fine 1968）在苏塞克斯郡东部进行的研究颇有影响，是这种方法的一个缩影。该项研究对一群从事设计工作的人进行了调查，要求他们参照不同景观的照片对一系列风景照片进行评价。当所有被调查者对风景做出评价以后，就打出意见一致的分数，然后再要求他们对游览的苏塞克斯郡东部一带的风景进行排名。然而，林顿（Linton 1968）却不同意凡恩（Fine 1968）所使用的命名法和评价标准，他认为景观存在两大关键因素：土地使用情况和地形地貌。他认为，可以绘制成地图并进行分类，设计一个能反映景观美感的综合分数（表 3.2）。林顿（Linton 1968）对苏格兰进行了研究，但再次引起争议的是他也使用了任意性很强的打分系统，结果城市地区得分较低。

表 3.2　林顿的景观评价标准

地形	分值	土地使用	分值
山地	8	郊野景观	6
丘陵	6	丰富多彩的农田	5
山野乡村	5	有荒野和农田的各种森林	4
高地	3	旷野	3
低丘陵	2	没有树木的农田	1
低地	0	成片的森林	-2
		城市和工业用地	-5

资料来源：林顿（Linton 1968）

乡村管理机构（2003）指出，在 20 世纪 80 年代，景观评价成为景观分类与描述得以分开的手段，现在这种方法已经为整体性更强的景观分析方法所取代。根据景观特质评价的理论，景观评价更明确地涉及到可持续发展和环境保护因素。景观特点分析包括确定景观性质、绘制地图、分类整理、客观描述和特点说明。其意义在于，休闲景观的空间管理有了更明确的依据（详情参见如下网址：http://www.countryside.gov.uk/livinglandscapes）。

奔宁－罗斯尔（Penning-Rowsell 1975）总结了地理学者对景观评价的贡献，认为其意义（参见 Cornish 1934 讨论的早期贡献）在于有助于户外休闲景观的管理。具体表现在如下四个方面：

- **景观保存**，以便确定值得保存的景观。
- **景观保护**，在规划中对面临开发压力（如经济活动和环境影响）而受到威胁的景观进行管理保护。

• **休闲政策**，有利于针对规划限定的重要环境制定具体政策和确定户外休闲形式。

• **景观改善**，将潜在的负面景观形式（如令人刺眼的东西）改造为吸引力较强的休闲景观。一个很好的例子是，将城市边缘地带以前的挖沙坑改造为垂钓或划船的休闲场所。

皮格拉姆和詹肯斯（Pigram and Jenkins 1999）指出，事实上，新西兰曾将这种方法应用到各种休闲情况的研究。《1991 年资源管理法》（参见 Page and Thorn 1997, 1998, 2002; Hall and Kearsley 2001）规定，规划要从土地使用的区化方法转向对具体活动影响进行评价的方法，以便于同时考虑到可能发生的环境影响。

然而，城市地区一直对休闲旅游很重要，用这样一种笼统的方法将某些资源排除在外看来是很幼稚的行为。尽管对景观评价的这些方法还存在大量争议，但也的确说明了人类知觉的重要性，人们认识到在不同休闲时间对不同的人来说什么是有吸引力的，什么是有价值的。如果我们不关心需求对资源基础的影响，那么旅行的描述性研究与休闲供应就没有直接的关联。因此，地理学者在关注休闲旅行时采用的节点、线路、旅行方式和资源的可进入性等概念也就没有太直接的意义。

四、区位与旅行的解释性研究

我们从纯描述性研究转到解释性研究，是为了说明区位作为有人想使用的休闲设施的重要性。S. L. J. 史密斯（S. L. J. Smith 1983a）列出了与这些设施位置有关的两个问题：影响公共设施位置决策的因素和影响私有设施位置决策的因素，但在公共部门机构和私营机构共同参与、合作经营管理的情况下，经济地理学中提出的区分公共财产和私有财产的传统区位模式变得十分复杂，此时这两个问题之间的界限就显得比较模糊了（Hall and Jenkins 1995）。例如，L. S. 米切尔（L. S. Mitchell 1969b）运用中心地理论来解释城市公园作为公共休闲资源的区位特点，认为存在一个等级层次，但通过替代假设条件简化了大量现实问题，同时还忽略了土地价格、可利用性和政治影响等重要变量（参见第五章）。而其他研究（如 Mitchell and Lovingwood 1976; Haley 1979）采用经验主义方法分析则可以解释区位特点的变量之间的相互关系，其中海利（Heley 1979）发现，当前的供应情况往往反映了以前几代人的需求。同样，在郊区新建项目不要求开发商配备公园设施的地方缺少公园。而且由于当地一些因素的存在（如私有休闲场所和城市边缘设施），这些地方的社区也没有寻求这方面的供应。米切尔和拉维伍德（Mitchell and

Lovingwood 1976）及拉维伍德和米切尔（Lovingwood and Mitchell 1978）分析了私有休闲供应的作用，将 172 处公共休闲设施和 112 处私有休闲设施绘制成地图，采用近邻分析方法研究空间特点。他们得出的结论是，公共设施倾向于聚集成群，私有设施中的野营地、乡村俱乐部和其他各种设施呈现出规则分布的特点，而水上设施和狩猎、垂钓俱乐部则一般聚集成群。其分析结果如下：

- **公共设施** 集中在人口密度大的地区和交通方便的地方，以满足众多人的需求，不重点考虑资源因素。
- **私有设施** 主要位于两种地方：一是位于或靠近开阔空间，如野营地和乡村俱乐部；二是与此相反，水上设施和狩猎俱乐部则与水域区位和陆地区位密切相关，聚集在这些资源的周围。

相反，对于私有休闲设施建设的大多数地理研究是根据营销研究和区位研究提出的方法进行的，其中区位被认为是成功的关键因素。但贝文思等（Bevins et al. 1974）认为，对美国东北部的野营地而言，区位并不一定是关键因素。在大多数休闲区位研究中主要使用的概念有门槛人口、汇集区或腹地以及旅行距离。克朗普顿和范多伦（Crompton and Van Doren 1976）指出，美国 19 世纪中期的电车公司在电车线路终点修建了游乐园吸引周末游客，说明休闲旅行是旅游度假的一项重要内容。

五、区位的预测性研究

地理学者具有模型构建的传统。这一传统用于休闲地理学则是区位理论和场地选址方法，可以用来预测私营机构的区位特征。在区位理论研究中，根据范·思农（Von Thünen）的农业用地模型，运输成本起着重要作用，威克曼（Vickerman 1975）运用该模型预测城市休闲企业。然而，在潜在顾客空间上不是均一分布的情况下使用区位相互依赖等理论意味着，各企业通过区位选择，在一定程度上能够控制其顾客。此类研究依据的是雷利（Reilly 1931）、克里斯托勒（Christaller 1933）和洛奇（Lösch 1944）等经济地理学者的早期成果，他们提出了地理学者用于巩固休闲区位模型研究的一系列原则，随后还有伊萨德（Isard 1956）和格林赫特（Greenhut 1956）的研究工作。S. L. J. 史密斯（S. L. J. Smith 1983a：106）总结了这些研究成果对企业分析休闲区位选址的贡献：

- 运输成本较低而市场范围较大的企业比运输成本较高而市场范围较小的企业具有更大的成功机会。
- 在运输成本、生产成本、土地租金和市场规模之间是有可能达成某些平衡的。

• 运输成本包括将原料运到公司所在地的成本和将产品分销到顾客手中的成本。运输原料和产品的相对成本在一定程度上决定了公司的选址：原料运输成本高促使企业选址靠近原料所在地；产品运输成本高促使企业选址靠近市场。

• 有些类型的企业在选址上寻求相互靠近；有些企业之间的选址无关紧要；有些企业在选址上相互排斥。

• 不同的区位吸引不同类型的企业。决定吸引力的因素有原料、市场位置、运输服务、资本、劳动力和企业服务的供给情况，以及决策者的个人偏好。

• 任何行业的各个公司一般都通过选择不同的区位来划分现有市场，对市场进行不同的空间细分。

• 市场规模及竞争者的数量和位置会制约未来的发展规模。

需要对企业家和各公司的决策进行研究。就选址方法而言，可行性研究是起点，地理学者从众多选择方案中对最合适的场所做出评估，目的是获得最大利润（对公共部门而言是社会效益）。但在这方面发表的研究成果比较少，其原因一是受研究范围所限（如，资金来源、管理问题、设计与发展问题、市场规模、人口特征、潜在市场的经济背景、场所的合适性）；二是从商业的角度看，此类文献在公共部门机构和私营机构一直较为敏感。预测休闲活动与设施区位特征的现有研究明显依赖经济地理学，尤其是同时关注市场的营销地理学。

六、区位的规范性研究

在公共部门机构，区位决策的目标明显不尽相同（或者至少是一直有所不同，公共休闲供应的政治观点在不断变化）。公共部门供应的特点一直表现为通过税收支付设施供应及其运转费用，集体使用，不能停止，不能限制任何人使用。换言之，公共供应的贡献在于提高居民的生活质量和社会福利水平，不能轻易适用传统的市场驱动区位理论。奥斯丁（Austin 1974）认为休闲设施是“场地优先”型商品，与设施位置的远近往往被看做是衡量其作用（即效用功能）大小的一个标准。作为城市公园来说，就有一个最大距离的问题（参见第五章）。因此，公共休闲设施选址的目标就是平衡“效用”因素，尽可能缩短人们的旅行距离，尽可能让更多的人享用这些设施。但希彻提（Cichetti 1971）研究发现，在平衡旅行距离、社会效用的不同方法及实现需求最大化的其他方法中存在大量问题。史密斯（Smith 1983a）评述了地理学者使用的各种分析方法，有助于改进公共设施方面的工作。场地选择强调机械模拟、比较需要评价、需求最大化、探索设计和知觉建模（详见 Smith 1983a：156—68）。

霍维尔和麦克奈米(Howell and McNamee 2003)分析了有关公共部门的休闲政策如何分配稀有资源方面的文献。由于倡导加强管理,公共部门财政开支缩减,这样就突出了私营机构供应的重要性及地方政府供应的“物有所值”。厄基普(Erkip 1997)对土耳其安卡拉城市公园和休闲服务机构的分布情况进行了评价,提出了地理学者、公共政策决策人员和休闲规划人员需要解决的大量重要争议。城市公共休闲服务作为“公共产品”,其供应的规范性在分布方面提出了如下一些问题:

• 公共产品与服务的空间分布在何种程度上能实现公平使用?尽管公平使用是一个规范概念,但实际上产品与服务很少实现使用的公平性,尤其是固定资源位置不能移动的情况下。

• 公共部门与私营机构分别在何种程度上负责服务产品的供应?本质上这是一个政治决策问题,因为该市自 1980 年以来转变了休闲供应的性质(Coalter 1998)。

• 私营机构的利润目标在何种程度上能与公共部门的休闲资源等公共产品与服务的分配目标保持平衡?

厄基普(Erkip 1997)发现,在安卡拉,对距离最近的公园或休闲设施的使用反映了人们的收入水平和距离公园的远近。结果,对低收入群体而言,距离近显得更重要;而对高收入群体而言,他们则更关心休闲设施分布的公平性。这个事实反映了D. M. 史密斯(D. M. Smith 1977)等福利地理学者关注的内在问题之一:地域公平的概念使调节休闲活动的社会经济过程变得十分模糊,从而忽略了对社会群体的分布公平,并制约了对公共产品的使用。事实上,克劳奇(Crouch 2000:72)曾质疑过福利地理学早期研究中使用的地域公平等理性概念的意义,因为就休闲而言,“人们的行为是主观性的,而非理性的。用理性解释来说明人们的所作所为很容易,但划分的类别却往往不适合于人们的主观行为”,由此也质疑了经验主义—实证主义构建模型的传统和了解休闲供应关键问题的测试方法。根据克劳奇(Crouch 2000)对人文地理学中用于休闲问题研究的经验主义—实证主义范式提出的批评,我们可以在供应的地理分析中增加一个新的类别——供求之间的相互作用。尽管这样会导致明显的空间相互作用,但新文化地理学(Aitchison 1999)的研究却脱离了构建模型的传统,以便了解不同形式休闲供应的细微差别、突出特征,而最重要的是人们的体验。再次回顾一下第二章中提到的一些评论意见,我们会发现,人文地理学中试图理解休闲供应中运用的各种方法及调查手段是受到了休闲供应部门、体制和政治经济的影响。这就使休闲供应的许多传统空间解释处于不同情况之下,从而对传统的休闲消费形式寻求理论性更强的答案。休闲旅游的学术分析往往是客观的、富有活力的,而应用地理学的研究却面临着种种挑战,但客户（委托方）却不允许对权力、管理和政治经济等问题进行挑战性的分析，从而造成了两者之间的紧张关系，第十章将对其中的许多问题进行探讨。

七、休闲供求：空间相互作用

地理学者对休闲供应问题的研究较少，而过分重视需求研究和影响评价(Owens 1984)，但要承认地理学者的综合作用，他们认识到“休闲者及其所使用的资源在空间上是分离的，供求之间的相互作用产生了流动的格局，客源地与目的地之间的距离不仅影响了需求水平，而且也影响了资源的供应程度”(Coppock and Duffield 1975：150)。除考普克和达菲尔德(Coppock and Duffield 1975)外，很少有其他研究认识到地理学者在从空间角度深入研究休闲活动现实影响方面发挥的基本作用。尽管不少休闲研究人员会认为这种贡献微不足道，但却是值得我们注意的，因为没有其他学科对休闲旅游现象进行过如此完整、如此综合的评价分析。考普克和达菲尔德(Coppock and Duffield 1975)认为，资源基础是评价休闲者“空间需要”的前提条件，因为土地数量、活动内容、旅途时间和资源性质有助于确定发生的相互作用类型。克劳森等(Clawson 1960)提出的资源类型(表 3. 3)及其随后在英格兰和苏格兰的应用 (S. Law 1967) 都证实了休闲资源的距离和“影响范围”的重要性，因为根据它们是否具有全国性的、区域性的、亚区域性的、中间性的或地方性的影响范围及其各自的“拉动力”或吸引力，可利用实际距离对资源进行分类。劳(Law 1967)认为，对绝大多数一日游游客的吸引距离不超过 48 公里。考普克和达菲尔德(Coppock and Duffield 1975)则认为，吸引主动休闲活动的不是个体资源，而是集聚资源。

表 3. 3 中描述的各种关系表明，克劳森等 (Clawson et al. 1960) 建立的模型的应用范围是：

- 0—16 公里范围：资源可以满足许多休闲需求，如高尔夫、城市公园和城市边缘。
- 16—32 公里范围：休闲活动范围更大，但有些特殊类型的资源会对活动内容起支配作用(如骑马、徒步旅行和野外运动)。
- 32 公里及以上范围：可以开展对资源有特殊要求（如定向越野赛跑、划独木舟、滑雪和攀岩）的体育健身活动。

然而，尽管休闲者的流动性越来越强，但绝大多数大众化休闲活动是在住所附近进行的。为了扩大视野，下面我们要讨论城市边缘地带休闲资源供应的分类与分析。

表 3.3 户外休闲资源及其用途的总体分类

项目	使用者	休闲资源区类型	中间型
总体位置	靠近使用者;有各种可利用的资源	有突出特色的资源;可能离大多数使用者较远	绝不能离使用者太偏远;一定距离内有可利用的最好资源
主要活动类型	各种运动,如高尔夫、网球;游泳、野炊、散步、骑马;动物园,儿童嬉戏	主要是观光、科考、考古活动;徒步旅行、登山、野营、垂钓、狩猎	野营、野炊、徒步旅行、游泳、狩猎、垂钓
主要使用时间	放学后或下班后	假期	平日外出和周末
休闲区规模	1—100 英亩或最多几百英亩	通常有几千英亩大,可能上万英亩	一百英亩至几千英亩
常见负责机构	市政府、郡政府或其他地方政府,私有	主要是国家公园或国家森林公园;某些州立公园;私有,尤其是海滨和大型湖泊	国家水库、州立公园;私有

资料来源:克劳森等(Clawson et al. 1960:136)

1. 休闲资源分类

在分析休闲模式、发展趋势及不同群体的资源使用情况时,现有休闲系统的复杂性要求有某些形式的分类,以提高我们的理解水平(参见 Fisher et al. 1974; Doren et al. 1979; Gilg 1985)。换言之,认识休闲资源的同时有一个调查评价的过程,需要明确资源的数量、质量和范围。为此,安排了分类的内容。在前一部分中,克劳森等(Clawson et al. 1960)初步建立的分类体系根据位置、活动类型、使用时间、休闲区规模和休闲资源管理负责机构等标准对各类休闲区进行了区分(表 3.3)。这种分类方法存在的一个问题是,忽略了城市场所和郊区场所,把户外休闲资源看作是一个狭义的概念。即便如此,这种分类仍然是休闲研究思想中一个重要的转折点,激发了休闲资源分类研究的新思路。

尽管没有休闲资源分类的权威方案,但却需要区分人造资源和自然资源、不同的资源环境及资源类型,这是一个很有用的出发点。在这点上,丘伯(Chubb 1981)提出的分类方法很有价值,他根据克劳森等人的研究成果,综合了众多休闲研究思想。休闲资源存在如下类型:

- **未开发的休闲资源**:土地、水体和植被的自然属性没有发生任何变化。
- **私有休闲资源**:如第二住宅,私营公共机构(如保护团体)拥有的资源(如农场、工业厂房)。

• **商业性私有休闲资源**:如购物中心、主题公园、博物馆、花园、体育馆和度假区。

• **公有休闲资源**:包括公园、体育设施、休闲设施、国家公园、森林和旅游景区。

• **文化资源**:既有共有的,也有私有的,例如图书馆、艺术馆和所谓的"文化产业"(参见 Pratt 1998)。

• **专业性资源**:可以划分为休闲供应的行政职能(组织,决策体系和财政扶持制度)和管理职能(例如,调查研究、规划、开发与保护等职能)。

休闲资源的其他分类方法也认识到存在一个连续体:从家庭空间到附近地区(包括街道——参见 S. Williams 1995),直至社区空间和区域空间(S. Gold 1980)。下面来讨论城市景观中存在的休闲资源——城市边缘区。

2. 休闲资源与城市边缘区

城市化对工业社会发展和休闲资源供应产生的影响将在第六章进行详细讨论。然而,城市发展占用乡村土地的情况越来越严重,日益引起了人们对非城市土地丧失的担忧,艾伯克朗比(Abercrombie 1938)也发现了这一现象。皮格拉姆(Pigram 1983:106)指出"整个美洲地区每年大约有 1.2 公顷的乡村土地变成城市用地和建筑用地",保留休闲用地与城市发展用地之间最激烈的竞争是在城市周边地区或所谓的"城市边缘区"。埃尔森(Elson 1993)认为城市边缘区作为休闲体育资源具有很大的潜力,主要有四个原因:

• 这里有休闲供应地区,为大量人口提供方便的公共交通。乡村委员会(1992)指出,到乡村地区的日常一日游休闲旅行中有 1/5 的往返路程不到 10 英里。但费顿(Fitton 1976)、费格森和曼顿(Ferguson and Munton 1978, 1979)却看到了内伦敦最贫困地区的交通不方便问题。

• 可以作为休闲与体育活动从城市地区向外转移的后备区。

• 可以作为"拦截区",减小比较脆弱的乡村资源面临的压力。

• 这里有改善环境和景观的机会(如改造以前的采石场或挖沙坑),并能产生新的休闲活动,如垂钓、帆船及其他日常用途。

埃尔森(Elson 1993)指出,随着英国乡村地区休闲业发展的加快,城市边缘区有潜力吸引休闲活动。因此,通过改变休闲供应,新的资源也可以引导需求。从这个意义上讲,城市边缘区是研究供求之间空间相互作用性质的很好例证。

八、绿化带的概念

英国的城市边缘区已经成为人造景观。根据雷曼·安文(Raymond Unwin)颇有影响的文章和《1933 年绿化带法案》可知,20 世纪 30 年代伦敦以及欧洲的许多城市就提出了绿化带的概念。安文提出了在城市边缘地区开放空间设立绿化带弥补城市环境中开放空间不足的原则,这些原则在 20 世纪 50 年代的战后规划中有所体现(房管部和地方政府 1955 年)。这些原则都是为了限制城市蔓延,而休闲供应并非其真正意图。埃尔森(Elson 1986)指出,英国中西部地区、曼彻斯特和设菲尔德的规划部门在其发展规划中都提出了绿化带建设计划（如绿化区、休闲区等),但结果发现,各部委进行规划审批时对此并不看重,甚至取消了这部分内容。事实上,哈里森(Harrison 1991:32)认为:

公共管理部门采取的标准化供应方法,是两战之间遗留下来的产物,尤其重视有组织的体育活动,而不是各种个人活动和家庭活动。另外,确定这些标准的依据是有望积极参加活动的人数……最低的供应标准为每 1 000 人的用地为 2.4 公顷,即使如此,内陆城市也无法满足。

结果,城市边缘区及其绿化带被认为是可能的供应场所。值得一提的是,20 世纪 60 年代末,乡村委员会和各地方政府都使用绿化带作为降低城市内部供应标准的政策手段(关于绿化带及其休闲用途的政策探讨,参见 Harrison 1991)。哈里森 (Harrison 1980—1) 发现,许多景区的承载力都可以通过改善资源管理而得以提高。大伦敦委员会(1975)对伦敦绿化带的研究表明,有组织的活动占了绿化带地区休闲活动的一半。从空间上看,已经批准的绿化带现在占地 3 824 000 英亩,相当于英格兰陆地面积的 12%,随着越来越多的城市使用这种方法遏制城市蔓延,绿地面积有望继续扩大。例如,埃尔森(Elson 1993)指出,英国划定的占地 8 000—20 000 公顷的 12 个社区森林,将会大大改善城市边缘区的环境与资源状况。先于多数城市边缘区早期研究工作的是一个乡村委员会(1974)参与建立城市边缘郊区公园的著名案例。下面文章选自英国政府 1966 年发表的乡村白皮书《休闲活动与乡村地区》。

观察与思考:郊区公园成为休闲场所:截留去往乡村地区休闲的城市居民

乡村委员会将郊区公园界定为“占地约 25 英亩,有基本的休闲设施,供公众从事日常露天休闲活动之用的场所”(Harrison 1991:95)。

1969—1993 年间，乡村委员会投入了 1 600 万英镑从事建设工作，已经建立了一个由 206 处郊区公园和 239 处野炊场所构成的网络。1993 年以后，乡村委员会的资金被削减，标志着城市内部及周边地区此类资本密集型项目建设的结束。但其重要性不能被低估，如 2003 年，预计这些场所吸引了 5 700 万人次的游客。大量研究对郊区公园政策的演变情况进行了解释（Zetter 1971; Slee 1982; Groome and Tarrant 1984），但很明显的是，研究人员还指出了公园供应研究的缺乏，如，公园供应是否满足了休闲者所要求的休闲体验。尽管 20 世纪 70 年代郊区公园的供应不断增长，但在空间分布上存在不平等的现象，大都市地区仅有很少的供应（Ferguson and Munton 1979）。

虽然郊区公园有助于在发展面临压力的时期保留了休闲用地，但供应在空间上的不平等恶化了现有的供应格局。费顿（Fitton 1979）发现，郊区公园占英格兰和威尔士陆地面积的 0. 13%，但它们却吸引了 4. 2% 的休闲旅游人数。埃尔森（Elson 1979）的研究支持了这一结果，他分析了英格兰东南部 31 个景区，发现配有各种设施的城市边缘景区的游客人数超过其他休闲目的地，但景区使用情况也涉及距离衰减规律、其他景点的竞争、个体选择倾向及其他众多因素。哈里森（Harrison 1991:103）指出，郊区公园“除了给人们一种特殊场所的体验外，过去一直没有被确定一个独立的身份……（从而）有助于对特殊场所提供的体验做出自身的单独评价”。供应与使用之间的差距的继续加大，在乡村委员会的研究中得到了证实，58% 的居民曾听说过郊区公园，但只有 26% 的人能正确说出一个公园的名字，反映了宣传促销和总体意识的缺乏。

就全国而言，郊区公园在转移需求方面只起了很小的作用，有些公园具有极其地方化的区域。这主要是由于汽车的影响，汽车将游客直接分流到比较偏远的地区。哈里森（Harrison 1981，1983）发现，去往伦敦南部绿化带的游客中有 75% 拥有汽车。研究还发现，城市内部贫困区居民使用郊区公园的人从未超过 10%。尽管近距离内没有汽车的人也能到达各个景区，但格鲁米和泰兰特（Groome and Tarrant 1984）发现，通往郊区公园的公共交通在 5—8 公里（即近距离）范围内对当地居民来说是比较方便的。总体而言，英国的郊区公园（及其前身——区域公园）发挥了重要作用，它们缩短了休闲资源与需求人员之间的距离。多少有点过时的“1981 年全国乡村地区休闲调查”发现，48%的目的地位于城市地区或 1 公里范围以内（Sidaway and Duffield 1984），另有 22%位于城市地区周边的乡村地区，只有 16%的目的地位于距离城市地区 10 公里以外。

2003 年，乡村委员会认为，这些目的地仍然是重要的休闲场所，是新婚夫妇度蜜月的地方，也是通往乡村地区的门户。最近，对这些场所的资源进行重新开发的兴趣已经明显降低，英国开放空间供应也出现了下降趋势。许多郊区公园的建设资金都要依赖地方政府，而地方政府在休闲支出方面的预算削减了 90%，同时还要安排新的优先项目预算，如社会融入计划和解决城市内贫困区的问题。普赖斯·沃特豪西·库珀（Price Waterhouse Cooper 1999）发现，英国有 6 万处公园、花园和景区来竞争资金，其中 33 000 处为地方政府所拥有。这些场所每年花费大约 8 亿英镑，其中 3.25 亿英镑来自地方政府资金。如果运用条件价值评估法的经济技术分析，这些场所为人们创造的使用价值达到 50 亿英镑，相当于全年休闲花费的 6%左右。

大伦敦哈佛林区的案例（图 3.2）说明了项目官员在制定管理计划过程中已经认识到以前被废弃的土地的多种用途及遗留问题。在哈佛林区，土地废弃规模巨大，土地管理机构众多，对休闲供应造成了许多问题。“一战”期间该地是前皇家飞行部队基地，负责保卫伦敦；“二战”期间这里是“不列颠战役”火力阻击部队基地。这里还用于挖沙取石，直至 20 世纪 70 年代，仍然是被废弃之地，周围是住宅建设项目。乡村委员会（1983）在审阅哈佛林的发展计划时发现住宅区的公共设施供应比较落后，对路权的认识不充分，景观建设计划一直得不到重视。伦敦市哈佛林区有望成为土地所有人效仿的先例，这一愿望花了很长时间终于得以实现。通过大力改善环境、设立休闲设施、有效整治场地等措施，取得了初步成效（Harrison 1991）。1985 年根据圣·海伦的城市边缘区发展计划，又进行了一项新的创举——地基建设工程（Groundwork Foundation 1986）。自 20 世纪 90 年代以来，这片地区又进一步进行了开发，建成了 250 英亩田地和树林、四英里长的公园和跑马场、　座湖泊和几处野炊场所。自然保护区（英格瑞堡湿地）现在已成为这里的核心景观，被列入专项科考基地（SSSI）。自 1990 年以来，这里还成为“泰晤士社区森林计划”不可缺少的组成部分。

对郊区公园使用的不断变化反映了公众对公园的了解程度及各公园的吸引力大小。位于城市边缘区的休闲场所的位置似乎直接影响到使用情况，而那些位于住宅区附近、居民可以步行到达的休闲场所的使用率最高。哈里森(Harrison 1991)认为：

> 位于城市边缘区的场所在休闲方面发挥的作用各不相同，主要取决于当地居民的交通方便程度，最好是步行或骑自行车就能抵达，而不一定乘车……位于或邻近城市地区的郊区在休闲方面的作用与比较偏远的乡村场所可能大不一样。
>
> 哈里森(Harrison 1991)

显而易见的是，如果不分析使用者的需求与休闲偏好，只有休闲资源(如郊区公园)的供应是不够的，因为这些因素直接影响到休闲行为。

九、休闲资源的多样性用途

城市边缘区的例子突出说明了土地利用的多样性，而这种多样性有时会形成冲突性的景观，带来各种资源管理问题。奥里尔丹(O' Riordan 1971:19)认为资源管理是“一个决策过程，是根据人类的需要、愿望和要求对资源进行空间和时间上的分配”。在此过程中，对实现社会休闲目标至关重要的是特定休闲空间容纳多功能资源的能力，而其中的关键在于特定休闲活动之间的相容性。第九章详细探讨了规划与管理的作用，但这里要认识到，在休闲资源供应管理方面需要探讨的两个基本概念是：**冲突与相容**。

休闲冲突（是规划力图要避免的目标之一）的许多含义是根据一种活动与另外一种活动之间不相容的概念预示出来的。雅各布和施利耶（Jacob and Schreyer 1980: 369）给冲突下了这样的一个定义：“对个体而言，冲突就是目标受到他人行为的阻挠”。该定义认为，人们从事休闲活动是为了实现某种成果目标。但有人认为，目标受阻并不一定会导致不相容。要了解休闲使用冲突的性质，首先需要认识相互影响的各种因素：

- 活动的性质及附带的个人意义；
- 特定休闲资源的附属意义；
- 体验方式，尤其是对自然环境的感知方式；
- 生活方式忍受度，即个体接受或拒绝不同于自身的生活方式的意愿大小。

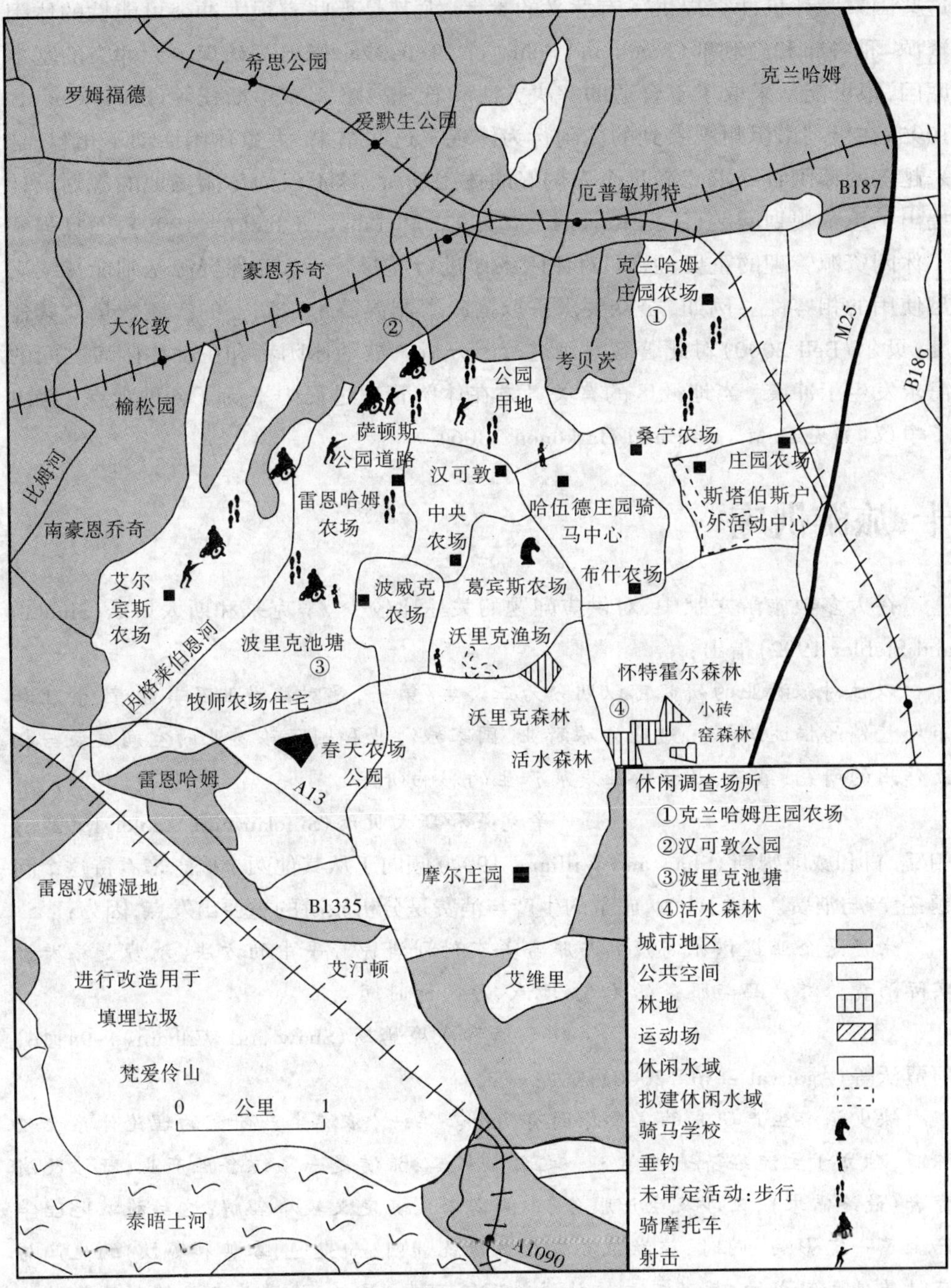

图 3.2　伦敦哈佛林区城市边缘乡村管理区

资料来源：乡村委员会(1982)，引自哈里森(Harrison 1991)

这些因素为评价冲突提供了有意义的参考,尤其是那些有很大冲突可能性的休闲资源。雅各布和施利耶(Jacob and Schreyer 1980:378)指出,“认识不到冲突的基本原因,很可能是采取了不合适的解决方法和管理战略”。布里斯托等(Bristow et al. 1995)在伊利诺伊州观察到的休闲行为体现了这些结果,大量休闲活动不相容,越来越多的休闲者寻求能满足个人偏好的休闲场所。这不仅为休闲场地的规划设计提出了重要规划问题(详见 Ravenscroft 1992; Pigram and Jenkins 1999),而且强调了休闲资源管理的重要性,即对休闲场地进行监督管理,确保资源基础能持续满足使用的相容性。例如,公众要求采取措施限制温德米尔湖上的汽艇数量及其速度,贝尔(Bell 2000)对此著名案例进行了分析。被动休闲者和主动休闲者之间的需求发生了冲突,当地社区的有关各方在休闲管理过程中平衡了各种观点,解决了争议(另见 C. M. Hall and Härkönen 2006)。

十、旅游供应

在大多数旅游文献中,对供应问题的关注比较少。辛克莱和斯太贝乐(Sinclair and Stabler 1992)指出:

以往对旅游业的研究可以划分为三大类:第一,是对旅游业及其经营、管理和市场营销的描述;第二,是地方旅游业、国家旅游业和国际旅游业的空间发展与相互作用的研究;第三,是旅游业发展产生的影响研究。

辛克莱和斯太贝乐(Sinclair and Stabler 1992:2)

相反,肖和威廉姆斯(Shaw and Williams 1994)倾向于从其他两个概念来看待这个问题:生产与消费。他们认为,旅游的生产与消费是分析旅游的重要出发点,因为:

生产是企业提供旅游产品与服务并交付到消费者手中的方法,消费是旅游者实际消费旅游产品与服务的方式、地点、原因和时间。

肖和威廉姆斯(Shaw and Williams 1994:16)

阿贾沃等(Agarwal et al. 2000)认为:

缺少旅游生产研究的主要原因有两个。第一,旅游生产研究的理论体系比较陈旧,独立于主流经济地理学……之外。第二,旅游是一项综合性产业,既涉及消费者(最终需求),又涉及生产服务(中间需求),其定义较难理解,这对旅游地理学产生了一定影响。同时,旅游服务在众多传统部门(如交通、零售和餐饮)的生产与交付是独立完成的,导致二手统计资料不够可靠。另外,旅游业本身的制度基础一般较为薄弱,导致……学术研究和政策研究的不足。

阿贾沃等(Agarwal et al. 2000:242)

各旅游企业经营状况及经营业绩资料的缺乏进一步突出了这些不足。然而，塞萨(Sessa 1993:59)认为，“旅游供应是满足旅游需求的全部生产活动的结果，旅游需求表达出来就是旅游消费”，旅游供应包括旅游资源、基础设施、接待设施、娱乐设施、体育场馆及旅游接待服务（表 3.4）。尽管这一旅游休闲供应概念不可避免地存在着一定程度的意义重叠，但它强调了旅游供应生产活动的范围。

表 3.4　旅游业的构成要素

旅游资源	**接待设施**
免费资源	• 旅游住宿设施
• 气候、文化、传统、生活方式	• 员工住宿设施
稀缺资源	• 餐饮设施
• 土地	• 第二住宅
• 劳动力（包括友好态度）	**娱乐设施和体育设施**
• 资本（公共资本和私人资本）	• 休闲设施
通用旅游基础设施	• 文化设施
• 通信方式	• 体育设施
• 水、电、排污设施	**旅游接待服务**
• 交通基础设施	• 旅游代理机构
• 信息技术	• 宣传促销机构
	• 咨询机构
	• 汽车租赁公司
	• 导游与翻译服务

资料来源：布尔（Bull 1991）；塞萨（Sessa 1993）

使地理学者对其中许多资源感兴趣的是乌里（Urry 1990）所说的“空间固定性”。换言之，旅游者是移动性的消费者，能够在全球各地进行消费。这与大多数固定在特定地点的供应形式有明显的差别，或许例外情况是跨国公司，它们能够在全球各地调配资源满足需求的变化。“空间固定性”概念体现了旅游企业的特点，即大多数经营规模较小，调配资源满足新需求的能力较差。因此，供应往往不能对固定地点以外的需求做出反应，这就意味着需要通过不同形式的定价策略（Seaton and Bennett 1996）和季节性劳动的使用（Ball 1989）来管理特定地点需求的高低变化。

劳(Law 1993)对这些简单的概念进行了扩展,认为:

在许多方面,旅游是居住地区以外的消费;涉及人们外出消费的方式和原因……在生产方面关注的是了解旅游活动发展的地点和规模。它关注的是过程,有些城市能够创造旅游资源和旅游业。

劳(Law 1993:14)

劳(Law)在此强调的是理解供应问题的方式(其中规模是一个关键概念)以及旅游业的组织方式和随着时空变化而发生的地理分布方式。

新的生产形式能改变旅游发展前景和休闲消费,能说明这种影响的一个很好的例子是低成本航空公司的兴起。佩奇(Page 2003a)指出了这种新的生产形式的特点,如表 3.5 所示。在美国和欧洲,利用次要机场运营的新兴低成本飞机刺激了休闲需求和商务旅行。易捷(EasyJet)和瑞安(Ryanair)等低成本航空公司不仅向现有的定期航班提出了挑战,而且为低成本航空旅行和国内国际旅行创造了新的市场。结果,西欧和东欧地区的一些海滨目的地和城市目的地出现了新兴价格敏感型市场,并不断扩大,尤其是短途旅游市场、探亲访友旅游市场以及新兴机会市场,如布拉格和都柏林的男士派对和女士派对。

表 3.5　使低成本航空公司更具竞争力的关键特征

- 有些航空公司推出了不要求中途停留或周末晚上停留的单程票价,预售优惠票
- 飞机上没有免费服务项目,使经营成本降低了 6% ~7%
- 大多数情况下只有同一个档次的舱位
- 大多数情况下没有预留座位
- 无票登机
- 增加热点目的地航班,与其他航空公司竞争,低密度航线一天也有三个航班
- 周转时间短(通常不到半个小时),使用率高于其他航空公司,在机场停机坪和跑道上停留时间短
- 使用可用的次要机场(包括没有公共交通的机场)
- 点对点飞行
- 降低人员成本,由于飞机上没有免费服务项目,所以机组人员较少,不用清扫餐饮服务造成的卫生问题,缩短了在机场的周转时间
- 灵活的员工班次安排,员工不用在非基地地方过夜停留,流水线式运营(如,有些航空公司国内航班的厕所只有在机组人员提出要求时才予以清空,而不是每到机场停留一次就清空一次,从而降低了成本)
- 许多飞机是租赁的,减少了损耗折旧费用和保持标准化的费用
- 航空公司的许多职能是由外界提供的,如地面服务人员和登机检查人员,尽可能降低一般管理费用,从而使成本降低 11% ~15%
- 采用标准化机型(如波音 737 系列),降低维护费用和修理时备用零件的费用
- 限定在机场的办公空间
- 十分重视广告、尤其是户外广告牌的使用,弥补由于使用旅游代理商作为主要预订来源的预订减少
- 十分重视网上预订和电话预订
- 行政管理人员少,许多销售人员(有些情况下飞行员)承担一定的管理工作

资料来源:佩奇(Page 2003a)

低成本航空公司改变了休闲消费的地理格局，拓宽了国内旅游者和休闲者寻求新消费体验的范围，同时随着竞争的加剧，从根本上影响了现有航空服务和供应的标准。

观察与思考：目的地生命周期

目的地产品生命周期理论在旅游研究中的影响极大，被列为地理学者对旅游文献做出的最重要贡献之一。除了关注旅游目的地发展外，旅游地生命周期（TALC）还具有更广泛的意义，因为它向具有简单理论基础的旅游研究观念提出了挑战。奥普曼（Oppermann 1998a: 180）指出："巴特勒（Butler）的生命周期模型是科学研究能够和应当如何前进的精彩例证……对不同条件进行认真分析、修订，以适应特殊情况。"

巴特勒（Butler 1980，2005）的旅游地发展生命周期理论是在克里斯托勒（Christaller 1963）和帕洛格（Plog 1974，1977）的一些初步观测结果基础上提出来的，应用于众多情况，说明目的地发展的时空规律（Cooper and Jackson 1989; Cooper 1992, 1994; Ioannides 1992; Butler 2005）。由于简单易懂，旅游地生命周期理论成为目的地规划与营销战略的重要概念，深化了我们对城市旅游发展的理解。兰德格伦（Lundgren 1984：22）对此评论道："巴特勒提出了一个非常现实的周期理论，几乎人人都知道，也很清楚，但却一直没有人将其表达为完整的理论。"

库珀和杰克逊（Cooper and Jackson 1989）认为，生命周期理论在管理方面两个最重要的受益点是，可用作战略决策指导和预测工具。作为战略指导，生命周期理论表明，在产品开发的初期阶段，重点应放在抢占市场份额；而在后期阶段，重点应放在保持市场份额（Rink and Swan 1979）。然而，生命周期理论作为预测工具的效用功能在很大程度上依赖于对那些影响特定目的地旅游流因素的明确程度。海伍德（Haywood 1986）认为，大多数模型在其建立的初期阶段都很有效，但在后期阶段其预测功能就失灵了。海伍德（Haywood 1986）和其他评论人士（如，Rink and Swan 1979; Cooper 1992; Ioannides 1992）也指出，生命周期形成的曲线状态各不相同，既取决于供应因素，也取决于需求因素。海伍德（Haywood 1986：54）进一步指出，事实上，生命周期理论"代表了扩散模式的供应观点"，从而使消费者据此选择新产品。

根据海伍德(Haywood 1986)的观点,运用生命周期理论时有六个可行的决定因素:

- 分析单位
- 相关市场
- 旅游地生命周期模式与阶段
- 明确旅游地在生命周期中所处的状态
- 确定测量单位
- 确定有关的时间单位

根据海伍德提出的生命周期研究基础的观点,格莱伯(Graber 1997)对欧洲43座城市目的地的生命周期进行了分析,使用的变量包括:国内旅游与国际旅游的增长数据、初访游客的比例、停留时间、客流分布情况和竞争者数量。结果表明只有少数测试变量是与生命周期相关的因素。格莱伯(Graber 1997:69)认为,"经历生命周期后期阶段的城市接待的初访游客比例明显降低"。

许多对巴特勒生命周期理论的解释是从市场营销角度分析产品的生命周期。与此相反,霍尔(Hall 2005c)主张,应当从可进入性和空间相互作用形式的角度来评价目的地的生命周期。霍尔(Hall 2005a, 2005c)认为,巴特勒(Butler 1980)的生命周期理论是客源地和目的地之间可进入性变化而形成的模型。

巴特勒(Butler 1980)引用了乌尔夫(Wolfe 1952)对加拿大安大略省度假村的研究作为例子,指出,"休闲地可进入性状况的每一次改进都会使游客人数大大增加,使市场范围大大扩大"(Butler 1980:11)。另外,巴特勒还引用了斯坦菲尔德(Stansfield 1972,1978)的研究成果,强调可进入性在影响旅游目的地变化方面的重要性。斯坦菲尔德(Stansfield 1978)探讨了大西洋城和一个度假区的发展周期,这项研究对交通和可进入性问题特别具有启发意义,他指出了交通时间与距离对大西洋城作为"冲浪和沙滩"目的地发展的影响:

> 顾客与度假区之间的连接状况是一切度假区发展的基础;所有休闲旅游活动都是在一定时空范围内发生的。大西洋城与费城之间的时间距离和成本距离成功实现了最短的直线距离和低廉的铁路交通。
>
> 斯坦菲尔德(Stansfield 1978:242)

他同时指出,"时空功能的变化会影响目的地的相对吸引力"(Stansfield

1972：242)。大西洋城对铁路的依赖意味着，随着汽车基础设施的改进和个人拥有汽车数量的增加，大西洋城作为目的地的竞争力开始下降。铁路乘客点对点的移动性不如汽车更易适合需求。因此，改变可进入性状况成为斯坦菲尔德理解目的地和度假区竞争力的必要因素。

霍尔(Hall 2005a, 2005c)认为，目的地的概念首先应该是一个地理位置，如同受各种因素影响、并给当地带来有利影响和不利影响的空间地点。其中最重要的是旅游客源地人员的向外流动和旅行距离的作用。这种旅游流动不能完全用传统的直线式距离衰减模型来表示。根据该理论，距客源地最近的位置在任何时候接待的旅游人数都是最多，旅游人数随着距离的增加而逐渐减少。相反，休闲活动是否过夜停留和停留时间长短的决策以及整体休闲环境等影响旅游行为的因素导致了休闲活动目的地和客源地之间距离的远近不同(Hall 2005a)。然而，不管使用何种交通方式，需要过夜停留的距离和时间都是各不相同的，因为每个旅游者都需要在某个阶段停下来睡眠休息。

根据以上假设，旅游客源地和周边腹地之间的距离变化(不管时间、成本、行为或交通网络是否变化)将会导致空间系统中任何地点旅游人数的相应变化。然而，空间系统中地点的位置都是固定不变的，各个城镇不会为了最大限度地利用有利的距离功能而突然出现，也不会突然挪动。但它们的确随着时间而发生变化，顺应交通网和可进入性的新变化……如果根据旅游客源地可进入性的变化，将固定空间点的“目的地”(L)的“旅游床位/晚”(或其他旅游密度测量标准)标注为‘1、‘2、‘3……则表示出特定地点的过夜停留比例，这是用两维标准的形式模拟了旅游地生命周期。

霍尔(Hall 2005a：119)

尽管生产与消费是旅游生产理论性解释的重点(如，Mullins 1991)，但这些分析方法也提出了如何看待城市旅游生产与消费的理论问题。本章的目的是探讨如何分析休闲旅游产品生产与消费之间的关系。旅游消费(通常表示为需求——见第二章分析)和为旅游者游览活动提供的产品与服务(供应)是整个旅游系统和社会发展的重要组成部分。然而，在分析生产的各方面问题之前，我们首先分析一下地理学者对该领域理论研究作出的贡献。

十一、旅游生产的理论地理研究

布里顿(Britton 1991：451)认为，旅游地理学受到理论基础薄弱的影响，因为“从事该领域工作的地理学者不愿意明确承认他们正在研究的现象具有资本性”。尽管肖和威廉姆斯(Shaw and Williams 1994)分析了生产与消费的概念(另见Debbage and Ioannides 2004; A. M. Williams 2004)，但仍有必要认真回顾一下布里顿（Britton 1991）在该领域的创新性研究，因为它提供了旅游生产分析的理论框架。旅游生产系统包括：

- 为生产和销售旅游产品而设计的经济活动
- 旅游产品(作为吸引物)内包含的社会群体、文化因素和自然因素
- 与生产系统管理有关的机构

从理论角度而言，布里顿(Britton 1991)认为：

(旅游生产系统)同时也是资本积累的途径，是私人占有财富的手段，是榨取劳动剩余价值的过程，是从具有社会价值和稀缺价值的文化现象和自然现象（特别是公共产品)获取租金的方式(往往是不劳而获的)。

布里顿(Britton 1991:455)

可以将生产系统看做是不同部门(交通、住宿、旅游经营商、景区点及辅助服务部门)及市场(旅游产品的供求)与管理机构(如行业协会)及行业组织协同生产最终产品的劳动分工。布里顿(Britton 1991:456)恰当地指出，“旅游业是如何由管理资本积累的标准法律法规构成与调节，旅游地理学文献对此分析是草率的和表面性的”。

旅游业是由一系列行业供应商构成的，它们提供最终产品的一个或多个组成要素，最终产品要求有中介机构来协调组合各要素，然后以独立的包价产品形式销售给消费者。如果认识到供应链的存在（图 3. 3)，那么我们就清楚旅游供应商和旅游代理商在这方面发挥着至关重要的作用。这里强调的是存在联系的多样性、作用的独立性及其对供应链的责任(参见 Page 1994b)。信息技术会有助于加强旅游生产的不同部门之间的联系和协调，其他方面的进步（特别是横向联系和纵向联系的加强)也会有助于解决供应系统内各要素的分离问题。同样，旅游经营商能够利用规模经济及其对供应商的绝对购买力在将旅游各要素组合成包价产品时获得竞争优势；它们还有改变产品、使之满足需求的能力，并对掌控行业间交易和旅游流的空间分布具有非凡的能力。阿贾沃等(Agarwal et al. 2000: 244—45)指出，“随着航空公司向旅游经营的扩张，旅游经营商获得了航空公司和旅游代理

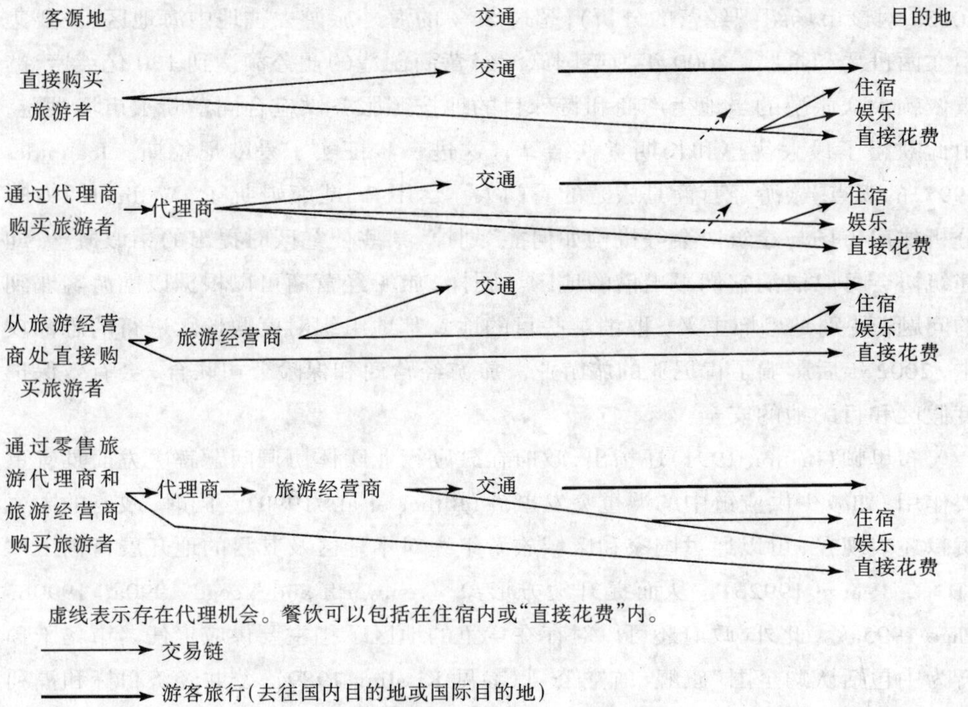

图 3.3　旅游交易链的四种类型

资料来源:根据威特(Witt et al. 1991:81)和佩奇(Page 1994b)

商的支持,并开始投资于住宿业。通过横向联系和纵向联系的加强,实现了规模增长和市场集中”,爱欧尼德斯(Ioannides 1995)也发现了这一特点。因此,市场集中的过程可以通过不同战略(或各种战略的组合)得以实现:战略联盟、企业联合、并购、接管、特许经营和营销联盟。全球化程度高、规模经济大的跨国企业使用这些战略减少竞争,可更有力地控制市场。战略联盟在这方面的作用也很大,因为旅游系统中某一要素的供应商或者依赖上游供应商,或者依赖下游供应商。因此,某些供应商通过交易协议(即长期合同、纵向联合和横向联合)以及授权委托和特许经营等方式对其他供应商实施控制的时候面临着压力。在这一方面最有影响力的两个组织是国家航空公司和旅游批发商(也称为旅游经营商)。通过财政资源和行业杠杆的作用,这些组织能操控旅游企业,要求获得有利的交易条件。采用计算机预订系统(CRS),现在称为全球分销系统(GDS),不仅形成了完整的供应链,而且通过这些系统的预订拥有创造收益的竞争优势。

帕帕斯多罗(Papatheodorau 2003)分析了地中海地区跨国旅游经营商旅游企业战略中的市场供应垄断行为。他发现,在英国的大众包价旅游市场中(参见 Page

2003a 对该市场组织经营的分析)，超过 54% 的海外旅游去往地中海地区，主要集中在西班牙和希腊。2000 年为英国旅游经营商创造的业务额达到 130 亿英镑，严重依赖大众旅游的当地生产商和特殊目的地按照服务供应合同垄断了市场供应，由此获得了最大优惠和长期货款结算，这进一步证实了爱欧尼德斯（Ioannides 1998)的观点"旅游经营商是旅游的看门人"。运用 P. 威廉姆斯(P. Williams 1978)分析住房市场与建筑协会等机构如何能"划掉"某些住宅区时提出的相似概念，即建筑协会可以取消它们不出借的地区。同样，旅游经营商可以根据以前游客遇到的问题，特别是恐怖主义，取消某些目的地。基地组织对度假地区进行的恐怖攻击，2002 年后影响了肯尼亚的旅游业。旅游经营商和保险公司联合，会有效保护度假区和目的地的安全。

布里顿(Britton 1991)还指出，政府在鼓励行业团体协调问题解决方面具有重要作用，如减少供应链中的严重突发事件(Bitner et al. 1990)。同时，政府的主要贡献还表现在，可以通过国家和区域旅游组织对本地区及其目的地开展营销工作(D. G. Pearce 1992b)，从而提升地方形象（Ashworth and Voogd 1990a, 1990b; Page 1995a)。此外，政府还可以对存在竞争的地区承担主要供应责任。市场干预行为中包括认购全国"旗舰"航空公司(参见 Kissling 1989)，公共经济目标和福利目标则强调保持政府干预的公平性。

迄今为止在旅游供应地理研究中被忽视的一个值得注意的领域是劳动力供应与劳动力市场(参见 Shaw and Williams 1994 对有关文献的综述)。在旅游业中，从业人员在参与生产的同时，还是消费产品的组成部分，因此服务质量至关重要。这一点在许多研究中被延伸为影响"旅游经历"（Ryan 1997)。尽管布里顿(Britton 1991)恰当地指出了旅游产品生产过程中的社会资本关系，但旅游经历并不能简单地表现为旅游供应的有形要素。这对资本提出了重大难题，因为服务质量很容易受到个人因素的影响，包括员工的行为与态度以及消费者对自身期望、价值观和信念系统的感知状况。其中的一个结果是，不是通过正式的资格认证，而是通过个人观点认识到了大量劳动力需求，从而低估了劳动力价值。另外的一个事实是，劳动力提供服务技能的意愿往往具有随意性，又以女性为主(通常是当地居民)，旅游劳动力市场具有民族和性别的划分，与其他行业相比，现有工作条件较差(T. Baum 1993)。例如，在澳大利亚，行业委员会(1995:21)总结了旅游劳动力及其工作条件如下：

- 平均以年轻人为主
- 女性为主，兼职工作
- 与其他行业相比，工作随意性大，兼职工作多；但绝大多数工作是全职工作

- 工会制度不健全
- 工作的技术性要求较低
- 有时候认为工作不利于社会交际
- 工资待遇较低
- 劳动力流动性大，跳槽率高
- 劳动力受正规教育的水平较低

旅游就业的这些突出特点源于旅游消费与生产在空间和时间上的固定性（Shaw and Williams 1994）。旅游服务产品必须现场消费，大多数情况下在空间上是不可转移的，也不能推迟消费（Urry 1987）。这表明，旅游劳动力必须在特定时间集中在消费地现场。这种需求性质要求劳动力具有足够的灵活性，适应每天、每周和每个季节的波动。这些条件导致了不同程度的人员流动，而不是依靠当地劳动力，并且与众多因素有关，既有旅游发展的内在因素，也有各地的自身因素。其中两个最主要的因素是需求规模和旅游发展速度，后者影响到从当地其他社会经济部门向旅游业转移劳动力的程度。另外，旅游劳动力空间聚集或空间分化的程度很重要，并取决于与此密切相关的流动性。旅游消费与生产的空间形式随着时间而不断变化。同时，当地的人口结构、社会结构和经济结构也会调节当地劳动力的供应情况和流入人口的需求情况。旅游业与其他行业在工资待遇、教育培训水平、工作条件和工作地位以及整体失业率方面的差别都会影响劳动力的供应情况。例如，瑞士其他行业具有收入和地位较高的工作，调整了旅游业对流入劳动力的要求（King 1995）。最后，时间分化的程度也很重要，规模大、季节性明显的目的地可能对流入劳动力的需求最大。淡季期间缺少其他替换性工作，或者意味着当地劳动力市场出现季节性失业，或者意味着依赖季节性劳动力的流入（King 1995）。

旅游劳动力的迁移分为许多形式（A. M. Williams and Hall 2002）。金（King 1995）确定了旅游劳动力迁移层次。排在第一个层次的是技能型的管理岗位，常见于大型国际酒店的上层管理部门和大型航空公司的地方分公司。可以假定的是，由于短缺填补这些岗位的人力资源，欠发达地区对流入人口的依赖性更强。排在第二个层次的包括各类中间岗位，如导游人员和代理机构工作人员，对这类岗位而言，掌握国际旅游者所讲的语言、甚至了解其民族特点是重要的能力。最后，排在第三个层次的是非技术性劳动力，由于进入这一层次工作的门槛较低，所以人员来源比较广泛。这三种层次迁移人员的工资待遇、工作条件和来源各不相同。例如，尽管研究成果有限，但有证据表明，在太平洋岛屿，重要岗位往往被外籍员工占据，而“辅助性”岗位则由当地土著居民担任（Minerbi 1992）。

旅游劳动力市场迁移的意义主要表现在三个方面（Williams and Hall 2000）。第一，填补了劳动力的严重短缺，尤其是在旅游快速发展的地区或旅游发展空间分化严重的地区。然而，即使没有一般性的劳动力短缺，前两个迁移层次也可以填补特殊的就业领域。第二，迁移劳动力有利于减小劳动力市场压力和工资膨胀压力。第三，劳动力迁移有利于劳动力市场细分，尤其是存在种族/民族或合法/非法划分界限的地区，从而降低劳动力成本。因此，劳动力迁移能确保旅游资本积累过程的顺利进行。然而，劳动力迁移对旅游还有另外两个重要作用。第一是带来了探亲访友旅行；第二，有利于明确迁移人员和退休迁移人员寻找的生活空间，金等(King et al. 1998)指出了英国退休人员迁往欧洲南部地区的现象(Williams and Hall 2002)。

由此看来，要理解旅游生产系统的这些要素，要求地理学者认识到资本—劳动力关系概念的重要性、消费的错综复杂性、企业竞争战略的商业环境、经济理论(如交易分析)、产品的区分、作为经营方式的国际商务和全球市场，以及基本的商业和营销理论。在资本主义生产方式中，这是必不可少的，由此我们可以了解旅游生产系统中各要素是如何运转的(即，如何开发产品、创造利润和与其他企业竞争)，了解各社会群体和各个地方是如何融入生产系统之中，以充分理解现有的生产系统和各种空间关系(见下面的"观察与思考")。为了说明这些观点，下面以国际饭店连锁集团为例来分析供应地理、商业功能及产业结构与现有各种社会关系之间的关联性。

观察与思考：经济全球化

全球化是在特定结构体系和空间格局背景下运行的一系列多尺度、多时相、多中心的复杂过程(Jessop 1999; Amin 2002)。全球化应被视为由许多尺度上经济、政治、社会文化与技术过程导致的自然演变现象，而不是世界本身特殊的因果关系过程。它既是一种结构现象，也是一种结构调整现象，其性质取决于全球各地的演化过程。杰瑟普(Jessop 1999: 21)指出，"从结构上讲，全球化的形成是因为相关活动的共变性在范围上变得越来越全球化，全球尺度的共变速度在提高"。因此，全球相互依赖性通常源于在不同空间尺度和不同功能系统发生的各个过程，涉及错综复杂的因果层次，而不是简单的自下而上或自上而下的单向运动(Jessop 1999)。这一看法清楚地表明，全球化的发展在时间和空间上是不均衡的。的确，"当今全球化过程的一个关键要素不是'全球'尺度的各个过程对另一个明确界定尺度的影响，而是相对性的尺度"(Kelley and Olds 1999: 2)。这种相对性既发生在"时间—空间疏远"的情况下，也发生在“时间—空间压缩”的情况下。前者指社会关系随着时间和空间变化而延伸的现象，如通过使用互联网等新技术，使它们能够在更长时间内、更远距离内、更大地区内和更多活动范围内得到相互协调或管理。后者指“独立的”事件在真实时间内变得日益激烈和物资、非物资流动在一定距离内速度加快的现象；这些现象也与技术变化有关，包括通信技术和社会技术(Jessop 1999)。

因此，全球化问题的探讨要超出当代社会变化的简单描述；通过实践过程中政策的制定与实施，全球化能够变成物质现实 (Gibson-Graham 1996; Kelly and Olds 1999)。它还能形成地理空间的观点，从国家尺度到区域尺度和全球尺度，或者从地方尺度到国家尺度。实质上，全球化“本身已经成为一种政治力量，有利于创立它所描述的制度现实”(Piven 1995：8)，亚太经合组织会议和北美自由贸易协议等组织的成长表明了这一点。除了前面指出的全球化“结构体系”外，欧米(Ohmae 1995)、杰瑟普 (Jessop 1999) 和海格特 (Higgott 1999) 等还提出了对全球化的战略性解释，即个人和机构试图持续促进不同秩序或功能系统内各种活动的全球协调性，例如，建立人际网络、企业间战略联盟和管理特定行动领域的国际体制和区域体制，以及广泛建立国际管理体系和区域管理体系的各种模式。因此，鉴于全球化的多尺度性、多时相性和多中心性，我们能够认识到全球化“很少涉及世界范围的全面结构整合与战略协调”(Jessop 1999:22)。相反，“经济全球化”题目下通常考虑的过程包括如下内容：

- 区域经济与贸易集团的形成——特别是在北美 (北美自由贸易区)、欧洲(欧盟) 和东亚太平洋(亚太经济合作组织) 等地区——以及这些集团之间建立的各种正式联系(如亚欧会议)。在这些地区，旅游是经济和社会政策的一个重要组成部分(Hall 2001a)。
- “地方国际化”、“虚拟区域”的增长，不同国家经济的毗邻地区(如“边境地区”)或非毗邻的地方和区域(如增长地区和三角地带)管理部门之间建立各种经济联系，通常绕过了国家政府，但实际上仍然得到国家支持。例如，太平洋西北经济区(PNWER)是由加拿大卑诗省、埃尔伯塔省、育空特区和美国阿拉斯加州、华盛顿州、奥瑞冈州、爱达荷州、蒙大拿州等地以及私营机构组成，设有旅游工作小组，推动该地区的经济发展(Hall 2001a)。
- 国际体制和区域体制的拓宽深化，涵盖经济及与经济有关的问题,还提供区域制度化管理。

• 随着旅游者和资本流动性的增强,通过渗透(流入)和外泄(流出)的加强,实现国家经济空间的国际化。

• 包括酒店和旅游公司在内的跨国公司企业的跨国经营范围拓宽,程度加深。

• "全球化本身是通过推行和采纳全球性标准而出现的,建立了全球一体化市场及全球性战略,'铲除'了那些没有明显国家经营基础的公司"(Jessop 1999:23)。

十二、国际饭店连锁集团

饭店业无疑是一项全球性产业,它符合真正全球性企业标准。有些酒店的经营活动遍布全球,具有竞争优势;有些酒店受其全球整体地位的影响而拥有地理位置上或全国市场的战略竞争地位(Porter 1980:175)。对国际饭店连锁集团影响的大量争议可以追溯到邓宁和麦昆(Dunning and McQueen 1982)的研究,他们探讨了什么是跨国公司、什么是国际公司、什么是区域性公司。他们提出的国际饭店公司是指在一个国家以上有直接投资和其他形式的合同协议的饭店公司,仍然是一个十分简单但十分有用的定义(另见 Shaw and Williams 1994: 120—5)。经济学家和社会学家用来分析地方旅游经济和区域旅游经济中跨国公司之间联系的概念是"嵌入",本质上指外部资本与当地公司之间的关系,但这个概念用于旅游方面还存在一定的问题,因为比较模糊,不好理解(Agarwal et al. 2000),研究人员试图找到度量和理解"嵌入"含义的最合适方法。

布里顿(Britton 1991:460)对饭店连锁集团提供的产品进行了分析,认为其竞争战略是提供全套现场服务,凭借其内部住宿设施、娱乐设施、购物设施和餐饮设施的种类与质量以及外部服务项目(如机场班车、当地旅游和预订服务)为顾客提供某种体验(舒适、享受),并以其拥有的商标品牌向顾客保证可预见的服务质量。

其竞争战略建立在对顾客了解(即需求和偏好)的基础上,其品牌效应能在市场上赢得高价格优势。布里顿(Britton 1991:460)说明了国际连锁集团的商业优势表现在:

• 公司位于顾客居住国;

• 在国内市场经营酒店的经历有助于了解顾客需求;

• 通过适当的培训与管理指南，连锁集团的管理技术和员工培训能确保满足顾客对其品牌的期望与需求。

饭店公司成功竞争的关键是内在融入其特有的知识产权（即培训方法和培训指南），同时保证股东的利润水平。然而不幸的是，如果员工跳槽到竞争对手公司，则做到这一点是极其困难的，因为酒店的知识产权实际上就是其“经营诀窍”。这通常是横向渗透海外市场的基础，管理协议是首选的经营机制，而不是完全控制酒店经营计划、产品定价与人员配备，但相同的公司（如假日酒店）更倾向于使用特许经营方式来控制管理工作、组织工作和专业工作。这里值得注意的一个方面是国际饭店连锁集团和旅游发展对欠发达国家的影响。例如，在肯尼亚，此类饭店连锁集团通过对半持股占有了60%的宾馆床位（Rosemary 1987；Sinclair 1991）。这表明，在国际饭店连锁集团涉足的地方，同时伴随着核心控制权的丧失及外汇的漏损；同时不可避免地导致东道国受益较少。尽管存在这些问题，但对22个发展中国家的一项调查（世界旅游组织 1985）表明，人们对国际饭店连锁集团发展的态度是：实际效益超过现金收益。布里顿（Britton 1980a）指出这可能会形成各种依赖关系，他创新性地研究了欠发达国家目的地的分布情况、所有权状况及大城市旅游市场的商业操控现象。在英国，旅游生产企业组织显示出的“核心—外围”关系，是由企业总部的位置和主要位于伦敦的酒店、航空公司和旅游经营企业的较高地位确定的。尽管有些低层次的工作安置在外围地区，以利用廉价劳动力和低成本土地，但资本决策、生产方式及其空间布局决策都毫不动摇地位于伦敦及英格兰东南部地区。的确，有些跨国旅游经营商（如控制了英国托马逊假日公司的德国集团企业 Pressaug）强调投资决策和生产决策也具有跨国性和全球性特点。从表 3. 6 可以看出一家国际饭店连锁集团（希尔顿国际集团）的全球经营预算情况。该公司还同时在英国拥有并经营莱德布鲁克斯博彩公司和 14 家电子游戏公司，说明旅

表 3.6　2001 年希尔顿国际集团经营业绩（按地区划分）

	营业额（百万英镑）	利润（百万英镑）
英国	598.2	126.1
欧洲、中东和非洲	786.9	72.8
亚洲/澳大利亚	496.6	14.0
英国“享受生活”健身俱乐部	53.8	4.1
斯堪的纳维亚半岛新业务	257.2	33.9
（132 座酒店）	2 454.5	255.3

资料来源：根据希尔顿集团资料整理修订（2002）

游休闲业经营的多样化。

布里顿的旅游发展模型（图 3.4）说明了旅游的依赖性，国际旅游组织（在缺乏政府强有力控制的情况下）确立了旅游发展的层次性，并使之永久保持下去。尽管旅游依赖性理论有助于解释资本生产如何形成了旅游供求模式，但很显然，这只是简化了全球资本—劳动力的地理关系。就全球而言，政治经济学观点有助于解释形成旅游发展空间格局的过程。旅游生产系统的经济动态性有助于形成关于旅游的主要观点、适合资本积累和社会现实发展的广义概念，但市场营销和地方建设为地理的深入研究提供了崭新的领域。事实上，利用政治经济学观点对旅游进行批判性分析，我们从中可以意识到，旅游是一种不断发展变化的现象，空间结构也在不断变化。影响生产与消费政治经济学的过程要求批判性地认识当代社会中企业家的作用及活动、资本流动及其国际化、产业结构调整与区域结构调整的影响、城市发展、服务经济的变化和旅游生产如何形成新的旅游景观（Meethan 2004）。除了理论分析，地理学者还提出了其他概念和研究方法，下面我们对这些方法进行探讨。

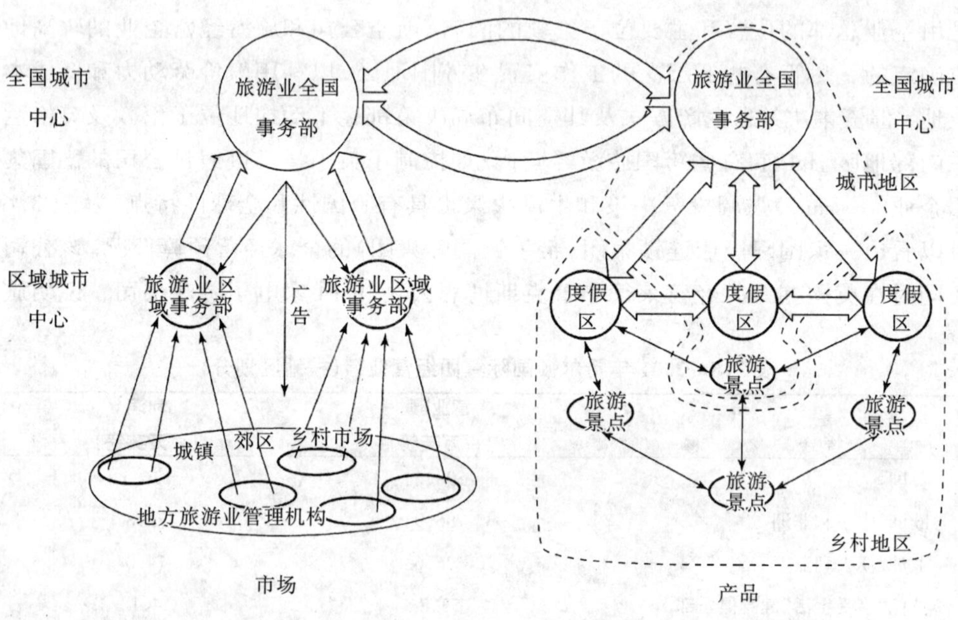

图 3.4　外围地区旅游发展模型

资料来源：布里顿（Britton 1980a）

十三、休闲产品

就城市旅游而言，詹森(Jansen-Verbeke 1986)将城市地区视为“休闲产品”(如图 3.5)，包括由各种设施构成的主要要素，可以分为：

● 活动地点，由此确定了城市内的总体供应特征，尤其是主要旅游景点。

● 休闲环境，既包括建筑环境中的物质景观，也包括赋予城市独特形象和给予游客“地方感”(参见 Walmesley and Jenkins 1992 对这个概念的讨论)的社会文化因素。

次要要素包括：

● 旅游者在游览活动期间使用的配套设施与服务(如酒店、餐饮设施和购物设施)，构成游客体验城市现有服务产品的经历。

● 辅助要素，包括旅游基础设施，如停车场、旅游交通和特定旅游服务(如游客问讯中心和旅游路标)。

主要要素		
活动地点 **文化设施** ● 音乐厅 ● 电影院 ● 展览馆 ● 博物馆和美术馆 ● 剧院 **体育设施** ● 室内设施和户外设施 **娱乐设施** ● 游戏厅 ● 赌场 ● 节庆活动 ● 夜总会 ● 有组织的活动	**休闲环境** **物质景观** ● 古代纪念物和塑像 ● 教堂建筑 ● 港口 ● 历史街区 ● 趣味建筑 ● 公园和绿地 ● 滨水区、运河与河滨 **社会文化因素** ● 民间传说 ● 友好热情 ● 语言 ● 活泼舒适的地方氛围 ● 地方风俗与服装 ● 安全	**次要要素** ● 酒店与餐饮设施 ● 市场 ● 购物设施 **辅助要素** ● 交通与停车设施 ● 旅游设施： 问讯处、路标、导游、地图与宣传单

图 3.5　旅游要素

资料来源：根据詹森(Jansen-Verbeke 1986)

肖和威廉姆斯(Shaw and Williams 1994)精当地指出:

尽管这种方法系统考虑了城市旅游的供应因素,但并非没有问题。例如,在许多城市,所谓的商店和餐馆等次要要素实际上很可能是某些游客群体的主要吸引物。

肖和威廉姆斯(Shaw and Williams 1994:202)

虽然如此,但城市旅游系统内的供应变量有助于了解供求的相互关系和消费者与产品之间的相互作用。此外,还有利于明确旅游者消费的是什么方面的"休闲产品";有的人可能只消费一种产品(如参观美术馆),而有的人可能消费多种产品(即,在其停留期间消费几种产品,如参观剧院、博物馆,并在餐馆就餐)。

詹森(Jansen-Verbeke 1986)分析了城市内部的旅游系统,明确了城市旅游者的特征及负责城市旅游区促销的组织。第六章将比较详细地讨论城市地区促销组织的作用,但是为了解释詹森(Jansen-Verbeke 1986)的分析方法,有必要考虑她认为存在于产品、旅游者和促销者之间的关系。促销者从两个方面影响这种关系:

- 他们树立了城市及其旅游资源的形象,以此吸引潜在旅游者、投资者和老板。
- 城市的促销活动也会直接提升产品质量。

因此,詹森(Jansen-Verbeke 1986)构建的模型(图 3.5)说明了城市内部旅游系统的不同要素是如何发生相互关系的及城市作为休闲产品的重要性。然而,公共部门和私营机构在此发挥的作用却截然不同。

十四、公共部门和私营机构在旅游供应方面的作用

D. G. 佩尔斯(D. G. Pearce 1989)指出:

服务与设施的供应涉及众多部门和机构。其中有些部门间接满足旅游者的基本需要,在大多数国家主要是由私营机构承担这一角色。……有些部门通过提供必要的基础设施、规划或管理行为……促进、控制或限制旅游发展……这些工作通常是各级政府下设的公共职能部门的职责,它们负责维护公共利益,提供产品与服务,但其成本费用不能直接由各种团体或个人支付。

D. G. 佩尔斯(D. G. Pearce 1989:32)

佩尔斯的观点说明了为旅游者提供产品与服务的私营机构和公共部门之间所起作用的本质区别,这种情况在 20 世纪大量存在。然而,自 20 世纪 70 年代末以来,以前政府承担的职能的私有化和商业化趋势在西方国家变得十分普遍,影响了许多国家政府干预旅游业的性质(Hall 1994)。霍尔和詹肯斯(Hall and Jenkins 1995)

总结了出现这种趋势的三个主要原因。政府关注的是：

- 减小国有企业对公共预算的依赖性。
- 通过出售国有资产减少国债。
- 通过商业化提高专业效率。

这意味着，随着企业董事会、开发公司和其他类似机构的成立，公共部门和私营机构的作用之间的界限变得越来越模糊。在这样的政治经济环境中，政府在旅游方面的职能发生了巨大转变，从执行有利于公共利益的政府政策的传统公共管理模式转变为强调效率、投资收益、市场作用以及与利益相关者关系的企业化模式。社团主义是西方社会普遍的意识形态，它主张合理性为核心宗旨，强调利己的个人主义，而不是公民个人表现在公共民主利益上的合法性。然而，在包括旅游在内的许多政策领域，政府作用及个人与政府关系的变化使政策处于相当尴尬的境地。一方面，要求减少政府对市场的干预行为，允许各行各业在没有政府补贴或扶持的情况下自由发展和交易；另一方面，行业利益集团要求政府制定有利于自身利益的政策，例如旅游业要求政府保持对宣传促销工作的资助。解决这些政策问题的一般方法是国家和区域旅游组织进行结构调整，这样不但减少了这些组织在规划、政策和发展方面的职能、增强了其营销促销职能，而且加深加强了它们与利益相关者之间的伙伴关系、网络关系与合作关系。迈尔沃德（Milward 1996）将这种情形说成是“架空政府”，政府职能发生了转变，从等级管理转变为由众多独立的非政府实体管理。因此，现在日益强调“新的管理方法；改变命令式的管理规则；提倡社会管理的新方法”（Rhodes 1997：43）。

当然，意识到旅游组织需要与利益相关者建立联系，这并不是最近的事情。P. E. 墨菲（P. E. Murphy 1985, 1988）提出的社区旅游发展思路就曾强调社区参与目的地管理的重要性，因为社区作为主要利益相关者发挥着重大作用。但这实际上往往意味着，通过与目的地地区行业团体和社区团体开展合作，而不是利用的广泛公共参与机制。实施社区旅游战略存在的困难，折射出目的地有效管理和旅游规划中面临着更多困难（Davidson and Maitland 1997），即，旅游现象在经济与社会领域的分散性及这种情况导致的协调与管理问题。尽管如此，合作显然有利于旅游的可持续发展，能创造更多社会资本。但必须强调的是，最近几年在旅游参与方面做出结构调整的大量西方国家政府同样强调的是，合作目标不一定与合作方式完全相符。

例如，在20世纪80年代和90年代初期的英国，作为城市和区域发展计划的一部分，政府与企业之间建立了许多合作关系，但由于其利益相关者基础和制度基础比较薄弱而遭到了众多批评。古德文（Goodwin 1993：161）指出，为了确保城市休闲旅游建设项目的顺利进行，“地方政府已经将规划和开发权力移交给了一个非选举成立的机构。结果很有效，各地设立的机构取代了地方政府的职能，对城市进行了以市场为导向的改造”。哈维(Harvey 1989a)认为：

新企业观的主要特征是“公—私合作”，传统的地方支持与利用政府权力相结合，吸引外部资金、直接投资或提供新的就业机会。

哈维(Harvey 1989a:7)

在这种情况下，合作并不包括社区的全体成员——忽略了那些钱不多的人、生活方式特殊的人和权力不大的人。例如，在提到英格兰东北部地区的德文特塞德(Derwentside)时，赛德勒(Sadler 1993)指出：

过去采取的政策已经日益证明不能达到预期效果，甚至连政策本身确定的目标也不能实现……不是建立在合理选择的基础上，而只是简单体现了狭隘的政治与智力选择范围。受限制的领域并不是偶然形成的，而是有意造成的。

赛德勒(Sadler 1993:190)

1. 私营机构

布里顿 (Britton 1991) 发现，私营机构参与旅游的最主要动机是为了获得利润，因为旅游企业家(Shaw and Williams 1994)寻求的是商业投机机会。因此，众多大型企业和经营商（如跨国饭店连锁集团——福特和假日）以及大量小型企业和经营商越来越多地参与旅游业，小企业雇用的员工通常不超过 10 人，有的是自己经营(Page et al. 1999)。如果放任自流，私营机构在旅游经营过程中可能会发生各种冲突，而政府在旅游规划与管理中对此往往采取了放任政策。

2. 公共部门

与私营机构相反，公共部门涉及各种地理尺度的政府，它们出于经济、政治、社会和环境等各种原因而参与旅游发展（表 3.7）。世界旅游组织的前身，国际旅游组织联盟(IUOTO 1974)探讨政府在旅游中的作用时，确定了公共部门参与旅游的五个作用：协调、规划、立法、管理和鼓励企业参与。除此之外，还可加上另外两个功能：社会旅游（在欧洲旅游中十分重要，Murphy 1985）和利益保护（Hall 1994）。

对旅游干预过多会导致市场失败、市场不完善和不能满足社会需要。决定何人以何种方式购买什么东西的市场方法并不总是令人满意，因此政府通常采取价格体系内的有效措施来调节收入与财富的分配。就全世界而言，几乎各行各业在不同时期都得到过诸如补贴资助、缴纳关税、减让税率、供给基金及其他形式的政

表 3.7 政府参与旅游发展的主要原因

经济原因	环境原因
• 改善国家的收支平衡 • 增加外汇收入 • 扶持地区(或地方)经济发展 • 促进经济的多样化 • 提高收入水平 • 通过税收增加政府收入 • 创造新的就业机会	• 承担环境与旅游资源的管理工作,确保开发机构不破坏未来旅游可持续发展的基础 • 保护自然资源,吸引旅游者
社会文化原因	**政治原因**
• 实现与"社会旅游"有关的社会目标,确保家庭与个人的福利与健康 • 保护文化事物、文化传统、文化资源和文化遗产 • 提高地区及其居民的文化意识 • 促进国家之间的相互了解	• 通过促进旅游发展,推进政治目标,扩大政府在游客中的政治接受程度 • 控制旅游发展进程 • 保护公共利益和少数民族利益 • 推进政治意识形态

资料来源:C. 詹肯斯和亨利(C. Jenkins and Henry 1982); D. G. 佩尔斯(D. G. Pearce 1989); 霍尔(Hall 1994); 霍尔和詹肯斯(Hall and Jenkins 1995)

府干预,所有这些都会影响到产品与服务的价格,从而影响收入与财富的分配。旅游业的规模或经济意义得到公共部门和私营机构如此普遍的重视,但其本身并没有理由受到政府的干预;在市场驱动的经济活动中,是否合理必须要看:

- 市场的成败
- 市场的完善与否
- 公众或社会对市场成果的关注程度

因此,合理的干预就是政府向市场提供正确的选择方案(Hall and Jenkins 1998)。

政府在旅游发展中作为企业家的作用与"资本贬值"的概念密切相关(Damette 1980)。"资本贬值"是政府补贴部分生产成本的过程,例如,在私有企业缺乏资金的情况下协助配备基础设施或投资旅游项目。在这个过程中,本应由私营机构承担的成本变成了公共成本或社会成本。配备基础设施, 尤其是交通设施,对旅游目的地开发是至关重要的(Page 2005)。各级政府最大化降低旅游开发商生产成本的正式、非正式途径有很多。的确,政府对开发项目提供支持常常能鼓励私人对特定地区或旅游项目的投资,例如,提供廉价土地或政府担保的低息贷款。

除了充当企业家,政府还可以通过其他一些途径刺激旅游发展:第一,实行财政激励措施,如发放低息贷款或对旅游住宿设施和基础设施实行折旧提成,但"引入财政激励措施常常反映出国内投资资金的短缺和推行经济发展计划的野心"

(Bodlender and Davies 1985, 引自 D. G. Pearce 1992b: 11);第二,从旅游业的利益出发,资助开展研究,而不是为了某些组织和协会的利益;第三,开展旨在激发旅游需求的营销促销活动,也可以开展旨在鼓励对旅游景点和设施投资的投资促销(Hall 1995)。

政府旅游机构促销旅游的一个与众不同的特点是,它们对其促销的产品仅有十分有限的控制力,实际上几乎并不拥有构成旅游产品的货物、设施与服务(D. G. Pearce 1992b)。旅游业本身要求继续保持政府出资对目的地进行促销,但控制力的缺乏也表明,行业组织等旅游团体影响了政府的旅游政策(Hall and Jenkins 1995)。

在20世纪80年代的大部分时间和90年代初,英国的"撒切尔主义"(以保守党首相玛格丽特·撒切尔命名)和美国的"里根主义"(以共和党总统罗纳德·里根命名)使中央政府从积极干预中暂时撤离出来。在全国范围,放松管制、私有化、自由贸易、取消纳税激励以及取消宏观经济干预等政策成为推行"小型"政府、降低政府干预程度的标志。近年来西方社会要求政府小型化,在这种情况下,政府和经济唯理论者也越来越认为行业自身能满足旅游营销与促销的需求。这对旅游业的政治意义是相当大的。H. L. 休斯(H. L. Hughes 1984: 14)指出,"提倡自由企业经济有望实现消费者的自由选择,而不是指望政府对企业进行推销;消费者应当自主决定国家资源的分配"。这意味着,我们的注意力应从关注政府干预的必要性转向外部因素、公共利益和价值需求,而不仅仅是增加就业和平衡收支(Hall 1994)。"判断政府干预程度的这些标准具有更合理的经济基础,它们与自由企业思想的一致性所带来的效果应超过就业和平衡收支"(H. L. Hughes 1984: 18)。尽管如此,D. G. 佩尔斯(D. G. Pearce 1992b)认为:

> 目的地促销一般会使有关地区旅游业的各个部门都从中受益;它成为"公共利益"……也会使直接参与促销活动的机构收益。
>
> D. G. 佩尔斯(D. G. Pearce 1992b:8)

在许多情况下,政府参与是为了保证干预政策的落实,以便实现创造就业和规划等政治目标,但各个国家、各个城市的情况有所不同。D. G. 佩尔斯(D. G. Pearce 1989)恰当地指出:

> 公共部门绝不是具有明确的旅游发展职责和政策的单一实体。相反,公共部门为了多种原因、通过多种途径、在不同层次上通过众多机构参与旅游发展……但有些地区往往缺乏协调、出现不必要的竞争和重复性的工作。
>
> D. G. 佩尔斯(D. G. Pearce 1989:44)

十五、旅游设施供应的空间分析

对设施与服务方面的大量旅游供应研究其内容都是描述性的，包括总体情况调查分析、设施与服务清单及其所在位置。鉴于探讨旅游设施与服务分布情况的文献数量众多，更有用的做法是分析两个具体的例子，了解这些研究活动的思路。

1. 旅游商务区

在城市旅游供应研究文献中，阿施沃斯（Ashworth 1989）提出了“设施研究思路”，研究人员可以通过绘制地图了解城市旅游设施的分布及具体情况。这种研究方法的难点在于，城市设施与服务的使用人员不仅是旅游者，当地居民和休闲人员也使用同样的设施。因此，很难准确分清旅游者所使用的各种设施与服务。比较实际的方法是，在满足不同使用者各种需要的多功能城市中确定主要旅游活动场所，作为分析旅游服务供应的重点地区（参见第五章）。这样就避免了对旅游设施位置及具体服务使用的片面评价，如住宿设施（Page and Sinclair 1989）、饭店设施（S. L. J. Smith 1983b, 1989）和夜生活娱乐设施（Ashworth et al. 1988）及其他吸引物。这种方法具有人文地理学提出的生态理念，可以准确指向城市内可以确定旅游活动模式的区域。

城市旅游分析的生态方法最早源于 E. W. 吉尔伯特（E. W. Gilbert 1949）对度假区建设的评价，后来巴雷特（Barrett 1958）对其进行了补充提高。结果他们设计了一个度假区模型，有住宿区、娱乐区和商业区，位于中心位置的旅游设施是最突出的要素。此类研究的意义在于，确定了后来城市地理的一些特征和关系，并应用于旅游休闲研究。其中最著名的研究是斯坦菲尔德和理查特（Stansfield and Richert 1970）提出的休闲商务中心（RBD）。该研究确定了包括旅游休闲活动在内的城市中心区多功能用途，与此相关的是中央商务区（CBD）。迈耶—阿伦特（Meyer-Arendt 1990）对此概念进行扩展，研究了墨西哥湾海滨度假区，D. G. 佩尔斯（D. G. Pearce 1989）对这些研究进行了全面评述。休闲商务区的基本观点后来延伸到城市旅游和度假旅游，以解释面向游客的功能在空间上的分布特征。

伯顿肖等（Burtenshaw et al. 1991）对欧洲城市旅游休闲进行的研究颇有影响，其中探讨了中央旅游区（CTD）的概念，认为城市中的旅游活动集中在某些区域。这一概念被盖茨（Getz 1993a: 583—4）称为旅游商务区（TBD），他认为：

旅游景点与服务集中于城市中央商务区附近。在年代较久远的城市，尤其是欧洲，旅游商务区和中央商务区往往同时位于遗产区。由于位置显著，经济意义重大，旅游商务区会受到城市政府规划的严格控制……旅游商务区的形成与发展揭示了城市旅游的许多特征及其影响，对影响旅游商务区的规划体系进行分析有利于改进城市地区旅游规划理论与方法。

因此，旅游商务区是理解城市旅游供应要素及其组合方式的有用参考。根据盖茨(Getz 1993a)对旅游商务区的分析而绘制的图3.6是一个示意模型，其中考虑的是功能，而不是活动的地理特征。

这个模型说明，很难将针对游客的服务从中央商务区和当地居民使用的服务与设施中分离出来。然而，詹森和阿施沃斯(Jansen-Verbeke and Ashworth 1990)认为，尽管旅游休闲活动融入了城市的自然环境、社会环境与经济环境，但现在还没有确定这些活动的功能或行为相互作用的分析框架。他们认为，需要进行更多的研究来分析在何种程度上旅游休闲活动在城市聚集而不会导致这些设施的使用互不相容或产生冲突。尽管旅游商务区为旅游者和非旅游者提供了各种活动与景点，但必须认识到旅游聚集在旅游商务区等区域而产生的问题。当然，利用街头娱

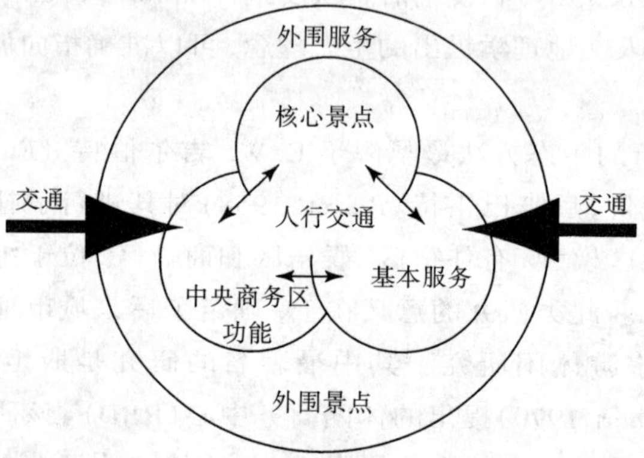

核心景点	中央商务区功能	服务
自然景点	办公楼	外部交通
遗产	零售店	内部交通
文化景点	政府机构	餐饮
事件活动	会议	住宿
购物		咨询
民俗		

图 3.6　旅游商务区

资料来源：根据盖茨(Getz 1993a)整理

插图 3.3　苏格兰斯特灵。高原运动等活动闻名世界，苏格兰移民在其他国家也举办这种活动，成为一种文化遗产形式（版权所有：AILLST）。

插图 3.5　历史资源改造，如苏格兰中世纪集市，为城市游客提供了一种引人入胜的体验（版权所有：AILLST）。

插图 3.4　苏格兰特罗萨克斯山。文学艺术使比较自然的地区大受欢迎，如沃尔特·斯科特爵士《湖边的女士》描绘的就是位于特罗萨克斯山的一座湖泊。游客在凯特林湖乘坐“沃尔特·斯科特爵士”号游船游览（版权所有：AILLST）。

乐活动和特殊节庆活动(Getz 1997)也可以为城市居民和游客渲染氛围、增强地方感。旅游资源、非旅游资源与服务集中在城市内一个交通便利的区域,能够促使游客在这里逗留，使之成为一个游客希望游览的地方，如伦敦西端地区（Page and Sinclair 1989; Page and Hall 2002)。然而,城市地区的景点仍是吸引潜在游客的一个重要因素。

2. 旅游景点

景点为游客提供被动或主动旅游活动,是城市旅游必不可少的组成部分。它们也是詹森(Jansen-Verbeke 1986)确定的“主要要素”(图 3. 5)的重要组成部分。最近的研究主要是对具体景点类型的描述分析（如, Law 1993)，而不是探索景点与城市旅游者之间的关系。卢(Lew 1987:54)指出,“尽管已经认识到旅游景点的重要性,但旅游研究人员和理论家还必须充分了解景点作为环境现象和心理现象的性质”。卢的研究成果(Lew 1987) 以及莱珀(Leiper 1990) 提出的“旅游景点系统”理论框架,迄今为止仍然是理论性最强的文献资料。卢(Lew 1987)确定了理解旅游景点性质的三种观点:

- **表意观点**，利用地方、景区、气候、文化和风俗的总体特征确定旅游景点的类型,列出景点清单,进行总体描述。例如,“标准行业分类规范”是对景点进行分类的一种方法(参见 S. L. J. Smith 1989)。这是一般旅游文献中常用的旅游景点研究方法。

- **组织观点**，一般强调景点的地理特征、承载力和时间特征,而不是“组织的管理意义”(Leiper 1990:175)。这种方法研究各种尺度的景点,既包括单个景点,也包括较大区域及其景点。

- **认知观点**，其基础是“游客对景点的感知与体验研究”(Lew 1987: 560)。P. L. 佩尔斯 (P. L. Pearce 1982: 98) 认为,任何旅游地 (或景点) 都能使人产生一种“成为游客的感觉”。因此,认知观点关注的是理解旅游者的感觉及其对旅游地或景点的看法。

卢 (Lew 1987) 提出的理论框架的意义在于，它认识到了景点作为研究重点的意义,但莱珀(Leiper 1990)却对许多研究人员使用的景点定义提出了质疑。他采用了麦克坎乃尔 (MacCannell 1976: 41) 提出的观点，即景点具体体现了“旅游者、景物与标志之间的经验关系”。“标志”是关于任何现象的一条信息,用来强化旅游者对旅游景点的意识。

这表明,景点具有众多要素,而传统定义仅考虑了景物 (Leiper 1990: 177)。“旅游景点是由三个要素构成的系统:旅游者、景物和标志”(Leiper 1990:178)。虽然观光是一项普遍的旅游活动，但景物的概念实际上是指景点的核心要素（Gunn 1972）。因此，景点可以是观光的风景，也可以是物体、人或事件。在这个观点的基础上，莱珀（Leiper 1990：178）提出了如下定义：“旅游景点是由三个要素构成的系统：旅游者（或人的）要素、核心要素及标志（或信息）要素。当这三个要素相互联系起来的时候，就形成了旅游景点”。根据景点的这一定义方法，莱珀（Leiper 1990）确定了影响城市目的地景点旅游体验的信息类型。

这些观点在莱珀的旅游景点系统模型中（图 3.7）得到了进一步深化，打破了认为旅游者不是被“吸引”或“拉动”到景点的已有观点。相反，旅游者的动机是想体验核心要素及对需要做出积极反应的标志。图 3.7 说明了模型内部的各种联系以及旅游动机如何受到当前信息和个体对自身需求感知的影响。如此看来，只有当下面这些要素联系起来，才能形成景点系统：

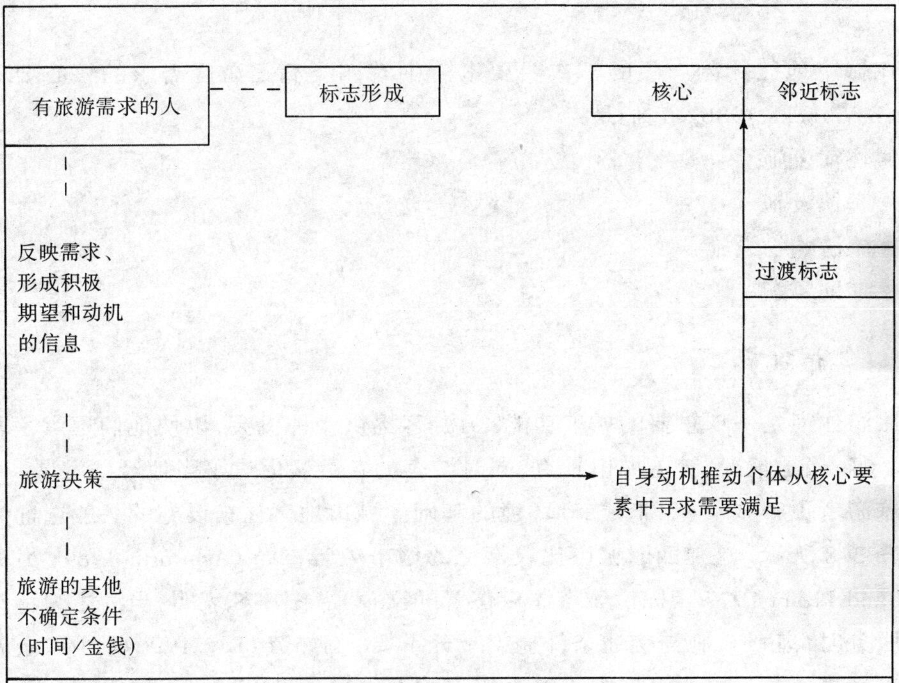

标志形成是在向核心要素所在地出发之前接收到的信息；过渡标志是在途中接收到的信息；邻近标志位丁核心。该图描绘了“景点”实际上是如何形成的.表面上旅游者被“吸引”、拉动或“诱惑”，但真正动机是想体验核心要素及能对需要做出积极反应的标志。

图 3.7　旅游景点系统模型

资料来源：根据莱珀（Leiper 1990）

- 具有旅游需求的人
- 核心要素(旅游者想去游览的一个地方的特征或属性)
- 标志(关于核心的信息)

这一理论框架对理解城市旅游资源供应具有很大价值。首先,它把景点系统看做是城市旅游大系统中的一个子系统。其次,它认识到了旅游者作为消费者的重要作用:如果没有旅游者,这个系统就不会存在。第三,系统的观点提供了方便的社会学框架,有利于了解城市目的地如何吸引游客,如何以其不同的标志与核心吸引特殊游客群体。探讨了对城市地区旅游供应不同分析方法的意义之后,下面我们要分析詹森(Jansen-Verbeke)提出的休闲产品与旅游目的地中不同要素的意义。

十六、旅游设施

在城市地区休闲产品的“次要要素”中有四类满足游客需求的核心要素(Jansen-Verbeke 1986),它们是:

- 住宿设施
- 餐饮设施
- 旅游购物设施
- 辅助要素

1. 住宿设施

旅游住宿是一项重要的城市功能:为游客提供一种机会,以便他们逗留一段时间、了解当地情况、游览城市景点,同时游客的花费又促进了当地经济发展。住宿是旅游者了解城市(和非城市)环境的基础。城市地区住宿设施的一般选址倾向如图 3.8 所示,这是西欧城市比较常见的城市酒店布局(Ashworth 1989;另见 Arbel and Pizam 1977 年探讨城市酒店位置的文章)。图 3.8 表明,当酒店为特殊市场服务时,基础设施与交通条件显得十分重要,例如劳(Law 1996)强调,会展旅游市场需要靠近主要会展中心的酒店。城市住宿业可以划分为需要服务的设施与不需要服务的设施(图 3.9)。各类设施都是为了满足不同市场需求而发展起来的,私有企业经营商中出现了开发该领域经济活动的大量组织机构。D. G. 佩尔斯(D. G. Pearce 1989)指出,许多大型连锁集团和大型企业现在控制了住宿业,利用纵向或横向联合的形式,加大了对其经营活动的掌控能力(详见 McVey 1986)。

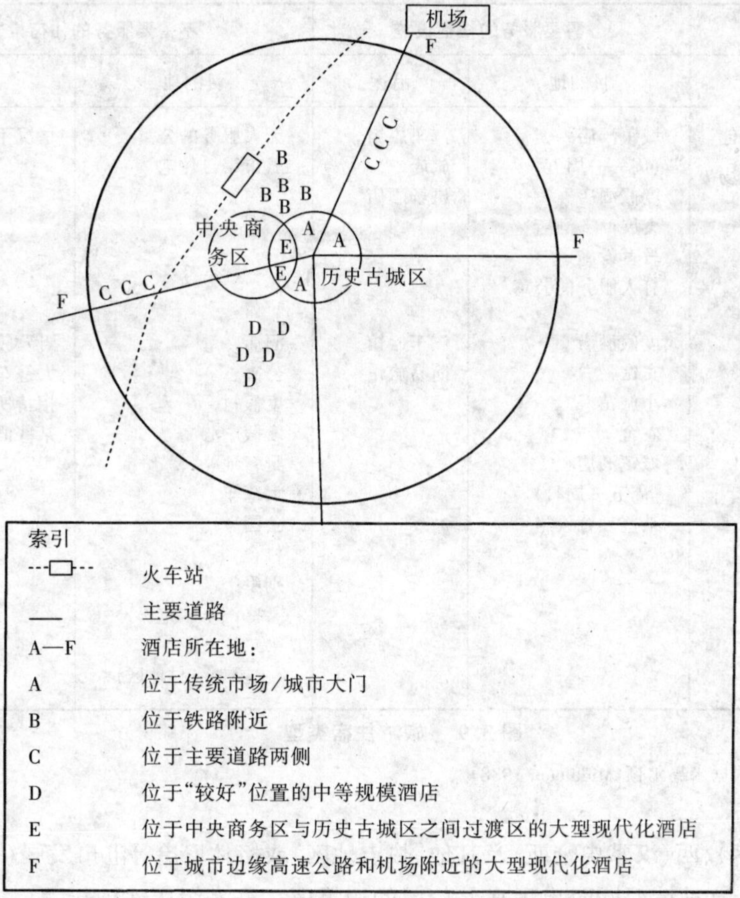

图 3.8　西欧城市酒店选址模式

资料来源：阿施沃斯（Ashworth 1989）

在伦敦，酒店及其他形式住宿设施的床位数量已经从 1966 年的 44 000 个增长到 1970 年的 80 000 个、1974 年的 130 000 个、1989 年的 137 844 个、1999 年的 150 419 个。住宿供应的地理格局仍然集中在威斯敏斯特、肯辛顿、切尔西、卡姆登和位于外部地区的希灵登——希思罗机场酒店。然而，20 世纪 90 年代中期在克罗伊登形成了一个新的酒店集中区，超过了希灵登的酒店床位数。克罗伊登酒店的发展是为了服务盖特威克机场、通往伦敦的铁路线及 M25 环城高速公路。结果，1989—1999 年间，床位的空间分布从集中于伦敦西端的中央旅游区向外扩散。一个直接的受益者是泰晤士河以南地区，由于中央旅游区规划受到限制，发展空间小，因此，中央旅游区跨过了泰晤士河（如延伸到了南华克镇）。酒店也依据此原则向东（陶

市场划分	需要服务的住宿设施		不需要服务的住宿设施	
	目的地	沿途	目的地	沿途
商务旅游及其他非休闲旅游市场	城镇酒店 (周一—周五) 度假酒店 会展商务酒店 教育设施 有人服务的公寓	汽车旅馆 旅店 机场酒店	无人服务的公寓 城市第二住宅	情况不详
休闲度假旅游市场	度假酒店 宾馆 小旅馆 农舍 城镇酒店 (周五—周日) 某些教育设施	汽车旅馆 简易旅馆	酒店 公寓 度假村 度假中心 野营地 大篷车 公园 村舍 别墅 某些汽车旅馆 第二住宅 (主要是乡村地区)	野营帐篷 大篷车 招待所 某些酒店

图 3.9　旅游住宿类型

资料来源:根据米德尔顿(Middleton 1988)

尔哈姆莱茨区)、西(汉默史密斯)及其他"热点地区"或格林尼治等港口发展(图 3.10 和图 3.11)。这种情况同时出现在外伦敦的边缘区,许多饭店连锁集团(如 Travelodge)沿 M25 高速公路为休闲与商务旅游者修建了经济型酒店。

就全球而言,艾维(Ivy 2001)研究了同性恋旅游休闲空间的发展情况,尤其是满足这一特殊市场的住宿设施情况。根据"斯巴达克斯 1997 年国际同性恋指南",艾维(Ivy 2001)发现,同性恋比较热衷的前 10 个国家是美国(占总人数的 35.1%)、德国、法国、英国、荷兰、意大利、西班牙、巴西、日本和比利时。这 10 个国家占了全世界同性恋使用酒店床位总数的 74.1%,各个国家同性恋住宿设施的空间位置分布不均衡,明显集中于某些位置,即使在这些位置以内,又进一步集中于为同性恋提供旅游服务的地区。对同性恋群体方面的研究文献在不断增多(Weightman 1981; Adler and Brenner 1992),但其活动的地理特征在许多旅游休闲地理分析中被忽视或省略了。

2. 餐饮设施

阿施沃斯和坦布里奇(Ashworth and Tunbridge 1990)指出,除了住宿设施外,

图 3.10　1989 年伦敦酒店分布情况

资料来源：佩奇和霍尔（Page and Hall 2002）

餐饮设施是使用最频繁的旅游服务设施。例如，1990 年英国的海内外游客花费为 150 亿英镑，估计近 20 亿英镑花费在餐饮方面（Marketpower 1991）。餐饮设施指的是什么呢？布尔和丘奇（Bull and Church 1994）建议，对餐饮业分类的一种方法可以采用“标准行业分类规范”，包括：

- 餐馆
- 就餐地点
- 酒馆
- 酒吧、俱乐部、小吃店和各种集体用餐处
- 酒店及其他形式的旅游住宿设施

根据餐饮业生产的产品，他们将餐饮设施进一步划分为住宿供应和餐饮直接消费供应。两者之间有不少重叠部分，并且存在着组织结构联系，在大型酒店企业（如福特集团）内通过子公司提供不同产品而有机结合起来。如其他许多旅游设施一样，存在的难点之一是如何确定哪些餐饮设施是游客使用的，因为当地居民也使用这些设施。

游客对各种餐饮设施的使用情况各不相同，区别主要取决于它们提供的服

图 3.11　1999 年伦敦酒店分布情况

资料来源：佩奇和霍尔(Page and Hall 2002)

务、在城市内所处位置及与其他设施的联系(S. L. J. Smith 1983b)。城市内的许多餐饮设施反映了当地社区的需要，旅游对现有使用情况起到补充作用。阿施沃斯和坦布里奇(Ashworth and Tunbridge 1990: 65)指出了餐馆及夜总会、迪斯科歌舞厅、赌场等其他餐饮娱乐设施具有两个重要区位特征，使其发挥应有作用：一是它们有聚集在特定街区或地区的明显倾向(可称之为“拉丁特区效应”)，二是它们在空间上倾向于与酒店等其他旅游要素结合在一起，共同为公众提供餐饮设施。此外，餐饮设施还倾向于聚集在以购物活动为主的区域，尤其在美国、澳大利亚和新西兰等国家的购物中心，餐饮场所已经成为一个十分流行的概念。同时国际大都市还针对那些寻求咖啡馆氛围的居民和游客发展了富有特色的咖啡文化。在英国，20 世纪 90 年代放开了啤酒厂拥有酒吧的管制，出现了进军休闲市场的新型连锁店。图 3.12 说明了最有活力和进取精神的酒吧连锁店之一——J. D. 韦泽斯布恩(J. D. Wetherspoon)的分布情况。图中体现了该公司在中西部地区发展扩张的清晰战略：在有人口规模和存在需求的大部分重点城市中心(包括伦敦)首先抢

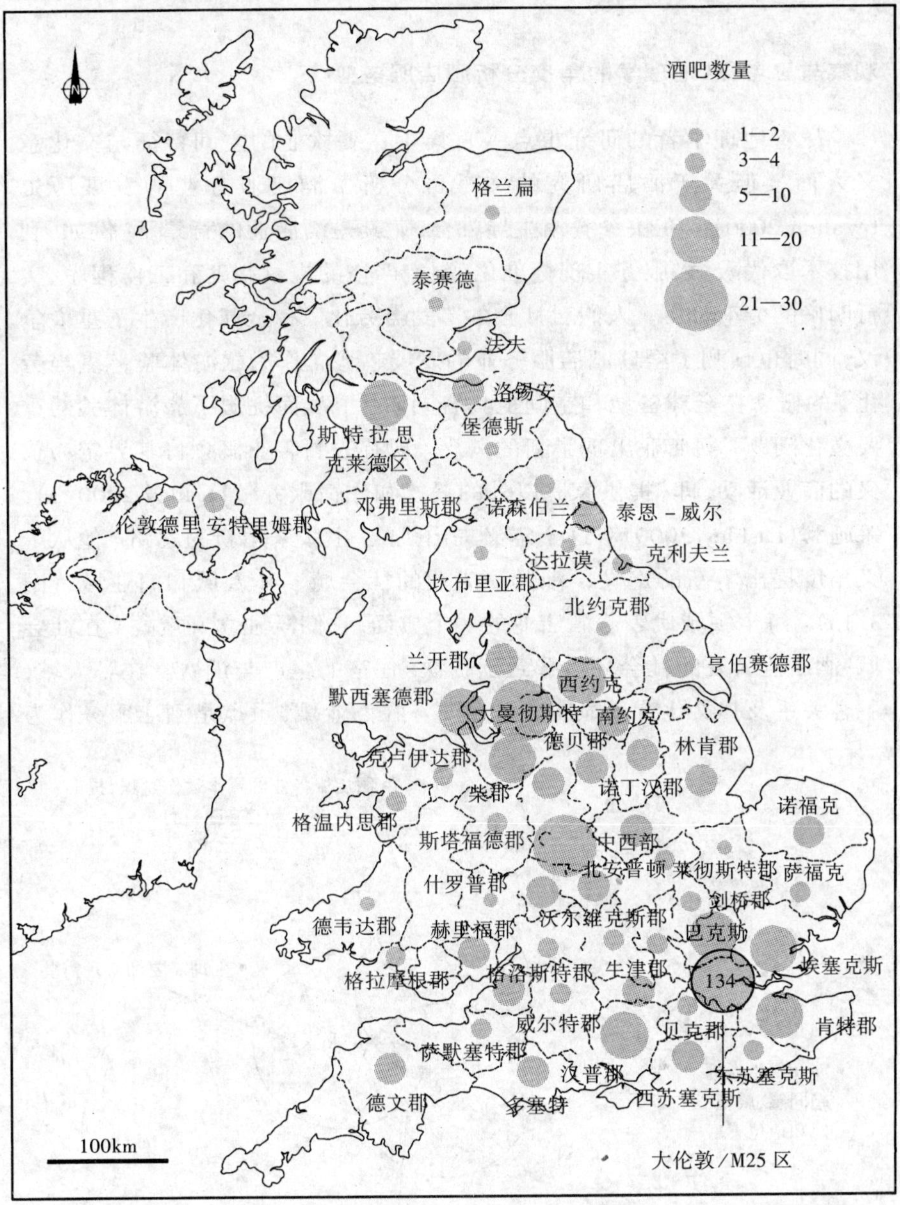

图 3.12　英国 J. D. 韦泽斯布恩(J. D. Wetherspoon)酒吧分布情况

占市场。2001 年,该公司经营 530 家酒吧,员工待遇优厚,产品价格富有竞争力。公司雇用的员工人数从 1997 年的不到 4 000 人增加到 2001 年的 14 000 人,酒吧数量从 1997 年的 194 家增长到 2001 年的 530 家,营业额达到 4. 84 亿英镑。

观察与思考:从地理学的角度分析酒店服务业

尽管地理学者的研究重点一直集中在餐饮业的空间特征与文化意义方面，但关于酒店研究的文献也分析了酒店服务业的发展历史(Walton 2000)。在快餐餐馆主导社会,尤其是酒店业的背景下,例如,利用技术取代人力、服务实现标准化、制定严格的规章制度和工作程序、实行明确的劳动分工，人们对社会的“麦当劳化”和全球化产生了重大争议,同时也预测了全球酒店服务业的发展趋势。作为旅游体验,“麦当劳化”的概念在全球各地和空间上具有同质性，从而提出了旅游体验的重要文化问题。酒店业出现了新的概念。现有的酒店业概念将其界定为狭义的商业活动,即“提供家庭以外的餐饮和住宿服务”(Lashley 2000:3),莱施利(Lashley 2000)对这个定义提出挑战,主张采用新的思路。他从广义角度提出了新的定义，涉及酒店业的社会域、私人域和商业域（图3.13)。每个领域代表着酒店业的一个方面,它们既独立又重叠。在社会域,酒店业所处的社会环境导致了餐饮/住宿的生产与消费。在私人域,主客关系及其文化背景显得非常重要。在商业域，重点是酒店服务作为

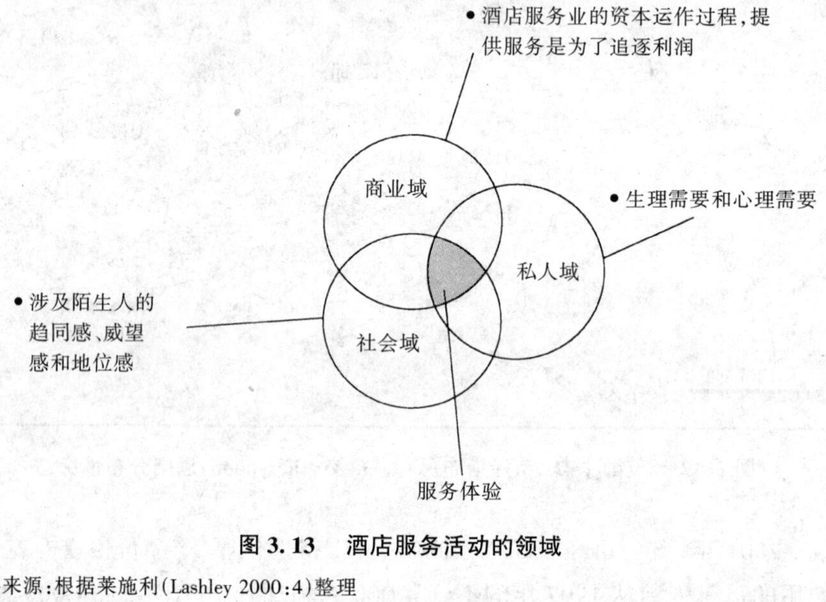

图 3.13　酒店服务活动的领域

资料来源:根据莱施利(Lashley 2000:4)整理

一项经济活动的生产与消费过程。

对地理学者而言，大量研究采用的是经验主义传统，主要关注的是酒店业的就业情况、酒店业的空间形式及酒店企业供应过程(Getz et al. 2004; Hall and Rusher 2004)。需要再次强调的是,该研究领域还比较落后,适合采用多种研究方法(Walle 1997),包括经验主义方法和新文化地理学理论。事实上,人们对旅游者、餐饮生产与区域化之间相互关系的兴趣日益浓厚,为空间研究开辟了新的领域(Hall et al. 2000a, 2000b; Hall and Mitchell 2002)。因此，随着全球化和麦当劳化等大量过程的不断发生及对后现代社会酒店业含义的日益关注，显然，地理学者由于缺乏对该领域的探讨、思考而变得十分不利。

3. 旅游购物

旅游休闲文献中的大量研究已经将知识基础延伸到旅游购物,对这一日益重要的市场提供了比较详细的观点 (Hobson 2000; Snepenger et al. 2003; J. Wong and Law 2003)。《英国历史城镇论坛》(1992)对零售与旅游进行了研究,强调了两者之间的关系:

> 旅游与零售和历史城镇紧密联系在一起，3/4 的游客在游览景点过程中都有购物行为……游客不仅购买预料之中的点心、饮料和纪念品，而且购买服装、鞋袜、文具和书籍。
>
> 《英国历史城镇论坛》(1992:3)

该研究还强调了城镇整体环境质量的重要性,指出环境对城市旅游业与零售业能否取得成功至关重要。研究报告认为,“对那些希望保持或增加休闲旅游人数的城镇而言,有许多指导原则值得考虑。例如,环境整洁、店铺美观及街头娱乐设施对旅游者都很重要”(English Historic Towns Forum 1992:3)。

然而不幸的是，在城市旅游中确定旅游购物的概念是比较困难的，因为这项活动也有当地居民等其他使用者参与。詹森(Jansen-Verbeke 1990,1991)分析了荷兰许多城镇旅游者的动机及其活动特点,发现了不少值得注意的现象。然而,与旅游休闲购物有关的动机相当复杂：人们游览某些地区是由于其吸引力的存在，而购物可能是有计划的或随机性的行为。即便如此,零售设施的质量与范围可能是旅游休闲购物需求的一个重要决定因素:诱使旅游者在一个目的地停留的时间越长,则他们在零售店购物的可能性越大。

影响城市对旅游休闲购物者吸引力大小的一个重要因素是零售组合——即，商品商店的种类和零售商的存在。例如，《英国历史城镇论坛》(1992)指出，超过80%的游客认为零售组合情况和城镇的整体环境是目的地最重要的吸引因素。尽管不同旅游细分市场优先考虑的因素稍有不同，但餐饮设施、可进入性(如，有无停车场、停车场位置和公共交通状况)、旅游景点和旅游信息决定了旅游休闲购物行为。不断寻求与众不同的购物经历，尤其是在边境地区和周边国家的一日游(例如，英国多佛港与法国加来港之间跨越英吉利海峡的免税购物游)，是发展比较成熟的旅游休闲购物形式。

许多消费产品实现了全球标准化，这意味着寻求独特的购物经历仍然很重要。北美地区购物中心和旅游项目的增多(Lew 1985, 1989; Getz 1993b)以及英国城镇外埠综合购物商场的兴建(如靠近M25高速公路、位于杜洛克的盖兹海德和湖畔购物中心)推动了这种潮流的发展。例如，詹森(Jansen - Verbeke 1991)估计，在加拿大的埃德蒙顿购物商场，停车场有27 000个车位，所有楼层共有800家商店，其中10%的空间用于休闲设施。许多城市对此类项目表示出了极大关注，它们作为城镇外埠购物中心减轻了城市内部的旅游压力，同时向成熟目的地施加了竞争压力。当前大部分休闲购物研究面临的困难在于，无法理清旅游者的实际活动与环境感知之间的关系。为此，詹森(Jansen-Verbeke 1991)对有意购物和有意休闲购物进行了区分，试图解释旅游者参与这种活动的方式与原因；她同时建议，区

表3.8　区分有意购物与有意旅游休闲购物的参考标准

游客的行为特征 • 旅途距离：短还是长 • 逗留天数：短还是没有计划 • 逗留时间：一天内几个小时，一晚上，还是一整天 • 活动类型：闲逛，有意购买，喝饮料，就餐，各种休闲活动，文化活动，观光 • 支出项目：商品，包括纪念品、饮料、就餐，休闲设施门票费	**环境质量** • 地方形象，休闲环境，街上商品陈列情况，街上音乐人士和艺术家表演 • 休闲活动期间的可进入性，包括周末和晚上 • 审美价值，形象保持，安全性 • 大楼、街道、商店、橱窗、标牌、灯光的建筑设计 • 社会效应价值，露天场所的氛围 • 充满活力，娱乐氛围，令人惊喜
环境的功能特征 • 有各种零售商店、百货商店、餐饮设施、休闲设施、旅游景点设施的空间聚集程度 • 停车空间，交通便利 • 沿街零售活动，露天场所行人优先	**环境的友好程度** • 社会的、视觉的、自然的 • 环境的适应性，信息、符号系统，明显特征

资料来源：詹森(Jansen-Verbeke 1991:9—10)

分有意购物和有意休闲旅游购物需要考虑若干标准(表 3.8)。

西欧许多城市已经成功利用旅游休闲购物逐渐发展为热点目的地。例如,佩奇和哈代曼 (Page and Hardyman 1996) 研究了城镇中心管理理论,试图说明外埠购物中心及综合购物商场对城镇中心旅游休闲消费的影响和威胁。他们研究发现,根据北美地区提出的理论,城镇中心可以比较确切地确定其使用者,从而进行改善提高,吸引游客,开发休闲购物。城市管理部门对市区中心的改善工作有利于加速这一进程,主要措施包括:

- 设立步行区。
- 加强停车问题的管理,推行"泊车换车制"(轿车泊于市郊,人换乘公共车辆进入市区以减少市区行车量的做法),改善交通,提高便利性。
- 根据鲜明的主题,对目的地进行宣传促销,通常利用城市的历史文化景观。
- 投资建设新的购物长廊,美化外观,优化布局,提高设计水平,增强吸引力。

《英国历史城镇论坛》(1992:12)确定了旅游休闲购物者认为重要的因素如下:

- 城镇干净整洁
- 步行区/人行道维护良好
- 有河流、公园等自然景观
- 建筑设计与店铺门面
- 沿街设施(座位和地面)
- 城镇中心活动(如室外市场和现场娱乐表演)

另外还有城市安全问题(Walker and Page 2003),新的购物中心在设计时都要考虑预防犯罪的问题。事实上,第二章中对社会包容与购物中心私人空间增多的探讨也提出了交通与环境方面的许多问题,许多正在新建的零售商店都是具有防护功能的综合性环境,但缺乏个性与地方性。许多购物中心在外观设计与零售组合方面正在日益变得全球化,大城市及城镇外埠位置都设有相似的零售店,这样在吸引旅游休闲购物者方面更具有竞争力。

旅游城市可以在某些区域设立专门的礼品/纪念品商店和餐饮设施。然而,欧文(Owen 1990)指出,许多城市的传统购物区需要进行重大改造,旅游对改造工作提供了必要的刺激,尤其是面临外埠中心竞争的老城商业区。主题购物 (Jones Lang Wooten 1989) 和节日市场(Sawicki 1989) 等项目是英国和北美地区如何开展改造工作的专业化范例。其他项目,如设计厂开办商店甩卖剩余存货,如苏格兰中部地区的斯特灵棉纺厂,也是休闲购物市场中一个很有特色的做法。

由此看来，2005—2015 年间将会是旅游休闲购物发展进一步细分市场的时期，会出现新的专业化市场和产品，如机场零售设施的建设与改进（Freathy 2004）。詹森（Jansen-Verbeke 1991）将“全部过程”说成是通往未来之路——零售商要想吸引旅游休闲度假者，需要利用能提供多种购物体验的新建或改善的购物环境。基翁（Keown 1989）认为，一个地方提供多种购物活动机会，会增强旅游者的花费倾向。然而，由于许多工业化国家的购物设施供应日趋成熟，竞争也在不断加剧，从而为旅游休闲购物的进一步发展带来了一些问题。在新的一个世纪，城市旅游目的地必须更主动地争取旅游休闲者的购物花费，采取新的投资战略，不断扩展购物体验，公共部门和私营机构通力合作，共同推动旅游购物的发展。

4. 辅助要素

詹森（Jansen-Verbeke 1986）认为，对城市“休闲产品”十分重要的第四个因素是辅助要素，如交通状况、基础设施和路标路牌。除非有完善的基础设施，否则旅游者不会离开已有的旅游活动，旅游休闲购物也不会实现。交通是推动旅游发展的一个至关重要因素，它使人们从客源地转移到目的地（即，为流动提供了可能），在目的地它是旅游者观光、旅游的手段，也是旅游者从住宿地转移到旅游景区点的手段。路标设计合理、交通系统有机衔接、内部换乘交通方便以及旅游线路清晰，对连接旅游者与旅游地是十分重要的。分析交通—旅游接合现象理论基础的研究成果很多（Page 1994b，1999，2005），对交通重要性提出了许多新的观点（Lumsdon and Page 2004）。事实上，许多旅游地理分析绘制了旅游者在城市和区域范围内乘车旅游的线路图（Page 1998）、乘飞机（Graham 1998；Page 2003b）以及乘马车（Page 2003c）和乘火车（Page 2002）旅行的流向，研究了交通在“休闲产品”中作为吸引物（如墨尔本改装的“电车餐厅”，提供边吃边看的机会，在享用美食及美酒的同时，乘车观赏街景）以及作为目的地特点象征（如伦敦的路主巴士，现在面临着快速交通工具的威胁而更多地用于观光服务）的重要性。最后的观光问题也强调了旅游地理研究在辅助要素方面的一个新领域——旅游与视觉文化。

跨学科研究越来越多，如文化地理学的兴起，它研究了旅游者消费视觉文化的方式。视觉文化是指特定文化的形象确定手段和技术，现已推广到涵盖美术、大众媒体、电视、录像、摄影、广告及这些形式的媒体用以给人工制品、自然物体和自然地区附加意义的方式。就旅游而言，克劳奇和吕本（Crouch and Lübbren 2003: 5）指出，“视觉文化是在不同空间中进行消费的。地理学思想是理解视觉文化消费或冲突的一个重要因素。旅游常常被描绘和理论化为旅途”。随着旅游者对物质空间和地点的使用，视觉文化成为一个地方或景区旅游体验及视觉消费方式的组成部分。换言之，旅游是在视觉形象基础上产生的感官体验，鲍德里亚（Baudrillard 1981）提出了“欲望战略”，指旅游者通过消费使自身兴趣和需要得到满足。因此，旅游业可以灵活使用视觉文化搞好旅游供应，也可以利用旅游者注意、观察和消费的广告、促销、招牌和符号。由此可见，视觉文化与旅游的辅助要素有重要联系，因为旅游消费是文化过程的一部分。

十七、结论

本章探讨了与休闲旅游供应有关的问题与理论。S. L. J. 史密斯(S. L. J. Smith 1983a)批评休闲旅游研究理论过于简单，这看来是正确的。事实上，布里顿(Britton 1980a, 1991)的研究具有较强的创新性和理论性，对重新思考旅游地理学进行了新的尝试，尤其是在休闲旅游生产方面的研究，因为这一领域过去一直注重描述分析、幼稚地借用地理概念而声名狼藉，对理论发展没有任何贡献（Debbage and Ioannides 2004）。本章实现了两个目的：一是分析了地理学者从空间角度研究休闲旅游供应的方法，同时介绍了一些理论、概念及供应的思考方法。第二，详细阐述了对旅游与生产系统进行有意义评价的重要性，通过核心与边缘、消费与生产等概念来分析旅游休闲供应，并将旅游作为一种资本活动。显然，在供应问题的理论性分析中，需要获得更为文化性的解释，表明某些现象存在、发展直至主导旅游休闲环境的原因(Debbage and Ioannides 2004)。特肯利(Terkenli 2002)根据众多发展趋势提出了关于后现代西方世界空间组织形式的若干观点：

- 地方的传统含义，特别是我们的地方感，超越了距离的地理障碍(如，媒体与信息技术使西方消费者对全球各地都有所了解)。
- 在日常生活中，公共与私有的范围界限正在逐渐消失。
- 不再把休闲看作是从家庭生活和工作中分离出来的活动，增强了休闲的不确定性。
- 在全球化过程中，通信业与媒体业每天通过电视节目、消费杂志和视觉艺术提供形象和休闲旅游机会方面的信息。

这些发展趋势形成了空间文化经济，供应结构发生转变的过程同时导致了旅游与休闲之间的相互作用。就全球而言，这些转变过程对地方也产生了影响，在旅游休闲的众多大众消费形式中得到了体现。这些消费形式的空间联结处于不断的变化状态，尤其是工作—家庭生活之间的界限变得十分模糊，对地理学者传统的休闲供应模型提出了质疑(详见 Pacione 2001)。结果，后现代社会和地理学者对旅游休闲如何成为人们必不可少的日常生活内容的理解，现在成了一个更为复杂的理论过程和空间过程。因此，需要了解旅游休闲活动对后现代社会和目的地居民生活带来的各种影响(Scheyvens 2002:37)。第四章将要探讨旅游休闲的影响。

思考问题

1. 地理学者对休闲供应提出了怎样的理论？
2. 地理学者使用什么技术和手段来研究休闲设施供应？
3. 布里顿(Britton 1991)提出的生产与消费地理学理论在旅游研究中有何作用？
4. 绝大多数旅游供应研究是否以描述性和经验资料、而不是理论模型为基础？

参考阅读

下面这些文章是介绍休闲供应十分有用的材料：

Countryside Agency(2000) *The State of the Countryside 1999*, Cheltenham: Countryside Agency.

Evans, G. (1998) 'Urban leisure: Edge city and the new leisure periphery', in M. Collins and I. Cooper (eds) *Leisure Management: Issues and Applications*, Wallingford: CAB International, pp. 113 – 38.

Morgan, R., Jones, T. and Williams, A. (1993) 'Opinions and perceptions of England and Wales Heritage coast beach users: Some management implications from the Glamorgan Heritage Coast, Wales', *Journal of Coastal Research*, 9(4): 1083 – 93.

For a good review of conceptual issues on the supply of tourism services and facilities see

Agarwal, S., Ball, R., Shaw, G. and Williams, A. (2000) 'The geography of tourism production: Uneven disciplinary development', *Tourism Geographies*, 2(3): 241 – 63.

Williams, A. M. (2004) 'Toward a political economy of tourism', in A. Lew, C. M. Hall and A. A. Williams(eds) *Companion to Tourism*, Oxford: Blackwell, pp. 61 – 73.

For studies of specific supply issues in different environments see

Carter, R. (1982) 'Coastal caravan sites in Northern Ireland 1960 – 1980', *Irish Geography*, 15: 123 – 6. Ilbery, B., Bowler, I., Clark, G., Crockett, A. and Shaw, A.

(1998) 'Farm-based tourism as an alternative farm enterprise: A case study from the Northern Pennines, England', *Regional Studies*, 32(4): 355 – 64.

Smith , R. A. (1992) 'Review of integrated beach resort development in South East Asia', *Land Use Policy*, 211 – 17.

For two useful historical reviews of recreational and tourism/hospitality service provision see

Maver, I. (1998) 'Glasgow's public parks and the community 1850 – 1914', *Urban History*, 25(3): 323 – 47.

Walton, J. (2000) 'The hospitality trades: A social history', in C. Lashley and A. Morrison(eds) *In Search of Hospitality: Theoretical Perspectives and Debates*, Oxford: Butterworth-Heinemann, pp. 56 – 76.

第四章

旅游休闲的影响

伴随着国际国内旅游的增长，从事旅游及其影响研究的人也越来越多。甚至有人说，旅游研究是 20 世纪末期“学术发展产业”之一（Hall 1995）。旅游文献大幅度增加，结果，研究“分工越来越细，研究人员走上了独立的、但往往是不同的道路”（Mathieson and Wall 1982: 2）。尽管如此，旅游休闲的影响仍然是地理学者及其他旅游研究人员主要研究方向之一。

旅游休闲研究不能独立于它们存在的复杂的经济环境、政治环境与社会环境（Runyan and Wu 1979; Mason 2003）。如果地理学者想对旅游休闲及其影响研究作出贡献，他们必须认识到旅游休闲活动对东道社区产生的广泛意义，特别是人们对旅游休闲发展可持续性的关注日益增强（Butler 1990, 1991; Hall and Lew 1998; Butler 2000; G. Hughes 2004; Weaver 2004）。因此这意味着，地理学者与非地理学者在研究旅游休闲影响方面需要进行大量的思想交流、理论交流和方法交流。

对旅游的影响进行分类有多种方法。最常见的一种方法是马修森和沃尔（Mathieson and Wall 1982）提出的，将旅游的影响分为经济影响、社会影响和自然环境影响。盖茨（Getz 1977）、里奇（Ritchie 1984）和霍尔（Hall 1992b）对旅游的影响进行了更详细的划分。表 4.1 总结了各种类型的影响，分为对目的地社区的积极影响和消极影响两个方面。然而，应当指出的是，这种划分不是绝对的，因为不管是视为积极影响还是消极影响，通常取决于不同类型旅游发展的目标以及个人的意识形态和价值观。本章将全面探讨旅游休闲管理体系、旅游休闲的影响及随之出现的一些主要问题。

一、影响:休闲资源管理

休闲资源管理是一种十分有用的手段，由此可以开始了解休闲影响与旅游影响之间的关系和景区与解决冲突需要采取的措施（即规划，是第九章要探讨的主题)之间的关系。在这种情况下,资源管理关注的是地理学方法如何与多学科方法相互结合以便了解资源管理的方法(Mercer 2004)。格利普提斯(Glyptis 1989a)提出了一个被许多休闲研究忽视的假设:很少休闲活动利用了单纯休闲性的资源。事实上,休闲往往与林业、农业、水资源、保护及许多利用社会休闲空间的活动相提并论。因此,资源用途的多样性(第三章中讨论过)是休闲资源管理的根本原则。

格利普提斯（Glyptis 1989a）研究了当代休闲资源管理的情况，发现了四种可辨别的主要影响:

- 休闲被认为是每个公民的权利。
- 社会变化,尤其是人口的老龄化和对特定休闲形式需求发生变化。
- 政治经济学说发生变化，战后没有了全职工作的含义，休闲是一种工作以外的活动,不如工作重要,对这些问题产生了争议。
- 公共休闲管理部门针对前面三种影响提出的战略规划。

表 4.1　旅游对目的地社区的积极影响和消极影响

影响类型	积极影响	消极影响
经济方面的影响		
经济影响	·增加收入 ·创造就业 ·增加劳动力供应 ·提高生活水平 ·增加投资	·造成当地通货膨胀 ·造成房地产业投机行为 ·对旅游者的吸引力减小 ·投资渠道增多 ·资本外流 ·对旅游发展成本的估计不充分 ·意外的机会成本,包括健康与教育资金的转移
旅游/商业影响	·增强旅游目的地地区的意识 ·增加对地区投资潜力和商业活动潜力的认识 ·设立新设施、建设新景点和新的基础设施 ·提高可进入性	·由于设施不足、做法不当或物价上涨而造成声誉下降 ·对当地人才和政府扶持会产生新的竞争,从而使现有企业做出消极反应

续表

影响类型	积极影响	消极影响
社会文化方面的影响		
社会文化影响	·延长当地居民对节事活动兴趣的持久性,提高参与性 ·增强地方价值与传统	·使个人或私人性质的活动变得商业化 ·为满足旅游发展需要而改变了节事活动的性质 ·犯罪率可能提高 ·社区结构发生变化 ·扰乱社会秩序
心理影响	·增强当地居民的自豪感和社区精神 ·增强非地方感知意识	·目的地地区出现防御性态度倾向 ·缺乏理解,导致不同程度的主客敌对现象
政治/行政影响	·增强国家之间对地区和价值观的相互认可 ·提高规划部门的技能	·对当地人口的经济剥削,满足政治精英的野心 ·歪曲节事活动的本性,体现政治制度的价值 ·难于应付 ·无法实现目标 ·增加行政管理成本 ·利用旅游使缺乏赞同的决策合法 ·使当地精英的意识形态合法化
环境方面的影响		
自然环境影响	·设立新设施 ·改善当地基础设施 ·保护文化遗产 ·改进游客管理战略	·环境破坏 ·自然过程发生变化 ·建筑污染 ·破坏遗产 ·造成拥挤 ·改变野生动物的喂养和抚养方法

资料来源:根据盖茨(Getz 1977)、马修森和沃尔(Mathieson and Wall 1982)、里奇(Ritchie 1984)和霍尔(Hall 1992b)

英国在 20 世纪 80 年代撒切尔政府期间发生了另外的变化,包括许多休闲供应形式的私有化(第五章城市公园部分将对这一主题进行探讨)。其中至关重要的是英国及其他国家公共休闲服务供应的公共政策体系发生了变化。阿奇森(Aitchison 1997)分析了这些变化带来的影响,其中包括影响了妇女及其他社会群体参与休闲的程度。

强制性竞争招标制(CCT)的推行被认为是幼稚、欠考虑的做法。寇尔特

(Coalter 1998) 指出，有些地方只重视经济效率，而忽视了休闲对社区居民生活质量的贡献等非经济效益。许多强制性竞争招标案例并没有实现休闲供应的公平使用和满足社区需要。对满足特殊需求的措施也没有进行系统评价。因此，政府的政治变化与意识形态变化会对休闲资源管理的性质与方法产生重大影响。

丘伯 (Chubb and Chubb 1981) 和派特摩尔 (Patmore 1983) 从地理学角度评价了休闲行为、资源要求及形成休闲资源管理的各种力量之间的复杂相互作用 (Masser 1966—7)。地理学在 20 世纪 60 年代、70 年代和 80 年代期间对休闲资源分析做出的各种贡献之一是确定了任何探讨的基本出发点是需求。正如第二章中提到的那样，现场调查所获资料和参与时间与空间的动态过程为资源管理提供了基本信息。随后的问题就是确定具体活动的影响。

旅游影响涉及的范围，例如过度拥挤、交通堵塞、文化入侵及不同休闲活动之间的冲突对自然资源、社会文化及人们心理造成的影响，说明资源正在遭受着怎样的影响 (Spink 1994)。30 年之前，伯顿 (Burton 1974) 创新性地研究了英国斯塔福德郡坎诺克查斯的承载力，在当今时代，尽管地理信息系统的使用使制图技术和分析技术发生了重大革新，但其方法价值和理论价值仍然很大。事实上，自 20 世纪 70 年代以来，地理学者对过度拥挤和旅游人数容忍度等重要空间概念，尤其是对乡村休闲概念的研究兴趣与日俱增。G. M. 鲁宾逊 (G. M. Robinson 1999: 270) 认为，“在过去 30 年期间，地理学者在乡村休闲旅游管理方面的研究工作已经从点点滴滴扩大为丰富多彩的文献”。其中一个显著的例子是奥瑞丹和派吉特 (O' Riordan and Paget 1978) 对垂钓旅游者和游船旅游者的研究，通过空间手段的设计实现了资源的多样化用途。

或许战后非城市地区休闲资源规划部门面临的最大挑战之一是汽车所产生的影响。20 世纪 60 至 70 年代许多独创的研究 (如 J. M. Hall 1972; Wall 1971, 1972) 强调汽车扩大了空间活动范围并具有到达休闲场所的灵活性。即便如此，汽车并不能代替个人的流动和对休闲资源的使用，正如佩奇 (Page 1998, 1999) 所强调的，汽车是休闲规划部门，尤其是国家公园规划部门面临的主要问题之一 (Eaton and Holding 1989a)。在城市地区，格利普提斯 (Glyptis 1989a) 还发现，在 20 世纪 70 年代，由于存在着使用的不平等，汽车与男性中产阶级使用体育设施密切相关。流动性和交通使用状况的确限制了某些社会群体对大量户外休闲活动的享用，特别是生活在市内贫困地区的那些群体，S. 威廉姆斯 (S. Williams 1995: 35) 反复强调在城市休闲中的这一特点，并进行了这样的总结：“是否拥有汽车的起码影响是，拥有汽车的家庭更多地参与体育活动和户外休闲活动”。

洛蒙德湖面临着来自另一种交通形式的压力：休闲划船 (参见 Bisset et al.

2000; Dickinson 2000)，跟英格兰东部诺福克的情况一样（参见 Page 1999)，都引起了对环境污染的关注(Bannan et al. 2000)。结果在苏格兰第一个国家公园——洛蒙德湖一特罗萨克斯山国家公园划定了专门区域（参见 Page and Dowling 2001)。资源管理人员主要关注的是各景区的使用与管理，他们采用了景区封闭、恢复活力、调节景区游客流量和设置障碍等特殊手段。其中包括禁止或严格控制私人汽车的进入，以最大可能减小影响。在实践中，休闲资源管理涉及景区的维护与改善，地理学者在了解游客行为、使用特点、潜在冲突和协调多样性用途的空间措施方面会发挥有效作用。这为分析管理与规划过程提供了基础信息。

二、承载力

承载力是地理学者在理解休闲场所及其利用容量方面面临的最复杂、最困惑的概念之一(Coccossis 2004)。最初，这个概念的使用在许多情况下被看做是保护景区及资源以免使用过度的一种管理手段，从而保持资源使用与旅游休闲者享受之间的平衡（Wagar 1964; Stankey 1973; Graefe et al. 1984a, 1984b; Shelby and Heberlin 1984, 1986; Stankey and McCool 1984)。在许多方面，承载力是现在运用较广泛的概念——休闲旅游“可持续性”的先驱(参见 Hall and Lew 1998; Page et al. 2001)。乡村委员会(1970:2)提出了承载力较早的一个概念，其核心观点强调的是资源与人类活动的长期承受力，体现了保护与利用的双重性：一个景区在资源的特点与质量不至于被破坏或不降低休闲体验的情况下能够保持的休闲资源利用水平。随后提出了休闲承载力的四种类型：自然承载力、经济承载力、生态承载力和社会承载力。

插图 4.1　英国肯特郡多佛的白色峭壁。道路的破损多少是由休闲使用导致的？多少是由旅游使用导致的？

插图 4.2　希腊雅典。雅典卫城等历史古迹遭受到游客压力和人工建筑的侵蚀。

自然承载力的含义主要是指一个景区能承受的人数或使用的次数等数量标准，主要是设计景区时使用的一个概念，可以通过有意识地在景区入口来限制游客人数。经济承载力主要是指资源用途的多样性（Pigram and Jenkins 1999; Coccossis 2004），尤其是资源与景区的相容性和景区的各种管理目标。生态承载力（拉瓦利 Lavery 1971a 称之为“环境承载力”）的含义主要是指“不至于导致当地生态环境和生态体系发生不可接受的或不可逆转的变化这一前提下，所能容纳的休闲活动和接纳的休闲人数的最大数量”（Pigram and Jenkins 1999：91）。这里的主要问题在于个人和群体如何解释“什么是不可接受的变化”。在道尔和麦卡锡（Dower and McCarthy 1967）对爱尔兰多尼戈尔进行的早期研究中，他们估算了休闲旅游资源在任何时间点能够承受的环境容量。拉瓦利（Lavery 1971a）根据佛米奇（Furmidge 1969）、哈夫顿·埃文斯与迈尔斯（Houghton Evans and Miles 1970）后来的研究工作，提出了环境承载力的一系列空间标准。尽管这些标准可能会由于使用了一些绝对化的容量值而受到批评，但值得注意的是，这是第一次探讨了景区能够容纳多少游客及多少游客可能造成超标。尽管批评方质疑各景区游客容量的固定性，但应强调的是，承载力只是户外休闲管理战略的一个要素。这表明，除了环境承载力外，还要认识到游客及其满意度的重要性和感知的作用——体现在社会承载力之中。

社会承载力，通常被称为感知承载力、心理承载力或行为承载力。皮格拉姆和詹肯斯（Pigram and Jenkins 1999：93）将其定义为：“从休闲参与者的角度看，在不导致休闲体验质量下降的前提下，景区所能容纳的休闲活动和接纳的休闲人数的最大数量”。其内在的基本原理是个人和群体对其他人及其活动的容忍程度和可接受水平。派特摩尔（Patmore 1973：24）将其概括为：“在最后到达的旅游人数感知到该地人员已满而去往其他地方寻求满足之前，一个景区能够吸纳的人数”。这既有空间要素，也有时间要素，格利普提斯（Glyptis 1981b）的研究中体现了这一点。基本概念之一是拥挤对游客满意度造成的影响程度。

确定景区的承载力至少涉及八个步骤（Hall and McArthur 1998）：

（1）明确休闲旅游资源要保持或达到的管理目标或标准以及提供的休闲体验类型。

（2）确定当前资源在一定时间内（如 1 个小时、1 天、1 周、1 个月或 1 年）的使用水平。

（3）确定自然、社会、心理和管理等各项要素指标。

（4）测定各项指标的现状。

（5）确定指标状态与使用水平之间的明显关系。

(6)对各种影响的可接受性做出数值判断。

(7)确定承载力是高于、等同于还是低于当前来访水平。

(8)实施管理战略,确保不超出承载力。

确定承载力的一个案例是柬埔寨吴哥世界遗产地，每次进入的游客人数为 300 ~ 500 人,年接待游客人数为 50 万,假定游客在其逗留期间来这里游览两次(Wager 1995)。

计算承载力最可靠的方法是将每种承载力代表的各个容量进行平均估算。例如,假定自然承载力为每天 50 人次,社会文化承载力为每天 100 人次,心理承载力为每天 80 人次,管理承载力为每天 90 人次。每种承载力分配的值是相等的,则总体承载力为每天 80 人次。然而,比较典型的情况是总体承载力受到最敏感因素或威胁最大的因素的影响，因此以上例子中的承载力可以确定为每天 50 人次(Hall and McArthur 1998)。

承载力的概念最早源于 20 世纪 60 年代,尽管在实践上其顺利实施还存在很大困难,但它仍然是一个极其重要和具有重大影响的管理概念。

> 通常认为,旅游承载力没有固定的或标准的值。相反,承载力在不同地点、不同季节、不同时间各不相同,还取决于游客行为、设施布局、管理模式与水平以及环境自身的动态特征。另外,实践中不可能总是将旅游活动与人类其他活动分开。
>
> 塞布洛斯·拉库雷恩(Ceballos-Lacuarain 1996:131)

事实上，任何景区不会存在单一的承载力，而且任何承载力的确定都具有很强的主观性,因此很难判断。判断受到制约的一个例子是澳大利亚昆士兰州北部偏远地区的绿岛。由于担心当前游人十分拥挤，将承载力确定为每天接待 1 900 名游客,或一次不能超过 800 人(昆士兰州环境与遗产部,1993)。目前,绿岛每年接待游客在 30 万人左右。如果每天都能达到承载力的最大限度,绿岛一年将接待 693 500 名游客，是当前接待人数的两倍还多 (Hall and McArthur 1998)。尽管如此，承载力的概念在方法和实践上还是对休闲旅游资源管理作出了贡献，成为自然景区游客管理各种手段的核心(Page and Connell 2006)。然而,随着休闲研究中出现的新的观点,管理思想也在发生变化(Newsome et al. 2002)。

观察与思考:休闲机会谱

休闲机会谱(ROS: Recreation Opportunity Spectrum)是一个说明休闲背景、休闲活动与休闲体验之间相互关系的理论体系 (R. N. Clark and Stankey 1979)。其假定前提是，通过提供多种多样的休闲机会就能保证最好质量。休闲机会谱为思考如何创造多样化的休闲体验，而不单单是提供标准化的休闲设施提出了理论框架（Driver 2002）。

休闲机会谱确定了一个区域可能含有的一系列背景、活动和机会。例如，国家公园的一系列背景包括：有的地区交通方便、经济发达、设施完备，有的地区位置偏远、经济落后、设施缺乏。与每种背景有关的信息将输入一张表格中，代表景区的特征、从事活动的类型和存在的机会。然后对各个景区进行比较，确定提供的核心休闲机会类型及具体休闲活动和机会的不足或超标。因此，休闲机会谱可以用来分析、确定最适合于某个休闲场所或自然遗产景区的游客体验类型（Hall and McArthur 1998）。

决定休闲背景分类的因素有：

- 可进入性[如，交通是否不便、交通系统（道路和小径）、交通方式]
- 非休闲资源
- 现场管理（如，范围、透明度、复杂性、设施情况）
- 社会相互作用
- 游客影响的可接受性
- 严格控制

休闲机会谱确定的休闲等级标准范围包括：发达、半发达、半自然、自然。

对休闲机会谱使用的关键制约或许是它放弃了游客类型而强调了背景。造成这种情况的部分原因是受到景观规划和建筑设计早期文化的影响，认为游客管理可以通过景区设计和设施规划得以实现。虽然休闲机会谱在20世纪80年代得到了广泛应用，但休闲资源管理人员对其使用从20世纪90年代开始出现衰退（Lipscome 1993; Hall and McArthur 1998）。

三、可接受改变的限度

可接受改变的限度（LAC：Limits of Acceptable Change）这一系统起始于休闲机会谱的基本原理和承载力的最初原则。其设计者后来将重点从利用水平和影响程度之间的关系转向为首先发生的旅游活动确定适当条件，以及保护或实现这些条件所要求的管理措施(Clark and Stankey 1979; Stankey and McCool 1984)。可接受改变的限度强调的是确定多少变化是可以接受的,然后积极地采取相应的管理措施。LAC 模型避开了利用水平与影响程度形成的复杂难题,而重视对利用产生的影响进行管理 (Stankey et al. 1985)。不管各种社会状况是否在可接受的标准之内,该模型体现了管理的重要性,即,当前的利用水平与模式限定于接待地区的容量以内。当各项条件达到了可接受的变化界限,它们也同时达到了该地区当前管理工作的容量界限。管理是再次利用资源之前实施战略措施的重要手段。措施之一是限制使用。

LAC 系统包括九个阶段构成的过程:

(1)确定规划地区的课题与关注点。

(2)确定并说明旅游机会种类。

(3)选取有关资源状况和社会状况的监测指标。

(4)资源状况与社会状况调查与评价。

(5)确定每一旅游机会类别的资源状况标准和社会状况标准。

(6)确定旅游机会类别替选方案。

(7)为每一个替选方案制定管理行动计划。

(8)评价替选方案,并选出一个最佳方案。

(9)实施行动计划,并监测资源与社会状况。

普罗瑟(Prosser 1986a)确定了 LAC 系统的许多重大优势:

- 强调明确、可测量的目标
- 推动发展多样化的游客体验
- 依赖实地数量标准
- 对当地情况做出灵活应对
- 公共参与机会
- 最大限度减少调整工作
- 为管理各项条件确定了框架依据

然而,不幸的是,只有少数几个 LAC 系统得以建立和成功实施,主要是在北美的郊野地区,澳大利亚有一两个自然景区(Hall and McArthur 1998)。建立 LAC 系统最关键的方面是取得利益相关者的认可和支持(Prosser 1986b)。来自当地旅游部门和社区的利益相关者会对各种希望得到的条件与可接受的标准做出重要工作,为实施管理决策与监测计划提供必要的经济与政治支持。不能获得利益相关者的充分支持主要是由于 LAC 是由自然景区管理人员从自身角度提出的 (Stankey et al. 1985)。

根据霍尔和麦克阿瑟(Hall and McArthur 1998)的观点,LAC 的含义与吸引利益相关者参与并不一致,并列举了实施过程中遇到问题的三个例子。第一,“限度”一词意为“限制、制约”,在旅游业被认为不利于旅游发展与企业成长。第二,传统的狭义观点只关注自然环境的条件和一定程度的游客体验,而旅游市场的特征、当地社区的社会文化方面及与旅游业有关的经济活动等其他关键问题却没有包括在内。第三,旅游部门在确定旅游业可接受的指标和标准时缺乏合作性参与,没有这种参与,监测结果则倾向于猜测。然而,如果 LAC 系统的文化是多样化的,其构成要素范围会更广泛,它可能会更好地表现最初设计时要传递的重要机会(McCool and Cole 1997)。

观察与思考:旅游最优化管理模型(TOMM)

旅游最优化管理模型(TOMM:Tourism Optimisation Management Model)是对游客进行监测与管理的最新、但尚未经过实践检验的模型之一(McArthur 1996, 2000b; Hall and McArthur 1998),理论上强调实现最优化业绩,而不是限制活动。旅游最优化管理模型对资源—游客关系带来一系列影响,它强调资源的可持续性、旅游业的生存能力和利益相关者的参与性。该模型借用了美国国家公园与保护协会提出的游客影响管理模型(Graefe 1989, 1991)和可接受改变的限度(LAC)的主要优点,将重点关注领域拓宽到旅游业和当地社区。除了环境要素和经验要素以外,旅游最优化管理模型还涉及旅游市场的特征、旅游业的经济条件和当地社区的社会文化条件等问题。其关注领域的拓宽承认了资源管理、旅游业与当地居民之间相互关系的复杂性。就此而言,旅游最优化管理模型对形成旅游活动及其影响的各种力量具有较强的政治敏感性(McArthur 2000a, 2000b)。

旅游最优化管理模型包含三大部分内容:背景分析、监测系统和管理反应系统(Manidis Roberts Consultants 1996; McArthur 2000b)。通过背景分析,确定当前的社区价值观、旅游产品特点、旅游发展情况、市场趋势、市场机会、市场定位和品牌。这些信息的获得途径是查找文献资料、与有关专业人士进行面对面访谈、举办社区座谈会。背景分析同时明确了未来旅游发展的其他可供选择模式,后来用于检测模型的有效性。

建立旅游最优化管理模型的第二个步骤是拟定监测系统。监测系统的基础是旅游和游客活动应当创造的一系列最佳条件(而不是应避免的影响)。这样,该模型就避免了设置限度、最高水平或承载力,能够为旅游业提供实现最优化可持续发展的机会。从本质上讲,监测计划的设计是为了衡量当前状况与最优化条件的接近程度。衡量标准包括一系列指标(每个最优化条件有一项指标)。表 4.3 列出了旅游最优化管理模型选取最合适指标的评价标准。每项指标都有一个基准点和一个可接受的范围。表 4.4 以环境为例说明了期望得到的结果及其辅助指标和可接受的范围。监测系统中获得的数据用来确定当前状况是否在可接受的范围以内。每年业绩的表现是通过:显示基准点的报表和快速体现每项指标是否在可接受范围以内的简单表格。因此,数据表达的设计是为了提供所有利益相关者能够使用的"迅速而又随意的方式"(Hall and McArthur 1998)。

表 4.3　袋鼠岛旅游最优化管理模型指标选取的评价标准

标　准	说　明	例　子
与实际旅游活动关系的接近程度	指标需要与模型相关的旅游活动具有清楚的关系	海豹湾的海豹数量比斯托克斯湾的负鼠数量具有更大的相关性
准确性	指标需要准确代表期望的状况	交通事故的数量比停车难的感觉更准确
效用性	指标如果能提供另外的观点则其价值更大	旅游人数比拥挤的感觉具有更大的效用
资料获得情况	如果资料已经存在并能利用而不需要从零做起,则指标价值更大	花费水平方面的资料比经营利润方面的资料更容易获得
收集与分析成本	如果资料的收集与分析需要尽可能少的人力资源,则指标价值更大	监测旅游直接就业的水平比当地供应商应对旅游需求而开发的旅游产品数量成本更低

资料来源:麦克阿瑟(McArthur 2000a)

表 4.4　袋鼠岛环境质量评价的管理目标和潜在指标

最佳状况	指　标	可接受范围
来袋鼠岛自然景区的绝大多数游客去往游客服务区	• 袋鼠岛自然景区游客所占比例,他们游览的是专门划定的游客管理区	65%—100% 的游客
维持或增强旅游活动区的生态过程	• 特定景区本土植被的整体净覆盖率	本土植被在基准点以上增加 0—5%

续表

最佳状况	指 标	可接受范围
维持或增加旅游活动区吸引游客的主要野生动物数量	• 指定旅游区的海豹数量 • 指定旅游区的珩科鸟数量 • 指定旅游区的鱼鹰数量	数量年均增长 0—5%
绝大多数旅游设施已经采取了某种形式的能源与水资源保护措施	• 节能/游客每晚/每位游客 • 节水/游客每晚/每位游客	3—7 瓦 20—40 升水

资料来源:麦克阿瑟(McArthur 2000a)

建立旅游最优化管理模型的第三个步骤是管理反应系统，包括：确定表现不佳的指标、探索因果关系、确定要求有反应的结果、制定管理反应选择方案。反应系统的第一部分是每年都要确定哪些指标超出了可接受的范围和差异程度及差异是否是长期存在的趋势。通过分析报表中以往各年的数据来决定未来趋势,然后在差异程度栏下进行定性说明。反应系统的第二部分是探索因果关系。与因果有关的基本问题是,差异是否主要是由旅游活动和其他影响因素引起的，如当地居民的行为、其他行业的活动、区域影响、全国影响或全球影响。反应系统的第三部分仅涉及明确是否需要做出反应。对反应的具体选择可能包括:旅游部门的反应、其他部门的反应、确定某种情形是否超出了任何人的控制范围。

第四部分,也是最后一部分涉及制定反应选择方案,取决于:

• 是否要求非旅游业部门做出反应(包括:确定适当的负责机构,为其提供结果,建议做出反应)。

• 是否超出了任何人的控制范围（在这种情况下，不要求作出反应)。

• 是否要求旅游部门做出反应（包括提出一系列供考虑的管理方案,如进行额外调查研究以理解问题、改变现有行为、景区开发、市场营销和游说政府官员)。

提出旅游选择方案以后，集体讨论它们对各项指标可能产生的影响,决定最优方案,并再次使用模型的业绩预测和管理反应部分。经过几年的资料收集整理以后，该模型可以转换为一个简单的计算机程序，以提高报表、预测和方案测试的效率。

旅游最优化管理模型的最终应用是为了测试各种可能方案或管理反应。第一种应用测试形式是各指标样本的性能。测试模型性能的第二种形式是与已经建立的未来几种可能模式进行对照。测试有助于保证模型具有一定程度的预测能力。

第一个旅游最优化管理模型于1996年末创立，1997年期间付诸实施(Hall and McArthur 1998; McArthur 2000a)。该项目跨越了南澳地区袋鼠岛上的公有土地和私有土地，由联邦旅游局、南澳旅游局和南澳环境与自然资源管理处共同资助。旅游最优化管理模型项目不仅得到了上述三个政府部门的资助，而且还得到了地方政府、地方旅游协会、旅游行业、保护组织和地方社区成员的大力支持（Hall and McArthur 1998; McArthur 2000a）。之所以如此，关键是由于如下几点：

- 旅游最优化管理模型涵盖了资源—游客关系的方方面面。
- 众多利益相关者参与资料收集工作，因此"拥有"部分知识产权。
- 监测结果简单易懂，无须培训即可明白，大大简化了资源—游客关系。
- 通过共同理解现状与发展趋势，可以共同决定管理战略。

四、经济分析

在旅游休闲研究中，"直到最近以来，人们重点关注的是比较明显的经济影响，而较少思考旅游的环境影响和社会影响"(Mathieson and Wall 1982: 3—4)。然而，对旅游经济分析的方法问题一直存在相当大的争议，包括：节事活动的举办(见下文)，尤其是通过使用卫星账户、经济乘数效应和成本—效益分析等方法对旅游经济活动的测量（Archer 1976, 1977a, 1977b, 1984; Murphy 1985; D. G. Pearce 1989; S. L. J. Smith 1994, 2000; S. L. J. Smith and Wilton 1997; World Tourism Organization 1999; Sinclair et al. 2003)，机会成本评价(Vaughan 1977)以及旅游休闲与区域发展和就业之间的关系（Royer et al. 1974; Doering 1976; Frechtling 1976b; Hudman 1978; Ellerbrook and Hite 1980; Williams and Shaw 1988; Sinclair 1998)。

许多经济影响研究都把重点放在所谓的"乘数效应"，关注"旅游花费对经济的渗透方式，以及对其他部门的刺激作用"(D. G. Pearce 1989: 205)。使用的乘数有几个不同的类型，各自强调的重点也不一样(Archer 1977a, 1977b, 1982)。乘数的最恰当含义是指"一个系数，表示旅游花费每增加一个单位给一个地区创造的收入数量”(Archer 1982：236)，是旅游对地区经济的直接效应加继发效应与初始直接效应之比。尽管乘数效应分析并不缺乏空间要素，与区域科学有联系，从空间角度对地区和区位进行量化分析，但地理学者在乘数效应研究方面发挥不了重大作用。由于人文地理学中普遍采用地理学范式，因此有些情况下地理学者并未采用经济学者测量和分析空间旅游活动所运用的区域分析方法，因为此类方法更多地属于区域科学研究范围。尽管经济地理学在某些方面与经济学是重叠的，但旅游休闲并不是发生重叠较多的领域（Ioannides 1995; Ioannides and Debbage 1998)。虽然《旅游经济学》等刊物的出版导致了大量跨学科研究。但地理学者与经济学者之间开展合作研究直到 20 世纪 90 年代中期才成为一个研究主题（Martin 1999; G. Clark et al. 2000)。这往往是因为每门学科领域都有其自身理论、术语、方法，各研究领域之间没有明显的交叉现象。对地理学者和经济学者来说，旅游休闲在 20 世纪 60 至 70 年代一直是一个边缘研究领域。

旅游休闲的经济影响通常按照性质分为主要影响和次要影响（Archer 1982)。主要影响，又称为直接影响，指的是旅游花费产生的直接经济效果(如旅游者在酒店购买食品和饮料)。次要影响，也称为间接影响或诱发影响。间接影响是指以当地商业交易形式产生的影响(如酒店老板投资购买新设备和供应品)。诱发影响是指其他的消费支出引起的额外收入(如酒店员工购买商品与服务)。地区经济在每一轮旅游花费中都将发生漏损，除非出现较少或不出现再次花费。因此，休闲旅游乘数测量的是旅游休闲花费的总体效应(直接效应加继发效应)。然而，尽管乘数效应的应用较为广泛，但应指出的是，“即使在最理想的情况下，也很难精确计算乘数大小。乘数计算要求有大量详细的数据。使用的方法也很难，它要求具备一定程度的统计专业知识和宏观经济学知识”（S. L. J. Smith 1995: 16; 另见 Saeter 1998)。

旅游乘数的大小因地而异，取决于众多因素，包括：

- 地区范围的大小
- 输入到该地区由旅游者消费的商品与服务所占比例
- 流通率
- 旅游花费的特点
- 当地产品与服务的供应情况
- 旅游者和当地居民的经济行为特征

作为休闲旅游经济效益的一种测量手段，乘数效应技术遇到了越来越多的问题，尤其是乘数效应的使用经常夸大结果（Archer 1977a, 1982; Cooper and Pigram 1984; Frechtling 1987; Cooper and Pigram 1984; Frechtling 1987; D. G. Pearce

1989; S. L. J. Smith 1995; Sinclair et al. 2003)。然而，尽管对乘数效应技术的精确性存在疑虑，但政府和私有机构仍然十分关注经济影响研究的成果，把它作为衡量旅游发展成效的手段或者预测拟建项目的可能贡献，以证明政策或规划的合理性。S. L. J. 史密斯(S. L. J. Smith 1995:16)指出："遗憾的是，乘数效应的滥用似乎往往被认为是合理的——由此助长了行业缺乏可信度。"

旅游乘数大小被认为是旅游收入经济效益的一个重要标准，因为它反映了旅游收入在经济系统中的循环程度。一般而言，旅游乘数越大，旅游设施与服务供给经济的自足能力越强。因此，全国的旅游乘数通常大于区域的旅游乘数，因为区域尺度上常常由于向国家政府纳税和进口商品与服务而发生漏损。与此相似，地方尺度的乘数反映了当地社区较高的商品进口水平以及向地区政府、国家政府的纳税水平(Hall 1995)。

墨菲(Murphy 1985:95)认为，"出于实用目的，至关重要的是要认识到，地方乘数效应研究只是当地收益的案例研究，别无其他"。关于地方和区域旅游发展的实际成本与效益，仍然有若干问题尚未得到解决。事实上，一个主要问题应当是：谁是旅游发展的赢家，谁是输家？对于将旅游作为经济发展的手段，考普克(Coppock 1977b)认为：

一个地区的居民从旅游中的获益不均衡(如果他们的确获益)，这是不可避免的，同时有些人的利益实际上可能受到了损害，不仅如此，还有相当多的人不希望看到任何形式的旅游开发。

考普克(Coppock 1977b:1)

政府鼓励旅游发展的主要理由之一是旅游具有很大的就业潜力 (D. G. Pearce 1992a; Hall 1994; Jenkins et al. 1998; R. Hudson 2000)。然而，哈德逊和汤森德(Hudson and Townsend 1992)发现：

尽管关于旅游对地方就业和地方经济的实际影响的理解还不完善，但地方政府制定了越来越多的政策支持现有旅游建设项目、鼓励新的建设项目。就业增加与政策增多之间的因果关系往往比较模糊、不稳定。

哈德逊和汤森德(Hudson and Townsend 1992:64)

人们认为旅游休闲对扩大就业有很大帮助，然而富有讽刺意味的是，把旅游作为地方经济支柱产业的地区一般都具有很高的失业率，劳动力市场的调节具有很大的灵活性(Hall 2003a)。例如，澳大利亚的两大主要目的地地区——昆士兰州的黄金海岸和阳光海岸，失业率明显高于全国水平(Mullins 1984, 1990)。这种情况往往被当地的政治家视为"引入的问题"：

失业人员涌入这些城市寻求"美好生活"。然而，……失业调查资料表明，黄金海岸与阳光海岸在任何一个12个月期间内的净失业人数都超过这些城市失业人数的1%。

莫林斯(Mullins 1990:39)

除了领取失业救济的游手好闲者外，对失业问题的答案要看这两个地区的经济特征。这两个地区的经济建立在两个不稳定的产业基础之上：一是季节性较强的旅游业，二是周期性较长的建筑业，其本身也依赖于实际的或预测的旅游流量大小。因此，莫林斯(Mullins 1990:39)指出，“失业率高似乎是不可避免的”。当然，随着地区经济基础向多元化发展，失业水平应当会下降。

旅游对国家经济的另外一个重大贡献是资本的组织与空间分布，尤其是外部资本或国际资本的渗入(R. Hudson 2000; Shaw and Williams 2004)。资本与旅游者的分布在地区之间和地区内部也是不均衡的；D.G. 佩尔斯 (D.G. Pearce 1990a, 1992a) 认为，事实上，旅游常常被看做是地区之间重新分配财富的一种手段。然而，如果考虑到全部资本流动，地区之间重新分配财富的程度可能存在很大问题。地理学者长期以来就注意到，旅游发展的一般分布方式是：从城市地区转向尚未开发的乡村地区(如 Christaller 1963)。旅游发展的“核心—外围”特征是政治经济学方法研究旅游的重要内容 (Britton 1980a, 1980b, 1982; Shaw and Williams 2004; Hall 2005a)，小型岛国的旅游发展尤其如此(Connell 1988；Lea 1988；Weaver 1998；Gössling 2003；Duval 2004)。

最近，地理学者开始钻研分析旅游的经济结构调整问题、全球化过程和“后福特主义”生产模式，包括认识到经济地理学的“文化转向”(如，Britton 1991; Hall 1994; Debbage and Ioannides 1998; Milne 1998; Williams and Shaw 1998; Debbage and Ioannides 2004; Shaw and Williams 2004)。旅游是这些转变中的一个重要组成部分，这种转变可以说是“后工业”或“后福特”，指的是从工业化向信息技术/服务的转变。此外，旅游是国际经济全球化的一部分。在全球化过程中，经济生产是跨国的、相互依赖的和多极化的，国际经济企业对国家作为主要生产单位的依赖性越来越小。威廉姆斯和肖(Williams and Shaw 1998)认为：

旅游的本质特征是全球与地方之间相互作用的方式。例如，大众旅游强调全球市场(至少是宏观区域市场)对全球目的地的游览，而某些新的旅游形式却寻求探索地方个性。全球与地方之间的这种关系不是静止不变的，而是受到众多结构调整过程影响的。

威廉姆斯和肖(Williams and Shaw 1998:59)

旅游“全球化”的含义是指旅游的日益商业化。旅游生产系统同步“销售”用以吸引旅游者的地方、达到目的的手段(旅行与住宿)和目的本身(旅游体验)。因此，旅游自身处于资本积累重要动态过程的前沿，即，创造旅游体验、销售旅游体验。旅游者“购买无形的产品，逃避日常生活的限制，寻求新奇的体验”(Britton 1991：465)。因此，在这种情况下，地方被商品化，被缩小为一种消费体验和形象。然而，尽管地方促销被认为对旅游休闲的意义越来越重要(参见第五章)，但除了上面提到的某些研究以外，在主流旅游研究或旅游地理学研究中在这方面做的工作仍然比较缺乏。

与旅游经济分析有关的研究还有旅游需求预测(如，Blake and Sinclair 2003; Durbarry and Sinclair 2003)和旅游产品营销。例如，对标志事件的若干研究尝试解决旅游需求预测的问题(参见 Ritchie and Aitken 1984; Hall 1992b)。尽管如此，仍然存在大量方法问题。“虽然运用了比较复杂的统计方法，但对旅游需求的预测只能产生近似结果”(Uysal and Crompton 1985: 13)。许多早期的旅游影响研究局限于经济分析，列举目的地地区旅游发展产生的经济效益和就业效益。然而，自 20 世纪 70 年代末以来，出现了旅游社会文化影响方面的大量研究，认为社会文化对旅游发展容量形成了较为明显的负面效应(Mathieson and Wall 1982)。

观察与思考：节事活动的经济影响

一个已经引起地理学者（如，B. J. Shaw 1985; Getz 1991a, 1991b; Hall 1992b; Hall and Hodges 1996）相当关注的领域是短期表演性活动，通常被称为标志性事件或重大节事活动（Ritchie 1984; Ritchie and Yangzhou 1987; Hall 1989），特别是体育赛事的影响尤为显著（Hall 2001b; Hinch and Higham 2003; Owen 2003）。标志性事件的吸引力不同于旅游业正常宣传促销的旅游产品，因为它们不是连续的或季节性的现象。事实上，在许多情况下，标志性事件是对旅游需求的季节性变化问题做出的战略反应(Ritchie and Beliveau 1974)。节事活动实现这一目标的能力“取决于活动的独特性、知名度及在旅游客源地区的促销程度”(Ritchie 1984: 2)。正如旅游经济影响其他领域的研究一样，对标志性事件的分析往往也夸大了效益与成本之间的比率（Hall 1989, 1992b; Getz 1991b)。造成这种情况的原因有如下几个方面：

- 对旅游的经济影响还没有做出准确的解释。
- “将节事活动的全部收益归功于政府投资，犯了一个共同错误，而没有明确节事活动贡献的边际效益”(Burns and Mules 1986: 8, 10)。
- 旅游收入的税收效益被算作额外的乘数“连带”效应，但实际上它们已经被包括在乘数效应之内。

• 经常不严格地使用"产出"乘数，而不是"附加值"乘数，造成对节事活动经济影响的估计过高。

• 对所研究区域经济的规模通常没有进行限定。分析的区域越小，旅游人数越多，经济影响的估计结果越大。

隆和普德尼(Long and Perdne 1990：10)发现，"吸引外地居民来当地社区旅游，期望他们的花费会对当地经济做出重大贡献"，成为证明公共部门投资发展旅游、促销节事旅游活动是合理做法的关键论点（Connell and Page 2005）。然而，如果天气条件不利的话，也会大大增加经济成本，例如，2003 年爱丁堡由于天气原因取消了圣诞前夜庆祝活动而蒙受了 150 万英镑的损失。由此看来，公共部门（以及私有企业）在投资表演性的标志性事件、特殊节事活动或重大节事活动的同时需要进行风险评估。

五、旅游的社会影响分析

旅游的社会影响是指旅游活动对集体和个人的价值观、行为特征、生活方式和生活质量以及社区结构带来的影响(Hall 1995；Mason 2003)。主要的研究重点是旅游对目的地居民的社会影响，而不是对旅游客源地和旅游者本身的影响，当然对后者，尤其是对户外休闲者的研究也做了不少工作。影响当地居民感知旅游的变量可以分为外部变量和内在变量(Faulkner and Tideswell 1996)。外部变量指

插图 4.3　南太平洋瓦努阿图的集市景象。如果鼓励游客光顾当地设施，而不是限定在度假酒店的环境中，当地社区就能够从中获益匪浅。

从宏观上对社区产生影响的因素(如旅游发展的阶段、游客与居民的比例、游客与居民之间的文化差异、季节性等)。内在变量是指与特定人口中个体特征有关的因素(如人口特征、旅游的参与情况、与旅游活动的接近程度)(Hall 1998)。

来自众多学科背景的研究人员对旅游的社会影响开展了研究工作。例如,对旅游营销战略的研究兴趣和对旅游社会影响的日益关注使旅游社会心理学成为一个重要研究领域(如 P. L. Pearce 1982, 2005; Stringer 1984; Stringer and Pearce 1984)。研究重点集中在旅游体验的各个方面、旅游与文化冲击(Furnham 1984)和游客与导游的相互影响 (P. L. Pearce 1984)。旅游产品市场营销的研究重点主要集中在这样几个方面:潜在旅游者的需求、动机与偏好 (如 R. L. Jenkins 1978; Van Raaij and Francken 1984; Kent et al. 1987; D. G. Pearce 1989; S. L. J. Smith 1995; P. L. Pearce 2005), 旅游产品与潜在旅游资源评价 (如 Ferrario 1979a, 1979b; Gartner 1986; S. L. J. Smith 1995),旅游宣传册的有意使用和无意使用(如 Dilley 1986),对特定潜在目标消费者进行市场细分的效用(如 Murphy and Staples 1979; S. L. J. Smith 1995),以及旅游休闲的满意度。在满意度研究方面,地理学者在户外休闲和乡村地区、尤其是拥挤状况对游客满意度的影响方面做了大量工作(如 Shelby et al. 1989; 另见第七章)。

市场营销研究使旅游的经济分析与心理分析联系起来 (Van Raaij 1986), 注意到需要广泛了解旅游对游客和目的地居民产生的社会影响。旅游社会心理学研究与旅游行为地理研究齐头并进, 近年来这两个领域之间的交流越来越多 (如 Jenkins and Walmesley 1993; 另见 Walmesley and Lewis 1993)。

值得注意的是, 对行为地理学提出的较为激进的批评同时发生在旅游社会心理学领域(P. L. Pearce 2005)。例如,乌泽尔(Uzzell 1984)从结构主义角度研究了旅游市场营销心理,脱离了传统的社会心理学。他指出了社会心理学在旅游研究中的其他表现形式, 体现在旅游社会影响研究所采用的大量人类学方法、地理学方法(如 Britton 1991)和社会学方法(如 Urry 1990,1991)之中。

福斯特(Forster 1964)、科恩(Cohen 1972, 1974, 1979a, 1979b)、M. 史密斯和特纳 (M. Smith and Turner 1973)、麦克坎乃尔(MacCannell 1973, 1976)的早期成果以及尤利(Urry 1990)的近期贡献为旅游社会学的建立奠定了基础,同时,V. L. 史密斯(V. L. Smith 1977)和格莱本(Graburn 1983)为旅游人类学研究作出了重要贡献。G. 杨 (G. Young 1973)、巴特勒 (Butler 1974, 1975, 1980)、D. G. 佩尔斯 (D. G. Pearce 1979, 1981)、马修森和沃尔 (Mathieson and Wall 1982) 以及墨菲 (Murphy 1985)等地理学者也对旅游的社会影响研究提出了重要的早期观点。

许多旅游社会影响研究都集中在旅游对发展中国家的影响研究上 (联合国教

科文组织 1976)。这种研究无疑是必要的,但在将一种文化的研究成果应用于另外一种文化时必须谨慎行事。尽管如此,文化改变的问题、目的地地区的焦虑和社会压力问题以及经济生产模式变化导致的社会混乱等问题,仍然在有关各种文化和社会背景的大量研究中得到了体现(如,Farrell 1978; Mathieson and Wall 1982; Clary 1984b; Oglethorpe 1984; Meleghy et al. 1985; Lea 1988; Getz 1993c; Shaw and Williams 1994; Hall and Page 1996; D. Nash 1996; Mowforth and Munt 1997, 2003; Weaver 1998; Mason 2003; Reid 2003)。

旅游目的地地区的社会成本根据旅游者和目的地的特征的差异而有所不同(Pizam 1978)。然而,旅游无疑导致了目的地社会特征的变化 (J. A. Long 1984; Mason 2003)。与这些变化有关的因素包括:旅游的季节性(Hartmann 1980)、旅游者的特征 (Harmston 1980)、外来文化的影响 (Mathieson and Wall 1982) 和当地社区休闲空间的破坏(O' Leary 1976)。出于经济和社会原因,规划部门对旅游的社会成本进行正确评价是十分必要的。如果目的地地区的各个组成部分拒绝游客的到来,很可能会导致旅游目的地吸引力的降低,并且造成目的地社区内部的不和谐(Murphy 1985; Getz 1994b; Page and Lawton 1997)。然而,另外很重要的一点应该认识到,有时很难将旅游导致的社会变化与其他方面的变化区别开来,如通信技术的全球化。

旅游发展会促使政府部门和私营机构进行改革(Baldridge and Burnham 1975; Hall and Jenkins 1995; Mason 2003; Reid 2003),以应对旅游的影响。例如,可能会要求额外设立法律执行官员 (Rothman et al. 1979),同时需要采取专门措施来限制地租和地价上涨导致的混乱状况(Cowie 1985)。地理学者长期以来一直强调在旅游政策制定和旅游发展过程中社区参与的重要性 (如, Butler 1974, 1975; Brougham and Butler 1981; D. G. Pearce 1981; Getz 1984; Murphy 1985; Mason 2003; Reid 1981; Murhpy and Murphy 2004)。此外,凯勒(Keller 1984) 和 B. J. 肖(B. J. Shaw 1985, 1986) 等人的研究表明,旅游的社会影响是很复杂的,需要放在有助于目的地旅游发展的各种经济背景、社会背景、政治背景和环境背景中进行分析(Mings 1978; Runyan and Wu 1979; Wu 1982; D. G. Pearce 1989; Mason 2003; Murphy and Murphy 2004; Hall 2005a)。

社区对旅游的态度总是既有积极的一面,也有消极的一面(Bulter 1975)。例如,20 世纪 80 年代对澳大利亚新南威尔士州进行的几项关于居民对旅游态度的研究,对显示出各种各样的积极态度和消极态度 (Hall 1990)。皮格拉姆 (Pigram 1987) 利用多克希 (Doxey 1975) 提出的激怒指数模式,按愉快、冷漠、恼怒和敌对层次,调查了考夫斯港度假城镇的居民旅游态度(表 4.5)。他指出,“绝大多数居民感到，旅游的经济效益和其他效益超过其不利影响”(Pigram 1987:67)。尽管居民的总体反应是表示赞成或漠不关心，但研究中也发现了居民对旅游表现出的一些消极反应。皮格拉姆(Pigram 1987)指出，旅游对当地社区的最大影响是由于旅游者的到来而引起的商品与服务价格的上涨。被调查者还表示，他们认为旅游季节的轻微犯罪会增加，沃姆斯利等(Walmesley et al. 1981, 1983)于20世纪70年代末对该地区进行的犯罪研究证明了这一点。此外，考夫斯港口地区的自然环境稍微有所恶化，受旅游发展影响最大的环境是沙滩。由于旅游发展而得到最大改善的是社区生活和公共休闲机会(Pigram 1987)。

居民态度无疑是确定、衡量和分析旅游影响的一个重要因素。然而，社区旅游态度的调查并不仅仅是一种学术行为。社区旅游态度对确定地方旅游发展政策、编制旅游规划、进行旅游管理以及明确政府对旅游的支持力度也是很重要的(D. G. Pearce 1989; Page and Lawton 1997)。例如，盖茨(Getz 1994b)认为，居民对旅游的态度是形成目的地吸引力的一个因素，消极态度也可表明一个地区吸纳旅游的能力。他还认为，“明确因果机制是一个重大的理论挑战，居民能够提供旅游发展与其结果建立联系所必需的地方知识”(Getz 1994b: 247)，但假定的前提是居民有充分的意识和理解，并能够将其观点传达给决策者和规划者。居民的消极态度可能会导致对旅游发展的敌对反应，为旅游设施和基础设施的进一步建设制造相当大的麻烦(Page and Lawton 1997)。例如，尽管旅游发展历史比较长的社区对旅游产生的影响具有一定的适应和调节能力(Rothman 1978)，但随时都存在主动的或被动的支持或反对，因为各利益集团都采取了政治措施实现其特定的旅游目标(Murphy 1985; Hall and Jenkins 1995; Murphy and Murphy 2004)。

表 4.5 考夫斯港居民对旅游者的反应

激怒指数层次	对应的调查态度	被调查者的比例(%)
愉快	友好	29
冷漠	不担心	58
恼怒	讨厌	10
敌对	粗鲁/无法忍受	3

资料来源：根据皮格拉姆(Pigram 1987:68)

原有社区在发展的短时间内被大规模旅游“淹没”的地区，土著居民的社会价值遭到破坏的可能性更大(P. Hudson 1990a, 1990b)。表4.6详细说明了西澳布隆地区旅游发展的成本与效益情况。然而，必须强调的是，居民对旅游发展的态度会受到多种因素的影响：居民对现有社会经济秩序的适应程度，居民个人从旅游发展过程中的受益情况以及居民根据自己已经形成的价值观和态度对环境变化的反应(Hudson 1990b)。此外,还应指出的是,尽管每个人可能都会感觉到旅游的消极影响,但他们仍然会对旅游发展带给社区的整体效益持赞成态度。福克纳和泰兹韦尔(Faulkner and Tideswell 1996)将这种现象称之为"利他过剩",并认为这可能是目的地地区旅游发展进入成熟阶段的结果,居民已经适应了旅游发展。

表 4.6　澳大利亚布隆地区旅游发展的成本与效益分析

成　本	效　益
推动土著居民和有色人种的社会化进程	新的服务项目和企业不断增加
既定利益集团拥有过多权力	基础设施和社区公共设施增多
多元文化与土著文化遭到破坏	道路绿化程度提高
种族主义激化	餐馆娱乐设施种类增多
住宿设施短缺、建设成本提高	建筑得到修复
当地物价上涨	医疗卫生体系得到改善
友好程度降低,地方冲突增多	城镇变得更整洁
环境影响(如沙丘遭到破坏)	
城市的历史个性丧失,被迫接受人造氛围	
犯罪与暴力增加	

资料来源:P. 哈得逊(P. Hudson 1990b: 10)

除了态度研究,地理学者还对其他许多问题与方法产生了研究兴趣。例如,旅游历史研究表明了旅游在影响目的地社区居民态度和价值方面的作用(如,Wall 1983a; Butler and Wall 1985)。旅游政策研究有助于理解政府制定旅游负面影响管理战略的途径和区域发展中对旅游的利用方式(如,Papson 1981; Kosters 1984; Oglethorpe 1984; Hall and Jenkins 1995; Reid 2003)。近年来在旅游的社会影响研究中引起较多关注的另一个领域是健康问题(Clift and Page 1996)。研究人员对一些案例进行了分析,如,旅游者向旅游代理商咨询前往太平洋岛屿目的地旅游可能面临的潜在健康风险时,代理商向他们提供了错误信息(Lawton et al. 1996; Lawton and Page 1997a, 1997b)。此类研究表明,了解流行疾病的发生地点、传播空间与风险大小是非常重要的。尽管地理学者多年来一直在关注疾病的问题,但在旅游与疾病之间建立联系还是最近的事情(Clift and Page 1996)。例如,旅游可助长疾病的传播,而旅游者本身在旅行期间对疾病的抵御能力却是十分脆弱的。事实上,近年来地理学者对旅游健康的研究重点之一是艾滋病的传播及与之相关的性旅游。越来越多的证据表明,地理学者会继续在该领域推出新的专业技术,例如,通过地理信息系统技术的应用,迅速向医疗人员和卫生专业人员传递疾病预警信息。地理学者、旅游研究人员和健康研究人员之间已经建立了重要合作关系,以确保将其研究领域拓展到知识的前沿(Clift and Page 1996; Wilks and Page 2003)。

不管是以往还是当代，卖淫一直与旅游有联系，研究重点主要包括欠发达国家的旅游（D. R. W. Jones 1986）、性别问题（Kinnaird and Hall 1994），尤其是性旅游(Ryan and Hall 2001)。然而，还应当指出西方国家旅游与卖淫和性旅游的重要联系。例如,某些旅游促销会突出旅游目的地的性开放特点。贝利(Bailie 1980)指出：

> 报纸和杂志上的旅游促销向潜在度假旅游者承诺的不只是"3S"的阳光、海水和沙滩,它们另外还提供第四个"S"——性(sex)服务。度假地的广告打着"享乐"、"逍遥"、"极乐"等幌子……一个最成功的广告活动实际上却没有提到度假地的区位:销售的是度假体验本身,而不是目的地,这是很重要的因素。
>
> 贝利(Bailie 1980:19—20)

有几位地理学者还分析了犯罪与旅游之间的关系（例如，L. L. Nichols 1976; Walmesley et al. 1981, 1983)。对澳大利亚标志性事件进行的研究分析了游客人数增多与犯罪率之间的关系(Hall et al. 1995)。

地理学者日益关注的另一个领域是发达国家和欠发达国家旅游与土著民族之间的关系。尽管人类学相当关注旅游对土著民族的影响(如,V. L. Smith 1977, 1992),但地理学者也对拓宽研究领域作出了重要贡献,包括:土著民族与野生动物之间的相互影响方式，土著民族与生态旅游和国家公园之间的关系，旅游与土地权之间的关系，以及土著民族的企业发展情况（如，Nelson 1986; Nickels et al. 1991; Mercer 1994; Butler and Hinch 1996; Lew and van Otten 1997)。

人本主义地理学中最重要的概念之一是"地方感"。当人们对一个保持着当地知识和人文接触的地方产生一种特殊的依恋感或个人关系时,就形成了地方感。"当人们将其道德分辨力或审美分辨力应用于景区和地点时,就显示出其地方感"(Tuan 1974:235)。然而,只有当人们远离其生活地或生活地发生了巨大变化,才会有意识地注意到其独特性。

地方感的概念对旅游开发意义重大,这其中有许多原因。为发展旅游而对社区进行改造和形象重新定位(参见第五章)可能会使常住居民离开其家园,也可能改变社区特征(Ley and Olds 1988)。在这些情况下,很难确定居民在社区的物质结构和社会结构特征,从而导致"缺乏地方性"(Ralph 1976)。因此,面临快速旅游发展的目的地居民试图保护建筑和公园等城市景观要素,以保留其个性特征要素。

遗产保护往往是对社区内部自然变化和社会变化做出的一种反应。一般情况下,当人们感到掌握了自己的命运时,他们几乎不再需要留恋过去。然而,发达国家环境与遗产保护组织的力量或许反映了保留过去连续性的愿望（Lowenthal 1975, 1985)。此外,保护历史建筑和设立遗产保护范围也会为目的地带来可观的经济回报，因为许多游客希望体验他们认为真实的旅游形式（Konrad 1982; Hall and McArthur 1996）。

观察与思考：非法贩卖妇女、性旅游和性奴役

流动性是全球化过程中不可缺少的一部分。然而，流动性很肮脏的一个方面是非法贩卖妇女和儿童作为性奴隶的情况有增无减。美国的一个非政府组织“人权观察”(1999)指出，“世界范围内非法贩卖人口，剥削其劳动力，是对全球人权的践踏”，对全球各地成千上万的妇女实施诱惑、拐卖，强迫她们从事卖淫、苦力工作或强制结婚。因此，非法贩卖妇女与性奴役问题息息相关（Matsui 1999）。K. 巴里（K. Barry 1984: 40）认为，“女性性奴役在妇女不能改变其当前生存条件的情况下都会存在；不管是如何陷入这种境地的，她们都无法自拔；她们遭受着性暴力和剥削”。然而，巴里也指出，个人控制力的丧失导致了许多卖淫情况的存在。

许多受众面较广的媒体都特别报道过泰国的性旅游，中介和妓院老板通过向妇女的亲属发放贷款或支付一定费用而强迫她们从事卖淫活动(如，Bishop and Robinson 1998; Matsui 1999)。然而，贩卖妇女从事卖淫并非只发生在泰国：女性身体被当作商品进行买卖，这是一个全球性的现象。妇女在其“主人”的控制下从事性劳动，丧失了自我(Ryan and Hall 2001)。事实上，东南亚地区大量性旅游需求来自区域内旅游者或国内旅游者，边境地区成为妓院和其他非法活动比较集中的地方。

“人权观察”组织妇女权利处主任指出，每年被贩卖的人数无法得到确定，但明显是一个规模庞大的数字，估计全世界受害者少则成千上万，甚至几百万人（Ralph 2000）。国际移民组织曾报道过东南亚、东亚、南亚、中东、欧洲、南美洲、中美洲和北美洲地区的人口非法贩卖情况。例如，美国国务院估计每年贩卖到美国的妇女和儿童达在5万人到10万人。许多妇女被贩卖到妓院，一半左右被贩卖到血汗工厂干苦力活或受到奴役。在美国，贩卖到妓院的妇女常常被轮流安排在各城市，以规避法律制裁，使得妇女也分辨不清东西南北，同时还给嫖客们新鲜面孔(Rosenfried 1997)。在提交给参议院外交委员会的报告中，拉尔夫(Ralph 2000)指出，“1999年8月，佐治亚州亚特兰大破获了一起非法贩卖人口案，当局认为，多达1 000名来自几个亚洲国家的妇女被贩卖到美国，被迫在全国各妓院从事卖淫活动”。

插图 4.4　意大利威尼斯圣马克广场游客达到饱和状态。

插图 4.5　威尼斯圣马克广场前面。独具特色的海洋环境为旅游交通的可持续发展提供了机会,如水上的小划船。

六、旅游休闲对自然环境的影响

地理学者的主要研究方向之一是旅游休闲活动对自然环境产生的影响(Butler 2000),这其中一个很重要的原因在于地理学的性质,具有研究人与环境之间相互作用的悠久传统(Mitchell and Murphy 1991; Wong 2004)。事实上,旅游休闲活动对自然环境及资源的影响分析是人文地理学者和自然地理学者在研究旅游问题方面找到的共同领域之一(Johnston 1983b; Butler 2000; Mason 2003)。然而,另外一个原因是自然环境对休闲旅游业具有绝对重要的意义。马修森和沃尔(Mathieson and Wall 1982: 97)指出:“如果缺乏具有吸引力的环境,几乎不可能有旅游业。从阳光、海水和沙滩等基本吸引物到吸引力较大的历史古迹和建筑,环境是旅游业的根本基础。”

旅游与环境之间的关系取决于景区和文化特征,这种关系会随着时间而发生变化,涉及社会与经济因素。正如第三章中指出的,承认某个事物是资源实际上是人们感知的结果,同样应当认识到,旅游会对环境资源产生不利影响。

自 20 世纪 70 年代初以来,人们开始日益注意到旅游休闲活动可能对目的地社区自然环境特征产生的影响(Walter 1975;经济合作与开发组织 1980;Murphy 1985; S. L. J. Smith 1995)。应用地理学对该领域产生研究兴趣,一定程度上是基于旅游发展及游客人数增加对景区带来直接影响而做出的反应。然而,对这一问题产生关注还在于环境利益集团的活动,它们倡导地理学者直接参与规划研究和决策过程(Hall 1992a; Mercer 2000, 2004)。环保运动的兴起不但促进了保护工作,而且激发了公众关心自然环境。然而,“环境保护论”和“环境保护论者”是经常使

用、但令人困惑的术语。奥瑞丹和特纳(O'Riordan and Turner 1984)认为:

尽管环境保护论者不是唯一反对他们所认为的现代价值观、生活渴望与生活方式的人,但可以公正地说,有两件事情使他们完全不同的认识观点统一了起来,其中之一是希望改变现代社会中许多不公平、不理智的行为特征。另一个共同兴趣是致力于节省资源,减少浪费与挥霍。然而,环境保护论者在如何实现这一转变的问题上却没有达成一致意见。

奥瑞丹和特纳(O'Riordan and Turner 1984:1)

尽管对旅游发展实行环境"负责"的方法的含义还不明确,但很显然,保护旅游业赖以生存的自然资源和文化资源,对地方的可持续发展是至关重要的(Hall and Lew 1998)。

旅游对自然环境的影响研究与休闲对自然环境的影响研究之间没有根本区别。休闲者留下的足迹和旅游者留下的足迹一样。大多数研究主要集中在旅游休闲对野生动物的影响和对植被的踩踏,而较少关注旅游休闲对土壤、空气和水质的影响(Wall and Wright 1977; Mathieson and Wall 1982; Edington and Edington 1986; Meyer-Arendt 1993; Parliamentary Commissioner for the Environment 1997)。

大多数研究分析的是旅游休闲对特定环境或特定环境要素、而不是整体环境产生的影响。马修森和沃尔(Mathieson and Wall 1982: 94)指出,"很少有人尝试从整体上去评价旅游的影响"。然而,显然需要探查旅游对生态系统各个方面的影响。例如,食物链中的一个关键物种遭到破坏或者引入一个新的物种,如为了迎合垂钓休闲者的需要而引进鲑鱼或者为狩猎者引进某种猎物(Hall 1995),都可能使一个地区的生态关系发生剧烈变化。此外,对感知的旅游影响与实际的旅游影响进行区分是十分重要的(Orams 2002)。例如,许多游客认为只要一个地方看上去"干净整洁",就是健康的。相反,实际生态状况可能大不一样;这里可能到处是引进的入侵物种,尽管它们有助于形成积极的审美感觉,但可能会对生态关系带来严重的负面影响(Newsome et al. 2002)。例如,尽管新西兰大力宣传其旅游形象为"干净、绿色",但实际情况却大相径庭,许多旅游景区现在几乎没有原生物种,生物多样性特征很不明显(议会环境委员 1997)。

旅游环境影响研究集中在特定地区或特定环境,限制了一个地区的研究成果向其他地区推广的能力。同时,旅游影响研究是比较新鲜的事物,通常是为了解决具体景区出现的问题。因此,我们很难了解在旅游者和休闲者到来之前是什么状况。也就是说,可以分析旅游长期影响的纵向研究为数不多。因此,在进行旅游的环境影响研究之前,需要解决几个重要的方法问题(Mathieson and Wall 1982: 94):

- 很难区分旅游活动与其他活动引发的变化。

• 缺少景区开发旅游之前状况的有关信息，从而缺乏可以测量变化的对照基点。

• 有关不同动植物物种数量、种类和容忍度的资料相当少。

• 研究重点集中在沙滩和山地等主要资源，而这些资源对生态变化很敏感。然而，尽管研究旅游与自然环境之间的关系存在不少困难，但很明显，“正确理解生物因素，或者更具体地说是正确理解生态因素，能够大大降低休闲旅游开发对环境破坏的程度”(Edington and Edington 1986: 2)。

旅游休闲会从许多方面对自然环境造成不利影响。例如，被 D. G. 佩尔斯 (D. G. Pearce 1978: 152) 称之为“建筑污染”的设施建设与其所处环境审美不协调，以及对空气和水体的污染。旅游设施或特殊节事活动设施会改变城市环境特征。事实上，也可以通过有意识地新建基础设施、旅游设施或景点来恢复城市地区的活力，如 1987 年在弗里曼特尔举办的美洲杯，或者奥运会、世界博览会等其他标志性事件(参见第五章)。推动旅游发展而不配备适当的基础设施来应对不断增长的旅游人数，很可能会导致城市环境质量的下降，例如，客流量增加影响市内交通(Schaer 1978)。旅游休闲会对城市的物质环境造成众多影响(表 4.7)，从而长期影响到目的地的可持续发展，然而，旅游文献中现在才开始对这些问题进行介绍 (Page 1995a; Hinch 1996)。

由于环境本身性质的原因，旅游设施对生态环境的许多影响要经过相当长的时间才能显现出来，例如旅游码头或度假区的建设(Hall and Selwood 1987)。户外休闲活动对自然环境的影响已经得到了充分说明 (Wall and Wright 1977; Mathieson and Wall 1982; Liddle 1997; Hammitt and Cole 1998; Mason 2003)，第七章还将进一步讨论。旅游与旅游开发对环境的影响研究仍然处于初创的较早阶段，是今后研究的一个重点领域，尤其是旅游可持续发展研究 (Farrell and McLellan 1987; Farrell and Runyan 1991; Hunter and Green 1995; German Federal Agency for Nature Conservation 1997; Hall and Lew 1998; Briassoulis and van der Straaten 1999; Gössling 2003; Mason 2003; Gössling and Hall 2005)。在地理学者运用环境评价(EA)等环境科学技术的情况下，旅游休闲活动的空间影响总是得不到充分认识。例如，佩奇 (Page 1992) 研究了英法海峡隧道项目对自然环境和人文环境的影响，然而在大量描述减少影响的文件中却很少提到新增旅游人数产生的影响，从而无法认识到这种情况如何影响目的地地区。规划人员和研究人员认识到，休闲旅游行为不能轻易地融入个别基础设施建设项目的空间详细规划中，因为这些项目会对旅游系统的其他部分带来连锁反应。佩奇 (Page 1999) 还分析了地理学者在评价旅游交通导致的环境影响方面的作用以及检查私营企业承诺最大限度减少环境影响的必要性。尽管如此,旅游对自然环境的影响往往被夸大。这是因为,很难将旅游的影响从其他因素导致的影响中区分出来,如人口过多、农业生产技术落后或资源管理不善(Mercer 2000)。但这并不是说旅游对环境没有产生影响。问题在于经常争论的问题是审美影响或累积影响,而不是单独与旅游开发有关的影响,例如,可以观测个别物种,如鲨鱼(Pollard et al. 1996)、信天翁(Higham 1998)、海豚和鲸鱼(Orams 2005),也可以观测具体环境,如洞穴(Baker and Genty 1998)和大堡礁等地点(Lawrence et al. 2002)。事实上,认为旅游是对自然环境造成负面影响的罪魁祸首掩盖了其他经济发展形式带来的更严重环境问题,如渔业资源和森林资源的消耗、生物多样性的丧失以及环境监测与管理的缺乏(Farrell and Marion 2001)。

表 4.7 旅游对城市物质环境的影响

城市物质环境	**城市形态**
• 旅游开发占用可能用作其他目的的土地	• 用地形态发生变化,居民区被住宿设施所取代
• 改变了城市的水文地理	• 为满足旅游需求而设立步行区,并制定交通管制措施,改变了城市结构
基础设施	**建筑修复**
• 现有城市基础设施可能会超负荷运转:	• 对历史古迹和历史建筑进行修复保护
- 道路	• 重新利用遗产建筑的门面
- 铁路	**视觉影响**
- 停车场	• 设立旅游休闲区
- 电力和石油	• 设计新的建筑风格
- 排水与供水	• 可能采用当地建筑形式
• 配备新的基础设施	
• 加大环境管理措施,容纳更多游客,适应旅游用途	

资料来源:根据佩奇(Page 1995a:147)

例如,南太平洋地区面临着严重环境问题的威胁(Hall and Page 1996),却没有对整个地区的旅游环境影响进行系统研究,资料和数据零零散散(Milne 1990),关于旅游开发之前的自然环境的基础资料总是缺乏。即使在该地区经济最发达的国家之一澳大利亚,关于旅游环境影响的资料也比较薄弱(Warnken and Buckley 2000),现有资料一般都是供国家公园或保护区使用的,由政府掌握,而没有供私有土地使用的资料(Hall 1995; Sun and Walsh 1998)。此外,西方许多国家法律上都要求度假区或其他旅游开发项目提交环境影响评价报告,南太平洋地区的国家则对此没有要求，因为环境规划法规尚在起草之中（Minerbi 1992; Hall and Page 1996）。

米纳比（Minerbi 1992）分析了太平洋岛屿旅游发展产生的众多环境影响和生态影响（表 4.8）。旅游影响的范围与其他许多地区十分相似（Mathieson and Wall 1982; Edington and Edington 1986）。然而，就太平洋岛屿而言，旅游影响带来的问题可能更为复杂，因为这里的旅游都集中在或靠近生态敏感的海滨环境。由于海滨环境的动态变化性强，尤其是红树林和珊瑚砂的有限供应对海岛沙滩意义重大，任何干扰自然生态系统的开发活动都会对环境的长期稳定性造成严重影响。例如，太平洋珊瑚岛上的劣质旅游开发项目造成的影响有：

• 近岸水域植被的清除使岛屿容易受到海洋风暴的侵袭和腐蚀，降低了沙滩植物材料的分解能力，从而减少了动植物的营养供应。

• 施工时使用推土机而不是手工清除，导致地表坑坑洼洼，破坏土壤，致使沙滩堆积松动，容易遭受侵蚀。

• 过度汲取地表淡水，引发海水入侵，阻碍植被生长，减少人类用水，使珊瑚岛容易遭受风暴破坏和侵蚀。

• 污水排放口位于浅水区和暗礁区，导致营养过度积累，促进海藻生长，结果最终扼杀珊瑚。

• 修建的防波堤短期内能够起到阻挡沙子的作用，但损害了沙子的自然性季节分布，从长远来看，导致沙滩损失，使岛屿的土地面积减少。

• 炸开暗礁，修建船道，拦截沙子；一旦沙子填满船道，再也不能围绕岛屿循环流动；随后这些沙子被受到侵蚀的其他沙子所取代，将改变岛屿的大小和形态，威胁岛屿的完整性（Baines 1987）。

太平洋和其他热带、亚热带地区海滨环境受旅游影响相当大的另一个方面是为建设度假区而清除红树林、挖掘入海口。红树林和入海口环境是多种鱼类的重要培育区，因此，挖掘或填埋入海口，导致自然栖息地丧失，会对渔业捕捞造成严重影响。此外，生态多样性会随之消失，对整个入海口食物链造成重大影响。红树林消失导致的进一步后果是海岸线防侵蚀能力降低，从而更容易受到风暴破坏。因此，砍伐红树林不仅对直接清除区造成不利影响，而且会通过海底沉积物的流动影响其他海滨地区（Clarke 1991）。

米纳比（Minerbi 1992）在总结其对太平洋岛屿旅游发展影响研究时，严厉批评了旅游对环境造成的影响：

度假区和高尔夫球场加剧了环境恶化与污染。沙滩、观景台和公园到处可见乱扔垃圾现象。游客过多，开始使用海洋禁捕区。度假区改变了地下水结构，过度抽取地下水，干扰了水循环。度假区建设和过度的游览活动破坏了沿海暗礁、潟湖、海蚀洞、湿地和红树林，最终导致海洋生命的消失和生态系统的破坏。沙滩散步、潜水、休闲垂钓、乘船旅游和船只停泊，损害了珊瑚礁和草地，干扰了近岸海域水生生物……旅游宣称自身是一项干净、无污染的产业，事实并非如此。

米纳比(Minerbi 1992:69)

表 4.8　太平洋岛屿旅游的环境影响和生态影响

环境质量下降与环境污染

- 高尔夫球场造成环境质量下降与环境污染
- 乱扔垃圾造成污染

破坏栖息地和生态系统

- 旅游管理不善会破坏高质量的自然环境
- 人类行为干扰动植物物种生长发育
- 用炸药炸毁暗礁，过度捕鱼

海滨资源和海洋资源遭受损失

- 干扰内陆和海滨自然演化过程
  - 大型度假区过度抽取地下水，引发海水入侵，使水质恶化，破坏地下蓄水层
- 旅游开发破坏海滨生态系统
- 沿海地区陆地水土流失
  - 车道、码头、港口、停车场和道路等旅游基础设施的修建，以及酒店和度假区项目中使用珊瑚石做建材，破坏了珊瑚礁和海洋资源
- 旅游活动导致的破坏
  - 游客过多及资源利用管理不善，破坏珊瑚礁、潟湖、红树林、湿地
  - 兜售纪念品和乘船游览干扰了近岸海域水生生物生活
- 引进外来物种
  - 岛屿之间海上与空中客流量的增多造成引进外来物种的意外危险，对原生动植物破坏性很强
  - 旅游企业改变了环境的整体性，引进外来物种满足狩猎旅游需求，侵蚀着当地生活方式
- 破坏珊瑚礁生态系统
- 破坏红树林生态系统
- 破坏沿海雨林生态系统
- 损失沙滩，海岸线受到侵蚀
  - 陆上建设项目和防波堤的修建使沙滩减少

海滨污染

- 废水排放和污水污染
- 近岸海域度假区建设及其水土流失造成沿海水体污染和淤泥沉积，破坏自然栖息地、珊瑚区和鱼类喂养区

续表

• 海洋与港口污染
– 机动车辆和机动船只的使用造成沿海石油污染
地表水与地下水转移
• 河水与其他水资源从当地使用转向度假区使用，导致生活用水和生产用水减少，特别是农业用水和芋头种植用水大量减少。

资料来源：根据米纳比（Minerbi 1992）；另见米尔恩（Milne 1990）、韦勒和霍尔（Weiler and Hall 1992）

这些关注又提出了一些问题：真正的可持续性旅游是怎样的，是否需要对旅游的扩大及相应的人类影响进行限制。事实上，观察到旅游的社会影响和环境影响可能形成的共同压力，长期以来使研究人员在思考旅游目的地是否存在一个承载力的问题（如，J. M. Hall 1974; McCool 1978; Getz 1983; Mason 2003; Coccossis 2004）（参见第七、第八章）。然而，不管经验主义提出的承载力含义是否有效（Wall 1983b; Coccossis 2004），规划人员必须注意到一个问题，即在环境和社会允许的前提下吸纳旅游的能力（参见第九章）。

七、结论

本章的目的是简要说明旅游休闲潜在的经济影响、社会影响和环境影响，为第五章至第八章讨论具体的旅游休闲形式提供参考框架。要减少可能的消极影响，需要对旅游休闲进行科学管理（Murphy 1982; Mason 2003; Reid 2003; Murhpy and Murphy 2004）。从另一个角度说，科学管理有利于提高对旅游休闲现象的理解程度。显然，需要超越旅游休闲的一般意义，从经济、政治、社会和环境等方面对其进行严格、全面的分析。

地理学者对了解旅游休闲的影响做出了许多贡献，尤其是旅游休闲对自然环境的影响及其空间特征。地理学者更有利于了解各个方面的影响及其对自然环境的累积影响。不同社会科学之间的研究方法不断加强交流，意味着地理学与其他学科研究方法之间的界限日益变得模糊。使用环境评价等跨学科技术的同时也会用到地理信息系统，两者相得益彰，提高了空间影响分析的准确性。20 世纪 80 至 90 年代一个值得注意的例子——英国伦敦与海峡隧道之间高速铁路的规划，运用地理信息系统技术为旅游交通基础设施项目建立了最佳线路模型，其间政治改革与游说直接改变了地理路线设计及影响的分布情况（Goodenough and Page 1994）。尽管如此，没有哪一门学科能提供全部答案。考虑到旅游现象的复杂性，尤其是“解决”环境问题的复杂性，创立休闲旅游研究的多学科方法能够为旅游的可持续发展提供适当的出发点。

思考问题

1. 决定旅游经济影响分析准确性的关键因素有哪些？
2. 决定利益相关者接受休闲资源管理模型的是什么？
3. 旅游对自然环境有哪些影响？
4. 旅游对目的地一定会产生消极影响吗？

参考阅读

关于如何理解旅游影响的问题，请参阅如下材料：

Duval, D. T. (ed.) (2004) *Tourism in the Caribbean*, London: Routledge.

Gössling, S. (2003) *Tourism and Development in Tropical Islands: Political Ecology Perspectives*, Aldershot: Edward Elgar.

Hall, C. M. and Page, S. J. (eds) (1996) *Tourism in the Pacific: Cases and Issues*, London: International Thomson Business Press.

Hall, C. M. and Page, S. J. (eds) (2000) *Tourism in South and South-East Asia: Cases and Issues*, Oxford: Butterworth-Heinemann.

Fennell, D. (1999) *Ecotourism: An Introduction*, London: Routledge.

Holden, A. (2000) *Environment and Tourism*, London: Routledge.

Newsome, D., Moore, S. and Dowling, R. (2002) *Natural Area Tourism: Ecology, Impacts and Management*, Clevedon: Channel View.

第五章

城市休闲旅游

地理学者对城镇有着特别浓厚的兴趣，因为它们是随着城市化过程的发展而形成的人们生活、工作、购物、休闲场所（详见 Johnston et al. 1994, Pacione 2001）。自古罗马时代以来，城镇地区一直发挥着旅游休闲功能（Page 2003a），因此，作为旅游休闲的生产与消费地，这些地方有着悠久的历史。就休闲而言，除了在乡村地区拥有房产的富有的上流社会精英以外，绝大多数城镇居民传统上是在其居住地打发休闲时光的。到了 19 世纪中叶，城镇地区出现了大众化休闲形式，人们一般在居住地附近，和家人亲戚一起从事消遣度假活动。奥库斯尼克（Olkusnik 2001）分析了 19 世纪华沙城市休闲的演变过程，认为城市化是推动城镇发展的主要力量，使城镇成为人们生活、工作和购物的地方（城市化的定义参见 Johnston et al. 1994）。在西方社会的城镇，人口往往集中在一个划定的区域，经济活动也位于同一个地区或其附近，这为商品与服务的生产与消费提供了便利条件。结果，城镇成为居民从事各种社会活动、文化活动和经济活动的场所，其中旅游、休闲与娱乐成为重要的文化活动。这些地区同时也成为会议场所、重要的旅游门户、住宿与交通枢纽以及满足游客各种需求的中心地。大多数旅游行程都要经过城市地区；例如，城市居民从一座城市出发，抵达另一座城市（或另一个地区），并且在城市地区的住宿设施逗留。然而，在城市内部，尽管旅游与休闲之间存在显著差别，但其界限往往显得比较模糊，有时很难将它们区分开来，因为旅游者与休闲者使用同样的设施、资源与环境。许多城市地区的很多旅游者与休闲者是混在一起的。大多数旅游者在其旅游度假、探亲访友、商务旅行或其他目的的旅游（如宗教朝圣）过程中都会体验某种形式的城市旅游，休闲者不使用住宿设施但经常光顾旅游者去的地方。本章试图探讨地理学者对城市休闲旅游进行解释、分析、研究的方法，强调其对理解旅游休闲活动发生背景所作出的贡献。本章的重点之一是突出了地理调查研究的五个具体方面：

- 描述
- 分类
- 分析
- 解释
- 将理论与概念应用到解决实际问题

考普克（Coppock 1982）认为，地理学者主要对休闲地理分析感兴趣，为理解城市休闲旅游研究领域提供了一个十分有用的出发点：

> 他们研究旅游休闲活动与整个复杂的人类活动和自然环境之间的相互联系，而人类活动与自然环境决定了地点和区域的鲜明特征及旅游休闲活动与自然环境、人文环境之间的关系……对旅游休闲活动参与者与资源之间空间相互作用的研究可能是地理学者做出的最重要贡献。
>
> 考普克（Coppock 1982:2 –3）

休闲旅游行为研究、规划研究，以及最近兴起的城市旅游休闲活动管理研究，成为地理研究中成果颇丰的领域。

观察与思考：温哥华史丹利公园

1886 年，联邦政府将位于茂密森林覆盖的半岛上的 1 000 英亩（404 公顷）土地租给温哥华市委员会开辟为公园和休闲场所。该公园 1888 年正式开放时，以加拿大总督史丹利男爵的名字命名，现位于温哥华公园系统的核心位置，为北美地区第三大城市公园，估计每年吸引游客 800 万人。除了重要的森林生态系统和湿地以外，该公园还有大量人文景观和休闲设施。以前位于公园内的动物园已经关闭，现有景点包括温哥华水族馆海洋科技中心、微缩铁路、儿童农家庭院、夏天剧院和以土著民族图腾柱为特色的布洛克顿岬游客中心。休闲场所包括：游泳区、高尔夫球场、网球场以及用途最大的众多自行车道、轮滑道、慢跑道和步行道。因此，史丹利公园继承了大型城市公园多用途的传统或维多利亚时代公共使用的传统，类似于世界上其他地区的大型城市绿地，如西澳佩斯的国王公园、新南威尔士悉尼的百年纪念公园或新西兰奥克兰的得缅因公园。

值得注意的是，史丹利公园还是当代城市生态旅游资源，具有相当重要的生态价值。大蓝鹭是苍鹭家族最大的类型，翼展长达 2 米，由于其自然栖息地已经消失，因此是一个比较脆弱的鸟种，最近出现在史丹利公园,2004 年大约有 80 只成年鹭在此筑巢。20 世纪 20 年代首次确认公园内有此鸟种,但在 1998 年离开此地。这些大蓝鹭重新返回公园,成为一个旅游景点。然而,这些鸟的噪声比较大,春天气味难闻,公园管理人员接到了附近居民的不少投诉(Hutchinson 2004)。这说明,公园空间的不同用途之间有可能发生冲突。(参见 http: //www. parks. vancouver. bc. ca)

一、城市休闲的地理研究方法

尽管休闲游憩地理研究不断增多 (Coppock 1982),但对城市休闲的研究一直没有得到重视。派特摩尔(Patmore 1983:87)指出,“在以往,地理学者以其对空间的固有兴趣,倾向于重点研究乡村地区的户外休闲,因为那里的空间需求和空间冲突表现最突出”。派特摩尔(Patmore 1983)认为,这是一种非常奇怪的自相矛盾现象:

> 自 20 世纪 30 年代初期以来，休闲习惯发生的巨大变化表现在两个相反方向。一方面,个人流动性增强,扩大了出行范围,使休闲模式变得日益复杂。另一方面,家庭内的休闲机会不断增多,以家庭为中心的休闲越来越重要。家庭在社交方面的自足能力越来越强,家庭与邻近社区之间的联系及其自身延续下来的血缘网却在不断削弱。城郊社区在不断扩展,家庭的独立性增强,住房密度降低,私人空间扩大,降低了对公共空间的需求,这些因素都强调了社会的独立性。
>
> 派特摩尔(Patmore 1983:87)

对地理学者而言,了解这些变化过程的空间意义以及城市休闲需求与资源供应的地理表现形式，要求运用相关理论与方法来理解休闲活动的复杂性和现实性。然而，城市休闲活动研究中被严重忽视的一个领域是历史因素。尽管唐纳(Towner 1996) 从历史角度对旅游休闲进行了全面回顾，但重要的是还要认识到影响当代城市休闲演变的社会因素、政治因素、经济因素和地理因素的重要意义。因此,如果不了解城市休闲发展的历史过程和地理过程,就无法对其进行分析(参见 Bailey 1989 对英国休闲研究历史的评述)。集中分析一下当代城市休闲自 19 世纪初期城市快速扩张以来的发展过程，就有可能了解城市休闲形式与功能发生的诸多变化及其空间特征。下面以英国为例说明。

二、英国城市休闲的演化过程

在城镇地区，S. 威廉姆斯(S. Williams 1995)认为：

城市人口的大部分休闲活动都是在其居住的同一个城市地区进行的。大多数人的绝大多数休闲时间都是花费在家里或住宅附近，从而使居住地理格局很容易就变成城市休闲格局。

S. 威廉姆斯(S. Williams 1995:8)

这表明，居住格局与休闲格局密切相关。当前的休闲格局及其演化方式是了解城市地区休闲发展的基础。S. 威廉姆斯(S. Williams 1995)认为，城市休闲的发展经历了三个阶段：创立、巩固与扩大。

1. 第一个阶段：创立

19 世纪期间，通过立法推动了城市休闲活动的公共供应（例如，英国城市公园的数量从 1820—1850 年间的 19 座增长到 1850—1880 年间的 111 座：Conway 1991）。同时，城镇规划与城市设计的创新改善了街道和住宅区的状况，扩大了休闲空间。此外，19 世纪英格兰和威尔士城镇社会地理学有所发展（R. Lawton 1978），城市增长引发了社会种族隔离和郊区化。随着 19 世纪末 20 世纪初城市的不断蔓延，影响了休闲活动的发展。马恩（Marne 2001）探讨了利物浦与城市公园供应增长有关的阶级问题、性别问题和种族问题，强调了当今仍然存在的许多社会不平等和地理不均衡问题。

2. 第二个阶段：巩固

1918—1939 年期间，1908 年颁布实施的《小型财产与分配法》等法律刺激了专业化城市休闲用地的增长，扩大了城镇地区休闲空间的范围与类型；同时，休闲供应方面存在的差异，使人们认识到城市地区需要一定空间开展体育活动。同样，1937 年颁布的《体育训练与休闲法案》表明，地方政府从中央政府获得资助，配备了运动场、体育馆和游泳池等设施。

3. 第三个阶段：扩大

战后期间出现了几个重要趋势，包括“休闲供应的水平提高、种类增多，早期阶段确立的传统资源通过新的供应形式得以扩大，反映了当代休闲爱好的多样性与灵活性”(S. Williams 1995:20)。事实上，随着休闲用地范围的扩大和使用的增多，面临的一个共同主题是承认休闲为法定规划程序的一个要素。然而，威廉姆斯（Williams 1995：21）认为，在缺少对城市地区休闲资源特点描述与解释的理论与方法的情况下，不可避免地要采用经验主义方法，简要概括休闲供应的主要特征会发现，历史比较长的公园和休闲场所集中在住宅区核心位置附近（参见下文提到的莱斯特的情况），而两战之间和1945年战后，新建公园和休闲场所则位于城市边缘地带；人工环境的外围是提供运动场和高尔夫球场等较大规模设施的重要地区。

尽管这些结论代表了英格兰和威尔士许多城镇地区的休闲用地特点，但有人肯定会质疑纯粹经验主义分析方法能够在何种程度上对英国城市地区休闲资源空间发展特征做出了真正的解释。为此，必须要考虑1800年以后影响这些地区城市休闲空间变化的社会过程、经济过程和政治过程，因为传统的经验主义分析方法忽视了人的多样性和资源使用者的多样性。因此，从历史的角度简要回顾一下1800年、19世纪40年代、19世纪80年代、20世纪20年代、20世纪60年代及以后的休闲发展情况有助于解释当今休闲特点是如何形成的。

三、城市休闲：社会地理观点

J. 克拉克和克里奇特（J. Clark and Crichter 1985）指出，在英国等资本主义社会的演化过程中，休闲游憩分析一直强调供应的制度形式，社会各阶层都有其自身的休闲游憩发展历史。男性是城市休闲的主体，女性休闲活动主要以家庭为中心，与家人在一起、逛街或在附近街区活动。在维多利亚女王时代和爱德华国王时代的英国，大众化城市休闲兴起，城市的不同社会领域出现了各具特色的城市休闲游憩形式及空间格局，提出了大量概念，其中最著名的是“大众文化”（参见R. Williams 1976对大众文化的探讨）。J. 克拉克和克里奇特（J. Clark and Crichter 1985：55）认为，“19世纪初期，大众文化的形式……与内容发生了重大转变，在时间与空间、节奏与规律、行为与特征、控制与交往方面具有不同的特征”。然而，发生的这些变化不能简单地被理解为直接进步，因为这些变化对不同地区的不同人产生的影响速度和程度不同。

克拉克和克里奇特（Clark and Crichter 1985）对19世纪、20世纪英国的休闲游憩行为进行了十分有用的历史分析，强调了城市休闲形式和政治因素、社会管理形式（Donajgrodski 1978）及资本主义社会城市的发展与功能；休闲游憩行为成为维持工人阶级生产能力的文明进程，对资本主义的持续发展至关重要。因此，必须对照满足社会各阶层休闲游憩需求与供应的社会、经济与政治背景，来看待

19 世纪、20 世纪英国城市各个社会阶层休闲游憩的地理特征与表现形式。在蒙特利尔,达奇纳斯(Dagenais 2002)强调了地方政府在公园建设方面的作用。然而,哈金斯(Huggins 2000)对维多利亚女王时代有名望的城市中产阶级在不同休闲背景下却保持着传统的、一成不变的休闲方式提出了质疑,他强调,在城市里,十分体面的休闲行为之间也存在空间差异。这种差异与工作、居住状况和名望相联系,在某些住宅的阈限位置(如海滨和赛马场),同样的中产阶级消费的却是层次较低的和“有罪感的”享乐活动,这些地方没有较体面的休闲行为。

比灵奇(Billinge 1996:450)指出,“在对街道实行统一管理后,城镇景观中出现的最新要素可能就是公园, 更具体地说是休闲场所……因为城市公园不同于广场花园,是 19 世纪出现的一种现象”,是市民自豪的象征。麦弗(Maver 1998:346)认为,“19 世纪 50 年代格拉斯哥公园的建设……激发了地方兴趣,人们认识到公园能够改善中产阶级住宅区的环境”。公园的作用被看做是“城市的肺”和“躲避工业化的港湾”,这种认识强调了公园的社区福利作用。T. 杨(T. Young 1996)分析了 1850—1920 年间旧金山城市公园的发展情况,公园建设的主要拥护者是中产阶级和上流社会精英,他们认为公园是一种福利形式,体现了和谐的自然要素。

比灵奇(Billinge 1996:444)认为,完全是维多利亚女王时代创造了“休闲”一词,“人们赋予它一定角色和地理含义。受时间、空间和内容等因素限制,人们对休闲及休闲时间不能再自由享受,而是受到了约束”。维多利亚女王时代确立了城市休闲游憩活动审批制度,安排在适当的时间和地点进行。在空间上,这种做法导致了维多利亚女王时代和爱德华国王时代城镇及其腹地结构的重新配置,以便在特定空间和指定地点容纳有组织的或日常的休闲游憩活动。事实上,19 世纪末伴随这种情况而来的结果是英国海滨度假地的兴起(E. W. Gilbert 1939, 1949, 1954; Walton 1983; Towner 1996)。比灵奇(Billinge 1996:447)指出,“整个城镇预留了大片土地建设海滨度假区,其他任何场合都不合适的行为在这里可以随心所欲”。这是另外一个例子,说明维多利亚女王时代的社会开始对休闲空间和民众休闲活动实施在一定程度上的社会控制和空间管制。休闲有其社会必要性:休闲是工作以外的活动,使身心得到休养放松,有利于为资本主义经济体系注入活力。

为此,有必要考虑 J. 克拉克和克里奇特(J. Clark and Crichter 1985)对英国城市休闲游憩历史综合评述的主要观点,因为这些观点有助于解释社会变化如何影响了当今城市休闲模式。克拉克和克里奇特(Clark and Crichter 1985)运用多种方法分析 19 世纪、20 世纪英国城市社会的主要阶段,突出了变化特点及城市休闲游憩活动的类型,也有助于解释城市地区休闲活动的演化方式。

1. 19 世纪

19 世纪的英国处于从前工业社会向工业社会转变的过程之中。尽管城市不是新兴现象 (P. Clark 1981)，但农村人口向新兴城市大量转移意味着，劳动阶层当中工作与非工作之间的界限日益取决于工厂或机械化生产的需要。因此，前工业社会基于家庭工业和土地劳动的灵活的工作与非工作关系发生了变化，导致工作时间与非工作时间的区分更为明显，时间戒律成为工业革命期间异常强大的力量(Pred 1981)。在前工业、非城市化社会，休闲游憩活动与集市日期、展销会、假期和宗教节日等联系在一起。尽管 19 世纪充满了野蛮、残忍的行为，但文明仍然对社会产生了影响，如，清教提倡道德节制，圈地运动在空间上发生了变化。

相反，

> 统治阶级的休闲活动远离了与低层社会的接触。其休闲形式在当时也是完全异类的。射击、狩猎、赛马……自 18 世纪 70 年代以来的重大无障碍赛马活动……对影响日益强大的城市资产阶级而言，戏剧、文学、音乐和海滨度假代表着更为理性的休闲形式，出于礼节礼貌，这些休闲活动往往避开大众群体。
>
> J·克拉克和克里奇特(J. Clark and Crichter 1985:55)

2. 19 世纪 40 年代

在历史分析中，该时期往往被认为是城市工人阶级被掠夺的时期。地区性贫困、城市化快速发展、住房短缺、生活水平低、基础设施少，以及通过长时间工作(每天 12 小时，每周 6 天)剥削劳动阶级，导致高疾病率、高死亡(Page 1988)。就城市休闲游憩而言，前工业社会的休闲活动机会减少，许多习惯性消遣活动压缩，立法改革又对大众文化进行了限制。例如，1834 年颁布的《新贫困法》(Rose 1985)旨在控制“流浪歌手”、“演艺人员”和“小商小贩”的流动，因为他们被认为是无业游民，被遣送回原籍。同样，1835 年颁布的《道路法》旨在消除沿街杂物，如街头艺人和商贩；同年颁布的另一部《禁止虐待动物法案》试图压缩工人阶级与欣赏动物有关的消遣活动，从而使许多活动转入地下，出现了各种各样的休闲活动，包括大众戏剧、哑剧和马戏。19 世纪 40 年代末出现了托马斯·库克开创的铁路旅游。此外，议会颁布的一系列法案使各种理性休闲活动可以在专门建造的设施内进行，如《1845 年博物馆法案》、《1846 年浴室和洗浴中心法案》和《1850 年图书馆法案》。社会理论家认为，这些立法可能成为社会控制工具 (Donajgrodski 1978)，驯化了新兴的工业劳动力，划分了休闲与工作的界限。另外，19 世纪 40 年代还出现了维多利亚女王时代的家庭生活概念和资产阶级文化，对工作进行了男性和女性的划分。

3. 19 世纪 80 年代

维多利亚女王时代初期设立了城市休闲设施，中后期随着工作条件的改善和生活水平的提高，城市管理部门加大了休闲设施供应的投入（Briggs 1969）。克拉克和克里奇特（Clark and Crichter 1985）认为，19 世纪 50 至 60 年代发生的四个过程导致了 80 年代的重大变化：

- 城市中产阶级休闲的兴起，把工人阶级排除在外。
- 地方政府在休闲游憩供应方面的作用增大。
- 城市休闲的商业化和资本化程度日益加深，要依赖大量观众，并要取得许可证（如足球运动的兴起），同时也要求大面积土地。
- 工人阶级试图根据自身愿望安排城市休闲活动。

到 19 世纪 80 年代，大都市圈在英格兰出现，集中在伦敦、中西部地区、约克郡西部、默西塞德郡和泰恩塞德郡（R. Lawton 1978）。城市休闲除了这些发展趋势外，城市中产阶级以宗教、阅读、音乐和度假休闲活动的兴起，反映了休闲行为更加理性化。19 世纪 70 年代公园数量不断增长，到 1885 年，近 1/4 的城市人口用上了公共图书馆。同时，在文献资料和官方记录中很少见到以街头活动和社区活动等日常城市休闲，但在一些自传和口述历史中有一定的描述。例如，R. 罗伯茨（R. Roberts 1971, 1976）在其《典型贫民窟》中提到，在维多利亚女王时代和爱德华国王时代的索尔福德，酒吧在日常休闲中发挥了重要作用，一个人口 3 000 人的社区拥有 15 家啤酒屋。由于 19 世纪 80 年代实行性别隔离，因此可以看出城市男性休闲活动的兴起。然而，尽管维多利亚女王时代城市休闲活动已经制度化、细分化，顾客与供应商之间的关系得到重视，但街头生活和社区休闲形式仍缺乏统一性和正式性。

4. 20 世纪 20 年代

英国的 20 世纪 20 年代常常被看做是普遍失业的年代，社会阶级在城市环境中的空间分布更为明显。20 世纪出现了光顾电影院的现象，到 1926 年，英国有 3 000 座电影院，观众达 2 000 万人，很多人一周看电影 1—2 次。这种活动日益满足了妇女的休闲需求，取代了维多利亚女王时代的音乐厅，电影院的价格较便宜，社会接受程度较高。20 世纪 20 年代，工作与家庭分离的思想观念根深蒂固，现实中两者的分离越来越多，出现了年度度假和汽车短途游览。总之，该年代休闲的特征表现在：观赏性体育运动吸引了大量观众，以社会阶级为基础的城市休闲在社会上是隔离的，市场出现大众化趋势，休闲活动有了制度保障。

5. 20 世纪 60 年代及以后

克拉克和克里奇特（Clark and Crichter 1985）确定了自 20 世纪 60 年代以来出现的六个明显趋势：

- 国内消费水平提高。
- 出现以家庭为中心的休闲形式。
- 城市休闲游憩的公共供应减少。
- 青年文化的出现。
- 民族休闲游憩文化的确立。
- 政府加大规定城市休闲区域的力度，休闲机构与服务的商业化日益明显。

社会学文献中对此进行了较为充分的评述（参见 Pahl 1975）。

就城市休闲而言，对后工业社会引发的变化及其对城市休闲的影响存在较多争议。社会学理论家指出，经济、技术与职业变化引发的各种相关变化和城镇服务业的兴起，影响了城市人口的生活方式与休闲活动，而城市人口的财富和机会却在不断向两极化发展。S. 威廉姆斯（S. Williams 1995: 213）简要说明了这些变化对后工业时代城镇的影响，比较古老的城镇中心区由于其经济基础的消失而走向衰败。有些情况下，高密度住宅区和工业区搬离市区，老城区会改造为休闲空间，城市又恢复了活力。

威廉姆斯（Williams 1995）同时指出，20 世纪 60 年代以来兴起的环境保护主义的影响，在“绿色城市”概念中得到了体现：对城市中的过剩空间进行绿化，改善城市环境质量，增加休闲机会（如绿色走廊、带状公园、楔形绿地和天然走廊）。城市绿化同时广泛关注城市的可持续发展。威廉姆斯（Williams 1995）还认为，有众多因素影响了城市休闲供应，其中许多因素与佩奇等（Page et al. 1994）详细列出的政治改革有关。20 世纪 80 至 90 年代城市地区公共部门和私营机构休闲供应的特点是：更为关注政府提供服务的财政成本，服务效率提高，推行强制性竞争招标制（Benington and White 1988; Page et al. 1994）。

在新世纪的英国，新工党批评分析了城市的环境质量，为改善城市的居住水平，此前二十年的城镇政策发生了变化。根据副首相办公室发表的报告（ODPM 2002），城市公共空间可以划分为：绿地，包括公园、花园、绿地设施、儿童游乐区、体育设施、绿色走廊、天然/半天然绿地及其他功能绿地；民用空间，包括民用广场、市场、步行街、散步场所和滨海区。

英国通过居住性能基金改善了这些环境，2003—2006 年拨款 8 900 万英镑，同时还采取了其他一些具体行动，如成立了建筑与人文环境委员会支持城市公园与绿地建设，刺激城市通过规划、管理与改造而得以恢复活力（参见 http://www.cabespace.org.uk）。建筑与人文环境委员会认识到了城市具备绿地战略的重要性，因为那些具备绿地战略的城市拥有质量更好的绿地。城市公园论坛等其他机构也曾进行过卓有成效的游说活动，把改善城市绿地作为提高城市环境的居住性和改善居民生活质量的基础。事实上，多伦多最近刚刚推出了“绿色旅游地图”，为不了解该市探险等旅游活动的游客提供绿色休闲活动（参见 http://www.greentourism.ca）。

柯里（Curry 2000）研究了 20 世纪 80 至 90 年代城市社区参与户外休闲活动的增长受到规划制度的威胁，导致日常休闲活动公共空间不断减少的状况。地方政府在将空置土地卖给开发商的同时，忽略了现有公共空间的建设（公共空间协会 1992）。在市政管理部门休闲供应减少的年代，乡村委员会（今乡村机构）开始与社区团体合作，计划 1996—2000 年间营造绿地 1 000 处。这一雄心勃勃的目标后来修订为 250 处绿地，它们提供的资金占征地和创建工作的 50%（另 50% 由地方社区提供）。千片绿地（MG）的位置安排在城市边缘、城镇、郊区、乡村，面积最大为 30 英亩。乡村机构从绿地建设委员会彩票基金中获得了 1 000 万英镑，每片绿地必须满足下列基本标准：

- 绿地场所通过购买或捐赠的方式成为当地社区的永久资源。
- 公众支持绿地建设的提议，提议同时表明绿地建设的必要性和对社区生活做出的重大贡献。
- 任何人都可以使用绿地的任何部分，从事日常休闲娱乐活动。
- 当地居民能够安全方便地从家中到达绿地场所。
- 社区能够对绿地的长期管理提出可行可信的建议。
- 没有绿地建设委员会的资金支持和社区的可行性建议，千片绿地计划可能落空。（乡村机构 2000）

新建绿地计划可以得到优先批准，到 1998 年年底，已批准了 252 个绿地筹建计划，其中 120 个得到了全额资助。到 1999 年，843 个团体提出了初步申请（Curry 2000）。郊区公园和千片绿地都是战后政府创建休闲场所的重大举动，对两者的空间分布情况进行比较可以发现一个有趣的特点：郊区公园的分布是比较随意和分散的，而绿地的分布特点是不一样的。

千片绿地的许多发起人来自比较富有的社会阶层，受益人可能会持有维多利亚女王时代创建公园的政治立场，麦弗（Maver 1998）发现了格拉斯哥（Glasgow）的这一现象。休闲参与和休闲活动的政治性特点强调了休闲供应的不平等性，体现了形成景观与休闲空间特征的政治过程及其他因素(如人类活动)。

上面简要分析了英国自19世纪80年代以来城市休闲行为的演变过程，有必要重点分析一个在时间和空间上能代表休闲发展过程，尤其是公园和公共空间演化过程的案例。下面要探讨的是英国一个特殊城市:莱斯特。

案例研究:维多利亚女王时代莱斯特公园与公共空间演化过程

19世纪以前，英国城镇公共空间的传统发展形式是公共用地和步行道，其次是富有阶级的私人广场和绿地。尽管城市规模不大，但市民可以在周边乡村地区享受休闲活动(Clarke 1981)。工业革命过程中城市工业的增长改变了城镇空间结构，经济建设与住宅建设占用了开阔空间。英国维多利亚女王时代对大型公园发展作出贡献的是两大法律改革，即，成立了“公共步行道选择委员会”(1833)和颁布了《城镇卫生法》(1840)，开始关注劳动阶级的健康与社会福利。斯特拉山和保勒(Strachan and Bowler 1976)指出，早期公园建设是由工业家和农场主的捐赠而推动的，有四部法律使地方政府能够购买土地用于公园建设，它们是:

- 城镇环境改善法，1847
- 公共卫生法，1848
- 公园、学校与博物馆法，1871
- 公共空间环境改善法，1860

尽管爱德华国王时代及以后的立法进一步推动了公园建设，如《住房与城镇规划法1909》和《城镇与乡村规划法1932，1947》，但维多利亚女王时代对大型公园和公共空间的发展建设起了重要作用。

维多利亚女王时代莱斯特公园建设情况

莱斯特是维多利亚女王时代发展起来的一个城市，人口数从1801年的18 445增长到1851年的64 829、1891年的174 624、1901年的211 579人。普里查德(Pritchard 1976)和佩奇(Page 1988)研究了莱斯特的空间发展情况(如图5.1)、城市发展的制约因素和存在机会，直到19世纪，该城市仍然保持着中世纪的发展格局。索尔河排水不畅，同时土地所有者拒绝将土地卖给开发商，制约了城市向河西岸的发展。19世纪，莱斯特的早期发展主要在河东部和东北部。在1850年之前，有两大开放空间:位于城区东北、占地13英亩(5.2公顷)的圣·玛格丽特牧场和

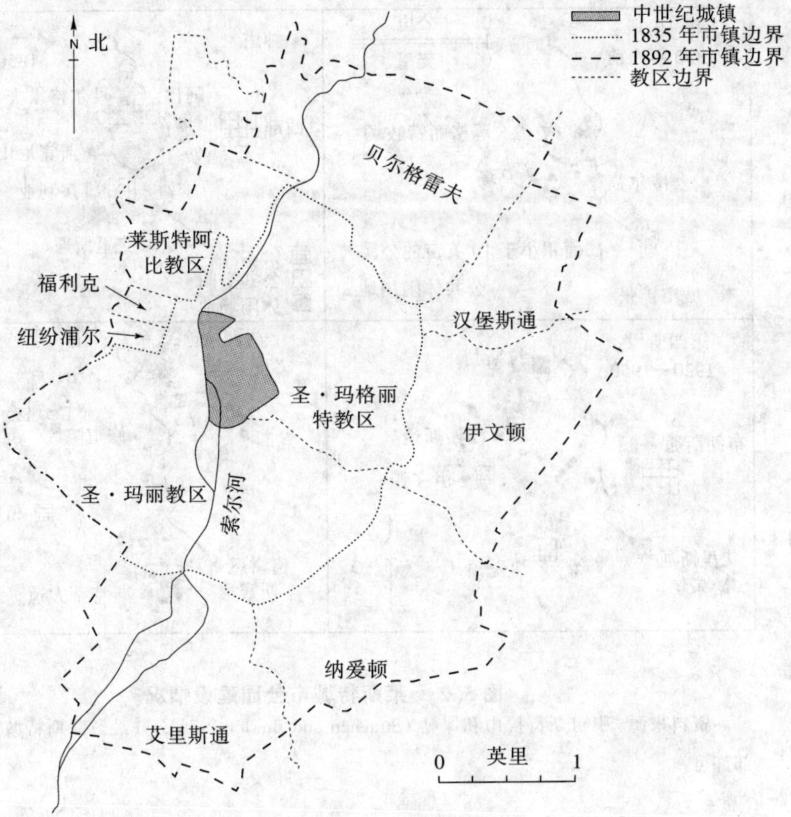

图 5.1 19 世纪莱斯特城市扩张情况

1806 年设立的南菲尔德跑马场。1838 年，市议会在威尔福德郡的南菲尔德划拨了 40 英亩（16 公顷）土地，从而出现了第一个公共休闲场所，现仅存 8 英亩(3.2 公顷)。后来又出现了一系列沿新步行道分布的私家花园和广场，这是英格兰唯一幸存下来的城市步行道（Strachan and Bowler 1976: 279）。

随着人口增长，到 1851 年，莱斯特城市发展扩展到索尔河西岸。1880—1900 年间市议会建设了四个公园和休闲场所(图 5.2)。维多利亚公园（占地 27.6 公顷）于 1882 年在城市所属土地上设立，通过改造南菲尔德跑马场而成。阿比牧场(占地 22.8 公顷)购买于 1877 年，将一片不适于搞建设的沼泽地的水排掉，改造为观赏性公园。第三座公园，旨在为高菲尔德快速增长的郊区提供开放空间，最终于 1885 年在斯

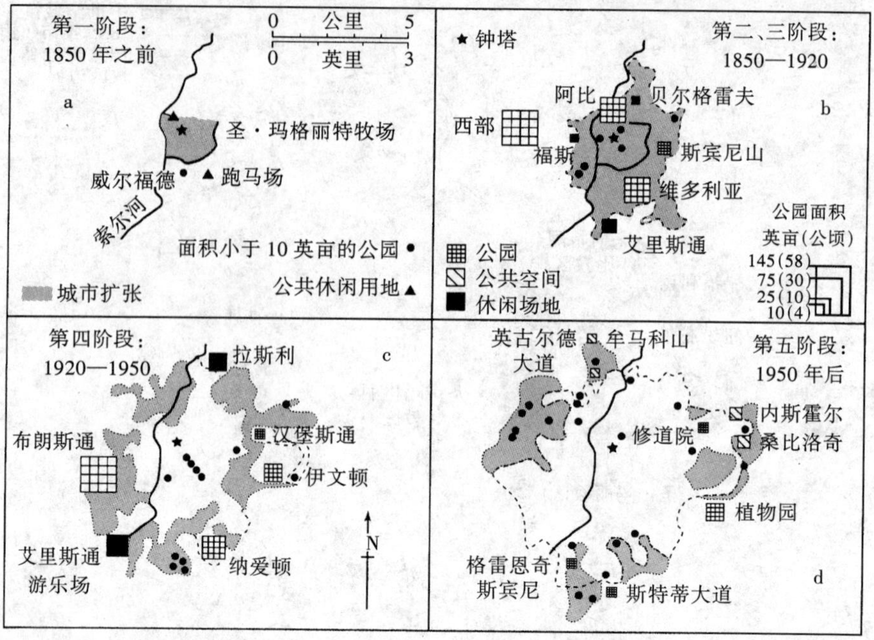

图5.2　莱斯特城市公园建设情况

资料来源：引自斯特拉山和保勒（Strachan and Bowler 1976），并经过莱斯特城市议会司法部许可

宾尼山形成了占地13.6公顷的正规公园。第四大公园于1899年建在西郊，占地71.2公顷。维多利亚女王时代建设的每座公园都有喷泉、室外音乐台、花圃和绿地。阿比公园有划船活动、河景、花房和花圃，吸引了整个城市的游客。为了完善正规公园建设，1892年在贝尔格雷夫设立了休闲场地（占地4.8公顷），1897年设立了福斯步行道（占地4.4公顷）。

后维多利亚女王时代公园建设情况

1902年购买了艾里斯通（面积8公顷）作为休闲场地，其后没有什么建设活动，直到20世纪20年代。1900—1920年间，城镇中心小型公共空间的开辟形成了三座观赏性花园（卡索尔、威斯特寇兹和圣·乔治教堂）、两个游乐场所和一个小公园。1920年以后，城市进一步扩张，结果设立了六座带有体育设施的多功能公园，其中最大的一座1925年建于城市边缘地带的布朗斯通（占地 66. 8 公顷），是“两战”之间市议会的一处重点资产。与此相反，“两战”之间建设的其他公园则位于私人住宅区，如 1928 年建的汉堡斯通公园（占地 8 公顷）、1937 年建的纳爱顿公园（占地 32. 9 公顷）和 1949 年建的伊文顿公园（占地 17. 6 公顷），分别位于东郊和南郊。为了平衡公园建设的地理分布，1921 年和 1946 年分别在拉斯利原野（占地 11. 4 公顷）和艾里斯通（占地 33. 2 公顷）设立了两个大型休闲场地；在布朗斯通公园和汉堡斯通公园开辟了小型开放空间，带有设施的开放空间面积达到 40. 8 公顷。

战后期间，莱斯特市议会将重点转向小型社区公园及配套设施建设方面，仅在不适于住宅建设的土地上开辟了为数不多的较大规模公共空间（如 1958 年建设的占地 12. 8 公顷的内斯霍尔公园和 1970 年建设的占地 5. 6 公顷的英古尔德公园）。1950—1975 年间在古老村庄里面（如汉堡斯通）修建了 27 座小型乡村公园和休闲场地。自 1975 年以来，莱斯特市议会在公园和公共空间供应方面一直发挥着积极作用，到 1994 年，已建成公园绿地 1 200 公顷，占全市公园绿地总面积的 1/5，大大超出欧洲和北美的同类标准。

图 5. 3 表明了当前莱斯特城市公园的分布情况。到 2000 年，全市公共休闲空间已经达到 3 000 公顷，包括郊区公园、正规公园、花园、湿地、小型绿地（关于小型休闲绿地讨论，参见 Thorpe 1970；Crouch 1989a，1989b）和森林。

此外，还有发挥重要休闲功能的家庭花园（Halkett 1978）。然而，起主导作用的还是公园绿地。莱斯特城市规划中确定的目标是，每家每户 500 米范围内都有公共空间。在新建住宅区内，市议会要求开发商提供公共空间的标准是每百人 1. 6 公顷。结果，莱斯特的休闲空间平均达到：市中心距公园/花园仅 2. 9 公里，距休闲场所 3. 6 公里，距游乐场所 3. 5 公里，距体育场所 3. 7 公里，距高尔夫球场 4. 6 公里，说明了低成本土地对这些设施的作用。因此，S. 威廉姆斯（S. Williams 1995）认为，当今莱斯特的休闲机会随着与市中心距离的增大而增加。莱斯特公园建设与其他休闲资源的这种分布特点是合理规划的结果，这种分布形成了公共休闲空间的层次，根据规模、特点与资源基础，不同的公园发挥不同的作用。

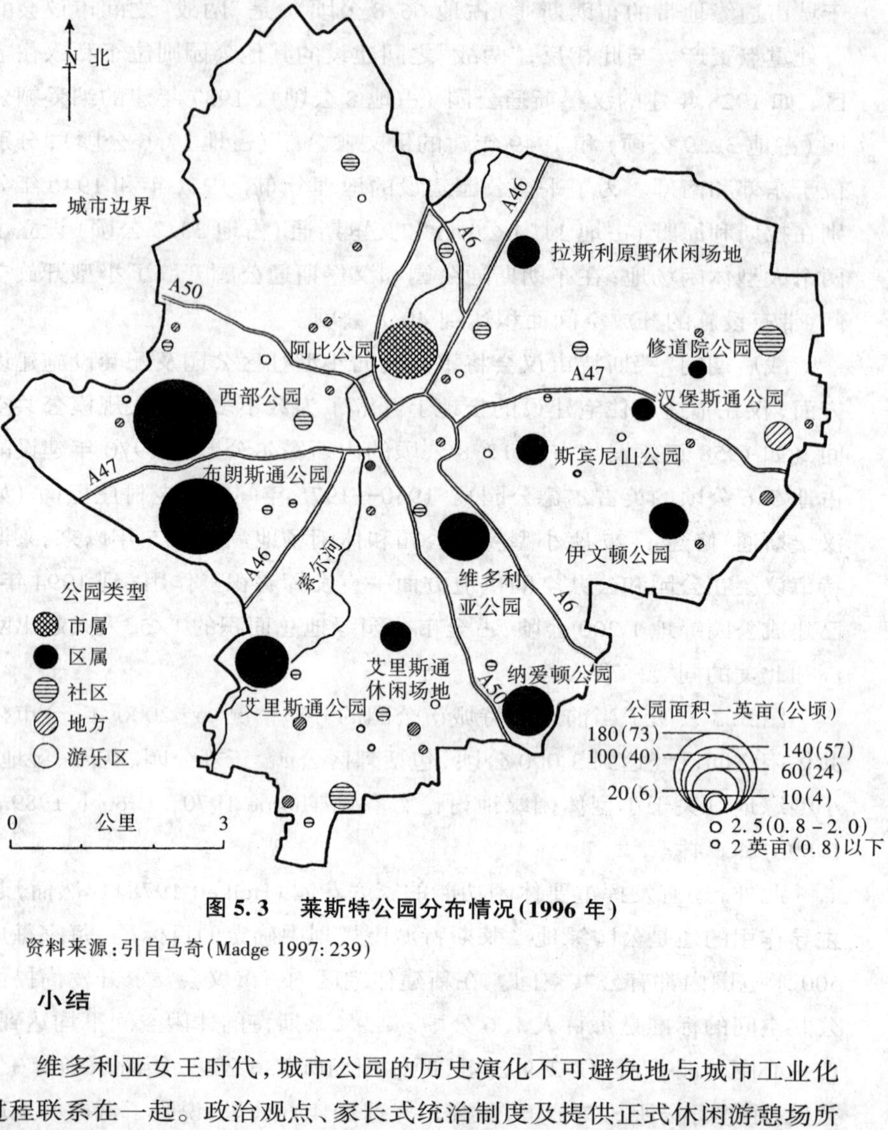

图 5.3　莱斯特公园分布情况(1996 年)

资料来源:引自马奇(Madge 1997: 239)

小结

维多利亚女王时代,城市公园的历史演化不可避免地与城市工业化过程联系在一起。政治观点、家长式统治制度及提供正式休闲游憩场所的愿望是理解公园建设思想的出发点。公园与公共空间的演化经历了一系列思想变化过程,从维多利亚女王时代和爱德华国王时代的正式公园和休闲场地到"两战"之间的多功能公园,直至战后把公共空间供应作为住宅建设的一部分。公共空间供应的政治动机和开发投资过程中不同团体的作用是一个正在探讨的领域。莱斯特市议会为城市公共空间供应做出了令人羡慕的贡献,构建了完善的休闲空间网。户外休闲、公共空间供应和休闲空间层次具有明显的地理特征：随着离开市中心距离的增大，公共空间供应水平提高，反映了维多利亚女王时代和爱德华国王时代以及“两战”之间的公共空间供应模式强烈影响了当今供应模式。

四、城市休闲分析方法

在有限的城市休闲研究文献中，地理学者在人文地理学领域提出了大量理论与概念，并应用于休闲研究，以理解休闲资源的供应情况。例如，“休闲设施层次”概念（Patmore 1983）的使用强调了使用者的意愿、能力及对设施或资源的了解（S. L. J. Smith 1983a）。层次概念使我们进一步认识到，休闲资源在不同空间尺度上具有什么样的集聚形式要考虑到使用者的意愿。时间和距离的制约与资源的潜在用途产生冲突，其结果形成了资源的空间顺序特征，典型的资源供应包括：

- 社区资源
- 地方资源（如休闲场地）
- 城市内部不同区域资源
- 全市范围的资源（如美术馆）

表 5.1 说明了城市公共空间的这种层次特点。结果形成了层次清楚的资源供应，不同层次的资源满足不同使用者的需要和愿望，并随着时间和空间而发生变化。在任何城市环境中，休闲规划面临的挑战是如何匹配资源的供求关系。派特摩尔（Patmore 1983）提出的城市休闲分析的另一种方法是资源调查，即对现有资源及对应的人口进行全面调查，绘制成图，将人口与有关机构建议的现有休闲资源供应水平进行比较。例如，英国“全国娱乐场地协会”建议的公共空间为每千人 2.4 公顷，“不包括学校游乐场地（公共使用的除外）、森林地、公用地、观赏性花园、标准长度高尔夫球场以及不鼓励或不允许公众使用的空间”（Patmore 1983:118）。在英国，此类娱乐场地面临着越来越大的、来自住房建设的压力，国家颁布了新的指导方针，禁止学校和地方政府为了短期发展效益而卖掉这些娱乐场地。

派特摩尔（Patmore 1983）概括了英国城市休闲资源与休闲设施的范围，并对其空间分布与供应情况进行了详细分析：

- 资本密集型设施（土地要求适中或宽松但资本要求较高）
- 公园和公共空间
- 高尔夫球场

S. 威廉姆斯(S. Williams 1995)在此基础上增加了其他设施：

- 家庭
- 街道
- 花园和绿地
- 游乐场地
- 其他体育设施

表 5.1 城市公共空间的层次特征

类型与主要功能	大约面积和离居住地距离	特征
区域公园 驾车或乘坐公共交通在周末或偶尔光顾	400 公顷 3.2—8 公里	大片自然郊野、公共林地和公用土地，主要供日常休闲之用，从事某些非密集型主动休闲活动。位置优越的地方设有停车场。
城市公园 驾车或乘坐公共交通在周末或偶尔光顾	60 公顷 3.2 公里，但如果面积大于 60 公顷，会超过 3.2 公里	自然郊野地、公共用地、森林或正规公园，提供主动和被动休闲活动，可能含有娱乐场地，至少留出 40 公顷用于其他休闲活动。足够的停车场。
城市各区公园 周末或偶尔光顾步行、骑自行车、驾车或短途公交	20 公顷 1.2 公里	景观优美，有各种自然景色，提供各种休闲活动，包括户外体育活动，儿童游乐活动和日常休闲活动。有一定的停车设施。
地方性公园 供步行游览者使用	2 公顷 0.4 公里	环境优美，提供各种场地游戏、儿童游戏、观赏性活动。如果公园足够大，设有娱乐场地。
小型地方公园 供步行游览者使用，尤其是老人与儿童，在高密度人口区尤为重要	2 公顷 0.4 公里	花园、观赏区、儿童游乐场。
线型公共空间 供步行游览者使用	不确定 可行的距离	运河纤道、人行道、废弃的铁路线等，提供日常休闲活动机会。

资料来源：S. 威廉姆斯(S. Williams 1995)

街道已经日渐从维多利亚女王时代和爱德华国王时代的重点休闲场所撤离出来，许多街道被车辆占据。一个值得注意的案例是，德拉蒙德(Drummond 2000)发现越南出现了与西方世界这种趋势相反的现象。在越南，街道作为非正式公共休闲场所，正在不断扩大。为帮助理解这些资源的空间分析及其在城市环境中的相互关系，威廉姆斯(Williams 1995)对城市休闲资源进行了分类。为进行分类，并综合考虑城市居民对资源的理解和使用，威廉姆斯使用七个变量构建了资源分类表（表5.2）。然而，派特摩尔(Patmore 1983:98)恰当地指出，设施使用并不唯独与位置有关：交通便利与位置优越不是同义词。阻碍城市休闲资源使用的因素包括：

表 5.2 休闲资源分类、主要变量及说明

变量	亚类	说明
设计形式	专门建设	为特定休闲用途而设计的资源
	改造	从原有功能改造为休闲用途的资源
	附属	并非为了休闲用途而设计的资源，但可以用于休闲功能
组织形式	正式	具有设计结构/布局或管理机构的资源
	非正式	没有组织结构形式的资源
功能	单一	具有一项专门休闲功能的资源
	多功能	具有多种休闲功能的资源
	共享	资源具有多种功能，休闲是其中一种功能
空间/使用特点	分散型	各项休闲功能散布在大片地区，大量使用空间
	密集型	各种功能集中在较小或未利用的空间
规模	较大	面积超过10英亩
	中等	面积在2—10英亩之间
	较小	面积小于2英亩
聚集区	全市	吸引全市居民使用的资源
	城市各区	主要吸引所在区居民使用的资源
	地方	主要吸引社区居民使用的资源
资金来源	公共资金	由地方政府或国家政府提供资金/管理
	私人资金	由个人或私人团体提供资金/管理，供自己使用
	自愿筹集	由合作社、俱乐部或协会提供资金/管理，供成员使用

资料来源：S. 威廉姆斯(S. Williams 1995)

- **身体/自然障碍**：包括年龄、家庭生命周期阶段和自然交通状况。
- **经济障碍**：包括活动参与成本等直接经济制约因素，如门票或会员费（如高尔夫俱乐部会员费），提出了公共部门在休闲供应方面的作用等问题。
- **社会障碍**：通常强调的是经济障碍因素，社会经济地位较低的群体由于经济因素制约而不能参与休闲活动。即使消除了经济障碍，仍然面临文化与社会障碍。
- **交通障碍**：交通会阻碍城市休闲参与，这可能受汽车拥有情况限制，或者车辆难以到达，或者公共交通时间成本较高。

利用体现资源基本属性的主要变量，S. 威廉姆斯（S. Williams 1995）对城市休闲资源进行了分类，如表 5.3 所示。所有城市地区休闲供应面临的挑战是如何做好规划与管理工作，以尽可能确保公平公正原则。

表 5.3　城市地区户外休闲设施的基本类型

	公共设施		私人设施		特殊群体
	正式	非正式	正式	非正式	
大型 全市范围 使用设施	大型公园 大型体育场 体育馆、市属高尔夫球场	大型公共用地 大型城市林地 大型水上空间 城市郊区公园	私人高尔夫球场		大型购物中心 大型交通中心 如，机场车站
中等规模 城市各区 使用设施	休闲场地 小型公园	城市绿色走廊 小型城市林地 小型水上空间 自行车道	体育俱乐部，如，保龄球或板球		
小型 地方使用	儿童游乐区			私家花园	街道、人行道、草地

资料来源：S. 威廉姆斯（S. Williams 1995）

五、城市休闲规划

派特摩尔（Patmore 1983）指出：

通过数学的精确计算可以从合理的层次结构来看待城市休闲供应，建立保证公平使用机会的空间模型，但现实世界很少允许自由地构建这样一个模型。相反，现实世界要受到历史遗产偶然性的制约，受到国库开支形势的制约，受到公共部门商业原则的制约。

派特摩尔（Patmore 1983：117－18）

站在地理学角度看，城镇休闲供应以一种特殊的形式在发展。20 世纪 60 至 70 年代西欧许多国家城市规划部门的任务是为几十年的持续增长做好准备。英国采用的一个解决办法是，在市议会内部设立“休闲理事会”，在一个统一的部门综合处理公共休闲利益。伯顿肖等（Burtenshaw et al. 1991）认为，公共部门对休闲活动实施统一管理，会导致对休闲活动商业企业化和政府企业化程度的争议。事实上，没有形成一种一致的思想观点，各城市自行决定应当由政府资助的休闲活动范围。然而，威尔（Veal 1994：185）尖锐地指出，“城市户外休闲活动主要发生在公园、娱乐场地和体育运动场所。这些设施的供应成为公共部门在休闲支出、土地划拨和人员配备方面最大的部分，也是历史最悠久的部分”。结果，公共部门成为城市地区发展休闲的关键机构。为此，有必要重点分析一下城市公共空间规划所采用的一些空间原则。

六、公共空间规划:空间原则

城市公共空间可以成为社区交流的重要场所（Fleischer and Tsur 2003）、保护环境的场所、加强环境教育的场所，为满足休闲需要创造机会（Lee et al. 2002），满足视觉享受。为了实现这些功能，公共空间规划需要在城市环境中综合考虑这些区域。如果首先编制一个总体规划，公共空间规划将变得比较容易。例如，如表 5.4 和表 5.5 所示，华沙的规划是根据本章讨论的许多原则和公共空间供应标准编制的。

表 5.4 华沙绿地结构规划的演化过程

年代	规划使用的概念	华沙绿地结构的主要特征
1916 年	第一个空间发展规划	现有城市公园及规划城市公园体系
1929 年	华沙总体规划	将市中心休闲区与郊区连接起来
1934 年	华沙功能规划	绿地空间是用地区划的关键因素；建立社区绿地空间
20 世纪 50 年代	战后重建期间的政治社会规划	文化娱乐设施、体育休闲设施（如体育馆和公园建设）；多功能休闲娱乐中心
1968—1974 年	城市公共空间系统	公共空间的结构作用；20 世纪 60 年代至 80 年代绿地空间使用的标准与指标（每人 8—15 平方米绿地）及设施；社区、城市各区和全市休闲供应的层次特征
20 世纪 70 年代以后	城市自然系统概念的提出与对生态的重视（1998 年华沙空间发展前提与指导研究，2001 年首都华沙发展规划）	保护环境（如自然景区）
20 世纪 90 年代	可持续的争议体现在两个竞争观点上：生态城市观点中的绿色城市和紧凑城市	绿色城市要保护绿色结构，紧凑城市在人工建成区增加比较密集的项目，会导致绿色空间的消失；随着向市场经济的转变，绿色空间由于开发而消失

资料来源：引自舒尔泽斯卡和卡利斯库克（Szulczewska and Kaliskuk 2003）

表 5.5　2001 年华沙绿地空间类型

说明：华沙总面积 495 平方公里，人口 160 多万，人口密度为每平方公里 3 258 人。公共空间占城市地区总面积的 50% 多（例如，包括农业用地、公共空间和水域），住宅区占 27%，公共绿地占公共空间的 36.3%。华沙的管理机构包括 11 个地方政府部门和独立的首都议会。

类　　型	所占比例(%)
公园	17
森林	36.4
住宅区绿地	9.8
绿地花园	8.1
植物园和动物园	0.4
墓地	2.5
散步场所与广场	1.0
与交通设施相关的绿地	6.7
其他绿地	18.2

资料来源：引自舒尔泽斯卡和卡利斯库克(Szulczewska and Kaliskuk 2003)

国际上也采取了这样的原则，包括前东欧各国。同样，新西兰奥克兰的帕帕库拉区在规划公共空间时，规划部门称，新世纪的城市休闲规划需要构建一个包含如下要素的系统：

- 主动休闲区（如娱乐场地、体育中心）
- 被动休闲区（如野炊场所、步行路径、骑马路径、自行车路径、草地）
- 保护区（如自然保护区、自然路径）
- 农业区（如小块菜地、商业菜园）
- 日常休闲区（如街道）

本茨（Pentz 2002）

这跟前面提到的英国副首相办公室（2002）确定的分类没有什么不同。在构建公共空间系统方面（参见澳大利亚吉朗的例子，Moran 2001），本茨（Pentz 2002）提出使用三个空间概念，可形成保护区：

- 核心区
- 廊道，将系统内各要素连接起来
- 缓冲区（如体育场地），位于核心区与密集开发区之间

在城市休闲设施规划方面，本茨（Pentz 2002）指出的休闲供应的变化特点，反映了第二章中讨论的许多问题。变化趋势的影响对休闲设施选址提出了特殊的空间要

求,包括:

- 城市休闲设施聚集在节点或中心
- 教育设施与社会设施之间的联系形成了共享设施
- 资本密集型设施(如体育馆)日益受到重视
- 体育赛事的观众人数不断增加
- 在共同休闲时间(如傍晚和周末),某些体育场所人群拥挤
- 郊区各种小型设施不再能满足当今休闲需要
- 面积较小的城市地区和较大的城市地区之间在资金和项目建设方面存在差别
- 城市休闲设施供应层次存在差距

就城市休闲设施层次而言,美国、英国和南非等不同国家存在不同标准,如表 5.6 所示:

表 5.6 公共空间标准

美国		
设施	最小空间(公顷)	应容纳的总人口
娱乐场地	0.020	1 000
运动场	1.5	3 000—5 000
当地公园	1	3 000—10 000
社区公园	15	10 000—50 000
城市公园	45	40 000
区域公园	450	全市范围
平均标准	3—7.5 公顷/1 000 人	
英国:全国游乐场地协会拟定标准		
设施	公顷/1 000 人	
儿童游乐场	0.68	
一般公园	0.90	
体育场	1.10	
平均标准	4.5	
南非		
设施	公顷/1 000 人	
主动休闲设施	0.4	
被动休闲设施	1.6	
平均标准	2.8	

资料来源:根据本茨(Pentz 2002)整理而成

表5.6强调了城市休闲游憩规划中存在的两种截然不同的方法之一：这是比较传统的方法，不考虑质量、需要和区位，只是根据最低要求提出数量标准。相反，创新性的规划方法则考虑当地休闲需求，而较少依赖空间标准，因而具有当代休闲规划的特色，更加重视“使用者”、“市场研究”、“地方文化”和特殊目标群体的个别需要，包括学龄前儿童、小学生、青少年、成年人和老年人。此外还有性别、民族和城市休闲供应社会包容政策，由此人们开始认识到地方休闲设计与规划的复杂性。然而，地点与空间对公共空间与休闲设施规划是至关重要的，因为各个地方及其居民有不同的需要和需求。

尽管使用空间标准对规划工作来说具有简单、有效、平等和统一等优点，但同时又具有许多缺点，包括：忽略了当地社会、经济与资源基础，忽略了各地空间的特殊性。为此提出了创新性的规划方法，包括进行大量市场研究，分析当地休闲需求，采用地理信息系统技术匹配供求关系，运用供应模型与当前休闲消费趋势建立联系，这比简单的空间标准规划方法要复杂得多。目前正在推行这种规划方法的地方政府是新西兰奥克兰的怀塔克市，提出了以创新方式重新配置休闲服务供应的战略，以社区为核心，更加重视地方需要和特殊使用群体需要。

为了说明这些问题如何在大城市地区得到体现以及对当地居民的影响，下面的案例研究强调了伦敦纽汉区在城市休闲供应与规划中运用的许多基本原则。

案例研究：伦敦纽汉区公园与公共空间供应、规划与管理

休闲研究人员对城市公园一直不太重视。英国在这方面进行的大量研究都发生在20世纪80年代末和90年代立法改革以前，当然，以前的城市公园研究已经明确了公园在大都市地区的重要意义（Veal 2001）。达菲尔德和沃克（Duffield and Walker 1983）对城市公园研究进行了详细评述，涉及众多颇有影响的研究成果（如，大伦敦议会1968；Bowler and Strachan 1976）。以前的城市公园使用情况研究表明，公园的使用范围是地方性的、日常性的，满足短途、短时休闲需要（Patmore 1983）。自20世纪80年代初以来，城市公园的研究重点集中在：城市公园发展历史研究，城市公园使用情况研究（包括行为研究和感知研究），公园规划研究，可进入性研究，而令人们日益感兴趣的是不同国家城市公园管理原则应用研究（如，Baird and Mitchell 2001; Yilmaz and Zengin 2003, Oguz 2000 对土耳其的研究；Gobster 2002 and Tinsley et al. 2002 对芝加哥的研究；

Amin, Shah and Ahmad 2001 对巴基斯坦白沙瓦公园的研究)。

对城市公园研究最多的领域是可进入性研究(Harrison 1983)和行为类型研究,以伯吉斯等(Burgess et al. 1988a, 1988b, 1988c)和米尔顿·凯恩斯开发公司开展的研究为代表。此外,格列高利(Gregory 1988)和格兰(Grahn 1991)研究了使用公园与公共空间的不同社会经济群体的态度和心理特征,格罗考特(Grocott 1990)研究了公众参与社区公园设计与创建的作用。人们对城市公园管理问题的研究兴趣也越来越浓厚,特别是全国绿地空间的管理,前面第三章中进行过讨论,里弗斯(Reeves 2000)也曾探讨过这一问题。尽管绿地空间占英格兰和威尔士已开发土地的13.5%,但自20世纪70年代初以来,绿地空间管理预算仍然被削减。改变了地方政府休闲服务观念与供应的一个重大发展是,成立了统一的"休闲服务部"来管理休闲服务问题。这些部门设立了新的休闲服务供应组织机构,执行《1988年地方政府法》中规定的其他管理职能。然而,批评人士认为,由行政管理人员、而不是由每天与顾客直接接触的从业人员对休闲服务供应进行集中管理,官僚作风日益严重,这种组织机构导致管理的各自为政和服务供应的不完整性。

自1988年以来,伴随着休闲服务供应体制变化同时出现的、新的服务质量标准和质量保证,已经渗透到公共部门的休闲服务工作之中,第三章中提到的审计委员会在对沃尔索区议会的审查中讨论了这一特点。巴伯(Barber 1991)探讨了公园管理计划的重要意义和地方责任的作用,认为各个公园的管理者是最能有效保证当地休闲服务质量的人员,这种观点摆脱了区域尺度上休闲规划的空间标准原则,而更加重视社区需要。然而,满足当地需求就有经济成本,这样的结果可能不会总是符合服务供应对效益的追求。G. 摩根(G. Morgan 1991)认为,公园和公共空间规划与管理工作中以消费者为中心的意义越来越大,因此要保证适当考虑社区需要与愿望。地方政府越来越多地使用态度调查方法和城市公园规划与管理监测制度,这是对公共服务工作普遍采用的新思路做出的直接反应,英国审计委员会在分析休闲服务供应时评价了这一特点。然而,在地方政府限制公共部门开支的时期,研究监测制度对资源管理具有重要意义。韦尔奇(Welch 1991)进行的调查工作体现了研究人员对城市公园管理的兴趣日渐浓厚,他提出了20世纪90

年代地方政府面临的许多问题，包括：公园安全问题、城市公交系统、公园立法工作以及休闲管理和风险管理等仍然比较现实的问题，第二章引用的恐惧与休闲供应案例研究中证实了这一点。根据这些背景，下面讨论一下伦敦及纽汉区的公共空间供应问题，以便理解空间分析的作用。

伦敦城市公园与公共空间供应

大伦敦行政委员会(GLC)曾将休闲游憩纳入其战略规划之中，但随着1986年该委员会的废除，对伦敦全市休闲游憩的研究迄今为止一直较少。自1986年以来，伦敦各区发展规划成为制定公园与公共空间供应指导政策的依据。伦敦规划顾问委员会(LPAC)的规划建议中一直保留着前大伦敦行政委员会提出的许多休闲规划原则，2002年6月启动的伦敦规划草案(参见网址：http://www.london.gov.uk)提出了伦敦空间发展规划，要在首都保持战略性公共空间——特别是伦敦的绿化带、城市空地和绿色走廊。伦敦大多数区的发展规划和休闲游憩规划中都体现了这些规定。然而，在伦敦各种经济活动、社会活动和文化活动中，休闲游憩仍然是一个经常被忽视的方面。尽管R. 班尼特(R. Bennett 1991：212－13)的确研究过伦敦各区休闲游憩供应的法定义务，但对伦敦城市地理和服务业的主要研究(如Hoggart and Green 1991)却没有承认休闲服务供应的重要性。《大伦敦发展规划》(大伦敦行政委员会1969)中确定了伦敦公共空间供应的规模与性质。表5.1列出的就是20世纪80年代末修订的《大伦敦发展规划》中设计的公园与公共空间供应层次(参见Nicholls 2001对北美公园与公共空间供应层次的说明)。这在很大程度上仍然是以空间标准为导向的规划方法。休闲供应建立在层次原则基础上，根据其规模和与使用者居住地之间的距离，不同的公园发挥不同的功能。公园供应的多样化是通过其功能的多样性实现的，强调了供应的社会原则，即，相同状况的公园要能够为伦敦社会各阶层居民都有权享用。伯吉斯等(Burgess et al. 1988a)对格林尼治进行的研究质疑了地方公园供应层次系统的合适性，认为地方社区没有认识到大伦敦行政委员会提出的公园层次赋予公园的不同功能。他们指出，他们所调查的大多数人感到，离家最近的公共空间并没能满足其休闲需要。这是地方政府休闲服务部门值得考虑的一个问题，对整个伦敦地区公共部门对公园与公共空间供应支出规模的研究也表明了这一点。财政资源满足地方休闲需要的程度是一个重要问题,整个首都地区各地方政府应优先安排公园与公共空间预算。

伦敦纽汉区城市公园与公共空间供应

纽汉是位于伦敦东部的一个区(网址:http: //www. newham. gov. uk),成立于20世纪60年代,由以前的西汉姆镇议会和东汉姆镇议会合并而成。该地区最早发展于维多利亚女王时代和爱德华国王时代,后来伦敦地铁一直延伸至此,设立了皇家车站及其他服务设施和公共事业机构(如贝克顿煤气公司、贝克顿污水处理厂、西汉姆与斯特拉特福德火车修车厂),并发展了生产加工活动(如位于银镇的Tate and Lyle糖制品和增甜剂公司)。纽汉区人口在1949年达到顶峰,为249 000人,20世纪80年代由于人口移出就业而开始下降。1991年人口为212 170人,2001年增长到236 000人。纽汉是伦敦最大的区之一,人口种族多样。2001年,43%的人口为少数民族(亚裔、非裔和加勒比人),到2006年,该部分人口有望达到总人口的60%。尽管伦敦港区和斯特拉特福德一带已经过上了中产阶级生活,但《伦敦纽汉区2001年发展规划》仍按照政府提出的贫困指标,将该地区列为英国最贫困地区之一(Hoggart and Green 1991)。虽然纽汉是外伦敦的一个区,但它具有许多城区中心特征,可以将其归为内伦敦的一部分(参见:http: //www. newham. gov. uk)。该区的主要公共空间和公园是在维多利亚女王时代和爱德华国王时代创建的,"两战"之间和战后又有了显著增加。1991年,该区公园和公共空间面积为180公顷,占全区总面积的4.9%。到2001年,公园和公共空间面积扩大到253公顷(占全区总面积的6.95),主要是由于在南部和北部出现了新建场地或现有场地扩建,这是规划建设的结果。

纽汉区议会在休闲服务供应方面发挥了多种作用(如,建设体育中心、图书馆,提供艺术文化服务以及公园和公共空间供应,旅游发展),《纽汉区发展规划》以该区休闲发展战略和伦敦市发展战略为指导思想。在规划方面,伦敦纽汉区在发展规划中确立了指导公共空间供应的政策。增加公共空间供应的两大主要目标是:一是将供应需要融入靠近新建英法海峡隧道火车站的斯特拉特福德火车修车厂改造计划之中;二是对贝克顿煤气公司所在地进行改造。

纽汉区议会划定了众多公共空间：城区以北的绿化带（如万斯戴德平地和伦敦公墓），大城市绿地，具有全区意义的场地，具有地方意义的场地，绿色长廊，城市公园（Archer and Yarman 1991）。这些政策现在纳入了《纽汉区发展规划》，城市公园成为使用最广泛的公共空间之一，其中有的是大型多功能公园，有的是社区小型休闲场地。

值得注意的是，伦敦纽汉区在1993年和2001年的发展规划中缺少了公共空间和绿地空间的标准，而采用了全国娱乐场地协会提出的每千人2.43公顷娱乐空间的标准。2001年，实际供应标准仅为每千人1.1公顷。图5.4c表明，公园供应缺乏相似的空间分布，2001年，纽汉区的大片地区通往地方公园的交通条件很差（与面积2公顷以上的任何公园距离都超过400米）。与此相似，另外值得注意的是，距离在200米以上、配备设施的儿童游乐场所也很缺乏（图5.4b）。但2001年的《纽汉区发展规划》中提出，到2006年将新增娱乐场地12公顷。这种供应不足的情况在需要额外空间的地区得到了体现，但《纽汉区发展规划》认识到，场地的缺乏使供应变得很困难。佩奇等（Page et al. 1994）研究了纽汉区公共空间层次中各使用群体的情况，确认了关于公园使用的许多假设，即：

- 最普遍的使用形式是地方使用。
- 公园发挥着重要的社会功能，是一种不分性别、种族、年龄和是否残疾都可使用的休闲资源。
- 公园区的管理中出现了对许多问题的关注，如狗主人与非狗主人之间的冲突。
- 公园使用中以被动休闲活动为主。
- 地方公园规划被认为是匹配使用需要与公园和公共空间管理的创新方式。

因此，尽管公园和公共空间可能不如资本密集型休闲设施那样时髦，但它们的运营是非商业性的，供所有人使用。它们在城市环境中的价值应得到更大的认可，相对于专业性和目标性较强的体育设施和休闲设施，它们为城市人口带来了更大的好处。显然，需要做进一步研究，明确公园供应如何能满足地方休闲需要，以便公园管理计划重视当地和社区。城市公园与公共空间是一项重要的可持续性休闲资源，具有多种用途，能够为享受不到郊区休闲的当地社区居民所使用。它们是城市景观中不可

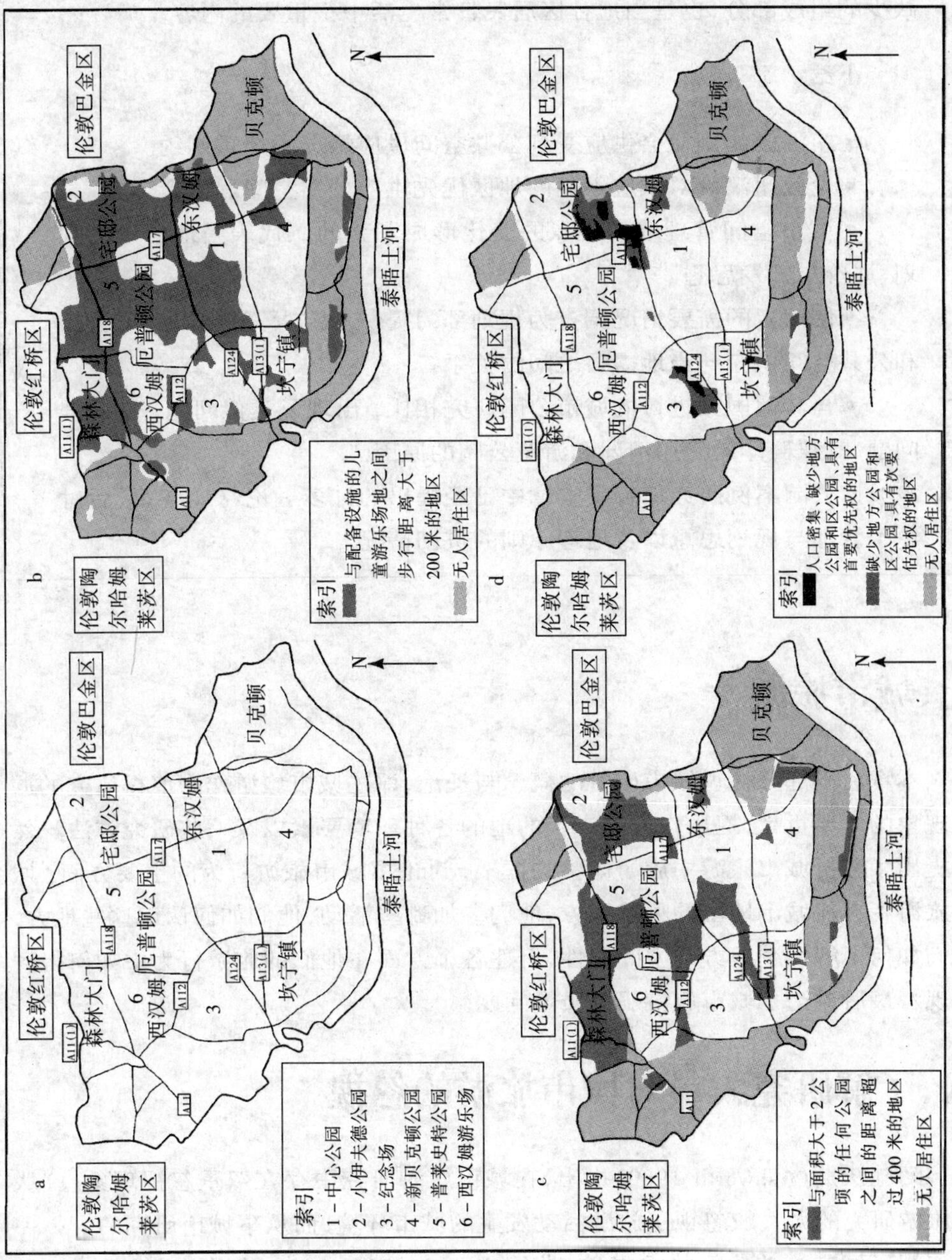

图 5.4　伦敦纽汉区地图

(a)纽汉区城市公园分布位置；(b)儿童游乐场地的缺乏情况；(c)缺乏地方公园的地区；(d)优先解决公共空间缺乏问题的地区

缺少的组成部分，也是当地社区居民日常生活中很重要的内容。

小结

- 纽汉区休闲机会供应受到公共空间供应情况的严重制约。
- 伦敦纽汉区对供应不足的地区优先供应公共空间。
- 城市空间管理政治观点的变化形成了新的、代表当地居民的规划、评价与开发思想。
- 使用者的需要情况调查为规划部门提供了宝贵资料，以匹配公园和公共空间供应与当地需要之间的关系。
- 与其他国家进行的城市公园研究相比，出现了类似问题，如安全问题、特殊群体的使用情况和游览公园的原因。

该城市公园案例研究综合了本章中已经提出的许多理论与观点，最后讨论了管理与规划思想以及地理原则的贯彻情况。

七、城市旅游

本章后半部分探讨城市旅游的概念与理论，评述城市旅游作为值得研究的旅游现象的主要贡献，提出作为城市目的地的各种环境要素以及一些研究方法。然后提出了分析城市旅游中旅游体验的框架，讨论了城市旅游行为的主要方面：城市旅游者去往城市地区的哪些地方，他们参加哪些活动，他们如何认识这些地方，他们如何了解一个地方的空间属性，上述各个方面在他们的旅游行为中如何得到体现？最后讨论了城市旅游服务质量问题。

八、了解研究人员对城市旅游的忽视

阿施沃斯（Ashworth 1989）指出，在城市旅游研究中存在双重忽视现象。“从事旅游研究的人一般忽视了旅游活动发生的城市环境，而从事城市研究的人……却忽视了城市旅游功能的重要意义”（Ashworth 1989：33）。有些旅游教科书（如 Shaw and Williams 1994）从空间角度拓宽了早期城市旅游研究系统（如 D. G. Pearce 1987a），尽管人们越来越关注城市改造与旅游发展的关系（关于旅游与城市改造之间关系的详细评述，参见 Page 2000; Page and Hall 2002），但对城市旅

插图 5.1/5.2　肯特郡玛戈特。这是英国摄政时期发展起来的一个海滨度假地,经历了一系列发展阶段,现在主要是一个一日游目的地和低价位度假目的地。这里曾经是英国的主要旅游胜地之一。该城市现在正努力通过遗产旅游恢复活力,如修建特纳画廊。

游的研究仍然相对较少。大量研究已经注意到对城市旅游的忽视问题（参见Vetter 1985; Page and Sinclair 1989)。这一问题的存在对理解城市旅游现象造成了一定困难,但有证据表明,旅游文献中对这一课题的研究越来越多(参见 Vetter 1985; Ashworth 1989, 1992a, 1992b; Ashworth and Tunbridge 1990; Page 1995a, 1995b, 2000; Law 1996; P. E. Murphy 1997; D. G. Pearce 1998, 1999b)。虽然现在出版发表的学术成果越来越多，但并不意味着城市旅游已经被公认为旅游研究中一个独立的、显著的领域。这是因为城市旅游研究一般建立在描述性研究或经验案例研究的基础之上,无助于城市旅游的理论研究深化。事实上,正是某些有助于旅游研究的学科使这种方法长期保留下来，但案例研究方法不过是对各种案例情况进行描述说明，不能将案例推广到其他更广泛的问题使之具有普遍意义,也不能检验学术文献中提出的各种假设。对旅游学科的某些批评中指出,旅游研究缺乏复杂的方法(如 D. G. Pearce and Butler 1993)。阿施沃斯(Ashworth 2003) 在其《城市旅游：仍处于关注的不平衡状态？》回顾了他 1989 年的重要研究,得出结论认为：

> 的确仍然存在不平衡现象。然而,以前我发现这很难理解并感觉到,通过城市旅游研究的不断进步，在旅游领域能够提出比较平衡的研究方法，从而解决这一问题。现在我相信,不平衡现象是旅游研究性质和城市性质中所固有的。
>
> 阿施沃斯(Ashworth 2003:158)

阿施沃斯 (Ashworth 1992a) 认为, 城市旅游没有成为一个独立的研究重点：研究主要集中在城市内的旅游现象, 体现了劳 (Law 1996) 的观点："城市旅游只是大城市中得到认可的一种旅游形式”。对这种奇怪的矛盾观点进行的可能解释是,规划人员、商业利益集团和居民没有把旅游看做是城市的主要经济基础之一。旅游往往被看做是创造额外收入的附属手段,而当地主要经济活动也没有被认为与旅游有关系。关于城市旅游的这些消极观点意味着,公共部门和私营机构只是临时性、季节性和短暂性地利用旅游而忽视了旅游研究的严肃性。因此,导致了恶性循环:公共部门和私营机构研究活动的缺乏导致很难获得研究资料,利用社会调查技术收集一手资料又缺少足够资金,所以很难打破这一恶性循环。城市旅游研究缺少大量资金反映出 20 世纪 80 年代的普遍认识,此类研究是没有必要的。然而,随着 20 世纪 90 年代旅游者对欧洲许多城市造成的压力越来越大(如在坎特伯雷、伦敦、约克、威尼斯和佛罗伦萨),这种观点现在正发生变化,公共部门和私营机构正在认识到游客管理的必要性(关于这个问题的讨论,参见:英国旅游理事会/就业部 1991; D. Gilbert and Clark 1997; Meethan 1997; Snaith and Haley 1999),游客管理是增强、提高城镇旅游体验的方法。阿施沃斯(Ashworth 1992a)认为:

> 城市旅游研究需要提出一系列固有的分析理论、概念、技术和方法,能够进行比较研究,或者有助于理解旅游中城市的特殊作用,或者有助于理解城市功能中旅游的地位。
>
> 阿施沃斯(Ashworth 1992a:5)

对实现这些目标的过程进行评价的一种方式是,回顾一下旅游文献中提出的主要研究方法。

九、城市旅游研究方法:地理分析

要了解城市旅游研究如何提出了与众不同的方法,首先需要理解旅游者为什么寻求城市旅游体验。肖和威廉姆斯(Shaw and Williams 1994)指出,城市地区集中了各种设施与景观,位置优越,可以同时满足游客和居民的需要。但由于城市旅游目的地类型繁多,研究人员需要分析城市目的地表现出来的独特之处与相似之处。肖和威廉姆斯(Shaw and Williams 1994)明确了三个方面的问题:

- 城市地区的多样性:指有助于增强独特性的城市规模、功能、区位及其历史。
- 城市地区的多功能性:指它们同时为不同使用群体提供各种各样的功能。
- 城市地区的旅游功能:由于城市地区使用群体的多样性,所以并不单独为旅游者所消费。

阿施沃斯（Ashworth 1992a）提出了城市旅游理论，确定了研究人员所重视的三种分析方法：

• 城市地区旅游设施供应情况分析：包括调查与评价（例如，住宿设施、娱乐设施和旅游服务设施的空间分布情况），利用城市生态模型；确定目的地提供的旅游产品。

• 城市旅游者的需求分析：研究城市地区的旅游人数，旅游者选择游览城市的原因及其行为特征、旅游态度与期望值。

• 城市旅游政策分析：公共部门（如规划部门）和私营机构研究的与其自身利益有关的城市旅游具体问题。

莫林斯（Mullins 1991）和洛克（Roche 1992）从理论的角度对城市旅游提出了进一步解释。尽管这些研究并不对城镇旅游体验产生直接影响，但在城市旅游研究中不应忽视其重要性：它们解释了许多工业基础衰退的城镇期待发展旅游等服务业而突然产生的这种意向。两个人的研究都分析了后工业社会发生变化期间的城市旅游发展情况及其与资本生产模式结构调整之间的关系。换言之，他们质疑了后工业时代城市旅游的开发与经营过程及公共部门旅游休闲政策的影响力。其中的一个研究成果强调了政府、尤其是地方政府在城市地区发展旅游休闲生产与消费服务业方面的作用，这是对经常导致地方失业的资本主义社会结构调整做出的反应。同时还说明了城市旅游促销中旅游地市场营销具有的重要意义（Ashworth and Voogd 1990a, 1990b; Gold and Ward 1994; Gold and Gold 1995; Hall 1997b），因为目的地要以其文化遗产旅游在市场中重新确立形象、重新定位（Houinen 1995; Judd 1995; Bramwell and Rawding 1996; Chang et al. 1996; Schofield 1996; Dahles 1998; Hall and McArthur 1998）。

莫林斯（Mullins 1991）提出的“旅游城市化”概念也很有用，因为它有助于确定城市旅游目的地的类型：

• 首都城市
• 大都市中心、有围墙的历史城市和小型要塞城镇
• 大型历史城市
• 城市市区
• 恢复活力的滨水区
• 工业城市
• 海滨度假地和冬季体育度假地
• 专门建设的综合性旅游度假区
• 综合性旅游娱乐建筑

- 专业化旅游服务中心
- 文化城市/艺术城市

(根据佩奇,Page 1995b: 17)

这种分类说明了城市目的地的多样性,强调了没有合适的理论依据、而从个别案例研究中得出普遍观点存在的问题。佩奇和霍尔(Page and Hall 2002)为理解城市旅游的复杂性提供了参考框架,如图 5.5 所示,说明在供应、需求和外部因素之间存在许多相互关系。

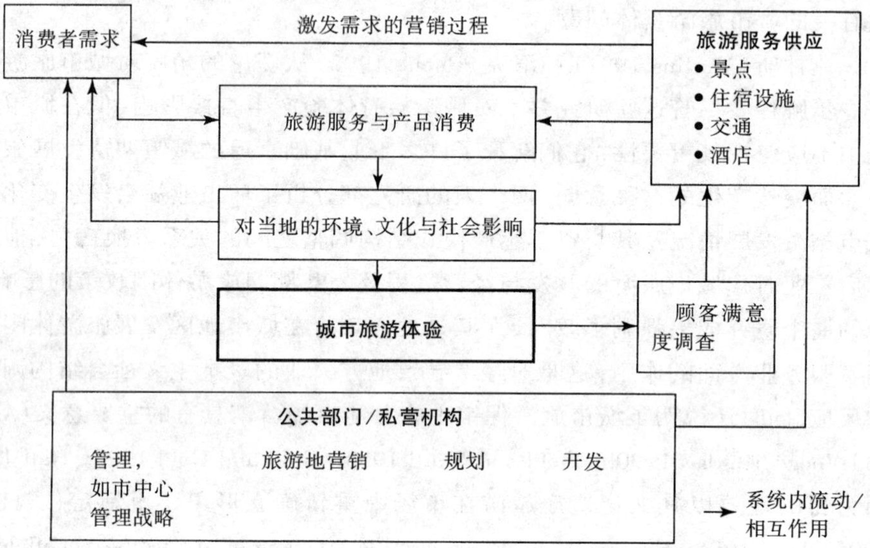

图 5.5 城市旅游系统分析方法

资料来源:佩奇(Page 1995a)

城市旅游阐释:从概念到理论分析

佩奇和霍尔(Page and Hall 2002)指出,地理学对后现代主义的研究日益增多(如,Dear 1994, 1999; Dear and Flusty 1999),明确了后现代时期城市的特征。这些特征强调了社会学文献在城市旅游生产与消费地点和空间研究上的重要意义。后现代时期出现了具有空间性的文化转型,文化产业体现了艺术、休闲与旅游的形式。迪尔和弗拉思蒂(Dear and Flusty 1998)创造了大量词语来描述后现代时期的城市景观,其中包括:

• **私营乌托邦**:城市边缘地区的住宅形式与住房建设。

• **异质大都市文化**:在种族主义、结构不平等、失去家园和社会动荡过程中形成的文化多元性和社会两极性。

• **作为主题公园的城市**:在汉涅根(Hannigan 1998)的《幻想城市》中有所体现。

• **设防城市**:居民关注安全、恐惧和犯罪问题,建造了"大量设防房间",与"恐怖地点"形成鲜明对照,警察努力控制犯罪行为。

• **禁止入内的空间**:城市内不允许人们进入的空间(如,作为私人空间的购物中心取代了作为公共空间的繁华街道)。

对于后现代时期的城市,迪尔和弗拉思蒂(Dear and Flusty 1998)认为:

> 本质上讲,芝加哥学派(如 Burgess 1925)提出的同心环状结构是城市围绕一个中心点展开形成的格局。相反,我们确定了后现代时期城市发展过程,其中城市边缘给市中心带来了生机。
>
> 迪尔和弗拉思蒂(Dear and Flusty 1998:65)

城市中心不再是给发展带来明显控制性影响的因素。相反,迪尔和弗拉思蒂(Dear and Flusty 1998)指出,在许多非邻近的消费空间形成了基诺(Keno)资本主义。城市化及其发展过程远比旅游休闲空间的形成复杂。为此,佩奇和霍尔(Page and Hall 2002)建立了后现代时期城市旅游模型,其中资本决定了消费体验的性质、形式与范围;形成的旅游休闲景观是社会文化层面的组成部分,增强了城市结构的多样性。游客可能不容易辨别出旅游城市是一个独特的实体,因为消费体验常常是在不同区域完成的。

图 5.6a 说明了正在发生的一系列过程,包括返城运动,旅游与休闲的衔接区,传统城市中心受到空间范围广大的外埠城区的挑战(如 Garreau 1991《边缘城市》,Hannigan 1998《幻想城市》),如主题公园和休闲娱乐区。这些发展变化进一步强调了社会排斥与社会两极化,如图 5.6b 所示,返城运动清除了大量街区,原有住宅区的消费活动使街区边缘化。这种情况有利于被洛克(Roche 2000)称为"新城市旅游"的发展,米塞尔(Meethan 1996)指出:

> 旅游涉及视觉符号、幻影和演出活动消费,其中城市景观被转换为休闲娱乐的审美空间……在这些消费空间内……可以从事各种活动,如散步、就餐、喝饮料、观看演出和街头娱乐活动,或者从视觉上欣赏地方遗产和地方文化。
>
> 米塞尔(Meethan 1996:324)

为此,需要重视"城市旅游体验"的概念,这是评价城市旅游现象某些方面的依据。

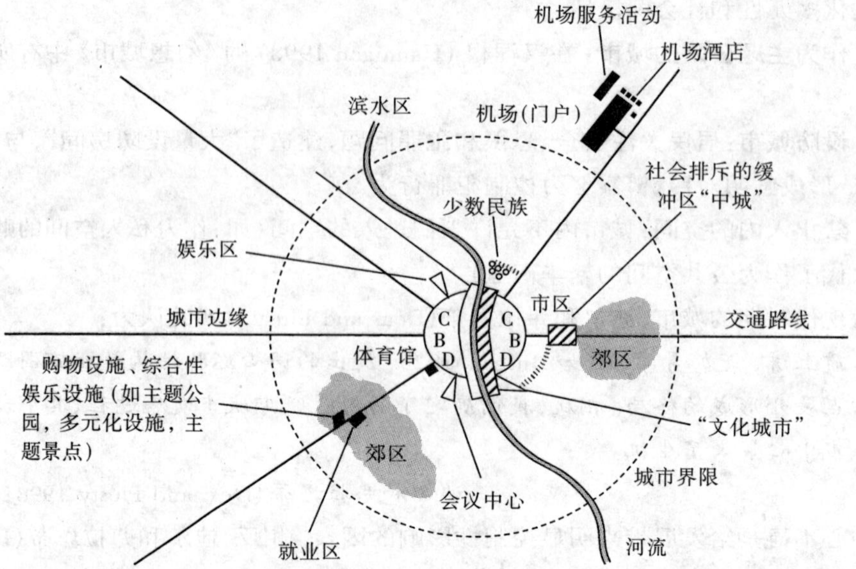

图 5.6a　旅游、休闲与后现代时期城市

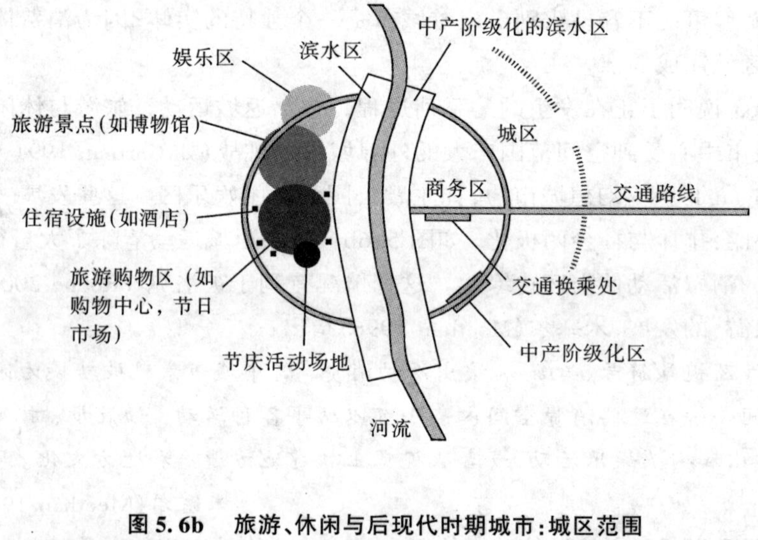

图 5.6b　旅游、休闲与后现代时期城市：城区范围

十、城市旅游体验

游客满意度(如 Ryan 1995)和游客体验方面的研究文献在不断增多。就城市旅游而言，格雷夫和瓦斯科 (Graefe and Vaske 1987) 提出了许多重要观点和一个十分有用的参考框架。他们认为，"旅游体验"是确定个体体验十分有用的一个术语。"体验会受到个体因素、环境因素、情景因素和个性因素以及与其他人沟通程度的影响。研究人员和旅游业人士经常评价、确定实际体验是否能达到旅游者的期望"(Page 1995a: 24)。影响游客体验的因素十分复杂(图 5.7)，因此，这个概念操作起来可能比较困难。例如，主要旅游景区点发生的拥挤程度(如坎特伯雷、威尼斯、圣保罗大教堂、伦敦和伦敦塔) 会对拥挤忍受门槛较低的游客产生负面影响。然而，与此相反，有的游客受使用程度影响较小，这说明了旅游动机研究领域需要关注的一个问题——预测游客行为及其对特定情景做出的反应。格雷夫和瓦斯科 (Graefe and Vaske 1987: 394) 指出，"事实上，使用程度增加对休闲旅游体验产生的影响只能从一定程度上解释为……使用程度产生的结果"。因此，评价旅游体验质量是一个复杂的过程，需要充分考虑旅游动机因素(即，旅游者对城市地区的感知如何促使他们倾向于游览特定地点)、实际活动特点及期望与感知的匹配程度(Page 1995a: 25)。为此，下面要讨论某些城市旅游体验及影响游客满意度的行为问题的意义。鉴于游览城市地区的游客多种多样，因此有必要明确城市旅游的市场。

- 游览时的天气状况
- 城市的整洁程度与维护程度
- 游客的个人安全性
- 当地居民对游客热情欢迎的程度
- 文化设施与艺术设施范围
- 拥挤程度
- 城市的餐饮设施
- 城市商品与服务的价格水平
- 充分的急救医疗服务
- 现有住宿设施的标准与质量
- 城市的审美价值观(环境与美化)
- 城市景点与名胜的可进入性
- 旅游从业人员的外语水平
- 城市环境氛围
- 现有夜生活和娱乐活动
- 休闲购物的享受程度
- 当地居民的为人助乐程度

图 5.7　评价城市旅游体验应考虑的因素

资料来源：根据海伍德和马勒(Haywood and Muller 1988)整理

观察与思考:首都城市的旅游

首都城市代表着城市旅游的一种特殊情况。加拿大国家首都委员会指出,“首都的独特之处在于综合了政治、文化、象征与行政职能”。首都是“政治中心和国家的象征,在这里做出重要政治决策。同时又体现了本国的文化和历史,突出过去,展示现在,预测未来”。尽管这些评论具有明显的政治意义和文化意义,但对首都城市旅游价值的研究很少,甚至被低估了(J. Taylor et al. 1993; C. M. Hall 2000a, 2002b)。虽然如此,首都的地位仍然是很重要的。首都是政府运转的行政政治基地,对那些在首都工作的人或试图游说政府影响决策的人的公务旅行具有一定影响。除了公务商务旅行外,首都城市还以其丰富的文化、遗产和象征作用而对旅游发展具有重要意义。它们常常是一些国家大型文化机构的所在地,展示了民族文化,对民族遗产的保护与宣传具有重要作用(Therborn 1996)。因此,文化艺术机构的集中会影响到文化旅游者的旅游行为,并有助于提高整个城市的形象。如果首都地位失去了,将会对旅游人数产生重大影响,德国统一后,首都从波恩迁到柏林的例子就说明了这种情况,柏林的过夜游客人数大幅增长,而波恩却不断下降。

对旅游来说,在品牌创建和文化宣传方面利用首都的影响是十分重要的,不仅有利于旅游地促销,而且能够吸引高层次文化旅游者。的确,随着全球经济环境竞争的日益加剧,旅游地营销不断加强,这种创建地方品牌和提高地方竞争力的做法也是合理的。然而,首都或首府的政治、行政与象征功能是针对一个国家或一个省份而言的。杜博和戈登(Dubé and Gordon 2000: 6)指出,“对政府所在地城市进行规划,常常要重视其政治功能和象征作用,这是不同于其他城市地区的地方”。首都城市的历史发展也使其成为重要的交通门户或枢纽,如伦敦和巴黎。

说明首都城市地位与旅游之间关系的一个例证是加拿大首都渥太华,渥太华于1867年被宣布为新加拿大联邦的首都。旅游业现在对渥太华地区的经济贡献超过10亿加元,而且扩大了就业,增加了政府税收。渥太华的例子很好地说明了古特曼(Gottmann 1983)的观点:“首都城市成为一个国家不同地区之间的黏合剂”。渥太华位于加拿大英语区和法语区之间,这里还有多种生态区(NCC 1999)。渥太华作为首都城市,有着独特的魅力。1991年进行的一项调查表明,85%的被调查者认为这是年轻人了解祖国的一个理想地方，57%的被调查者认为了解加拿大是很重要的事情(NCC 1991)。的确，来渥太华－赫尔的游客分享的独特之处是“参观象征和体现整个加拿大的国家文化机构和自然标志”(NCC 1991:v)。

国家文化机构(如博物馆)的功能是展示、保护与说明过去、当前和未来的民族现象和人类成就，还通过各种媒介传达社会知识、文化知识、政治知识、科学知识、技术知识或其他知识。

国家首都委员会(NCC 1999:63)

使渥太华首都城市地位作用得以发挥的主要机构是“国家首都委员会”，其使命是“通过展示加拿大首都地区，增强自豪感与统一性”(NCC 2000a:5)。“国家首都委员会”成立于1959年，通过加拿大遗产部部长，向加拿大议会定期汇报工作。

显然，“国家首都委员会”不是一个主要旅游机构，但这些年来其工作与政策却为该地区创造了大量旅游资源和旅游景点，并通过营销促销活动为城市树立了形象。但不能夸大“国家首都委员会”对旅游的意义。坦布里奇(Tunbridge 1998)指出：

在无人管理的情况下，渥太华的旅游资源将会是比较适度的：自然休闲环境迷人，但在全国并不很独特；历史氛围浓厚，但在国际上并不突出……

坦布里奇(Tunbridge 1998)

国家首都委员会“的存在是为了通过创建伟大的首都，增强民族自豪感”(NCC:2000a:8)。自20世纪90年代初以来，实现这一战略目标的关键是通过城市改造在国家首都地区(NCR)建立了核心区。为实现其目标，国家首都委员会“改造了百汇市场，利用商业设施和住宅项目恢复了活力，保留了独特的遗产社区特征”，并正打算改造火花街道商业区：

它离议会山仅有一个街区之远……成为“民众区”和“首都区”交接的地方，代表了渥太华，在一定程度上也代表了加拿大。因此，火花街道恢复活力代表着加拿大对未来充满活力的承诺，未来深深植根于过去。

国家首都委员会(NCC 2000a:3)

(另见 Tunbridge 2000 对市场区改造的讨论)具有重要意义的是，未来旅游发展重点是将国家首都区建成“一个生态目的地……然而，为了充分满足未来旅游者的需求——不仅是生态旅游者，还包括人数越来越多的商务人员、参加会议人员和老年人——国家首都委员会必须新建首都服务设施与基础设施(NCC 2000a:9)。另外,国家首都委员会在渥太华地区还修建了一系列能发挥历史作用的风景区干道,作为乘汽车者和骑自行车者的休闲游憩长廊,同时还与公交系统衔接起来,成为国家首都地区的“门户”,使其仍然“影响着游客的感觉,体现着首都的形象与景观”(NCC 1998:52)。

十一、城市旅游市场:资料来源

确定城市旅游的规模、人数和不同的市场是研究人员长期以来一直面临的问题。城市旅游是欧洲许多首都城市的一项重要经济活动,但确定每个地区的旅游市场还存在很大问题。佩奇(Page 1995a)分析了世界旅游组织和经济合作与开发组织出版的统计资料,详细评价了国际上在城市旅游方面的主要资料来源。这些资料来源通常都采用住宿设施中统计的国内外旅游人数,作为衡量旅游活动规模的手段。就城市旅游而言,要求研究人员了解各个国家旅游住宿设施的空间分布情况,确定旅游活动的规模与分布情况。大多数住宿设施分布在城市地区的国家,这样的统计资料为研究工作提供了一手资料来源。这些资料可能涉及了某些类型的游客(如商务旅游者和度假旅游者),而那些住在城市地区亲朋好友家中的游客却被遗漏了。在研究城市旅游资料来源方面,最著名的是考克莱尔(Cockerell 1997)对欧洲情况的研究。考克莱尔(Cockerell 1997)认为,众所周知的是,城市商务旅游的资料很难监控,因为商务旅游往往与城镇地区大量非旅游功能和特定的活动联系在一起,由于城镇是地区与国家的中心地,从而集中了各种商务活动,如会议、奖励旅游和展览市场(MICE)。这些商业活动要求具有专业性的设施与基础设施,因此常常位于城市地区,以利用各种配套设施,如住宿设施、交通枢纽和大量旅游景点,为会展旅游活动提供更大便利。

考克莱尔(Cockerell 1997)指出,由于调查方法不同、抽样技术不同、专业术语使用不一致或对何谓城市旅游者存在分歧,欧洲很少存在城市旅游的比较性资料。例如,欧洲的许多调查工作认为一日游市场不是一种纯粹的城市旅游形式,从而将其排除在调查以外。考克莱尔(Cockerell 1997)提到了唯一的全欧资料来源——**欧洲旅游监测记录**。城市旅游部分仅指度假旅游者,忽略了商务旅游者和探亲访友旅游者,仅包括那些至少停留一晚的国际旅游者。大量其他资料来源,包括学术研究成果(如 Mazanec 1997)和巴黎与威尼斯的研究机构,提供了城市旅游需求方面的研究资料。事实上,马佐耐克(Mazanec 1997)的研究水平最高,尽管许多研究仍然集中在案例研究,但却充分代表了地理学者的研究成果。

即使在能够使用这些统计资料的情况下，它们也只是初步分析了旅游人数与规模,而分析具体的城市旅游市场需要更详细的资料。例如,佩奇(Page 1995a)研究了市场研究人员分析城市地区旅游市场所使用的各种市场细分方法,这些方法有利于了解游览城市地区的游客类型及其旅游动机。表 5.7 强调说明了旅游文献中提出的游览城市目的地的动机的两种类型。然而,詹森(Jansen-Verbeke 1986)却指出,区分旅游城市的不同游客存在方法问题。例如,伯顿肖等(Burtenshaw et al. 1991)探讨了城市功能区的概念(图 5.8),不同游客来城市旅游寻求的是某些特征(如历史城市、文化城市、夜生活城市、购物城市和观光城市)。换言之,城市及其腹地的居民和游客都使用旅游城市的各种资源,但有些使用群体对某些区域的使用次数要超过其他区域。因此,旅游城市是一个多功能地区,这一特征加大了确切划分使用者及其游览区域/设施的难度。

表 5.7　城市旅游类型

布兰科和派特科维奇 (Blank and Petkovitch 1980)根据旅游动机,将城市地区旅游划分为:	佩奇(Page 1995a : 48)提出了城市地区旅游的更多动机:
• 探亲访友	• 探亲访友
• 商务会议旅游	• 商务旅游
• 户外游憩活动	• 参加会展活动
• 娱乐观光活动	• 教育方面的原因
• 个人事务	• 文化遗产旅游
• 购物	• 宗教旅游(如宗教朝圣)
• 其他因素	• 参加标志性事件
	• 休闲购物
	• 一日游

阿施沃斯和坦布里奇 (Ashworth and Tunbridge 1990) 倾向于从消费动机的角度来分析城市旅游市场,强调消费者对特定城市旅游产品的购买目的、态度、观点和兴趣。他们所做的最重要区分是旅游资源的使用与非使用之间的区分,划分了有意使用者(旅游动机受城市特点驱使)和偶发使用者(认为城市特征与其旅游活动无关)。他们提出的四类使用者如下:

- 来自城市外部的有意使用者(如度假旅游者和遗产旅游者)
- 来自城市内部的有意使用者(如使用休闲娱乐设施的居民)

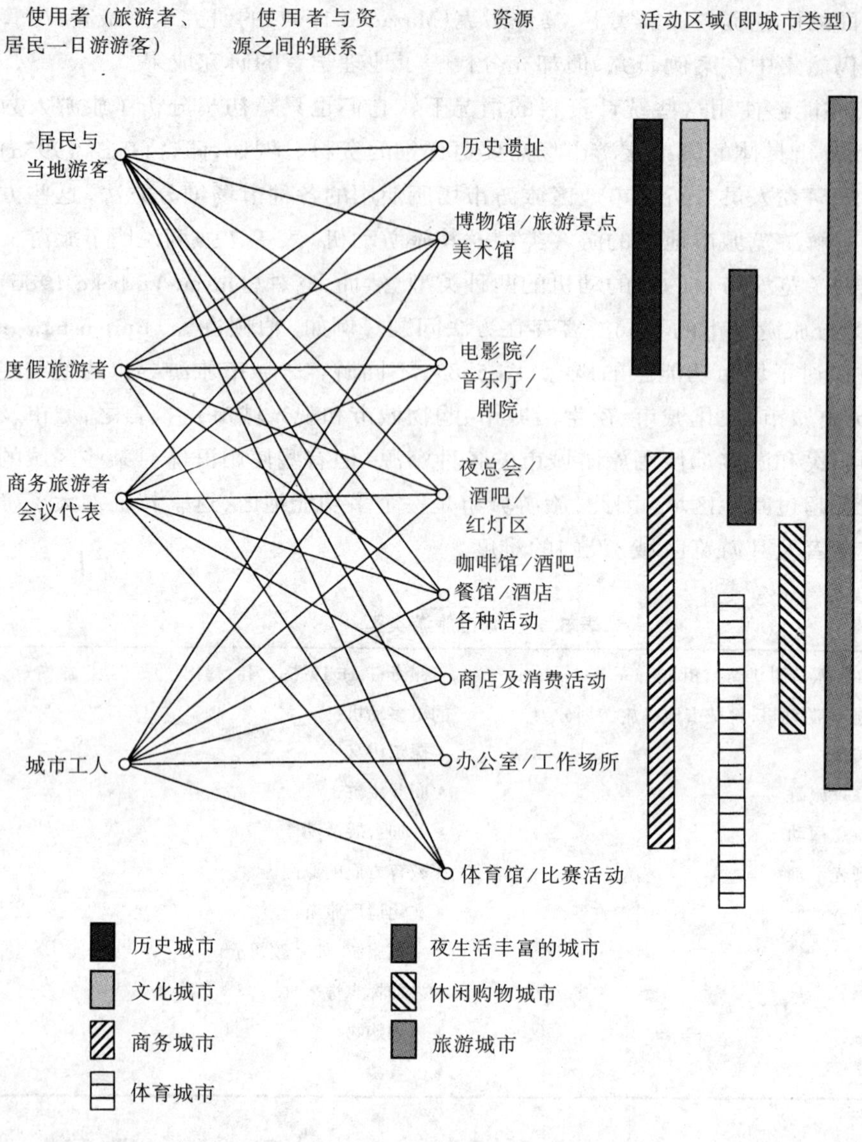

图 5.8 旅游城市功能区

资料来源：根据伯顿肖等(Burtenshaw et al. 1991)整理

• 来自城市外部的偶发使用者（如商务旅游者和会展旅游者及探亲访友旅游者—非休闲游客）

• 来自城市内部的偶发使用者（如从事日常工作的居民—非休闲居民）

这种方法认识到了态度的重要性及对城市的使用情况，而不是按照游客的地理来源划分。尽管这种方法遇到的实际问题是旅游者游览城市可能以一种动机为主，但任何目的地都可能有多个使用群体，阿施沃斯和海安（Ashworth and Haan 1986）研究了英国历史旅游城市诺里奇的游客情况，即证明了这一点。在其研究中，旅游者自行确定游览诺里奇的最重要动机。尽管 50% 的度假旅游者为该历史城市的有意使用者，但市场的其余部分存在重大差异。然而这并没有确认由阿施沃斯和坦布里奇（Ashworth and Tunbridge 1990）提出、后由盖茨（Getz 1993a）在地理学领域推广的多用途假设。在分析了与城市旅游市场研究有关的一些方法问题后，下面要探讨城市旅游分析中的行为问题。

十二、城市旅游：行为问题

城市地区的旅游活动及其特点将会受到各地景点、设施与服务供应情况的影响。因此有必要了解旅游服务生产的经营组织方式及旅游者在各地消费产品的方式、消费的原因、消费了什么和他们对旅游消费行为做出怎样的可能解释。劳（Law 1993）认为：

旅游是在住地以外进行的消费；需要了解人们如何和为什么进行旅游消费的……在生产方面，需要了解旅游活动的发生地点和规模大小，涉及城市创造旅游资源和旅游业的过程。

劳（Law 1993）

詹森（Jansen-Verbeke 1986）在荷兰提出了一个概念，用以分析城市地区的旅游消费与生产，即"休闲产品"。城市地区的设施可以划分为"主要设施"、"次要设施"和"辅助设施"（详见 Jansen-Verbeke 1986 对此问题的讨论）。为了区分不同使用群体，詹森（Jansen-Verbeke 1986）确定了"旅游者"和"休闲者"为游览荷兰三个城镇（丹尼特、坎本和佐勒）的主要原因和次要原因。市内环境为怀有不同主要动机的各种游客提供了休闲功能。詹森（Jansen-Verbeke 1986）指出：

一般情况下，每天来自城市地区外部的游客（旅游者）大约占全部游客的 1/3。需要进行区分的是工作日、赶集的日子和周日。天气状况证明很重要……城市市区在雨天能作为休闲替代的假设是站不住脚的。

詹森（Jansen-Verbeke 1986：88－9）

在不同使用群体当中，旅游者一般停留时间较长，其主要游览动机是"放松"、"观光"和"参观博物馆"。虽然如此，休闲购物也是休闲者和旅游者的一个重要"拉动因素"，当然对休闲者的意义更大。按照先后顺序，詹森（Jansen-Verbeke 1986）要求游客对其游览的休闲产品不同要素的重要性做出评价。结果表明，旅游者和休闲者对城市休闲产品要素及其特征的评价并没有太大程度的差别。尽管休闲游客更重视购物设施，而不太看重节事活动和博物馆，但环境的历史特征、装饰情况及市场、餐馆和市区的紧凑性等其他要素对游客有很大的吸引力。因此，“城市内部旅游系统的理论方法来源于市内环境的共同特征、旅游行为及宣传促销活动”(Jansen-Verbeke 1986:97)。这说明，城市旅游分析中将理论体系与经验主义的研究结果联系起来具有很大意义，同时还需要借鉴其他城市地区的研究成果来检验关于城市旅游者行为的假设、理论和解释是否有效。但是，来城市地区的旅游者是如何了解、适应和感知旅游环境呢？

十三、旅游者对城市环境的感知与认识

旅游者之间如何相互作用及旅游者如何获取关于城市地区的信息，是旅游研究中，尤其是城镇旅游研究中一个十分薄弱的研究领域。该研究领域一直被认为是社会旅游心理学的特长，但社会心理学家进行的大量研究集中在动机方面（如Guy and Curtis 1986 提出的感知地图）。

回顾一下旅游社会心理学文献可以发现，对旅游行为及旅游者对游览的新环境的适应性的研究成果很少。这多少有点令人吃惊，因为“旅游者是暂时离开常住地、游览陌生地区的人”(Walmesley and Jenkins 1992:269)。因此，我们需要考虑众多的基本问题，包括：

- 旅游者将会如何了解他们要游览的地区？
- 旅游者如何适应不熟悉的环境？
- 利用城市环境中的什么特征来构建旅游者在不熟悉环境中的体验？
- 旅游者形成了什么样的心理地图和形象？

这些问题在旅游规划中相当重要，因为旅游者使用的设施及寻求的活动将会受到环境认识程度的影响。这还会影响到旅游景点和设施的商业经营，因为如果不了解城市环境及城市内的景点，意味着旅游者不会来旅游。理解旅游者如何与环境发生相互作用，从而构建真实世界的形象，一直是社会心理学和行为地理学的研究重点（参见：Walmesley and Lewis 1993:95 – 126)。地理学者对各种类型游客的地理空间感知产生了日益浓厚的兴趣(Downs 1970)。行为地理学者强调，需要研究人们的空间信息储存方式以及“对环境中不同活动与地点的选择情况”(Walmesley and Lewis 1993:95)。图 5.9 表明了个体对城市环境的感知过程。海恩斯(Haynes 1980)认为，这样有点过于简单化，任何两个个体对城市环境不可能有完全相同的形象，因为他们所接收到的信息要受到思维过程的影响。通过感官(如

视觉、听觉、嗅觉、味觉和触觉)接受信息的过程称为**感觉**。由于我们的感官可能只理解全部所接收信息中的一小部分,人脑就会对信息进行筛选,并通过**认知**过程与个体的知识、价值观和态度联系起来(Page 1995a:222)。感觉和认知过程的最终结果是形成了一个地方的心理形象。这些形象是个体自身对现实的观点,但对个体和群体决定目的地选择、是否重游以及旅游体验感觉是很重要的。汤斯和思蒂(Downs and Stea 1977:2)指出,"认知地图是代表世界在某时某瞬间的截面",克朗和特拉夫鲁(Crang and Travelou 2001)探讨了雅典历史古迹的情况。在心理学文献中,居里勒和拉德万斯基(Curiel and Radvansky 2002)指出,研究这个问题的一条途径是了解人们如何记住了地图以及地图的使用对其心理活动产生的影响。

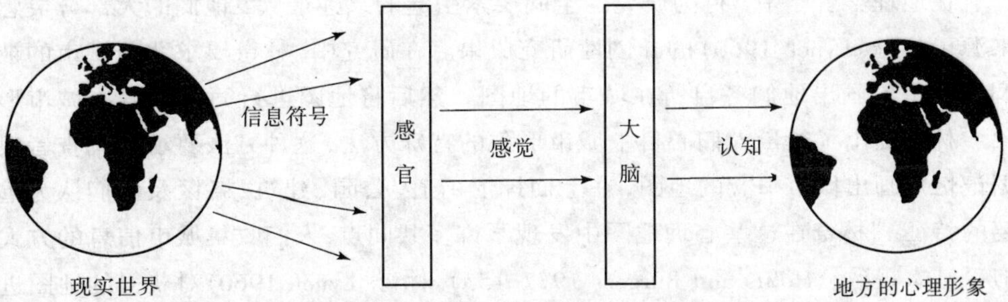

图 5.9 地方的感觉过程

沃姆斯利和刘易斯(Walmesley and Lewis 1993)指出:

然而,对感觉与认知进行区分是一种启发手段,而不是基本的二分法,因为在许多情况下,认知包含了感觉,两者在与环境相互影响的过程中都受到经验、信仰、价值观、态度和个性等因素的调节,人类只是看到了他们想看的那部分。

沃姆斯利和刘易斯(Walmesley and Lewis 1993:96)

因此,当旅游者个体在与其游览的陌生环境(或者回头客所熟悉的环境)发生相互作用的时候,他们在心中就形成了关于环境的认识了解。帕乔内(Pacione 2001:353)指出,"某些地方以其与众不同的特征或意象而被认为独具特色或令人难忘",从而形成了一种强烈的**地方感**。这可以解释为人们通过亲身体验、深刻记忆和明确意图而对某个特定地点形成的依恋感,图安(Tuan 1974)将这种情况称为"恋地情结"。这与休闲游憩的关系更大些,因为人们的日常生活深深植根于其居住地,但这些问题与城市旅游也有关系,因为它们可以使旅游者在游览地变得更自信,形成了一定程度的地方感。

根据鲍威尔(Powell 1978:17-18)的观点,环境形象包括如下十大要素:

- 说明个体在世界上位置的空间要素
- 使个体与他人和组织发生联系的个人要素
- 与时间流有关的时间要素
- 与个体将宇宙看作规律性系统有关的要素
- 意识要素、潜意识要素和无意识要素
- 确定性与不确定性的结合要素
- 现实性与非现实性的结合要素
- 表示形象共享程度的公共要素和私人要素
- 确定形象好坏的价值观要素
- 影响形象渗透到感觉的要素

在地理学者当中，行为研究的空间要素引起的兴趣最大，他们的大部分灵感来源于林奇（Lynch 1960）的开创性研究成果。在研究中，林奇要求北美城市的被调查人员勾画出他们各自所在城市的地图，然后将地图进行简化，得出城市形象。林奇提出了衡量人们心目中城市形象的特殊方法，这种方法要求被调查者根据记忆勾画出城市中心的地图，在上面标上街道、公园、建筑、各区及他们认为重要的特征。"林奇在这些心理地图中发现了许多共同点，人们收集城市信息的方式似乎基本一致"（Hollis and Burgess 1977: 155）。林奇（Lynch 1960）对获得的地图进行简化后发现了五个要素，它们是：

- **道路**　是每个人都要经过的路线。
- **边沿**　包括障碍物（如河流）和使两个区域分隔开的边线。
- **区域**　是中等或大型的城市区域，有明显的特征。
- **节点**　是城市内的战略地点，个体可以进入，也是旅游的焦点。
- **地标**　用作旅游过程中的参考点，但个体不能进入。

（参见图 5. 10，林奇提出的景观要素示意图）

对来城市地区的旅游者进行的此类研究表明，他们在游览期间收集的信息将会构成地方形象，这种形象将影响他们对该地的感觉和印象。此外，这种感知城市意象与可辨认性密切相关，即个体对城市各部分的认识程度。因此，易于辨认的城市是：其中的道路、边沿、区域、节点和地标是明显能够辨认出来的，它们相互之间的位置也是很明显的（Walmesley and Lewis 1993: 98）。林奇认为，事实上，设计成功的城市景观包括两大理想要素：**感知意象**（景观中激发观赏人员强烈情感反应的客体的价值）和**可辨认性**（将城市各要素视为一个内在整体的程度）。

对于林奇提出的城市景观要素辨别，尽管有时候显得有点紊乱，但它的确有助于研究人员了解个体对环境的感知方式。有的研究人员批评林奇在波士顿、洛

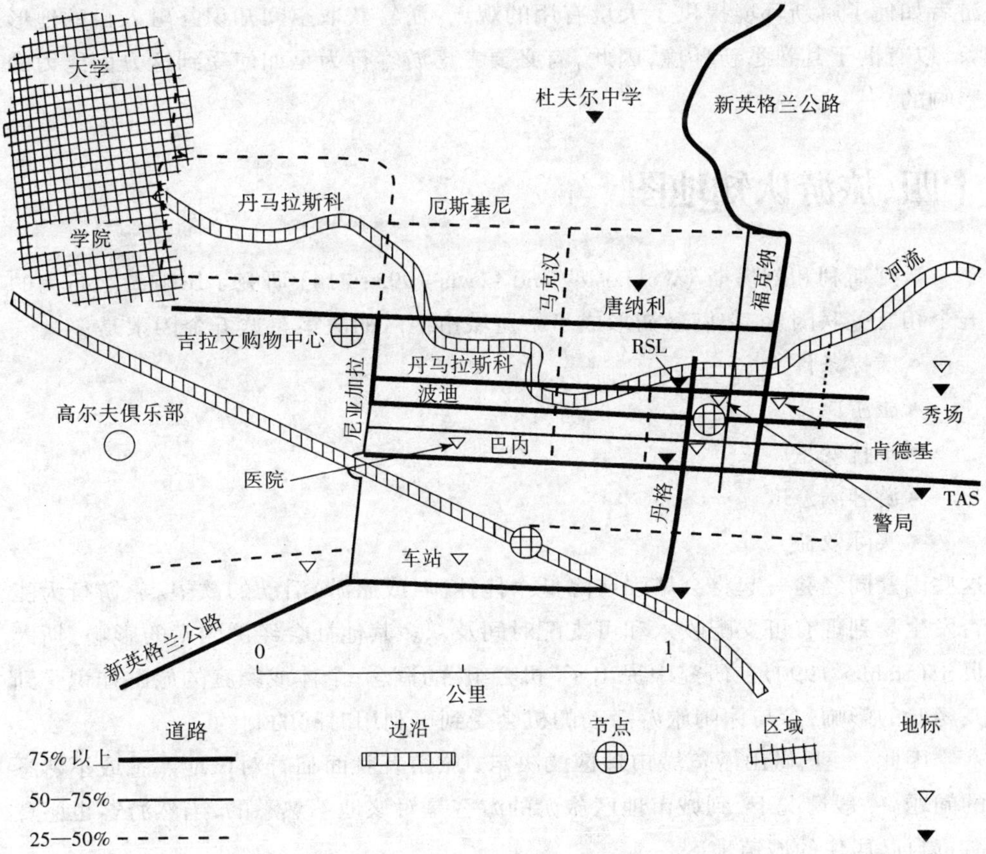

图 5.10　林奇勾画的新南威尔士阿米德尔景观

资料来源：根据沃姆斯利和刘易斯(Walmesley and Lewis 1993: 127)

杉矶和泽西等城市调查的样本人数太小，仅有 60 人，其实林奇研究工作的真正价值在于随后激发了其他人的研究兴趣和调查活动。事实上，林奇(Lynch 1984)在回顾其工作时也指出，在制定公共政策时利用其研究结果存在一些问题，因为许多城市在个性与建设方面大相径庭，各有特色。沃姆斯利和刘易斯(Walmesley and Lewis 1993)评述了与意象研究方法有关的许多问题，较多关注了从此类研究中能否获得一般结论的问题。此类研究的确有助于了解人们如何看待、如何理解城市景观以及如何将复杂的城市景观要素综合为城市的形象。虽然如此，对环境形象空间研究的批评仍然认为它"借用了其他方法，利用了杂七杂八的概念，随意挪用了各种理论"(Downs and Stea 1977:3，引自 Walmesley and Lewis 1993)。就旅游而言，沃姆斯利和詹肯斯(Walmesley and Jenkins 1992)认为，旅游认知地图为研究旅游者如何了解新环境提供了大量有用的观点。游客获取空间知识并融入目的地形象，以有助于其熟悉新环境，因此，有必要考虑游客行为是如何受到这方面能力的影响的。

十四、旅游认知地图

沃姆斯利和刘易斯（Walmesley and Lewis 1993：214）研究了影响游客行为的五个相互关联因素，它们最初形成了游览城市地区的决策。这五个因素是：

- 前提条件
- 旅游愿望
- 干扰变量
- 游客满意度
- 实际效益

这些因素同经验一起将会增强或降低个体休闲（或旅游）活动的欲望。旅游行为能否发生受到现有可支配收入和可支配时间及众多其他社会经济因素的影响。斯太贝乐（Stabler 1990）在研究中提出了“机会组”的概念，个体或家庭的旅游知识受到其经验的影响，参与休闲旅游活动的机会受到可利用时间的制约。

因此，一旦做出游览城市地区的决定，旅游者就面临着对该地熟悉或不熟悉的问题。一般情况下，到城市地区旅游的游客是对该地不熟悉的，当然游客也愿意游览自己居住的城镇地区。

P. L. 佩尔斯（P. L. Pearce 1977）对旅游认知地图研究做出了开创性工作。他利用初次到英国牛津访问的游客勾画的地图，分析了地标、道路和区域的作用。得出的结论表明，游客通常到访问的第二天就能迅速形成认知地图。值得注意的一点是，研究中有证据表明，对环境的了解有一个过程。沃姆斯利和詹肯斯（Walmesley and Jenkins 1992：272）对 P. L. 佩尔斯（P. L. Pearce 1977）的研究结果进行了评论，指出：

- 地标、道路和区域的数量随着时间推移而增加。
- 明确的地标数量在 2—6 天内会增加，认知的区域数量在 2—3 天内就会增加。
- 最终勾画出来的地图是很复杂的，没有一个因素起主导作用。

P. L. 佩尔斯（P. L. Pearce 1981）后来进一步研究了旅游者如何认识昆士兰北部线路（汤斯维尔至凯恩斯之间、长 340 公里的狭长地带）的问题。研究表明，经验变量是影响认知地图的一个重要因素。例如，司机比乘客了解得更详细，年龄和以前曾经过此路线也是重要的影响因素。但沃姆斯利和詹肯斯 (Walmesley and Jenkins 1992:273)认为,“除了瑞典的阿尔德斯科吉尔斯(Aldskogius 1977)和澳大利亚的穆瑟(Mercer 1971a)以外,很少的研究工作关注过旅游认知地图”。然而,帕乔内 (Pacione 2005:355) 指出:“尽管认知地图能够确定城市内各个区域,但它却无法获取地方感……为了实现这个目标,我们需要从认知地图转向建立在人本主义思想基础之上的‘意义地图’,了解各个地方对人们的意义。”这是一种更注重现象的研究方法,与人种学 (参见 Jackson 1985) 和城市研究芝加哥学派的早期工作有较强的联系(Park et al. 1925; Wirth 1938)。很明显,对城市环境中的旅游者而言,人类需要应得到满足,特别是城市设计中应包括:先天的安全需要,透明需要(如,能够方便、自由地移动,即 Lynch 1960 称之为可辨认的城市),能够进行社会交往的环境(如公共空间),位置便利的设施,参观城市休闲产品的区域,游览期间获得地方感的机会。就后者而言,城市休闲战略(参见 Page and Hall 2002)不仅要进行物质改造,而且要进行大量投资重塑尚未使游客强烈意识到的地方形象,使之具有鲜明的意象和地方感。这也是帕乔内 (Pacione 2005) 中所说的适于居住城市的内容,因此城市环境的规划与设计要努力为居民和短期停留的游客创造更好的生活环境,使之获得一种更强的地方感,而不是像英国《废物城市:住在英国的五十个糟糕地方》(Jordison and Kieran 2003)中所说的那样差。西方国家的许多政府战略把努力改善生活环境作为基础,同时也要吸引旅游者,曼彻斯特在主办了英联邦运动会后提交的报告中指出了这一点,运动会不仅提升了城市形象,而且会后使游客人数增加。然而,就非洲等发展中国家而言,霍伊尔(Hoyle 2001)发现,拉穆 (Lamu) 等城市滨水区的改造对旅游和城市保护都产生了有益的影响,但富有的游客和贫困的当地居民之间可能会产生冲突,甚至犯罪。

观察与思考:城市遗产资源的价值

遗产并不仅指老建筑。从根本上讲,遗产代表的是我们想要保留的东西。尽管如此,格拉森等(Glasson et al. 1995)描述的情形却是:

> 遗产的公开定义仍然主要是由文化水平较高,具有美术、建筑、工程、文学、音乐或设计等专门知识的专业人员确定的,他们未来的专业是以学术问题为基础的。这往往大大偏离了游客的需求。
>
> 格拉森等(Glasson et al. 1995:20)

坦布里奇和阿施沃斯 (Tunbridge and Ashworth 1996) 对遗产的含义进行了扩展,提出了五个不同方面的内容:

- 是以往遗留下来的任何有形物质的同义语
- 是以往的非物质内容,即个人和集体的思想观点
- 全部积累的文化与艺术生产力
- 自然环境
- 重大商业活动,如"遗产业"

毫无疑问,这些不同的遗产概念之间存在许多意义重叠之处。坦布里奇和阿施沃斯(Tunbridge and Ashworth 1996)还认为:

遗产这一词语的使用在迅速蔓延,导致了其概念含义的不断延伸,以致无所不包,这里面存在着内在的危险。其含义不可避免地失去了精确性,更严重的是,掩盖了问题的解决办法,并夸大了遗产创造与管理等方面存在的问题。

坦布里奇和阿施沃斯(Tunbridge and Ashworth 1996:3)

富有讽刺意味的是,遗产含义的不确定性发生在遗产被认为越来越重要的时代,因为在不断变化的世界中,遗产与一个地方的个性特征关系密切。格拉森等(Glasson et al. 1995)指出,"遗产城市被证明具有吸引力的一个原因是,在发展变化如此之快的世界,它给了我们一种保证"。

遗产的内容与政治变化、社会变化、经济变化和技术变化密切相关,这些变化反映了对确定性结束和文化形式之间不断融合的关注,不同的文化形式以前曾被视为日常生活的独立内容,如教育和旅游,遗产的营销与保护。遗产研究方面的大量讨论集中在承认遗产的多重意义,尤其是承认有关遗产的其他观点,如土著民族的观点。然而,尽管早已认识到遗产文化建设的重要性与复杂性(如,K. Hudson 1987; Corner and Harvey 1991; Hooper-Greenhill 1992; Tunbridge and Ashworth 1996; Hall and McArthur 1998),仍然还没有做到的是,将这种理解转变到遗产管理人员的实际工作方法之中,他们面临着对遗产多种需求的日常现实和遗产产品的质量问题。

在许多城市地区,特别是那些具有大量移民和外来劳动力的城市,通过遗产管理人员的工作发现了其他历史观点。例如,诺库纳斯(Norkunas 1993)对加利福尼亚蒙特里遗产的评论可用于其他许多社区:

各民族和各阶层都没有忘记其自身的历史。他们通过口头流传的家庭故事、群体内部的庆祝活动和礼仪礼节等形式保留了自身的特征。但他们却被排除在了官方的系统历史之外,这种状况割裂了社区,使少数

民族深深体会到了被疏远的感觉和“灵魂的丧失”。

诺库纳斯(Norkunas 1993:99)

局外的利益相关者也对遗产感兴趣,并形成了自身的观点与态度。他们对遗产管理最重要的一个观点是,遗产管理人员也需要清楚地认识到自身的价值观以及可能对其界定、解释和管理遗产的方式产生的影响。

经济价值涉及遗产保护的众多意义。从历史上看,公共部门遗产管理人员的注意力一直集中在环境价值和文化价值方面,而对经济价值的重要性理解得不深。这或许是受到其接受的培训和教育的影响,其中包括重视物质保护和重视遗产本身而忽略了遗产存在的广义环境。这也可能反映了遗产管理所处的组织文化特征。然而,近年来,一系列新的压力开始影响遗产管理与保护的方式:

- 要求政府小型化,集中做好“核心”工作
- 出现了付费使用的观点
- 认识到旅游收入对企业和区域发展的重要性
- 出现了公共部门与私营机构之间的合作
- 对政府开支的限制加大

在遗产保护的新形势下,可以确定若干重要原则,麦克米伦(McMillan 1997)称之为遗产保护方面“不可否认的真理”。下面是其中的几个原则。

- **遗产保护既能产生价值,也需要成本投入**

大量遗产研究文献和遗产保护团体的工作都强调了遗产保护的价值,却很少关注成本投入问题。麦克米伦(McMillan 1997:4)指出,“遗产保护工作有经济成本,而且必须有人来承担这些费用”。

社区对遗产保护的质量和性质做出选择。然而,这些决策并不是没有成本的。遗产管理规章制度对公共财产和私人财产提出了一系列管理措施。包括“冻结”财产,收归国有,在保护已经明确的重要遗产的同时允许适当改造。

麦克米伦(McMillan 1997:3)

- **从长远来看,生存能力意味着商业回报率**

如果资本——遗产保护的机会成本不能实现等值回报,那么从长远

来看，公共部门和私营机构就将减小对特定场所保护工作的支持力度。在当前的政治气候下，政府——不管是地方政府还是国家政府，对遗产保护工作继续资助的力度明显设定了一个门槛；如果不能给政府有关部门带来适当的直接效益或给地区带来适当的间接效益，私营机构的活动也将受到限制。

• 合作提高保护工作的效率，冲突延缓保护工作的实际进度

通过合作与理解利益相关者的共同需求，可以实现创造性的保护成果。的确，许多遗产管理机构的基本需要之一是认识到特定场所存在的各类利益相关者。斯特朗(Strong 1997)指出：

我认为，我们必须不断提醒自己，遗产只有代表社区价值才具有其合理性。整个社区，而并非仅仅是遗产保护团体或当地历史协会，所有的老百姓在其日常生活中都要正确认识历史遗留下来的这些东西。

斯特朗(Strong 1997:1)

斯特朗继续指出，"事实上，遗产的确认与评价是相当重要的，不能只是掌握在一伙专家手中，应当由整个社区来参与"(1997:4)。

• 降低不确定性，减少时间与成本，提高生存能力

第四个原则对遗产保护极为重要，尤其是在私营机构参与遗产保护的情况下。然而遗憾的是，许多遗产管理机构并没有明确理解保护的经济意义，它们既没有制定结构合理的战略计划，也没有正确认识到实现保护目标所需要的成本费用。此外，公共部门的遗产管理机构一般都不会充分估计特定时限内达到目标所需的成本费用。事实上，它们的时限似乎往往是"不确定的"。它们没有做详细的游客记录和开支情况记录，也没有考虑每年的维护成本费用。如果是商业运营的话，许多机构都将会倒闭破产。从私营机构的角度看，时间就是金钱，即便是投资经济行为的旁观者和商业运营商都会意识到，确定性是至关重要的。然而，试图建立合作关系的遗产机构往往没有了解其业务需求。

十五、城市旅游的服务质量问题

城市旅游的竞争性越来越多地反映在各个城镇地区不断加大营销促销工作

的力度上，因为它们都想在国际国内旅游市场中赢得一定份额。这种竞争导致了旅游者对服务水平和旅游体验质量提出了较高的要求。克鲁等(Clewer et al. 1992)指出，某些城市旅游者(如德国市场)对服务质量有较高的期望。但是，由于服务产品生产与消费的无形性，很难为城市旅游质量提出一个恰当的定义或概念。

就城市旅游而言，需要说明三个关键问题。第一，旅游地营销树立的目的地形象可能与现实不符，因为将地方作为旅游产品进行促销存在许多问题。旅游地营销推出的形象不一定与现实中旅游业提供的产品与服务相匹配。结果，游客对目的地的感知与他们所消费的众多产品之间的差距在他们的实际旅游经历中得到了体现，因此，极大地影响了他们对旅游体验质量的评价。第二，城市旅游产品主要是由私营机构生产出来的包价产品或众多要素的组合产品，很难受到旅游地营销人员的控制或影响。第三，有众多相关因素影响着目的地在旅游者心目中的形象，包括构成旅游体验结果的环境和氛围等有形或无形因素。因此，顾客对服务与产品质量的评价就是期望服务与感知服务之间的差距。在这种情况下，服务质量的概念对城市旅游是十分重要的。D. 吉尔伯特和乔希(D. Gilbert and Joshi 1992)对有关文献进行了全面综述，其中包括与服务质量有关的许多理论。就城市旅游而言，期望服务与感知服务之间的“差距”要求城市管理部门和旅游业对服务质量予以关注。在评述派拉苏拉曼等(Parasuraman et al. 1985)提出的服务质量模型时，吉尔伯特和乔希(Gilbert and Joshi 1992:155)确定了存在的五种差距：

- 期望服务与管理者对消费者体验感知(即，他们认为的旅游需要)之间的差距(差距一)；
- 管理者对旅游需要的感知与旅游需要转化为服务质量规范之间的差距(差距二)；
- 质量规范与提供的实际服务之间的差距(差距三)；
- 服务提供阶段与提供者和消费者沟通之间的差距(差距四)；
- 消费者对自己接受到和体验到的服务感知与他们自己最初对服务期望之间的差距(差距五)。

吉尔伯特和乔希(Gilbert and Joshi 1992)认为，有效利用市场研究技术能有助于从一定程度上消除某些差距。

- 差距一：鼓励供应商从消费者那里得到关于他们需求的详细信息。
- 差距二：管理方制定切实可行的服务规范，并以明确的质量标准为指导。
- 差距三：员工要根据规范提供服务；并需要进行严格监测；员工培训是十分必要的：优质的服务是由雇用的员工提供的。
- 差距四：服务供应商在其营销促销材料中所作的承诺要体现在实际服务质

量中;因此,如果一个城市的促销材料中承诺热情欢迎,负责员工管理的人力资源经理要确保这种信息传达给顾客。

• 差距五:减小感知的服务与接受的服务之间重大差距的途径有:进一步改善宣传给游客的形象,提高私营机构高效、专业提供游客期望服务的能力。

服务质量的这种改进方法可以应用于城市旅游,因为它强调在与旅游者沟通和打交道过程中营销工作的重要性。为了更好地理解与城市旅游体验有关的服务质量问题,海伍德与穆勒(Haywood and Muller 1988)提出了城市旅游体验质量评价方法,包括通过分析一系列变量,收集游客在游览城市前、后的有关资料(详见 Page 1995a)。这种方法操作起来成本花费较高,但却能更好地了解旅游过程,他们认为,摄像机还能提供每天对城市旅游体验的检测。就整个城市范围而言,北美和欧洲的城市通过推行"城镇中心管理计划"(参见 Page 1994a 关于这一问题的进一步讨论)和"游客管理计划"(详见 Page and Haywood 1996 关于这些计划的制定与应用的讨论),解决了大批游客的问题和大众旅游带来的后果问题。

尽管这里没有足够的篇幅来研究这些新的管理手段,以解决发达国家和发展中国家大众旅游对重点旅游中心带来的破坏性影响,但值得注意的是,欧洲许多小型历史城市正在采取措施对旅游活动进行管理或限制。表 5.8 中说明了城市目的地采用的各种游客管理战略。然而,格雷夫和瓦斯科(Graefe and Vaske 1987)认为,在各地采取这些措施提高城市旅游体验质量以前,制定管理战略是十分必要的:

• 可以解决影响旅游体验的条件问题;
• 明确出现问题的原因;
• 选择合适的管理战略解决这些问题。

(详见 Graefe and Vaske 1987 关于这种提高旅游体验质量方法的讨论)

表 5.8 游客管理技术应用

游客管理技术	应用
管制通道 ——按区域	• 禁止所有游客参观敏感度较高的景区。 • 通过区划对使用的不同类型和不同程度进行管理。
管制通道 ——交通管制	• 对通道和入口进行管制,仅限行人进入。 • 对通道和入口进行管制,限于行人或骑自行车。 • 公共交通是唯一允许使用的交通方式。 • 澳大利亚悉尼的百年纪念公园每年都有几个"无车日",游人必须找到进入公园和在公园内游览的其他办法。

续表

游客管理技术	应　用
访问量管理 ——人数与团体规模	• 每个景区都要对一年、一天或任何时刻的总游人数进行管制。 • 欧洲有些教堂已经对团体游客的规模实施了限制。
访问量管理 ——游客类型	• 有些景区景点对访问量和游客类型进行限制。 • 有些城市景点的游客目标针对中高收入的老年群体，严格控制其他群体对住宿设施与服务的使用，保持高价格，仔细审查一切营销活动，保持连贯性。
游客行为管理	• 某些城镇进行了区划，确定各区域不同的使用类型。 • 可以对停留时间进行限制。 • 要求旅游经营商按照一套详细的游客行为准则开展业务。 • 游客必须在导游的陪伴下游览。
设备管理	• 限制机动设备进入。 • 由于噪声干扰，限制使用扬声器。
收取门票	• 大多数访问量较高的遗产景区管理部门现在都收取门票费或设施使用费；从而影响到游客选择游览该景区还是寻找其他目的地。 • 有些遗产景区在淡季为当地居民免费开放。 • 各城市要求旅游经营商花钱办理进入景区的许可证，经营商也必须向每位顾客收取门票费。 • 收取费用的一部分返还给当地利益相关者，以证明旅游的价值。
改造景区	• 有些城市遗产景区可以专门设计步行道，以减少游客造成的影响。 • 澳大利亚维多利亚的卡斯缅因监狱是一家私营的遗产旅游企业，监狱的车间改造为会场，地牢厨房改造为酒吧，大厅改造为零点餐厅，囚室装修改造为客房，余下的囚室保留原貌，供导游人员讲解使用。
进行市场调研	• 对国内国际旅游市场进行研究，确定最有可能参观城市旅游景点的市场份额。
进行游客监测	• 可以要求游客填写专门设计的“日记”式表格，确定其旅游动机和参加的旅游活动。 • 询问游客对其旅游经历和遗产管理成绩的态度，改进游客管理战略。 • 在较敏感的城市遗产景区，对游客影响进行监测和研究。
开展营销活动 ——促销	• 通过开发、营销、促销附加值较高的其他景点，可以减轻游览压力。 • 不同的城市旅游机构可以共同开展促销活动，突出目的地特征。
开展营销活动 ——战略信息	• 导游人员要避开敏感区，使用地图和图片，确定最有利的观景点。 • 设计步行路径（包括宣传册和地图），提供使用较少的步行路径信息，以分流拥挤地区客流。

续表

游客管理技术	应　用
实施解说计划	• 有些城市旅游目的地为游客创造尊重当地文化的机会，如安排游客跟当地家庭学习烹饪方法，或者安排游客在当地家庭住宿。 • 可以安排当地人为游客担任向导，向游客讲述自己的经验和当地的有关知识，这种真正的导游大大提高了旅游体验的质量。
实施宣传计划	• 设立主题路径，向游客宣传当地的特殊历史文化。 • 许多城市遗产景区都设有解说设施和标牌，引导游客采取适当行为。
改变遗产管理方式	• 大多数博物馆在角落和走廊安排了保安人员，确保游客在展品间移动和观赏某一件展品时不受干扰。
鼓励其他产品供应——旅游业	• 有些城市目的地管理机构鼓励建设小型家庭住宿设施和由当地人担任导游，相关人员要经过适当培训，从而为当地社区带来效益。
鼓励扶持其他产品供应——志愿者	• 许多城市遗产景区，如博物馆和历史古迹，都设有志愿者和友人协会，协助各方面管理工作，并提供一定的资助。例如，新西兰惠灵顿的卡洛里野生动物保护所是一个私营联合会，有几千名会员。相当多的会员都志愿协助修建观赏路径，担任导游，使联合会能够不断投资发展，如管理害虫，建设社区基地。
鉴定企业资质	• 推行全国或区域资质鉴定计划，对旅游经营商的活动和设施质量进行检查鉴定。例如，奥地利绿色村庄协会要求住宿设施供应商达到一定标准，并与其他供应商联合促销。

资料来源：根据霍尔和麦克阿瑟(Hall and McArthur 1998)

插图 5.3/5.4　伦敦港口的促销形象。

资料来源：LDDC

插图 5.5 肯特郡坎特伯雷大教堂区入口。游人拥挤不仅会严重影响旅游体验的质量，而且会影响景点本身。

十六、城市旅游的重要意义

城市地区发展旅游并不是新现象。但在旅游研究领域认识到城市旅游研究的重要性不过是最近的事情。私营机构一直忽略了旅游者来城市地区游览并消费各种旅游产品的原因，同时往往还忽略了一个基本问题——城市是多功能地区。尽管人们对城市旅游研究的兴趣日益浓厚，但许多搞旅游促销的大城市和小城市却并不了解人们外出旅游的原因、各种动机之间的联系以及人们为什么被吸引到城市的深层原因，因此这仍然是一个在理论研究和方法探讨方面有很大空间的领域。许多城市开始认识到对游客感知与满意度（如 Brocx 1994）以及旅游活动特点与行为特征（调查研究协会 1991）进行监测的重要性。尽管这些研究成果为市场研究机构提供了丰富的资料，但这些调查活动往往是表面化的、肤浅的，没有真正理解城市旅游。对涉及城市旅游的公共部门和私营机构而言，它们主要关注的一直是如何提高一年四季城市旅游活动的吸引力，但事实上城市旅游者的停留时间一般较短。确保游客获得高质量的旅游体验，通过合理研究、科学确定、创新开发的旅游产品，切实可行地满足游客的期望，一直激发着城市旅游供应中的旅游经营商和其他有关单位不断努力。然而，城市旅游业往往比较分散，缺乏协调性，对许多复杂的游客行为及其空间学习过程等问题了解不多，而这些问题却是游客在旅游过程中都要发生的，并且影响着其游览活动的质量。

对这些问题的关注会迫使各城市努力发展城市旅游经济，重新考虑通过旅游发展恢复城市地区活力的可行性。私营机构和公共部门常常轻率地采取城市地区经济恢复战略，将旅游业作为房地产开发和商业重建的一支后备力量（参见 Lutz and Ryan 1997）。这里的问题是旅游并没有受到应有的重视。决策过程中对游客需求及其空间行为理解不够，甚至被忽视，影响了城市旅游环境的规划、开发及最终结果。伦敦港口区制定了雄心勃勃的旅游促销计划，将伦敦的旅游发展重心从西部拉到了东部，结果开发商低估了旅游行为的作用（如旅游者形成的惯性是，不愿意从圣凯瑟琳港往东旅行直至格林尼治）。结果错过了大量商业机会和导致许多企业倒闭。因此，未来城市旅游发展中需要对旅游行为、旅游系统及其构成要素进行评估，将游客作为旅游活动的中心要素来了解。从现实角度对旅游活动的不同要素进行有效管理，要求那些激烈争夺客源的城镇引起更大注意，以高质量旅游体验作为营销手段。今后的研究工作需要把重点放在现有和潜在城市旅游者的行为、态度和需要方面，减小游客期望与接受的服务之间的差距。但是，确保城市旅游系统能够以敏感而有意义的方式按照促销材料的承诺提供相应的服务与旅游体验，是当前城市旅游管理人员面临的重大挑战之一。旅游业在提供高质量旅游体验方面需要更为主动地采取前瞻性的措施，而不是对游客游览之后不满意产生的个别问题做出机械应对。旅游者为什么持续来城市地区旅游，原因变得日益复杂，影响旅游行为及空间活动特点的因素很多，在了解这些问题方面，研究工作发挥着至关重要的作用。尽管城市旅游已经成为一种公认的、日益成熟的旅游活动形式，但学术团体和私营机构的研究活动实际上对大多数发达国家和发展中国家城市旅游系统的核心特征认识得还较为肤浅。

十七、结论

本章探讨了城市地区休闲旅游的作用。在城市地区，休闲者与旅游者不可避免地要使用一些相同的资源，多伦多发起的“绿色旅游地图”活动认识到了这一点，其中也包括许多休闲场所。伯顿肖等(Burtenshaw et al. 1991)对城市的多功能用途特点进行了总结，他们提出了城市不同使用者和不同功能区的概念，认为没有一个群体垄断了城市的使用权，综合性的休闲规划中现在认识到了这一点，居民和游客使用相似的资源。相对于地理学者对旅游休闲的研究而言，城市仍然是一个被忽视的研究领域，阿施沃斯 (Ashworth 2003) 在回顾其 1989 年发表的重要研究成果时重申了这一点。富有讽刺意味的是，地理学者能够利用的许多方法、技术和手段以及地理信息系统等新技术，能够帮助公共部门和私营机构了解大量研究问题如何影响了休闲旅游系统的机能。对比较重视应用性研究的地理学者而言，这是一个十分简单的过程，许多情况下都可以利用整体观点研究城市，林奇(Lynch 1960)称之为可辨认性。在新的世纪，正是缺乏可辨认性，影响了城市旅游休闲的管理。例如，休闲规划中的通路问题、平等问题、需要问题和社会公正问题很容易利用二手资料纳入空间分析之中，但空间规划体系往往只是结构规划和发展规划中某个时间点的静态分析。很少有人尝试构建能够满足动态变化需要的城市休闲旅游模型。在确实没有资料的情况下，以空间为导向的社会调查是了解旅游过程形成、旅游活动特点、旅游供应及未来发展情况极为有用的手段。然而，应用地理研究(Sant 1982)可用来提出问题和管理方案，为解决当今西方社会旅游休闲性质的基本问题奠定基础。

思考问题

1. 城市休闲地理的主要地理研究方法是什么？
2. 在确定城市旅游重要性方面可能存在哪些困难？
3. 保护城市遗产能否同时协调好社会价值和经济价值？
4. 在何种程度上，城市休闲资源能同时充当旅游资源？

参考阅读

关于城市旅游方面的文献，请参阅：

Page, S. J. and Hall, C. M. (2003) *Managing Urban Tourism*, Harlow: Pearson Education.

Judd, D. and Fainstein, S. (1999) *The Tourist City*, New Haven, CT: Yale University Press.

An excellent synthesis of the state of urban tourism research since the 1980s can be found in the two 'state of the art reviews' by Ashworth:

Ashworth, G. (1989) 'Urban tourism: An imbalance in attention' in C. Cooper (ed.) Progress in Tourism, Recreation and Hospitality Management, Volume One, London: Belhaven, pp. 35 – 55.

Ashworth, G. (2003) 'Urban tourism: Still an imbalance in attention' in C. Cooper (ed.) Classic Reviews in Tourism, Clevedon: Channel View, pp. 143 – 63.

Pearce, D. G. (1998) 'Tourism development in Paris: Public intervention', *Annals of Tourism Research*, 25(2): 457 – 76.

Pearce, D. G. (1999) 'Tourism districts in Paris: Structure and functions', *Tourism Management*, 19(1): 49 – 65.

A useful case study to complement the London Borough of Newham example on equality of access is

Nicholls, S. (2001) 'Measuring the accessibility and equity of public parks: A case study using GIS', *Managing Leisure*, 6(4): 201 – 19.

An interesting in-depth case study of the impact of urban events and relationships to processes of gentrification and restructuring is

Olds, K. (1998) 'Urban mega-events, evictions and housing rights: The Canadian case', *Current Issues in Tourism*, 1(1): 2 – 46.

第六章

乡村休闲旅游

作为地理研究的一个重点，乡村地区的休闲旅游潜力并不是地理学者考虑的一个新课题。对乡村地区的研究兴趣具有悠久的传统(Owens 1984)，但存在的问题仍然是，除了少数例外情况外(Page and Getz 1997; Sharpley and Sharpley 1997; Butler et al. 1998; D. R. Hall and O'Hanlon 1998)，进行的大量研究工作现在已经过时，并且显得零零散散，继续把乡村地区仅看做是休闲资源或旅游资源；而没有运用整体的观点把乡村资源基础看做是能够发挥多种用途(如农业、工业、休闲与旅游)和价值的环境。派特摩尔(Patmore 1983:124)认为，在乡村地区，"休闲用途必定与农业、林业、用水、采矿和军事训练等产生竞争"。乡村环境会对各种竞争性与互补性的用地产生空间影响，并影响着休闲旅游的开展方式。

考普克(Coppock 1982)指出：

> 地理学者进行的研究主要集中在乡村地区户外休闲方面。在英国这样一个人口密集的小国家，对旅游与休闲并没有进行明显的区分，这并不令人吃惊，因为两者之间有很多重叠之处；但旅游地理研究要远远少于户外休闲地理研究。
>
> 考普克(Coppock 1982:8)

从一定程度上讲，当前乡村地区的情况仍然如此。巴特勒等(Butler et al. 1998)指出：

> 然而，在许多情况下，休闲、游憩与旅游活动的具体内容是完全相同的，主要的区别在于活动发生的环境或场所、活动时间的长短，以及有些情况下活动参与者的态度、动机和感知方面存在差别。近年来，除了哲学层次上的差别外，游憩与旅游之间的差别变得越来越不重要，两者之间的界限越来越模糊。
>
> 巴特勒(Butler et al. 1998:2)

事实上，皮格拉姆(Pigram 1983)发现：

在空间消费、空间竞争与冲突最可能发生的情况下……空间结构成为最受关注的问题，因此地理学者发挥了重要作用，他们可以从空间的角度将乡村休闲旅游看作一个过程、一种现象来进行思考。

皮格拉姆(Pigram 1983:15)

皮格拉姆(Pigram 1983: 15)进一步指出，地理学者不能仅仅将注意力放在空间结构与空间相互作用方面，还要关注“人类需求与休闲旅游机会和设施的环境供应之间不平衡或不协调的问题”。霍尔(Hall 1995)重申了这一点，他认为，乡村地区现在容纳了人们在闲暇时间从事的大量活动，决定这些活动属于旅游还是休闲，意义似乎不大。相反，派特摩尔(Patmore 1983:123)则认为“乡村地区的户外休闲正迅速成为一项富有自身特色的活动，因此需要脱离传统观念，进行单独考虑”。不管哪种观点，休闲旅游已经成为整个西方世界乡村地区日益重要的活动。

本章要讨论的是地理学者对乡村地区休闲旅游资源概念与相关理论的研究。首先分析了“乡村”的概念及地理学者对其含义和定义存在的争议，接着讨论了地理学者对乡村休闲旅游研究做出的理论贡献，简要分析了历史地理学在分析乡村环境的持续性与变化性及乡村休闲旅游消费方面的贡献。另外还讨论了地理学者对乡村休闲旅游研究做出的其他贡献，并提供了爱尔兰乡村旅游的案例研究，综合展示了地理学者在乡村旅游研究方面所做的工作。

一、关于“乡村”概念的探讨

G. M. 鲁宾逊(G. M. Robinson 1990)对乡村地区的发展变化进行了重要的综合性研究，其中指出，“乡村”仍然是学术研究中很难定义的一个术语，关于“乡村”比较流行的概念是建立在农村的形象和田园生活的基础之上。鲁宾逊(Robinson 1990)指出：

为乡村下定义……过去一般都忽略了城市和乡村地区都普遍存在的经济、社会和政治结构……简单地说……“乡村”地区的定义涉及各种特殊问题的存在，其中包括：远离大都市中心，人口稀少，生活贫困；依赖初级生产活动；某些乡村地区景观与发展各种经济活动之间存在冲突；当地需要与城市立法人员制定的法规之间存在冲突。“乡村”的主要特征是广袤的土地，包括：大片未开发的开阔空间，小规模乡村聚居地。

鲁宾逊(Robinson 1990:xxi-xxii)

因此，乡村休闲旅游研究需要确定“乡村”的本质特点。尽管国家政府通常根据聚居地的人口密度作为界定“乡村”的特定标准，但关于区分城市人口和乡村人口的关键人口门槛没有公认的意见。对于发达国家，鲁宾逊(Robinson 1990)总结了社会学家、经济学家和其他团体在确定何谓乡村方面所使用的主要方法，此处无须赘言。重要的是许多研究人员使用的各种方法都强调，城市与乡村的概念是一个连续体，并以此确定乡村的本质特征及其差别程度。肖和威廉姆斯（Shaw and Williams 1994:224)建议采用“乡村机会频谱”的概念，其中乡村地区被看做是“广泛开展各种户外休闲旅游活动的场所，当然随着时间推移这些活动的构成内容已经发生了变化”。哈里森(Harrison 1991)强调了乡村地区的变化速度，20 世纪 70 至 80 年代乡村环境与从事的活动发生了迅速变化。即便如此，这些研究工作对确定比较有意义的乡村地区概念作用不大。

相反，霍格特（Hoggart 1990）的文章《让我们抛弃乡村地区的概念吧》认为，“经验主义分析中在对待地区概念时过于宽松……研究中对‘乡村地区’的使用未加以区分，不利于社会理论的进步”(Hoggart 1990:245)。由于乡村地区之间存在差异，城市与城郊之间存在相似性，“乡村地区”的概念很难令人满意。霍格特(Hoggart 1990）认为，对城市地区和乡村地区进行的一般分类没有太大意义。然而，社会理论最近取得的进展却可以为乡村地区及旅游活动的概念和理论提供大量有用的观点。

克罗克(Cloke 1992)认为，乡村地区传统上一直与特定的乡村功能有联系：农业生产，人口稀少，聚居地分散，处于边缘、偏僻地区的田园风光(关于旅游与边缘地区的讨论，参见 Page 1994c ； Hall and Boyd 2005)，依赖乡村经济活动。然而，新的社会理论方法认为，乡村地区必然与国家和国际政治经济联系在一起。克罗克(Cloke 1992）恰当地指出，社会和非城市地区组织及其运行方式的变化使乡村的传统含义减少，主要是由于发生了如下变化：

- 人类、商品与信息的流动性增强，削弱了地方社区的自主性；
- 经济活动范围的扩大使界定同类经济区域变得不可能；
- 乡村空间出现新的专业化用途（如旅游景区、公园和开发区），在有关区域形成了新的专业化关系网络，其中许多网络不再局限于某一个地方；
- “停留于”某一乡村地区的人既包括当地居民，也包括大量临时性的游客；
- 乡村地区越来越多地为非乡村居民发挥功能，这种情况下形成的事实是，乡村地区不依赖乡村人口的行为就可以独立存在。

摩门特(Mormont 1990:31，引自 Cloke 1992)

因此，摩门特（Mormont 1987）将乡村地区定义为一系列重叠的社会空间，每个空间都有各自的逻辑关系、机构制度和参与者网络(如使用者和管理者)。这实际上重复了行为科学的许多早期观点——乡村地区需要从使用者感知的角度进行界定，把它看作是一个社会概念，乡村空间的使用者相互作用，并参与休闲旅游等各种活动。在这种情况下，社会理论研究成果表明，对乡村地区的性质及休闲旅游活动等用途的最佳解释是，分析“乡村地区”含义“创立、协商和经历”（Cloke 1992：55）的过程。克罗克（Cloke 1992）比较赞成的一种方法是对乡村地区发生的商品化进行分析，因为商品化导致了乡村产品市场的兴起：

> 乡村地区……是一个适于居住的奢华之地；乡村社区被认为是可以进行买卖的东西；乡村生活方式可以被践踏；乡村文化形式可以被加工、包装和销售；乡村景观浸透着各种商业潜力，有“付钱就可以进入”的国家公园，有用作主题公园的场所；乡村生产范围无所不包，有刚刚进行商业化生产的食品，有工业厂区生产出来的产品，而这些工厂由于其可能的或现实的污染性而被从城市地区驱逐出来。
>
> 克罗克（Cloke 1992：55）

在这种情况下，乡村地区成为进行消费的场所，生产的基础是为休闲旅游确定新的商品或重新确立形象和重新发现活动场所。克罗克（Cloke 1992）引用了英国私有化的事例，说明私有化过程刺激了以乡村休闲旅游为重点的乡村生产形式。英国影响农业生产的新政治经济也推动了农业向旅游住宿（如农家乐）和旅游景点发展的多元化趋势。然而，刺激乡村产品大众消费需求的关键过程从根本上影响了这些变化。乌里（Urry 1988）指出，随着新服务阶层的出现而发生的品位变化，使人们更加重视乡村环境的消费。品位的这些变化也影响了在乡村地区有相似消费价值观的其他社会群体，其价值观包括：

- 追求田园生活
- 接受与乡村田园生活有关的文化符号
- 更加重视乡村环境中的户外活动

乌里（Urry 1988）从社会文化角度对这些趋势进行了详细解释，普恩（Poon 1989）用实例说明了这些变化对旅游业产生的实际影响。普恩（Poon 1989）将这些变化解释为“从‘旧旅游’（如标准化的团体度假旅游产品）向‘新旅游’的转变，‘新旅游’是高度细分化的、为顾客量身定做的产品，在时间和空间上具有更大的灵活性”。事实上，有些关于服务业的研究分析了社会从“福特主义”阶段向“后福特主义”阶段的变化，涉及旅游服务需求从以前的大众化消费形式“向个性化消费形式的转变，消费偏好有了较大差别，强调生产需要以消费为导向，要更加系统地对市场进行细分”（Urry 1991：52）。尽管乡村地区的休闲利用显示不出如此高的市场细分程度和开发出新奇而又盈利的产品，但巴特勒等（Butler et al. 1998）却指出，出于此目的的乡村地区利用越来越多，与较为传统的休闲旅游用途并驾齐驱。然而，哈默尔布兰纳和米格波尔（Hummelbrunner and Miglbauer 1994）赞成普恩（Poon

1989)和乌里(Urry 1991)的观点,认为旅游服务供求发生的这些变化有助于“新的乡村旅游”的出现。从需求的角度看,这表现为“较为富裕的顾客对乡村旅游的兴趣越来越大;同时,随着环境意识的增强和希望接触游览地区的居民,度假旅游者对乡村地区的兴趣也日益浓厚”(Bramwell 1994:3)。这不仅质疑了脱离核心与边缘等现有概念的必要性,而且提出了诸多问题:乡村地区如何用来提供旅游休闲体验,各家企业在乡村环境新的商业化时代如何采取市场导向的方法。如果20世纪90年代“是乡村地区新的商业化时代,其发展速度和规模远远超出以前时代的农业旅游休闲”(Cloke 1992:59),那么,从国际尺度和国家尺度对这一过程进行认真分析是十分及时的,同时对20世纪90年代直至新世纪乡村旅游休闲的意义及其发展程度做出合理评价也是非常必要的。

二、乡村休闲旅游二分法的概念化

休闲旅游文献中存在的问题之一是,各个地区缺乏整体、综合观点,促使研究人员将休闲与旅游区分为互为补充而又语义不同的两种活动,没有为看待这些问题提供一个理论框架。克罗克(Cloke 1992)克服了这一困难,发现乡村地区与旅游休闲活动之间的关系已经发生了变化,许多乡村景观中作为主导因素的活动对当地社区的控制和影响程度大大超过以往。因此,尽管旅游休闲文献中关于旅游者与休闲者之间的异同点还存在重大争议,但是,社会、经济和空间结果成为乡村环境中受重视的最重要因素。然而,仍然需要认识到休闲旅游用途的数量与影响,因为各种用途的时间选择、规模、资源影响存在差异。但从根本上讲,各种用途都是使用者根据自己的可支配时间和收入对资源与空间的消费。肖和威廉姆斯(Shaw and Williams 1994)指出,在这场争议中需要考虑众多问题。例如,在许多国家,去乡村地区是一种十分流行的消遣方式(例如,1990年乡村委员会发现,英国有75%的人口去过乡村地区),这些研究中明显想避免对旅游休闲用途的内容进行简单的分类。肖和威廉姆斯(Shaw and Williams 1994)倾向于使用文化性较强的定义,以表明乡村景观用于旅游休闲目的受到接待地区的社会因素、经济因素和文化因素的制约。城市地区与乡村地区的文化定义不仅强调了乡村地区不同于城市地区的本质特点,而且说明了“使乡村地区任何部分成为休闲资源,没有什么本质的东西”(Shaw and Williams 1994:223)。这说明,研究领域正在寻求新的含义。事实上,巴特勒等(Butler et al. 1998)持有与此相同的观点,因为:

> 乡村地区发生的主要变化之一是休闲旅游领域的变化。直到大约最近20年,乡村地区的休闲旅游活动才与乡村环境的特征发生密切联系。

它们主要是一些不同于城市中心的活动……它们的特点可以概括为如下词语:放松,被动,怀旧,传统,低技术含量,非竞争性。

巴特勒等(Butler et al. 1998:8)

但是近年来，上述观点受到了乡村环境含义与用途变化的影响，环境不再是被动因素。然而，也有人支持不要强调乡村环境；派特摩尔(Patmore 1983：122)指出，“城市与乡村休闲资源之间没有明显的中断，从地方公园到偏远山地公园是一个完整连续体”。如果有人坚持这种论点，一定程度上使地理学者在划分旅游休闲环境方面的作用显得毫无疑义。有人从文化的角度去了解休闲旅游者寻求和消费此类资源的动机。如果只是将休闲旅游资源看作一个简单的连续体，则否认了这一新的尝试。为了克服这一困难，肖和威廉姆斯(Shaw and Williams 1994:224)倾向于将“乡村地区看作受到高度尊重的休闲旅游场所”，其使用情况主要取决于特殊因素，特别是社交通道和乡村地区所有权政治。然而，这些情况只有在发达国家才能真正得以充分理解。肖和威廉姆斯(Shaw and Williams 1994)指出，地理学者要考虑使用三个重要概念：乡村机会频谱、可进入性和时空预算。然而，在讨论这些重点概念之前，有必要考虑乡村地区旅游休闲活动的历史因素，因为历史地理学者强调连续性、变化性和社会阶级空间分离的作用是影响乡村地区以往使用的因素。

三、地理学者对乡村地区理论争议作出的贡献

在任何研究领域，衡量进步的标准通常是理论建设水平。帕金斯 (Perkins 1993)指出：

社会科学家的首要作用是创立有关社会的理论。理论是关于现象的一系列相互关联的逻辑表述，如休闲与游憩。提出这些理论的目的是为了帮助我们理解人类为自身创造的世界。我们正是在提出的这些理论的基础上，达到一定的理解水平，以此规划和管理特定的社会现象。

帕金斯(Perkins 1993:116)

欧文斯(Owens 1984:174)指出，“在20世纪70年代中期，休闲游憩研究出现了一个断档，它标志着发生了深刻变化，从依赖机构的热心推动、特别是应用研究，转向以自省和自我批评为特点的评价阶段”。在1975年之前，经验主义案例研究是文献资料的主导。1975年以后，北美研究人员呼吁要更加注重考虑休闲行为，倡导对理论建设作出贡献。例如，众多研究人员(如，Patmore 1977, 1978, 1979, 1980；Mercer 1979a；Patmore and Collins 1981，在此仅举几例）进行了批评性研

究，重申了诸多批判性意见；派特摩尔（Patmore 1977：115）中肯地总结了当时的情形，"这些评论揭示了英国研究一直存在的明显差距；相当重要的是，它们有利于更好地理解休闲需求的动机与性质，有利于建立有效的综合理论体系"。

20 世纪 80 年代发表了一系列新的研究成果（如 Kelly 1982；S. L. J. Smith 1983a；Torkildsen 1983），出版了两份期刊：《休闲研究》（*Leisure Studies*）和《休闲科学》（*Leisure Sciences*），提出了加强理论研究的必要性，但地理学者以理论问题和概念问题为中心（如 Owens 1984）的研究却十分有限，而其他学科则对理论争议表现出了更积极的态度（如 Graefe et al. 1984a）。尽管 20 世纪 70 至 80 年代政府研究机构（如英国社会科学研究委员会）提供了大量研究经费，但由于缺少对理论的关注，地理学者对该领域研究产生的影响力较小：

> 大量乡村户外休闲研究没有得到理论工作的支持，有人想知道研究人员是否置身于他们无法迎接的智力挑战之中。当然，尽管主要针对传统目标，但现在的出版物稳步增长。休闲游憩理论没有取得进展，反映出当前的资助仍然比较薄弱。
>
> 欧文斯（Owens 1984：176）

为此，帕金斯（Perkins 1993：116 – 17）指出，"对休闲地理理论研究的忽视有四个原因。第一，在地理学科内，与经济地理、社会地理和城市地理等研究重点相比，休闲研究被认为不很重要。第二，为地理学者从事休闲理论研究提供的研究经费很少（参见 Perkins and Gidlow 1991）。第三，大量研究源自英国或北美，'在这些地区，特定场所休闲用途之间面临的压力很大……地理学者与休闲场所管理部门密切合作，为其制定了中短期管理战略'。最后，休闲地理学者'几乎没有参与自 20 世纪 70 年代以来在本学科领域内兴起的理论论战"（Perkins 1993：117）。

事实上，帕金斯（Perkins 1993）运用社会理论、尤其是结构化理论（Giddens 1984）为地理学者迎接这一挑战而进行了一次尝试。其研究成果对各景区分析人类与空间相互作用有很大的借鉴意义。他认为，景区由众多各不相同、但又相互关联的环境通过相互作用而构成。这些相互作用产生于：

> 个体的生活道路……体现了生产与消费的特点。这些相互作用形成了各景区的特定模式，而各景区都具有一定的社会形式和物质形式。从本质上讲，每个人的生活道路都是在不同的场所之间进行的时间分配。一种特定的生产模式强调的是必须分配给时间的主导场所。
>
> 帕金斯（Perkins 1993：126）

结构化理论认为，在资本主义社会中结构与人类之间的相互作用是通过场所的概念而联系在一起的。主导性场所包括：

- 家庭

- 工作地点
- 学校

这是消费行为发生的环境。因此,休闲场所是一种相互作用的环境,"人们追求生活中的休闲活动,利用各种资源。当然,休闲相互作用发生在各个地点,并受地点的影响。为此,休闲场所包括空间要素"(Perkins 1993:126)。在这种理论分析中,帕金斯(Perkins 1993)呼吁休闲地理学者考虑乡村地区休闲场所的情形和内部结构,特别是主导性场所(即,家庭、工作地点和学校)及其他社会公共机构场所,如宗教场所和艺术场所。进行此类理论研究的一种可行途径是,运用结构化理论影响下形成的新的区域地理学中提出的新的地理概念。结构化理论和新的区域地理学强调结构与机构的相互渗透。结构"既制约又促使人们采取特定的生活道路,这些生活道路产生的集合效应又促使新的社会成员形成自己的生活道路……地理行为"(Perkins 1993:117)影响着人们的具体情况。因此,研究乡村环境的地理学者需要既考虑结构与人类相互作用,又考虑在各个场所它们是如何联系在一起的(详见 Thrift 1977;Giddens 1984;Perkins 1993)。

帕金斯(Perkins 1993)倡导的乡村休闲理论分析也适用于乡村旅游,特别是当我们考虑到布拉姆韦尔(Bramwell 1994)引起的争论时:

> 乡村地区旅游的自然存在是否在特定地点形成了重要性超出各种显而易见活动的乡村旅游?换句话说,乡村地区的特色是否有助于形成特有的乡村旅游模式?
>
> 布拉姆韦尔(Bramwell 1994:2)

尽管布拉姆韦尔(Bramwell 1994)的观点强调了需要更多地注意场所的概念,克罗克(Cloke 1992)却表示,结构化理论的确发挥了一定作用。帕金斯(Perkins 1993)认为,地理学者需要考虑人文主义研究的价值,询问一些问题,能解决布拉姆韦尔(Bramwell 1994)提出的问题:人们对乡村地区及场所之间的关系是如何评价的?遗憾的是,迄今为止出版的大量研究成果仍然缺乏理论性,仍然是经验主义驱动型。结果,除了少数例外情况,地理学者进行的大量乡村旅游研究无助于提高乡村旅游在整个旅游研究中的作用、价值和重要性,也无助于提高乡村旅游作为乡村经济活动支柱的重要性。在这种情况下,巴特勒和克拉克(Butler and Clark 1992)做出了相关的评论:

> 乡村旅游方面的文献资料比较少……缺乏概念模型和理论……提到的许多旅游参考资料大都是案例研究,没有什么理论基础……或者集中探讨具体问题……有些从广义的角度来探讨问题与过程……因此,缺乏将乡村旅游置于概念框架体系的理论与模型。
>
> 巴特勒和克拉克(Butler and Clark 1992:167)

插图 6.1 荷兰雷登纪念品商店。在何种程度上,旅游导致了文化的样板化,并改变了当地人和旅游者对文化个性的理解?

各种社会学刊物（如 *Sociologia Ruralis*, *Rural Studis*, *Tourism Recreation Research*)、专题报告和论文集中发表了大量乡村旅游研究方面的文章,并出版了一两本教材(如 Sharpley 1993;Butler et al. 1998)。但是,乡村旅游一直徘徊在旅游研究重点的边缘,仍然没有明确的定义。乡村旅游一直是一个比较笼统的术语,引起了大量研究团体的兴趣,不仅有旅游研究团体,也有经济学、规划学、人类学、地理学、社会学和商业学研究团体。但是,这些研究团体之间缺乏合作,各自持有各自关于乡村旅游的观点和研究方法。结果,很少有研究人员尝试界定乡村旅游的概念。

四、关于乡村旅游的概念

基恩等（Keane et al. 1992）对乡村旅游进行了鲜为人知但富有创新性的研

究，为乡村旅游的定义提供了大量观点，指出了用于描述乡村地区旅游活动的各种术语:农业观光旅游、农业旅游、乡村旅游、软旅游、选择性旅游及各个国家使用的具有不同含义的许多其他术语。基恩还指出，很难避免乡村旅游定义的某些混乱性，因为“乡村旅游”这一术语是由欧盟采用，指的是乡村地区的全部旅游活动(Keane et al. 1992)。这些前置限定词看似语义重复，但发生在乡村地区的旅游不一定就是乡村旅游，因为旅游的类型如此之多，可能是、也可能不是乡村旅游，解决这个问题的一种方法是，分析一下是什么使乡村旅游独具特色。

五、什么使乡村旅游独具特色

莱恩 (Lane 1994) 探讨了乡村旅游发展的历史连续性，分析了使乡村旅游独具特色的一些关键问题。布拉姆韦尔(Bramwell 1994:3)指出，尽管界定“乡村”的概念还存在一些问题，“但否认我们关于乡村地区的常识想法也是一个错误，乡村地区具有与众不同的特点，这些特点可能会影响到乡村地区的社会经济相互作用”。人们对乡村地区所持有的观点和理解不同于对城市地区的观点和理解，这是确定乡村旅游独特性的重要出发点。莱恩 (Lane 1994) 如实地说明了城市旅游与乡村旅游之间的细微差别，其中，各个乡村地区的社会表现是人们如何与乡村地区发生相互作用的一个关键因素。斯夸埃尔(Squire 1994)认为，事实上，乡村地区的社会表现和个人形象影响到人们是否愿意去乡村地区旅游以及他们在旅游期间看什么、做什么。

莱恩(Lane 1994)还强调了自 20 世纪 70 年代以来乡村旅游变化产生的影响，即越来越多的休闲旅游者现在去往乡村地区。派特摩尔(Patmore 1983)对休闲游憩进行的研究颇有影响，他认为，汽车拥有量的变化导致了休闲旅游者在现有的固定交通方式(如铁路)之外出现了扩散现象。结果，旅游已经从传统上重视度假区、小城镇和村落转向地道的乡村地区，最难以到达的郊野地区也受到了流动性较强的旅游者的影响。莱恩 (Lane 1994) 指出，尽管乡村旅游需求出现了强劲增长，但由于缺乏系统的乡村旅游资料来源，世界旅游组织和经济合作与发展组织都没有对这一增长进行测量的适当标准。另外，各成员国之间也没有就如何测量乡村旅游现象达成一致的意见。确定乡村旅游独特性的一条途径是提出一个可行的乡村旅游定义。就此而言，莱恩(Lane 1994)所做的工作是非常宝贵的，他摒弃了乡村旅游作为发生在乡村地区的旅游现象所具有的过于单纯的含义。莱恩(Lane 1994:9)指出，很难为乡村旅游提出一个适用于所有情况的综合定义，主要有如下七方面的原因:

• 城市旅游或度假旅游不局限于城市地区，而是扩散到乡村地区。

• 乡村地区本身很难予以界定，不同国家使用的标准相差很大。

• 并非所有发生在乡村地区的旅游都是严格意义上的"乡村"旅游——它可能形式上是"城市"旅游，而只是发生地点在乡村地区。许多度假村就是这种类型；近年来，众多大型综合性度假区是在乡村地区建成的。它们可能是主题公园、分时度假酒店或休闲酒店项目。它们的乡村化程度可以是感情问题，也可以是技术问题。

• 从历史上看，旅游一直是城市概念；绝大多数旅游者生活在城市地区。旅游可能是城市化对乡村地区产生的影响，推动了文化经济发展及新的建设。

• 不同地区形成了不同的乡村旅游形式。农场度假在德国和奥地利的许多乡村地区十分重要，而在美国和加拿大的乡村地区则很少见。在法国，自给自足式的村庄别墅是一种十分重要的乡村旅游产品。

• 乡村地区本身处在复杂的变化过程之中。全球化市场、交通和电信等方面的影响改变了传统产品的市场状况与市场定位。环保主义的兴起使"局外人"对用地和资源开发有了越来越大的控制权。尽管有些乡村地区仍然经历着人口减少的情况，但有些乡村地区却正经历着人口涌入的情况，或者是退休人员来居住，或者是有人来建立新的"非传统型"企业。城市与乡村之间曾经一度明晰的区分界限现在由于郊区化、长途通勤和第二住宅建设而变得日益模糊。

• 乡村旅游是一个涉及方方面面的复杂行为：它不仅仅是农场型旅游。乡村旅游不仅包括农场度假，而且包括专项旅游、生态旅游、徒步旅行、登山攀岩、骑马运动、探险旅游、体育健身、狩猎垂钓、教育旅游、艺术旅游、遗产旅游，有些地区还有民族旅游。专业性不太强的乡村旅游形式有巨大的大众化市场。对德国旅游市场的研究强调了这一点，对主要旅游度假形式的主要要求是能够提供宁静、安全与放松的乡村环境。

因此，最纯粹的乡村旅游形式应当：

• 位于乡村地区。

• 具备乡村功能——以乡村地区的特色为基础建设：小规模企业，开放空间，接触自然、遗产、"传统"社区与"传统"实践活动。

• 乡村规模——建筑物和聚居点通常都是小规模的。

• 传统个性，发展缓慢，接触当地家庭。主要为当地管理，发展考虑地区的长远利益；形式多样，体现综合性的乡村环境、地方经济与历史（根据莱恩 Lane 1994 整理）。

莱恩（Lane 1994：16）认为，界定乡村旅游还必须考虑如下因素：

- 旅游度假类型
- 利用强度
- 位置
- 管理方式
- 与社区的融合程度

使用连续体的概念，可以区分那些专门游览乡村地区的旅游者、那些游览城市地区的旅游者和那些介于两者之间的旅游者。因此，乡村旅游的任何可行性定义都需要确定旅游体验供求因素以及从乡村环境到城市环境这一连续体中旅游体验进行的程度。考虑到这些问题，有必要分析一下迄今为止历史地理学者发表的最有影响的研究成果，从而说明旅游休闲活动的空间格局与空间过程的连续性和变化如何有助于发挥乡村景观在当今休闲活动中的作用。

六、乡村休闲旅游：历史的观点

乡村环境，通常被称为乡村地区或非城市地区，在发达国家和发展中国家用于旅游休闲活动，都具有十分悠久的历史，但在许多有关乡村地区的研究中却是一个被忽视的领域。唐纳(Towner 1996)评述了欧洲自 1540 年以来乡村地区旅游休闲发生的许多历史变化及影响因素，分析了乡村景观在某些历史阶段（如地产盛行的 17、18 世纪)如何成为上流社会的消费时尚以及如何为其开发利用。这些评述为旅游休闲历史研究提供了宝贵的全面视角和参考资料。唐纳(Towner 1996)对以往的地理状况进行了推想，说明了欧洲工业化时期城镇的发展如何导致了那些刚刚形成的工业中心周围出现了乡村地区的城市化(即城市边缘的建设)。旅游休闲活动的这些特点共同形成了多样化的休闲旅游环境，既有使用上的连续性因素，也有处在不断变化的状态。例如，唐纳(Towner 1996)将前工业化时期的特点概括为：

> 欧洲大部分乡村地区的大众休闲活动植根于日常的和季节性的农业生活节奏……甚至一年四季之中发生在家庭、街头、村庄或周围的田野和森林等环境，日常休闲活动与重大年假活动之间、集中在家庭和附近地区的活动以及那些促使人们离家外出参加的活动之间存在着差别。
>
> 唐纳(Towner 1996:45 -6)

“比较富裕的阶层和上流社会拥有私人乡村景观”，随着向这一发展趋势的逐渐过渡，开始限制人们进入乡村地区，自此也一直成为一个有争议的问题。同时，早期休闲历史中出现的乡村隐居和购置地产，以及“上层阶级和中产阶级向乡村地区流动……然而，19 世纪期间，英国、欧洲和北美地区的流动规模增长幅度相当大”(Towner 1996:232 - 3)。

尽管对于这些变化是否导致了对城市环境和某些城市的价值（如巴黎）的否认还存在争议，但格林(Green 1990)认为，由此形成的独特的文化态度，已将城镇和乡村视为是一个连续体，而不是两项截然对立的不同的资源。因此，乡村地区并不单纯是上流社会的游乐场所。在英国，19 世纪和 20 世纪初越来越多的城市中产阶级作为休闲者与旅游者到乡村地区游览风景区（如大湖区）和比较偏远的地区（如苏格兰高地，参见 Butler and Wall 1985），同时提出了日益增加的城市居民进入乡村地区导致的空间问题。这些问题产生的压力促使英国制定了国家公园使用原则和《1949 年乡村地区使用法案》，同时，其他国家也制定了类似的法律法规来改进对这些资源的使用(Jenkins and Prin 1998)。

16 世纪中叶至 18 世纪，英国上流社会及随后的中产阶级发起的遍游欧洲大陆的教育旅行对乡村环境产生了特殊的兴趣，既有寻求浪漫主义的因素，也有欣赏乡村风景的因素（Towner 1985）；同时，交通技术的革新便利了人们离开城市中心，去往乡村地区。有证据表明，19 世纪英格兰和威尔士（Walton 1983）、欧洲(Towner 1996) 出现的国内大众旅游和海滨度假旅游，以及随后 20 世纪初兴起的第二住宅，都推动了旅游消费对乡村景观使用的增多。

乡村地区以其可进入性强、对国内游客和国际游客都具有较强的吸引力，成为战后大多数发达国家休闲旅游的新热点地区，被誉为“城市居民的娱乐场所”。例如，沃德和哈代（Ward and Hardy 1986）研究了源于 19 世纪末期的英国度假营地的发展情况以及 20 世纪 30 年代巴特林斯、华纳和庞廷斯等旅游休闲企业的兴起，导致了中下阶级和工人阶级旅游对乡村地区和海滨地区的使用日益增多。

七、地理学者对乡村休闲旅游的研究

考普克（Coppock 1982：2）指出，“休闲领域的大量文献资料是多学科团队的研究成果”，地理学者是其中的一个组成部分。欧文斯(Owens 1984)认为：

> 至少直到最近几年，休闲游憩一直被认为是乡村户外活动的同义语。20 世纪 50 至 60 年代，乡村休闲游憩活动出现迅速增长，同时伴随着应用研究的大量涌现……20 世纪 50 至 60 年代出现了两种特别重要的研究类型：全国与区域需求研究和景区研究，解决了大量应用性问题。
>
> 欧文斯(Owens 1984:157)

欧洲和北美地区正在迅猛出版的这些研究成果出现了一种趋势，正如考普克

(Coppock 1982: 9) 指出的那样,"很少有人关注发展中国家的休闲地理研究",现在仍然是一个比较薄弱的研究领域。

插图 6.2　肯特郡西星赫斯特村。乡村遗产是乡村旅游休闲的重要景观。维塔·萨克维尔-怀斯特 (Vita Sackville-West) 和哈罗德·尼古拉森 (Harold Nicholson) 的描述使西星赫斯特名声大振,吸引了大批园艺家和文学爱好者前来参观。

插图 6.3　新西兰奥塔哥。旅游业与新型农业的发展常常可以相互联系起来。奥塔哥中部种植的葡萄园不但对旅游发展发挥了重要作用,而且通过销售地窖葡萄酒从中受益。

在说明乡村休闲地理研究的发展情况时,考普克 (Coppock 1980) 提到了自1970 年以来五年内出版的休闲游憩论著,包括派特摩尔 (Patmore 1970, 后于1983 进行修订)、拉瓦利 (Lavery 1971c)、考斯格罗夫和杰克逊 (Cosgrove and Jackson 1972)、I. G. 西蒙斯 (I. G. Simmons 1974)、考普克和达菲尔德 (Coppock and Duffield 1975)、H. 鲁宾逊 (H. Robinson 1976) 和阿普尔顿 (Appleton 1974)。这些著作强调了对休闲的广泛关注,涉及政策管理和空间问题探讨。然而,欧文斯 (Owens 1984) 指出,在 1975—1984 年间,由于政府缩减了对该研究领域的资助,英国地理学者出版的重大研究成果很少。同时,对行为研究和感知研究却出现了重叠领域。R. 卢卡斯 (R. Lucas 1964) 的研究标志着人文地理学休闲行为早期研究工作的开始,体现了对逻辑实证主义传统的关注 (R. J. Johnston 1991) 及其固有的缺点,特别是重视管理和场地的经验主义研究,而以牺牲概念和理论研究为代价。

八、需求研究

1945—1958 年间,美国的乡村休闲需求以每年 10% 的速度增长 (Clawson 1958); 1945—1973 年间,英国的乡村休闲需求以每年 10%-15% 的速度增长

(Coppock 1980);对研究人员而言,这预示着一个乡村休闲需求快速增长的时代。G. M. 鲁宾逊(G. M. Robinson 1990)指出,乡村休闲需求受到社会阶级的强烈影响,乡村休闲活动参与率一向表明,越富裕、教育程度越高、流动性越强的人,去乡村地区参与休闲活动的次数越多,而妇女的参与率要低得多。早在20世纪60年代中期,道尔(Dower 1965)就将休闲称为"第四次浪潮",与历史上的其他三次重大事件:工业革命、铁路时代和城市扩张一样,休闲也改变了人类的活动与行为。派特摩尔(Patmore 1983)指出:

乡村休闲并非是一种新现象,但是自20世纪60年代以来,休闲活动对脆弱的乡村环境产生的压力,充分证明了道尔的观点:城镇人口大量涌入乡村地区,成为第四次浪潮。不管根据什么标准来衡量,这一现象都具有重大意义。

派特摩尔(Patmore 1983:124)

派特摩尔(Patmore 1983)指出了地理学者研究工作中主要关注的乡村休闲需求问题,包括:不同社会经济群体越来越多地在乡村地区参与休闲活动,汽车拥有量的影响以及休闲活动对目的地的影响。作为评价乡村地区休闲活动特点与过程的方法,派特摩尔研究了乡村地区休闲者的路线、范围及其影响,并且从宏观角度评价了景区特征与休闲活动特点,对乡村休闲行为提出了较为详细的观点。另外还对第二住宅进行了研究,但实际上这是乡村旅游与休闲之间明显重叠的领域,在20世纪70年代已经得到了广泛研究(如Coppock 1977a, 1982)。事实上,G. M. 鲁宾逊(G. M. Robinson 1990)总结了对乡村地区的主要关注问题,地理学者对空间问题的研究兴趣在20世纪60至70年代基本上没有发生变化:

各种研究表明,人们越来越多地将休闲时间用于各种空间,并从被动休闲转向参与式休闲活动。随着私人汽车拥有量的增加,增长最快的是去往乡村地区的一日游或半日游等日常休闲活动,城市居民既看到了家门口乡村地区的休闲潜力,也发现了较为偏远、人口稀少地区的潜力。

鲁宾逊(Robinson 1990:260)

对管理人员而言,面临的挑战是如何平衡供求关系。欧文斯(Owens 1984:159)恰当地指出,"对人们的休闲行为研究发现……需要重视社会科学的观点,从而为供应管理提出比较明确的任务"。对参与状况的研究(如美国户外游憩资源研究委员会和英国家庭大调查)为乡村休闲研究提供了一个新的方向。年龄、性别、收入和教育水平等具体社会人口因素构成了休闲活动参与的空间特征。然而,许多早期的调查只是对休闲的简单了解,并且没有固定地延续下来,很难进行比较;同时,休闲需求在快速地发生着变化,使预测工作变得很困难。这些研究也没有认识到当前虽然不存在、但却具有很大潜力的需求。

1. 景区研究

在乡村休闲需求研究方面，景区是地理学者研究最多的领域，因为景区是一个空间实体，是供应来源地，是最终的需求对象。由于研究机构对各景区研究活动的资助，对供求关系这种宏观的研究不断增多，研究结果的发表为研究人员开展研究项目提供了方便。这些研究可以分为需求研究、经济评价、承载力研究和游客感知研究。在需求研究方面，运用了大量创新技术，包括游客观测方法(如 Glyptis 1979)；而地理学者自身拥有的方法优势，如抽样调查(如 Mercer 1979a)，也成为研究文献的主导形式。经济评价研究使一些地理学者步入了经济学王国，建立了成本—效益模型(如 Mansfield 1969)，需求通常被用概念表达为对旅行距离、旅行费用和门票费用的敏感性大小，并得出了刺激需求曲线。然而，有的模型认为距离最小化是追求满足的唯一目标，有的研究人员对利用这种模型进行休闲空间行为分析的合理性提出了质疑(详见 S. L. J. Smith 1983a, 1995)。

2. 承载力

欧文斯(Owens 1984)指出：

> 景区需求调查的结果是出现了一系列相互关联、但协调性较差的经验主义案例研究。在这一大堆研究结果中很难挑出几个涵盖广泛、意义重大的主题。其中最重要的两个是承载力研究和游客感知研究。
>
> 欧文斯(Owens 1984:166)

地理学者对承载力的研究兴趣源自休闲者对资源产生的影响，休闲活动参与人员越来越多，管理人员需要加大资源保护，这为应用地理学研究提供了一个现成的课题。然而，承载力是最难付诸实践的概念之一(Patmore 1983; Graefe et al. 1984a)。在超出承载力之前，我们往往很少知道真正的承载力是多少。穆瑟(Mercer 1979 a)认为，任何试图寻求承载力概念的努力都是徒劳的，承载力的概念可以简单地定义为："休闲资源与设施只能适合于一定数量的人使用，如果超出这一数量，就会损害资源和游客的休闲体验质量"(Owens 1984:167)。为将这一概念运用于实践之中，进行了大量研究来测量承载力(如 Dower and McCarthy 1967; Stankey 1973)，试图区分生态承载力、自然承载力、社会承载力和心理承载力(或感知承载力)(参见第四章)。

欧文斯(Owens 1984)指出的其他研究领域是游客感知研究。最富活力的此类研究出现在美国，尤其是郊野地区的游客感知研究(Stone and Taves 1957)，这些地区有具体的管理目标——制定的管理政策不能对游客感知产生负面影响。卢卡

斯 (Lucas 1964) 对边界水域独木舟区进行的研究具有标志性意义，该项研究对游客观点进行了详细分析，表明他们对郊野地区的观点比较保守，有助于管理人员采取相应的用地区划措施。

虽然实际上许多研究会面向一个以上的主题，但游客感知的研究主要集中在如下方面：

- 风景感知与景观质量评价。
- 郊野地区、郊野地区管理感知，郊野地区休闲体验心理。
- 社会承载力与心理承载力。
- 管理人员与游客的感知比较。
- 休闲的社会效益，休闲的社会化，休闲体验的生活质量要素。
- 游客在景区的休闲行为，特定休闲活动的社会意义。
- 休闲活动与可替代活动之间的感知相似性。
- 休闲的心理结构，休闲活动类型，休闲活动偏好类型（详见 Owens 1984）。

另外，鲁宾逊 (Robinson 1990) 分析了不同国家休闲者之间的行为差别，以及乡村审美感知方面存在着文化差异。

九、乡村休闲供应

发表的各种研究成果反映了地理学者对乡村用地和资源空间分布的关注，从而导致了对资源调查与乡村休闲的大量研究。皮格拉姆（Pigram 1983）认为，对许多人来说，资源的概念通常是指有形的物体。另一种观点认为，与其从物质角度界定资源，不如从功能角度界定资源。在这个意义上，资源的功能是人类通过选择和操纵环境的某些属性而创造出来的。

因此，资源是由社会对其价值与潜力的主观评价构成的，以便满足休闲需要。奥里尔丹（O' Riordan 1971：4）早期研究中提出的资源定义仍然是引用最广泛的一个："是人类对环境评价的一种属性，具有一定价值，但同时受到人类所处的社会制度、政治制度、经济制度的制约"。克劳森等（Clawson et al. 1960）进行的休闲研究中提出的休闲资源概念，尤其适用于乡村休闲资源，一直是较为普遍的一个概念。他们提出了确定休闲资源的一种通用方法，地理学者自 20 世纪 60 年代以来对其进行了发展与修订：什么构成了休闲资源，如何对其进行分类才有利于资源的有效规划与管理？克劳森等（Clawson et al. 1960）利用众多因素对休闲地区与休闲机会进行了区分：位置、规模、特征、使用程度和休闲资源的人工开发程度，其结果形成了自休闲者至休闲资源的连续体，其中乡村分为资源型地区和中间型地区(即城市边缘)。尽管地理学者对这些观点进行了修订改进,但资源使用一直是休闲资源分析的根本原则之一(I. G. Simmons 1975)。例如,霍肯等(Hockin et al. 1978)将陆地休闲活动划分为:

- 过夜休闲活动(如野营和乘宿营旅行车度假)
- 射击活动
- 有竞技要素的活动(如高尔夫)
- 很少涉及或不涉及竞技要素的活动(如垂钓、骑自行车、散步、野炊和野生动物观赏)

这已经从克劳森等(Clawson et al. 1960)提出的连续体区划概念发展到一个新的阶段,认识到了需求的多样性。

考普克和达菲尔德(Coppock and Duffield 1975)说明了他们在理解如下问题方面所做的主要贡献,包括:休闲者使用和消费的是什么资源,使用的程度和数量,资源吸纳休闲者的能力,可利用的潜在资源,资源评价的作用及地理学者评价资源的方法,但实际上他们自身的经历主要局限于对兰纳克郡和大爱丁堡所进行的研究。通过比较考普克和达菲尔德(Coppock and Duffield 1975)与派特摩尔(Patmore 1983)的研究,可以发现,地理学者对休闲资源的关注主要集中在三个主题。

第一个主题是资源本身具有视觉特征,正是这一性质形成了刺激与满足感。大部分性质与保护的主题和乡村景观的构成交织在一起,成为一个整体:然而,这一方面对我们的研究目的不太重要,引起的关注较少。第二个主题是休闲活动,将乡村环境直接用于休闲活动,既包括发生在休闲景区的特有活动,也包括必须直接或间接与其他活动产生竞争的休闲活动。第三个主题是休闲的多样性、乡村景观的多样性和休闲活动的多样性,地理学者关注的正是这种多样性。休闲需求与资源供应经常处于不平衡状态,结果导致了两者之间的妥协(Patmore 1983:164)。

显然,指导研究的各种问题具有很大的共同性。派特摩尔(Patmore 1983)指出了与乡村休闲资源空间分析有关的主要课题,包括:开发造成的资源丧失、资源保护、资源的积极利用、资源的享用、资源利用与保护的关系、休闲景点的保护与效益。此外,派特摩尔(Patmore 1983)还指出,用于乡村休闲的各种资源(如森林、公园和城市边缘区)、线型资源(如道路和步行道)、水资源和海滨地区,每种资源对乡村休闲都具有一定的意义。这些课题的早期研究包括:考普克(Coppock 1966)对英国休闲用地和休闲水资源的总结分析,达菲尔德和欧文斯(Duffield and Owens 1970)、古德奥和惠托(Goodall and Whittow 1975)对森林资源的研究,坦纳

(Tanner 1973, 1977)对水资源的研究。

在关于景观评价的论战中还出现了对于风景感知及其休闲价值的争论(Penning-Rowsell 1973; Appleton 1974),景观评价具有明显的休闲意义,重点是分析人们评价景观美学的方式以及了解景观价值与意义的不同方法。地理学者进行的资源调查评价工作的重点是研究乡村休闲资源的供应问题,但这些研究工作在20世纪80年代的连续性不强,皮格拉姆(Pigram 1983)对这些研究进行的评论指出,其实际应用较少。

十、乡村休闲的影响

G. M. 鲁宾逊(G. M. Robinson 1990:270)指出,"人们对休闲活动造成的环境影响越来越关注。事实上,这种影响的日益强烈,反映了乡村休闲活动的集中性,明显集中在几个热点景区",资源的集中使用对环境造成了负面影响。除了直接影响以外,乡村地区休闲资源使用产生的冲突仍然是一个持续性的问题。许多冲突发生在休闲与农业之间(Robinson 1999),肖德(Shoard 1976)将其归因于农业用地用于休闲开发的特殊方式。例如,农民常常对休闲者给他们的土地造成的损害和问题(如乱丢垃圾、骚扰家畜、污染)感到不满意。又如,在新西兰由于休闲者和旅游者在河流与其他水域排泄大小便而导致贾第鞭毛虫病的流行。相反,威尔士乡村委员会预计,1 600 万人广泛使用了各种道路,除了自然磨损外,很可能对环境造成负面影响,产生冲突,因此需要加强保护,避免损坏,有些情况下需要利用非天然产品(如柏油碎石铺路面)进行控制。欧文斯(Owens 1984)进行了总结:

> 一般而言,研究工作是为了解决问题,以满足特定的管理要求。因此而衍生出来大量的特殊景区研究,但其研究目的并不在于为理论建设作出贡献。理论研究方向的重点应该是概念(如社会承载力)和复杂的方法(如态度等级与因素分析),因为概念和方法是研究中至关重要的内容。但在此提出批评主要是为了提高内省的程度。
>
> 欧文斯(Owens 1984:173)

考虑到以上观点,下面讨论一下地理学者对乡村旅游分析作出的贡献。

观察与思考:乡村地区的第二住宅

第二住宅代表着世界各地许多国家大量旅游者和一日游游客休闲活动的一个重要组成部分,虽然常常被忽视,但却是国内国际旅游的整体组成部分之一（Jaakson 1986；Hall and Müller 2004）。舒克史密斯(Shucksmith 1983)将第二住宅定义为：

是一个家庭偶尔居住的一处永久性房产，该家庭通常居住在其他地方，而这里主要用于休闲目的。该定义不包括宿营旅行车、船只、租赁的度假别墅及位于大城市和工业城镇的房产。

舒克史密斯(Shucksmith 1983:174)

舒克史密斯的定义类似于斯堪的纳维亚和加拿大等地区和国家对第二住宅的研究方法，主要指夏季度假别墅。然而，应当指出的是，宿营旅行车和活动房屋等移动性第二住宅也是一种很重要的度假形式，但这方面的研究很少。

第二住宅市场规模庞大。例如，估计芬兰在 2003 年有第二住宅 465 000 套，意味着 1/6 的家庭拥有一套第二住宅，同时，所有其他家庭都可以通过亲戚朋友利用第二住宅（Hitunen and Pitkänen 2004）。1999 年，7% 的加拿大家庭(823 000 人)拥有第二住宅或度假别墅，其中 77% 的这些家庭在加拿大拥有第二住宅(Svenson 2004)。在丹麦，第二住宅是最重要的休闲住宿形式，520 万丹麦人拥有大约 220 000 套第二住宅(Tress 2002)。瑞典大约有 50 万—70 万套第二住宅，占全部过夜住宿的 23%(Lundmank and Marjavaara 2004)。新西兰没有对第二住宅进行准确的调查，然而估计大约 8% 的国内游客在第二住宅过夜住宿；对休闲度假目的而言，度假住宅或乡村小屋在使用的住宿设施中所占比例更大(13.9%)(Keen and Hall 2004)。

从历史上看，关于第二住宅的研究主要集中在动机问题、规划问题、区域发展和影响问题等方面。第二住宅建设成为加拿大、丹麦、瑞典和威尔士等众多国家和地区的一项重大事件，有些情况下，当地社区会感到"外来者"购买第二住宅是社会经济入侵行为。虽然第二住宅在经济、社会和文化方面具有重要意义，关于第二住宅的地理研究一直是一个重要课题，但各地的差别很大。主要有两个原因：第一，关于第二住宅在经济、社会或环境方面的意义或影响的研究程度存在差别；第二，由于生态旅游等其他研究兴趣的出现，第二住宅研究已经大大失宠。尽管存在这样一些问题，国际上仍然有大量针对或围绕第二住宅的研究（Hall and Müller 2004）。

第二住宅研究的第一个主要时期是在 20 世纪 70 年代。在此之前，研究工作主要发生在北美(尤其是加拿大)和斯堪的纳维亚地区,这些地方形成了拥有第二住宅的鲜明传统(Coppock 1977a)(另见第一章中对于法国地理学的讨论)。在 20 世纪 70 年代期间,英国对第二住宅的研究迅速增加,考普克(Coppock 1977a)出版的《第二住宅:诅咒还是保佑?》(*Second Homes*: *Curse or Blessing*?)达到了顶峰。自 20 世纪 90 年代中期以来,重新兴起了对第二住宅建设的研究兴趣,主要研究工作包括:澳大利亚(Selwood et al. 1995; Selwood and May 2001)、加拿大(Halseth and Rosenberg 1995; Halseth 1998)、丹麦(Tress 2002)、新西兰(Fountain and Hall 2002)、挪威(Kaltenborn 1997a, 1997b, 1998; Flognfeldt 2002)、瑞典(Müller 1999, 2002a, 2002b, 2002c, 2002d; Gustafson 2002b; Müller and Hall 2003)和英国(Gallent 1997; Gallent and Tewdwr-Jones 2000);国际上对该课题也提出了新的综合性观点(Hall and Müller 2004; Müller 2004)。

区域经济发展常常是地方政府倡导的第二住宅建设的主要效益之一。第二住宅通过如下方式促进了区域发展:

- 增加区域的直接旅游收入(Tombaugh 1970;Ragatz 1977);
- 为第二住宅房主和其他旅游者提供基础设施(Jaakson 1986);
- 带动了服务业和建筑业的发展(Ragatz 1977;Shucksmith 1983);
- 房主退休以后回到第二住宅生活,为区域的进一步发展提供了机会(Deller et al. 1997)。

然而,尽管第二住宅可能为区域发展提供了许多机会,但其对各地的贡献水平并不一样,没有一致的基准来判断它们产生的效益,特别是远期效益更难预测(Fritz 1982)。虽然第二住宅建设可能会为地区带来很高的效益,但这些效益却不能总会超过政府投入的成本,包括处理垃圾、医疗卫生和其他服务项目的增加(Teisl and Reiling 1992),以及造成的社会、环境影响。例如,戴乐等(Deller et al. 1997)估计美国第二住宅创造的收入刚刚能够支付增加的公共服务成本。然而,在其他一些地区,第二住宅旅游被认为是许多乡村经济的重要基础。第二住宅所有者一般比较喜欢小型乡村商店,因此有利于保持乡村地区的服务水平(Müller 1999; Hall and Müller 2004)。例如,穆勒(Müller 1999)指出,德国人在瑞典的四处第二住宅的花费相当于一个当地瑞典家庭的花费。在北欧国家的另一项研究表明,3—32 个第二住宅家庭的消费相当于第一个家庭的消费。这些差别主要取决于住房的质量和主人实际使用第二住宅的意图（Jansson and Müller 2003）。同样，在对美国威斯康星和明尼苏达休闲住宅的一项研究中，马库勒等(Marcouiller et al. 1998)发现，第二住宅所有者对推动当地商业活动发展发挥了重要作用，因为他们全年都在使用其住宅（当然夏季使用较多）。“平均而言，休闲住宅所有者一年内在直接使用物品或用于住宅方面的花费大约为 6 000 美元。其中，在当地购物花费占 20%—70%，包括房屋改造和就餐”(1998：i)。值得注意的是，马库勒等(Marcouiller et al. 1998)还发现，各郡居民和休闲住宅所有者在本郡以外地区的花费数量与特点总体相似。

正如一切旅游发展一样，第二住宅也不可避免地给一个地区带来各种影响。缺少足够的基础设施与规划，会产生不利的自然影响，包括：缺少排污系统，场地选择不当，过度开发，没有考虑到旅游高峰期景区负担过重(Mathieson and Wall 1982； Gartner 1987)。控制这些影响通常是地区和地方政府的职责，它们必须采取有效的管理措施(Dower1977；Shucksmith 1983)。地方政府在控制社会影响方面还能发挥重要作用，它们可以控制开发活动，避免第二住宅所有者和各社会群体之间发生冲突。社会冲突包括：当地居民和第二住宅所有者对开发程度意见不一致(Jordan 1980；Gartner 1986；Green et al. 1996 ；D. G. Pearce 1998 ；Visser 2004)，感到社会不平等而产生的冲突（Gallent 1997)，用地之间产生竞争(Gallent 1997；Visser 2004)等。第二住宅及相关的“当地人住宅”和服务维持等问题，可能是空间问题争论的焦点(Jordan 1980；Girard and Gartner 1993 ；Fountain and Hall 2002 ；Hall and Müller 2004)。

要了解第二住宅的影响，必须看到决定拥有第二住宅背后的动机。拥有第二住宅的动机多种多样，其中许多动机与一个地方的具体环境特征有关，包括和第一住宅之间的距离、地区的自然与社会特征及休闲机会的利用程度（Tombaugh 1970 ；Boschken 1975 ；Coppock 1977a ；Ragatz 1977 ；D. G. Pearce 1998)。然而，拥有第二住宅最重要的一个因素是，第二住宅与旅游行为和生活方式相关的程度及个体、家庭的流动性和空间、时间的可利用性。确定一个理想的第二住宅环境，需要经过一个环境寻找过程，其中旅行是一个关键因素。旅游度假为确定潜在的第二住宅位置提供了机会，第二住宅也是生活方式的一部分，购置第二住宅是为退休以后永久居住做准备。的确，最近地理学者重新对第二住宅及其与国内国际迁移的关系产生研究兴趣表明，对第二住宅旅游需要站在更广泛的人类流动角度予以看待(A. M. Warnes 1992；T. Warnes 1994；King et al. 1998, 2000；A. M. Williams and Hall 2000；A. M. Warnes 2001；Hall and Williams 2002；Hall and Müller 2004；Hall 2005a)。

十一、乡村旅游:空间分析方法

在乡村旅游文献中（如 Sharpley 1993；Page and Getz 1997；Sharpley and Sharpley 1997；Butler et al. 1998），鲜有比较明确的空间分析方法能够使地理学者的观点比其他社会科学的贡献更为突出。或许我们能发现的最接近的分析方法是关于乡村旅游地理的一些章节（如 G. M. Robinson 1990）和少量的旅游地理文献(如 Shaw and Williams 1994)。

十二、乡村旅游的影响

旅游影响方面的文献资料一直处于旅游研究中的核心位置，地理学者早期的评论证实了这一点(如 Mathieson and Wall 1982)。然而，就乡村旅游而言，影响研究并没有处于方法建设和理论建设的前沿。正如已经指出的那样，存在的一个特殊问题是，研究人员倾向于从自身学科观点中借用已有的理论模型与概念，运用到乡村旅游问题的分析之中。在乡村旅游的社会文化影响方面，20 世纪 60 至 70 年代乡村社会学的影响主导着社会学研究（如 Bracey 1970），而 V. L. 史密斯(V. L. Smith 1977)对旅游人类学研究成果的整理颇有影响，强调了人类学家采用的研究方法。在乡村旅游社会文化研究方面最有影响的论述或许是布凯特和温特(Bouquet and Winter 1987a) 整理的乡村旅游冲突和政治辩论方面的文集。例如，布凯特和温特(Bouquet and Winter 1987b)认为，在管理和引导战后乡村地区旅游(与休闲) 时要考虑旅游、政治与政策问题之间的关系。霍尔和詹肯斯 (Hall and Jenkins 1998)、詹肯斯等(Jenkins et al. 1998)指出，地理学者在该领域从事的研究工作一直比较少。即便如此，非空间方面的研究，如温特(Winter 1987)对英格兰和威尔士高地农业与旅游的研究，赞成慎重提倡把农业旅游作为解决“欠发达地区”社会经济发展问题的手段，这一结论在随后的研究中得到了广泛认可（如 Jenkins et al. 1998)。社会学研究为了解偏远地区旅游者与休闲者空间活动的社会影响提供了切入点，偏远地区的旅游休闲活动有利于增加农业收入。

众多研究人员试图使乡村旅游社会文化影响研究重点多样化，包括旅游开发对乡村文化的改变（如 Byrne et al. 1993）、现代社会晚期和后现代社会乡村环境与文化的消费。乡村旅游中妇女的作用后来也引起了关注，乡村旅游作为一种季节性强、不稳定的经济活动，为妇女提供了一定就业机会，有助于提高妇女在乡村劳动力中的地位。在莱德克里福特和辛克莱(Redclift and Sinclair 1991)进行的与旅游有关的性别研究中也提出了类似观点，但很少有地理学者研究这些问题。爱德华兹(Edwards 1991)和基恩等(Keane et al. 1992)进行的其他研究还表明了社区参与旅游规划的重要性，即由此可以保证当地居民、尤其是妇女从乡村旅游发展中受益。一个特别敏感的问题是土著居民和传统文化，包括土地权/资源权问题及土著居民作为参与者和企业家的作用(Butler and Hinch 1996)。土著居民越来越多地参与旅游发展，有助于实现其独立自主和文化生存的目标，但旅游发展却给他们带来了特殊的风险(C. M. Hall 1996a)。

大量研究文献关注了居民对旅游(和休闲)的认识与态度，包括对小城镇和乡村地区的研究(如，Allen et al. 1988； P. T. Long et al. 1990； Getz 1994a； Johnson et al. 1994)；但很少有地理学者从纵向角度研究乡村旅游对社区的影响：社区对旅游的看法、社区与旅游的相互作用、社区接受还是拒绝旅游，对城市地区的研究案例也不多见(参见 Page 1997 a)。然而，巴特勒和克拉克(Butler and Clark 1992)指出：

插图 6.4　挪威埃尔格。狩猎者、垂钓者和步行者成为斯堪的纳维亚地区许多小村庄经济收入的重要来源。

插图 6.5　科罗拉多特柳赖德。通过度假设施与住宿设施建设，旅游使美国西部地区许多以前的采矿城镇恢复了活力。

一个地区需要进行研究的是旅游与接待地区之间不断发生变化的关系。旅游一般不可能是唯一的乡村经济活动。在最近几十年内，乡村地区在社会结构方面发生了重大变化，主要表现为：中产阶级化、新的社会两极化、服务阶层占主导。需要加强研究的是乡村地区社会结构的不平衡性与旅游发展的空间差异性之间的关系及导致的问题。

巴特勒和克拉克(Butler and Clark 1992:180)

多少有点讽刺意味的是，地理学者对乡村研究做出了如此重大的贡献，然而仅有少数人研究了社会理论的意义及旅游发展的经验因素。

十三、经济影响

乡村旅游的经济影响是社会学家研究成果颇丰的一个领域，他们往往将旅游的作用强调为解决乡村地区一切经济与社会顽疾的万能药；但地理学者的主要贡献集中在农业旅游研究方面。巴特勒和克拉克（Butler and Clark 1992）恰当地指出，乡村地区的旅游业不一定是推动乡村发展的神奇妙方：

旅游业也存在着收入漏损、乘数效应下降、工资收入较低、输入劳动力和投资者保守主义等问题。最不利于加大旅游发展的情况是当乡村经济已经很薄弱的时候，因为旅游业会造成收入与就业分布的高度不平衡。比较合理的做法是把旅游业作为多样化经济的补充手段，而不是作为乡村地区发展的支柱产业。

巴特勒和克拉克(Butler and Clark 1992:175)

在对苏格兰斯贝谷地进行的纵向研究中，盖茨的研究（Getz 1981, 1986b, 1993c, 1994a, 1994b）证实了旅游一直是经济支柱的一个乡村地区。就此而言，巴特勒和克拉克(Butler and Clark 1992)的研究十分有用，因为它指出了乡村经济研究的主要关注点和旅游在乡村发展中的作用：

- 收入漏损
- 乘数效应
- 劳动力问题(当地劳动力与输入的劳动力，报酬低)
- 乡村地区企业数量少
- 旅游应当作为乡村经济的补充手段，而不是经济支柱

该领域的主要研究工作是由经济学家承担的，如阿彻（Archer 1973, 1982）对乘数效应的开创性研究被用来确定乡村地区旅游收入产生的经济效益。尽管这些研究成果一直是后来乡村旅游研究的基础，但很少研究能涵盖巴特勒和克拉克（Butler and Clark 1992）提出的众多经济分析问题。对乡村旅游的详细经济研究很少，对这

种现象一个可能的解释是人们把研究重点放在了“农业旅游”上。

农业旅游

农业旅游为促进农业多样化提供了一条途径。N. J. 埃文斯(N. J. Evans 1992a)指出,农业旅游研究可以分为两大类。第一类是关于“不同类型农业多样化的扩展性研究,旅游是农村家庭进行产业结构调整的一种重要手段,也是在农村收入下降的情况下采取的一种必要措施”(Evans 1992a:140)。第二类是“专门致力于农业旅游的研究,尽管这些研究是最详细的,但它们正在日益变得过时”(Evans 1992a:140)。埃文斯(Evans 1992a)引用的戴维斯(Davies 1971)、C. 雅各布斯(C. Jacobs 1973)、数据自动检索(DART 1974)、布尔和韦伯利(Bull and Wibberley 1976)、丹曼(Denman 1978)和弗雷特(Frater 1982)的文献,都是20世纪70年代资料。

埃文斯(Evans 1992a)批评了第二类研究缺乏明确的定义,没能区分农业旅游的住宿要素和休闲要素(Evans and Ilbery 1989)。埃文斯(Evans 1992a:140)考虑到了研究分析的过于简单化,认为应重视企业的预期经济成本与效益分析、农村家庭的特点及其对旅游发展的态度研究。尽管农业旅游研究文献存在这样一些问题,但进一步理解农业旅游存在的一个重大障碍却是,缺乏对全国农业旅游发展情况较为精确的研究。德诺伊(Dernoi 1983)和弗雷特(Frater 1983)研究了欧洲的情况,拉斯奥(Wrathall 1980)研究了法国的农业旅游,欧普曼(Oppermann 1995)研究了德国南部的农业旅游,并绘图分析了住宿设施的空间分布情况。沃格勒(Vogeler 1977)讨论了美国的情况,欧普曼(Oppermann 1998b)为新西兰情况的研究调查奠定了重要基础(另见 Hall and Kearsley 2001)。

对英格兰和威尔士的一项调查表明,近6 000家农村企业拥有住宿设施,该项调查分析了这些住宿设施的地理分布情况,它们主要集中在英格兰西南部、坎布里亚郡、威尔士边境各郡、北约克郡和英格兰东南沿海等较受欢迎的地区。其中,高地地区和英格兰西南部占绝对优势,拥有多种形式的服务设施(简易旅馆、自助式旅馆、野营地和宿营旅行),可以满足各种特殊形式的旅游需求(如周末度假、为期一周的度假和传统的两周度假)。N. J. 埃文斯(N. J. Evans 1992b)指出,对于农村企业为什么热衷于发展此类经营活动以及影响其做出决策的因素有哪些,尚缺乏全国性的研究。此次调查还指出了现有文献中存在的相互矛盾之处,因为研究结果表明,大型农村企业也实现了多样化经营,其中就包括农业旅游项目(Ilbery 1991)。尽管与弗雷特(Frater 1982)的研究结果不一致,但却说明,家庭劳动力已广泛从事农村住宿设施的服务工作。这些研究同时强调了农村旅游企业对资本的需求、市场营销的作用以及设立外部代理商建立业务网络的必要性。即便如此，默德和范・莱斯特(Maude and van Rest 1985)认为，由于小农场主所获利润较低，当前规划法规有各种限制条件，旅游并不是解决高地地区农民收入较低这一严重问题的重要途径(另见 Jenkins et al. 1998)。因此，他们认为，在坎布里亚郡的案例研究中，旅游不可能改善高地农民收入低的问题，因为农业旅游被错误地认为是农业多样化政策的主要支柱(Maude and van Rest 1985)。至此，对农业旅游的重视，对农业旅游的经济意义及能否将其纳入结构化理论和当代其他理论分析体系之中的持续争议已经逐渐减弱。

十四、乡村旅游的环境影响

旅游文献中对旅游的环境影响进行了广泛研究，乡村旅游是旅游文献中较为引人注目的内容，但常常有人警告说，旅游对旅游吸引物具有不同程度的破坏性。就乡村地区而言，越来越多的压力主要来自旅游开发的密集性和大众旅游的膨胀发展，而新兴旅游形式又产生了新的压力。事实上，乡村地区建设主题公园、第二住宅(Gartner 1987)、分时度假酒店、会议中心、度假村，以及划定特殊游览区(如国家公园)，都推动了旅游对乡村环境无止境的渴求（另见下文的“观察与思考”）。布拉姆韦尔(Bramwell 1991)强调了 20 世纪 90 年代对更负责任的、更注重环保的乡村旅游形式的关注，可持续性发展成为乡村环境争议的焦点。布拉姆韦尔(Bramwell 1991)分析了英国乡村旅游政策与可持续发展概念的结合程度，指出了英国旅游委员会和乡村委员会政策制定工作的作用。乡村委员会在其咨询书《到乡村地区的游客》中指出，需要提高公众对乡村环境的理解与关心。大量专刊、特刊也重点关注了可持续发展与乡村旅游的问题（如，《旅游休闲研究》1991；《趋势》1994；《可持续旅游学刊》1994），地理学者作出了重要贡献（如 Butler and Hall 1998； Hall and Lew 1998）。然而，很明显的是，乡村地区的旅游显示出旅游与环境之间关系的诸多共生关系，环境是对游客产生吸引力的一个重要因素。

观察与思考：葡萄酒、食品与旅游

葡萄酒、食品与旅游都是根据区域特征进行区分的产品（Hall et al. 2003a）。葡萄酒通常是根据其地理产地确定的（如勃艮第、香槟、里奥哈），地理产地在许多情况下是通过建立在某些地理特征基础上的一系列名称而正式形成的(Moran 1993,2000,2001)。食品(如奶酪)也是根据其产地确定的。同样，旅游也是根据区域目的地或地方目的地的吸引物进行促销的。因此，从区域的角度来看，葡萄酒、食品与旅游之间的关系显得极为重要，这并不令人感到吃惊。区域特征有利于产品品牌建设和旅游地促销，这些要素相互关联，构成有机体系，推动经济发展（Ilbery and Kneafsey 2000a，2000b）。伊尔贝里和尼夫希（Ilbery and Kneafsey 2000b）恰当地将这一过程描述为全球化背景下的“文化的再地方化”。莫兰（Moran 1993）指出：

勃良第将其名字赋予了世界上最著名的葡萄酒之一，同时，勃良第地区也以其葡萄酒而闻名。其实，这里仅是一些很小的地方，往往只有几公顷大小，只是因为这里生产的葡萄酒而享有很高的声望。在勃良第，情况已经发展到这样的程度：为了利用知名葡萄酒的声誉，许多乡镇……加上了知名葡萄园的名字。哥尔顿葡萄酒使埃洛克更名为“埃洛克－哥尔顿”，蒙哈榭葡萄园使普里戈尼和彻萨尼分别更名为普里戈尼－蒙哈榭和彻萨尼－蒙哈榭，罗曼尼葡萄酒使沃斯尼更名为沃斯尼－罗曼尼，圣乔治葡萄酒使纽兹更名为纽兹－圣乔治，等等。

莫兰（Moran 1993：266）

葡萄酒业、食品业与旅游业都要依赖地区品牌开创市场、开展宣传促销（Hall et al. 1997－8；Hall and Macionis 1998）。事实上，食品的地理产地日益受到知识产权法规的保护（Hall et al. 2003）。霍尔（Hall 1996b：114）这样描述旅游地和葡萄酒名称或地区的重要性：“葡萄酒地区的确定会对旅游产生直接影响，因为葡萄酒与目的地地区促销以及随之产生的经济社会联系之间存在着相互关联性”。此外，通过旅游者的购买行为，旅游与食品之间也建立了联系，对当地生产和维持或扩大当地农业经济产生重大影响（Reynolds 1993；Telfer and Wall 1996；Bell and Valentine 1997；Van Westering 1999；R. Mitchell and Hall 2001，2003；A. Smith and Hall 2003）。

旅游一直被认为具有推动区域发展的潜力。乡村地区正在进行的经济结构调整与改革加大了对旅游的重视，试图通过刺激旅游需求增强农业生产。此外，与这些变化同时出现的还有，需要保留或吸引乡村地区的当地人，保持“传统的”乡村生活方式和农业生产，保护各种乡村景观（Van Westering 1999）。世界各地的许多葡萄酒地区已经受到了葡萄酒需求的变化和关税保护的影响，开始种植新的葡萄品种，或者有的葡萄园改为其他形式的生产活动。然而,需求变化同时表明,有些以前没有考虑葡萄酒商业化生产的地区,特别是“新世界”葡萄酒地区,如澳大利亚、加拿大、新西兰和美国,现在已经开始大量种植葡萄(Telfer 2000a, 2000b; Moran 2001)。在这种情况下,食品旅游和葡萄酒旅游正在日益成为乡村产业多样化与乡村发展的重要内容(Hall et al. 2000a, 2000b)。

国家、地区和地方制定了将旅游与美食结合发展的战略,以促进经济发展和建立可持续的食品体系(Hall and Mitchell 2002)。比较理想的做法是,国家、地区和地方应联合起来,以最大限度地保证政策的成功实施(Thorsen and Hall 2001; A. Smith and Hall 2003)。然而,实际情况往往是,各级政府与行业各行其是,互不协商,也不进行合作。图 6.1 表明,

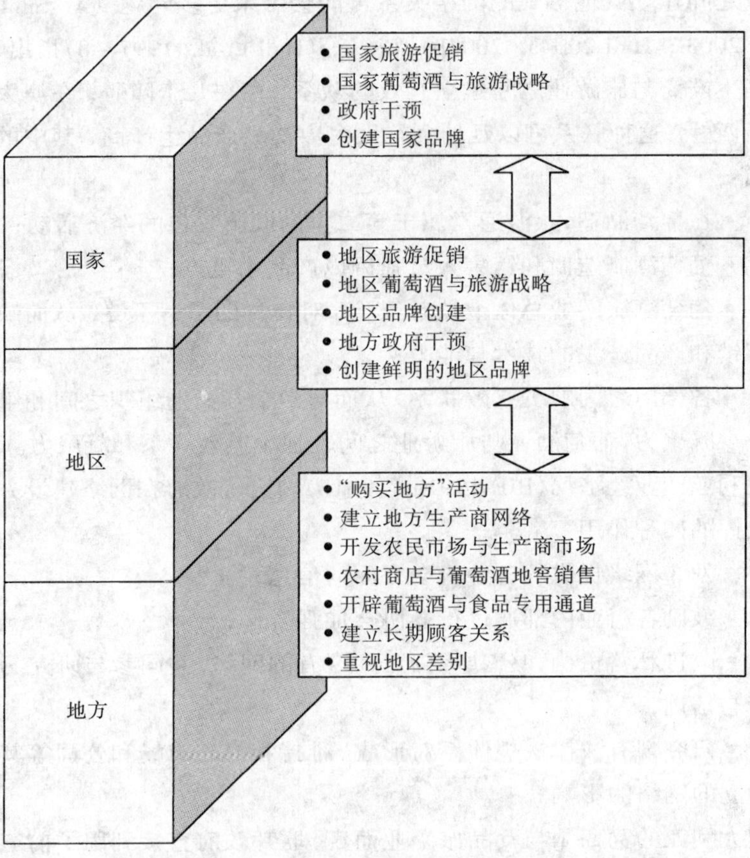

图 6.1 国家战略、地区战略与地方战略之间的关系

可以通过多种途径，利用葡萄酒与食品之间的关系，促进可持续食品体系的建立，各种途径在特定的层次可以取得最佳效果。尽管各个层次上都会发生国家政府和地方政府的干预行为，但十分普遍的情况是，上一级政府制定的政策要在下一级政府得到落实，以实现地区和地方的既定发展目标。这种方法在欧盟各国和联邦制国家尤为普遍，如澳大利亚、加拿大和美国(Hall et al. 2000a；Telfer 2000a, 2000b)。

在国家和地区层次上，宣传促销与品牌打造是将食品与旅游联系起来极为常用的战略。例如，为了充分利用和最大限度挖掘葡萄酒业的旅游潜力，澳大利亚的几个州成立了专门的葡萄酒与食品旅游机构，推动和协调葡萄酒旅游的发展(Hall and Macionis 1998)。然而，尽管各地区有能力创建葡萄酒与食品旅游的自身品牌，但在食品、葡萄酒生产商与旅游业之间建立其他形式的网络关系可能会带来更多问题（A. Smith and Hall 2003；Hall 2004a, 2004b)。霍尔等(Hall et al. 1997－8)指出，在葡萄酒生产商与旅游业之间建立有效的联系，存在几个障碍；在澳大利亚和新西兰，这种联系可以延伸到绝大多数初级产品生产商，其中的障碍包括：

- 在葡萄酒业，旅游通常属于第二位的或第三位的经济活动；
- 葡萄酒制造商和销售人员强调以产品为重点；
- 葡萄酒旅游业总体上缺乏经验，对自身的了解不够，从而缺乏市场营销和产品开发的技术与能力；
- 各部门之间缺少有效联系，从而导致葡萄酒业组织之间和组织内部缺少凝聚力，葡萄酒业与旅游业之间也缺少有效联系和凝聚力。

澳大利亚产业经济局(BIE 1991a, 1991b)确定了政府在网络建设方面可能发挥的四种作用：

- 发布网络提供的各种机会方面的信息；
- 鼓励各行业内部通过行业协会加强合作；
- 改进私营机构和公共部门之间现有的网络，共同参与研究、开发、教育与培训；
- 研究现有法律法规体系对形成、维持和打破市场和公司等其他组织建立的网络的影响。

就澳大利亚的葡萄酒与食品旅游业而言，联邦政府直接利用了前三项作用，设立了专门的组织机构，为研究与教育工作提供资助，制定了合作战略与机制并提供各种信息。产业经济局(BIE 1991a, 1991b)认为信息差距是损害网络构建的一个重大因素。事实上，葡萄酒企业和有些食品生产商对旅游持有诸多的消极态度，而旅游单位一般却对葡萄酒业和食品业持有较为积极的态度。这种情况反映了莱伯(Leiper 1989，1990)的观点：旅游只是实现了部分产业化，各企业在与旅游供应商正式建立相互关系之前，认为自己只是旅游业的一部分。

食品体系中运用地方网络建设了几个模型(图 6.2)。在经典的食品供应产业链模型中，生产商—批发商—零售商—消费者通过交通网络联系在一起，为分销食品提供了一种比较有效的方式，但它却大大影响了生产商获得的利润，因为在消费者与生产商之间设置了大量中间商。产业模型考虑到大型农场企业的发展，如降低劳动力成本，扶持出口业，但却基本上无助于经济的可持续发展和食品体系的可持续性。在旅游方面，这种关系用于国家品牌创建和宣传促销，多重供应链捆绑在一起，吸引国外顾客。另一条途径是在生产商和消费者之间建立直接关系，方法是直接销售和"箱式运送"(例如，将一箱子应季产品直接运送到消费者手中)。就旅游而言，一个重要的直接方法是为消费者提供在农场或酒窖购买产品的机会，让消费者亲眼看到产品的出产地以及种植或生产产品的人，从而为建立长期营销关系提供可能。这种直接销售方法在小型葡萄酒厂和园艺产品生产商中相当受欢迎，常常为城市郊区和乡村生产商所使用，他们靠近城市中心地区，能够充分利用一日游市场。虽然这些方法对企业很有用处，并且能增强一个地方的吸引力和多样性，但它们并不能构成一个有效推动地区发展的网络关系。

生产商之间建立合作关系，为形成生产商网络奠定了基础，可以将资源集中起来，从事地方促销与品牌建设，开展研究活动 (Hall et al. 1997 – 8)。此外，资源的集中使用还可以开发新的产品，如开发农产品市场。汉密尔顿(Hamilton 2002:77)指出，在美国，"截止到 1994 年，全国有 1 755 处农产品市场，到 2000 年增加到 2 863 处"。在英国，农产品市场增长也十分迅速。1997 年，英国第一处农产品市场在巴斯设立，到 2002 年发展到 240 处(Purvis 2002)。

农产品市场对地区经济和创造就业机会的影响是相当大的。例如，"加拿大安大略省农产品市场管理处"(2001) 估计，1999 年全省农产品市场吸引了大约 100 万购物者，其中 90% 的人来这里是为了购买新鲜农

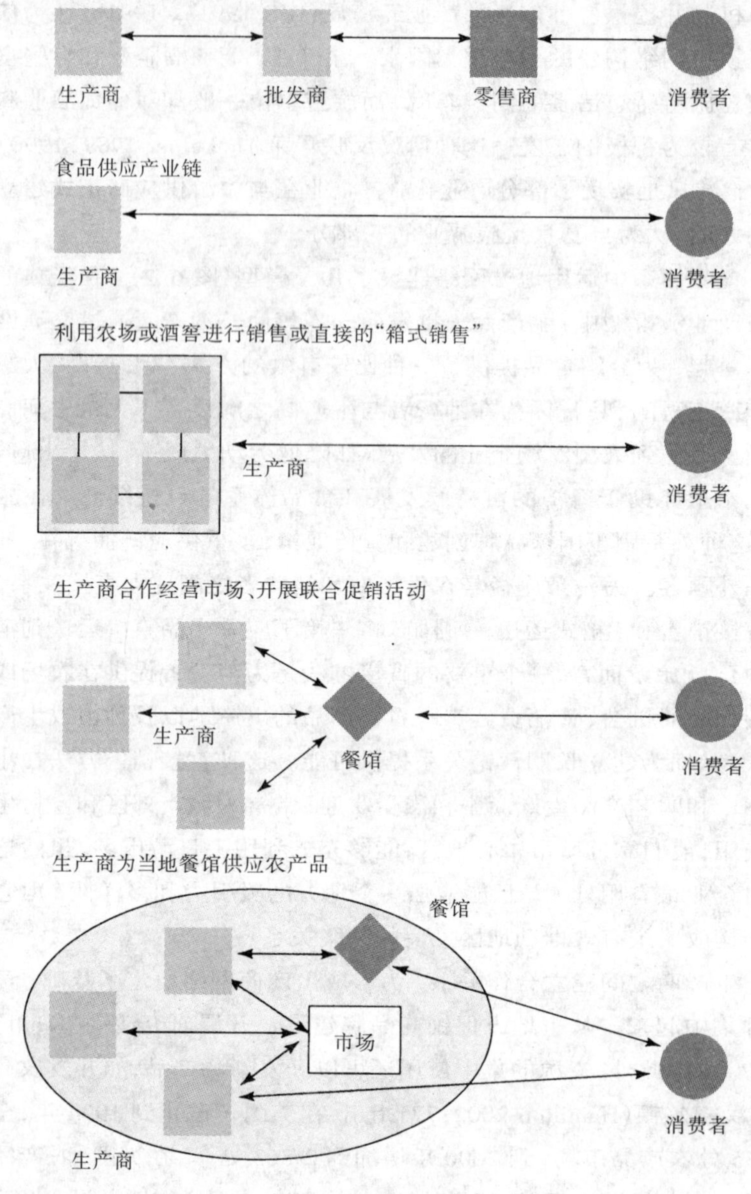

图 6.2　建立不同的供应链和当地食品体系

产品。在农产品市场工作的有 25 000 人，安大略省所有农产品市场的年销售额达到 5 亿加元，对全省经济产生的总体效益超过 15 亿加元。当地食品生产的另一种模式是，将餐馆作为向旅游者提供当地农产品的一种渠道。由餐馆在当地建立各种购买关系，会对当地农产品产生相当大的影响，因为它有利于生产高质量产品，让生产商更清楚地了解其农产品是如何被利用的，并且能保证其农产品有销售渠道（A. Smith and Hall 2003）。就销售渠道而言，认识到最低收入有保障，可以使生产商扩大生产，同时为其农产品找到其他市场。最后，我们来讨论一下正式网络结构中的生产商与消费者多重关系理想模型，它有利于品牌建设、宣传促销以及经济网络形成和资源共享。这种发展类型的一个良好例证是加拿大安大略省尼亚加拉风味美食协会，它是由尼亚加拉食品生产商、葡萄酒生产商、厨师、餐馆老板和零售商组成的优质食品联盟（网址：http://www.tourismniagara.com/tasteofniagara/index.html）。该协会成立于1993年，通过开发和保持高质量的地区农产品、美食，举办各种活动和提供优质服务，各成员单位联合起来向消费者宣传推销该地区独特的农产品。

插图6.6　芬兰赫尔辛基。海港农产品市场吸引了当地居民和游客，将海产品生产商和农产品生产商聚集到城市。

插图6.7　芬兰萨沃林纳。因为旅游活动集中在夏季月份，萨沃林纳镇的大多数旅游设施在一年大部分时间内得不到利用。

十五、休闲、旅游与可持续性

可持续发展观点对乡村地区具有很强的影响力（Murdoch 1993；Whatmore 1993）。然而，关于可持续性应用的大量讨论主要集中在乡村性的个别方面（如发展可持续农业），而不是综合研究可持续性和乡村性的社会文化因素、经济因素和环境因素。例如，名为《英格兰乡村：热衷生活在乡村地区的民族》的乡村白皮书(环境部和农业、渔业与食品部 1995)是英国政府部门 50 年以来第一次专门针对乡村地区制定的政策(Blake 1996)。

巴特勒和霍尔(Butler and Hall 1998)指出，"二战"后许多西方国家和地区较为相似和特色鲜明的乡村体系结构遭到了破坏或削弱。他们认为，这种削弱至少是三种类型结构调整导致的结果，即，不能转变为资本密集型经济的乡村边缘地区的瓦解；其余农业部门的工业化过程减少；城市与城市远郊地区发展造成的压力。巴特勒和霍尔(Butler and Hall 1998)认为：

> 乡村体系漫长的边缘区和乡村—城市交界处遭受了真正的衰退，农业部门与非农业部门发生分离，决策变为由城市企业和城市政府做出，从而使乡村核心区受到削弱。结构调整形成了一个支离破碎、不断缩小的乡村体系，经济活动或乡村社区缺少可持续性的大多数标准。
>
> 巴特勒和霍尔(Butler and Hall 1998:252)

乡村的形象不再是食品生产的概念，乡村地区有了新的用途，尤其是休闲旅游活动的开展，重新界定了乡村景观内容的观点。在英国，与许多其他工业化国家一样，这些用途不仅对乡村政策制定及其乡村与农业生产的关系带来了极大的压力，而且在这些用途自身之间也产生了新的冲突(Curry 1992)。例如，布莱克(Blake 1996)称，根据乡村委员会的调查，1990 年 76% 的英国人口去乡村地区游览过。如此庞大的客流量不可避免地导致村庄发生变化、建设旅游设施和基础设施。然而，同时有 89% 的人认为应当不惜一切代价对英国乡村地区实施保护。在英国，2001 年 2 月爆发的口蹄疫疾病使人们更加关注乡村地区发生的真正变化。正如媒体报道的那样，旅游对乡村地区的经济贡献要远远超过农业，这迅速成为一种共识。然而，政策措施的制定主要还是与农业有关，而没有考虑旅游业发展的需要，旅游业需要从疾病控制措施对旅游休闲活动和进入乡村地区产生的影响中恢复过来(Coles 2003;G. A. Miller and Ritchie 2003)。就可持续性而言，尤为值得注意的是，英国中央政府和地方政府实施了新的管理体制、政策措施和规划制度，以解决口蹄疫疾病在乡村地区造成的经济社会危机。的确，生物安全问题被认为是农业地区旅游发展的一个组成部分，因为这些地方通过人类流动有传播疾病和瘟疫的可能(Hall 2003c, 2005a, 2005e)。事实上，政策制定人员和学术研究人员在考虑乡村地区休闲旅游时经常发生的重大错误之一是，认为上述问题属于独立于构成乡村地区社会结构、环境结构和经济结构内容的其他因素。因此，需要适当地将旅游放置在构成核心乡村特色的各种特定联系和关系之中，旅游是政府和私营机构制定的乡村发展政策体系的一个组成部分。巴特勒和霍尔(Butler and Hall

1998）指出，许多地方政府机构没有认识到，为当地居民和游客创造舒适宜人环境的是各种具有生动形象的乡村景观。为了推动经济发展，扩大税收来源和增加就业就会，有时可以采取一些非常规的政策和战略。另外，

一个部门的政策措施，例如某个地区为了吸引农业综合企业或大型国外投资，可能会导致该地区其他部门产业价值的下降，如为当地初级生产部门带来附加值的旅游业和其他企业。

巴特勒和霍尔（Butler and Hall 1998：255）

因此，乡村资源开发采取综合性方法对乡村可持续发展是十分必要的。J. 詹肯斯（J. Jenkins 1997）指出，就澳大利亚的乡村地区而言，政府通过扶持建设“软基础设施”，如发展教育和企业管理技能培训，重视相关研究，提高决策水平，而不仅仅是鼓励制作宣传册、设立步行路径或采取其他小规模行动，如设立游客中心，就能帮助乡村地区迎接经济结构调整和经济改革带来的挑战。考虑到旅游休闲和第二住宅建设在逆城市化（郊区化和大城市中心区衰落）（Buller and Hoggart 1994；Swaffield and Fairweather 1998；C. J. A. Mitchell 2004a，2004 b）和生活环境与生活方式迁移（Hall 2005 a）过程中的发展程度，制定乡村政策采取这种综合性的方法是十分必要的。尚普兰（Champion 1998）指出：

争议中的一个关键主题是那些进入乡村地区的人受“乡村性”激发的程度，包括乡村生活环境和生活方式——本质上是一个“崭新的开始”，代表着“完全脱离”过去——这与被迫选择迁移是不一样的，这种迁移往往是因为影响其生活质量的就业、住房、服务和安全等因素发生了地理的重新分配。

尚普兰（Champion 1998：22）

然而，这样的迁移流动并不是新的现象，发达国家自 20 世纪 60 年代以来就一直在发生着这一过程。劳和沃尼斯（Law and Warnes 1973：377）指出，在 20 世纪 70 年代初，“有证据表明，北美和欧洲西北部的乡村地区，特别是滨水区或山区成为备受青睐的度假环境和退休生活环境”。

十六、结论

本章重点探讨了乡村休闲旅游地理研究的发展情况以及从经验主义分析向社会分析的重大思想转变。地理学者有时发现，很难对休闲与旅游进行区分，因为休闲者与旅游者在乡村地区消费同样的资源（Jenkins and Pigram 1994）。20 世纪 60 至 70 年代出现了对乡村休闲地理的大量研究，值得一提的领衔研究人物包括英国和北美地区的考普克、达菲尔德、拉瓦利和格利普提斯（Coppock，Duffield，

Lavery and Glyptis)，其后 S. L. J. 史密斯(S. L. J. Smith 1983a)的研究工作也颇有影响。令人失望的是，20 世纪 70 年代后的理论建设缺乏连续性。从第一章中可以得出一个可能的解释，主流地理学拒绝将此类研究纳入该学科理论建设的严肃领域。这种情况对旅游而言的确如此，直到 20 世纪 90 年代，克罗克(Cloke)等主流人文地理学者开始致力于乡村休闲旅游社会地理的研究工作。即便如此，我们会预料到，英国等国家开展的研究评价行为几乎无助于将旅游休闲融入主流地理学科，因为旅游通常被归为商业与管理范畴，而不是地理学的一个分支学科。最接近的研究是一些专业研究团体开展的，如英国地理学家协会和美国地理学家协会，它们不压制这方面的研究。人文地理学较少接受此类边缘学科研究领域，结果，即使当这些领域已经出现了知名研究学者的时候，他们也没有像 20 世纪 60 至 70 年代具有相同声望或影响的人文地理学者那样，真正将乡村休闲旅游建设成为一个丰富的空间研究领域。本章分析讨论的研究范围具有一个共同的主题：都与乡村地区(即城市外围地区)的某些问题有关。然而，富有讽刺意味的是，这可能还涉及了乡村地区的地方营销，宁静的乡村田园风光被销售，被商业化。从事乡村研究的地理学者在该领域进行了一些尝试，尽管旅游休闲的经济、社会与政治意义越来越重要，但乡村地理学方面的许多文章对这方面的关注却很少。的确，2001 年 2 月在英国爆发的口蹄疫事件突出说明，旅游对乡村地区极为重要，但同时又缺乏适当的政策体制和知识体系，缺乏对旅游如何纳入乡村地区生产与消费体系的了解。

思考问题

1. 2001 年英国爆发的口蹄疫对旅游产生了怎样的影响？
2. 乡村旅游是否独具特色？
3. 在何种程度上，第二住宅被视为乡村地区旅游休闲地理的组成部分？
4. 在何种程度上，乡村休闲旅游需要依赖环境因素？

参考阅读

乡村旅游方面的阅读文献包括：

Butler, R. W., Hall, C. M. and Jenkins, J. (eds) (1998) *Tourism and Recreation in Rural Areas*, Chichester: Wiley.

Mitchell, M. and Hall, D. (eds) (2005) *Rural Tourism and Sustainable Business*,

Clevedon: Channel View.

The chapter by Jenkins et al. in Butler et al. (1998) provides a valuable overview of rural restructuring issues.

On second homes see

Hall, C. M. and Müller, D. (2004) *Tourism, Mobility or Second Homes: Elite Landscapes or Common Ground?* Clevedon: Channel View.

On tourism in more peripheral rural areas see

Hall, C. M. and Boyd, S. (eds) (2005) *Nature-based Tourism in Peripheral Areas: Development or Disaster*, Clevedon: Channel View.

For an overview of rural recreation issues see

Pigram, J. J. and Jenkins, J. (1999) *Outdoor Recreation Management*, London: Routledge.

第七章

旅游休闲的边远区——荒原和国家公园

今天，英国真正的荒原地区已经所剩无几，然而，“荒原”体验对户外活动参与者仍然具有极大的诱惑力。户外休闲人员过度使用及造成的质量下降等这些危险，迫切需要我们对荒原地区进行综合确定、绘制成图和妥善管理。对荒原地区土地质量和休闲用途通过绘图说明，从而确认其空间特征和可能发生冲突的地区，这对了解不同利益主体对景观特征和荒原地区不同需要而产生的冲突是十分必要的。只有在这一认识的基础上，我们才能有望制定有关保护区和荒原地区的合理而有根据的政策，为我们的后代子孙保护好这些独特的自然遗产。

卡弗(Carver 2000)

从历史上看，荒原地区在西方社会一直是“另一个世界”的主要来源之一，不属于“文明的”、有秩序的景观范围。然而，自 19 世纪初以来，在浪漫主义运动和超验主义运动的影响下，荒原地区开始赢得较为良好的印象，这些运动推崇粗犷野性的自然，以对抗日益工业化和技术化的社会。最近，随着休闲旅游的发展，交叉出现了荒原地区的保护与商业化现象，国家公园的设立既是为了满足户外休闲者和探险爱好者的需要，也为开展生态旅游活动提供了主要场所之一。

长期以来，地理学者在保护自然资源和自然区域、认识这些地区与休闲旅游活动的关系方面发挥了重要作用（如，Graves 1920；Marsh and Wall 1982；Sewell and Dearden 1989）。事实上，休闲旅游长期以来被用作保护这些地区的政治经济手段。地理学者在理解荒原地区和国家公园与休闲旅游之间各种不同关系方面做出了不少贡献：

- 西方社会荒原含义的变化；
- 国家公园和荒原地区的环境历史；
- 荒原的价值；

- 荒原的确定与调查评价；
- 荒原地区和自然区域的需求状况，包括游客特征、旅游活动与旅游行为；
- 荒原地区和国家公园政策制定，以及荒原地区和自然区域用于休闲旅游活动。

一、西方社会荒原含义的演变

在确定荒原地区时，定义成为一个重大问题。定义很重要，“因为它是共同理解和交流的基础”，并且“通过创造和保留一个所指之物，为概念付诸行动奠定了基础”(Gardner 1978:7)。然而，荒原是一个很难定义的概念，有多层含义(Gardner 1978; Graber 1978)。团(Tuan 1974: 112)甚至宣称“无法为荒原下一个客观的定义:正如对大自然的描述一样，它是一种心理状态”。荒原现在已经成为“大自然有秩序前进的象征。作为一种心理状态，真正的荒原只存在于扩张中的大城市”。

R. 纳什(R. Nash 1967)很好地总结了荒原的定义问题，他强调指出，荒原的含义承载着个人的象征意义:

乍一看，“荒原”具有欺骗性的具体含义。难点在于，尽管它是一个名词，但它的作用却像形容词。没有具体的、物质的对象是荒原。这个术语指明了一种性质，在某个人身上产生了一种心境或感觉，结果被这个人指定为一个具体地点。由于这种主观性的存在，荒原的通用定义是很难下的。

纳什(Nash 1967:1)

荒原的含义具有相当大的文化性，主要源于北欧对大自然的体验(Oelschlaeger 1991)。尽管荒原的含义随着时间在发生变化，但可以辨别出几个主题。“荒原”一词来源于古英语，意为“野蛮的野兽”，后者又来源于北欧的日耳曼语。

浪漫主义语言没有一个单纯的词语表达荒原的思想，而是依赖其属性。法语中的等同词语是“荒芜之地”，西班牙语中是“尚未耕种之地”。荒原的拉丁词根不仅意味着孤单、害怕、隔离，而且意味着尚未耕种的贫瘠之地(Mark 1984:3)。北欧和地中海地区的传统中都将荒原定义和描绘为令人恐惧的环境，位于安全的人类聚居地以外(Tuan 1971，1979)。针对这一形象，纳什(Nash 1967:2)继续指出，荒原的形象“是人类处于陌生环境时形成的一种印象，在这种情况下，缺乏通常有秩序、支配生活的文明”。

令人恐惧的环境支配着早期欧洲人对荒原的态度，这在18世纪的经典作品《古英文史诗》中曾提到过(Wright 1957)，“在野兽出没的地方，凶猛、怪异的野兽居住在可怕的森林、峭壁和悬崖等地”(Nash 1967:1)。《圣经》从希腊文和希伯来文翻译成英语，荒原被用来描述“近东地区无人居住的贫瘠之地”(Nash 1967:2—3)。正是从这一点讲，荒原开始与精神价值观联系起来。荒原被看做是考验人类的场所，也是人类能够更接近上帝的地方。

《圣经》对大自然的态度是犹太教和基督教的精华内容，也是西方社会对荒原的基本态度 (Glacken 1967; Passmore 1974; Graber 1978; Attfield 1983; Pepper 1984; Short 1991)。根据犹太教和基督教关于人类与自然的关系的主导传统，“是上帝的旨意使人类自身不断繁殖，分散到全球各地，其活动领域处于安全地带”(Glacken 1967:151)。

在《圣经》的作者看来，荒原在其叙述中处于重要地位，既是一个描述性概念，也是一个象征性概念。对古代希伯来人而言，荒原是“邪恶的环境，是地狱”，其中的荒地遭到上帝的诅咒(Nash 1967:14—15)。乐园，或被称为伊甸园，是荒原的对立面。亚当和夏娃被逐出伊甸园，从一个溪水潺潺、鲜花绿叶的乐园到了一个到处是“荆棘丛生的”“被诅咒”之地(人类的起源 2:4)，进一步突出了在西方人的思想中，荒原和乐园都是物质和精神的对立面(G. H. Williams 1962)。

不同文化对大自然、从而也是对荒原的态度是十分重要的(Tuan 1971, 1979; Saarinen 1998)。埃德斯韦克(Eidsvik 1980, 1985)指出，荒原只是到了最近才具有了全球意义，世界各地又以西方文化日益占主导地位，对荒原的关注主要涉及环境和自然遗产的管理。将荒原看做是令人恐惧的陌生环境，这一观点源于北欧对自然的一系列态度，之后，犹太教和基督教对自然的认识与日耳曼民族对广袤的北部森林的恐惧结合起来。因此，继承了欧洲文化传统的各民族开始在其居住的土地上设立指定的荒原地区，这并不是一种巧合。然而，尽管保留着某些原始属性，但荒原的含义已经随着时间推移发生了实质性的变化，现在它与科研意义和保护价值结合为一体。表 7.1 说明了荒原概念在美国、加拿大、新西兰和澳大利亚等国的演变情况：在这些国家，荒原的概念对户外休闲旅游政策和旅游体验的生产与消费产生的影响最大。

西方文化中改变大众对荒原态度的经典案例发生在美国荒原概念的演变历史中(表 7.1)。美洲殖民地的先驱在他们面前看到了《圣经》中描写的荒原之地，尽管人们对荒原的态度在 17、18 世纪的确逐渐发生了一些变化，但直到 18 世纪末期才开始形成对美洲大自然的积极评价。美国的政治独立在文化上表现为对美国自然风光的大力赞扬。然而，在加拿大殖民地却没有出现相似的文化表现，尚未征服的大自然仍然被看做是令人恐惧的环境(Kline 1970)。然而，美国脱离旧大陆取得文化独立，产生了歌颂新大陆原始森林和野性山地的愿望，但却受到了源于浪漫主义、后又横扫欧洲的文化运动的影响。

表 7.1 美国、加拿大、新西兰和澳大利亚荒原概念的演变

时 间	美 国	加拿大	新西兰	澳大利亚
1860 年前	浪漫主义对美国的文学与艺术产生了重大影响			“新大不列颠”
1832 年	约瑟夫·凯特林呼吁设立“属于国家的公园”			关于澳大利亚景观的美学观点和功用观点
1832 年	阿肯色州温泉得到保护			
1851 年	超验主义—梭罗的步行声明“保护荒原就是保护世界”	形成了对加拿大景观的浪漫主义理解		迅速整治土地,用于农业和矿业
1860 年	浪漫的永恒主义			
1864 年	乔治·佩肯斯·玛什的《人与自然》出版,推动“经济保护”的开始;约塞米蒂州立公园设立			玛什的书在澳大利亚深受欢迎,1866 年的耶诺兰洞受到保护
1870 年	荒原被认为是“毫无价值”的土地			克拉克、高伊德和范·缪勒主张需要保护森林,“科学观点”
1872 年	黄石国家森林公园设立;约翰·缪尔开始为荒原保护写文章、组织运动		1878 年 T. 堡兹出版《国家领地》,1881 年《温泉地区法》	1879 年皇家国家公园在新南威尔士设立
1880 年	吉福德·品彻特领导的“进步保护”运动兴起	1885 年班芙温泉保护区宣布成立	1887 年汤加里拉转让给新西兰政府	“丛林田园”兴起休闲旅游国家公园“悉尼还是丛林” 1891 年《国家公园法》,1892 年《托尔山国家公园法》

续表

时间	美国	加拿大	新西兰	澳大利亚
1890年	F. J. 特纳宣布美国边疆开发运动结束；随着铁路建设，约塞米蒂国家公园设立	对加拿大自然的浪漫主义观点进一步强化；进步保护的兴趣，1894年阿岗昆公园设立		
1891年				1892年J. 马逊呼吁设立澳大利亚土著公园
1900年	荒原旅游在四个国家风靡一时，成为设立公园的主要动机			
1905年	美国森林服务处成立			《1905年州立公园和国家公园法》(昆士兰)《1915年风景保护法》
1910年		《1911年自治领森林保护区和公园法案》		
1913年	保护主义者在阻止大坝建设运动中失利			
1920年	生态观点的兴起 森林服务处管辖区域保留为“原始陆地”		国家公园内引入动物，产生负面影响	新南威尔士“丛林步行运动”的发展
1928年	《森林服务管理法》			1927年成立国家公园与原始地区委员会
1930年		《1930年国家公园法》		
1934年	湿地国家公园设立			1934年大蓝山区国家公园建设计划
1937年	成立荒原地区协会			提出雪山建设计划
1939年	森林服务处管理制度			
1940年				《1944年科休斯科山州立公园法》
1949年	发表基瑟报告			
1950年	恐龙遗址运动		1952年国家公园法	

续表

时　间	美　　国	加拿大	新西兰	澳大利亚
1956 年	荒原一号议案	1955 年荒原地区法案（安大略省）	1955 年保护区和领地法	1957 年成立维多利亚国家公园管理处
1960 年				
1962 年				1963 年设立科休斯科原始区，
1964 年	荒原议案成为法律 有关机构开始实施	1969 年国家公园管理处去北美考察		1967 年成立新南威尔士国家公园与野生动物管理处，荒原成为重大政策问题：小荒原、大堡礁、弗雷泽岛和佩德湖
1970 年	各国都面临着旅游压力，对国家公园产生了商业兴趣			
1974 年	东部荒原法开始实施土地管理局开展调查		1977 年保护区法	1975 年成立联邦国家公园与野生动物管理处
1980 年	阿拉斯加荒原保护山艾树	对荒原保护产生冲突 1984 年南莫斯比岛运动	1980 年国家公园法 1981 年成立荒原顾问小组 1984 年新荒原区设立 1986 年南部湿地公园列入世界遗产清单 1987 年成立自然资源保护部	1982 年指定国家保护战略 1983 年富兰克林大坝案件 1984 年呼吁建立国家荒原系统，1985 年大讨论 1987 年联邦政府对热带湿地、卡卡杜和南部森林等进行保护 1987 年通过新南威尔士荒原法案
1990 年	政府和行业机构越来越关注生态旅游的概念和可持续旅游发展			
2000 年	布什担任总统期间在阿拉斯加野生动物保护区开采石油重新造成威胁	英属哥伦比亚、安大略和纽芬兰继续展开对砍伐木材的辩论	劳工党政府禁止在政府土地上砍伐原始森林，2004 年重新关注公众对皇家土地和保护区的使用权	继续关注植被破坏、土壤盐碱化和河流盐碱化问题

美国浪漫主义运动为大众欣赏荒原地区的价值打下了基础。艺术、文学和政治对接触原始大自然的重要性的认识激发了文化对美国荒原地区形成积极态度。一旦对原始、没有秩序的大自然产生积极的态度，那么，距离出现致力于保护荒原地区的个人和团体协会只不过是一步之遥的事情。然而，对荒原地区审美价值的欣赏却遭到了主导美国社会的功用思想的抵制。

绝大多数美国人将土地看做是可以征服和用于生产的对象。因此，第一批风景保护区设立在那些被认为没有农业价值、牧业价值、林业价值和矿业价值的荒原地区。国家公园和自然保护区保持了荒原地区的审美价值，旨在保护体现美国文化独立的国家级风景区，同时通过旅游收入支持这些地区的发展。美国人认为，自然景区，如尼亚加拉大瀑布或落基山脉，代表了伟大、高尚的思想，类似于欧洲那些饱经风霜、巍然屹立、永恒伟大的建筑，这是美国设立国家公园的一个重要主题(Runte 1979)。

尽管澳大利亚、加拿大和新西兰的国家公园不至于像国家纪念碑那样重要，但其发展建设与美国的公园系统基本相似。浪漫主义的审美价值、休闲功能和通过旅游开发这些“毫无价值”或“荒芜”的土地，成为澳大利亚、加拿大和新西兰建立第一批国家公园的共同主题。加拿大的班芙国家公园是由加拿大太平洋铁路公司作为旅游度假胜地开发而成的(Marsh 1985)。新西兰的第一批公园内设立了旅馆和招待所，类似于北美公园的旅游建设项目。澳大利亚的第一批公园，特别是昆士兰州和塔斯马尼亚州的公园，都受到了政府推动旅游发展的愿望的影响。然而，澳大利亚的公园还以其与铁路建设保持一致而闻名，城市居民在休闲和与大自然接触的过程中获得了精神放松(Hall 1985, 1992a)。

随着 19 世纪末美国开拓边疆地区运动的结束，美国其余荒原地区的保护获得了新的推动力。荒原保护主义者约翰·缪尔(John Muir)领导了一场反对大坝建设、保护约塞米蒂国家公园的大规模群众运动，但没有取得成功。西奥多·罗斯福(Theodore Roosevelt)总统具有保护主义思想，吉福德·品彻特(Gifford Pinchot)领导了具有经济性质的“进步保护”运动，所有这些都使荒原地区的保护成为美国公众关注的事情。

美国森林服务管理处与国家公园服务管理处设立了指定的荒原地区，以应对休闲者带来的压力。在同一时期，生态科学的发展使人们认识到保护荒原地区的科学意义。两战之间荒原保护的各种因素结合在一起，为设立合法的荒原保护区奠定了基础。

经济保护和荒原科学观的形成还对澳大利亚、加拿大和新西兰产生了重大影响。在澳大利亚，乔治·佩肯斯·玛什(George Perking Marsh 1864)出版了《人与自然》一书，激发殖民地政府设立了森林保护区。此外，拜伦·范·缪勒(Baron von Mueller)等知名科学家和澳新科学进步协会等机构主张保护澳大利亚和新西兰的原生动植物。然而，澳大利亚第一批国家公园的设立却是出于审美需要、旅游休闲功能等原因，而对科研价值没有太多的重视(Hall 1992a)。

在加拿大，进步保护主义对森林保护区的设立产生了重要影响，需要重点指出的是，加拿大许多早期公园都是根据森林法规设立的。然而，加拿大的荒原保护落后于美国的相关工作(Nicol 1969)。

1964年《荒原法案》的公布标志着美国荒原保护立法时代的开始。根据《荒原法案》，荒原被定义为“土地及其生物群落没有受到人类干扰的地区，人类本身也不能长期停留在这些地方”。该法案保护的荒原地区具有四个明确的特征，包括：

- 一般受自然力量的影响，人类留下的烙印几乎看不出来；
- 在这些地区可以充分享受孤独，可以体验原始的、无拘无束的休闲活动；
- 面积至少达到5 000英亩或足够大，能够使对其保护具有实际意义，对该地的使用不造成损害；
- 可能还具有生态特征、地质特征或科研、教育、景观或历史价值。

通过法律手段保护荒原地区，为改进荒原地区的界定及其调查评价和管理工作提供了新的推动力。当前，这一过程在北美和澳大利亚等国家仍在继续，这些国家在荒原和国家公园保护方面都借鉴了美国的模式。尽管新西兰对荒原地区根据各种法案给予行政保护，但却没有具体的荒原保护法律(Hall and Higham 2000)。同样，直到1987年底通过了《新南威尔士荒原法案》，澳大利亚才开始制定荒原方面的法规(Hall 1992a)。在加拿大，荒原地区根据各省的法规得到了一定程度的保护。然而，澳大利亚和新西兰没有全国性的荒原法案。不过，近年来人们对国际遗产协议的关注越来越多，如《世界遗产公约》，成为对具有国际意义的荒原地区和其他自然景区实施保护的一种机制依据。

观察与思考：世界遗产身份有什么影响？

世界遗产地是指《保护世界文化和自然遗产公约》认可的具有突出价值和普遍意义的地区或场所，该公约为1972年11月16日联合国教科文组织召开的大会所采纳。该《世界遗产公约》通常被认为是最高标准的国际保护协议。

《公约》背后隐含的思想是很直接的：有些世界自然与文化遗产独特罕见，对全世界具有重要的科研意义，为当代人及后代子孙保护这些遗产，不仅关系到各个国家的利益，而且关系到整个国际社会的利益。

斯莱特耶（Slatyer 1983：138）

世界遗产身份如此重要，世界遗产景区被描述成“吸引游客的磁铁”，世界遗产目的地“实际上是游客人数增加的保证”（Shackley 1998，前言）。的确，世界遗产地位提高了一个地方或目的地在游客中的受欢迎程度（如，Ashworth and Tunbridge 1990；Unesco 1995；Drost 1996；Pocock 1997；Shackley 1998；J. Carter et al. 2001；Thorsell and Sigaty 2001）。然而，与世界遗产景区旅游吸引力和新划定国家公园吸引力有关的许多断言常常建立在极其薄弱的经验证据基础之上，没有考虑到区位、访问量的历史发展趋势及影响访问量大小的其他因素。这并不意味着区位对游客没有吸引力，而是吸引力的大小主要来源于其他属性。例如，霍尔和皮金（Hall and Piggin 2001）向经济合作与发展组织成员国 44 处世界遗产的管理部门提交了一份 1999 年的调查报告。超过 2/3 的景区在成为世界遗产后旅游人数增加，其中绝大多数是自然景区，大多数景区的年均增长率为 1%—5%。然而，值得注意的是，列为世界遗产后访问量增加或下降的比率与旅游人数的总体趋势差别不大。事实上，不到一半的被调查者表示，他们负责管理的景区有特定的区域符合《世界遗产公约》的规定，并解释了他们的景区被授予世界遗产身份的原因。尽管如此，近 2/3 的景区利用其世界遗产的身份吸引国际游客和国内游客。一半以上的景区认为世界遗产身份对旅游的影响是“积极的”或“非常积极的”，18 处景区的管理部门对旅游与世界遗产身份之间的关系持中立态度，仅有一处景区的管理部门认为世界遗产身份对旅游的影响“非常消极”。

在世界遗产身份影响研究方面，值得注意的是 S. 沃尔（S. Wall 2004）进行的研究。他研究了位于瑞典西北部的拉普世界遗产景区，该景区于 1996 年被公布为世界遗产。该景区包括根据《1909 年自然保护法案》设立的四座国家公园：萨勒克山国家公园和大湖瀑布国家公园（1909 年）、穆得斯国家公园（1941 年）和帕得耶兰塔国家公园（1962 年），以及根据《1964 年自然保护法案》设立的两个自然保护区：夏汶哈（1986 年）和斯图巴（1988 年）。总体而言，该景区的 95% 作为国家公园或自然保护区而受到保护，总面积大约为 9 400 平方公里。根据沃尔（Wall 2004）的调查，仅有 3.7% 的被调查者（主要是瑞典游客和德国游客）表示，如果这里不是世界遗产景区，他们将不来此旅游或改变旅游计划。尽管如此，

64%的被调查者完全或部分同意，世界遗产的命名对环境具有意义；而51%的被调查者完全或部分同意，世界遗产的身份对旅游者也具有一定意义。沃尔(Wall 2004)指出，国家公园重新命名为世界遗产会对一个地方成为目的地产生长远的影响；然而，这样的影响要求进行纵向分析，以便更好地进行理解。的确，世界遗产身份的获得对发展中国家会产生更多的影响，可以促进基础设施建设，改善交通状况。

二、国家公园和荒原地区的环境历史

环境历史研究领域涉及大自然在人类生活中的作用和地位（Worster 1977，1988）。关于国家公园和荒原地区环境历史的研究是地理学科和众多其他学术研究的交叉领域。在地理和历史领域，人们日益认识到环境是一个社会、经济和政治问题，促使地理学者和历史学者试图详细研究一个地区或场所土地利用的历史，以加深对其重要性、价值和当今利用情况的理解（I. G. Simmons 1993; Dovers 1994, 2000a, 2000b; Crosby 1995; Russell 1997; Hays 1998; Pawson and Brooking 2002）。这种研究不只是学术行为，它不仅有助于了解当前自然资源管理问题或各种冲突是如何形成的，而且还可以用来向游客解释遗产管理方案，这是地理学者日益感兴趣的一个领域（例如：Ashworth and Tunbridge 1990; Tunbridge and Ashworth 1996; Hall and McArthur 1996, 1998）。克罗南(Cronan 1990)认为，环境历史方面的出色工作综合了三种分析层次，它们是：自然生态系统在时间上的动态分析(生态学)、人们在这些系统内建立的政治经济学(经济学)和人们感知这些系统的认知(观点历史)。因此，地理学者以其熟悉在环境、文化景观和土地利用方面的综合研究方法，比较适合从事该领域的研究工作。马克(Mark 1996:153)指出，“拓宽历史叙述的范围，常常会对过去做出比较复杂的阐释，并为加深遗产管理历史的理解指出方向”。

国家公园是遗产管理的一个主要重点，但在传统的历史叙述中，包括历史地理在内，却一直是一个进展相对不大的领域。然而，环境历史可以将国家公园置于自然与文化之间相互作用的较大范围(Griffiths 1991; Mark 1996)。例如，大量极为重要的公园历史强调了公园发展中旅游与户外休闲的作用，这方面的研究主要有美国的黄石国家公园（Haines 1977）、大峡谷（J. D. Hughes 1978）、落基山脉（Buchholtz 1983）、奥林匹斯山（Twight 1983）、红杉国家公园和国王大峡谷（Dilsaver and Tweed 1990）、约塞米蒂国家公园（Runte 1990）；加拿大艾伯特省

(Bella 1987)和安大略省(Killan 1993)国家公园系统;纳尔逊(Nelson 1970)、霍尔(Hall 1992a)、迪尔丹和罗林斯(Dearden and Rollins 1993)对全国性研究提供了有价值的观点。

对环境历史和公园历史进行研究需要大量的方法研究。在北美新大陆和澳大利亚、新西兰,历史环境学者常常使用欧洲殖民初期写的游记(Powell 1978)。他们希望确定欧洲殖民前的景观作为基准,以此评价随后的环境变化。然而,使用游记遇到的一个难题是,这些游记的写作地点往往不是作者真正去过的地方;相反,游记作者会在一个方便的地方总结过去的事件和活动(Mark 1996)。另外一个问题是如何将有限的细节与具体的地点联系起来。即使最详尽的描述中也缺少地点信息,如自然历史标本收藏家留下的叙述。

关于殖民前景观,许多地区现在仅有的、针对具体场所的记录是土地调查记录,对确定某些森林、河畔栖息地和草地的历史状况是十分有用的。但其可靠性各不一样,因为可能存在一些局限性,如描述不够充分、记录资料存在偏见、描写不真实、调查之前土地已经被利用(Galatowitsch 1990)。建立用地变化历史记录或推想以往环境或遗产景区状况的另一种有用方法是重复拍照(Rogers et al. 1984),这种方法可能对特定景区或景点比较有用,但对没有引起游客兴趣的"一般"景观的拍照记录往往是不完整的。的确,缺少国家公园和特定环境游客人数的纵向资料,是确定旅游影响和环境感知变化存在的一个重大问题。

文化景观资料在范围上比环境历史资料狭窄(Mark 1996),但它却强调随时间推移发生的变化,是一种自然与文化相结合的方式。就公园而言,一方面强调设计、材料、变化、功能和用途,一方面强调对遗产管理的主要影响,既要重视历史建筑的保护,又要重视自然景观与环境的保护(Mark 1991)。

三、荒原的价值

影响环境政策决定的是一个政治过程(Henning 1971,1974),其中"价值选择,包括含而不露的和显而易见的……注定了政府政策的优先顺序,并决定了公共权限范围内的资源分配情况"(R. Simmons et al. 1974: 457)。因此,为了考虑荒原的利用方式,有必要了解荒原有哪些价值。海宁(Henning 1987:293)认为:"最终,荒原能否生存取决于其自身价值,这也是政府工作考虑的一个因素。"

荒原的价值不是静态的。资源的价值随着时间根据社会需要和态度的变化而改变。正如前面指出的那样,对原始荒原地区价值的观点已经随着西方文化观念的变化而转变。然而,荒原资源的动态特点并没有阻止对其价值的评价,当今社会已经发现它们的价值。的确,这样的评价对支持保护荒原是十分必要的。

从广义的角度看,荒原的价值可以分为以人类为中心的价值和以生物为中心的价值。前者主要强调的是荒原直接为人类所利用的潜力,相反,“以生物为中心的价值则主要强调对自然秩序的保护”。以人类为中心的价值观将社会价值置于生态价值之上,强调休闲与审美价值,而不是环境价值。两种观点都重视人类利益。然而,“两者之间的主要区别在于,这些利益对荒原生态系统自然性的影响程度不同”(Hendee et al. 1978:18)。

对荒原价值含义的一种比较激进、日益流行的解释是经常被称为“深层生态学”的观点(Godfrey-Smith 1979, 1980; R. Nash 1990; Oelschlaeger 1991)。深层生态学者认为,荒原被认为具有重要价值,不仅因为它能满足人类需要(作为手段而具有的价值),而且因为它本身也是一个目标(固有的价值)。作为满足需要、以人类为中心的价值源自笛卡儿主义关于自然的一个理论,被认为是与整体观点或系统观点相对立的,“在整体观点或系统观点中,我们重视的是自然界的共存共生、相互依赖”(Godfrey-Smith 1979: 316)。整体观点符合荒原的生态概念(Worster 1977;R. Nash 1990; Oelschlaeger 1991)。然而,该观点进一步主张“哲学任务是尽力为价值体系提供足够的正当理由……根据这套价值体系,对我们环境的关心和同情是直接的和自然的;保护荒原的愿望也是不言而喻的”(Godfrey-Smith 1979: 316),而不是完全根据人类需要加以证明。

然而,我们能够提供这一问题的答案:“荒原的用途是什么?”我们当然应该保留和保护荒原地区,以作为体育健身场所、实验室、基因多样性储备地和大教堂。每种用途都为保护荒原地区提供了一个有力、充分的理由。但值得注意的是,关于荒原用途这一问题的提出体现了以人类为中心的价值体系。从真正以生态为中心的观点来看,“荒原的用途是什么”这个问题和“快乐的用途是什么”这个问题一样荒谬(Godfrey-Smith 1979:319)。

亨蒂等(Hendee et al. 1978)确定了和荒原价值有关的三个一致主题:体验价值、心理和精神恢复价值、科学价值。体验价值强调的是休闲旅游者“荒原体验”的重要性(Scott 1974;Hamilton-Smith 1980;McKenry 1980)。荒原体验研究方面出现了若干主题,其中包括审美、精神和逃避(表 7.2)。鉴于其本质上的个人性质,荒原体验是很难界定的(Scott 1974)。虽然如此,表 7.2 中列出的荒原文献中记录的各种价值的确指出了人类与原始野生陆地接触过程中各种各样的荒原体验。

与荒原体验价值联系在一起的观点是,荒原能够使个体在面对现代文明时获得心理和精神的恢复(Carhart 1920;Boyden and Harris 1978)。这个被视为“心理和精神恢复的宝地”的荒原,有些情况下成为“一个重要的避难所,可以在此隐居、暂

表 7.2 荒原体验的内容

内 容	体验的特点	例 证
审美	欣赏野性自然	Leopold 1921, 1925; Marshall 1930; McKenry 1972a; Smith 1977; Hamilton - Smith 1980; Alexander 1984; R. Nash 1990.
宗教	在荒原中感受上帝	McKenry 1972a; Hendee et al. 1978; Wright 1980; Hamilton - Smith 1980; R. Nash 1990.
逃避	逃避城市生活的制约	McKenry 1972a; Smith 1977; Hendee et al. 1978; Hamilton - Smith 1980; Hawes 1981.
挑战	克服危险情况和充分发挥体能的满足感	McKenry 1972a; Smith 1977; Gardner 1978; Hamilton - Smith 1980.
历史/浪漫	重新体验或想象构成国家文化的"边疆"先驱的生活	Leopold 1925; Smith 1977; Hamilton - Smith 1980; Ride 1980; Alexander 1984; S. Johnston 1985.
孤独	在荒原环境下享受孤独的感觉	Lee 1977; Smith 1977; Hamilton - Smith 1980; Hawes 1981;Sinclair 1986.
友谊	与前一种相矛盾,这是一种渴望与同伴分享荒野环境的体验	Lee 1977; Smith 1977; Hamilton - Smith 1980.
探索/学习	在自然环境中探索或学习大自然而获得欢乐	Smith 1977; Gardner 1978; Hamilton - Smith 1980.
间接欣赏	虽没有实际见到荒原,但从了解荒原中产生乐趣	McKenry 1977; Smith 1977; Hawes 1981; S. Johnston 1985.
技术	技术变化对户外活动产生的影响	Marsh and Wall 1982.

时或长期寻求放松"(Hendee et al. 1978:12)。这使我们想到了《圣经》中提到的荒原地区是精神恢复场所的作用(Funk 1959)和梭罗(Thoreau Walden Pond 1854)的简朴生活。面临荒原地区被认为是在迫使个体迎接荒原的自然挑战,而相应的个体要提高自立感、自尊感。欧文顿和福克斯(Ovington and Fox 1980)写道:

荒原令人产生了一种绝对孤独的感觉,一种只能依靠自身能力的感觉,因为遇到了全新的视野、气味和味道……完全自然的荒原,空间广大得足以使我们迷失方向,为我们提供了挑战机会和无名的力量,令人精神倍增,身心放松。在这里要依靠我们自身的能力,锻炼我们的身体,磨炼我们的意志。

欧文顿和福克斯(Ovington and Fox 1980:3)

与荒原价值有关的第三个主题是其科研价值。表 7.3 说明了荒原用于科研的各种途径。

表 7.3　荒原的科学价值

价　值	说　明
基因资源/生物多样性	荒原地区等大片自然区域可以成为基因材料的来源，有为人类利用的潜力。世界上越来越多的自然生态系统遭到破坏，余下的自然区域作为基因材料的储存地，重要性日益增强。
生态研究/生物监测	荒原地区能够保护大型自然生态系统。在这些区域内可以从事关于生态过程的大量研究，包括：生态系统动态性研究、比较生态学、动物行为研究、动植物调查、基础生物资料与环境变化的关系研究。
环境基准	荒原地区是特殊的生物群落区，可以用做参考地区，监测生物群落区和全球范围的环境变化。
进化连续体	荒原地区没有受到人类的直接干扰，保存了适应环境、物种消失和物种形成的进化连续体。
远期	荒原地区为动植物保存保护提供了条件，尤其是那些要求具有大片地域进行繁殖和保留的物种。

资料来源：P. E. 史密斯(P. E. Smith 1977)；弗兰克尔(Frankel 1978)；亨蒂(Hendee et al. 1978)；霍尔(Hall 1992a)

保护荒原地区被认为是环境研究和人类对环境影响研究必不可少的内容。另外，荒原地区日益被认为具有巨大的经济意义，因为它含有的基因物质具有重要价值。然而，荒原资源的多面性特点会导致荒原地区不同使用之间的价值冲突。

荒原内在价值的第四个主题是其经济价值。除了基因资源的经济意义外，荒原还是重要的旅游休闲景点。事实上，经济评价现在已经成为划定荒原地区和自然区域的重要因素(Hall 1992a)，应当指出的是，旅游的经济价值长期以来被用作证明设立国家公园合理性的理由，否则这些地区可能被认为是毫无价值的(Runte 1972a，1972b，1973，1974a，1974b，1977，1979，2002)。通过国际认可，也可以突出这样的价值，例如被列为世界遗产地(Mosley 1983)。

麦克肯利(McKenry 1977)分析了林业、采矿、牧业和道路建设等活动对荒原价值的破坏程度。根据麦克肯利的研究，表 7.4 说明了荒原价值和常见破坏性活动之间的相互作用。其中一个重要因素是，由于荒原地区作为原始偏远陆地的固有特征，发生在荒原地区而没有降低其价值的利用情况极其少见，因此，对荒原地区需要精心管理。人类活动一旦破坏了荒原资源的特征，荒原价值就会降低。这里强调的是西方社会的影响，而不是那些技术落后的民族的影响，正如以下讨论将要说明的那样，当今关于荒原的概念是西方思想的产物。事实上，纳尔逊(Nelson 1982，1986)等地理学者主张对荒原地区和公园管理采用人文主义和生态学研究方法，综合考虑土著民族的态度和传统，这是荒原含义当代观点必不可少的内容。

表 7.4　荒原价值与常见破坏性活动之间的相互作用

常见破坏活动	水资源	传统原生栖息地	野生动物资源与栖息地	植物资源与栖息地	调查与教育	荒原休闲资源	荒原的间接欣赏	储备资源库
水疗院	1－2	5	3－4	3－4	4－5	4－5	4－5	4－5
林业	3－4	5	3－4	3－4	3－4	4－5	4－5	2－3
采矿	3－4	5	3－4	3－4	3－4	4－5	5	4－5
农业	3－4	5	3－4	3－4	3－4	5	5	4－5
牧业	3－4	4－5	2－3	3－4	2－3	3－4	3－4	2－3
道路	2－3	4－5	2－3	2－3	2－3	4－5	4－5	2－3
旅游	3－4	5	3－4	2－3	2－3	4－5	4－5	2－3
越野	2－3	4－5	2－3	2－3	2－3	4－5	2－3	1－2

表中荒原价值的破坏等级：

1　没有不相容的相互作用(即：相互兼容)

2　轻微不相容

3　相当大程度的不相容

4　仅有轻微相容

5　完全不相容(即：相互排斥)

资料来源：改编自麦克肯利(Mckenry 1977:209)

观察与思考：国家公园与土著民族

国家公园是西方的一个概念 (R. Nash 1967, 1982)。国家公园源于新大陆，希望通过旅游保护自然和优美的景观，促进经济发展 (Hall 1992a, 2000b)。直到最近，设立国家公园将土著民族作为“自然”景观中不需要的要素而排除在外。在天然公园与用于农业、林业、矿业和牧业的乡村人文景观之间划上分界线，体现了笛卡儿主义对西方社会“文明”与“荒原”的划分思想。然而，自 20 世纪 60 年代末以来，对自然遗产和文化遗产进行划分日益被看做主观臆断的行为(Mels 1999)。 从一定程度上讲，这是由于北美和澳大利亚、新西兰等新大陆土著文化的复兴以及后殖民社会对土著文化价值的日益重视 (Butler and Hinch 1996; Ryan and Huyton 2002; Hall and Tucker 2004)。此外，生态学者和自然资源管理人员越来越意识到，所谓的自然景观中的许多生态关系实际上是土著民族用地和创建生活环境之间一系列复杂关系的结果，例如通过烧荒（如 Aagesen 2004）、季节性放牧（如 Bunce et al. 2004）开展种植和养殖活动，跟北欧国家有些地区经历的情况一样。这些做法不仅对公园管理方式产生了巨大影响，而且影响了公园的设立方式（Cohen1993;Pedersen and Viken 1996; Hinch 1998; Waitt 1999; Pettersson 2004）。

浪漫主义运动对国家公园设立产生的影响是极其重大的（Hall 1992a）。例如，1832 年第一个呼吁在美国设立国家公园的是一位艺术家——乔治·凯特林（George Catlin）。在看到大平原地区屠杀水牛的现象后，他将动物和人类的关系说成是一个“值得深思的问题”。但他发现，根据他的设想，将来（根据政府的某些重大保护政策）……会有“壮观的公园”，保护动物和美洲印第安人“质朴之美和野性之美”。“在将来的年代，这将成为美国保护自然的一个范例，风景优美，令人震撼；这是属于国家的公园，既有人类，也有动物，在其自然美中保持着十足的野性和清新的气味！”凯特林呼吁设立“属于国家的公园”，强调了美国对待荒原的崭新态度。在凯特林发出呼吁差不多正好四十年后，尤利西斯·S. 格兰特总统签署了一项法令，设立了黄石国家公园。

与此相似，约翰·马逊（John Matson 1892）对新西兰保护野生动物的努力与澳大利亚、新西兰缺少这样的尝试进行了比较，呼吁设立“本土公园”以保护澳新地区的动物和鸟类。马逊引用了一名新西兰诗人——乔治·菲普斯·威廉姆斯的诗歌，来说明对野生动物及其栖息地进行保护的意义。在 19 世纪末，这样的观点是很常见的。毛利族和其他土著民族被认为是一个即将消亡的种族的残余部落，将其安置在公园和保护区内，在这些地区不开展其他经济活动，通常被认为是最适当的做法。尽管最初的浪漫主义观点有助于推动公园的设立，但是，其后实施的一些管理规定和政策战略，又将在这些地区通过狩猎和食物采集活动创造了公园景观的土著民族驱逐出了公园，剥夺他们对这些地区的所有权和使用权。这些措施充其量不过是生态与文化盲目性的结果，说的直接一点其实就是种族主义和帝国主义；在欧洲人眼中，公园界限划分的是自然与文化。

尽管土著民族的政治地位在许多社会中仍然是一个争议很大的问题，但是，自 19 世纪 90 年代以来，对土著民族的管理方法及其在国家公园的作用已经发生了重大转变。与土著民族总体权利有关的众多社会因素和政治因素导致了一些变化，包括：

- 西方许多国家的土著文化出现复兴，使传统文化重新获得自豪感；
- 非洲和亚洲国家的殖民势力退出历史舞台，新的管理方式得以实施；
- 土著民族通过协商或其他法律渠道，要求解决对自然资源的所有权和使用权；
- 政府对土著民族的政策发生改变，使其获得了更大的经济和政治自主权；
- 土著民族的政治影响力提高。

国家公园的管理受到了重大影响，在宏观政治发生转变的同时，宏观管理也发生了诸多变化。许多不同的地方和行政地区都发生了这种变化，澳大利亚、加拿大、新西兰、南非和美国的土著民族逐渐越来越多地参与国家公园管理。霍尔（Hall 2000c）确定了影响这些变化过程的若干因素：

- 人们认识到，许多被认为"自然的"景观实际上是土著民族长期居住生活的产物，并由此形成了一系列生态条件与关系，这些都是某些类型的人类行为的结果。这意味着关于土著民族的传统知识成为生态系统有效管理的重要因素。
- 某些土著文化景观的旅游吸引力与日俱增。
- 公园管理部门越来越重视包括土著民族在内的不同利益相关者在公园管理和制定适当合作管理战略方面的作用。
- 公园管理方法和战略发生改变，旨在满足土著民族的需要和关心的问题，在某些情况下，土著民族拥有所有权的国家公园土地租赁给公园管理机构。

四、荒原的确定

尽管对荒原的价值已经认识较为充分，但是如果出于管理和立法的目的，这些价值需要转变为在空间上测定荒原价值的方法。这样做有助于荒原保护、提供科学信息和旅游信息、提供技术咨询、认识管理问题与管理目标、综合考虑保护与开发以及设计全国保护系统。

根据塔斯曼(Dasmann 1973: 12)对国家公园和同类保护区的分类,确定荒原地区具有两大主要目的:“保护自然(确定为主要目的),为那些能够忍受变幻无常原始荒原旅行方式的人提供休闲机会”。这些目的体现了前面提到的荒原价值。“该地区保持着这样的状态:荒原外观或原始外观没有受到任何形式开发活动的削弱,并且一直存在着原生动植物物种”(Dasmann 1973:12)。然而,跟某些严格限制的自然区域不同的是,荒原地区可以为休闲者使用。

塔斯曼将荒原归为非连续的用地类型,然而这种类型却没有出现在自然与自然资源保护国际联盟(IUCN 1978)对保护区的最终划分类型之中。但是,这并不意味着荒原只能用作保护用地。相反,这反映了将北美地区荒原的含义进行推广的困难所在(Eidsvik 1985)。公众环境意识、可持续发展意识、世界遗产地意识、生物圈保护区意识及其他重要国际保护区意识的增强突出说明了全世界对地球上其余荒原地区保护的关注。事实上,自然与自然资源保护国际联盟 1984 年大会就曾建议“各个国家都要在公有土地和私有土地上确认、划定和保护其荒原地区”(《解决方案》16/34, in Eidsvik 1987: 19)。然而,这些措施的基础是首先要确定荒原地区。美国和欧洲都曾进行过荒原资源调查评价 (Fritz et al. 2000; Carver et al. 2002),对荒原确定进行研究时间最长的是澳大利亚。下面我们要讨论一下这个案例研究。

案例研究:澳大利亚荒原调查

荒原保护的关键要素之一是确定那些能够合法纳入国家荒原系统的高质量荒原资源。1985 年,澳大利亚保护基金会和其他保护团体,特别是荒原协会,率领自然保护委员会国家公园管理工作小组,研究了如何建立国家荒原系统的问题。自然保护委员会国家公园管理工作小组建议:

> 所有各州和地区都要通过与使用群体进行协商的方式,对潜在荒原地区进行全面调查,对现有公园内的区域做出评价,可以涵盖其他合适的地区。各地调查工作可以采取一致的方法。
>
> 自然保护委员会国家公园管理工作小组(CONCOM 1985:7)

然而,自然保护委员会国家公园管理工作小组的愿望却没能实现。不管调查的数量和质量如何,尽管澳大利亚遗产委员会制定的《国家荒原调查纲要》提出了最接近比较一致的调查方法,但全国各参与方在荒原确定和管理过程中没有形成统一的荒原评价方法。造成这种情况的原因可能包括：大多数荒原研究的学术性较强，不同地区之间存在地理上的差异，荒原保护政策不同，以及荒原具有内在的无形性（Hall 1987, 1992a）。尽管如此，原始地区和偏远地区的确定显然对荒原地区的保护和管理是十分重要的。

荒原调查

规划人员和管理人员需要详细的信息，以帮助确定适合划定为荒原进行保护的地区、监测资源状况和制定合适有效的管理方法。另外还需要评价荒原对各种开发建议的影响，以便研究其他选择方案，做出适当的反应。

莱斯利（Lesslie et al. 1988a: iv）

定义是荒原调查工作中面临的一个重大问题。定义及其相应的判断标准是确定荒原资源的依据。对荒原有两个公认的不同概念，一个以人类为中心，一个以生物或经济为中心。从人类为中心的概念看，至关重要的是荒原能够满足人类需要。坚持这种观点的人倾向于给荒原赋予休闲的角色。相反，以生物为中心的观点"从生态学的角度来定义荒原，荒原等同于缺少人类干扰"（Lesslie and Taylor 1983：10）。

荒原的休闲价值在有关荒原的文献中一直占主要比例（Hendee et al. 1978）。这一方面是荒原概念"美国化"的结果，美国研究中以休闲为主导的观点掩盖了大多数其他研究成果；另一方面可能与荒原概念的定义方式有关（R. Nash 1963; P. E. Smith 1977; Stankey 1989; Oelschlaeger 1991）。虽然如此，近年来，以生物为中心的荒原概念在研究中日益受到重视。这主要是因为在国家公园和保护区管理的休闲研究方面，生态研究的地位越来越重要，以及人们认识到动植物本身也有生存权（R. Nash 1990）。

表 7.5 说明了澳大利亚在 20 世纪 90 年代初之前开展的荒原调查的主要情况，到此时为止，澳大利亚遗产委员会已经提出了较为完善的《国家荒原调查纲要》。每项调查都记录了调查地区、荒原定义、评价标准、海滨地区状况以及数据库和道路建设情况等内容。其中包括了道路标准，因为这样可以与美国荒原概念中指的"无路地区"的含义进行比较，同时说明了荒原评价标准规范化的一个重要问题（土地管理局 1978）。莱斯利和泰勒（Lesslie and Taylor 1983：23）指出，"道路的界定是

一般荒原文献中的一个重大争议点。争论的中心问题是道路质量，较高等级的道路会对荒原造成不可接受的侵扰，较低等级的道路虽对荒原造成损害，但侵扰程度尚可令人接受”。

赫尔曼等(Helman et al. 1976，另见 A. D. Jones 1978)对新南威尔士东部和昆士兰东南部荒原的研究是澳大利亚进行的首次此类研究，为未来澳大利亚荒原调查设计了一个模型，并应用于维多利亚州（Feller et al. 1979)和塔斯马尼亚州(Russell et al. 1979)。然而，由于此调查是在比较湿润、森林茂密和山地环境中进行的，因此其调查方法可能不适用于干旱和半干旱环境(Lesslie and Taylor 1983)；同时，这些调查没有认识到荒原的关键特征：偏僻和原始(Mark 1985)。斯坦顿和摩根(Stanton and Morgan 1977）对昆士兰的研究确定了符合严格保护标准的四个重点地区。其他 24 个地区被确定为“等同于赫尔曼等(Helman et al. 1976)在其研究中描绘的澳大利亚东部荒原地区”(G. Morgan 1980)。

克科帕特里克（Kirkpatrick 1980）对塔斯马尼亚西南地区的研究将荒原确定为休闲资源，“这些地方远离机械车辆，环境很少或没有受到人类影响”(Kirkpatrick and Haney 1980:331)。克科帕特里克提出的绝对值荒原质量谱，在以前澳大利亚的荒原调查中没有尝试过，它具有美国荒原调查的一些特点。然而，跟美国调查方法不一样的是，克科帕特里克更注重荒原的计量化特征：偏远性和原始性。

偏远性和原始性是荒原的两大基本特征(Helburn 1977)。偏远性是根据“最近的进入点到达荒原的步行时间”进行衡量的，原始性包括“视觉要素、听觉要素和心理要素”，“是根据干扰的可视性……和与最近干扰之间的距离等综合因素决定的”(Kirkpatrick and Haney 1980:331)。将偏远性和原始性确定为荒原地区的基本属性为莱斯利和泰勒（Lesslie and Taylor 1983，1985)进行澳大利亚南部地区的荒原调查提供了方法基础，并为全国荒原调查提供了依据。

莱斯利和泰勒(Lesslie and Taylor 1983)对以前的荒原调查感到不满意，是因为他们想通过绝对性的术语表达相对性的概念。他们提出了荒野特征的四个指标：和聚居地之间的距离、和进入点之间的距离、原始审美性(自然性)和原始生物物理性(活自然性)。这些指标被用于调查澳大利亚南部质量较高的荒原地区。偏远性和原始性是表明一个地区荒原相对特征连续体的一部分(图 7. 1)。连续体的概念可以表达众多环境的生

表 7.5 澳大利亚荒原调查

研究者与地区	荒原定义	评价标准	海滨地区状况	道路建设状况	资料库
赫尔曼等(Helman et al. 1976),新南威尔士东部和昆士兰东南部	大片自然土地,生物多样性和自然周期基本没有改变	核心区最小面积25 000公顷;核心区没有重大缺口;核心区宽度至少10公里;核心区周围有25 000公顷管理区(缓冲区)	由于其线性特征和生态系统及支持的休闲类型,海滨地区不要求像内地那样严格满足各种标准	如果道路不会严重削弱使用者对荒原的感知或生态系统的自然机能,使用能够得到管理控制,道路的存在不应排除在荒原以外	地球资源探测卫星影像及 DNM1:25 万地图航空侦察,核实结果
斯坦顿和摩根(Stanton & Morgan 1977),昆士兰州	广大原始地区,可进入通道极为有限	面积取决于核心区,距离任何入口处为步行一天路程;荒原最小面积约40 000公顷	没有具体标准	道路建设与荒原的严格定义不相容	航拍照片,比例约为1:84 000、1:100 万地图
费勒等(Feller et al.: 1979),维多利亚	参考赫尔曼等定义	参考赫尔曼等的标准,半干旱和山地荒原有特殊标准,半干旱荒原最小面积约15万公顷,山地荒原约5万公顷	最小面积接近5万公顷;如果核心区没有重大缺口,面积可小些;核心区近陆侧有缓冲区,核心区内有合理长度的海岸	核心区不能建两轮车道路和四轮车道路;如有死胡同,且不常用,可设路径;核心区和缓冲区不能建封闭道路和沙砾道路,各荒原可建可接受密度的路径	DNM1:10 万地图,航拍照片 1:2 万至 1:5 万;森林委员会、国家公园服务处和土地保护委员会地图提供的其他信息;现场核实
拉塞尔等(Russell et al.:1979),塔斯马尼亚	参考赫尔曼等定义	参考赫尔曼等的标准,特别注意排干扰,利用自然地形边界线决定核心区边界;最小面积约为1万公顷	有海岸边界线的荒原地区核心可以延伸至海岸线,缓冲区延伸至周边海域	缓冲区边界线内排除所有已形成通道和高密度或强影响车辆道路;荒原内部核心区不允许建车道和路径	土地部 1:50 万,1:25 万地图和 1:10 万地形图;土地保有地图,1:10 万和 1:25 万;航拍照片;现场核实

续表

研究者与地区	荒原定义	评价标准	海滨地区状况	道路建设状况	资料库
克科帕特里克（Kirkpatrick：1980），塔斯马尼亚西南部	远离机械车辆，环境很少或没有受到人类影响的地区	荒原存在于基本不受干扰的环境，这些地方距离入口或人类干扰处5公里以上；荒原质量谱来自数学函数，代表荒原体验强度、到入口处或有人类干扰最近地点的时间或距离以及人类干扰显著区所占比例之间的关系	没有特殊因素	荒原地区不能搞道路建设	土地部1:10万和1:25万系列地图；来自国家公园和野生动物服务管理处及塔斯马尼亚西南部资源调查的其他资料
莱斯利和泰勒（Lesslie & Taylor：1983），澳大利亚南部	远离人类、不受人类干扰或影响的地区	荒原质量根据四个因素划分等级：远离定居点，远离通道，原始审美，原始生物物理性。荒原质量表示为等级：很高、高、较高	没有特殊因素	高等级公路被认为是进入点，低等级道路被视为审美障碍；荒原质量与单位面积的线形结构（如道路）密度有关。四轮交通被认为是干旱和半干旱荒原地区比较合适的交通方式	DNM1:25万和1:10万地形图，土地部1:5万地形图，南澳皇家汽车协会旅游图
豪思与希特雷（Hawes & Heatley：1985），塔斯马尼亚	基本上没有人类遗留物品、活动痕迹和干扰活动；远离人类活动或干扰区，远离入口处	某地与最近干扰点之间的距离和该地到任何进入点的最短时间，据此确定合适的利用价值	经常使用机动车辆是严重干扰行为；机动车辆对海滨地区的使用很少，没有特殊规定	下列情况被认为是严重干扰：所有道路都可为越野车使用，并且频率较大；机械化交通使用集中，已经或可能导致形成永久路径，或对环境造成长期干扰	1:10万塔斯马尼亚地图和1:50万塔斯马尼亚植被地图；在1:50万地图上手动确定原始地区和荒原

续表

研究者与地区	荒原定义	评价标准	海滨地区状况	道路建设状况	资料库
莱斯利等(Lesslie et al.1987),泼里斯和莱斯利(Preece & Lesslie: 1987),维多利亚	参考莱斯利和泰勒,1983	通过地图坐标,对莱斯利和泰勒的方法进行修订,方便了荒原质量指标的数字化、存储与空间组织(全国荒原调查阶段Ⅰ)	没有特殊因素	根据进入状况和使用程度区分了三种等级的道路和路径:大型两轮车道路、小型两轮车道路和四轮车路径	DNM1:10万地形图,森林与土地保护部区域图,RAC维多利亚导游图,政府报告,土地保有资料,个人知识
莱斯利等(Lesslie et al.1988a),塔斯马尼亚	参考莱斯利等,1987	全国荒原调查阶段Ⅱ,参考莱斯利等,1987	没有特殊因素	参考莱斯利等,1987	全国1:25万地形图,塔斯马尼亚部分1:10万地形图,1:2.5万、1:50万植被地形图,RAC塔斯马尼亚旅游信息,林业委员会1:10万地图大型航拍,GIS森林类型资料库
莱斯利等(Lesslie et al.1991a),昆士兰约克半岛海角	参考莱斯利等,1987	全国荒原调查阶段Ⅲ	没有特殊因素	参考莱斯利等,1987	全国1:25万地形图
莱斯利等(Lesslie et al.1991b),南澳袋鼠岛	参考莱斯利等,1987	全国荒原调查:南澳	湖泊、河流和海洋列为主体自然资源	除了以前全国荒原调查各阶段使用的三个等级,又区分出第四个道路等级:质量很低——已经确定但尚未修建的交通道路	全国1:25万地形图,1:10万地图系列,土地部1:5万地图系列

续表

研究者与地区	荒原定义	评价标准	海滨地区状况	道路建设状况	资料库
曼尼迪斯罗伯茨咨询公司1991,新南威尔士西部	荒原地区是大片偏远陆地,核心区远离交通和聚居地,基本没有被现代技术社会改变,或能恢复到以前状态,面积足以保护其自然系统	结合了赫尔曼等和全国荒原调查的方法,指出未来的荒原地区	不详	铺设的道路将周围土地从荒原地区排斥在外;少量路径和表面松软的道路是可以接受的,因为可以减少影响,恢复荒原价值;步行路径不会严重降低荒原价值	文献综述,接触保护团体,1:10万地图

说明:

DNM:国家绘图部

RAC:皇家汽车俱乐部

资料来源:霍尔(Hall 1992a: 12—17)

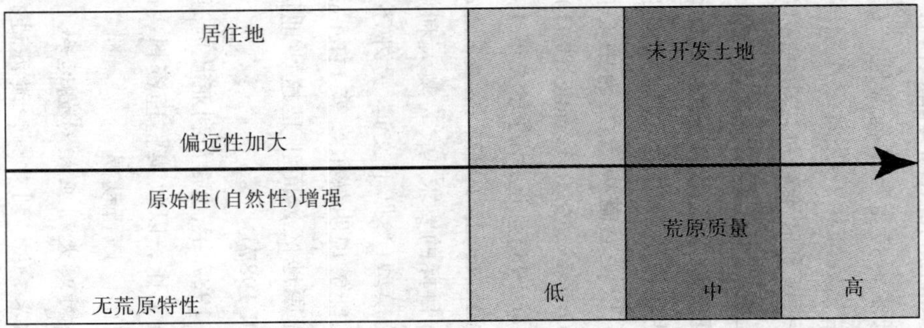

图 7.1　荒原连续体

资料来源:霍尔(Hall 1992a)

态特征与休闲特征，可用于澳大利亚雨林地区的调查（Lesslie and Taylor 1983; Hall and Mark 1985; Hall 1987; Lesslie et al. 1987; Lesslie 1991; Manidis Roberts Consultants 1991）。

澳大利亚荒原调查方法存在差异，"是由于荒原的定义存在混淆，满足生物为中心因素的概念与满足人类需要为中心因素的概念不一致"（Lesslie and Taylor 1983:11）。要求满足休闲标准的荒原地区可能大大小于要求保持生态平衡的地区（P. Valentine 1980）。因此，荒原的体验标准与生态标准相差很大，"荒原体验"的概念必须与"荒原地区"的概念独立开。莱斯利和泰勒（Lesslie and Taylor 1983:14）指出，"一种近乎普遍的趋势是混淆了荒原的效益与荒原自身的性质"，这是在荒原的描绘、调查与管理中至关重要的一点。因此，荒原的两大属性，远离聚居地人影响的偏远性和免遭聚居地人环境影响的原始性，需要建立在荒原连续体基础之上，以便涵盖以人类为中心的荒原概念和以生物为中心的荒原概念（S. G. Talor 1990;Lesslie 1991）。在澳大利亚，莱斯利和泰勒（Lesslie and Taylor 1983）运用的方法于 1987 年在维多利亚荒原调查中进行了修订（Lesslie et al. 1987; Preece and Lesslie1987），由于修订后的方法最接近调查目标的要求，成为澳大利亚遗产委员会全国荒原调查中其他研究使用的模型（参见下文）。另外还由于莱斯利等（Lesslie et al. 1987）运用的方法能够说明赫尔曼等（Helman et al. 1976）在调查中没有提到的低质量荒原地区，而正是这些地区可能具有重要的保护价值和休闲价值（Hall 1987）。

1987 年，澳大利亚政府通过澳大利亚遗产委员会实施了全国荒原调查工作，以收集整理资料，改进荒原保护决策的制定（Lesselie et al. 1991b）。该行动是

> 对澳大利亚相对偏远和自然的土地面积迅速减小和质量下降关注的结果，认识到对剩余资源进行调查是制定适当保护管理措施所必需的第一步。
>
> 莱斯利等（Lesslie et al. 1991a:1）

全国荒原调查有三项重点内容（Lesselie et al. 1988a）：建立全国荒原资料库；改进资料库维护工作和分析技术；为政策和管理问题提供相关依据。在全国荒原调查活动支持下，开展了若干项调查，包括维多利亚调查（Lesslie et al. 1987; Preece and Lesslie 1987）、塔斯马尼亚调查（Lesslie et al. 1988a)、南澳调查 (Lesslie et al. 1991b) 和昆士兰调查 (Lesslie et al. 1991a)。1990 年全国荒原调查工作速度加快，全面涵盖了整个澳大利亚。

“全国荒原调查中对荒原的评价基础是：荒原是偏远自然状况的连续体，从原始地区到城市地区”(Lesslie et al. 1991b:6)。运用地理信息系统技术对荒原质量的四个指标进行了抽样分析。运用地理信息系统技术建立荒原评价数据库有两大优势。第一，该技术是开放式的：既可以增加新的数据，也可以修改现有数据。事实上，在澳大利亚：

> 交通和用地方面的信息往往较为贫乏、不通畅。即使最新获得的信息可能也缺乏准确性和时效性。这样就很难建立可靠的资料数据库，很大程度上还必须依赖出版的资料获得大量要求的信息。
>
> 莱斯利等(Lesslie et al. 1991b:13)

第二，开展过程在空间上具有很大灵活性，可以使研究尺度与目的相匹配。此外，可以快速高效地将调查中确定的荒原分布情况显示在地图上，有助于做出决策(Lesslie et al. 1993,1995)。

从确定到保护

总的看来，澳大利亚进行荒原调查的目的是确定各类质量标准的荒原地区，以便政府采取相应的保护措施。调查工作为确保划定环境质量较高的地区提供了系统的依据。“认识荒原是保护、欣赏和管理荒原地区所必需的第一步”(Manidis Roberts Consultants 1991:2)。然而，将一个地区确定为荒原，其本身并不能保证维持荒原的质量；荒原质量的维持只能通过适当的立法与管理。“此类决策不可避免地是一种判断行为，要求对其他决策的社会价值与用地之间的冲突进行比较评价”(Lesslie et al. 1988a:v)。尽管如此，从管理的角度看：

> 任何地方划定荒原管理边界都是一个单独的问题。这里主要说明的一点是，通常的做法是将荒原管理边界设置在高质量荒原位置附近，确保不发生造成荒原质量下降的活动，但这并不一定能保持荒原的高质量。例如，在位于质量较高的荒原地区边界的质量较低荒原的开发项目会降低前者的质量。

从这里面得到的教训是，位于高质量荒原边界的低质量荒原地区对保持这些地区的质量是十分重要的。因此，为确保保护好荒原质量，荒原管理区必须覆盖全部边缘地区。

莱斯利等(Lesslie et al. 1991b:20)

自然保护委员会国家公园管理工作小组建议采用如下重要标准来确定和评价具有潜力的荒原地区：

- **偏远性和面积**：一大片地区，面积最好超过25 000公顷，游客在此可以体验远离道路和其他设施的偏僻感觉。
- **人类痕迹**：现代技术对该地区的影响尽可能小。

然而，自然保护委员会国家公园管理工作小组并不确定这些标准能否体现全国各地的景观差异性和生物多样性。可以将自然保护委员会国家公园管理工作小组提出的标准与美国的荒原法规对比一下，后者提出的指导原则是荒原的最小面积为5 000英亩（2 023公顷），如果已经受到影响的生态系统有助于提高荒原地区的生存能力和完整性，则也可以纳入其中。自然保护委员会国家公园管理工作小组提出的标准具有讽刺意义的是，将许多已经根据各州法律设立的荒原地区排除在外了。自然保护委员会国家公园管理工作小组指出（1986：4），"设立荒原地区为游客提供了享受孤独、从自然环境中获得灵感和理解自然环境的机会"。自然保护委员会国家公园管理工作小组的作用是为了保护"荒野体验"，但不一定是荒原的内在本质。然而，如果以保护荒原的休闲价值为主，则忽略了荒原地区的其他重要价值(参见上文)。

跟美国政府不同，澳大利亚政府没有广大的联邦土地可以实施荒原立法。根据澳大利亚宪法，各州政府对土地使用有初步控制权，它们根据相应的法规保护荒原地区就完成了州政府的责任。因此，这种情况意味着，联邦政府必须依据与环境有关的宪法权力，与各州和地区政府达成一致意见，才可以建立全国性的荒原系统。最近，澳大利亚联邦政府已经将全国荒原调查重新命名为"干扰数据库"，其中干扰是指后欧洲时期的技术影响和人类影响。然而，更名并没有停止澳大利亚自20世纪60年代以来在环境保护方面的争议(Dovers 2000a)。目前，全国荒原调查仍然是一种重要的管理手段，可以据此评价荒原质量可能出现的下降，荒原质量下降是由新的开发建设项目造成的，又相应导致了游客满意度的降低。

小结

- 在政策和规划工作中，确定重要的自然资源不一定会导致随后采取保护措施。

- 偏远性和原始性是荒原的两个基本属性。
- 地理信息系统是进行自然资源调查极为重要的工具。

澳大利亚土地干扰数据库可以在以下网址浏览下载：http://www.heritage.gov.au/anlr/code/ald.html.

插图 7.1　亚利桑那。有些国家公园经常面临旅游人数的巨大压力。位于亚利桑那州的大峡谷国家公园每年接待游客超过 500 万人。

五、荒原、国家公园和自然区域的旅游休闲需求

西方社会赋予了荒原许多价值。旅游休闲成为荒原主要价值中日益重要的一项，近年来对荒原使用的需求也出现了大幅增长。荒原地区的旅游休闲体验需求主要与两大因素有关：第一是人们对环境的态度发生变化；第二是自然区域的可进入性改善。

正如前面所讨论的那样，在过去 200 年内，西方社会对荒原地区形成了比较积极的反应。近年来形成的关心环境的整体气候，对自然区域的休闲旅游模式产生了影响，从而使这些积极反应得到强化。与亲身接触大自然的需求日益增长同时出现的是自然区域旅游消费需求的增长。确定国家公园的边界会有助于保护管理工作，另外也有利于保证游客的旅游空间。同样，乡村地区的含义中包括复杂的生产与消费空间（参见第六章），荒原与自然的思想出现在旅游休闲景观商业化过程中（Olwig and Olwig 1979; Short 1991; Evernden 1992; Mels 1999, 2002; Saarinen 2001, 2005）。对有些人而言，这种观点与国家公园是生态景区而不是文化景

区的思想不一致，但荒原的文化意味隐含在其自身含义之中。例如，R. 纳什（R. Nash 1982：1）指出，荒原“深深承载了个人意义、象征意义和变化意义”。以生物为中心的观点强调真实的自然而不是感知的自然（见上文），从此观点来看，荒原的个人意义对荒原地区的划定可能没有太大的价值，但就荒原的休闲旅游价值而言，它却具有重要价值。

自20世纪90年代初以来，学术界对荒原的感知意象产生了日益浓厚的兴趣（如Kliskey and Kearsley 1993；Kliskey 1994；Higham 1997）。例如，斯坦奇和施里尔（Stankey and Schreyer 1987）指出，荒原感知形象是受众多影响而形成的，包括：社会态度、文化影响、休闲经历、期望值大小和个人认知能力。显然，“尽管荒原环境具有客观的物理现实性，但现实的荒原在很大程度上依赖个人认知能力、情感水平和以往经验”（Higham and Kearsley 1994：508）。

克里斯奇（Kliskey 1994）认为，在对荒原需求不断增长的同时，也需要确定人们寻求的某些荒原特征。吉尔斯利（Kearsley 1990）对此提出了自己的建议，即根据自然性、可进入性和设施供应情况对自然区域进行分类。这种分类可以推动“荒原等级”方法的运用，让旅游设施管理者优先考虑荒原需要，充分利用各种自然环境。这种方法已经在澳大利亚荒原调查工作中考虑使用过。

休闲旅游者的空间分布范围扩大，有助于实现两个基本目标：最大限度地满足游客需要，最大限度地减轻对旅游景区环境的影响。克里斯奇和吉尔斯利（Kliskey and Kearsley 1993）还指出需要确定旅游建设方式，不能影响那些试图避开大众旅游设施的游客所寻求的荒原价值，同时还要保护自然旅游者和生态旅游者等寻求的社会价值和环境价值。然而，这需要荒原意象在自然环境休闲旅游资源的市场营销和管理中发挥一定作用。

西格汉姆（Higham 1997）研究了新西兰南岛国际旅游者形成的荒原意象各个方面，选取了一系列变量，这些变量可能适合于、也可能不适合于荒原休闲旅游。按照五分制标准，让被调查者表达各种变量的接受程度或不接受程度。西格汉姆（Higham 1997）指出，就“经典”（在免遭人类影响方面，质量最高）荒原而言，这些变量有可能妨害或危及荒原休闲质量。然而，在列出的22个变量中，只有7个得到了负面回答（平均值低于3.0）；13个变量的平均得分超过3.0，表明样本中普遍倾向是良好的（表7.6）。

在西格汉姆（Higham 1997）的研究中，“和文明之间的距离”（平均得分为4.0）对大多数国内游客来说显然是一个重要方面。同样得到强调的还有渴望偏远地区（“该地区要足够大，步行至少走两天时间”，平均得分为3.8）。然而，游客还希望建立安全机制、减少风险，提供搜救服务在各种变量中获得的平均分最高（4.3）。

表 7.6 "根据自己对荒原的认识，指出你感到如下活动/设施是否可以接受"问题中列出的各变量回答结果 (%)

变量清单	1	2	3	4	5	平均得分*
搜救服务	4.0	3.1	16.6	21.2	49.1	4.3
和城镇之间的距离	4.0	6.7	19.8	22.6	45.1	4.0
河流上的吊桥/绳索	5.2	6.8	21.8	28.3	36.9	3.9
限制团体规模	10.5	9.5	16.6	24.9	33.5	3.8
限制进入，防止拥挤	10.5	8.0	17.5	25.2	34.2	3.8
面积足够大，步行至少需要两天时间	8.9	6.8	18.8	24.3	39.4	3.8
房屋供水	14.3	7.9	17.7	22.3	36.9	3.6
房屋维护	9.5	11.0	22.7	27.9	26.4	3.6
厕所设施	14.0	8.5	18.6	22.9	34.5	3.6
奇异植物/树木(松树、蓟和毛地黄)	11.2	11.6	20.4	20.7	33.4	3.6
路标/信息	7.0	12.8	24.8	24.5	29.4	3.6
道路起始点	12.5	11.6	27.1	22.0	25.0	3.4
路径维护(如清理落叶)	13.1	18.3	21.7	27.2	18.0	3.2
设立野营场地	20.2	14.4	25.2	24.2	14.1	3.0
放牧(牛、羊)	31.2	15.9	25.7	11.9	11.3	2.7
房屋供煤气做饭	33.7	16.7	21.3	10.3	16.7	2.6
放养新西兰本地没有的动物鱼类	40.1	20.7	21.0	4.6	7.7	2.4
狩猎	38.6	18.8	21.9	9.3	8.0	2.4
机动交通(电瓶车船)	44.9	22.5	15.7	6.2	8.3	2.2
森林伐木/采矿/水疗院	52.8	18.1	16.6	4.3	4.0	2.0
商业休闲(如导游陪伴游览)	52.7	20.1	13.1	5.5	6.4	2.0

*非必需/不可接受 1—2—3—4—5 必需/可接受

资料来源：西格汉姆(Higham 1997:82)

希望河道上设置吊桥和绳索、路径上设置明显的路标标志，强调了普遍存在的在自然、但相对安全和比较人性化的环境中参与荒原休闲的愿望。

另外，限制进入和限制团队规模得到了国内游客的广泛认可。"限制进入"和"限制团队规模"两个变量的平均得分为 3.8，在表 7.6 中的位置比较靠前。西格汉姆(Higham 1997:83)指出，"很有可能，这些变量的积极倾向源自游客游览过游人较多的景区，这些地区的社会承载力正在接近或有时已经超出负荷"。

在列出的变量中，只有 7 个得到了负面回答(表 7.6)，其中六个变量描述的活动与社会影响或自然影响有关，包括：商业休闲、机动交通、放牧、狩猎和森林伐木。第七个变量"房屋供煤气做饭"是例外情况，因为这种设施的供应方便了游客在偏远地方的生活。这是旅游供应与设施变量中唯一一个遭到国内游客否定的，所有其他变量(如房屋、供水和厕所设施)被认为是可接受的或与荒原休闲旅游相容的。

西格汉姆(Higham 1997)的研究提出了荒原地区可进入性作用的重要问题。的确，可进入性问题现在成为荒原和国家公园管理中的重大问题。多年来，考虑到地形特征和旅游容量，对荒原的可进入性进行了限制。直到第二次世界大战，通往大多数国家公园的主要交通方式是火车，新大陆国家的许多国家公园实际上与铁路连在一起建设(Runte 1974a, 1974b, 1979; Hall 1992a)。然而，战后期间私人汽车拥有量大幅增加，从而提高了公园的可进入性。过去，国家公园管理机构通过"公园为人民"运动向公众宣传自己。现在，许多处于严峻形势的公园和荒原管理部门找到了自己。国家公园的最初设立是为了提供休闲娱乐和资源保护 (Hall 1992a)。公园运动的发起者，如约翰·缪尔，从来不会想象到寻求逃避城市环境的旅游休闲者对公园的需求一直在持续增长。现在的情况是，有些公园出现交通堵塞现象，步行路径上拥挤不堪，当地居民被游客所取代，污染加重，其他负面环境影响增多，游客满意度降低 (如 Hall and McArthur 1996, 1998; Higham 1997; Kearsley 1997)。因此，在这种情况下，公园和荒原管理部门正在努力更好地了解游客及如何使他们满意，使战略能更合理地匹配游客需求与资源容量，同时首先要保持吸引游客的资源价值(Hall and McArthur 1998)。

从历史上看，游客特征分析有助于特定目的地、景点或景区的规划与游客需求管理。旅游需求分析传统上有两种主要方法：社会经济方法和心理方法或心理描绘方法(参见第二章)。社会经济方法试图在特定目的地游客行为与其社会地位之间建立一种相关性 (Lowyck et al. 1992)。马修森和沃尔 (Mathieson and Wall 1982) 认为，某个目的地的游客态度、感知与动机受到社会经济特征的影响，如年龄、教育、收入、居住状况和家庭状况。这种研究形式的代表是布莱米 (Blamey 1995) 对澳大利亚国际生态旅游者进行的研究，澳大利亚近年来尤为重视向旅游者推销其自然旅游资源(Hall 1995)。

布莱米 (Blamey 1995) 发现，日本及其他亚洲旅游者在绝对数量上是去往国家公园最多的游客 (分别占全部同类游客的 21% 和 19%)，但他们在每次游览中这样做的倾向性最低。瑞士游客游览自然区域的倾向性最大(占 74%)，其次是德国游客、加拿大游客、斯堪的纳维亚地区游客和欧洲其他国家的游客 (都超过 65%)。同时，自然型旅游者的经济花费相当大。布莱米(Blamey 1995)指出，1993 年参加丛林徒步旅行活动的国际游客在其停留期间的平均花费为 2 824 澳元，比所有其他入境游客的平均花费(1 788 澳元)超出 58%。

心理描绘或心理方法根据人们的生活方式将其划分为不同类型，包括价值观、动机和期望值(Blamey and Braithwaite 1997)。生活方式可用于对人们行为的区分。在对加拿大游客进行的一项比较研究中发现，在选择目的地时，生态旅游者更容易受荒原和公园等景点的激发(Kretchmann and Eagles 1990;Ealges 1992)。

西格汉姆 (Higham 1997) 研究了大量荒原旅游动机，试图确定激发旅游者游览新西兰保护区路径的因素。从荒原文献回顾中抽取了 18 种荒原动机变量，样本单元对各种变量的支持或否定程度见表 7.7。表中按照平均得分顺序列出动机变量。或许并不令人惊奇的是，自然美景和自然性突出的景观是国际游客的首要动机。西格汉姆(Higham 1997:80)指出，事实上，这个结果可以用来解释新西兰"步行之旅"大受欢迎的原因。米尔福德步行路径、鲁特波恩路径和开普勒路径之所以名声很大，主要是因为这里能够欣赏阿尔卑斯山的风景。这些路径的名声无与伦比，入境旅游者对它们的兴趣一直很高。

表 7.7 "来该地的旅游动机"问题列出的动机变量答案 (%)

变量清单	1	2	3	4	5	平均得分*
欣赏自然美景	85.6	11.4	1.8	0.3	0.6	1.2
风景优美/自然性突出	84.1	11.4	3.3	0.6	0.6	1.2
接触荒原/未改变的自然	61.6	25.5	7.2	3.6	1.2	1.6
体验偏远、安宁和安静	46.2	31.2	13.5	4.8	3.3	1.9
观赏新西兰本土鸟类和动物	38.9	30.7	18.8	8.5	2.1	2.1
了解新西兰的动植物/自然系统	28.3	32.5	21.7	12.3	4.8	2.3
寻求全新的异样体验	30.9	21.6	23.7	14.4	9.0	2.5
逃避生活压力	34.2	22.8	16.2	9.6	15.3	2.5
面对自然挑战	24.9	24.9	21.6	13.8	12.6	2.7
从事紧张的体力活动	22.8	23.7	23.4	15.6	12.0	2.8
体验孤独	20.9	19.7	21.8	17.6	13.6	3.0
结交朋友	12.9	18.0	30.2	21.6	16.8	3.1
与家人、朋友或伙伴放松	23.1	17.4	17:1	10.5	30.3	3.1
提高自我意识/沉思	14.2	21.1	25.1	18.1	15.7	3.2
感受年轻	18.8	14.8	21.2	11.8	24.8	3.3
更多地了解保护/管理问题	5.4	7.2	28.7	26.9	29.9	3.7
面对危险和风险	5.7	8.7	21.0	24.6	37.5	3.9
测试心理机能(方向感,映像感)	6.0	9.0	17.5	27.7	38.6	3.9

*强烈动机 1—2—3—4—5 没有动机

资料来源:西格汉姆(Higham 1997:81)

西格汉姆（Higham 1997）最初调查问卷中的18种变量是按随意顺序列出的。值得注意的是表7.7按照平均得分排列的变量顺序。如果继续进行搭配就会发现,前10个变量在动机和平均得分方面表现出一致性。表7.7比较清楚地说明了吸引游客前来步行路径的动机。按照强度降低的顺序,这些动机可按下述顺序排列:

1. 体验自然美景和自然性突出景观。
2. 体验较为偏远和相对未发生改变的自然。
3. 体验新西兰独特的动植物和自然系统。
4. 逃避现代文明,从事全新的异样活动。
5. 迎接自然区域的挑战。

体验孤独的愿望,是荒原休闲的经典原则之一（见上文），在表7.7列出的变量中居第11位,平均得分为3.0。最后7个变量的平均得分为负。最后两个变量涉及身体和精神挑战，也是传统荒原休闲的体验内容，但在旅游者中的认可程度明显较低。由此,可归纳出这样的基本问题:人们游览荒原地区寻求的受益点是什么,管理机构应在何种程度上努力为游客提供这样的好处。

国家公园和荒原地区旅游休闲面临的另外一个重大问题是旅游为这些边缘地区创造的经济效益有多大。关于自然型旅游者对当地社区的经济影响，研究人员意见不一致(Crabtree et al. 1994; Hull 1998; Weaver 1998; Walpole and Goodwin 2000; Hall and Boyd 2005)。一方面,有人认为,由于这些游客大部分时间停留在外面的景区或荒原地区，他们对当地社区产生的经济影响很小（如Rudkin and Hall 1996）。另一方面,环保主义者主张对自然的非消费性使用,为欠发达乡村地区提出了双赢发展战略。世界野生动物基金会一份颇有影响的生态旅游出版物指出:

> 将经济动机与自然资源保护结合起来的办法可促进自然型旅游的发展。公园和保护区通常位于乡村地区，随着这些地区旅游人数的增加，周边居民可以在小型旅游企业找到就业机会。自然型旅游的不断增长还会对其他乡村地区产生重要的经济乘数效应。因此,保护区的旅游表明自然资源对旅游者、乡村居民、公园管理人员、政府官员和旅游经营商都具有重要价值。
>
> 布(Boo 1990:3)

布(Boo 1990)发现,事实上,自然型旅游者的日均花费高于其他旅游者。格莱肯和米尔尼(Grekin and Milne 1996)也认为,在生态旅游业中,目的地的自然隔绝提供了一种不为人知、未曾尝试的体验,有助于创造经济效益。同样,斯多福等(Stoffle et al. 1979)在研究美国西南部地区的旅游时也发现,对某个目的地居民产生积极态度的旅游者可能购买当地商品纪念其旅游经历。赫尔(Hull 1998)在研究加拿大魁北克省北海岸生态旅游者的日均花费特点时发现,团体生态旅游者的日均花费大大超过散客。住宿是团体旅游者花费最大的项目,日均花费为 42.04 加元,占其日均总花费的 59.6%;散客旅游者的住宿日均花费为 11.76 加元,仅占其日均总花费的 23.8%。团体旅游者的第二大花费项目是交通,占 22.2%;而散客旅游者的第二大花费项目是就餐,大约占 17.8%(Hull 1998)。花费特点表明,团体旅游者旅游花费的 75%以上局限在住宿和交通方面;而散客旅游者,尽管总体花费较低,但在当地经济的不同部门花费较多,更有助于保持旅游业的可持续发展。赫尔的研究结果得到了普雷斯(Place 1998)的肯定,他也指出:

> 生态旅游能够提供一定的经济基础,但它不会自行发生,也不会没有社会影响和环境影响。如果从可持续发展的角度来看,必须让当地居民能够分享旅游创造的经济效益。要有效减少乘数效应的漏损,需要当地居民参与发展规划,还要获得外部支持,如提供必要的基础设施、培训和信贷。
>
> 普雷斯(Place 1998:117)

如果管理得当,自然环境的旅游休闲无疑会给周边社区和旅游批发商、旅游供应商带来经济效益。因此,对荒原和自然区域旅游供应的关注越来越多(Fennell 1999)。然而,同时也开始出现了大量问题,旅游者不仅对景观产生了潜在影响,而且对个别物种也产生了潜在影响(MacLellan 1999; Woods 2000; Orams 2002; Hall and Boyd 2005)。

六、荒原与户外休闲产品供应

在许多方面,荒原与户外休闲产品"供应"的观点似乎与荒原暗含的"独立、自立"意义不一致。然而,旅游业的业务范围就是提供这样的产品,而国家公园和荒原地区在正式划定时就被确定为可以开展这种旅游休闲体验的地方。国家公园最初是为了建设成风景优美和具有全国纪念意义的地方,20 世纪 50 至 60 年代转变为大众休闲场所,20 世纪 80 至 90 年代转变为旅游商业化场所,近年来又出现了生态旅游,这是国家公园外围休闲产品生产发生的最重要转变之一。

"生态旅游"的概念有众多不同的含义(P. Valentine 1992; Hall 1995; Weaver 1998, 2001; Fennell 2001; Higham and Lück 2002),说明了旅游环境的"浅层"关系和"深层"关系:

- 生态旅游被认为是一种环境友好的旅游发展形式,可以作为某些类型旅游产品的品牌;

• 生态旅游作为“绿色”旅游或“自然型”旅游，实质上是一种专项旅游产品，具有特定的市场份额，并为该市场提供相应产品；

• 生态旅游作为一种自然型旅游产品，涉及自然环境宣传教育，应该从生态与文化可持续发展的角度进行管理。

澳大利亚国家旅游局(1997)将生态旅游定义为“基于自然的旅游形式，包括对自然环境和文化环境的宣传以及自然区域的生态可持续管理”。

生态旅游是对生态和社会负责的，可培养环境欣赏能力和环境意识。在享受自然的同时，要最大限度降低对环境的影响。生态旅游的教育要素加深了对自然环境和生态过程的理解，使之与探险旅游和观光旅游区分开来。

国家旅游局(Office of National Tourism 1997)

世界各地的许多国家和地区现在都重视生态旅游产品的供应，这是一种旅游发展方式(Fennell 1999; Garrod and Wilson 2003)。遗憾的是，大多数生态旅游产品属于生态旅游频谱的浅层部分，仅仅围绕着产品或目的地的品牌构建，而不是努力保证可持续性的发展。的确，生态旅游的最大问题之一是在何种程度上供应这种旅游产品而不限制游览自然区域的人数，因为游客的到来不仅对环境造成损害，而且会使游客感到人群拥挤降低旅游质量。吉尔斯利等(Kearsley et al. 1997: 71)指出，“从旅游的观点看……日益引起关注的是游客之间的相互影响。特别突出的是游客拥挤问题、接待地区不满意问题等”。

拥挤是户外休闲与自然型旅游活动参与人数增加的必然结果(Gramann 1982)。因此，拥挤问题成为最常见的荒原休闲研究课题，这并不令人感到太大惊讶(Shelby et al. 1989)。事实上，荒原管理与户外休闲方面的许多问题，如满意度、期望值和承载力，都与拥挤这一主要问题有关。此外，社会承载力越来越被认为是各种类型承载力中最重要的一种，生态影响常常可以通过管理措施而得到控制，例如，可以增加设施，提高利用率；自然承载力通常较大(Shelby and Heberlein 1984)。

重要的是，不要将拥挤与密度混淆起来。密度是指一定面积内的人数，而拥挤是对某种密度进行的评价(Graefe et al. 1984a, 1984b)。通过对拥挤问题的研究，谢尔比等(Shelby et al. 1989)确定了拥挤感知的四个来源：

• **时间差异**：指户外休闲活动发生的时间或季节。例如，周末和公共节假日比平时的使用密度高，从而使人感到过分拥挤。

• **资源的可利用情况**：资源可利用情况的变化(如阿尔卑斯地区步行路径的开放和关闭)会改变休闲场所的人数。

• **可进入性**：距离(表示为时间、成本、空间距离或感知距离)会影响拥挤程度和密度,尤其是在如果没有或几乎没有休闲资源替代的情况下。

• **管理策略**:管理会对休闲场所游客人数产生直接(如限制使用)或间接(如减少营销活动)的干预作用。

谢尔比等(Shelby et al. 1989)还研究了这样一个假设:拥挤感觉会随着休闲使用类型而发生变化,但他们却没能证明这个假设。然而,西格汉姆(Higham 1996)的研究表明,休闲经历是影响拥挤感觉的一个重要因素。

对拥挤问题的关注与荒原和户外休闲地区的社会承载力问题密切相关。休闲地区的社会承载力"通常被定义为某些休闲体验质量不会被削弱情况下的使用水平"(Graefe et al. 1984b: 500)。然而,正如第六章指出的那样,社会承载力没有"绝对值",某个地区的具体使用水平没有单一的答案。相反,社会承载力或行为承载力的指标取决于休闲场所的管理目标(Graefe et al. 1984a)。谢尔比和赫伯雷恩(Shelby and Heberlein 1986:21)对这个定义进行了完善:"社会承载力是社会影响不超过评价标准规定的可接受使用水平"。

影响拥挤评价标准的因素有若干,其中有众多变量可用来解释将休闲使用密度的增加感知为拥挤的原因(Manning 1985):

• 游客特征:动机、偏好、期望、以前的休闲经历、游客对荒原持有的态度;

• 遇到的其他游客的特征:团体游客的类型与规模、其他游客的行为、感知的相似性;

• 位置变量:地区类型与地区内部的位置。

曼宁(Manning 1985)指出,拥挤评价标准差别极大,但是游客特征是一个重要因素,构成该因素的心理变量表明,在特定的休闲者内部可能会就拥挤评价标准达成高度一致意见。这表明管理人员充分了解游客的心理特征和人口特征具有重要意义,从而可以使游客达到最佳满意度,实现管理目标(Hall and McArthur 1998)。

密度本身无法衡量游客满意度。满意度是由期望值、以前经历和对休闲活动的热爱程度决定的。拥挤感觉受到使用密度的影响,但这种关系受到一系列其他因素和变量的调节(Graefe et al. 1984a)。休闲满意度的下降可能不仅源自拥挤,而且源自垃圾、噪声或野营地破败等因素,对此可采取各种解决办法和策略(如Anderson and Brown 1984),包括:

• 改变行为模式(如,利用野营设施,而不利用先进设施);

• 改变游览时间(如,在平季或淡季游览,避开与其他使用者产生冲突);

• 改变感知、期望值和优先休闲活动(也称为产品转移)(Shelby et al. 1988),例如,对休闲环境形成新的期望,以维持满意度;

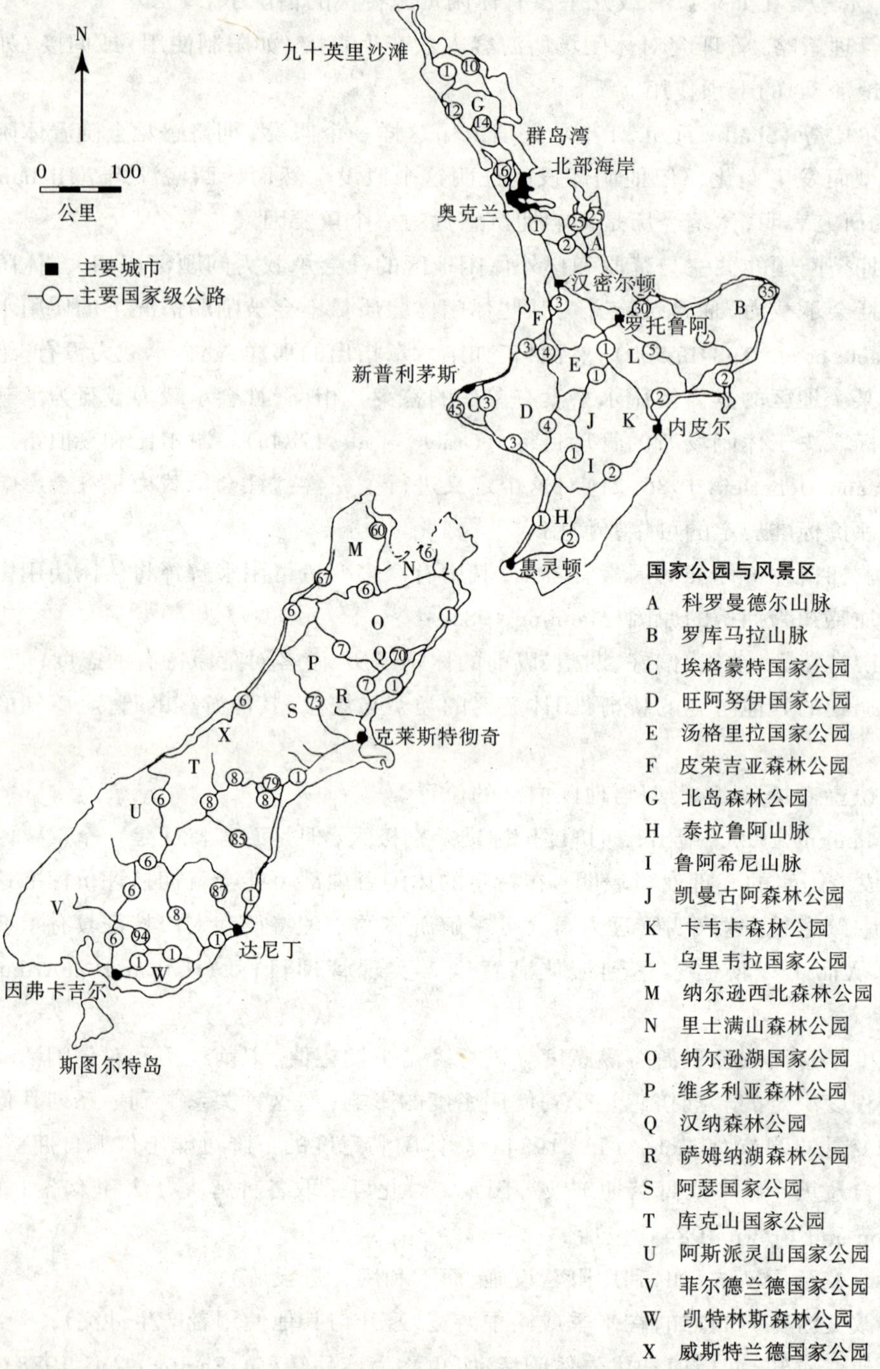

图 7.2 国际旅游者经常光顾的新西兰国家公园和风景区

• 休闲替代，对休闲冲突非常敏感的人寻求其他场所，以达到预期结果。

从管理者的角度看，在上述策略中，休闲替代或许是最严重的，因为不管休闲体验程度如何，它也是在荒原地区进行的活动（Becker 1981；Anderson and Brown 1984）。因此，荒原地区和其他自然区域游客人数的增加，尤其是当这些地区必须宣传其生态旅游产品、同时又面临着传统休闲者带来的压力的时候，随着游客在不同地点之间的转移，会导致荒原质量的下降。例如，就新西兰南岛主要步行路径而言，吉尔斯利（Kearsley 1997）指出：

新西兰南部各景区有明显的层次，在这种情况下，很有可能按照层次顺序发生替代现象……鲁特伯恩增加的大量海外游客已经使不少国内休闲者（可能也包括旅游者）转移到第二个层次的路径，如豪里福德或达特里。同样，这些国内游客的到来也使其他游客沿着层次顺序往下转移，甚至到了一些名声很小的地方。存在的一个危险情况是，那些到处转移的游客可能被迫进入超出安全控制范围的荒凉偏远环境。

这种情况造成的一个后果是，游客对偏远地区的压力越来越大，荒原休闲者转移到较为原始的地区……产生了明显的自然影响。第二个后果是影响到接待地区的满意度，因为国内休闲者已经为海外游客所取代（图 7.2）。这两个后果都会严重影响旅游的可持续发展。

吉尔斯利（Kearsley 1997:95）

拥挤现象和影响游客满意度与行为的其他变量，包括休闲替代，强调了理解休闲旅游产品供求因素的重要意义（参见第二、第三章）。同时表明，需要切实做好规划与管理工作，实现旅游休闲生产与消费之间的平衡，环境敏感地区尤为如此。

观察与思考：边远区、荒原与全球环境变化

尽管我们早已认识到人类的影响对荒原地区的完整性造成了威胁，但这些影响通常被看做是直接的或短期的影响，如侵蚀、物种行为改变或自然性降低。较大尺度上一个比较严重的远期影响是全球环境变化（Gössling and Hall 2005；Hall and Higham 2005）。阿尔卑斯地区的许多环境已经开始受到气候变化的影响（Beniston 2003）。例如，自 1850 年以来，欧洲阿尔卑斯山的冰川表面面积已经消失了 30%—40%，体积大约减少了一半（Haeberli and Benison 1998）。新西兰南阿尔卑斯山的冰川面积在过去 100 年间消失了 25%（Chinn 1996）。冰川消退现象在美国太平洋西北部地区也很普遍（Benison 2003），热带地区的水面却在上升，肯尼亚山和吉利曼扎罗山在20世纪失去了60%多的冰层(Hastenrath and Greischar 1997)。

有人认为，气候变化对南半球滑雪旅游可能会产生极大的危害(Hall and Higham 2005)。怀顿等(Whetton et al. 1996)指出，到2020年澳大利亚的滑雪业将跌落到最低谷。同样，佩里和伊尔格纳(Perry and Illgner 2000)认为，如果气温按照当前速度继续上升的话，南非德拉肯斯伯格山区的滑雪业到2050年将无法继续生存。

在研究瑞士的滑雪业时，艾伯格和弗罗斯奇 (Abegg and Froesch 1994)指出，到2050年如果气温上升2—3度，海拔1 200—1 500米以下的中低高度滑雪场将会受到严重影响。冬季变暖使这些地区的降雪减少，高峰度假期（圣诞节、2月和复活节）滑雪场的存雪量也会减少(Beniston 2003)。欧洲滑雪季节的一般标准是，雪层厚度超过30厘米深，至少连续保留100天。按照这一标准，科尼格和艾伯格(Koenig and Abegg 1997)指出，尽管20世纪80至90年代85%的滑雪场都有足够数量的雪用于滑雪运动，但如果气温上升2度，这样的滑雪场将减少为63%。汉特尔等(Hantel et al. 2000)预测，即使气温只上升1度，就会使澳大利亚冬季和春季的降雪季节减少73天。低纬度地区滑雪场经济生存能力下降，已经加大了欧洲高纬度地区的使用冲突，在这些地方的许多自然保护区和国家公园，有些开发商想设立新的滑雪场或扩大现有滑雪场，以维持冬季滑雪生意。例如，麦克奇(Mckie 2004:3)指出，到2050年欧洲所有滑雪场的一半将关门倒闭，“整个阿尔卑斯地区的政治家都受到了来自滑雪企业的压力，要求放松可能阻碍新项目建设的环境管制，尤其是阿尔卑斯的高纬度地区和较冷地区”。

然而，阿尔卑斯山地区并不是唯一受气候变化潜在影响的边缘地区。根据北极气候影响评估报告(ACIA 2004)，北极变暖的速度比我们以前知道的要快得多，几乎相当于全球其余地区变暖速度的两倍，人类活动产生的温室气体越来越多，会使北极温度变得更高。预计到本世纪末，北极海域的冰层在夏季至少有一半要融化。格陵兰冰原的一大部分也要融化，预计该地到2100年气温还要上升4—7度。根据北极气候影响评估报告(ACIA 2004)，这些变化会对全球产生重要影响，如，全球海平面上升，全球变暖加剧。北极气候影响评估报告(ACIA 2004)的主要研究结果包括：

插图 7.2　新西兰奥克兰怀塔凯勒地区公园。为了最大限度降低大量游客对自然区域造成的侵蚀，必须对景区和路径实行坚固和硬化措施。然而，这种做法会对旅游体验产生什么影响，交通和道路便利性的提高会真正使游客人数增加吗？

插图 7.3　瑞典北部。水流湍急的河流为快艇提供了机会，但这样产生的噪声会干扰其他休闲者。

• 自 20 世纪 50 年代中期以来，阿拉斯加、加拿大西部和俄罗斯东部冬季平均气温上升了高达 3—4 度，预计今后 100 年内会上升 4—7 度。气候变化会影响某些鱼类，如鳟鱼、鲑鱼、北极嘉鱼和鳕鱼，从而又严重影响到渔业旅游业，而渔业旅游业是北欧国家和加拿大的一项重要经济活动(Ivanov 1999; Mariussen and Heen 1999; Eide and Heen 2002)；

• 预计到 21 世纪末，北极海域的冰层在夏季会减少至少 50%，有些海域的冰层在夏季会几乎完全消失。这很可能会对海豹等北极某些动物物种和以这些动物为主要食物来源的当地居民产生破坏性的后果(Thompson et al. 2001; Van Parijs et al. 2004)。同时，海域冰层范围缩小可能增加对某些地区资源的利用(Challaghan et al. 1999; Ivanov 1999)；

• 格陵兰岛变暖会导致冰原大量融化，加快全球海平面的上升速度。从远期来看，格陵兰冰原融化的水最终会使海平面上升大约 7 米(23 英尺左右)；

• 在美国，佛罗里达和路易斯安那等地势较低的沿海各州特别容易受到极地冰帽融化导致海平面上升而产生的影响；

• 万一北冰洋在夏季没有了冰雪，北极熊和某些海豹等动物这些重要的自然型旅游资源将会趋于灭绝；

• 北极气候变化对某些土著民族的健康与食品安全提出了严峻的挑战，对某些试图保持传统生活方式的文化的生存提出了挑战；

• 预计今后 100 年内，气候变化会加快重要的自然、生态、社会和经济变化；本《评估报告》说明的是已经开始发生的许多变化。

七、结论

本章重点探讨了地理学者研究的旅游休闲边缘地区的若干问题。在理解人类与自然环境和荒原地区之间的关系以及荒原地区休闲旅游者行为方面，地理学者一直处于前沿位置(如 Tuan 1974;Graber 1978;Glacken 1967)。此外，地理学者提出了确定荒原地区的方法、研究环境历史的方法、确定荒原价值的方法。最近，地理学者在认识自然型旅游开发与管理方面也处于研究的前沿(P. Valentine 1992; Fennell 1999, 2001; Weaver 2001)，包括人类旅游活动对野生动物的影响(MacLellan 1999; Orams 2002, 2005)。

在资源分析方面，地理学者“试图了解自然资源的基本特征及其分配和利用过程”(Mitchell 1979:3)。考普克(Coppock 1970:25)指出,地理学者应进一步理解旅游、休闲与荒原保护之间的关系:“关注问题的解决以及人类与资源之间的相互作用过程,尤其是决策过程,会大大有助于提高地理学对荒原保护的贡献”。

思考问题

1. 荒原只是新大陆的一个概念吗?这个概念与西欧也有关系吗?
2. 澳大利亚全国荒原调查方法能很容易地用于其他国家吗?
3. 影响拥挤标准的主要因素是什么?

参考阅读

荒原方面的文献,请参阅:

Nash, R. (1982) *Wilderness and the American Mind*, 3rd edn, New Haven, CT: Yale University Press.

Oelschlaeger, M. (1991) *The Idea of Wilderness: From Prehistory to the Age of Ecology*, New Haven, CT: Yale University Press.

Hall, C. M. (1992a) *Wasteland to World Heritage: Preserving Australia's Wilderness*, Carlton, Vic.: Melbourne University Press.

欧洲荒原的名录,请见 Fritz et al. (2000)。关于英国的情况,也可阅读 Carver, S., Evans, A. and Fritz, S. (2002) 'Wilderness attribute mapping in the United Kingdom', *International Journal of Wilderness*, 8(1): 24 - 9.

有关国家公园与旅游方面的著作,下面的作品给出了较为全面的描述:

Butler, R. and Boyd, S. (eds) (2000) *Tourism and National Parks*, Chichester: Wiley.

生态旅游及以自然资源为基础的旅游方面的文献,请参阅:

Fennell, D. (1999) *Ecotourism: An Introduction*, London: Routledge.

Fennell, D. (2001) 'A content analysis of ecotourism definitions', *Current Issues in Tourism*, 4(5): 403 - 21.

Weaver, D. (ed.) (2001) *The Encyclopedia of Ecotourism*, Wallingford: CAB International.

Hall, C. M. and Boyd, S. (eds) (2005) *Tourism and Nature - based Tourism in*

Peripheral Areas: Development or Disaster, Clevedon: Channel View.

有关自然区域管理方面的文献，以下作品值得一读：

Newsome, D., Moore, S. and Dowling, R. (2002) *Natural Area Tourism: Ecology, Impacts and Management*, Clevedon: Channel View.

第八章

海滨与海洋休闲旅游

尽管海滨环境在休闲活动中的作用随着时间的推移和空间的改变会发生变化，20 世纪海滨目的地得到了建设，出现了衰退，重塑了形象，进行了改造，但海滨环境仍然对旅游休闲者具有较强的吸引力。海滨环境是一个复杂的系统，可以用于休闲者的一日游活动，也可以用于国内旅游者和国际旅游者的游览活动。早期研究中为了确定旅游海岸的复杂性，D. G. 佩尔斯和克科（D. G. Pearce and Kirk 1986）提出了海滨环境的三个要素：腹地（提供住宿和服务设施）、过渡区（沙丘）和休闲活动区（沙滩和大海）。该模型代表了 20 世纪 90 年代前地理学者的大量研究模式：对休闲旅游现象进行观察、记录、综合和建模，阐释空间关系与海滨特点。在拉瓦利（Lavery 1971b）对度假区的分析中，休闲与旅游之间的界限十分模糊，但海滨度假区却是旅游活动类型的主导模式。为了解释海滨旅游的空间结构，当务之急是确定度假区的结构形态，由此出现了针对世界各地度假区之间异同点的大量研究。D. G. 佩尔斯（D. G. Pearce 1988a）恰当地指出：

> 为了强调海滨地区旅游的物质形式，地理学者却大大忽略了旅游者实际利用这一空间的方式。海滨旅游者在何处游览和如何游览的问题似乎被认为是想当然的事情，很少有人对这些问题作出明确的解释或详细的研究。
>
> D. G. 佩尔斯（D. G. Pearce 1988a:11）

这一评论同样可以用于海滨环境游客的休闲活动，因为这种忽略现象不只是与旅游有密切关系。这种情况得到了派特摩尔（Patmore 1983:209）的确认，“对如此广泛的资源，很少有人进行过比较全面的综合性研究”。

海洋与海滨旅游被广泛地认为是当代旅游中发展最快的领域之一（Pollard 1995; Kim and Kim 1996; Orams 1999）。战后大部分时间内，海滨旅游发展从空间上强调的是沙滩地区，我们看到的情况也是这样，例如，“4S”的旅游宣传口号——阳光、沙滩、冲浪与性。尽管如此，海滨与海洋环境作为一个整体，已经成为世界旅游业新的前沿领域和发展最快的领域（M. L. Miller and Auyong 1991）。准确的海洋旅游人数还不确定。然而，“阳光、沙滩和冲浪体验”的推销，海滨度假区的建设以及海洋旅游（例如垂钓、潜水、帆板和游艇）受欢迎程度的不断提高都已经对海滨产生了越来越大的压力，而海滨已经是一个各种用途高度集中的地区，包括农业活动、人类聚居、渔业活动和工业活动（M. Miller 1993; ESCAP 1995a, 1995b）。由于海滨环境的动态变化性较强，对海滨自然系统产生干预影响的任何开发活动都会对环境的长期稳定性造成严重后果（Cicin – Sain and Knecht 1998）。美国国家海洋与大气管理局（1997）指出：

事实上，在海滨地带和近岸海域发生的所有活动中，没有哪一项在数量和多样性方面超过海滨旅游休闲。海滨旅游休闲的动态性特点及其巨大需求，在政府规划、政策与海洋开发项目中得到了积极体现。事实上，各种海滨问题和海洋问题都直接或间接地影响着海滨旅游休闲。洁净的海水和健康、安全、舒适的海滨环境是保证海滨旅游成功发展的基本要素。同样，丰富的海洋资源（如鱼类、贝类、湿地、珊瑚礁等）对大部分休闲体验活动也是至关重要的。确保安全，避免海洋自然风险，如风暴、飓风、海啸等，是海滨旅游长期可持续发展的前提。

海滨旅游的概念包含发生在海滨地带和近海海域的各种旅游休闲现象，包括海滨旅游建设（住宿设施、餐馆、食品业和第二住宅）和海滨配套基础设施建设（如零售业、旅游码头和旅游活动供应商），以及旅游活动，如休闲划船、海岸与海洋生态旅游、邮轮旅游、游泳、休闲垂钓和潜水（Miller and Auyong 1991; Miller 1993）。海洋旅游与海滨旅游的概念密切相关，但还包括海洋型旅游，如深海垂钓和游艇旅游。奥拉姆斯（Orams 1999:9）将海洋旅游定义为“离开常住地、前往海洋环境为主的地区参与休闲旅游活动（其中海洋环境界定为咸水水域和受潮汐影响的水域）”。这个定义具有重要意义，体现了生物基础和休闲基础，并重点考虑了海洋与海滨旅游要素中必须包括海岸型活动，如陆地观鲸、礁石步行、邮轮供应和游艇活动，这些都属于海洋旅游的范畴。

本章要讨论地理学者研究海滨与海洋环境的主要方法，首先讨论了休闲旅游者对海滨资源，尤其是沙滩的发现。跟荒原地区一样，海滨也是发现较晚的一项潜在休闲资源，这说明休闲资源是“创造”出来的：在被发现、认识和开发利用之前，它们一直以一种潜在的形式存在。大多数地理研究中将海滨看做是此类资源，但地理学者却忽视了一个关键问题——资源是如何发现和开发利用的。因此，从历史的角度研究海滨环境需要认识到资源发现、推广和开发的方式以及在社会中的文化意义。

一、海滨成为休闲旅游资源:海滨的发现及其被认可为休闲资源

林瑟克和博斯克(Lencek and Bosker 1999)指出:

众所周知,从历史的角度看,海滨是最近的现象。的确,经过几百年的时间,海滨才成为人类休闲的重要场所……海滨原先不过是个摆设,现在却成了引人注目的标志,西方文化中认识到了它的经济价值、审美价值、宗教价值,甚至技术价值。

林瑟克和博斯克(Lencek and Bosker 1999:xx)

这说明,自然休闲资源的形象在历史发展过程中发生了变化。欧洲人对海滨的认可体现了功用观念,没有了对海洋的敬畏心理和大自然主宰沿海地区人类生存的形象。在浪漫主义时期,海滨代表着享乐场所、修养场所和积极活动场所。海滨的象征意义还体现在诗歌与风景画中,形成了一种崭新的感受与体验。作为休闲娱乐场所,海滨景观赢得了新的社会声望、心理声望、经济声望和空间声望(详见Lencek and Bosker 1999)。在科宾(Corbin 1995)的《海洋的诱惑:发现海滨1750—1840》中,探讨了欧洲对海洋、海滨及其景观态度的急剧转变。欧洲文献对西方社会有助于发现海滨是休闲资源的因素(即浪漫主义)以及影响海滨形象的因素重新进行了探讨。简·奥斯丁的小说《桑底顿》(1817年出版),被认为是第一部"海滨"小说,从此海滨旅游成为一种享受健康和康复疗养的时尚体验。科宾(Corbin 1995)论文的重要意义在于发现了海滨的娱乐功能以及自古典时期以来发生的转变,"古典时期人们对海滨沙滩的吸引力、对海水浴爱好者一头扎入浪涛中的激动和在海滨地区获得的巨大享受一无所知。海滨的形象被披上了一层面纱,掩盖了其魅力的展现"(Corbin 1995: 1)。1750—1840年间随着海滨度假的发展,休闲时间和休闲场所的利用方式得到了根本性的重新评价。在这一发展过程中,海滨成为度假综合体的一个组成部分,成为休闲旅游活动空间,它有鲜明的文化内涵和社会意义,体现了时尚、品位和度假形式的创新。海滨地区修建了栈桥、防波堤和散步场所,作为有组织的休闲旅游活动正式场所,为人们提供了新的海洋体验方式。自18世纪50年代以来,海滨环境、海滨度假区和沙滩成为西方社会中长盛不衰的旅游休闲资源,对社会具有重要的意义和价值,在休闲时间中发挥着重要作用,是一种重要的活动空间。

海滨代表着一种阈限景观，娱乐、休闲与旅游得到了充分结合，是后现代休闲消费空间的缩影（Preston – Whyte 2002）。然而，普雷斯顿 – 怀特（Preston – Whyte 2004）指出，将海滨看作阈限空间的问题需要进一步探讨，西方的主导观点认为阈限与正常状态暂时中止的感受增强有关，但缺少对这些空间象征意义的经验探讨。普雷斯顿 – 怀特（Preston – Whyte 2004）认为需要说明两个主要问题。第一，必须平等对待人类因素和非人类因素。人类赋予了海滨文化含义和象征意义，确立了海滨的概念，征服了海滨；非人类因素是构成海滨本身及其吸引力的物质条件。第二，文化与自然等二元论对社会 – 空间分析有强烈的影响（Murdock 1997；Watmore 1998，2000）。在说明这些问题的时候，普雷斯顿 – 怀特（Preston – Whyte 2004）相信，研究人员能更好地理解亚历克斯·加兰德颇有影响的小说（后来拍成电影）《海滨》中理查德所作的比较模糊的评论："为什么我发现很容易使自己融入海滨生活，这并不重要。问题是，为什么海滨生活很容易将我同化掉"（Garland 1997：116，引自 Preston – Whyte 2004：357）。

埃杰顿（Edgerton 1979）指出，对 20 世纪 70 年代加利福尼亚的有些海滨而言，每天 40 万游客并不是不常见。根据加利福尼亚海滨的空间分布情况（表 8.1；另见图 8.1），海滨是该地区休闲文化的主导文化要素。2001 年，加利福尼亚接待游客最多的前三个州属海滨是：山特·莫尼卡（780 万游客）、莱特豪西·菲尔德（730 万游客）和道克韦勒（380 万游客）。海滨旅游为加利福尼亚经济创造了 7 540 万美元的旅游收入，提供了多达 100 万个就业岗位，并创造了 480 万美元的税收。这样的旅游规模同时说明了加利福尼亚海滨作为休闲胜地的发展情况（Löfgren 2002），20 世纪 50 年代夏威夷怀基基海滨的冲浪运动传播至此，成为流行文化，使这里的海滨得以兴盛。20 世纪 60 年代，加利福尼亚沙滩音乐文化（如沙滩男孩，名字源于怀基基海滨冲浪爱好者）兴起，重新推动了沙滩的使用，尤其是沙滩聚会的出现。20 世纪 70 至 80 年代出现了推动海滨文化持续下去的其他因素，尤其是电视连续剧《海岸救生队》（Löfgren 2002）的热播。布劳恩和索思金（Braun and Soskin 2002）就佛罗里达州的代顿纳海滨指出，海滨地区的一日游游客有助于保持季节需求的稳定性。然而也会发生相反的情况，由于旅游人数众多，也会造成资源质量下降，损害形象，带来额外的维护成本。

在海滨环境，旅游者在体验人文景观和自然环境景观的同时需要准备承受过度拥挤的状况，在阈限旅游休闲过程中体验阳光、海水和沙滩。

表 8.1　加利福尼亚州海滨

海滨名称	所在县	面积	海滨名称	所在县	面积
阿拉米托斯海滨	橘县	0.90	莫斯兰丁	蒙特里	60.37
阿西洛马	蒙特里	106.97	天然之桥	山特克鲁兹	58.59
豆空	圣马特洛	44.00	纽布赖顿	山特克鲁兹	157.39
巨石海滨	洛杉矶	0.43	帕西非卡	山麦图	20.73
波沙奇卡	橘县	169.42	佩利坎	德尔诺特	5.15
卡迪夫	圣地亚哥	507.12	佩斯卡多	山麦图	699.75
卡尔斯贝德	圣地亚哥	28.38	皮斯摩	圣路易斯	1 342.68
卡莫尔河	蒙特里	296.69	品特多米	洛杉矶	31.87
卡宾蒂里尔	山特芭芭拉	62.29	品特塞尔	山特芭芭拉	84.03
卡斯帕	蒙多西诺	2.95	帕姆庞尼	山麦图	2 420.64
凯瑜克斯	圣路易斯	15.63	莱夫基尔	山特芭芭拉	905.08
科罗纳	橘县	29.57	罗伯特·H. 梅尔	洛杉矶	37.04
道克韦勒	洛杉矶	91.40	罗伯特·W. 克朗	阿拉麦德	132.22
多哈尼	橘县	254.34	塞利纳斯河	蒙特里	281.84
艾尔开坯坦	山特芭芭拉	133.98	圣布恩那文图拉	文图拉	110.08
艾玛伍德	文图拉	111.91	圣克利蒙迪	橘县	117.54
灰鲸湾	山麦图	3.10	圣艾里约	圣地亚哥	587.62
绿林	蒙多西诺	47.22	圣格列高利	山麦图	171.60
半月湾	山麦图	180.93	圣昂诺弗里	圣地亚哥	2 109.65
汉丁顿	橘县	121.13	山特莫尼卡	洛杉矶	48.48
卢卡迪亚	圣地亚哥	10.60	思古纳贵尔奇	蒙多西诺	53.62
莱特豪西菲尔德	山特克鲁兹	37.60	海岩	山特克鲁兹	86.49
小河	汉布尔德	111.63	银滩	圣地亚哥	267.18
麦克格拉斯	文图拉	314.45	索诺玛海岸	索诺玛	5 427.38
马里布潟湖	洛杉矶	157.65	南卡尔斯贝德	圣地亚哥	118.46
曼德勒	文图拉	92.12	日落	山特克鲁兹	302.11
曼哈顿	洛杉矶	5.37	桑顿	山麦图	58.0
曼勒萨	山特克鲁兹	137.87	托里佩恩	圣地亚哥	61.36
马里尼亚	蒙特里	170.71	特立尼达	汉布尔德	158.76
蒙塔瓦	山麦图	780.27	双湖	山特克鲁兹	95.36
蒙特里	蒙特里	100.21	威斯特保特·兰丁	蒙多西诺	57.03
月光	圣地亚哥	12.73	卡尔罗杰斯	洛杉矶	82.14
摩洛斯特兰德	圣路易斯	160.19	威廉·兰多尔夫西尔斯特	圣路易斯	8.14

资料来源：根据加利福尼亚州公园与休闲管理处网站资料整理

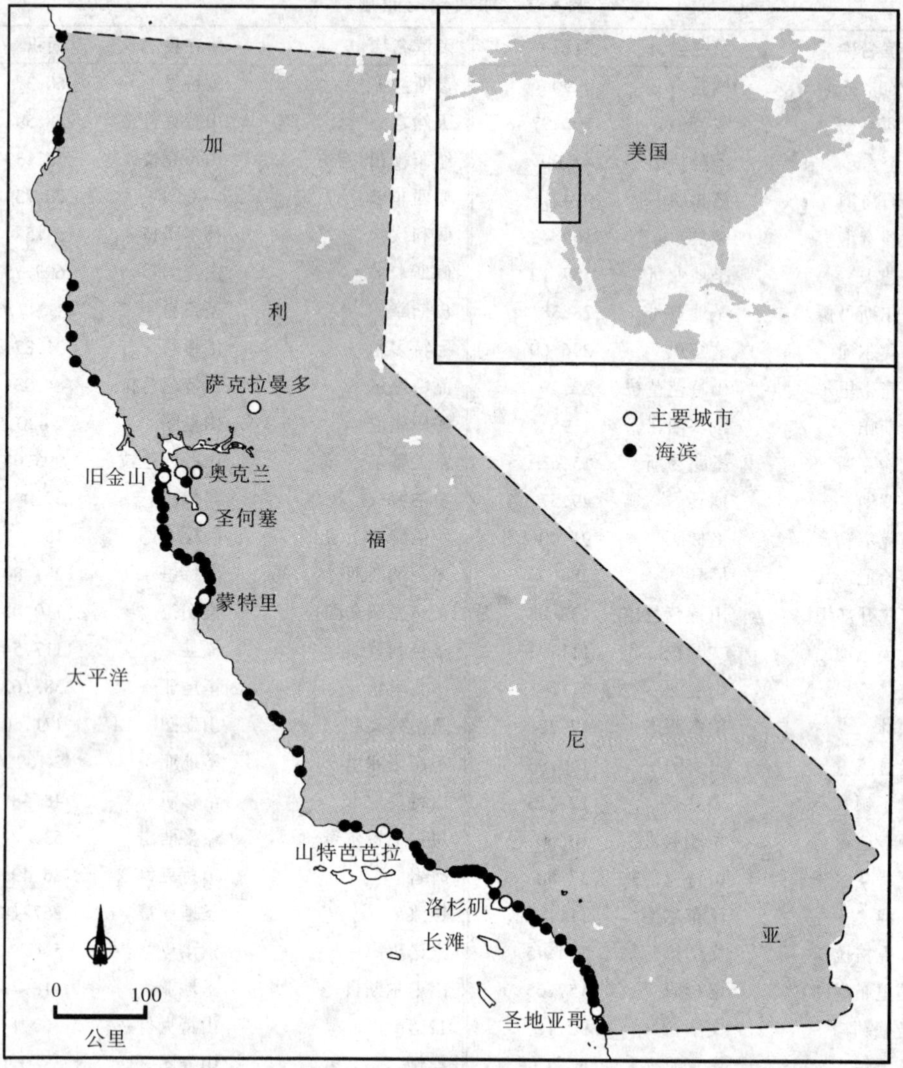

图 8.1　加利福尼亚海滨的空间分布情况

二、地理学者对海滨休闲旅游分析作出的贡献

海滨成为地理学者运用空间分析手段，进行观测、阐释、研究的较为普遍、但仍然不是很充分的一个领域。从早期的经济学研究，如霍特灵（Hötelling 1929）建立的“海滨冰激凌销售模型”，到韦弗（Weaver 2000）提出的“度假区模式”，海滨在

一些地理学者的研究中占有一席之地，但却不是作为正统的旅游休闲来分析的。在这些研究中，海滨作为空间概念与相互依赖性分析及地理方法应用的实验场所，没有从时间和空间角度充分体现出海滨和沙滩在休闲旅游活动中的文化意义和休闲意义。相反，将海滨作为最重要的休闲旅游资源之一进行研究是很难赢得良好声誉的。相关文献资料比较零散，旅游休闲地理学者似乎也十分执拗，不愿意将该课题列入其研究日程，因此也就无法充分了解海滨在旅游度假消费中的广泛意义。尽管海滨一直是最显著的旅游休闲环境之一，但对它的认识仍然不够完善，研究工作主要依赖大量过时的、脱节的海滨环境资料。20 世纪 90 年代发表了两项重要研究成果 (Fabbri 1990; Wong 1993b)，但该领域仍然没有进入旅游的主流研究，在非旅游研究领域却出现了一些特别研究成果。从 D. G. 佩尔斯 (D. G. Pearce 1995a) 对海滨旅游的研究综述中可以看出，大多数研究重点集中在空间格局、度假区形态、海滨的重要性和规划问题上。

这种状况对旅游休闲研究和地理学者来说都是一个十分严重的问题。海滨旅游休闲的早期研究 (如 E. W. Gilbert 1939; Patmore 1968; Lavery 1971b; Pearce and Kirk 1986) 没有延续下来，发表的研究成果专业性很强 (参见表 8. 2)，而且没有考虑广泛的生态系统和环境问题，而海滨环境的关联性和可持续性必须从海滨整体的角度认识才能得到充分理解。

发表的研究成果对扩大海滨与休闲知识起了重要作用，在海滨与休闲的接合点，自然过程与人类活动交织在动态、不稳定的资源基础上。如表 8. 2 所示，地理学者对度假区进行了历史分析，沃尔顿(Walton 1983)等社会历史学家也进行了重要研究，建立了描述发展变化过程的模型。变化的动态性以及海滨旅游休闲中体现的空间特征和时间上的季节性，是地理学者研究海滨休闲资源的永恒主题。发生在海滨环境的休闲旅游行为也引起了众多学者的研究兴趣(Mercer 1972; Cooper 1981)，同时，自然地理学者对影响脆弱海滨环境的过程进行了卓有成效的研究。另外还对度假区建设模式及其影响进行了研究，提出了在人类与环境相互作用的过程中如何加强保护的重要问题。最后，地理学者对海滨环境的政策制定、规划与管理也作出了重要贡献。但阻碍该领域进入休闲旅游地理研究范畴的因素是，这些研究成果在主流文献中数量过少，整个主题似乎都已经过时，所用资料常常依据的是 20 世纪 60 年代、70 年代和 80 年代的研究成果，只有法布里 (Fabbri 1990) 和翁 (Wong 1993b) 在 90 年代收集整理了地理学者和非地理学者的研究论文。为此，下面将要分析一下地理学者做出的不同贡献以及在休闲旅游地理中增加海滨知识的重要性。

表 8.2 地理学者对海滨休闲旅游作出的贡献

主 题	例 证
海滨地区休闲旅游历史分析	E.W. Gilbert (1939):海滨度假区建设 Naylon(1967):西班牙旅游发展情况 Patmore(1968):英国温泉度假区 H. Robinson(1976):旅游地理与度假区建设 Barke and Towner (1996):西班牙度假旅游发展情况 Towner(1996):度假区建设与旅游发展模式综述
休闲旅游模型	Stansfield and Rickert(1970):休闲商务区 Miossec(1972):度假区开发过程 Pigram(1977):海滨度假区类型分析 Britton(1982):后殖民时期度假区开发模型 Jeans(1990):英国和澳大利亚海滨度假区类型分析 Weaver(2000):目的地建设模式
到海滨地区的旅游与休闲旅行	Patmore(1971):旅游休闲通道 Wall(1971,1972):赫尔汽车拥有者的旅行模式 Mercer(1972):墨尔本海滨的休闲用途
旅游休闲行为	Coppock(1977a):第二住宅拥有情况分析 Cooper(1981):泽西旅游者行为与活动研究 P.P. Wong(1990):新加坡海滨地区的休闲活动 Walmesley and Jenkins(1994):海滨地区感知 D.G. Pearce(1998):瓦努阿图旅游时间预算研究 Tunstall and Penning - Rowsell(1998):英国海滨休闲旅游者的感知
海滨地形及其与旅游休闲的相互关系海滨变化过程及其与旅游休闲活动的关系和影响	May(1993):英格兰南部调查 Morris(1996):西班牙海滨环境管理 Burns et al.(1990):影响南非海岸的海滨变化过程分析 Kirkby(1996):西班牙休闲与海滨水质
度假区建设	D.G.Pearce(1978):法国度假区的形式与功能 Carter(1982):爱尔兰野营场所开发 P.P.Wong(1986,1993a):马来西亚半岛海岛旅游开发 Morrison and Dickinson(1987):西班牙度假区建设情况 Kent et al.(2002):马略卡岛海滨度假区与供水情况分析 McEwen et al.(2002):洪水警告与野营公园
海滨环境保护	A.White et al.(1997):斯里兰卡海滨旅游资源与特区管理 Leafe et al.(1998):海岸线管理 Turner et al.(1998):海岸的可持续管理 Barke and Towner(2003):安达卢希亚可持续旅游 Wong(2003):东南亚海岸侵蚀

续表

主　　题	例　　证
海滨地区人与环境的相互作用	Edwards(1987):英国旅游对遗产海岸的生态影响 R. Carter et al.(1990):人类对爱尔兰海滨的影响 Catto(2002):人类对海滨沙丘带来的压力
海滨休闲旅游区规划与管理	Pearce and Kirk(1986):海滨旅游承载力 R. Carter(1988):休闲旅游海滨管理 Ghelardoni(1990):法国海滨旅游规划 Nielsen(1990):丹麦休闲海滨建设 K. Nichols(1999):海滨综合管理
其他方面的研究	Dumas(1982):奔尼道尔姆的商业结构 Penning - Rowsell et al.(1992):海滨管理经济学 Kim and Kim(1996):韩国海滨与海洋旅游综述

三、海滨地区休闲旅游历史分析

在许多休闲(如 Lavery 1971c; Patmore 1973, 1983)与旅游(如 Towner 1996; S. Williams 1998)地理分析中,英国海滨度假区是一个比较普遍的讨论话题。事实上,A. M. 威廉姆斯和肖 (A. M. Williams and Shaw 1998) 对英国海滨度假区进行了分析,研究了历史地理学者和当代旅游地理学者关注的两大问题:发展的连续性与变化性、度假区的构成与展望。地理学者(如 Patmore 1968)对英国海滨度假区的大多数分析都提到了 E. W. 吉尔伯特(E. W. Gilbert 1939, 1949)的重要研究成果和巴雷特(Barrett 1958)的博士论文。尽管这些研究具有比较大的影响,但对英国度假区分析最突出的贡献却来自沃尔顿 (Walton 1983) 等社会经济历史学家和唐纳(Towner 1996)的地理分析。这些研究强调的是历史资料的作用,如调查统计、开发规划、广告、图片档案和维多利亚女王时期、爱德华国王时期及以后时期海滨地区休闲旅游环境改造的其他档案资料。沃德和哈代(Ward and Hardy 1986)研究了英国度假营地等具体现象,也采用了类似资料。下面的观察与思考说明了研究海滨旅游休闲资源开发历史的重要性。

观察与思考:海滨度假区促销:旅游地促销战略

随着英国温泉度假区的宣传促销,皇室人员开始惠顾某些度假区,如安妮女王于 1702 年光顾了一个度假区,加强了与那些位于海滨地点的温泉度假区的联系。例如，威尔文(Walvin 1978)强调指出，众多的温泉游客也开始洗海水浴和游览海滨。“到18世纪30年代，布赖顿、玛格特和士嘉堡已经有了明显的海水浴季节”(Ward 1998：31)。但海滨度假区的兴起并没有简单地模仿早期的温泉度假区。海滨、沙滩与海洋不是私人所有，为不同社会阶层参与海滨休闲娱乐活动提供了机会。沃尔顿(Walton 1983：190—1)指出，“在海滨，富人与穷人，可敬之人与可恨之人，谦谦君子与流氓无赖，安静之人与吵闹之人，不仅摩肩接踵……而且必须为进入和使用休闲空间展开竞争”。

交通状况得到了改善。例如，19世纪20年代，伦敦通往肯特郡加内特的蒸汽船改善了交通条件，19世纪40年代后铁路为一日游游客和度假旅游者改善了交通。

为了吸引游客，19世纪的度假区采取了旅游地促销战略，在此之前使用的宣传方法比较粗糙，如印制旅行指南、在报纸上做少量广告、在《绅士杂志》等全国畅销期刊上发表社论。首先倡导旅游地促销的是铁路公司。有些度假区印制了旅行指南进行宣传，铁路公司则利用报纸、海报和传单推销一日游产品。这样做的结果还有利于各度假区树立地方形象，因为追求快乐和廉价游览十分受欢迎(如布莱克浦)。与此相反，铁路旅游的私人推销商，如托马斯·库克旅游公司，采取了比较富有教育意义的旅游促销方法，产品针对特定细分市场，而不是大众市场。

布莱克浦是英国著名的旅游度假胜地之一，在兰开夏郡和约克郡铁路票价政策威胁到旅游业时发挥了旅游地促销的角色。根据1879年的一项法案，镇议会对在火车站、景点和娱乐场所做广告征收地方税。镇广告委员会开始使用针对中产阶级市场的宣传册，1881年以后布莱克浦开始利用海报宣传景点，如利用建于1894年的布莱克浦塔做海报广告和1912年后采用的灯饰。在法国，1886年后香槟酒的铁路广告运用彩色海报为海滨目的地进行宣传。很快，各度假区也开始利用这种旅游地广告方式。由于成本较高，法国的许多海报展示时间多达三年，宣传册的使用时间也有三年之多。

在英国，铁路公司在采用这种促销方法时显得较为谨慎(Ward 2001)。有些公司为各个度假区印制了海报，但标准并不统一。1914年，尽管布莱克浦为其宣传计划付出了沉重代价，但地方政府委员会却认为该市所做的旅游广告并不适当。

即便如此，英国仍存在着“竞争激烈的度假区推销游戏”(Ward 2001:37)，1914 年之前只有少数几家有实力的度假区获得广告许可。1914 年以后，英国的度假区和铁路公司在旅游地促销方面加强合作，1921 年通过了《保健度假区与水源地法案》，准许度假区所在市镇对某些形式的广告征收一定比例的税。此后出现了铁路与度假区的联合促销，但 20 世纪 30 年代地方政府在加大市场营销和旅游地促销活动方面却面临着更大压力，因为私人汽车和大型游览车打开了新的一日游市场。就成果最丰富的铁路广告商——西部大铁路公司而言，A. 班尼特(A. Bennett 2002)指出：

西部大铁路公司广告的文字材料和视觉形象突出的是起程出发的概念，即，日常体验与特殊体验之间的本质区别。起程出发可以采取历史的形式，在一个特殊的场合，一次审美鉴赏，或者是非凡的海滨享受……西部大铁路公司的宣传促销还重视各种形式旅途本身的体验，一个奇观，一次探险，常常是一次独特而有魅力的活动……这些放在一起，构成非凡的广告，成为地方促销的一个因素。

班尼特(Bennett 2002:3)

铁路海报广告不仅集中表现了旅游地营销方法，而且向潜在游客展示了海滨的独特风格。班尼特(Bennett 2002)指出，西部大铁路公司认为海滨有两大关键要素：时尚性和享受性。西部大铁路公司对英国的海外促销发挥了领先作用，在其影响下成立了“大不列颠和爱尔兰旅游协会”，向海外推销乡村旅游。

沃德(Ward 2001)指出，20 世纪 20 年代是铁路公司旅游地促销的全盛期，30 年代各市政府的作用加强。到 1939 年，布莱克浦为潜在游客培养了 150 名导游人员，同时，度假区的市场细分化程度提高，淡季吸引会议旅游市场。

上述情况表明，海滨度假区的众多机构和参与部门（如铁路公司和市政府）设计了大量促销手段，为本地做广告和进行推销。这本身在维多利亚女王时期、爱德华国王时代和两战之间引起了很大争议，即使现在也是如此。另外值得指出的是，像西部大铁路公司这样企业意识强、有远见卓识的公司通过旅游广告的大量投入，为度假区树立了良好形象，制定了有效的市场营销战略，对开发国内市场和海外市场的新业务、吸引回头客、合理确定度假区的市场定位、满足潜在旅游者的期望和愿望具有十分重要的影响。

在英国海滨度假区的各项研究中，地理学者努力通过绘图的形式来分析度假区建设的动态变化特点，其中包括度假区开发的前提条件（参见 Bescancenot et al. 1978）以及利益相关者、开发商和规划人员的作用，D. G. 佩尔斯斯（D. G. Pearce 1995a）探讨了法国地理学者对海滨旅游研究做出的诸多贡献。在巴科等（Barke et al. 1996）对西班牙旅游情况的研究中，从历史的角度分析了海滨旅游的发展情况（如 Barke and Towner 1996; Walton and Smith 1996），海滨地区成为旅游热点出现在英国贵族子女遍游欧洲大陆的教育旅行期间和以后。旅行指南中对西班牙 19 世纪末和 20 世纪初海滨旅游模式与旅游线路进行了重新设计。旅游线路、西班牙铁路系统的发展与旅游住宿设施建设之间的关系表明了休闲资源消费，特别是海滨度假区消费发展迅速。沃尔顿和史密斯（Walton and Smith 1996: 57）认为，“地方政府的素质对度假区成功发展的重要性在英国度假区研究中得到了明显反映，在圣塞巴斯蒂安表现得尤为突出”。通过海滨资源评价，如英格兰和威尔士遗产海岸的确立（Romeril 1984, 1988），使这些资源成为具有历史内涵的资源。在其他国家（如美国和澳大利亚），海滨旅游休闲历史研究（参见 Pigram 1977; M. Miller 1987; Jeans 1990; Pigram and Jenkins 1999）考虑了度假区及其生命周期和纵向发展情况。具体度假区的历史地理分析成为一个研究重点，包括度假区开发的原因、地点及其发展速度与规模。这仍然是大多数海滨休闲资源分析的出发点。

四、海滨休闲旅游模型

正如前面已经提到的，模型构建是人文地理学中逻辑实证主义传统的特点之一（参见 Johnston 1991）。在海滨休闲旅游的早期研究中（如 E. W. Gilbert 1939），对空间知识的主要贡献是根据通用模型进行预测的。迄今为止，对海滨休闲旅游模型进行的最全面分析是 D. G. 佩尔斯斯（D. G. Pearce 1995a）完成的。

D. G. 佩尔斯斯（D. G. Pearce 1995a）研究了度假区开发模型，指出了历史上前人的作用（如，开发商在为不同社会阶层建设度假区中发挥了重要作用）。他运用巴特勒（Butler 1980）提出的度假区生命周期理论，使用不同因素解释了度假区发展道路的异同点及由此导致的度假区形态结构。D. G. 佩尔斯斯（D. G. Pearce 1995a）确定了现有海滨城市中心的旅游功能问题，认为这些地方可能存在一日游市场。佩尔斯斯得出的结论认为，“存在一系列海滨度假区，有的度假区具备完整的旅游功能，特别是那些新规划度假区，有的度假区具有相当数量的旅游活动及各种其他功能”（D. G. Pearce 1995a：137）。值得注意的是，这里重申了拉瓦利（Lavery 1971c）早期提出的休闲类型，隐含着连续体的意义，只是没有明确表达出来而

插图 8.1 英格兰布莱克浦栈桥。维多利亚女王时期修建栈桥方便居民散步，同时代表了人类对自然(即海滨与海洋)的支配与征服。

已。佩尔斯(Pearce 1995a)进行的补充是，许多度假区的休闲市场在数量上会超过旅游市场，但休闲行为受气候条件影响较大，机会性较强。

引用最广泛的度假区模型是斯坦斯菲尔德和理彻特 (Stansfield and Richert 1970)探讨的消费对度假区形态的影响。他们利用早期城市形态模型的概念(城市中心具有中心地的功能)，提出了“休闲商务区”的概念。休闲商务区与中央商务区有着明显的区别，是休闲活动与服务场所。斯坦斯菲尔德和理彻特(Stansfield and Richert 1970：215) 将休闲商务区定义为“为满足季节性涌入城市的游客需要，城市内集中布置饭店、各种特色小吃摊点、糖果店、各种新奇物和礼品店的街区”。尽管该模型只是根据新泽西的两个海滨度假区构建的，但对海滨休闲旅游的文化研究具有重要意义，休闲商务区不仅是一种经济现象，也是一种社会现象。中央商务区与度假区的休闲商务区在空间上是分离的，两者之间的相似关系成为 20 世纪 70 至 80 年代的研究重点。假如 20 世纪 90 年代也能建立这样的模型，研究日程和模型体系将会大不一样，重点将会集中在如下几个方面：创建休闲商务区的动态性供应(即资本的作用)(Judd and Fainstein 1999)，旅游者附带的文化意义和社会意义，休闲者将休闲商务区作为一个时空场所的体验(详见布里顿 Britton 1991 对这些观点的全面讨论)。不能静止地看待这些问题，因为休闲商务区为满足消费者的爱好而处于不断发展变化过程之中。

在东南亚的新兴旅游目的地(参见 Hall and Page 2000)，休闲商务区是一种更复杂的现象，那里另外增加了叫卖小贩的货摊、纪念品兜售人员和其他非正规的经济活动，共同构成了独特的娱乐区。D. G. 佩尔斯(D. G. Pearce 1995a)指出，泰国普吉岛增加了夜生活的功能，性旅游的商业化成为休闲商务区另外的一个明显功能(参见 Ryan and Hall 2001 的进一步讨论)。R. A. 史密斯(R. A. Smith 1991, 1992b) 等规划人员发现，在东南亚地区的综合性度假区规划建设中，休闲商务区成为一项重要功能。其表现为对用地实行区划，从空间上将住宿设施与休闲商务区分离开，增加度假区的承载力，如坎昆(Gormsen 1982)，强调了旅游开发管理中空间理论的应用。皮格拉姆 (Pigram 1977) 对冲浪者乐园 (澳大利亚昆士兰) 在 1958—1975 年间的形态变化进行了颇有影响的研究，指出了休闲商务区和中央商务区的空间分离现象。然而，在海滨使用模型方面，除了一个显著的符号模型外(Jeans 1990)，其他研究相对较少。该模型对代表文化的度假区和代表自然的海洋进行了区别，在文化与自然之间出现了一个过渡区，或者"模糊"区——海滨。另外还提出了该区的第二意义轴心，海滨地区具有社会界限，不符合传统规范者(即半裸体和裸体海水浴人员和冲浪人员) 在该区活动。这大大改进了 D. G. 佩尔斯和克科 (D. G. Pearce and Kirk 1986) 建立的模型，对理解度假区和更广泛的海滨地区承载力具有一定的价值。

五、前往海滨地区的出游旅行和休闲旅行

旅游研究中最近刚刚开始关注交通在方便旅游者出行、影响旅游模式和旅游发展方面的作用 (Page 1994b, 1998, 1999)。大量重要研究解释了温泉的开发建设(如 Patmore 1968)。同样，皮尔森(Pearson 1968)对林肯郡东部海滨度假区的研究说明了地理学者对交通问题的研究兴趣。派特摩尔(Patmore 1971:70)指出，"户外休闲概念中根深蒂固的是'愉快旅途'，即，将居住地或工作地与休闲资源连接起来的一种基本流动方式。这种流动在规模、时间和频率上各不相同"。同样可以类推到旅游，地理学者运用大量交通地理方面的概念分析海滨休闲旅游者的旅游活动特点。派特摩尔(Patmore 1971)认为，交通通道(流动线路)的确定及其与密集休闲活动节点的连接是地理学者分析出游旅行和休闲旅行的一个重点，试图对这种现象构建模型加以解释 (Mansfield 1969; Colenutt 1970)。派特摩尔 (Patmore 1971)指出：

> 因此，休闲规划的关键点在于休闲场地 (这些场地可能全部或部分用于休闲)的选址、设计与管理，以及将它们相互之间衔接起来和将它们与休闲者居住地连接起来的线路设计。
>
> 派特摩尔(Patmore 1971:72)

对海滨环境而言，汽车带来的流动性 (Wall 1971, 1972) 导致了许多压力、规

划问题和环境冲突，限制了海滨环境能够吸纳的旅游人数。沃尔（Wall 1971）指出，度假人员占了度假区道路交通流量的相当大比例。他尖锐而又讽刺性地指出：

乘坐汽车出行的主要好处之一是费用便宜。购买汽车的资金支出比较大，但一旦发生了这笔费用，旅行增加的额外成本就比较少了。

沃尔（Wall 1971:101）

2005年英国的汽油价格达到5英镑/加仑，但这并没有限制休闲旅游者出行时对汽车的使用。汽车方便灵活，流动性强，不受公共交通时间表的限制。汽车受到的最大限制是海滨环境中休闲旅游通道对空间的需求（即停车空间）。某些海滨地区公共部门面临的压力是限制汽车进入某些区域。汽车可以减小地理学者所说的"距离摩擦力"，使海滨环境对城市居民产生更大的吸引力，并方便其出行。然而，海滨环境必须考虑到休闲旅游参与水平。派特摩尔（Patmore 1971:76—7）恰当地总结了这一问题，"距离最近的海滨或地势开阔的沼泽地会吸引大都市居民一年旅游六次，而当地公园却每天用来遛狗"。旅游休闲资源的这种层次性往往遭到忽视。

尽管派特摩尔（Patmore 1971）认为海滨环境的可进入性只是一个相对重要问题，但事实上却是一个关键问题，交通路线和交通技术的改进会直接改变可进入性。历史地理学者强调了英国维多利亚女王时期铁路公司的作用，指出了它们在为特定海滨度假区设立主要游客腹地方面的功能。即使在大约150年以后，汽车成为休闲旅行最重要的交通方式，海滨度假区仍然对铁路交通有一定依赖性。海滨环境与沿海岸线修建的道路、风景区也是一种重要的休闲资源。例如，在新西兰上北岛，地区旅游组织之间合作（参见 Page et al. 1999）修建的太平洋海滨景观大道，不仅利用了车流量较少（夏季出外）的海滨道路，而且减轻了奥克兰与群岛湾之间其他道路的交通拥挤问题。地理学者还研究了海滨环境旅行的另外一个争议问题：休闲步行道的使用（Huxley 1970）。步行道是一种重要的道路资源和线性休闲资源，它将众多其他休闲资源衔接起来，如海滨环境、人文环境和乡村地区。许多国家都有密集的步行道网络，派特摩尔（Patmore 1971）预计英格兰和威尔士拥有12万英里长的步行道。这个问题仍然存在争议，特别是在海滨环境，这里的海滨毗邻私人土地，入口处有人小心看护。英格兰和威尔士划定了遗产海岸（Romeril 1988），改善了可进入性问题，为私人土地所有者和规划部门就管理问题达成一致意见创造了机会。基尔勒（Keirle 2002）就威尔士的情况指出，海滨土地应当视为开放的乡村地区，公众有权使用。

六、旅游休闲行为:海滨环境的使用特征与活动特征

地理学者自20世纪70年代以来的重要研究包括行为地理学的创立及其在休闲旅游研究中的运用,特别是在海滨休闲旅游中得到的广泛应用。穆瑟(Mercer 1971a: 51)总结了行为主义观点的重要性,"任何户外休闲场所的价值和属性,不管是当地的一座街区公园还是一片广袤的荒原,在社会内部众多群体的感知中多少有点不同"。穆瑟(Mercer 1971a)概括了休闲者的决策过程(随后由皮格拉姆进行了修订,Pigram 1983)及其对旅游休闲体验的意义。穆瑟(Mercer 1970)对墨尔本海滨休闲旅行的分析强调指出,城市居民对户外休闲机会的含义仍然感到比较模糊。形象在选择海滨时是一个重要因素,甚至超过对拥挤和污染的关心。感知距离与可进入性也是影响休闲选择行为的重要因素,这可以说明为什么有些海滨环境游人拥挤不堪,而有些地方则门庭冷落。在英格兰和威尔士,大多数内陆居民到达海滨的距离不超过120公里。根据佩尔斯和克科(Pearce and Kirk 1986)的模型,海滨包含众多休闲环境:海岸、沙滩和海洋(Orams 1999)。不同的个人和群体都以多种方式感知每种资源,如果不能协调好众多资源使用者的需要和愿望,资源之间发生冲突的可能性也很大。

另外还需要了解使用者对开发的海滨度假区形成的感知与沙滩、海洋和海岸等自然环境的本性之间的根本区别,派特摩尔(Patmore 1983: 209)指出,"海滨是各种资源的休闲使用产生的各种问题的缩影"。因此,分析海滨休闲旅游者的行为与活动特点对理解问题的性质和产生的影响至关重要。对节假日和周末空闲时间而言,海滨环境的使用是暂时性的。派特摩尔(Patmore 1983: 158)指出,"度假人员在度假地区的活动特点与一日游游客有所不同……然而,随着度假的进步,却很少关注那些活动的顺序"。对这一问题进行的重要研究是库珀(Cooper 1981)对泽西岛度假人员行为特征的分析。作为旅游研究的实验基地,泽西岛拥有许多景点,几乎是一个封闭式的系统,度假区数量较少,并有固定的旅游行程安排。

库珀(Cooper 1981)指出了旅游者使用海滨环境和非海滨资源的时空特征。例如,度假行为起始于旅游住宿设施,并尽可能加大游览不知名地点的不确定性。结果,在圣海利尔(该地聚集了岛上住宿设施的2/3),75%的被调查游客第一天在镇上逗留。此后,随着海滨资源空间意识的增强,第二、第三天游览了两个最受欢迎的沙滩(圣布莱雷德和格利)。游览岛屿,熟悉旅游资源的空间分布,也发生在第二、第三天。从空间上对岛屿进行了解以后,开始去往那些规模和名气较小的休闲场所。库珀(Cooper 1981)的研究强调了游览的波浪形特征,游客对资源的游览(特

别是海滨环境的使用）沿着层次顺序往下转移，直至扩散到分布在各个地点的景区。这揭示了经典的地理扩散过程，为海滨规划与管理提出了许多有益的建议。

1985 年，D. G. 佩尔斯斯（D. G. Pearce 1988a）在瓦努阿图（南太平洋）运用时间预算法继续从事旅游行为研究，拓展了库珀（Cooper 1981）对旅游者的研究工作。该行为研究具有明显的空间重点——旅游者的流动模式。佩尔斯（Pearce 1988a）以岛屿为基地进行研究存在的问题是游客活动的地理制约性，大多数活动都集中在了维拉的度假酒店。

或许最值得一提的地理学者发表的一项研究成果是坦斯托和奔宁 - 罗塞尔（Tunstall and Penning - Rowsell 1998）对英格兰海滨的研究。他们指出：

英格兰的沙滩与海滨在民族意识中具有特殊的地位。在英格兰的海滨待上一天是一种与众不同的体验，充满了礼节礼仪、象征意义、怀旧之情和神秘之感。在海滨度假或一日游，可以参与特殊的活动，得到特殊的享受，留下特殊的记忆，最终忘却其他所有休闲体验。英格兰海滨以其独特的个性与环境，对前来的游客具有特殊的含义，给游客留下了回味终生的体验。

坦斯托和奔宁 - 罗塞尔（Tunstall and Penning-Rowsell 1998:319）

在其海滨研究中，他们确定了潮间带，即位于高潮线以上的区域，这里有各种海滨物质（即沙滩、鹅卵石和淤泥）。海滨的重要性在英国一日游调查中得到了体现，英国每年有超过 1.37 亿人次游览乡村地区、海滨度假区和沿海地区。沙滩与海滨环境的文化地理（如 Shields 1991）标志着海滨作为社会历程而发生的变化、保持的连续性和持久性。战后时期，英国海滨吸引了越来越多的退休人员（关于英国这种趋势的早期分析，参见 Cosgrove and Jackson 1972），增强了这些环境的休闲吸引力，后来海滨地区又兴起了第二住宅建设（Coppock 1977a）。有些海滨度假区还力求实现多样化的吸引力，开展了会议接待业务（Shaw and Williams 1997）。坦斯托和奔宁 - 罗塞尔（Tunstall and Penning-Rowsell 1998）指出，海滨度假区，尤其是使休闲商务区与自然环境分离开的沙滩、防波堤和散步区，是代价很昂贵的基础设施，需要继续投资。

坦斯托和奔宁 - 罗塞尔（Tunstall and Penning-Rowsell）采取了纵向研究方法，重点分析了英格兰 10 年期间的 15 个海滨地带，分析了游人对海滨的选择偏好及考虑到海滨价值而采取的保护方法。建立了一个海滨游客态度与价值观模型，用以解释赋予海滨价值的因素。模型中综合考虑了休闲制约因素（即时间和收入）的作用、游览的频率、旅游花费、爱好和价值观（即，主观上的享受价值观）以及赋予特定度假区和海滨的价值。分析了商业度假城镇和小型城镇的各种热点海滨和温点海滨，因为每个地方都可能发生海滨侵蚀问题。激发游客前往热点海滨休闲场所的主要因素包括卫生干净、海滨物质类型多样、自然环境优美、熟悉该地情况。就未开发海滨而言，如斯波恩海德（位于亨伯赛德郡），宁静优美的自然环境是重要的吸引力所在。交通便利和许多其他因素是重要的拉动力因素（但具体程度根据游览地不同而有所变化），包括：

- 所在城镇及其设施
- 海滨散步区的质量
- 海滨的特色
- 海滨风光
- 腹地游览的地方和风光
- 海水是否适合游泳和划船
- 旅途的便利性
- 旅游花费

根据坦斯托和奔宁－罗塞尔整理(Tunstall and Penning-Rowsell:1998)

坦斯托和奔宁－罗塞尔（Tunstall and Penning－Rowsell 1998）的研究证实了派特摩尔(Patmore 1983)对于海滨资源多样性和游览海滨原因的观点。海滨、海洋、海岸和景观是海滨的社会意义、文化意义和审美意义中不可缺少的要素。然而，“吸引游客来到某个海滨度假区的因素有很多，但很明显的是，海滨要素比度假区的其他方面都重要”(Tunstall and Penning－Rowsell 1998：323)。阻碍游客前往某个地点的因素有污物垃圾较多、卫生条件差、水质差；但是，R. 摩根（R. Morgan 1999)发现，游客对这些问题的感知如何是很难进行解释的，因为感知与行为不一定是合理的，也是很难预测的。

从时空角度来看，坦斯托和奔宁－罗塞尔(Tunstall and Penning-Rowsell 1998)发现，海滨游览不仅有不同的体验，而且有不同的含义，当地居民、一日游游客和旅游者的情况各不相同。对当地居民而言，海滨是当地的一项休闲资源，是其日常生活的固定组成部分（类似于城市居民与公园的关系）。对一日游游客而言，海滨被视为一个特殊场合，到海滨游览可能是一年内很短的时间。对度假人员而言，游览海滨也是一次特殊的体验，但常常可以重复进行，可以年复一年地重游同一个地方。游览海滨的文化意义在于，可以使游客回忆起童年时光和与家人一起度过的时光；同时还是社交机会，大多数驾车前来的游客都是 2～4 人。当然，海滨也有单独游客，有些地方甚至占到游客人数的 1/3。就此而言，海滨跟公园的功能是一样的，可以容纳各种游客。

度假区游客在海滨的逗留时间各不相同，大多数游客的逗留时间少于 4 个小时，逗留时间为 2～4 个小时的情况最常见。海滨休闲旅游活动包括各种海洋活动

(帆板、滑水较少)和如下较为常见的活动:

- 在沙滩上静坐、晒太阳、野炊
- 在散步区静坐、晒太阳、野炊
- 游泳、划船
- 在散步区或礁石漫步
- 步行3公里或以上
- 日常游戏或体育活动
- 遛狗
- 玩沙子、石头和贝壳

根据坦斯托和奔宁—罗塞尔整理(Tunstall and Penning-Rowsell:1998)

这表明,尽管主动性活动很重要,但休息放松和其他被动消遣活动也很重要。坦斯托和奔宁－罗塞尔(Tunstall and Penning－Rowsell 1998: 330)进行的这项重要研究不仅指出了"英格兰海滨对英格兰人很重要",而且指出环境问题和资源质量问题对休闲者、旅游者和当地居民同样重要。坦斯托和奔宁－罗塞尔(Tunstall and Penning-Rowsell 1998: 331)所做的如下评价实际上概括了海滨的普遍含义、重要性和价值。

英格兰的海滨及其沙滩是十分特别的,它们是玩乐、放松、锻炼和消遣的场所。它们使人回忆起童年时代,是探索、探险和接触大自然的场所。其含义来自这些想象和活动以及故地重游。海滨的吸引力来源于其持久的物理特性——波浪、潮汐、沙滩、喧闹声以及防波堤、散步区等其他要素的组合。在观赏的同时,游客对海滨的每个要素进行理解,并做出评价。

非地理学者也对海滨休闲旅游行为进行了大量较为新颖的研究(Carr 1999),探讨了青年市场及其在度假区的旅游行为(如Ford and Eiser 1996),尤其是海滨的重要性和阈限的含义。卡尔(Carr 1999)强调的是,年龄在18—24岁之间的游客在休闲旅游活动方面存在很小的性别差异。事实上,这些结果似乎也证实了坦斯托和奔宁－罗塞尔(Tunstall and Penning-Rowsell 1998)的观点,度假区和海滨是海滨旅游的主要景点。非地理学刊物发表的其他研究成果(如R. Morgan et al. 1993)还分析了海滨游客的感知问题,但这些文献都分散在海滨类刊物上,不一定专门针对旅游休闲。然而,R. 摩根(R. Morgan 1999)对旅游海滨等级评价体系的研究强调了海滨研究人员对理解海滨游客感知问题可以作出的贡献。有迹象表明,利用海滨评奖形式,如欧洲蓝旗奖(联合国环境规划署/世界旅游组织 1996; Mihalic 2002)、海滨奖和优质海滨指南(海洋保护协会 1998),使人们对海滨旅游的研究兴趣日益浓厚(A. M. Williams and Morgan 1995)。在

插图 8.2　斐济丹纳洛岛。通过整治红树林湿地，建设了综合度假区。这意味着，生态系统已经发生了变化，必须采取预防侵蚀措施。

欧盟国家，获得蓝旗奖的海滨从 1994 年的 1 454 个增加到 1998 年 19 个国家的 1 927 个。即便如此，公众对这些等级评价方案及其意义了解得并不多。摩根(Morgan 1999) 对威尔士的 70 处海滨进行了评价，认为各个海滨是不一样的，游客的偏好不同，与坦斯托和奔宁 – 罗塞尔(Tunstall and Penning-Rowsell 1998)的研究结果一致。爱尔兰和葡萄牙也研究了许多这方面的问题，用不同的方法对海滨进行了评价，认为文化因素和气候因素对海滨使用态度有重要影响(MacLeod et al. 2002)。

七、海滨休闲旅游的环境问题

地理学者对海滨休闲活动环境提出了许多颇有影响的观点。在海滨休闲旅游的早期研究中，考司格罗夫和杰克逊(Cosgrove and Jackson 1972)确定了使海滨成为地理研究重点的关键因素：海滨是带状资源，旅游活动集中在特定地点，使管理成为一个关键问题。尽管海滨可能命名为许多不同的资源(如英格兰和威尔士的遗产海岸和绝胜天然美景区)，但海滨旅游休闲产生的影响却是多方面的。德国联邦自然保护机构 (1997) 进行的研究中确定了全球主要的海滨地区，它们是：地中海、加勒比海、墨西哥湾、印度洋岛屿、澳新地区和太平洋岛屿。因此，海滨资源是复杂的、多样化的环境，而不仅仅是海滨度假区(参见 Visser and Njunga 1992 对肯尼亚海滨的研究，海滨环境的生态多样性包括珊瑚礁、海草、海底、红树林、沙丘和内陆热带森林)。

根据德国联邦自然保护机构 (1997) 的研究，海滨旅游环境可以分为如下类别：

- 海洋岛屿
- 珊瑚礁
- 近海水域
- 红树林
- 近海湿地
- 沙滩
- 沿海沙丘

面临休闲旅游压力最大的是沙滩，其次是沿海沙丘（参见 Nordstom et al. 2000 对沙丘恢复管理工作的分析）。在欧洲，影响海滨环境的自然侵蚀过程和沉积过程主要包括：

- 海浪与潮汐作用
- 地形地貌因素（如对河口和三角洲产生影响的河流）
- 气候因素（如，风和风暴）
- 海平面的变化
- 地质过程（如，地震活动和火山活动）

此外，欧洲海岸还受到大量环境压力的影响，有些研究人员认为最大的压力来自全球海滨环境（德国联邦自然保护机构 1997）。结果，除了自然环境的压力外，还有：

- 石油泄漏导致的大规模污染
- 港口建设
- 海滨建筑妨碍了沉积过程，加速了海岸侵蚀（Gössling 2001）
- 大量抽取淡水，导致海水入侵
- 旅游休闲活动的影响越来越大（每年游览欧洲海滨的游客约为 1 亿人次，到 2030 年将增长到 2.3 亿人次）

环境质量下降的明显迹象包括水污染和海藻增加，废水污染物中含有的丰富营养促进海藻生长（参见 Daby et al. 2002）。1900 – 1990 年间在地中海地区，由于沙子的消失，法国和西班牙的沙丘减少了 75%。A. T. 威廉姆斯等（A. T. Williams et al. 2001）指出，旅游压力加重了沙丘质量的下降，使其变得更为脆弱，需要严格监测旅游的影响和沙丘形态的变化。这明显说明了依赖沙滩和海滨的旅游业的规模之大和问题之严重。地理学者是如何深入理解、分析海滨休闲旅游环境呢？

自然地理学者（如 May 1993）分析了现有海滨环境的地形特征。就南非好望角海滨的情况，伯恩斯等（Burns et al. 1990）指出，需要根据合理的环境原则开发旅游，需要认识到脆弱海岸的自然特征，了解近岸水域的沉积和风蚀范围，并加以量化。他强调说明了海滨地区的活跃性,构建休闲环境应采取措施减轻长期海岸侵蚀。大量关于海滨侵蚀、尤其是沙丘侵蚀研究文献中都指出,干预措施是代价昂贵的策略。就佛罗里达而言,“普遍的做法是建筑尽可能靠近海岸:佛罗里达也不例外。这些行为破坏了沙丘、湿地和海滨,而它们则是防御风暴和洪水的屏障”(Carter 1990:8)。在对佛罗里达海滨破坏的历史分析中,卡特(Carter 1990)研究了环境质量下降的速度:

> 最早的海滨建筑是在沙丘上建造的房屋。为了看到大海,靠海最近的沙丘往往被挖低或铲除。不久房主意识到海岸发生了变化,尤其是发生了自然侵蚀现象,开始采取保护措施,但这些措施未经批准、有碍观瞻、效果不佳。1925 年以后,东海岸到处可见防护墙和防波堤,但是到了 20 世纪 30 年代中期,大量沙丘遭到了破坏……显然,这些方法加重了侵蚀,为政府提供帮助带来了压力……佛罗里达成为海岸保护研究方法的天然实验室,包括设立海湾迂回管道、增加海滨营养、修建各种护岸、防浪堤……但并非所有办法都奏效。
>
> 卡特(Carter 1990:8—9)

根据卡特(Carter 1990)的研究,到 20 世纪 80 年代,在佛罗里达 870 公里长的海岸线中,40% 有沙丘的海岸受到了威胁,同时影响到道路、房屋和其他项目。许多影响来自休闲旅游活动,因为没有休闲活动的地方,就没有侵蚀现象。在丹麦,尼尔森(Nielsen 1990)研究了环境的积极改善措施,1980 年修建了基格湾海滨公园,满足大哥本哈根地区的休闲需要。通过土地改造,包括供给海滨营养,营造了崭新的海滨环境。从潟湖区挖取了约 500 万方沙子,修建了 20 米宽、3 米高的堤坝。另外,还采取了多样化的环境管理措施,包括防止潟湖形成死水;种树绿化,稳固沙丘资源。尽管海滨公园的建设,并非没有影响环境,但因地制宜为休闲资源可持续开发提供了一个良好范例。虽然,由于现阶段的时间范围太短,无法观测到远期效果和影响,也无法评价资源的可持续发展程度,但显而易见的是,在靠近城市人口、存在巨大需求的地方建设休闲设施,可以吸引大量游客,减轻其他景区的压力。

尼尔森(Nielsen 1990)指出的正是自然地理学者提出的,即,要严密监测和评价海滨变化过程,了解海滨地貌对创建新的休闲环境这种剧烈变化做出何种反应。在对德国海滨地貌的详细研究中,凯勒泰特(Kelletat 1993)指出,德国北海岛屿海滨需要采取加强营养成分的重大措施,这主要是为了应对由旅游、休闲和风暴造成的对海滨地区的侵蚀。然而,在对锡尔特岛的研究中发现,旅游的增长为德国北海岛屿海滨旅游提供了推动力和资金来源(Kelletat 1993)。

一系列其他研究(如 D. G. Pearce 1988a; Carter et al. 1990; McDowell et al.

1990）还分析了休闲、海滨休闲战略制定、海滨管理计划等问题，以协调海滨地区的决策。与海滨环境有关的不同研究团体强调了制定管理计划的复杂性，认为要采取合作、沟通等措施控制旅游休闲对海滨的使用。

地理学者对海滨环境的一个研究方面是度假区建设与自然影响管理规划措施。从理论的角度看，度假区发展的动态变化性一直围绕着巴特勒（Butler 1980）建立的模型，但随后有人提出了批评（如，Cooper and Jackson 1989; Cooper 1990），有人关注后停滞阶段（如，Agarwal 1994; Priestley and Munder 1998）。这些研究区分了海滨环境所需要的土地利用和详细规划管理措施与确保度假区发展长期繁荣稳定所需要的战略规划措施之间的差别。因斯克普（Inskeep 1994）和 D. G. 佩尔斯（D. G. Pearce 1989, 1995b）详细探讨了土地利用和规划措施，梅尔 – 阿伦德（Meyer-Arendt 1990）和 P. P. 翁（P. P. Wong 1986, 1990）研究了度假区建设中规划措施落实的具体案例。在坦斯托和奔宁 – 罗塞尔等（Tunstall and Penning-Rowsell et al. 1992）的详细研究中，分析了出于休闲和其他目的而实施海滨保护计划的经济成本以及各种评价技术。

古德海德和约翰逊（Goodhead and Johnson 1996）对海滨休闲管理进行了综合研究，以英国为例分析了影响海洋环境休闲旅游活动的规划问题。认为对海滨地区实行管理的一种方法是海岸带综合管理（约翰逊 2002）。

插图 8.3　英格兰锡德茅斯。海滨侵蚀保护。

八、海岸带综合管理

英国环境事务部（1996）解释说，海岸带综合管理是“将与海滨建设、管理和使用有关的所有各方集中在一个框架内，综合考虑其利益和责任以实现共同目标的过程”，这一点得到了欧盟的认可(1997)，这也是海滨休闲旅游资源需求日益增多的反映。海岸带综合管理强调加强海滨管理，对海岸布局进行合理规划，实行有效的空间分区和开发，能够容纳更多的休闲活动(参见 Micallel and Williams 2002)，还可以降低维护成本，制定更明确的海滨保护战略，改善海水浴水质。

从战略角度看，海岸带综合管理的基础是综合考虑环境因素与海滨旅游政策与规划。海岸综合管理有助于综合各种因素确定具体海滨地点的承载力，为具体景区制定必要的管理计划，综合考虑各种规划政策和利益相关者的需要。还有助于实现休闲使用和自然保护之间的可持续平衡发展，减少资源使用的冲突（参见 Roe and Benson 2001 分析的快艇案例与海滨地区冲突解决方案）。确定水上运动的核心区是非正式休闲活动和正式休闲活动进行分区管理的一种方法。罗和本森(Roe and Benson 2001)指出：

> 实行时空分区是一种十分成熟的休闲管理方法。建议海岸带管理采用这种方法……通过设立其他休闲场地，可以减少某个景区的人数。然而，需要理解的是，分区本身不可能阻止问题的发生。时间分区允许某些活动在自愿的基础上、在规定的时间范围内、在一定的水域中开展。
>
> 罗和本森(Roe and Benson 2001:32)

然而，由于潮汐区域海水空间的不规则消失和意见的不一致，这种分区系统并不总是有效。因此，在有些情况下，制定规章制度会有助于分区战略的实施。这要求实施教育战略以及与正规俱乐部(如体育俱乐部)开展合作。

美国缅因州实施了一个志愿项目，来自缅因大学的科学家对海岸变化进行监测，了解人类影响导致的海岸变化、海平面变化和侵蚀机制的变化（Hill et al. 2002)。《可持续旅游学报》(*Journal of Sustainable Toursim* 11 卷(2/3)：95—294）2003 年发表的一系列文章介绍了可持续海滨旅游管理方面的许多案例，并指出当地社区应参与海岸带综合管理(参见 Caffyn and Jobbins 2003)。实施海岸带综合管理的决策部门和规划部门面临的一个最直接问题是气候变化带来的挑战(Gössling 2002；WTO 2003；Gössling and Hall 2005；Hall and Higham 2005)，对于依赖海滨地区发展旅游的小型岛屿这个问题尤其突出。然而，气候变化不一定对所有海滨地区的旅游都产生负面影响。例如，一篇关于北极变暖影响的报告中指出，由于海洋冰层减少，经过主要海航线的轮船旅游，包括北海航线和西北航线，有可能增加(北极气候影响评估 2004)。

约翰逊(Johnson 2002)指出，在英国，许多城市海滨度假区正在实施的改造工程，反映了这样一个事实：“英国的海滨是多年来被利用、同时又是被滥用的一种自然资源的例证”(Johnson 2002:177)。大量领导工作来自地方政府部门,但可持续发展思想却是度假区发展模式的对立面,而英国和欧洲的许多大众旅游目的地常常受到私营机构利益的驱动,推崇的就是这种模式。尽管海岸带综合管理不是地理学者提出来的,但它却为海洋与海滨地区的用地规划和满足利益相关者的不同需要提供了诸多有用的观点。然而我们还必须要认识到这样一个事实,海岸、海滨和度假区是后现代社会的重要文化象征,保留着以前时代的许多价值、含义和意义。在这种情况下,在海岸、海滨、度假区的体验要受到社会与文化的影响。海岸和海滨价值的形成与传递的这种连续性,有助于解释休闲旅游者对这些特殊“地点”的钟爱。从历史的角度看,海滨度假区的形态、标准、含义和活动已经根据社会的承受度、宽容度和认可度发生了相应变化。但这些特殊的、得到高度评价的自然环境和人造环境仍然是重要的休闲旅游地点和空间。对大多数社会群体来说,海滨是一项可以根据季节与天气的变化而自由使用和消费的资源。

观察与思考:豪华游船旅游

豪华游船旅游对许多海港越来越重要,因为游船旅游者的花费相当高,日均花费大大超出其他类型的国际旅游者(Dwyer and Forsyth 1996, 1998; Ritter and Schafer 1999; Kester 2003)。2000 年,全世界豪华游船乘客人数达到 1 040 万人次(比 1998 年增加了 200 万人次),其中北美地区达到 690 万人次(比 1998 年增加 140 万人次)(加拿大环境规划小组 2002;经济发展与旅游部 2003)。值得注意的是,北美豪华游船业没有受到恐怖主义的负面影响,2002 年达到 740 万人次,增长了 7.2%(经济发展与旅游部 2003)。世界各地对豪华游船市场的竞争相当激烈,因为它的季节性很强。例如,2001 年夏季,阿拉斯加游客的 48% 乘坐豪华游船(49% 乘坐飞机)。相比而言,2001 年纽芬兰游客的 7% 左右乘坐豪华游船(经济发展与旅游部 2002)。

在澳大利亚豪华游船旅游的一项研究中,杜耶和佛西斯(Dwyer and Forsyth 1996)指出,在澳大利亚国内停靠的豪华游船的营销重点是针对入境游客的飞机—游船包价旅游产品,因为该产品有潜力为澳大利亚带来大量收入。另外,他们还指出,由于游船为国外所有和投资而导致漏损,每艘游船的每名乘客的平均花费对澳大利亚经济的贡献相当于国际游船的两倍。

豪华游船市场出现整体增长,部分原因在于发达国家老龄化人口增多、有众多退休人员和人们对安全的关心，许多海滨目的地为争夺豪华游船游客展开了激烈的攻势。例如,对纽芬兰来说,“豪华游船被认为具有长远发展潜力和吸引力,因为游船游客会返回来进行常规度假”(经济发展与旅游部 2002:49)。然而,在评价潜在的旅游活动市场时,“豪华游船的评价最低,因为开发市场的是豪华游船公司,而不是目的地。游船公司在努力寻求市场营销支持,特别是目的地对其工作的支持”(经济发展与旅游部 2002:60)。虽然如此,纽芬兰省府——圣约翰斯仍然十分重视开发豪华游船市场，并建立了公共部门和私营机构之间的合作关系，以吸引更多的豪华游船。豪华游船公司一般利用圣约翰斯作为其中小型船只的中途停靠港。然而,自 20 世纪 90 年代末以来,通过大力吸引国内停靠港的游船，拓宽圣约翰斯港的航道以接纳新型和大型船只，豪华游船业的经济价值大大提高。

对圣约翰斯豪华游船业经济影响的一项研究指出,豪华游船市场是圣约翰斯旅游业增长最快的部门,1995—2002 年间年均增长 38%,同期乘客人数增长了 868%，从 1995 年的 1 259 人增长到 2002 年的 12 191 人。豪华游船部门的经济贡献增长了 25%,2002 年达到 173 万加元;其中 1 435 931 加元收入（占总收入的 83%）来自直接运输市场，293 736 加元收入（占总收入的 17%）来自周转市场和国内停靠市场。尽管就游客总人数和经济总收入来说，直接运输市场的利润是最高的，但国内停靠市场的人均经济效益(699. 37 加元)要比直接市场(123. 60 加元)高得多。两个市场游客的总体人均经济效益为 143. 68 加元(经济发展与旅游部 2003)。

然而,对豪华游船的影响却存在着重大争议。例如,李特尔和施阿弗(Ritter and Schafer 1999)认为,豪华游船的生态影响较低,游客人均花费较高,尽管直接创造的就业机会较少,但相对于其他旅游形式而言,却是一种可持续性的旅游发展形式。相反，玛什和斯泰普（Marsh and Staple 1995）在研究加拿大北极地区的豪华游船旅游时指出，考虑到大多数地区的环境脆弱性和偏远的小型土著居民社区容易遭受影响,在开发豪华游船旅游方面应加倍小心。同样,在分析豪华游船旅游产品的文化因素时,伍德(Wood 2000)指出,豪华游船市场的全球性特点意味着,豪华游船成了“海上全球化”的代表,有相应的文化主题性和模仿性。此外,对豪华游船环境影响的关注促使美国环保局于 2000 年召开了一系列会议，要求公众、豪华游船业和其他利益相关者采取措施解决游船的排放物问题。这些会议收集了有关信息，以便政府部门对环境影响以及现有的和可能的措施做出深入评估，以减轻这些排放物的影响。当前已经通过实施国内国际污染防治法对豪华游船排放物进行管制，环保局正在评估这些法规是否足以起到保护环境的作用，以及这些法规的覆盖和应用范围是否存在差距(《重新思考旅游项目》2000)。

插图 8.4　加拿大不列颠哥伦比亚省维多利亚港，既是海洋旅游业的基地，也是私人游船、轮渡、豪华游船和水上飞机的基地。

九、结论

海滨环境在一定程度上被地理学者所忽视，海滨休闲旅游活动也没有从资源及其利用、影响和规划需求的角度进行理解。在法布里 (Fabbri 1990) 和 P. P. 翁 (P. P. Wong 1993b) 的基础上，坦斯托和奔宁 – 罗塞尔 (Tunstald Penning – Rowsell 1992) 等开展的研究工作重新建立了地理学者对海滨休闲旅游分析做出的重大贡献。然而，这些并没有被认为是主流研究，因为它们只是综合了不同学科的成果，传播了海滨变化过程、影响以及海滨休闲方面的知识。海滨需要提升到旅游休闲地理研究的日程，再次证明了派特摩尔 (Patmore 1983) 对忽视该问题而提出的批评的正确性。坦斯托和奔宁 – 罗塞尔 (Tunstall and Penning – Rowsell 1998) 指出的海滨与海岸所具有的价值和重要意义，足以说明，海滨是一种重要的休闲环境。地理学者对度假区的研究经验及其掌握的度假区模型使其能够比较全面地了解人类对海滨环境的影响，尤其是对海滨演变过程的干预以及解决海滨环境影响问题需要采取的措施。

毋庸置疑，海滨环境正面临着众多压力，不仅仅是使用的强度问题。这些压力加上人类活动产生的环境影响，提出了许多严峻的规划问题，原因很简单：海滨变化（如，侵蚀）的规模与速度相当快，R. 卡特（R. Carter 1990）和凯勒泰特（Kelletat 1993）提供的案例说明了这一点。这要求付出昂贵代价，采取补救措施，特别是改善海滨营养和海岸保护，这里的自然环境受到了旅游休闲开发的直接改变。

考虑到旅游对海滨环境的潜在影响，联合国亚太经社会（ESCAP 1995a, 1995b）鼓励亚太地区海滨发展可持续旅游，这并不令人惊讶。可持续海滨旅游依赖如下因素：

- 良好的海滨管理方式（尤其是合理的旅游基础设施选址和公共交通的配备）；
- 洁净的海水与空气，完善的海滨生态系统；
- 通过海滨风险管理（如风暴、侵蚀、洪水），保持安全的休闲环境，为乘船游客、游泳人员和其他水上旅游休闲者提供充分的安全保障；
- 开展海滨恢复工作，保持海滨的休闲价值与环境价值；
- 健全野生动物及其栖息地保护政策。

美国国家海洋和大气局（NOAA 1997）

然而，尽管这些建议值得称赞，但却没有体现出自然环境情况下旅游管理的复杂性与困难性。遗憾的是，旅游宣传促销计划与海滨和海洋地区管理计划之间通常有极少的协调或者根本没有（R. A. Smith 1994; B. Hudson 1996）。环境机构或规划机构常常不了解旅游，而旅游促销部门一般不对旅游的影响或旅游规划与管理做出分析评价。对有些特殊的海洋动物物种来说，虽然有些国家在管理方面取得了重大进步，但情况并没有改观。对海滨周边的许多目的地来说，海洋生态旅游（Garrod and Wilson 2003, 2004）和商业性休闲垂钓如果管理适当的话，将会是合适的开发项目。实施战略常常认识不到不同管理部门之间的相互关系，特别是旅游管理部门和环境管理部门之间的关系，职能单一割断了部门之间的联系。因此，海滨管理部门面临的最大挑战之一是，如何将旅游发展有机融入海岸带综合管理范围之内，从而提高整个海滨地区长期可持续发展的可能性（A. White et al. 1997; Cicin - Sain and Knecht 1998）。然而，解决这种进退两难的局面对那些十分重视海洋与海滨旅游的国家来说显然是很重要的，当环境质量成为实现旅游市场竞争优势的另一种手段时，情况尤为如此。

海滨环境对社会文化地理学者探索海滨休闲旅游的价值与作用具有较大的潜力。应用地理学者也可以将自身掌握的技能与规划人员结合起来,了解、解释有关问题,并提出规划措施,保护这些受到威胁的环境。海滨环境是地理学者发挥其能力、从整体上认识海滨地区的人文环境和自然环境的理想场所之一,可以提出解决负面影响的相关措施。除了少数例外情况,1970 年以来的这段时间还没有看到地理学界研究人员站出来迎接这一挑战,将海滨研究列入旅游休闲研究日程。我们希望,事实上也在期待着地理学者能够发挥自身技能,参与到海滨休闲旅游研究之中,并形成一种长期传统。

思考问题

1. 为什么海滨成为全球各地休闲旅游者特别欢迎的地区?

2. 地理学者运用了什么技术分析海滨的旅游用途?他们在解释海滨旅游活动动机方面取得了怎样的成果?

3. 海滨环境作为休闲旅游资源存在哪些环境问题?

4. 协调海滨环境的使用问题,保护和恢复资源基础需要采取什么样的规划与管理措施?

参考阅读

关于海洋与海滨旅游,请参阅:

Garrod, B. and Wilson, J. C. (eds) (2003) *Marine Ecotourism: Issues and Experiences*, Clevedon: Channel View.

Orams, M. (1999) *Marine Tourism*, London: Routledge.

Baldwin, J. (2000) 'Tourism developmrnt, wetland degradagion and beach erosion in Antigua, West Indies', *Tourism Geograpbies*, 2(2): 193 – 218.

Fabbri, p. (ed.) (1990) *Recreational Uses of Coastal Areas: A Reseac project of the Coastal Environment*, Dordrecht: Kluwer.

German Federal Agency for Nature Conservation(ed.) (1997) *Biodiversity and Tourism: Conflicts on the World' s Seacousts and strategies for their Solution*, Berlin: Springer.

Wong, p. p(1999) 'Adaptive use of a rock coast for tourism – Mactan Island, Philipines', *Tourism Geographies*, 1(2): 226-43.

第九章

旅游休闲规划与政策

地理学者一直对规划很感兴趣。的确,大量学术机构将地理与规划结合起来,许多地理专业学生毕业后从事规划工作。因此,规划与相关的政策分析成为应用地理学研究的重要领域,也是地理学者参与的与社会关联性较大的工作(Johnston 1991)。

因此,旅游休闲规划与政策分析长期以来一直是地理学者的重要研究领域,这并不令人意外(Hall and Jenkins 1995, 2004; J. Jenkins 2001; Bramwell 2004; Church 2004; Gill 2004)。本章首先分析休闲旅游规划与政策的性质特点,然后接着讨论一下地理学者在该领域作出的贡献,尤其是在区域尺度和目的地的规划与政策方面。前面的章节介绍过比较具体的休闲旅游规划应用问题,本章将从整体上探讨许多原理、概念和地理学对该领域的贡献。

一、休闲规划政策

亨利和斯宾科(Henry and Spink 1990)指出:

文献资料中的休闲规划研究较为零散,缺乏系统性。首先,对商业休闲机构的规划和公共部门的规划进行区分是十分重要的,因为公共利益通常是规划的根本基础(Jenkins 2000)。公共部门常常负责休闲设施的管理与维护,为公众选址和制定战略目标。

亨利和斯宾科(Henry and Spink 1990:33)

为了了解休闲规划的发展过程和公共部门机构的作用,有必要简要回顾一下历史背景。

二、休闲规划发展过程

19 世纪，许多工业化国家的慈善家和改革家试图解决工人阶级的贫困状况和恶劣的生活条件，这种意图在政府的法律中也有所体现。环境改善对人类生活条件产生了积极影响，政府为此实行了立法，反映出乌托邦、人道主义和决定论等思想的态度(参见 D. Taylor 1999)。在英国，《1909 年住房与城镇规划法案》强调，对那些市场力量无法解决的用地问题，需要政府的干预来确定更适合社会的土地利用形式(如公共空间)。1800 年以后的时期，1909 年、1919 年、1932 年、1947 年、1968 年、1980 年和 1986 年的英国规划法案确立了政府在城镇规划和休闲规划中的作用，政治思想决定了英国政府干预规划的性质。就乡村而言，《1968 年乡村地区法案》确立了城郊公园、野炊场所、自然路径和鸟类禁猎区构成的网络。同时，政府将规划权力赋予两级地方政府：郡政府和地区政府分别编制结构规划，时限为 10—20 年，区政府以此为依据负责编制地方性规划。尽管 20 世纪 80 至 90 年代在“国家政府收回规划权”的运动中进行了大量修订，但这两级规划仍然得以保留。其他许多国家也存在这样的两级规划，主要涉及用地规划和具体休闲场地规划，这也是政府部门所关注的：调整休闲空间及其供应。

三、休闲规划:关注空间与地点

皮格拉姆和詹肯斯(Pigram and Jenkins 1999: 270)指出，“休闲空间规划的目标应是为户外休闲活动提供一系列功能环境和审美环境，不能千篇一律，并避免与未规划项目的发展产生冲突”。由于人们根据可自由支配时间、在自愿基础上决定是否参与休闲活动，因此，规划受到诸多因素的影响，需要予以认真考虑。最令人信服的因素之一是户外休闲的发展趋势和个人偏好。这里需要解决的问题是如何匹配休闲空间的供求，同时休闲人员的日益复杂化，意味着质量和满意度问题对公共部门供应休闲空间也是十分重要的因素。

另外还有常常被忽视的时间因素和周期因素，即，在经济低迷时期，休闲成为渡过难关的新途径(Glyptis 1989b)。同时，这样的经济紧迫状况也使公共部门因为优先安排休闲资金而面临着更大的压力(即，休闲供应额外支出的机会成本是多少)。在地方规划层次，不同地方政府休闲供应的程度也不同，而休闲供应程度则根据当选政府官员的政治观点而定。

在这种情况下，规划人员需要了解发生的社会变化，即人口特征、生活方式的变化（参见 Havighurst and Feigenbaum 1959 的早期研究）、社会对休闲的态度、少数民族和残疾人休闲需求的日益增长（Floyd 1998; Johnson et al. 1998），以实现地方休闲规划的公平目标（Shinew and Arnold 1998）。在许多国家，特别是美国、加拿大、新西兰、英国和澳大利亚，文化多元性和多元文化的人口对传统的休闲规划提出了新的挑战。帮助规划人员将这些新观点融入社会规划和用地规划的最大技术创新之一是地理信息系统，它可使规划人员能够从空间角度综合考虑休闲供求，对各地可能发生的问题和出现的结果做出评价；另外它也有助于建立模型，分析资源质量下降问题（详见 Bahaire and Elliott - White 1999）。实质上，地理信息系统运用的是具有标准地理参照系的空间数据；另外还利用属性数据，包括统计数据和非区位数据。地理信息系统使规划人员将规划目标与基本的地理问题建立联系，如区位、发展趋势、具体地点的格局，能够对休闲影响等问题建立模型进行分析（参见 Briggs and Tantrum 1997 对地理信息系统具体应用的研究；Kliskey and Kearsley 1993 将地理信息系统应用到新西兰荒原感知绘图；另见第八章澳大利亚荒原调查案例研究）。

皮格拉姆和詹肯斯（Pigram and Jenkins 1999）认为，休闲规划需要更加重视战略方法，但当前大量的规划实践活动关注的却是地理问题，如休闲机会、设施与服务的选址等。尽管休闲规划应当是一个复杂的过程，但公共部门往往将它视为一项简单的活动，重点放在具体设施的供应，而不是创造更多休闲机会、尽量满足休闲愿望和休闲整体供应。G. M. 鲁宾逊（G. M. Robinson 1999）提出了八种休闲规划方法，其中许多都利用了空间原理（参见表 9.1）。即使在休闲比较发达的国家，如以休闲规划而享有很高声誉的荷兰，达沃斯（Dietvorst 1993：84）指出，“在 20 世纪 80 年代，人们意识到公众爱好发生了变化，户外休闲环境和设施在很多方面不再能满足休闲需求”。这反映了政策体制的变化，休闲旅游关注的共同目标是供应问题（Jansen - Verbeke and Dietvorst 1987）。事实上，达沃斯（Dietvorst 1993）批评了荷兰普遍盛行的标准化规划体系，不能提供灵活的、面向市场的户外休闲产品。明显的是，鉴于休闲环境的多样性和广泛性（图 9.1），国家政府及其机构（如英国刚合并而成的乡村机构）（详见 Coalter 1990 对政府机构的讨论）对户外休闲资源的管理与规划负有广泛的责任，法定规划体制的基础是开发计划和开发管理双重目标（Ravenscroft 1992）。即便如此，莱温斯克罗夫特（Ravenscroft 1992）指出：

整个规划体制往往都忽视了休闲问题。开发计划主要依据的是用地区划，一般侧重于初级用地目的，而压制其他用地目的……这意味着，在认为休闲供应重要的区域，如国家公园，农业和林业等初级用地仍然占主导地位……

莱温斯克罗夫特(Ravenscroft 1992:135)

事实上，与地方政府休闲规划有关的政治改革和规划效益等问题正日益被开发商用作休闲开发的理由,使休闲和社区利益成为保持规划平衡的工具。

表 9.1 休闲规划方法

方法	内容
标准化方法	根据某些权威机构确定的人均供应指标进行规划。通常依据需求预测。
总体需求	根据当前全国或地区休闲参与情况调查,预测总体需求水平。这是最基本的需求预测方法,但考虑到当地社会人口状况,情况会有所不同。
空间方法	综合考虑设施集中区等因素预测当地需求。如果考虑设施选址问题,这实际上是总体需求规划方法的延伸。
设施层次	承认不同类型和规模的设施具有不同的集中区。特别是新建社区规划和涉及观众观赏的设施。
坐标或矩阵方法	通过影响评价,分析政府各项休闲服务对所有社会群体的影响。
有机规划	根据现有服务供应和需求的空间差距提出战略。这是渐进的、而不是综合的方法,在私营机构应用很普遍。
社区参与方法	根据社区意见进行规划和政策制定。
解决问题	根据最初确定的“重点问题”、而不是综合需求评价,进行规划。进行 SWOT 分析(优势、劣势、机会、威胁)。最适合于特殊的一次性项目。

资料来源:根据威尔(Veal 1994:92—3),引自 G.M. 鲁宾逊(G.M. Robinson 1999:260)

四、旅游规划与政策

旅游的部分工业化特点意味着，旅游跟环境一样，涉及关联性很强的规划与政策问题（Ackoff 1974)，超出了专业知识和行政管理界限，几乎与其他所有部门都有联系。因此,旅游“只是核心社会问题的一个明显例子”(P. Hall 1992:249)，给人的感觉是可以进行有效规划与管理的。然而,旅游规划仍然被认为是很重要的,因为规划产生的影响是多方面的,也是长期存在的。事实上,保持旅游发展的可持续性使旅游规划变得更为必要(C. M. Hall 2000a)。旅游研究人员运用不断发展的理论范式研究了管理问题（如 Selin 1993， 1998； Selin and Chavez 1994； Jamal and Getz 1995； Buhalis and Cooper 1998)；政府在旅游促销和旅游发展中发挥着重要作用，但令人吃惊的是，很少有人研究规划政策，直到最近

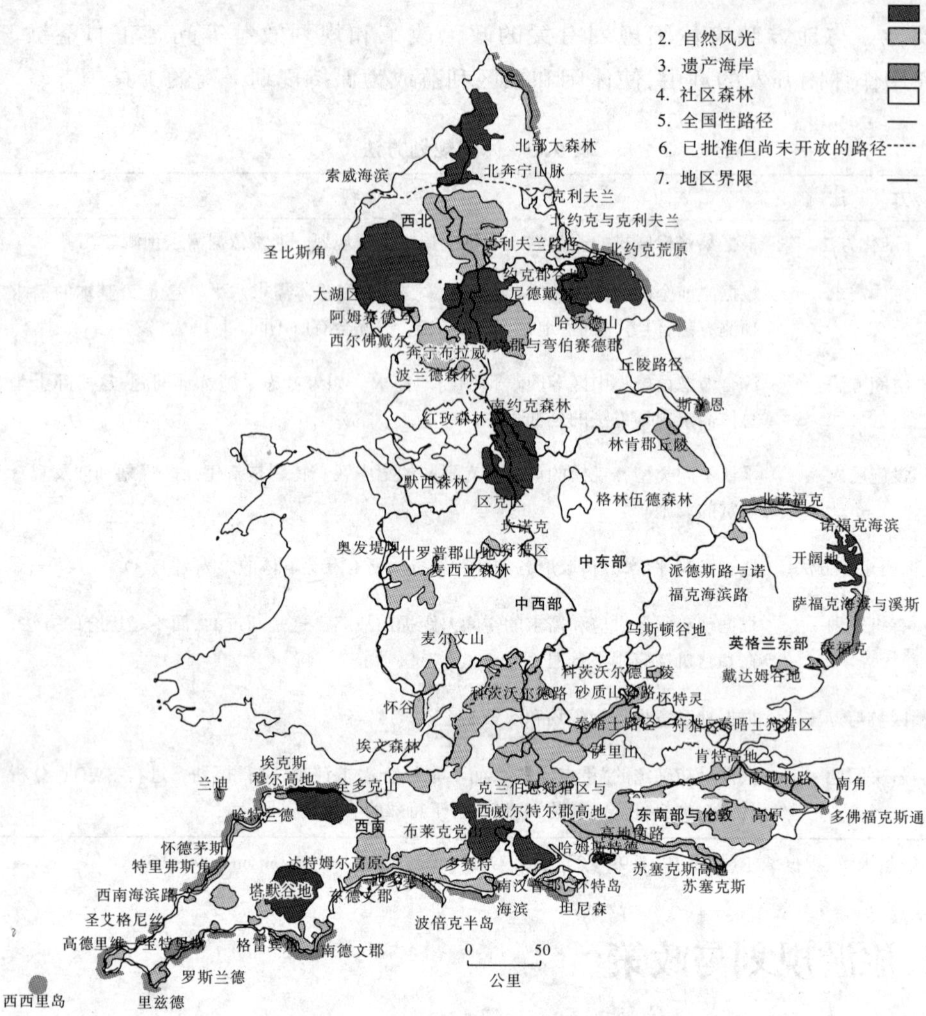

图 9.1　乡村机构划定和确定的休闲场所

这仍然是当代旅游行政管理和政策制定过程中被“忽视”的一个方面（O’Toole 1997）。

旅游规划的重点一直集中在用地区划、景区开发、住宿设施规划、旅游建设项目的密度、历史文化与自然旅游景点设计、道路和排水等基础设施建设（Getz 1987）。然而，近年来，旅游规划发生了变化，范围扩大到涵盖广泛的环境问题和社会文化问题，在旅游环境日益全球化的情况下提出地方、地区和全国经济发展战略（Hall 2000a）。

休闲旅游的多样性和变化性特征意味着，决策人员和规划人员很难从理论上界定和把握旅游业。决策人员制定合适的政策面临着相当大的困难，协调休闲旅游产品的各个要素也是极其困难的(Hall 1994；Hall and Jenkins 1995)。然而，尽管显得有些矛盾，但正是旅游业所具有的性质，尤其是构成休闲产品内容的地方社区、社区文化和生活方式以及环境，使规划显得如此重要(Murphy 1985)，并引起了学术上的研究兴趣(Hall et al. 1997)。

规划与决策“渗透到一个复杂的制度体系之中”(Brooks 1993:79)。然而，旅游的制度安排在旅游研究中几乎没有引起兴趣(D. G. Pearce 1992b; Hall and Jenkins 1995; Hall 2000a)。制度可以看做是一套规则章程，可以是明确的和正式的(如宪法、法令和规章)，也可以是隐含的和非正式的(如组织文化、调节个人事务和家庭关系的惯例)。由此看来，制度的设计本质上是为了通过影响个人或群体的行为而调节他们之间的相互关系。作为一个概念和旅游决策的一个方面，制度涵盖的范围很广泛，普遍深入到旅游政策系统之中(J. Jenkins 2000)。奥里尔丹(O'Riordan 1971)指出：从广义上讲，

> 资源管理和旅游管理研究中触及最少、但可能是最基本的一个领域是制度安排如何形成的，以及制度安排如何应对需要的变化和内外部存在的压力。越来越多的证据表明，资源管理制度的形式、结构和指导方针明显影响到资源政策的落实，既涉及政策选择范围，也涉及决策人员的态度。
>
> 奥里尔丹(O'Riordan 1971:135)

因此，制度“制约了决策者及其决策结果……加大了某些解决办法的执行难度，而不是提供了积极的解决方案”(Simeon 1976:574)。随着政策关卡的增多，需要进行商讨、协商的可能性也越来越大。从长远来看，“制度安排其本身就可以看做是政策，它渗透到决策过程之中，需要咨询特定群体，遵循特定程序，提高某些决策的可能性，降低其他决策的可能性”(Simeon 1976:575)。例如，可以设立新的政府机构，体现政府工作的增加和影响力的增大，特别是当新的需求在政府工作议程中处于优先位置时，如环境问题。

> 在现有行政管理部门内设立全新的政府机构、顾问机构或其他处室是一个很成熟的策略，政府可以明确宣称“正在针对某个问题做有益的事情”。此外，公共服务机构在说明和解决问题时比较保守……行政管理和立法改革表明，政府部门面临着巨大压力。
>
> 穆瑟(Mercer 1979b:107)

旅游业的结构与性质不仅仅是学术问题，它也是政府很难确定政策和设计制度的一个领域(J. Jenkins 1993; A. M. Williams and Balaz 2000)。事实上，与其他行业

和经济部门的信息收集情况相比，旅游业的高质量信息比较少。霍尔和詹肯斯(Hall and Jenkins 1995)甚至认为,旅游政策的制定和实施缺乏经验,与经济、工业和社会福利等政府的其他传统管理工作相比,政府对旅游业的大量管理工作都是最近的事情,因此旅游政策可能是比较特别的,会逐渐增多。霍尔(Hall 2000a)在分析政府在新西兰旅游发展中的作用时指出,有三个政府机构对旅游政策负有首要责任，三十多个机构负有次要责任，一般情况下各机构之间几乎没有正式的旅游政策协调关系。这种情况应当并不令人吃惊,因为旅游的性质特点意味着旅游超出了各个政府机构的责任范围，除非明确指定一个领导机构，否则政策与规划的协调将是很难实现的。

五、什么是旅游规划

什么是规划?"规划是一个过程,是以人类思想为基础的思想和行动的过程——事实上,是对未来的思考和谋划——这就是规划,是一种很普遍的人类活动"(G. Chadwick 1971:24)。同样,P. 霍尔(P. Hall 1982a:303)认为,规划"应当旨在为民主决策和依据型决策提供方法策略。这是规划能够做到的,也是应该做到的。这是规划制度革命的真正寓意"。P. 霍尔 (P. Hall 1982a) 的观点体现了约翰斯顿(Johnston 1991: 209) 的意见，地理学者参与规划和决策的潜在含义是"地理学者应当更多地参与政策的制定和监督",他后来继续指出"是什么样的参与？",这一点在第一章中讨论过。

作为一个较为普遍的研究领域,旅游规划首先反映了城市规划和区域规划传统中的主要趋势 (如 Getz 1986a, 1987; C. M. Hall 2000a)，因为旅游规划的重点是目的地规划,而不是个别旅游企业规划。此外,旅游规划一般反映政府的经济目标、环境目标和社会目标，也越来越多地反映不同规划尺度的行业利益 (C. M. Hall et al. 1997)。

旅游规划形式(发展规划、基础设施规划、营销促销规划等)、组织结构(不同的政府组织和非政府组织)、尺度(国际、国家、区域、地方和部门)和时间(开发、实施和评价的不同时间尺度)。然而,旅游规划很少专门针对旅游本身,而是倾向于"综合考虑经济因素、社会因素和环境因素"，体现影响旅游发展的多样化因素(Heeley 1981: 61)。相反，休闲规划往往是大多数公共部门规划和其他基础规划(如住宅规划)的一部分内容。第五章的讨论表明,这在城市地区是很明显的。在这种情况下,休闲规划往往解决当地居民的需求,或者发挥区域规划的功能,解决游客的需求及其对接待地的影响问题。休闲有助于改善当地居民和游客的生活质量，公园、国家公园和自然区域的休闲活动尤其如此，休闲规划已经是一种很成熟的规划活动，派特摩尔（Patmore 1983）和拉瓦利（Lavery 1971c）对此进行了说明（另见第四章和第八章，指出了地理学者对自然区域和荒原地区规划所作出的贡献）。因此，休闲规划主要是公共部门的行为，地理学者对规划方法和规划工作没有做出重大贡献。地理学者做出的重大贡献是20世纪70年代在政策领域的贡献（如Coppock 1976；Patmore 1973），他们向政府提出了体育和休闲方面的政策建议。为此，本章重点研究的是旅游规划，因为休闲规划通常是公共部门行为，地理学者对20世纪80至90年代的休闲规划方法作出的贡献很少或者没有作出非常重大的贡献。另外，城市地区以外的大多数旅游活动也都包含了自然区域和荒原地区的休闲活动(参见第七章)。

尽管旅游开发与促销很重要，但旅游规划并不仅仅专门针对它们。旅游规划的重点和方法已经发展成为如何使政府满足旅游需求。例如，发达国家的国际旅游政策可以分为四个明显的阶段（表9.2）。尤为重要的是，政府越来越多地直接参与区域发展、环境管理和旅游促销。但最近以来，政府减少了对旅游基础设施供应的直接参与，而更为重视公共部门和私营机构之间合作关系的建立以及旅游业的自我调节。

政府对旅游休闲潜在经济效益的关心成为旅游规划的主要驱动力（Richards 1995；Charlton and Essex 1996）。结果往往是“自上而下的规划和促销使目的地社区几乎无法掌控自己的命运”（Murphy 1985：153）。然而，政府的关注点开始逐渐集中在将社会问题和环境问题纳入到作为经济推动力的旅游发展中（D. G. Pearce 1989；Timothy 2002）。旅游必须纳入广泛的规划过程之中，通过适当的旅游发展，推动经济目标、社会目标和环境目标的实现（Hall 1995）。墨菲（Murphy 1985：156）指出，“规划涉及预测和调控系统内发生的变化，促进有序发展，提高发展过程的社会效益、经济效益和环境效益”。因此，旅游规划必须是“建立在调查研究和评价基础上的一个过程，旨在实现旅游对人类福利和环境质量改善的最大贡献”（Getz 1987：3）。

六、旅游规划方法

盖茨（Getz 1987）确定了旅游规划的四种传统或方法：“精神鼓励主义”、经济产业导向规划方法、自然/空间规划方法和强调目的地社区在旅游发展中作用的社区导向规划方法。盖茨（Getz 1987）指出：

这四种传统并非相互排斥，顺序也不是固定不变的。然而，这种分类方法便于

表 9.2 国际旅游政策(1945 年至今)

阶段	特征
1945—1955	废除或改进了二战期间实行的政策、海关规章、货币规章和健康规章。
1955—1970	政府加大对旅游营销的参与,以便提高旅游的经济潜力。
1970—1985	政府参与旅游基础设施的供应,将旅游作为区域发展的一种手段。
1985—2000	继续将旅游作为区域发展的手段,更加重视环境问题,减少政府对旅游基础设施供应的直接参与,重视公共部门和私营机构之间合作关系的建立以及旅游业自我调节,建立旅游业务网络,满足政策目标。
2000 至今	跟 1985—2000 年间相同,日益重视旅游解决政治问题的作用,许多国家政府重视旅游地营销,建立姊妹城市战略联系。

资料来源:根据霍尔整理(Hall 1994,2000a, 2005a)

分析既有差别、有时又有重叠的旅游规划方式,便于分析规划研究方法和相关的问题与模式。

盖茨(Getz 1987:5)

除了这四种方法以外,霍尔(Hall 1995)新增加了一种方法,即可持续旅游规划。表 9.3 详细介绍了各种旅游规划方法的主要内容。不同的规划方法之间并非相互排斥,形成鲜明的旅游规划理论。各种观点的不同之处在于:规划的基本假设、问题确定、分析程度和研究方法。因此,研究人员需要根据自身的职业特点、教育水平、价值观念、工作单位情况和规划问题的性质等选择合适的方法。

“精神鼓励主义”是一种比较单纯的态度,认为旅游发展本质上是对接待地区有益的,会自动带来效益。旅游目的地居民不参与旅游发展决策、旅游规划和政策制定。盖茨(Getz 1987)指出:

精神鼓励主义仍在实践之中,将来也会继续实行,主要有两类人:思想上或实践上认为应当推动经济发展的政府官员和从旅游发展中获得经济效益的其他人。他们将继续推行这种主义,直到耗尽可利用的资源,实际成本或机会成本过高,或者无法反驳政治对手。届时,通常已经出现了真正的破坏后果。

盖茨(Getz 1987:10)

相反,经济导向的旅游规划方法旨在推动某个地区的经济发展与增长。规划的重点是旅游的经济影响及如何最有效地来为地区或社区创造收入和就业机会。

地理学者的主要研究领域之一是自然/空间导向方法,认为旅游具有生态基础,需要根据空间格局、承载力或门槛进行开发,最大限度地减少旅游对自然环境的影响(Getz 1983,1987)。事实上,第八章中讨论的某个地点的自然承载力或行为承载力应归为这种方法。佩奇和桑(Page and Thorn 1997)研究了新西兰国家尺度

表 9.3　旅游规划方法:假设、问题确定、方法与模型

规划传统	基本假设与态度	确定的旅游规划问题	相关方法举例	相关模型举例
精神鼓励规划	·旅游本质上是有益的 ·旅游应当发展 ·文化资源与自然资源应得到开发利用 ·旅游业实现专业化 ·企业发展	·能够吸引和容纳多少旅游者 ·如何克服困难 ·如何说服接待地居民友善对待游客	·促销 ·公关 ·广告 ·确定发展目标	·需求预测模型
经济导向规划	·旅游业和其他行业地位平等 ·利用旅游创造就业机会、赚取外汇、促进贸易、推动区域发展、克服区域经济不均衡 ·规划人员是专家 ·经济发展	·旅游能否作为经济发展支柱 ·如何最大化发挥收入和就业的乘数效应 ·影响消费决策 ·提供外在经济价值 ·提供保护经济价值	·供求分析 ·效益成本分析 ·产品与市场匹配 ·发展激励 ·市场细分	·管理过程 ·旅游总体规划 ·旅游动机 ·经济影响 ·经济乘数 ·定价模型
空间导向规划	·旅游业是资源使用者 ·生态是发展基础 ·旅游是空间和区域现象 ·环境保护 ·保护基因多样性	·自然承载力 ·如何管理旅游格局和旅游流 ·游客管理 ·游客集中与分流 ·自然环境感知 ·荒原和国家公园管理 ·划定环境敏感区	·生态研究 ·环境影响评估 ·区域规划 ·感知研究	·空间格局与过程 ·自然影响 ·度假区形态 ·可接受的改变限度 ·游憩机会频谱 ·旅游机会频谱 ·目的地生命周期理论
社区导向规划	·需要地方管理 ·寻求平衡发展 ·寻求大众旅游发展的其他替代方法 ·规划人员起辅助作用,而非专家 ·社会文化发展	·如何实施社区管理 ·了解社区旅游态度 ·了解旅游对社区的影响 ·社会影响	·社区发展 ·意识与教育 ·态度调查 ·社会影响评价	·社区生态观点 ·社会承载力,感知承载力 ·态度改变 ·社会乘数效应

续表

规划传统	基本假设与态度	确定的旅游规划问题	相关方法举例	相关模型举例
可持续旅游规划	·综合权衡经济价值、环境价值和社会文化价值 ·旅游规划与其他规划有机结合 ·整体规划 ·保护基本生态过程 ·保护人类遗产和生物多样性 ·代际公平与代内公平 ·国家之间提高公平性、增加机会 ·规划与政策 ·规划是一个过程 ·规划与实施是同一件事情的两个方面 ·认识到旅游的政治因素	·了解旅游系统 ·确定总体目标、具体目标和优先项目 协调公共部门内部的政策与管理,协调公共部门和私营机构之间关系 ·建立合作式的综合管理系统 ·了解旅游的政治因素 ·旅游规划满足地方需要,在竞争激烈的市场上企业取胜	·战略规划取代传统思想 ·提高生产意识 ·提高消费意识 ·利益相关者投入 ·政策分析 ·评价性研究 ·政治经济学 ·目标分析 ·利益相关者监督 ·环境分析与监测 ·解释说明	·系统模型 ·强调地方以及地方之间联系的综合模型 ·文化资源 ·环境感知 ·企业生态学 ·了解企业

资料来源:根据盖茨(Getz 1987)、霍尔等(Hall et al. 1997)、霍尔(Hall 1999)

上市场导向旅游规划方法的影响,发现缺乏合理的全国性政策或规划,对地方社区产生了重要影响,而地方社区要求解决微观问题。他们还强调指出,能否将可持续规划原则与游客管理有机结合起来也是许多政府规划部门面临的突出问题。地方社区更为关心的问题是,社区导向规划能够做出多大贡献(Timothy 2002)。

社区导向的规划方法强调旅游发展的社会政治环境,主张加大地方社区对发展过程的控制力度。地理学者也积极参加了该领域的研究活动,因为它具有鲜明的城市规划和区域规划传统,关注社区的需要。这种方法的著名典范是墨菲(Murphy 1985,1988;Murphy and Murphy 2004)的研究工作。社区发展对发达国家和发展中国家的目的地都有重要影响(Singh et al. 2003)。

社区导向的旅游规划方法试图建立自下而上的规划形式,强调旅游在社区的发展。根据这个思路,当地居民被看做旅游规划的核心要素,社区往往等同于当地政府的一个地区,通常是基本规划单位。尽管如此,旅游目的地在实施社区规划理念时会遇到许多困难。道凌(Dowling 1993:53)指出,“对社区旅游态度的调查研究已经十分成熟,但将这些观点融入规划过程之中的现象还极为少见”。例如,

J. 詹肯斯(J. Jenkins 1993)指出了阻碍公众参与旅游规划的七个因素：

- 公众一般很难理解复杂而又技术性强的规划问题
- 公众不了解决策过程
- 决策过程很难具有代表性
- 居民的冷淡态度
- 人员的成本费用增加
- 决策过程延长
- 决策效率的负面影响

一个典型的例外情况是佩奇和劳顿(Page and Lawton 1997)进行的一项研究，该研究试图将居民的观点融入地方社区的旅游规划过程之中。

上面的讨论表明，实施社区导向旅游规划方法面临的最大困难之一是规划过程的政治性。社区规划意味着很高程度的公众参与规划过程。然而，公众参与又意味着地方社区对规划和决策过程有一定的控制力。因此，社区导向的旅游规划方法表明，旅游发展过程需要进行合作或社区参与管理。

然而，社区内部的权力分配是不均衡的，有些群体和个人能够对规划过程施加更大的影响(Hall and Jenkins 1995)。因此，有些情况下，公众参与旅游规划更准确地说是一种象征，因为政府已经规定了决策或决策指导，社区很少有机会说“不”(Hall 1995)。尽管如此，墨菲(Murphy 1985:153)指出：“旅游要想发展成为许多人提倡的繁荣、长久的产业，需要将旅游作为可更新型资源产业进行规划管理，要以当地承载力和社区决策为基础。”旅游发展的关联性和进化性日益受到重视。

自 20 世纪 90 年代末以来，地理学者开始关注旅游的可持续发展问题 (Hall and Lew 1998)。可持续旅游规划是一种综合性的规划方法，与资源的应用地理研究有众多相似之处(L. S. Mitchell 1979)。可持续旅游规划试图通过最大限度地减少资源损耗，最大限度地降低环境破坏程度、文化破坏程度和社会不稳定性，保持旅游业持续稳定发展。因此，该规划方法综合考虑了经济导向旅游规划、空间导向旅游规划和社区导向旅游规划的特点。

可持续发展关注代内公平和代际公平，意味着我们应当不仅要维护“环境资本”(M. Jacobs 1991)，也要维护和增强社会资本 (Healey 1997)，包括各地存在的丰富的社会网络和社会关系，制定合理的社会公平政策和政治参与计划 (Blowers 1997)。这种规划思想对旅游规划结构和旅游决策具有重要意义。为了实现可持续的公平目标，决策过程需要更全面地考虑与旅游发展有关的各种价值观、意见和利益以及旅游对社会经济发展的总体贡献水平，为公众参与讨论提供较为明确的空间(Smyth 1994)。B. 埃文斯(B. Evans 1997:8)指出，“如果可持续规划的氛围……在任何地方都基本存在，公众参与讨论和争议的政治过程，不管是正式的还是非正式的，将会比以往发挥更重要的作用”。

达顿和霍尔（Dutton and Hall 1989）提出的可持续旅游规划的五个关键因素是：合作制度与综合控制系统、建立行业协调机制、提高消费意识、提高生产意识、战略规划取代传统思想。

插图 9.1/9.2　苏格兰凯恩祷镇菲恩海湾。社区所属的旅游项目。

七、合作制度与综合控制系统

一般的规划过程几乎不与利益相关者进行协商，即使有协商，通常也是在规划过程即将结束的时候，利用正式的公众会议进行。“在这种情况下编制的规划一般都是专业人员的陈述性报告，而不是有关各方达成的一致意见”；相反，互动式的规划“以其开放式、参与式的规划过程而做出了更合理的决策”（Lang 1988，引自 Wight 1998：87）。各类层次（从区域规划到个别度假区项目规划）的综合性旅游规划与管理方法有利于更公平地分配旅游发展的成本与收益，利益相关者之间的关系得到改善，从而进一步加强相互理解，也有助于达成一致的规划目标。然而，如果没有相互利益增加作为激励，仅有合作是不能保证可持续发展的。

合作与综合控制系统的最重要的一个方面是选取可持续的指标。指标的作用在于使复杂的系统变得简单易懂。一项或一套有效的指标有助于目的地、社区或企业确定自身所处的位置、将来的去向以及和既定目标的距离。可持续性指标可以根据经济系统、环境系统或社会系统的有效性和综合程度，衡量目的地或社区的远期生存能力（Gill and Williams 1994；Hall 1999）。然而，指标只有在问题设计合理的情况下才会有用（Hall and McArthur 1998）。确定指标时，必须明确了解规

划的总体目标和具体目标。例如,指标类型可以包括如下几种:

- 经济指标、环境指标和社会指标(衡量经济、环境和社会状况的变化)
- 可持续性指标(衡量变化与环境可持续状态之间的距离)
- 可持续发展指标(衡量全国可持续发展目标实现的进展情况)

一般倾向于选取最容易测量的指标来体现最明显的变化;因此,往往漏掉了从整体上衡量旅游发展的重要指标,如旅游的社会文化影响。此外,由于单位不想对评价结果承担责任而可能没有选取合适的指标(Hall and McArthur 1998)。根据怀特(Wight 1998)的观点,体现理想状况的指标应当:

- 直接、醒目
- 容易测量
- 认识到某些变化是正常的,尤其是生态系统对使用状况的变化十分敏感
- 体现适当的尺度(空间尺度和时间尺度)
- 不仅具有制度和行政界限,也有生态界限
- 包括生态系统的结构属性、功能属性和构成属性
- 包括社会要素、文化要素、经济要素和生态要素
- 体现对指标功能和类型的了解(如基准/参考系、压力、影响、管理、特征系统)
- 涉及目的地地区的总体目标、具体目标和未来展望
- 服从管理

观察与思考:政府角色的转变与可持续性

政府的角色转变为利益保护者,对旅游及其可持续发展具有重要意义(Bianchi 1997;Mercer 2004;Weaver2004)。布娄厄斯(Blowers 1997:36)就英国的情况指出,“长时期的私有化、放松管制、公共开支削减和对地方政府进行攻击,导致了‘民主赤字’——权力分散到非选举产生的半官方机构和企业利益集团——导致了发展的不可持续性”。豪顿和亨特(Haughton and Hunter 1994)的评论中也对此提出了批评:

> 未加管制的市场手段缺乏道德意识,使得个人行为也不道德。道德因素很重要,因为市场没有为解决我们每天都面对的深邃道德问题提供充分的基础;它对避免个人和组织做出错误决策具有一定的作用,但它自己却不能解决社会面临的全部环境问题。
>
> 豪顿和亨特(Haughton and Hunter 1994:272)

上述观点强调，在公共利益和市场利益发生冲突的情况下，需要看到政府部门和私营机构之间的合作关系。政策制定过程中综合考虑各种因素会构建一个事务网络。事务网络是决策参与者之间相互作用而构成的体系，其特点是短暂性和缺乏成熟的管理中心（Heclo 1978）。海科罗（Heclo 1978）指出，"事务网络"一词

描述的是有关个体关注事务的某个方面而形成的结构，政策群体的使用范围更广泛，包括收集某个行政区内的事务网络。它们两者都说明了对某项事业具有不同奉献程度的人自发形成的结构和变化形成的结构。

海科罗（Heclo 1978:102）

分析利益群体在旅游决策过程中的角色时遇到的重大问题之一是，确定利益群体和政府之间应保持什么样的关系是适当的（Hall and Jenkins 1995; Bramwell 2004）。政府顾问委员会或国家旅游机构、地区旅游机构和地方旅游机构中的旅游业成员在何种程度上向其他利益群体宣布决策过程的"关闭"，而不是协商、协调、合伙或合作？道伊奇（Deutsch 1970）认为：

利益群体和各机构之间的这种合作有时候可能是件好事情，但有时候可能是件坏事情。这些群体对其他群体的需要习以为常，相互之间越来越专注，但对局外人的需要却视而不见，对新录用人员和新的观点无动于衷。或者，不同利益群体的精英成员相互之间日益得到认同，却越来越忽略了他们所代表的群体的利益。

道伊奇（Deutsch 1970:56）

旅游业与政府旅游机构之间的关系显然提出了这样的问题：决策过程在何种程度上产生了"公共利益"政策，哪些政策有助于旅游的可持续发展而不仅仅是满足狭隘的部门利益。穆西亚罗尼（Mucciaroni 1991:474）指出，"比较有代表性的政策通常分摊成本、集中效益。某个群体从政策中受益，但成本却分摊给每个人或至少是社会的大部分人"。霍尔和詹肯斯（Hall and Jenkins 1995）指出，旅游政策就是这样的一个领域，旅游宣传促销的成本尤其如此。然而，这种情况也影响到旅游和社区整体发展的可持续性。在分析旅游与合作问题时，霍尔（Hall 1999）得出结论认为，当前政府旅游机构对合伙与合作的重视程度被夸大了。

强调哪些人参与了旅游规划和决策过程，哪些人被排除在外……应

> 努力保证所有利益相关者的公平使用权，旅游规划中要重视合作。
>
> 霍尔(Hall 1999)
>
> 因此，要根据政府的适当角色以及政府与社区之间关系的变化和期望值，分析事务网络与合伙合作的政策观点。

八、建立行业协调机制

尽管几乎世界上每个国家都存在众多正式和非正式的旅游行业机构，但它们很少关注可持续发展这样的复杂问题。环保团体的支持表明在共同需要方面能够达成一致意见。然而，要使这些一致意见发挥效用，必须确保由此制定与实施不是"最低标准"(Hall 1999)。因此，政府与公共利益团体一般都会利用其影响力来加强对规划问题的行业协调，使利益相关者互相对话，建立有效的联系与合作关系。在许多方面，这些措施在地方层次上比较容易实现，因为需要纳入协调机制的利益相关者数量较少。此外，地方层次提供了更多面对面的接触机会，从而容易产生信任(Hall 2000a; Bramwell 2004)。

协调指的是组织、利益团体和个人之间正式的制度化关系，而合作是"非正式的协定，试图在缺乏规则的情况下建立互惠关系"(Mulford and Rogers 1982:13)。通常，在解决旅游规划和政策问题时建立协调关系，如可持续发展问题，是通过组织机构确定的(如成立新的机构或为现有机构分配新的责任)。然而，这种办法本身并不能将各利益相关者和利益团体集中在一起解决问题，这是一个建立合作关系的问题。相反，如果认识到旅游系统内部存在的相互依赖程度(Hall 2000a)，"那些单独的利益团体就有可能发现共同或公共利益"(Friedmann 1973:350)。例如，美国政府自然资源管理机构提出的"生态系统管理方法"的建议开辟了遗产管理和自然区域管理的新思路(Hall and McArthur 1998)。合作、协调与合伙的概念虽然在新兴网络范式内是密切相关的观点，但它们却是独立的。网络是指参与者(如组织和个人)之间建立的各种联系，是维护公共利益比较正式化的联系。这些联系构成一个连续体，从"松散的"联系到联合，直至成为较为长久的结构安排与结构关系。曼德尔(Mandell 1999)确定了这种合作关系构成的连续体，如下：

- 两个或两个以上参与者之间的联系或相互接触；
- 两个或两个以上参与者为实现某些目标而建立的断断续续协调关系或共同调整政策或方式；
- 参与者为实现一个目的或多个目的而承受的特别或暂时的任务压力；

• 两个或两个以上参与者通过正式协议（如理事会或合伙关系）而建立的永久、有规律的协调关系，参与有限活动，实现一个目的或多个目的；

• 建立联合关系，采取相互依赖的战略行动，但是目的范围较为狭窄，所有行动都发生在参与者自身内部，或者涉及相互之间的先后顺序或参与者同步行动；

• 建立集体结构或网络结构，有广泛的任务和接合点以及战略上相互依赖的行动，这种结构形式的广泛任务超出了独立参与者的同步行动。

然而，曼德尔（Mandell 1999）警告说：

由于我们这些专业人员急于出结果，常常寻找如何解决进退两难窘境的良方或答案……学术人员和从业人员都试图建立适应这个复杂世界的成功模型。尽管这样做可能有很大的诱惑力，但构建“放之四海而皆准”的这样一个模型没有考虑到“现实世界”中使用这些概念之前必须了解的大量因素和事件。

曼德尔（Mandell 1999：8）

九、提高消费意识

近年来，旅游业和其他行业的特点之一是对“绿色”产品或“环境友好”产品的消费需求越来越多；这种需求通常与消费者环境意识的增强和贸易与旅游社会问题的增多有关系。然而，在许多情况下，可持续性旅游企业和非可持续性旅游企业之间的区别很难让消费者进行甄别，特别是有些情况下，绿色旅游被看做是一种品牌创建手段，而不是产品开发的根本变化。

消费意识提高的一个标志是制定了旅游行为准则，以最大限度降低旅游对社会环境和自然环境负面影响（Hall and Lew 1998）。例如，P. 瓦伦丁（P. Valentine 1992）引用了奥杜邦协会的例子，这是美国最大的环境保护团体之一，它制定了《奥杜邦旅游道德规范》，以关注游客的适当行为和道德规范。个人随协会一起出游时应遵循如下规定：

（1）不能干扰生物群。

（2）奥杜邦组织的自然地区旅游是可持续的。

（3）尊重其他文化的敏感性。

（4）废物处理既不能造成环境影响，也不能造成审美影响。

（5）旅游者随奥杜邦一起出游获得的体验会丰富其对自然、保护与环境的认识水平。

（6）奥杜邦旅游会加强保护工作，增强游览地点的自然完整性。

（7）禁止交通危及野生动植物。

消费意识是很重要的,可能会导致旅游产品发生转变,尤其是如果你相信"消费者是上帝"的古老格言;尽管如此,还要求了解旅游供应方面的基本变化。

十、提高生产意识

霍尔(Hall 1995)指出,人们对满足不同消费市场需求的关注程度要超过对满足旅游产品供应需求的关注。随着消费意识的提高,生产环境和旅游企业或协会的行为受到了很大关注(Hall and McArthur 1998)。例如,已经为南极旅游经营商出台了广泛的指导方针(Hall and Johnston 1995)。然而,尽管这些指导方针无疑会对某些旅游经营商的行为产生影响,但要想使它们从整体上对旅游发展产生影响的话,还需要政府调控、支持和环境规划立法。例如,这些行为准则在什么情况下是自愿的,采取哪些实际措施处罚违反规则的经营商?

观察与思考:南极旅游经营商国际协会

南极旅游经营商国际协会(网址:http://www.iaato.org)成立于1991年8月,最初有7个宪章会员(Enzenbacher 1992),现在包括了在南极地区有业务活动的大多数豪华游船公司。2001年,南极旅游经营商国际协会有14个正式会员,6个临时会员,1个试用会员,14个预备会员。南极旅游经营商国际协会会员每年会同国家科学基金会和南极旅游经营商召开一次会议,拥有会员资格的单位必须出席会议,讨论协会规章制度和其他重要事项。估计南极旅游经营商国际协会会员接待的南极游客占南极旅游总人数的70%左右(Enzenbacher 1995)。克劳斯(Claus 1990,引自 Enzenbacher 1995)指出:

> 在过去几年内,我们参加了南极政策会议、美国国会听证会和科技大会,这些会议不仅在美国举行,也在澳大利亚和新西兰举行。我们在南极环境保护方面发挥了主导作用。
>
> 恩泽贝彻(Enzenbacher 1995:188)

南极旅游经营商国际协会制定了两套指导方针,第一套针对南极旅游经营商(南极旅游经营商国际协会 1993a),第二套针对南极游客(南极旅游经营商国际协会 1993b)。南极旅游经营商国际协会旅游经营商指导方针面向南极旅游公司全体工作人员和管理层。一致通过的原则包括增强意识,制定行为准则,最大限度减小旅游对环境的影响。旅游企业与

《南极条约》协商国愿意合作管理旅游，对保护南极环境是至关重要的，因为南极是跨国界空间，国内法律很难在此适用（Keage and Dingwall 1993; Hall and Johnston 1995）。旅游经营商认为，南极旅游经营商国际协会当前的指导方针是适当的，旅游者通常会有效地保护野生动物和环境。然而，恩泽贝彻(Enzenbacher 1995:188)指出，"由于当前没有中立性管理机构监督南极地区的所有旅游经营商，这种自我管理方式能否足以解决旅游活动引起的全部问题尚不明确"。已经发现了会员违反南极旅游经营商国际协会指导方针的情况，但它们对环境造成严重影响的程度尚不清楚。

十一、战略规划取代传统方法

战略规划在旅游中的地位越来越重要(如，Dowling 1993)。战略规划旨在主动应对社区需要，将规划与实施有机结合起来，并且保持规划不断前进。"战略"是实现预期目标的手段。战略规划可使一个单位通过规划与管理的有机结合，有效地适应管理环境。战略计划是战略规划成果形成的文件，是衡量规划工作的依据，对未来发展方向、工作任务、具体方案和行动措施起指导作用。战略规划成果是规划工作对单位及其活动产生影响的结果。然后通过选取适当的指标，对这些影响进行监测评价，单位据此做出修订调整，适应环境的变化。因此，战略规划强调连续改进的过程是单位工作活动的基础，在此过程中，管理与经营决策有机结合起来。霍尔和麦克阿瑟(Hall and McArthur 1998)认为，实现战略规划有三种主要机制，从而与传统规划思想区分开来：

- 超越单位界限的规划框架，重视利益相关者和资源的战略决策；
- 激发企业化思想和创新思维的规划过程；
- 企业价值体系，强化管理层和员工对企业战略的奉献精神。

可持续旅游发展的有效战略规划认识到影响战略制定的重要因素，如制度安排、企业文化、利益相关者价值观和态度。这些因素之所以重要，是因为战略计划必须符合法律法规、实施机构的制度方式和政府的政治目标。然而，也往往出现这样的情况，一旦战略规划过程已经处于进行之中，可能才认识到制定的总体目标和具体目标、评价方式和制度安排不足以成功地实现可持续发展目标。此外，还必须认识到，为了保证有效性，战略规划的过程需要考虑培育适当的企业价值体系（参见 Hall and Jenkins 1995 对规划和决策中价值体系作用的讨论）。的确，就价值体系重要性需要指出的是，战略规划的过程和结果（即战略计划）是同等重要的。在全面规划过程中，那些负责实施规划的人也是协助编制规划的人，对规划有一定的“所有权”，从而会大大提高规划实施的有效性（Heath and Wall 1992; Hall and McArthur 1996）。

战略规划方法的采用可能出于众多原因（Hall and McArthur 199）：

- **利益相关者的要求**　采取战略规划的需要可能来自利益相关者的压力（如环保组织或政府）。

- **感知需要**　缺乏做决策的适当信息或缺乏实施法规的合适机制，使人们感到需要采取新的管理方法和规划方法。

- **应对危机**　采取战略规划行为往往是危机导致的结果，管理和规划制度无法适应管理环境的变化而产生危机（如，不能保护环境意义重要的景区免遭游客压力的破坏）。

- **最佳范例**　游客管理部门能够积极主动地采纳新观点、新技术。因此，战略规划过程成为改进工作的方式。

- **适应、创新、传播观点**　单位内的个人可以促使战略规划过程在责任管理机构内部和各责任机构之间相互传播思想观点。

很少只为了一个原因而采取战略规划方法。然而，尽可能了解某个规划过程的实施原因是很重要的，因为这有助于规划参与人员了解人们的期望。战略规划一旦开始进行，其过程就是反复的。换句话说，规划系统能够适应环境，并随之发生变化，以有效地确定最合适的总体目标、具体目标、行动措施、评价指标和制度安排。就此意义而言，可持续旅游的战略规划能够体现出生态关系中存在的适应和变化原则，这也是它们努力要维持的一种关系。此外，战略规划方法强调了解旅游规划的政策环境，下面我们将对此进行简要讨论。

观察与思考：新加坡：21世纪的旅游业

为什么有人来新加坡？我们以前有什么……我们最初只有一个名字，后来有了莱佛士酒店，除了这些还有什么？一些离奇有趣的习俗、优美的环境、雄伟的寺庙、印第安人赤脚走过一堆燃烧炽热的木炭的宗教仪式……但这些不会给我们带来600万游客。相反，我们创造了景点，吸引了600万游客。我们制定了促销战略……

前总理 李光耀(Senior Minister Lee Kuan Yew,

引自《海峡时代周刊》，1993年6月16日，

转引自 Teo and Chang 2000:17)

旅游者兴趣和市场需求随着时间发生变化,"新加坡不断地重新创造资源,以保持其竞争力"(Toe and Chang 2000:117)。旅游政策的变化反映了政府工作重点的转移,从 1986 年发展计划中提出的开发当地资源转向 1996 年确定的"建立区域旅游经济"(Chang 1998)。然而,尽管促销战略发生了转变,政府仍然一直重视和强调新加坡作为东南亚门户和交通枢纽的地位。陶和常(Toe and Chang 2000)指出,作为航空交通枢纽、商业中心和旅游节点,新加坡在旅游业生存的基础是,充分利用了其完善的基础设施将自身定位为旅游门户。

1996 年,新加坡确定的目标是:到 2000 年底接待游客 1 000 万人,旅游收入实现 160 亿新币(C. M. Hall 1997a)。为实现上述目标,新加坡于 1996 年 7 月制定了新的旅游计划《21 世纪旅游:旅游之都展望》(新加坡旅游局 1996)。该计划的目标是使新加坡成为东南亚地区的旅游枢纽。为此,确定了六个战略要点:

- **重新定位旅游**:拓宽旅游重点,从目的地营销扩大到将新加坡发展为旅游商务中心和旅游枢纽;
- **产品创新**:开发新的主题活动、节事活动和基础设施,使新加坡的旅游产品与该区域建立联系;
- **将旅游作为产业发展**:采取集聚式发展方法,鼓励投资,培养合格旅游人才,建立信息网络,实施品牌战略;
- **开辟新的旅游空间**:鼓励新加坡公司投资海外旅游,在产品开发方面与邻国建立合作关系;
- **合作取得成功**:鼓励建立各种层次的旅游合作关系;
- **支持旅游发展**:新加坡旅游促销委员会作为"一站式"旅游机构的作用不断扩大,既发挥传统的促销职能,也参与旅游发展的各项工作。新加坡旅游促销委员会更名为新加坡旅游局体现了它所发挥的新作用。

2000 年新加坡接待的旅游总人数达到 7 691 090 人次,创下历史最高纪录。来自亚洲、欧洲、大洋洲和美洲等地区的旅游人数也达到了历史最高水平。考虑到亚洲金融危机对地区旅游业的影响,这个接待水平是相当不错的成绩,同时也验证了新加坡旅游规划战略的有效性。

该计划的详情,请参阅新加坡旅游局网址:http://www.stb.com.sg 。

插图 9.3 新加坡海滨。通过有意识地运用旅游政策和旅游规划措施，该地发展成为饭店集中区。

插图 9.4 加拿大温哥华格兰韦勒岛是世界上以可持续方式满足当地居民和旅游者需要、进行综合开发的最佳范例之一。岛上的各种开发项目，包括市场、餐馆、商店、船具商店、艺术工作室、剧院、酒店等，利用了 20 世纪 70 年代初集装箱运输余下的一片港口区。

十二、旅游政策

除了规划外，地理学者还对政策制定产生了浓厚的兴趣，但只是从 20 世纪 90 年代以来，这种关注才出现在旅游研究领域（如，Fagence 1990，1991；D. G. Pearce 1992a，1992b；Hall and Jenkins 1995）。公共政策是政府工作的核心内容，是“任何政府选择要做的事情或不做的事情”(Dye 1992:2)。该定义涵盖了政府的作为与不作为、决策与非决策，表明政府在各种方案之间深思熟虑后做出的选择。一项政策要成为公共政策，至少必须经过一定的程序，得到政府机构的批准或同意(Hall et al. 1997)。公共决策，包括旅游决策，首先是一项政治行为。公共政策受到社会的经济特征、文化特征以及政府的机构形式和政治体制的其他特征的影响。因此，政策是政治环境、价值观、意识形态、权力分配、制度框架和决策过程的结果(Hall and Jenkins 1995；Hall et al. 1997)(图 9.2)。

旅游政策是一个政府对旅游选择的作为或不作为(Hall and Jenkins 1995)。然而，地理学者进行的大量研究表明(如 McKercher 1993c，1997；J. Jenkins 1997)，压力团体(如，旅游行业协会、保护团体、社区团体)、社区领导和重要人物(如地方政府议员)、政府机构成员(如，旅游委员会或地区开发机构工作人员)和其他人员(如学术人员和咨询专家)往往以十分重要而明显不同的方式影响公共政策。

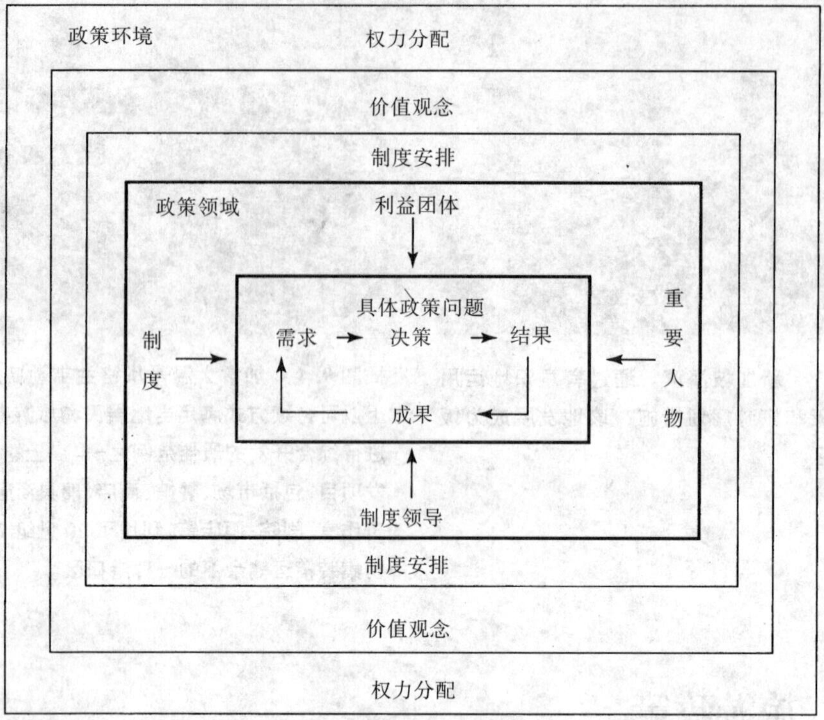

图 9.2 旅游决策过程的要素

旅游政策研究可以划分为两种主要的理论类型：规定性理论模式和描述性理论模式(B. Mitchell 1989; Hall 1994; Hall and Jenkins 1995)。"规定性或标准化理论模式试图说明规划与决策应如何按照预先设定的标准进行"，而"描述性理论模式则说明决策过程是如何进行的(B. Mitchell 1989:264)。规定(标准)模式是理想情况的指南，旅游文献中提到的绝大多数政策和决策研究都倾向于利用决策的规定模式，表明旅游政策与决策应如何按照预定标准进行(如 Murphy 1985)。规定性——理性模式认为，决策过程与行政管理和"经济巨人"的存在之间有两种不同意见的划分，个体可以"确定和排列总体目标、价值观念和具体目标的次序"，并能够"经过收集全部必要数据和进行系统评价后，从中做出选择"(L. S. Mitchell 1979:296)。然而，尽管与现实进行比较，这些可能是有用的理性模式，但它们没有详细洞察到现实规划及与之相关的一系列价值、权力和利益。的确，需要根据旅游规划与开发的总体目标、具体目标和成果，对规划思想、方法和技术进行评价(Hall and Jenkins 1995;Hall et al. 1997)。

描述性方法对决策、规划和政策制定过程中发生的事情进行解释。案例研究是描述性旅游研究的重要内容，有助于了解选择、权力、感知、价值和过程等因素对旅游规划和决策的影响。L. S. 米切尔(L. S. Mitchell 1979:42)指出，“大量资源分析研究都是建立在案例研究基础上”。对案例研究方法的主要批评是“依赖历史描述，范围、内容缺乏一致性，缺乏内在理论性”(Davis 1981:8)。然而，尽管一个案例研究“不足以代表全面探究”，但多个案例研究会说明基本关系和一般原理(L. S. Mitchell 1979:43)。事实上，“不能声称案例证据是完全可靠的或绝对典型的”(Davis 1981:7)，但案例研究的确能够使研究人员突出强调某些问题。这种态度也体现在拉·佩奇(引自 Mercer 1973: 42)的休闲研究中：“为保证研究的合理性，我很高兴并愿意以过去十年的全部重要成果交换几个能够得出可靠理论观点的优秀案例研究”。

因此，描述性方法的重点是了解政策过程的不同要素及如何通过该过程得出某些结果和成果。W. I. 詹肯斯(W. I. Jenkins 1978: 16)认为，“许多政策过程都是很重要的，从理论上了解政策过程是分析公共政策的基础”。因此，对旅游政策的描述性分析而言：

> 要解释政策维护与政策变化，需要探讨政治制度存在的社会政治条件，尤其是要研究外部因素对结果的影响程度。为此……政策分析的紧要任务是探讨环境、政治制度、政策结果与政策影响之间的联系。
>
> W. I. 詹肯斯(W. I. Jenkins 1978: 26—7)

然而，遗憾的是，尽管地理学者在旅游政策过程研究领域已经做了大量工作（如 D. G. Pearce 1992b; Hall and J. Jenkins 1995），但由于直到 20 世纪 90 年代初期该领域才得到重视，所以对旅游政策过程的了解还相当有限。虽然如此，了解政府将旅游作为政策机制的方式是极为重要的，不仅可以改进决策和规划过程，而且可以改善受这些政策影响的居民状况。

例如，旅游作为发达国家乡村地区经济问题的政策应对手段，自 20 世纪 90 年代初以来经历了若干阶段(J. Jenkins et al. 1998)。直到 20 世纪 80 年代中期，乡村旅游主要关注的是商业机会、乘数效应和提供就业(如，加拿大乡村发展委员会 1975)。在 20 世纪 80 年代末，政策导向转变为：环境是旅游业的关键因素。根据这种观念，“旅游是乡村社区发展的附加力，而不是拉动力(Curry 1994:146)。旅游被认为是“可持续的”，强调固有的环境价值，有些国家的乡村社区就是旅游资源。(但在澳大利亚，可持续性首先从生态角度进行界定：Hall 1995)

在 20 世纪 80 年代末和 90 年代初，旅游和区域发展又被赋予了政府政策应对的内容，重新回到了早期的经济关注(例如，D. G. Pearce 1992a)。乡村旅游被认为是阻止农业就业下降的主要机制，因此也是实现农业多样化的机制（乡村发展委员会 1991a，1991b）。例如，在欧洲，我们看到了特定乡村开发区的确定（Pearce 1992a; Jenkins et al. 1998）。对乡村旅游的巨大发展潜力，澳大利亚、新西兰和北美也给予了充分重视（Butler et al. 1998）。例如，在澳大利亚，联邦旅游部（1993）指出：

传统乡村企业向旅游发展，从而实现多样化经营，为当地乡村经济带来相当大的效益，包括：

- 拓宽就业机会；
- 实现农民和乡村城镇收入基础的多元化；
- 促进基础设施建设；
- 拓宽地方服务项目建立、维持和扩大的基础；
- 扩大区域发展战略整合的范围；通过增加休闲和文化活动机会，改善生活质量。

联邦旅游部（1993:24）

然而，尽管政府发展旅游的热情可以预防乡村结构调整和人口下降过程中出现的问题，但是，这些政策取得的成功屈指可数，旅游休闲业的最大发展出现在大型乡村服务中心和乡村与城市的边缘区，相对于其他乡村地区而言，这些地区是最不需要获得旅游效益的地方（Butler et al. 1998; Jenkins et al. 198）。为什么会发生这种情况呢？

在很大程度上，政府不了解旅游的性质特点、旅游与其他经济部门的关系以及政策和规划过程本身。第一，所有的发展因素都要予以考虑。第二，我们需要了解发展要素之间存在的各种联系。第三，要实现预期成果，“成功”的区域发展需要进行协调，有时需要干预。第四，旅游不应当被视为区域发展中最要紧的事情，而应当作为对区域需要的适当反应。另外，联合发展的作用和社区的权力分配对旅游政策、规划过程及其成果有重大影响（Logan et al. 1997; Meethan 1998; Judd and Fainstein 1999; N. J. Morgan and Pritchard 1999; Church and Reid 2000; Judd 2000; P. E. Long 2000; Schollmann et al. 2001; Hall 2005a）。盖茨（Getz 1987:3—4）指出，旅游“可以成为区域发展的一种手段，也可以成为破坏的手段”。或者引用加拿大英属哥伦比亚省的一篇文章中说的那样：“那些认为利用维多利亚的古建筑和价格昂贵的卡布奇诺咖啡馆将其所在社区转变为金矿的人往往大失所望”（Threndyle 1994）。然而，人们长期以来就认识到了乡村旅游和休闲发展的问题。例如，鲍姆和摩尔（Baum and More 1966）就20世纪60年代美国的经历指出：

当前和将来旅游发展的机会越来越多，但不能将旅游业看作解决大量长期失业问题和低收入乡村地区就业不充分问题的灵丹妙药……跟其他部门的经济活动一样,某个旅游企业或企业联合体的成功发展也需要考虑经济问题和规划与开发。

鲍姆和摩尔(Baum and More 1966:5)

确定区域旅游成功发展的出发点是,首先决定社区应当达到的目标及如何实现这一目标。这种决定不能由旅游业单独做出,P. T. 隆和诺克尔斯 (P. T. Long and Nuckolls 1994)指出:

具有前瞻性的社区导向规划,超越了静态旅游供应方面的开发与促销,对可持续旅游业的成功发展是必不可少的。另外,旅游规划必须与社区的其他战略、区域发展战略和经济管理战略有机结合起来。社区如果不能有效组织各种资源、从战略高度对旅游发展进行规划,很可能会陷入短期的任意发展,对经济、社会和环境造成长远的负面影响。

P. T. 隆和诺克尔斯 (P. T. Long and Nuckolls 1994:19)

因此,了解旅游政策的制定过程处于乡村和区域发展目标的核心位置。然而,霍尔和詹肯斯(Hall and Jenkins 1998)指出,乡村旅游休闲公共政策的制定和实施面临着几大难题。一是对旅游发展潜力存有不切实际的期望,二是决策者忽略了旅游发展对经济、社会和环境可能产生的负面影响,而正是这些影响降低了旅游效益(Bachvarov 1999; Boyd 2000; Cater 2000; Bianchi 2002; Ribeiro and Marques 2002; Turnock 2002)。达菲尔德和隆(Duffield and Long 1981:409)指出,"富有讽刺意味的是,未进行开发、未遭到破坏的景观和特色鲜明的地方文化成为直接的旅游资源"。因此,政府参与旅游开发往往很不成功:

户外休闲资源的分配管理决策很少得到战略政策框架的指导。决策一般是对来自各种团体的压力所做出的反应,而这些团体为争夺同样的资源或管理某种资源而产生竞争……即使在欧洲,虽然乡村旅游作为区域经济发展和欧洲一体化的重要机制而日益受到重视,但在政策制定和实施方面仍然存在大量问题。

霍尔和詹肯斯(Hall and Jenkins 1998:28)

导致这些失败的原因在于缺乏对政策过程的了解(Hall and Jenkins 1995;J. Jenkins 2001;Michael 2001),"区域旅游发展的总体目标相当明确,但对实现具体目标应具备的最适当政策却鲜有研究,对政策措施几乎没有任何监测和评价"(Hall and Jenkins 1998)。因此,对通过旅游发展实现区域发展目标的各地而言,有众多可利用的政策措施(表 9.4)。主要包括五类不同的措施:

- **调节手段**:制定具有法律依据的规章制度、许可制度,并进行监测和落实;
- **自愿手段**:不需要开支花费的行动措施或机制;
- **经费支持**:政府直接拿出经费实现政策成果;

表 9.4 乡村旅游发展政策手段

类型	手段	举例
调节手段	·法律	规划法赋予政府相当大的权力,例如,通过用地区划鼓励特殊形式的乡村旅游发展
	·标准规范	地方政府可以利用调节手段达到各种目的,例如,制定旅游建设项目的材料标准,制定遗产街区或建筑的建筑规范。
	·许可证制度	美国通常利用许可证制度限制资源使用或污染;然而,该手段要求进行有效监测以便发挥作用。
	·交换	政府可以要求企业做出某种行为以交换某些权力,例如,以低于市场的价格将土地出售给开发商,或者允许开发特殊形式或风格设计的项目。
自愿手段	·教育	政府拿出经费教育当地公众、企业或旅游者,实现特定目标,如,采取合适的休闲行为。
	·志愿者协会或非政府组织	政府支持成立社区旅游组织在旅游发展中是很普遍的现象。支持方式采用直接批准或提供办公设施。成立的各种组织包括:地方或区域旅游组织、遗产保护组织、街道团体、导游组织,或者帮助设立农家乐协会。
	·技术支持	政府可以为企业提供技术和信息支持,包括规划开发要求等。
经费支持	·投资签约	这是政府实现政策目标比较常用的方法,政府可以对某些活动直接投资。包括基础设施建设,如道路,也包括街道美化。利用协议扶持现有地方企业或鼓励新开办企业。
	·投资斡旋	可直接投资于某个企业或项目;斡旋用于帮助企业提供稳定的客源。
	·国有企业	如果市场不能实现预期成果,政府可以经营国有企业,例如乡村或地区开发公司或企业董事会。如能成功,再将这些企业卖给私人。
	·公私合作	政府可以与私营企业进行合作,开发某种产品或某些地区;可以采用公司的形式,授权开展某个地区的业务。
	·监测评价	政府划拨一定资金,监测乡村经济、环境和社会指标。这些措施不仅有利于政府评价乡村旅游发展目标的有效性,而且成为私营企业重要的信息来源。
	·促销	政府可以出钱为某个地区搞促销,私营企业可以出资,也可以不出资。这种促销活动使各个企业重新分配预算,减少促销活动支出。

续表

类型	手段	举　例
财政激励	·定价	利用定价措施鼓励适当的企业行为或刺激需求,例如,采用特殊步行路径,降低野营成本或许可证费用。
	·税收收费	政府通过这些措施鼓励个人和企业采取适当行为,如,污染收费。税收和收费有利于为基础设施建设筹集资金,如,地区机场。
	·基金贷款	为企业提供资金,鼓励产品开发或保留保护遗产和景观。
	·补贴税收激励	尽管补贴通常被认为使市场失去效率,但也可以用来鼓励社会和环境方面的某些行为,如,遗产和景观保护。
	·回扣奖金担保债券	回扣和奖金是鼓励个人和企业采取某种行为的财政激励措施。同样,担保债券也可以用来确保企业按协议的方式采取行动,否则政府将为此重新投资。
	·优惠	优惠是影响消费行为的一种机制,为某种产品或活动提供打折优惠如,在乡村中心商店购物。
不干预	·不干预(故意)	政府决定直接干预部门或地区发展,也是一种政策手段,因为公共政策是政府决定做什么和不做什么。某些情形可能是这样的:政策目标正得以实现,政府干预不会给乡村发展过程带来任何价值,资源可以用到别处,发挥更大效益。

资料来源:据霍尔和詹肯斯(Hall and Jenkins 1998:29—32)

- **财政激励**:包括税收、补贴、基金和贷款等形式,对某些行动或行为采取激励措施,尽量不需要强制;
- **不干预**:为实现政策目标,政府故意不进行干预。

选择最合适的某项措施或一系列措施,取决于各地区的具体情况。没有通用的“最佳方法”;每个地区或地方需要选择适合其自身发展要求的适当政策(Sharpley and Telfer 2002)。然而,这并不意味着政策和规划过程发生在真空中。相反,政策和规划过程尽可能是公开的,以便使不同利益相关者的价值观、影响力和利益保持透明。虽然没有完美的规划或政策过程,然而我们能够通过地理学者的贡献,帮助提高规划和政策的制定过程与受旅游发展影响和不断努力希冀改进旅游发展的人之间的关联性。

十三、结论

本章对旅游休闲规划与政策过程进行了全面评述，指出了旅游规划的各种模式，强调了地理学者对空间导向、社区导向和可持续旅游规划方法做出的特殊贡献。

地方、区域和国家发展规划往往对旅游规划的重视程度不够，只是一些一般性的说明和笼统的目标，与此相对的是，休闲规划的发展和应用历史较长。事实上，从城市地区的发展历程看，英国在19世纪就出现了休闲规划，公共部门在公园建设、图书馆建设及其他满足公共利益的事务方面发挥了重要作用。地理学者对休闲规划的贡献在于不是积极参与学术研究活动，而是对优秀实践活动的综合与分析，在研究角色以外协助公共部门和私营机构进行区位分析和用地规划。因此，本章花大量篇幅强调了政策分析的重要性，尤其是描述性研究模式。但这并不意味着规定性研究模式没有价值，相反，规定性模式必须置于一定背景之下，特别是那些受政策影响的模式。

在看待旅游政策分析应用时，我们几乎又回到了原地。旅游休闲地理学者对该课题的研究兴趣一直没有发生改变，这些问题我们要放到最后一章进行讨论。

思考问题

1. 旅游规划与其他规划有没有明显的区别？
2. 休闲规划为什么是资源管理不可缺少的内容？
3. 你所在国家的旅游休闲制度安排是什么？请进行简要说明，并分析全国、地区和地方各层次制度安排之间的相互关系。
4. 在旅游政策制定过程中，政府和旅游业之间的适当关系是什么？

参考阅读

旅游规划方面的经典作品请参阅(尤其是 Gunn 2002 和 Murphy 1985,1988)：

Inskeep, E. (1991) *Tourism Planning: An Integrated and Sustainable Development Approach*, New York: Van Nostrand Reinhold.

Hall (2000a) is a theoretically informed work which attempts to integrate planning and policy concerns at different scales of analysis. More practical guides to tourism planning and dealing with stakeholders include.

Hall, C. M. and McArthur, S. (1998) *Integrated Heritage Management*, London: The Stationery Office.

Murphy, P. E. and Murphy, A. E. (2004) *Strategic Management for Tourism Communities: Bridging the Gaps*, Clevedon: Channel View.

On community development see

Singh, S., Timothy, D. and Dowling, R. (eds) (2003) *Tourism in Destination Communities*, Wallingford: CAB International.

There is relatively little useful work on international dimension of tourism policy, although the aftermath of 9/11 has meant a focus on issues of security in particular. See

Hall, C. M. (2000a) 'Travel safety, terrorism and the media: The significance of the issue – attention cycle', *Current Issues in Tourism*, 5(5): 458 – 66.

Hall, C. M., Timothy, D. and Duval, D. (2003) 'Security and tourism: Towards a new understanding?', *Journal of Travel and Tourism Marketing*, 15(2 – 3): 1 – 18.

Hall, C. M., Duval, D. and Timothy, D. (eds) (2004) *Safety and Security in Tourism: Relationships, Management and Marketing*, New York: Haworth Press.

Timothy, D. J. (2001) *Tourism and Political Boundaries*, London: Routledge.

Timothy, D. J. (2004) 'Political boundaries and regional cooperation in tourism', in A. Lew, C. M. Hall and A. Williams (eds) *Companion to Tourism*, Oxford: Blackwell, pp. 584 – 95.

A useful work on British tourism policy is

Church, A., Ball, R., Bull, C. and Tyler, D. (2000) 'Public policy engagement with British tourism: The national, local and the European Union', *Tourism Geographies*, 2(3): 312 – 36.

Other works with more of a recreational planning emphasis include

Cope, A., Doxford, D. and Probert, C. (2000) 'Monitoring visitors to UK countryside resources: The approaches of land and recreation resource management organisations to visitor monitoring', *Land Use Policy*, 17: 59 – 66.

Ferreira, S. and Harmse, A. (1999) 'The social carrying capacity of Kruger National Park, South Africa: Policy and practice', *Tourism Geographies*, 1(3): 325 – 42.

Wezenaar, H. (1999) 'Leisure land – use planning and sustainability in the new town of Almere, The Netherlands', *Tourism Geographies*, 1(4): 460 – 76.

第十章

未来展望

仅就个人而言，我强烈地感到，研究工作如果不能保证推动目标结果的实现，不能使我采取一切可行的步骤将结果转化为行动，我将不再从事研究工作。

G. 怀特(G. White 1972: 102)

如果地理研究要保持其自身的独特性——为了自身的生存和荣誉，它当然必须这样做，需要明确其重要意义。休闲旅游的绝对人数、经济价值和对人们生活的重要意义，最终会使那些疑心最重的人承认这些课题是值得研究的，休闲旅游最终会被接受为有根据的研究领域。如果地理学没有维护休闲旅游的独特地位和研究兴趣，将是令人悲哀的一件事情。

巴特勒(Butler 2004:156)

本书各章表明，地理学者对了解旅游休闲做出了大量贡献。然而，如第一章指出的那样，从事该研究领域的地理学者越来越多地离开了地理系，而就职于旅游休闲系或休闲环境系或商业学院。事实上，本书作者尽管认为自己是地理学者，但在本书完成之际却就职于商学院。

这种情况反映了几个问题：旅游休闲已经发展成为一个独立的、正统的学术研究领域；学术地理学内部对旅游休闲研究的了解普遍不够深入；旅游休闲地理学的大量应用性工作意味着，该专业的许多毕业生可以在公共部门和私营机构找到就业机会。这种情况提出了关于旅游休闲地理学未来如何发展的许多问题。约翰斯顿（Johnston 1991: 2）指出："通过基础性研究和创新性研究成果的发表推动了知识的进步——从而使学科得以确立；学科教学内容是从研究成果中得来的。"但地理学也经历了许多深刻的转变。L. 墨菲和勒休伦（L. Murphy and Le Heron 1999）解释说，自 1900 年以来，19 世纪末兴起的区域地理学中出现了众多不同学派的地理学思想，如，20 世纪 60 至 70 年代的计量地理学，70 至 80 年代的人本主义地理学以及自80年代以来兴起的地理信息系统、政治经济地理学、女性地理学、新区域地理学和后现代地理学。地理学者现在运用的这些多样性的研究方法在本书中都有所体现。这些新兴的方法提出了新的研究日程,引起了重大争议,出现了一些相互对立的哲学观点和立场方法,各种观点的形成都是源自各自研究平台所获得的多样性知识。然而,有人批评了人文地理学研究出现的这种日益多样化现象,警告说这些研究缺乏一致性和相关性,不是地理学科的研究重点,看起来十分零散,但它们却被作为新的研究领域被发现、被重新利用、被赋予新的形象和生命。如果说地理学的核心优势之一是在空间、地点、人与环境的基础上进行综合分析和理论基础研究,那么地理学者面临着一个日益严峻的挑战:电子时代使学术界、公共部门和私营机构的人文知识突飞猛进地增长,在这种背景下,地理学者就要综合分析"休闲旅游地理学"领域的突飞猛进的增长。

本章是最后一章,将简要回顾旅游休闲地理学在应用地理学研究传统中的地位,探讨地理学能够为旅游休闲研究作出的贡献,并强调了该领域的未来发展情况。

一、地理学——学科:方向与进展

R. J. 约翰斯顿(R. J. Johnston 1985b: 326)指出,"地理学者,不仅是人文地理学者,近几十年来视野变得日益狭窄、缺乏远见",同时脱离了与关系密切领域的接触以及全球对人文现象的关注。脱离区域限制被认为是综合系统研究的一种途径。约翰斯顿(Johnston 1985b)认为,为了推动地理学科发展,地理学者既需要从理论上认识资本生产模式的大体过程,也要从经验主义出发认识社会结构。该学科由于一定程度上脱离了实地调查、观察和描述说明等方法,基础一直比较薄弱;从许多方面看,当前大学地理教育的"核心"内容反映的常常是显得较为零散的专业知识,这是许多地理课程的特点。事实上,地理学在许多地方是一门日渐衰退的学科,尤其在澳大利亚,专业功能导致了地理系的分化,出现了以环境科学为重点的多学科性质院系。在英国,许多大学地理系招生人数下降,主要是由于旅游休闲研究的快速发展,职业院校重视商业、管理和职业教育。有人认为,地理学没能与时俱进,没有重视职业教育和应用性教育,很多情况下没能让学生亲身体验社会和接触现实世界。地理信息系统的兴起及其在规划和解决问题方面的应用,有助于现实世界的问题解决,即便如此,大多数旅游系没有能够让学生通过实地调查和实践来了解现实世界的基本要素。

在美国,由于政府和企业对地理信息系统价值认识的提高,地理学处于较为有利的地位。尽管如此，美国地理学者协会主席仍然指出，著名大学和研究机构的地理学研究相当薄弱(Cutter 2000)。卡特认为，“全国许多最著名大学缺少正规的地理教育(地理课程、本科、研究生)，使它们错失良机”(Cutter 2000:3)，尽管我们同意上述观点，但同时也反映出地理学和地理学者没能够有效地将其研究兴趣和研究工作针对当代各种问题和课题，包括旅游休闲及资源冲突等。

尽管新兴的综合应用地理学 (Pacione 1999b) 肯定了某些地理学者对其研究贡献的看法，但这些看法并没有适当地传达给学生，应用地理学仍然被贬低为混合学科。然而，很重要的是需要重新回顾一下应用地理学，说明旅游休闲地理学者如何对“问题解决”、“政策分析”和公共利益作出的贡献。帕乔内(Pacione 1999b)在其应用地理学分析草稿中(图 10.1)提出了“DEEP”过程，即，描述(Description)、解释(Explanation)、评价(Evaluation)和处方(Prescription)，其后是实施与监测。

二、应用地理学回顾

在休闲旅游地理文献中，关于旅游休闲地理学者如何对“应用地理学”发展做出重要贡献的研究相对较少。山特(Sant 1982)指出，应用地理学的研究范围包括对决策和问题监测的关注。更具体地说，应用地理学的研究重点是“问题的意义、决策和政策的贡献、行动措施的监测和规划的评价。但这些对所有的应用性社会学科都是普遍适用的”(Sant 1982:3)。因此，如果认为地理学研究方法能够幸存下来是很重要的，那么，地理学者必须确保，通过利用其他社会科学家、咨询专家和决策者没有使用的方法、手段、技术或技能，做出与众不同的贡献。

帕乔内 (Pacione 1999b: 1) 指出，“应用地理学将地理学知识和技术应用于解决实际的社会问题、经济问题和环境问题”，如，与休闲旅游有关的问题。他还提出了“有用知识”的观点，但却不可避免地遭到了批评：对谁来说，哪些地理知识有用，哪些没用?弗雷泽(Frazier 1982:17)认为，“应用地理学运用了理论地理学的原理和方法，但不同之处在于，它分析和评价的是现实世界的行动和规划，试图解决环境和空间等方面的实际问题”。事实上，山特(Sant 1982)是将理论看作为应用地理学提供分析框架和判断心理目标的关键因素。帕尔姆和布拉泽尔 (Palm and Brazel 1992: 342) 对这些观点进行了总结，认为“任何学科的应用研究最好对照着基础研究或理论研究进行了解”。在地理学中，基础研究旨在创立新的理论和方法，帮助解释自然环境或人文环境空间组织的演化过程。与此相对，应用研究则利用现有的地理理论或技术来了解和解决具体的现实问题。实际上，对理论知识和应用知识存在正反两种观点，尤其是应用研究的学术价值问题。应用研究常常在

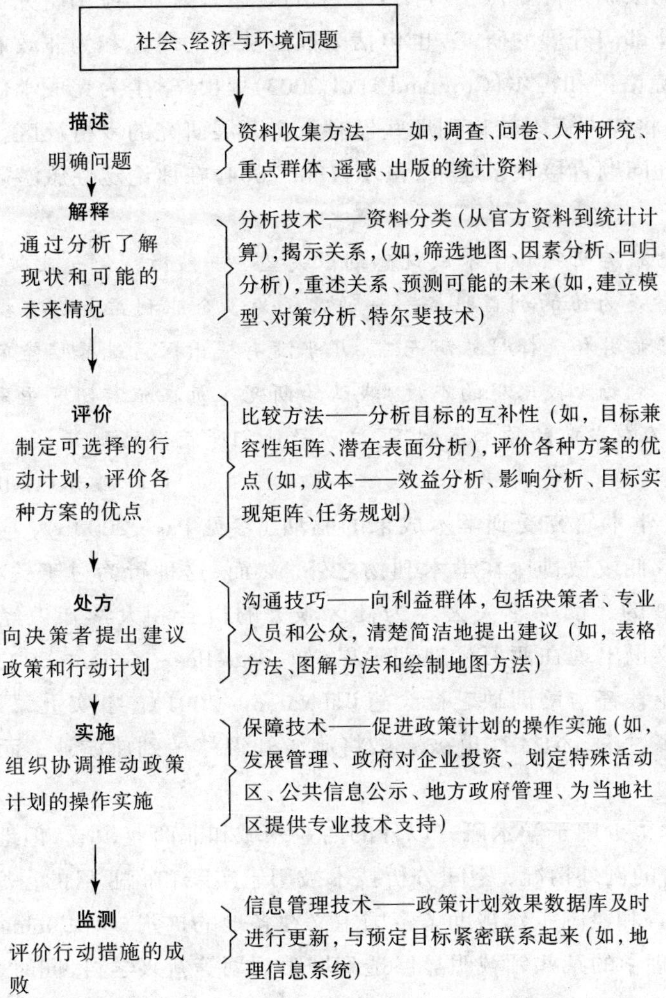

图 10.1 应用地理学分析的 DEEP 过程

资料来源：帕乔内(Pacione 1999b)

政策和决策方面有重大成果，而深奥的理论研究却很少能在这方面作出贡献。相反，哈维(Harvey 1984:7)认为，“地理学对公众、政治家和企业领导都相当重要。应用地理学提出了目标和利益的问题……地理学不仅仅是提供知识”。尽管有人对应用研究的价值和目标及其潜在用途存在疑问，但应用地理学却对社会作出了贡献。对政府委托研究项目持批评态度的人士可能将矛头指向研究工作对委托机构的作用。但是，拥有一定技能和经验的应用地理学研究人员认识到，公共部门和私营机构设置的限制条件要低于对社会产生的效益。另外，应用研究不一定是为开发机构或行业部门开展的研究，也包括为社区从事的研究和为非政府组织承担的研究。例如，克洛伊和霍尔(Croy and Hall 2003)提出，学生为完成学位计划而开展的研究，可以将智力资本转移到那些没有资金开展研究的乡村社区。这种活动与研究的相关性问题直接联系起来，霍尔(Hall 2004)在评论定性旅游研究的反省问题时指出：

我对大量旅游研究和学术成就感到很失望。一般做得倒是比较合格，但却没有反省和思考是为谁的利益服务——通常是为了企业利益和拥有权力的政府部门。就可持续旅游和选择性旅游而言，几乎没有提出探讨选择性空间和地点潜力的选择方案。抱着比较乐观的态度，我认为研究人员在旅游研究中采取了比较方便的捷径，因为在当前的学术体制下，这就是他们所获得的酬劳。

霍尔(Hall 2004a:151)

在当今社会，学术研究受到学术成果的驱动（参见 Page 2003b），应用研究的价值往往遭到贬低或被排斥在学术刊物之外。然而，这种行为过于关心自己，是不利于自身发展的，因为它失去了为社区服务的机会和大学知识经济的社会效益。这些争议也出现在西班牙地理学界(如，Segrelles - Serrano 2002)，地理专业毕业生的职业教育与培训缺乏社会意识(Naranjo 2001)。事实上，尽管对旅游知识管理有许多讨论，但往往也被看做将旅游知识移植到旅游业，而不是各类有关知识。

地理技术很少用于学术研究以外的商业领域和非商业领域。但地理思想史中也有一些显著的例外情况，空间分析技术被用于实践和商业目的，尤其是在殖民时期，资源调查和绘图工作帮助了帝国主义在各地的扩张(参见 Johnston 1991)。战后时期，地理学的某些领域明显渗透到城镇规划等新兴学科，同时，社会科学的参与不断增多，地理学课题范围扩大，地理学者失去了战前曾经赢得的竞争优势。近来，有些地理学者转入对其技能(如地理信息系统)需求大的公共部门和私营机构，有些为公共政策制定和休闲旅游分析做出了重大贡献（如 Patmore 1983)。传统地理学中出现了具有明显公共因素和商业因素的新专业。休闲与旅游是两个为地理学者在更大范围内发挥其技能创造了许多机会的例子，但这并不总是意味着他们在利用这些机会方面做得特别成功。

尽管地理学者对规划也做出了大量贡献，但却没有得到社会的普遍认可。同样，地理信息系统正日益遭到市场商人的滥用，地理学者对旅游休闲的贡献为旅游休闲研究领域增加了理论基础。

如本书中指出的那样，地理学事关重大，旅游休闲地理学同样事关重大。然而，问题之一是，我们常常不善于使其他人信服我们所做的事情，因为地理学参与公共部门和私营机构事务的历史比较短。事实上，英国大学地理专业招生人数下降的原因之一是学生对旅游休闲、商业研究等相关学科的兴趣出现增长。鉴于对可持续旅游和相关理论地理学需求的增加，地理学和地理学者将发挥重要作用。从某种意义上讲，那些转入商学院从事旅游休闲研究的地理学者至少设法保留了这些课程的空间要素。

三、贡献

斯坦普（Stamp 1960：9）指出，“地理学者的独特贡献是看待人与环境之间关系的整体思想”。这个观点恰好也说明了地理学用于问题解决的情况。事实上，考虑到我们面临的环境问题、社会问题和经济问题的规模，情况尤其如此。多恩坎普（Doornkamp 1982）提出了与应用地理学作用有关的大量问题，其中两个问题对旅游休闲具有重要意义：

- 地理学的贡献是否足够独特，值得研究？
- 在商界，应用地理学的工作如何能被采纳？

这两个问题强调，地理学者需要明确他们具备哪些内在技能对应用研究具有重要意义。20 世纪 90 年代的地理教育培训特点多少有点不同于 70 年代和 80 年代，表 10.1 分析了地理学者如何对问题解决作出贡献。尽管技能对解决问题很重要，但多恩坎普（Doornkamp 1982）、道森和多恩坎普（Dawson and Doornkamp 1973）在应用地理学方面的研究为空间思想的价值提出了许多重要意见。多恩坎普强调需要将知识从运用技能的能力中分离出来。在地理教育期间，将人文地理学和自然地理学学科的系统要素与空间技术的实践工作和实地调查以及区域研究结合起来，可以对许多要素进行综合分析。这样就可为地理学者提供核心知识，高级培训的重点是地理学某个分支学科的专业研究。此时，地理学与其他社会学学科交叉起来，实现了知识共享。商学院存在的问题是，空间要素常常被削弱为非常基本的地点、空间和环境概念。同时，地理研究具有擅长调查的特点，尤其是对各种空间尺度的人与环境关系具有研究兴趣，这往往意味着地理学者采用了其他学科中不常见的综合观点。然而，要将这种综合观点传授给新一代旅游休闲商业应用专业的学生，要求地理学者不仅宣传综合分析方法的意义，而且要不断前进，迎接应用地理学在新世纪面临的新挑战。

同样，地理学者还面临着一个艰难的挑战：说服主流地理学的同事和研究人员，使他们相信休闲旅游研究的正确性和学术严谨性。

表 10.1 地理学者的技能

·从空间角度思考问题
·能够评价任何“景观”特征的分布及其意义
·能够一次思考一个以上的事务——并从研究项目之间内在联系的角度思考问题
·能够根据所分析现象或问题的需要调整思考范围
·能够适时增加时间因素
·能够将现象置于“模型”或“系统”框架内
·能够理解和思考人与自然系统的关系
·对景观进行“解读”
·能够利用某些技术，例如：
－通过实地调查、地图分析或遥感资源获取信息，重视空间分布与空间关系
－能够处理和分析大型数据、不完整数据、空间数据或时间数据，利用计算机技术，采用量化方法
－查找档案资料和历史记录
－能够监测景观要素，并进行深入分析
－能够清楚地提供信息，特别是地图的形式
－利用地理信息系统等技术成果获得所研究问题的整体观点
·能够综合自身知识和其他有关学科知识提交研究成果报告

资料来源：据多恩坎普（Doornkamp 1982:7）

但是，要将获得的技能用于解决实际问题需要一个重要前提。多恩坎普（Doornkamp 1982: 9）认为，要能够站在需要解决方案的人的角度来看待问题，要使这个人相信他们能够以自己的方式解决问题。为提出解决方案，需要考虑三个主要因素：

• 必须按照委托方的要求制定研究方法和提交研究报告，要尽可能简洁而全面。这不是论文，也不是学术研究报告，否则委托方可能不会再推荐或委托该机构承担研究项目。这是许多学术人员不会处理产—学关系而造成的失败。

• 需要在商业环境中建立个人的信誉，可以参加各种会议和定期接触，但工作必须专业，研究报告简单易懂，要针对阅览报告的人，表达准确，避免模棱两可。

• 即使委托方不支付费用（即，该研究是为当地社区承担的义务工作），坚持这样的标准仍然同等重要。否则，外界对地理学者的印象仍然是象牙塔学究，被认为远离了现实世界和要解决的问题。同样，学术人员需要考虑对草稿进行修改，并认识到，在这种环境中他们的观点不一定不受批评。休闲旅游研究中的情况更是如此，研究中明显带有商业因素。

多恩坎普（Doornkamp 1982: 26）指出，有实践经验的地理学者在战后时期立即离开了地理学科，投身商界，自称为规划专家。休闲旅游领域出现了同样的现象，地理系学术研究人员或毕业研究生转移到商学院或专门的旅游休闲系。地理学科的“专业实习”一直落后于其他学科。接触现实世界意味着，一小部分休闲旅游地理学者不断地转移到缺乏学术完整性和声望的专业实践工作。尽管对其服务提供报酬会使他们的有些同行和同事感到惊讶，但休闲旅游毕竟是商业活动。某些情况下，与休闲旅游企业接触的时候不使用“地理学者”的头衔会有很多好处，因为公众对地理学者的印象是，他们不是为社会做商业贡献或社会贡献的从业人员。简而言之，针对问题解决的休闲旅游应用地理学能够提高地理学者的技能，加强地理学者与社会的关系。从长远来看，还能改善公众对休闲旅游地理学的印象，使其成为一个重要的应用研究领域(如旅游)。

但是，地理学者运用其技能从事应用研究最终面临的主要障碍是其自身的意愿与接触商业环境和公共部门的能力。许多情况下，当委托方用人的时候才迟迟认识到这些技能的价值。因此，如果将休闲旅游列为后工业社会地理学正统的分支学科，地理学的公共威信才能得以提高，从而会对各种应用研究做出重大贡献。

四、地理信息系统的作用与旅游:应用地理学研究的一种工具

地理信息系统是随着计算机硬件和软件技术的进步（如 ArcInfo）而发展起来的，它综合了较为复杂的系统，用于对空间数据进行查询、显示和分析。表 10. 2 列出了地理信息系统的性能及帮助决策者制定规划决策的作用。事实上，巴特勒（Butler 1992）介绍了地理信息系统在解决旅游问题方面可能发挥的作用，如表 10. 3 所示。表 10. 3 中显而易见的是地理信息系统在旅游规划、尤其是在旅游休闲资源管理和旅游市场营销方面的应用（Elliott - White and Finn 1998; Farsari and Prastacos 2004）。地理信息系统能够综合考虑旅游休闲活动的动态变化性及其对旅游休闲资源的影响。博伊德和巴特勒(Boyd and Butler 1996)指出，地理信息系统可以用来确定安大略省北部开展生态旅游的适当地区。运用地理信息系统的过程包括调查绘图、数据处理（确定人类干扰区）、图层设置、确定适合生态旅游的区域。地理信息系统在英国的较早应用是达菲尔德和考普克（Duffield and Coppock 1975）建立了“旅游休闲信息包”(TRIP)，协助苏格兰编制旅游规划。地理信息系统的运用所强调的问题是，考虑到 20 世纪 80 至 90 年代战略规划地位的下降，哪个机构最适合负责旅游休闲规划，第九章中也提到了这点。巴哈勒和艾略特 - 怀特

表 10.2 地理信息系统的性能

地理信息系统功能性能举例	运用地理信息系统能够调查的基本问题举例(据 Rhind 1990)		旅游应用举例
数据录入、存储处理	位置	在什么地方?	旅游资源调查
制作地图	条件	在哪里?	确定最合适的开发地点
数据库整合	趋势	发生了什么变化?	衡量旅游影响
数据查询搜索	线路设计	最佳线路是什么?	游客管理/游客流
空间分析	格局	格局是什么?	分析资源使用的各种关系
建立空间模型	建模	如果……怎么办?	评价旅游发展的潜在影响

资料来源:巴哈勒和艾略特 - 怀特(Bahaire and Elliott - White 1999:161)

表 10.3 旅游问题与地理信息系统的潜力 (据 Butler 1992:33)

旅游问题	问题性质	地理信息系统的应用
缺乏了解	·主要决策者和社区不了解旅游的各个要素、性质、力量	关键问题在于利益相关者缺少发表观点的各类信息,利用地理信息系统对旅游资源进行系统调查,分析趋势,有助于改进这个问题。
	·鉴于概念模糊,确定可持续旅游发展的程度	如果开发程度被利益相关者认为是合适的和可接受的,可利用地理信息系统对旅游活动进行监测控制。通过综合旅游数据、环境数据、社会文化数据和经济数据,地理信息系统有助于确定和监测可持续发展的各项指标。
缺乏能力	·缺乏管理和控制开发的能力——涉及使用、能力、容量	地理信息系统可用来确定旅游开发的合适位置,确定冲突地带和互补性地带。
缺乏评估	·旅游是一项产业,会造成难以逆转的影响	地理信息系统可用来模拟拟建项目的空间结果。使利益相关者敏锐地认识到与其行为有关的外部因素,如预见性分析、网络分析、重力模型。
	·旅游是动态的,能导致变化,并对变化做出反应,即,旅游只是整个发展过程的一部分,而发展过程会产生可能破坏旅游资源的行业内、行业间冲突	地理信息系统能整合某个空间环境内代表社会经济发展和环境资本的数据。地理信息系统能够熟练地进行综合性空间战略规划。
缺乏一致	·在开发、控制和指导的适度性上缺乏一致性	地理信息系统起到决策支持系统的作用——提供更可靠的论点,有助于达成妥协和提出解决方案。然而,这要以一致性的规划和发展管理体系为前提。

资料来源:巴哈勒和艾略特 - 怀特(Bahaire and Elliott - White 1999:162)

(Bahaire and Elliott – White 1999) 对地理信息系统及其在旅游中的应用进行的回顾分析表明，地理学者的影响是较为被动的。问题是，这种技术是有重大价值的，但很少地理学者与公共部门规划机构、政治决策者和政策制定人员建立基本联系（参见 Page et al. 1999 对新西兰毛利旅游中这个问题的讨论）。例如，苏格兰的第一座国家公园——罗蒙湖和托撒契国家公园就运用了地理信息系统技术来帮助编制规划方案，确定了功能分区和游客区与目的地管理计划，成为制定空间政策和管理游客活动措施的基础。这表明，通过公共部门和大学研究人员的合作，可以利用各种地理技能制定公共政策，满足公共利益。尽管对此类应用研究持批评态度的人士可能会提出，这种方法既缺乏理论依据，又受到有关机构的价值观念影响，但是，选择大学来承担这些工作是因为大学研究人员观点的公平性以及对复杂的理论问题和方法问题有着深入的理解。的确，如果没有那样的地理教育、理论知识和实践知识，这样的规划和政策编制工作也不可能发生。理论与综合分析在空间旅游休闲现象管理方面的作用对预示将来的发展道路是至关重要的，根据最佳范例和充满活力的创新方法建立模型，公众和决策者可以了解新建国家公园内游客活动及其影响的某些空间动态特征。20 世纪 70 年代和 80 年代初，休闲地理学者（如，英国的 Coppock, Patmore and Glyptis）大大提高了地理学者在各级公共部门政策制定和规划方面的作用。然而在 20 世纪 90 年代和新世纪，尽管大学与公共部门、私营机构之间建立了不少合作关系，为应用休闲地理领域的问题提出解决方案，但新一代地理学者尚未发挥带头作用。除了一些例外情况，旅游休闲学科及其分支学科对政治决策人员没有产生重大影响。但是，鉴于空间分析在了解旅游休闲影响和管理需要方面的作用，这仍然是一个重点关注领域。

五、地理学者在新千年期的角色：旅游休闲将去往何方

其他社会科学家和非学术人员不一定用同样的方式看待地理学者的认识领域——环境、人类、地点和空间的调查研究。的确，以空间分析思想为基础的多学科解决问题的方法通常超出了地理学者独立工作的范围。配备非地理学者、建立多学科研究小组的一个结果是，学科的交叉程度不断加强，会削弱地理学分支学科和地理学学科本身研究领域的同化作用。当旅游休闲作为全球、全国和地方经济活动快速发展的时候，这种情况多少有点讽刺意味。此外，随着旅游休闲成为许多国家和地区服务经济的重要组成部分，地理学者对了解这种现象的贡献仍然受到学科内部认识上的制约：什么是适合地理研究的严肃课题，这多少有点令人吃惊。

尽管对旅游休闲的研究日益增强，但从地理意识范畴来看，本书的两位作者可能被视为“局外人”。[如果巴特勒(Butler 2004)关于旅游研究中地理学发挥着边缘作用的观点被普遍认为是正确的，那么他也可以被看做是地理学科的局外人。]地理学科面临的主要“内部”问题是，实证主义与人文主义(新文化地理学)之间关系较为紧张，大批地理学者变成了社会理论家。这种为发展事业、追赶潮流(这是作者在20世纪80年代和90年代初经常遇到的旅游休闲领域的一个主题)而出现的内部分裂或重新调整自然降低了地理教育过程的统一性和系统性。地理学内部的学科分裂为这一充满了刺激性、动态性和变化性的研究领域设置了障碍和限制。作为“局外人”的本书作者与新兴社会理论家之间的基本区别在于，前者运用了应用地理学的概念和理论来研究分析旅游休闲现象。本书中隐含的一个重要信息是，单纯谴责以前的范式多余、缺乏分析，是不合适的：在旅游休闲地理领域，早期研究成果确定了许多重要原则，建立了一批分支学科，为当前许多研究方向奠定了知识基础，如流动性、社团、成效和地点(Hall 2005a)。事实上，正如利文斯敦(Livingstone 1992)所指出的：

> 知识的分裂、社会的分化和对科学合理性的质疑，共同再次证实了特殊事物、具体行为和地方特色的重要性。在这个社会认知环境中，强调地方特点的地理学被认为具有很大潜力。
>
> 利文斯敦(Livingstone 1992:358)

本书回顾的丰富文献资料体现了地点的重要性和地理知识的应用情况，也体现了地点对旅游的空间分析所具有的重要价值。实证主义、人文主义、社会批评理论和马克思主义之间的不连续性可能丰富了如何解释现实世界的地理意识，但却没有为毕业生培养一种广义空间分析的技能。的确，地理信息系统作为地理学科新的“救世主”的出现，在20世纪末赋予了地理学科新的生命，它所具有的较强关联性、实用性，使它成为信息时代录用学生的一个新部门(参见 Forer 1999)。同时还建立了一门新专业，但这个专业不是地理学科的核心内容，因为它属于“应用”范畴，不是理论研究核心。

地理知识与地理思想不断发生革命性变化，为旅游休闲专业的学生提出了若干重要问题。地理学者的作用是什么？有没有作用？如何在学科内部、学科外部调节、培育和协商这一作用，地理学者如何施加政治影响才能确保地理学科的特色、关联性和持续生存？参与这一辩论的一条途径是通过内省和反省——或者重新把关注的重点集中在某些地理学思想可能对问题解决作出的贡献上(即，应用的观点)。

这些问题是一个十分有用的出发点，可以评估地理学者在综合分析与协调各种社会科学观点能力以外的作用。R. 班尼特（R. Bennett 1985）警告这种思想存在危险，认为它可能有助于失去地理研究工作的特色和个性，因为其他学科及其研究方法会压过地理学科的空间重点。显然，不能仅从逻辑实证主义研究方法来探求、理解和阐释关联性。如果那样做，可能会很盲目：使理解与阐释变得模糊不清——它只是重视了问题与解决方案的一部分。为此，需要采用非实证主义观点或人文主义观点，来平衡实证主义范式的发展、扩大，并对其提出质疑和重新阐释。在这种背景下，鲍威尔（Powell 1985）重新探讨了地理学者关注的四个主要方面，这四个方面在 20 年以后仍有很大的关联性。它们是：

- **空间**：空间对人类有什么意义，空间体验是什么？
- **地点**：是人类活动的中心，会发生各种人类活动以及个人和群体的生活变化。
- **时间**：在户外休闲资源冲突和人类休闲时间使用方面，对人类活动、行为以及人类与环境之间相互作用的基本意义是什么？
- **人**：是"人文地理学"中最根本的核心。

这四个重要主题是地理学的重点，但主要体现了人文主义者看待世界、空间、地点和时间的方式，不同于实证主义者。它们是确定研究问题的关键要素，是一种特殊的世界观。因此，在新世纪，旅游休闲地理学者正日益分化为实证主义阵营和人文主义阵营，继续探求各自对空间问题相关性的认识和阐释。就个人而言，笔者承认帕乔内（Pacione 1999a, 1999b）对应用地理学提出的批评和争辩，并指出地理学者在休闲领域具有如下作用：利用应用分析科学，强调空间、地点、时间和人，着眼于问题解决、理解和阐释。然而还需要增加一个重要的条件：采取激进的批评方式，如皮特（Peet 1977a, 1977b），可能无助于地理学者对公共政策的争议取胜，也无助于改善资本主义制度下的人类状况。这并不是说笔者不同情这种观点——只是认为两者的观点相去甚远。然而，我们主张，要真正改善人类状况（我们一直认为这是地理学和我们自己作为学术研究人员的一个目标），需要与利益相关者进行接触沟通，特别是广大群众和那些受我们工作影响的人，并且要用一种使用广泛、简单易懂的语言，不局限于深奥、封闭的学术团体。

这并不意味着，我们寻求的是大学企业化，也并非是我们仅仅在谈论职业语言——而是意味着，我们需要以一种公众能够理解的方式进行争辩和沟通。作者之一曾参与过企业公司资助的教育与产业的合作项目，结果表明，与外界进行合作的地理学者和其他学术人员需要能够谈论企业和其他团体的观点，而不能仅仅局限于站在边缘观望。边缘化一直主导着地理学科与外界的关系。要想有效开展工作，要求不仅具有了解这些机构的需要和价值观念的技能，而且要具备直接、简洁、重点突出的沟通方式。简而言之,企业提出需要解决的问题,希望得到可靠、充满活力、方法合理的答案,可能不希望你以复杂的方式提出解决方案。它们只需要了解解决方案具有完整性,能够经得起仔细审查,不需要废话连篇;而学术人员在跟外界打交道时可能喜欢谈论最近发表了什么文章,文章的影响力有多大。外界机构和公司经常提出的一系列问题包括:

- 你的技能适合这项工作吗?
- 你有没有相关的工作经验和专业知识以及类似工作的跟踪记录(即,商业报告或咨询报告,而不是学术出版物)?
- 你能按时提交解决方案吗?(这是大多数学术人员失败的地方,因为他们常常超出时限,不能合理安排时间,给其他人留下了不好的印象。)
- 解决方案是否节省成本,是否物有所值?
- 成果能否得到利用,解决方案能否直接有效地实施?

如果这些问题的答案是肯定的,那么很明显,地理学者个人或地理团体、而不是地理学本身,就与社会和政策制定者、规划者、社区的需要以及世界的未来建立了联系。就旅游休闲而言,地理学者的技能越来越多地在学术界得到利用和认可,通常是在市场调查、意见书和数据分析等领域,而不是在技术性较强的可行性研究领域,当然后者的例子的确存在。富有讽刺意味的是,情况往往是这样,当地理学者摘掉"地理学"的标牌,跳槽到应用学术研究环境,如商学院或规划部门,他们的技能得到了政治决策者更大程度的认可与肯定。近来人文地理学的文化转向引发了大量反省,地理学科很多方面脱离了真实的政治环境、决策环境与问题解决赖以存在的真实世界而去改善人类状况,这种做法没有得到广泛的社会支持。

对学科理论家和学者而言,旅游休闲仍将是一项边缘研究活动——其空间、地点和环境的概念难以归类、看似说教。然而,在不断变化的后现代社会,消费是与旅游休闲增长相关的一个基本要素,如果一门学科不涉及这一新的研究领域,将处于一种"非相关"、范围小、日益疏远的地位。休闲旅游活动本质上现在已经成为世界上大多数人口文化生活的一部分,这可能是全球化、西方化或其他有关社会变化过程的结果。旅游休闲活动的存在为一代地理学者提出了新的研究课题和机会。这是一个富有刺激性、不断变化的研究领域,在社会、经济、政治和环境方面面临着巨大挑战。了解休闲旅游的动态性、变化过程与要素(参见下面的"观察与思考")以及在社会中的广泛意义和价值,为空间研究和多学科研究开辟了众多途径。对主要学科而言,应培育、鼓励这些研究机会,因为该领域不仅对学生就业具有很大的潜力,而且对公共部门决策者和政治家都有很大的利用潜力。在新自由市场经济中,地理学者有很大影响。地理学与休闲研究关联性强,富有挑战性,能开展广泛的休闲研究活动，休闲旅游成为地理学科内备受关注的研究领域。由于地理学者在商学院、公共部门和私营机构从事该领域的研究工作，休闲旅游也日益成为地理学科以外令人尊敬的研究领域。

观察与思考：未来——人口老龄化

在20世纪末，11%的世界人口年龄达到60岁和60岁以上。到2050年，60岁或60岁以上的人将达到世界人口的1/5，到2150年将达到1/3。然而，老年人口本身也在变老。健康革命使几百万老年人健康地活到80多岁，同时也推动了旅游业的总体发展、特别是康体旅游的发展。2000—2010年间，45—64岁之间人口的增长速度是总人口增长速度的5倍；2010－2030年间，65岁以上人口的增长速度是总人口增长速度的8倍(Tarlow and Muehsam 1992)。1950—2050年间，全球高龄老人(80岁以上)的数量预计增长8至10倍。按照当前的趋势，到2150年，约1/3的老年人口将达到80岁或以上。全世界人口普遍出现了老龄化现象，但老龄人口的地区差别很大。例如，当前欧洲人口的1/5年龄在60岁或以上，而非洲人口的1/20年龄在60岁或以上。在有些发达国家，老龄人口的比例接近1/5。联合国认为，在21世纪的上半叶，这一比例将达到1/4，有些国家甚至达到1/2(联合国社会政策与发展处，1998)。由于世界上绝大多数旅游者来自发达国家，人口的这种变化显然会对国际康体旅游业产生重大影响。不仅某些形式的旅游将继续大量增长，如豪华游船旅游，而且第二住宅、退休之家和为退休人员提供康体设施在目的地发展战略中也日益重要。例如，欧洲地中海地区、伊比利亚半岛、美国西南部和佛罗里达已经出现了大量季节性（如，Hall and Müller 2004）和永久性退休人员迁移现象（如，A. M. Williams et al. 1997; King et al. 1998, 2000)，他们的目的是为了过上更健康的退休生活。

在美国，年龄在65岁及以上的人口增长速度超过总体人口。美国旅游业协会估计，到2000年老龄人口将达到全国总人口的1/4左右(Tarlow and Muehsam 1992)。人们在退休以后的寿命延长，成熟旅游者的生活方式将对旅游基础设施的建设和供应产生重大影响。例如，面向50岁以上中老年人的北美生活杂志《现代中老年》调查了读者的旅游习惯和偏好。超过37%的人一年内旅游三至五次，46%的人喜欢汽车旅游，42%的人表示旅游目的是为了放松，39%的人喜欢一起旅游的人只是旅伴而已，46%的人最喜欢去博物馆，67%的人住在酒店（《现代中老年》1999：12）。这个年龄段的中老年人不仅具有最充足的可利用空闲时间，而且具有足够的可自由支配收入。年龄60岁以上的游客已经占了美国住宿业售出的所有酒店客房的30%多。美国退休人员协会指出，老年旅游者的住宿天数(8.2)超过50岁以下旅游者的住宿天数(4.8)。具有经济能力和身体能力的老年人的休闲需求将大大增加，康体旅游业将成为退休旅游市场中的一个重要组成部分(Tarlow and Muehsam 1992)。然而，退休人员的旅游休闲和第二住宅的一个关键因素不仅是时间预算，而且包括收入水平。因此，退休旅游的发展要求经济持续增长，以保证退休金和养老金等社会福利。然而，在许多西方国家，由于考虑到养老金的提供问题，政府正在提高退休年龄(如新西兰)，或正在讨论提高退休年龄(如德国和英国)。此外，由于退休储蓄不多，许多退休人员或者出于无奈或者出于需要而继续工作(Hall 2005d)。事实上，影响人口变化和旅游发展的另一个因素是，据估计，在主要的工业化国家中只有美国的人口有望到2050年出现大幅增长(人口资料局 2004)。

六、转变

本书曾指出，自20世纪30年代以来，旅游休闲地理学随着地理学科的发展而经历了一系列重大变化。这是在预料之中的，因为地理学跟其他任何学科一样，都要适应社会与文化，并对此做出相应的反应(参见第一章)。了解旅游休闲的变化特点与认识人类活动有密切的关系；必须根据环境提供的制约条件和有利条件来分析人类的作用(Johnston 1991：280)。在这种情况下，鉴于国际旅游的不断增长及其在政府决策中发挥的作用，旅游休闲研究的环境必须是现实的。全球化、流动性、后现代主义、后福特主义和地方化对当代社会理论具有重要意义，许多人文地理学者和其他社会学家发现旅游休闲对社会变化具有一定意义，这并不令人惊讶。事实上，流动性理论范式的兴起将旅游地理研究与迁移研究联系起来，同时将地理学者、社会学者和人口学者联系起来，成为很有潜力的研究方向（参见 Urry 2000; A. M. Williams and Hall 2000; Hall and Williams 2002; Coles et al. 2004）。然而，该领域以前的工作常常被忽视了，许多研究人员在探讨当代旅游现象，尤其是城市和乡村地区的旅游现象时，似乎认为所有的旅游者和旅游现象都是一样的，而没有认识到他们所研究现象的复杂性。

还需要指出的是，许多旅游休闲地理学者发现，社会理论和文化研究对其领域的探索十分有趣，因为长期以来它们被人忽视了。其他人还会发现十分危险，因为他们自己的工作带有传统空间科学的全部特征：精美的地图、游客流和空间格局，但却很少认真研究旅游现象。

因此，旅游休闲地理学带有大量英美地理学的特征，地理学科内部不同思想之间存在着紧张关系。如果处理得好，这种紧张状态十分有利于它们导致的争议和保持课题的“新鲜度”。然而，如果处理不当，外部影响过于强大，就会发生分裂。旅游休闲地理学的研究当前正处于这个阶段。除非分支学科与整体学科之间加强联系，否则，大部分领域可能会被快速扩张的旅游研究领域吞并，因为旅游研究带有自身学科的许多明显特征（Hall 2005a）。如前所述，仅就学生数量而言，这种转变也会对地理学产生重大影响。

旅游休闲地理学正处于十字路口。一种情况有望不会发生：关心社会理论的那些人呆在地理系，而那些不关心社会理论的人却去了商学院和旅游学院。仅了解社会理论不会为地理专业毕业生或旅游专业毕业生提供一个职业。当然，绝不能仅仅为了工作；我们希望也要因为获得知识而拥有快乐。然而，将社会理论的某些重要观点和地理学的核心要素（场地、地点、景观、区域和国家结构以及将这些要素联系起来的空间安排和关系）与旅游休闲学科有机结合起来，建立关联性更强的应用地理学研究领域，会为所有利益相关者作出更好的贡献，也包括学生在内，他们会接触到为地理知识及其应用做出贡献的各种传统。为此，我们只能重述吉尔伯特·怀特的话作为旅游休闲地理学的指路灯：

> 仅就个人而言，我强烈地感到，研究工作如果不能保证推动目标结果的实现，不能使我采取一切可行的步骤将结果转化为行动，我将不再从事研究工作。
>
> G. 怀特（G. White 1972: 102）

思考问题

1. 地理学是21世纪了解旅游休闲现象的相关研究学科和基础吗？

2. 什么是应用地理学，它和旅游休闲有何关系？

3. 地理学者如何对旅游休闲公共政策和问题解决研究作出贡献？这是否是以学术的可信性为代价？

4. 地理信息系统在旅游休闲研究中有何作用？

参考阅读

对地理学科作用的批评回顾，请参阅：

Johnston, R. J. (1985) 'Introduction: Exploring the future of geography', in R. J. Johnston (ed.) *The Future of Geography*, London: Methuen, pp. 3 – 26.

Meyer – Arendt, K. (2000) 'Commentary: Tourism geography as the subject of North American doctoral dissertations and masters theses, 1951 – 98', *Tourism Geographies*, 2(2): 140 – 57.

On the role of applied geography and the scope/extent of the geographer's engagement with 'real-world problems' and the wider public policy arena see

Pacione, M. (ed.) (1999) *Applied Geography: Principles and Practice*, London: Routledge (a very good comprehensive overview of the geographer's attempts to engage with research issues outside of academia).

For more applied examples, see journals such as *Tourism Geographies, Tourism Management, Journal of Sustainable Tourism, Journal of Ecotourism* and *Current Issues in Tourism*, which contain articles where similar applied research has been conducted within a spatially analytical framework.

On the use of GIS in tourism and recreational research see

Farsari, Y. and Prastacos, P. (2004) 'GIS applications in the planning and management of tourism', in A. Lew, C. M. Hall and A. Williams (eds) *Companion to Tourism*, Oxford: Blackwell, pp. 596 – 607.

Tarrant, M. and Cordell, H. (1999) 'Environmental justice and the spatial distribution of outdoor recreation sites: An application of geographic information systems', *Journal of Leisure Research*, 31 (1): 18 – 34.

Van der Knaap, W. (1999) 'Research report: GIS – oriented analysis of tourist time – space patterns to support sustainable tourism development', *Tourism Geographies*, 1(1): 56 – 69.

参考书目

Aagesen, D. (2004) 'Burning monkey-puzzle: Native fire ecology and forest management in northern Patagonia', *Agriculture and Human Values*, 21(2–3): 233–42.

Aaker, D. and Day, G. (1986) *Marketing Research*, New York: Wiley.

Abegg, B. and Froesch, R. (1994) 'Climate change and winter tourism: Impact on transport companies in the Swiss Canton of Graubünden', in M. Beniston (ed.) *Mountain Environments in Changing Climates*, London: Routledge, pp. 328–40.

Abercrombie, P. (1938) 'Geography, the basis of planning', *Geography*, 20(3): 196–200.

Ackerman, E.A. (1963) 'Where is a research frontier?', *Annals of the Association of American Geographers*, 53: 429–40.

Ackoff, R.L. (1974) *Redesigning the Future*, New York: Wiley.

Adams, D.L. (1973) 'Uncertainty in nature: Weather forecasts and New England beach trip decision', *Economic Geographer*, 49: 287–97.

Adler, S. and Brenner, J. (1992) 'Gender and space: Lesbians and gay men in the city', *International Journal of Urban and Regional Research*, 16: 24–34.

Agarwal, S. (1994) 'The resort cycle revisited: Implications for resorts', in C. Cooper and A. Lockwood (eds) *Progress in Tourism, Recreation and Hospitality Management Volume 5*, London: Belhaven Press, pp. 194–208.

Agarwal, S., Ball, R., Shaw, G. and Williams, A. (2000) 'The geography of tourism production: Uneven disciplinary development', *Tourism Geographies*, 2(3): 241–63.

Agnew, M. and Viner, D. (2001) 'Potential impact of climate change on international tourism', *Tourism and Hospitality Research*, 3: 37–60.

Aitchison, C. (1997) 'A decade of compulsory competitive tendering in the UK sport and leisure services: Some feminist perspectives', *Leisure Studies*, 16: 85–105.

Aitchison, C. (1999) 'New cultural geographies: The spatiality of leisure, gender and sexuality', *Leisure Studies*, 18: 19–39.

Aitchison, C., Macleod, N. and Shaw, S. (2000) *Leisure and Tourism Landscapes: Social and Cultural Geographies*, London: Routledge.

Aldskogius, H. (1968) 'Modeling the evolution of settlement patterns: Two case studies of vacation house settlement', *Geografiska regionstudie*, 6, Uppsala, Sweden: Geografiske institutionen.

Aldskogius, H. (1977) 'A conceptual framework and a Swedish case study of recreational behaviour and environmental cognition', *Economic Geography*, 53: 163–83.

Alexander, K. (1984) 'In search of the spirit of wilderness', *Habitat*, 12(5): 3–5.

Allen, L.R., Long, P.T., Perdue, R.R. and Kieselbach, S. (1988) 'The impact of tourism development on residents' perceptions of community life', *Journal of Travel Research*, 27(1): 16–21.

Allix, A. (1922) 'The geography of fairs: Illustrated by old-world examples', *Geographical Review*, 12: 532–69.

Amin, A. (2002) 'Spatialities of globalisation', *Environment and Planning A*, 34: 385–99.

Amin, N., Shah, A.H. and Ahmad, F. (2001) 'Use and management of public parks in newly developed housing: Hayatabad, Peshawar', *Sarhad Journal of Agriculture*, 17(2): 183–7.

Anderson, D.H. and Brown, P.J. (1984) 'The displacement process in recreation', *Journal of Leisure Research*, 16(1): 61–73.

Anderson, J. (1971) 'Space-time budgets and activity studies in urban geography and planning', *Environment and Planning*, 3(4): 353–68.

Anderson, S., Smith, C., Kinsey, R. and Wood, J. (1990) *The Edinburgh Crime Survey: First Report*, Edinburgh: Scottish Office.

Anon. (1994) Sustainable Rural Tourism Development (special issue), *Trends*, 31(1).

Appleton, I. (1974) *Leisure Research and Policy*, Edinburgh: Scottish Academic Press.

Arbel, A. and Pizam, A. (1977) 'Some determinants of hotel location: The tourists' inclination', *Journal of Travel Research*, 15 (winter): 18–22.

Archer, B. (1973) *The Impact of Domestic Tourism*, Cardiff: University of Wales Press.

Archer, B.H. (1976) 'Uses and abuses of multipliers', in W.W. Swart and T. Var (eds) *Planning for Tourism Development: Quantitative Approaches*, New York: Praeger, pp. 115–32.

Archer, B.H. (1977a) 'The economic costs and benefits of tourism', in B.S. Duffield (ed.) *Tourism a Tool for Regional Development*, Leisure Studies Association Conference, Edinburgh, 1977, Edinburgh: Tourism and Recreation Research Unit, University of Edinburgh, pp. 5.1–5.11.

Archer, B.H. (1977b) *Tourism Multipliers: The State of the Art*, Occasional Papers in Economics No. 11, Bangor: University of Wales Press.

Archer, B.H. (1978) 'Tourism as a development factor', *Annals of Tourism Research*, 5: 126–41.

Archer, B.H. (1982) 'The value of multipliers and their policy implications', *Tourism Management*, 3: 236–41.

Archer, B.H. (1984) 'Economic impact: Misleading multiplier', *Annals of Tourism Research*, 11: 517–18.

Archer, J. and Yarman, I. (1991) *Nature Conservation in Newham*, Ecology Handbook 17, London: London Ecology Unit.

Arctic Climate Impact Assessment (ACIA) (2004) *Impacts of a Warming Arctic*, Cambridge: Cambridge University Press.

Argyle, M. (1996) *The Social Psychology of Leisure*, London: Penguin.

Aronsson, L. (2000) *The Development of Sustainable Tourism*, London: Continuum.

Ashworth, G. (2003) 'Urban tourism: Still an imbalance in attention', in C. Cooper (ed) *Classic Reviews in Tourism*, Channel View: Clevedon, 143–63.

Ashworth, G.J. (1989) 'Urban tourism: An imbalance in attention', in C.P. Cooper (ed.) *Progress in Tourism, Recreation and Hospitality Management*, Vol. 1, London: Belhaven Press, pp. 33–54.

Ashworth, G.J. (1992a) 'Is there an urban tourism?', *Tourism Recreation Research*, 17(2): 3–8.

Ashworth, G.J. (1992b) 'Planning for sustainable tourism: A review article', *Town and Planning Review*, 63(3): 325–9.

Ashworth, G.J. (1999) 'Heritage tourism: A review', *Tourism Recreation Research*, 25(1): 19–29.

Ashworth, G.J. and Dietvorst, A. (eds) (1995) *Tourism and Spatial Transformations*, Wallingford: CAB International.

Ashworth, G.J. and Ennen, E. (1998) 'City centre management: Dutch and British experiences', *European Spatial Research and Policy*, 5(1): 1–15.

Ashworth, G.J. and de Haan, T.Z. (1986) 'Uses and users of the tourist–historic city', *Field Studies*, 10, Groningen: Faculty of Spatial Sciences.

Ashworth, G.J. and Tunbridge, J.E. (1990) *The Tourist-Historic City*, London: Belhaven Press.

Ashworth, G.J. and Tunbridge, J.E. (1996) *Dissonant Heritage*, Chichester: Wiley.

Ashworth, G.J. and Voogd, H. (1988) 'Marketing the city: Concepts, processes and Dutch applications', *Town Planning Review*, 59(1): 65–80.

Ashworth, G.J. and Voogd, H. (1990a) *Selling the City*, London: Belhaven Press.

Ashworth, G.J. and Voogd, H. (1990b) 'Can places be sold for tourism?', in G.J. Ashworth and B. Goodall (eds) *Marketing Tourism Places*, London: Routledge, pp. 1–16.

Ashworth, G.J. and Voogd, H. (1994) 'Marketing of tourism places: What are we doing?', in M. Uysal (ed.) *Global Tourist Behaviour*, New York: International Press, pp. 5–20.

Ashworth, G.J., White, P.E. and Winchester, H.P. (1988) 'The red light district in the West-European City: A neglected aspect of the urban landscape', *Geoforum*, 19(2): 201–12.

Ateljevic, I. and Doorne, S. (2000) '"Staying within the fence": Lifestyle entrepreneurship in tourism', *Journal of Sustainable Tourism*, 8(5): 378–92.

Attfield, R. (1983) *The Ethics of Environmental Concern*, Oxford: Blackwell.

Atwood, W.W. (1931) 'What are National Parks?', *American Forests*, 37(September): 540–3.

Audit Commission (1993) *Realising the Benefits of Competition: The Client for Contracted Services*, London: HMSO.

Audit Commission (2003) *Leisure Services: Walsall Metropolitan Borough Council Inspection Report*, Leicester: Audit Commission.

Austin, M. (1974) 'The evaluation of urban public facility location: An alternative to cost–benefit analysis', *Geographical Analysis*, 6: 135–46.

Bachvarov, M. (1999) 'Troubled sustainability: Bulgarian seaside resorts', *Tourism Geographies*, 1(2): 192–203.

Bagnall, U., Gillmore, D. and Phipps, J. (1978) 'The recreational use of forest land', *Irish Forestry*, 35: 19–34.

Bahaire, T. and Elliott-White, M. (1999) 'The application of geographical information systems (GIS) in sustainable tourism planning', *Journal of Sustainable Tourism*, 7(2): 159–74.

Bailey, M. (1989) 'Leisure, culture and the historian: Reviewing the first generation of leisure historiography in Britain', *Leisure Studies*, 8: 107–27.

Bailie, J.G. (1980) 'Recent international travel trends in Canada', *Canadian Geographer*, 24(1): 13–21.

Baines, G.B.K. (1987) 'Manipulation of islands and men: Sand-cay tourism in the South Pacific', in S. Britton and W.C. Clarke (eds) *Ambiguous Alternative: Tourism in Small Developing Countries*, Suva: University of the South Pacific, pp. 16–24.

Baird, I.A. and Mitchell, J.M. (2001) '"Telling it how it is": Balancing user expectations and open space management resources in Canberra's "Garden City"', *Australian Parks and Leisure*, 4(3): 29–33.

Baker, A. and Genty, A. (1998) 'Environmental pressures on conserving cave speleothems: effects of changing surface land use and increased cave tourism', *Journal of Environmental Management*, 53: 165–75.

Baldridge, J.V. and Burnham, R.A. (1975) 'Organizational innovation: Individual, organizational, and environmental impacts', *Administrative Science Quarterly*, 20: 165–76.

Ball, R.M. (1989) 'Some aspects of tourism, seasonality and local labour markets', *Area*, 21: 35–45.

Balmer, K. (1971) 'Urban open space and outdoor recreation', in P. Lavery (ed.) *Recreation Geography*, Newton Abbot: David and Charles, pp. 112–26.

Balmer, K. (1973) *Open Space in Liverpool*, Liverpool: Liverpool Corporation.

Bandura, A. (1977) 'Self-efficacy: Toward a unifying theory of behavioural change', *Psychological Review*, 84: 191–215.

Bannan, M., Adams, C. and Pirie, D. (2000) 'Hydrocarbon emissions from boat engines: Evidence of recreational boating impact on Loch Lomond', *Scottish Geographical Journal*, 116(3): 245–56.

Bao, J. (2002) 'Tourism geography as the subject of doctoral dissertations in China 1989–2000', *Tourism Geographies*, 4(2): 148–52.

Barbaza, Y. (1966) *Le Paysage humain de la Costa Brava*, Paris: A. Colin.

Barber, A. (1991) *Guide to Management Plans for Parks and Open Spaces*, Reading: Institute of Leisure and Amenity Management.

Barbier, B. and Pearce, D.G. (1984) 'The geography of tourism in France: Definition, scope and themes', *GeoJournal*, 9(1): 47–53.

Bardwell, S. (1974) 'The National Park movement in Victoria', unpublished PhD thesis, Mebourne: Department of Geography, Monash University.

Bardwell, S. (1979) 'National parks for all: A New South Wales interlude', *Parkwatch*, 118: 16–20.

Bardwell, S. (1982) '100 years of national parks in Victoria: Themes and trends', *Parkwatch*, 129(winter): 4–11.

Baretje, R. (1982) 'Tourism's external account and the balance of payments', *Annals of Tourism Research*, 9(1): 57–67.

Barke, M. and Towner, J. (1996) 'Exploring the history of leisure and tourism in Spain', in M. Barke, J. Towner and M. Newton (eds) *Tourism in Spain: Critical Issues*, Wallingford: CAB International, pp. 189–212.

Barke, M. and Towner, J. (2003) 'Learning from experience? Progress towards a sustainable future for tourism in the Central and Eastern Andalucian littoral', *Journal of Sustainable Tourism*, 11(2–3): 162–80.

Barke, M., Towner, J. and Newton, M. (eds) (1996) *Tourism in Spain: Critical Issues*, Wallingford: CAB International.

Barnes, B. (1982) *T.S. Kuhn and Social Science*, London: Macmillan.

Barnes, M. and Wells, G. (1985) 'Myles Dunphy father of conservation dies', *National Parks Journal*, 29(1): 7.

BarOn, R. (1984) 'Tourism terminology and standard definitions', *Tourist Review*, 39(1): 2–4.

BarOn, R. (1989) *Travel and Tourism Data: A Comprehensive Research Handbook on the World Travel Industry*, London: Euromonitor.

Baron-Yellés, N. (1999) *Le Tourisme en France: Territoires et stratégies*, Paris: A. Colin.

Barrett, J. (1958) 'The seaside resort towns of England and Wales', unpublished PhD thesis, London: University of London.

Barry, F. (1991) 'Industrialisation strategies for developing countries: Lessons from the Irish experience', *Development Policy Review*, 9: 85–98.

Barry, K. (1984) *Female Sexual Slavery*, New York: New York University Press.

Baudrillard, J. (1981) *For a Critique of the Economy of the Sign*, St Louis, MO: Telos Press.

Baum, E.L. and Moore, E.J. (1966) 'Some economic opportunities and limitations of outdoor recreation enterprises', in G.W. Cornwall and C.J. Holcomb (eds) *Guidelines to the Planning, Developing, and Managing of Rural Recreation Enterprises*, Bulletin 301, Blacksburg, VA: Cooperative Extension Service, Virginia Polytechnic Institute, pp. 52–64.

Baum, T. (ed.) (1993) *Human Resource Issues in International Tourism*, Oxford: Butterworth-Heinemann.

Baxter, M.J. (1979) 'The interpretation of the distance and attractiveness components in models of recreational trips', *Geographical Analysis*, 11(3): 311–15.

Bayliss, D. (2003) 'Building better communities: Social life on London's cottage council estates, 1919–1939', *Journal of Historical Geography*, 29(3): 376–95.

Becker, R.H. (1981) 'Displacement of recreational users between the Lower St. Croix and Upper Mississippi Rivers', *Journal of Environmental Management*, 13(3): 259–67.

Belford, S. (1983) 'Rural tourism', *Architects Journal*, 178: 59–71.

Bell, D. and Valentine, G. (eds) (1997) *Consuming Geographies; We Are Where We Eat*, London: Routledge.

Bell, M. (1977) 'The spatial distribution of second homes: A modified gravity model', *Journal of Leisure Research*, 9(3): 225–32.

Bell, M. and Ward, G. (2000) 'Comparing temporary mobility with permanent migration', *Tourism Geographies*, 2(1), 87–107.

Bell, P.J.P. (2000) 'Contesting rural recreation: The battle over access to Windermere', *Land Use Policy*, 17(4): 295–303.

Bella, L. (1987) *Parks for Profit*, Montreal: Harvest House.

Benington, J. and White, J. (eds) (1988) *The Future of Leisure Services*, Harlow: Longman.

Beniston, M. (2003) 'Climate change in mountain regions: a review of possible impacts', *Climatic Change*, 59: 5–31.

Benko, G. and Strohmmayer, U. (1997) *Space and Social Theory: Interpreting Modernity and Postmodernity*, Oxford: Blackwell.

Bennett, A. (2002) *Great Western Lines and Landscapes*, Cheltenham: Runpast.

Bennett, R. (1985) 'Quantification and relevance?', in R. Johnston (ed.) *The Future of Geography*, London: Methuen, pp. 211–24.

Bennett, R. (1991) 'Rethinking London government', in K. Hoggart and D. Green (eds) *London: A New Metropolitan Geography*, London: Edward Arnold.

Bentley, T. and Page, S.J. (2001) 'Scoping the extent of tourist accidents in New Zealand', *Annals of Tourism Research*, 28(3): 705–26.

Bentley, T., Page, S.J. and Laird, I. (2000) 'Safety in New Zealand's adventure tourism industry: The client accident experience of adventure tourism operators', *Journal of Travel Medicine*, 7(5): 239–45.

Bentley, T., Page, S.J., Meyer, D. and Chalmers, D. (2001) 'The role of adventure tourism recreation injuries among visitors to New Zealand: An exploratory analysis using hospital discharge data', *Tourism Management*, 22(4): 373–81.

Bescancenot, J., Mounier, J. and Laverne, F. (1978) 'Climatological conditions for coastal tourism: A comprehensive research method', *Morois*, 99: 357–82.

Bevins, M., Brown, T., Cole, G., Hock, K. and LaPage, W. (1974) *Analysis of the Campground Market in the Northeast*, USDA, Forest Service Bulletin 679, Burlington, VT: University of Vermont Agricultural Experimental Station.

Bianchi, R. (2002) 'Towards a new political economy of global tourism', in R. Sharpley and D.J. Telfer (eds) *Tourism and Development: Concepts and Issues*, Clevedon: Channel View, pp. 265–99.

Billinge, M. (1996) 'A time and place for everything: An essay on recreation, re-creation and the Victorians', *Journal of Historical Geography*, 22(4): 443–59.

Bishop, R. and Robinson, L.S. (1998) *Night Market: Sexual Cultures and the Thai Economic Miracle*, London and New York: Routledge.

Bisset, N., Grant, A. and Adams, C. (2000) 'Long term changes in recreational craft utilisation on Loch Lomond', *Scottish Geographical Journal*, 116(3): 257–66.

Bitner, M.J. (1992) 'Servicescapes: The impact of physical surroundings on customers and employees', *Journal of Marketing*, 56(2): 57–71.

Bitner, M.J., Booms, B.H. and Tetreault, M.S. (1990) 'The service encounter: Diagnosing favourable and unfavourable incidents', *Journal of Marketing*, 54(2): 71–84.

Bittman, M. (2002) 'Social participation and family welfare: The money and time costs of leisure in Australia', *Social Policy and Administration*, 36(4): 408–25.

Blackwell, J. (1970) 'Tourist traffic and the demand for accommodation: Some projections', *Economic and Social Review*, 1: 323–43.

Blake, A. and Sinclair, M.T. (2003) 'Quantifying the effects of foot and mouth disease on tourism and UK economy', *Tourism Economics*, 9(4): 449–65.

Blake, J. (1996) 'Resolving conflict? The rural white paper, sustainability and countryside policy', *Local Environment*, 1(2): 211–18.

Blamey, R.K. (1995) *The Nature of Ecotourism*, Occasional Paper No. 21, Canberra: Bureau of Tourism Research.

Blamey, R.K. and Braithwaite, V.A. (1997) 'A social values segmentation of the potential ecotourism market', *Journal of Sustainable Tourism*, 5(1): 29–45.

Blank, U. and Petkovich, M. (1980) 'The metropolitan area: A multifaceted travel destination complex', in D. Hawkins, E. Shafer and J. Ravelstad (eds) *Tourism Planning and Development*, Washington, DC: George Washington University Press, pp. 393–405.

Blom, T. (2000) 'Morbid tourism: A postmodern market niche with an example from Althorp', *Norsk Geografisk Tidsskrift*, 54(1): 29–36.

Blowers, A. (1997) 'Environmental planning for sustainable development: The international context', in A. Blowers and B. Evans (eds) *Town Planning into the 21st Century*, London: Routledge, pp. 34–53.

Board, C., Brunsden, D., Gerrard, J., Morgan, B.S., Morley, C.D. and Thornes, J.B. (1978) 'Leisure and the countryside: The example of the Dartmoor National Park', in J. Blunden, P. Haggett, C. Hamnett and P. Sarre (eds) *Fundamentals of Human Geography: A Reader*, London: Harper & Row, pp. 44–52.

Bodewes, T. (1981) 'Development of advanced tourism studies in Holland', *Annals of Tourism Research*, 8(1): 35–51.

Bodlender, J.A. and Davies, E.J.G. (1985) *A Profile of Government Financial Grant Aid to Tourism*, Madrid: World Tourism Organization/Horwath and Horwath International.

Boo, E. (1990) *Ecotourism: The Potentials and Pitfalls*, 2 vols, Washington, DC: World Wildlife Fund.

Boschken, H. (1975) 'Second home subdivision: Market suitability for recreational and pastoral use', *Journal of Leisure Research*, 7(1): 63–72.

Bote Gomez, V. (1996) La investigacion turistica espanola en economia y geografia (special issue), *Estudios Turisticos*.

Bouquet, M. and Winter, M. (eds) (1987a) *Who from their Labours Rests? Conflict and Practice in Rural Tourism*, Aldershot: Avebury.

Bouquet, M. and Winter, M. (1987b) 'Introduction: Tourism, politics and practice', in M. Bouquet and M. Winter (eds) *Who from their Labours Rests? Conflict and Practice in Rural Tourism*, Aldershot: Avebury, pp. 1–8.

Bowler, I. and Strachan, A. (1976) *Parks and Gardens in Leicester*, Leicester: Recreation and Cultural Services Department, Leicester City Council.

Boyd, S.W. (2000) '"Heritage" tourism in Northern Ireland: Opportunity under peace', *Current Issues in Tourism*, 3(2): 150–74.

Boyd, S. and Butler, R. (1996) 'Seeing the forest through the trees: Using GIS to identify potential ecotourism sites in Northern Ontario', in L. Harrison and W. Husbands (eds) *Practising Responsible Tourism: International Case Studies in Tourism Planning, Policy and Development*, Chichester: Wiley, pp. 380–403.

Boyden, S.V. and Harris, J.A. (1978) 'Contribution of the wilderness to health and wellbeing', in G. Mosley (ed.) *Australia's Wilderness: Conservation Progress and Plans, Proceedings of the First National Wilderness Conference*, Australian Academy of Science, Canberra, 21–23 October 1977, Hawthorn, Vic.: Australian Conservation Foundation, pp. 34–7.

Boyer, M. (1996) *L'Invention du tourisme*, Paris: Le Seuil.

Bracey, H. (1970) *People and the Countryside*, London: Routledge & Kegan Paul.

Bradshaw, J. (1972) 'The concept of social need', *New Society*, 30(3): 640–3.

Brady Shipman Martin (1991) *Wicklow Mountain's National Park Visitor Centre Environmental Impact Statement*, Dublin: Brady Shipman Martin.

Brady Shipman Martin and Hyde, N. (1972–73) *National Coastline Study*, Dublin: Bord Fáilte and Foras Forbartha.

Brainard, J., Bateman, I. and Lovett, A. (2001) 'Modelling demand for recreation in English woodlands', *Forestry* 74(5): 423–38.

Bramham, P. and Henry, I. (1985) 'Political ideology and leisure policy in the United Kingdom', *Leisure Studies*, 4: 1–19.

Bramwell, B. (1991) 'Sustainability and rural tourism policy in Britain', *Tourism Recreation Research*, 16(2): 49–51.

Bramwell, B. (1993) *Tourism Strategies and Rural Development*, Paris: OECD.

Bramwell, B. (1994) 'Rural tourism and sustainable rural tourism', *Journal of Sustainable Tourism*, 2: 1–6

Bramwell, B. (2004) 'Partnerships, participation, and social science research in tourism planning', in A. Lew,

C.M. Hall and A. Williams (eds) *Companion to Tourism*, Oxford: Blackwell, pp. 541–54.

Bramwell, B. and Lane, B. (1993) 'Sustainable tourism: An evolving global approach', *Journal of Sustainable Tourism*, 1(1): 6–16.

Bramwell, B. and Lane, B. (eds) (2000) *Tourism Collaboration and Partnerships: Politics, Practice and Sustainability*, Clevedon: Channel View.

Bramwell, B. and Rawding, L. (1996) 'Tourism marketing images of industrial cities', *Annals of Tourism Research*, 23(2): 201–21.

Braun, B. and Soskin, M. (2002) 'The impact of day trips to Daytona Beach', *Tourism Economics*, 8(3): 289–301.

Brennan, E. (ed.) (1990) *Heritage: A Visitor's Guide*, Dublin: Stationery Office.

Briassoulis, H. and van der Straaten, J. (1999) 'Tourism and the environment: An overview', in H. Briassoulis and J. van der Straaten (eds) *Tourism and the Environment*, 2nd edn, Dordrecht: Kluwer, pp. 1–20.

Briggs, A. (1969) *Victorian Cities*, Harmondsworth: Penguin.

Briggs, D. and Tantrum, D. (1997) *Using GIS for Countryside Management: The Experience of National Parks*, Cheltenham: Countryside Commission.

Bristow, R., Leiber, S. and Fesenmaier, D. (1995) 'The compatibility of recreation activities in Illinois', *Geografiska Annaler B*, 77(1): 3–15.

British Tourist Authority (1993) *Guidelines for Tourism to Britain 1993–97*, London: British Tourist Authority.

British Travel Association and University of Keele (1967 and 1969) *Pilot National Recreation Survey*, Keele: University of Keele.

Britton, S.G. (1980a) 'A conceptual model of tourism in a peripheral economy', in *South Pacific: The Contribution of Research to Development and Planning*, NZ MAB Report No. 6, Christchurch, NZ: NZ National Commission for Unesco/Department of Geography, pp. 1–12.

Britton, S.G. (1980b) 'The spatial organisation of tourism in a neo-colonial economy: A Fiji case study', *Pacific Viewpoint*, 21: 144–65.

Britton, S.G. (1982) 'The political economy of tourism in the Third World', *Annals of Tourism Research*, 9(3): 331–58.

Britton, S.G. (1991) 'Tourism, capital and place: Towards a critical geography of tourism', *Environment and Planning D: Society and Space*, 9: 451–78.

Brocx, M. (1994) *Visitor Perceptions and Satisfaction Study Winter 1993*, Auckland: Tourism Auckland.

Brooks, S. (1993) *Public Policy in Canada*, Toronto: McClelland and Stewart.

Brougham, J.E. and Butler, R.W. (1981) 'A segmentation analysis of resident attitudes to the social impacts of tourism', *Annals of Tourism Research*, 8: 569–90.

Brown, B. (1988) 'Developments in the promotion of major seaside resorts: How to effect a transition by really making an effort', in B. Goodall and G. Ashworth (eds) *Marketing in the Tourism Industry*, London: Routledge, pp. 176–86.

Brown, R.M. (1935) 'The business of recreation', *Geographical Review*, 25: 467–75.

Bryant, C. (1989) 'Entrepreneurs in the rural environment', *Journal of Rural Studies*, 5(4): 337–48.

Buchholtz, C.W. (1983) *Rocky Mountain National Park: A History*, Boulder, CO: Colorado Associated University Press.

Buhalis, D. and Cooper, C. (1998) 'Competition or co-operation? Small and medium sized tourism enterprises at the destination', in E. Laws, B. Faulkner and G. Moscardo (eds) *Embracing and Managing Change in Tourism: International Case Studies*, London: Routledge, pp. 324–46.

Bull, A. (1991) *The Economics of Travel and Tourism*, London: Pitman.

Bull, C. and Wibberley, G. (1976) *Farm Based Recreation in South-East England: Studies in Rural Land Use Report 12*, London: Wye College, University of London.

Bull, P. and Church, A. (1994) 'The hotel and catering industry of Great Britain during the 1980s: Sub-regional employment change, specialisation and dominance', in C.P. Cooper and A. Lockwood (eds) *Progress in Tourism, Recreation and Hospitality Management*, Vol. 5, Chichester: Wiley, pp. 248–69.

Buller, H. amd Hoggart, K. (1994) *International Counterurbanization: British Migrants in Rural France*, Aldershot: Avebury.

Bunce, R.G.H., Pérez Soba, M., Jongman, R.H.G., Gómez Sal, A., Herzog, F. and Austad, I. (eds) (2004) *Transhumance and Biodiversity in European Mountains*, IALE Publication 2004:1, International Association for Landscape Ecology.

Bureau of Industry Economics (BIE) (1991a) *Networks: A Third Form of Organisation*, Discussion Paper 14, Canberra: BIE.

Bureau of Industry Economics (1991b) 'Networks: A third form of organisation', *Bulletin of Industry Economics*, 10: 5–9.

Bureau of Land Management (1978) *Wilderness Inventory Handbook: Policy, Direction, Procedures, and Evidence for Conducting Wilderness Inventory on the Public Lands*, Washington, DC: Bureau of Land Management, Department of the Interior.

Burgess, E. (1925) 'The growth of the city' in R. Park and E. Burgess (eds) *The City*, Chicago, IL: University of Chicago Press, 47–62.

Burgess, J., Harrison, C. and Limb, M. (1988a) 'People, parks and the urban green: A study of popular meanings and values for open spaces in the city', *Urban Studies*, 26: 455–73.

Burgess, J., Harrison, C. and Limb, M. (1988b) 'Exploring environmental values through the medium of small groups. Part one: Theory and practice', *Environmental and Planning A*, 20: 309–26.

Burgess, J., Harrison, C. and Limb, M. (1988c) 'Exploring environmental values through the medium of small groups. Part two: Illustrations of a group at work', *Environment and Planning A*, 20: 457–76.

Burkart, A. and Medlik, S. (1974) *Tourism, Past, Present and Future*, Oxford: Heinemann.

Burkart, A. and Medlik, S. (1981) *Tourism, Past Present and Future*, 2nd edn, London: Heinemann.

Burnet, L. (1963) *Villégiature et tourisme sue les côtes de France*, Paris: Hachette.

Burns, J.P.A. and Mules, T.L. (1986) 'A framework for the analysis of major special events', in J.P.A. Burns, J.H. Hatch and T.L. Mules (eds) *The Adelaide Grand Prix: The Impact of a Special Event*, Adelaide: Centre for South Australian Economic Studies, pp. 5–38.

Burns, M., Barwell, L. and Heinecken, T. (1990) 'Analysis of critical coastal processes affecting recreation and tourism development opportunities along South-Western Cape coastline', in P. Wong (ed.) *Tourism vs Environment: The Case for Coastal Areas*, Dordrecht: Kluwer, pp. 19–32.

Burtenshaw, D., Bateman, M. and Ashworth, G.J. (1991) *The City in West Europe*, 2nd edn, Chichester: Wiley.

Burton, R. (1974) *The Recreational Carrying Capacity of the Countryside*, Occasional Publication No. 11, Keele: Keele University Library.

Burton, T. (1966) 'A day in the country: A survey of leisure activity at Box Hill in Surrey', *Chartered Surveyor*, 98(7): 378–80.

Burton, T. (1971) *Experiments in Recreation Research*, London: Allen & Unwin.

Burton, T.L. (1982) 'A framework for leisure policy research', *Leisure Studies*, 1: 323–35.

Butler, R.W. (1974) 'The social implications of tourist developments', *Annals of Tourism Research*, 2: 100–11.

Butler, R.W. (1975) 'Tourism as an agent of social change', in F. Helleiner (ed.) *Tourism as a Factor in National and Regional Development*, Occasional Papers in Geography No. 4, Peterborough: Trent University, pp. 89–50.

Butler, R.W. (1980) 'The concept of a tourist area cycle of evolution: Implications for management of resources', *Canadian Geographer*, 24(1): 5–12.

Butler, R.W. (1990) 'Alternative tourism: Pious hope or Trojan horse', *Journal of Travel Research*, 28(3): 40–5.

Butler, R.W. (1991) 'Tourism, environment, and sustainable development', *Environmental Conservation*, 18(3): 201–9.

Butler, R.W. (1992) 'Alternative tourism: The thin edge of the wedge', in V.L. Smith and W.R. Eadington (eds) *Tourism Alternatives: Potentials and Problems in the Development of Tourism*, Philadelphia, PA: University of Pennsylvania Press, pp. 31–46.

Butler, R.W. (1998) 'Sustainable tourism – looking backwards in order to progress?', in C.M. Hall and A. Lew (eds) *Sustainable Tourism Development: A Geographical Perspective*, London: Addison Wesley Longman, pp. 25–34.

Butler, R.W. (2000) 'Tourism and the environment: A geographical perspective', *Tourism Geographies*, 2(3): 337–58.

Butler, R.W. (2004) 'Geographical research on tourism, recreation and leisure: Origins, eras and directions', *Tourism Geographies*, 6(2): 143–62.

Butler, R.W. (ed.) (2005) *The Tourism Life Cycle: Conceptual and Theoretical Issues*, 2 vols, Clevedon: Channel View.

Butler, R.W. and Clark, G. (1992) 'Tourism in rural areas: Canada and the UK', in I. Bowler, C. Bryant and M. Nellis (eds) *Contemporary Rural Systems in Transition*, Volume 2: *Economy and Society*, Wallingford: CAB International, pp. 166–86.

Butler, R.W. and Hall, C.M. (1998) 'Conclusion: The sustainability of tourism and recreation in rural areas', in R. Butler, C.M. Hall and J. Jenkins (eds) *Tourism and Recreation in Rural Areas*, Chichester: Wiley, pp. 249–58.

Butler, R.W. and Hinch, T. (eds) (1996) *Tourism and Indigenous Peoples*, London: International Thomson.

Butler, R.W. and Wall, G. (1985) 'Themes in research on the evolution of tourism', *Annals of Tourism Research*, 12: 287–96.

Butler, R.W., Hall, C.M. and Jenkins, J. (eds) (1998) *Tourism and Recreation in Rural Areas*, Chichester: Wiley.

Button, M. (2003) 'Private security and the policing of quasi-public space', *International Journal of the Sociology of Law*, 31: 227–37.

Byrne, A., Edmondson, R. and Fahy, K. (1993) 'Rural tourism and cultural identity in the West of Ireland', in B. O'Connor and M. Cronin (eds) *Tourism in Ireland: A Critical Analysis*, Cork: Cork University Press, pp. 233–57.

Byrne, D. (1999) *Social Exclusion*, Buckingham: Open University Press.

Caffyn, A. and Jobbins, G. (2003) 'Governance capacity and stakeholder interactions in the development and management of coastal tourism: Examples from Morocco and Tunisia', *Journal of Sustainable Tourism*, 11(2–3): 224–45.

Caffyn, A. and Lutz, J. (1999) 'Developing the heritage tourism product in multi-ethnic cities', *Tourism Management*, 20(2): 213–21.

Calais, S.S. and Kirkpatrick, J.B. (1986) 'The impact of trampling on the natural ecosystems of the Cradle Mt. Lake St. Claire National Park', *Australian Geographer*, 17: 6–15.

Callaghan, T.V., Körner, C., Heal, O.W., Lee, S.E. and Cornelissen, J.H.C. (1999) 'Global change in Europe's cold regions: Scenarios for ecosystem responses to global change', in M.A. Lange, B. Bartling and K. Grosfeld (eds) *Global Changes and the Barents Sea Region*, Proceedings of the First International BASIS Research Conference St Petersburg, Russia, 22–25 February 1998, Münster: Institute for Geophysics, University of Münster, pp. 17–50.

Callicott, J.B. (1982) 'Traditional American Indian and Western European attitudes toward nature: An overview', *Environmental Ethics*, 4: 293–318.

Campbell, C.K. (1966) *An Approach to Recreational Geography*, BC Occasional Papers No. 7.

Canadian Council on Rural Development (1975) *Economic Significance of Tourism and Outdoor Recreation for Rural Development*, Working Paper, Ottawa: Canadian Council on Rural Development.

Cannon, J. (1987) 'Issues in sampling and sample design – a managerial perspective', in J.B. Ritchie and C. Goeldner (eds) *Travel, Tourism and Hospitality Research: A Handbook for Managers and Researchers*, New York: Wiley, pp. 101–16.

Carhart, A.H. (1920) 'Recreation in the forests', *American Forests*, 26: 268–72.

Carlson, A.S. (1938) 'Recreation industry of New Hampshire', *Economic Geography*, 14: 255–70.

Carlson, A.W. (1978) 'The spatial behaviour involved in honeymoons: The case of two areas in Wisconsin and North Dakota', *Journal of Popular Culture*, 11: 977–88.

Carr, N. (1999) 'A study of gender differences: Young tourist behaviour in a UK coastal resort', *Tourism Management*, 20: 223–28.

Carter, J., Jollife, L. and Baum, T. (2001) 'Heritage tourism and World Heritage sites: The case of Newfoundland', *Tourism Recreation Research*, 26(1): 113–16.

Carter, R. (1982) 'Coastal caravan sites in Northern Ireland 1960–1980', *Irish Geography*, 15: 123–6.

Carter, R. (1988) *Coastal Environments*, London: Academic Press.

Carter, R. (1990) 'Recreational use and abuse of the coastline of Florida', in P. Fabbri (ed.) *Recreational Uses of Coastal Areas*, Dordrecht: Kluwer, pp. 3–18.

Carter, R. and Parker, A. (1989) 'Resources and management of Irish coastal waters and adjacent coasts', in R. Carter and A. Parker (eds) *Ireland: Contemporary Perspectives on a Land and its People*, London: Routledge, pp. 393–420.

Carter, R., Eastwood, D. and Pollard, J. (1990) 'Man's impact on the coast of Ireland', in P. Wong (ed.) *Tourism vs Environment: The Case for Coastal Areas*, Dordrecht: Kluwer, pp. 211–25.

Carver, S. (2000) 'Wilderness and landscape', Wilderness Britain? Social and Environmental Perspectives on Recreation and Conservation, Newsletter No. 4, Mapping the Wild: Spatial Patterns and Landscape Character.

Carver, S., Evans, A. and Fritz, S. (2002) 'Wilderness attribute mapping in the United Kingdom', *International Journal of Wilderness*, 8(1): 24–9.

Cater, E.A. (1987) 'Tourism in the least developed countries', *Annals of Tourism Research*, 14: 202–26.

Cater, E.A. (1993) 'Ecotourism in the third world: Problems for sustainable development', *Tourism Management*, 14(2): 85–90.

Cater, E.A. (2000) 'Tourism in the Yunnan Great Rivers National Parks System Project: Prospects for sustainability', *Tourism Geographies*, 2(4): 472–89.

Cater, E.A. and Lowman, G. (eds) (1994) *Ecotourism: A Sustainable Option?*, Chichester: Wiley.

Catlin, G. (1968) 'An artist proposes a National Park', in R. Nash (ed.) *The American Environment: Readings in the History of Conservation*, Reading, MA: Addison-Wesley, pp. 5–9.

Catto, N. (2002) 'Anthropogenic pressures on coastal dunes, Southwestern Newfoundland, *Canadian Geographer* 46(1): 17–32.

Ceballos-Lascuarain, H. (1996) *Tourism, Ecotourism and Protected Areas: The State of Nature Based Tourism around the World and Guidelines for its Development*, Gland, Switzerland: IUCN.

Chadwick, G. (1971) *A Systems View of Planning*, Oxford: Pergamon.

Chadwick, R. (1987) 'Concepts, definitions and measures used in travel and tourism research', in J.R. Brent Ritchie and C. Goeldner (eds) *Travel, Tourism and Hospitality Research: A Handbook for Managers and Researchers*, New York: Wiley, pp. 47–62.

Chadwick, R. (1994) 'Concepts, definitions and measures used in travel and tourism research', in J.R. Brent Ritchie and C. Goeldner (eds) *Travel, Tourism and Hospitality Research: A Handbook for Managers and Researchers*, 2nd edn, New York: Wiley, pp. 65–80.

Champeaux, J.P. (1987) 'Le marché du tourisme social en Europe', *Espaces*, 86: 17–20.

Champion, A.G. (1998) 'Studying counter-urbanisation and the rural population turnaround', in P. Boyle and K. Halfacree (eds) *Migration into Rural Areas: Theories and Issues*. Chichester: Wiley, pp. 21–40.

Chang, T.C. (1998) 'Regionalism and tourism: Exploring integral links in Singapore', *Asia Pacific Viewpoint*, 39(1): 73–94.

Chang, T.C. (2000) 'Singapore's Little India: A tourist attraction in a contested landscape', *Urban Studies*, 37(2): 343–66.

Chang, T.C. and Yeoh, B.S.A. (1999) 'New Asia-Singapore: Communicating local cultures through global tourism', *Geoforum*, 30(2): 101–15.

Chang, T.C., Milne, S., Fallon, D. and Pohlmann, C. (1996) 'Urban heritage tourism: The global–local nexus', *Annals of Tourism Research*, 23: 1–19.

Chapin, F. (1974) *Human Activity Patterns in the City*, New York: Wiley.

Chapman, H.H. (1938) 'National parks, national forests and wilderness areas', *Journal of Forestry*, 36(5): 469–474.

Charlton, C. and Essex, S. (1996) 'The involvement of District Councils in tourism in England and Wales', *Geoforum*, 27(2): 175–92.

Chartered Institute of Public Finance and Accountancy (CIPFA) (1990) *Leisure and Recreation Statistics 1990–91 Estimates*, London: CIPFA.

Chavas, J.P., Stoll, J. and Sellar, C. (1989) 'On the commodity value of travel time in recreational activities', *Applied Economics*, 21: 711–22.

Chinn, T. (1996) 'New Zealand glacier responses to climate change of the past century', *New Zealand Journal of Geology and Geophysics*, 39: 415–28.

Christaller, W. (1933) *Die Zentralen Orte in Süddeutschland,* Jena, Germany: Gustav Fischer.

Christaller, W. (1963) 'Some considerations of tourism location in Europe: The peripheral regions – underdeveloped countries – recreation areas', *Regional Science Association Papers*, 12: 95–105.

Chubb, M. and Chubb, H. (1981) *One Third of our Time? An Introduction to Recreation Behaviour and Resources*, New York: Wiley.

Church, A. (1988) 'Urban regeneration in London's Docklands: A five year policy review', *Environment and Planning C: Government and Policy*, 6: 187–208.

Church, A. (1990) 'Transport and urban regeneration in London Docklands', *Cities: The International Journal of Urban Policy and Planning*, 7(4): 289–303.

Church, A. (2004) 'Local and regional tourism policy and power', in A. Lew, C.M. Hall and A. Williams (eds) *Companion to Tourism*, Oxford: Blackwell, pp. 541–55.

Church, A. and Reid, P. (2000) 'Urban power, international networks, and competition: the example of cross-border co-operation', *Urban Studies*, 33(8): 1297–318.

Church, A., Ball, R., Bull, C. and Tyler, D. (2000) 'Public policy engagement with British tourism: The national, local and the European Union', *Tourism Geographies*, 2(3): 312–36.

Cichetti, C. (1971) 'Some economic issues in planning urban recreation facilities', *Land Economics*, 47: 14–23.

Cicin-Sain, B. and Knecht, R.W. (1998) *Integrated Coastal and Ocean Management: Concepts and Experiences*, Washington, DC: Island Press.

Clark, G., Gertler, M. and Feldman, M. (eds) (2000) *Handbook of Economic Geography*, Oxford: Oxford University Press.

Clark, J. and Crichter, C. (1985) *The Devil Makes Work: Leisure in Capitalist Britain*, London: Macmillan.

Clark, R.N. and Stankey, G.H. (1979) *The Recreation Opportunity Spectrum: A Framework for Planning, Management and Research*, USDA Forest Service, General Technical Report PNW-98.

Clarke, P. (ed.) (1981) *Country Towns in Pre-industrial England*, Leicester: Leicester University Press.

Clarke, W.C. (1991) 'Time and tourism: An ecological perspective', in M.L. Miller and J. Auyong (eds) *Proceedings of the 1990 Congress on Coastal and Marine Tourism*, Honolulu: National Coastal Research and Development Institute, pp. 387–93.

Clary, D. (1984a) 'Coastal tourism: Research methods', *Revue de Geographie de Lyon*, 59(1–2): 63–72.

Clary, D. (1984b) 'The impact of social change on a leisure region, 1960–1982: A study of Nord Pays D'Auge', in J. Long and R. Hecock (eds) *Leisure, Tourism and Social Change*, Dunfermline: Centre for Leisure Research, Dunfermline College of Physical Education, pp. 51–6.

Clary, D. (1993) *Le Tourisme dans l'espace français*, Paris: Editions du CRNS.

Claus, J.E. (1990) *Promotional Letter to Antarctic Tour Members from the Chief Operating Officer, Society Expeditions*, Seattle, WA: Society Expeditions.

Clawson, M. (1958) *Statistics on Outdoor Recreation*, Washington, DC: Resources for the Future.

Clawson, M. and Knetsch, J. (1966) *The Economics of Outdoor Recreation*, Baltimore, MD: Johns Hopkins University Press.

Clawson, M. and Knetsch, J. (1968) *The Economics of Outdoor Recreation*, Baltimore, MD: Johns Hopkins University Press.

Clawson, M., Held, R. and Stoddart, C. (1960) *Land for the Future*, Baltimore, MD: Johns Hopkins University Press.

Cleveland, T., Jr. (1910) 'National forests as recreation grounds', *Annals of the American Academy of Political and Social Science*, 35(March): 25–31.

Clewer, A., Pack, A. and Sinclair, M.T. (1992) 'Price competitiveness and inclusive tour holidays', in P. Johnson and B. Thomas (eds) *Choice and Demand in Tourism*, London: Mansell, pp. 123–44.

Clift, S. and Page, S.J. (eds) (1996) *Health and the International Tourist*, London: Routledge.

Cloke, P. (1992) 'The countryside', in P. Cloke (ed.) *Policy and Change in Thatcher's Britain*, Oxford: Pergamon, pp. 269–96.

Cloke, P. and Perkins, H. (1999) 'Cracking the canyon with the awesome foursome: Representation of adventure tourism in New Zealand', *Environment and Planning D: Society and Space*, 16: 185–218.

Clout, H.D. (1987) 'Western Europe in context', in H.D. Clout (ed.) *Regional Development in Western Europe*, 3rd edn, London: David Fulton, pp. 3–18.

Coalter, F. (1990) 'The "mixed economy" of leisure: The historical background to the development of the commercial, voluntary and public sectors of the leisure industries', in I. Henry (ed.) *Management and Planning in the Leisure Industries*, London: Macmillan, pp. 3–32.

Coalter, F. (1993) 'Sports participation: Price or priorities?', *Leisure Studies*, 12: 171–82.

Coalter, F. (1998) 'Leisure studies, leisure policy and social citizenship: The failure of welfare or the limits of welfare?', *Leisure Studies*, 17: 21–36.

Cockerell, N. (1997) 'Urban tourism in Europe', *Travel and Tourism Analyst*, 6: 44–67.

Coccossis, H. (2004) *Tourism and Carrying Capacity*, London: Continuum.

Cohen, E. (1972) 'Towards a sociology of international tourism', *Social Research*, 39: 164–82.

Cohen, E. (1974) 'Who is a tourist? A conceptual clarification', *Sociological Review*, 22: 527–55.

Cohen, E. (1979a) 'Rethinking the sociology of tourism', *Annals of Tourism Research*, 6: 18–35.

Cohen, E. (1979b) 'A phenomenology of tourist experiences', *Sociology*, 13: 179–201.

Cohen, E. (1983) 'Thai girls and farang men', *Annals of Tourism Research*, 9: 403–8.

Cohen, E. (1993) 'The study of touristic images of native people: Mitigating the stereotype of a stereotype', in D.G. Pearce and R.W. Butler (eds) *Tourism Research: Critiques and Challenges*, London: Routledge, pp. 36–69.

Cole, D.N., Petersen, M.E. and Lucas, R.C. (1987) *Managing Wilderness Recreation Use: Common Problems and Potential Solutions*, USDA Forest Service General Technical Report, INT-230, Ogden, UT: Intermountain Forest and Range Experiment Station.

Colenutt, R. (1970) 'An investigation into the factors affecting the pattern of trip generation and route of choice of day visitors to the countryside', unpublished PhD thesis, Bristol: University of Bristol.

Coles, T.E. (2003) 'A local reading of a global disaster: Some lessons on tourism management from an Annus Horribilis in Southwest England', *Journal of Travel and Tourism Marketing*, 15(2–3): 143–62.

Coles, T.E. and Timothy, D.J. (eds) (2004) *Tourism, Diasporas and Space*, London: Routledge.

Coles, T., Duval, D. and Hall, C.M. (2004) 'Tourism, mobility and global communities: New approaches to theorising tourism and tourist spaces', in W. Theobold (ed.) *Global Tourism*, 3rd edn, Oxford: Heinemann, pp. 463–81.

Colley, A. (1984) 'The Greater Blue Mountains National Park', *National Parks Journal*, 28(4): 29–31.

Colwell, P., Dehring, C. and Turnbull, G. (2002) 'Recreation demand and residential location', *Journal of Urban Economics*, 51: 418–28.

Commission of the European Community (1991) *Fourth Periodic Report on the Social and Economic Situation and Development of the Regions of the*

Community, Luxembourg: Commission of the European Community.

Committee of the Federal Republic of Germany for the IGU (ed.) (2000) *German Geographical Research 1996–1999: Bibliography of Publications in Geographical Series*, Trier, Germany: Dokumentationszentrum für deutsche Landeskunde, Universität Trier.

Commonwealth Department of Tourism (1993) *Rural Tourism*, Tourism Discussion Paper No. 1, Canberra: Commonwealth Department of Tourism.

Conforti, J. (1996) 'Ghettos as tourism attractions', *Annals of Tourism Research*, 23(4): 830–42.

Connell, J. (1988) *Sovereignty and Survival: Island Microstates in the Third World*, Research Monograph No. 3, Sydney: Department of Geography, University of Sydney.

Connell, J. (2005) 'Managing gardens for visitors: A story of continuity and change', *Tourism Management*, 26(2): 185–201.

Connell, J. and Page, S.J. (2005) 'Evaluating the economic and spatial effects of an event: The case of the World Medical and Health Games, *Tourism Geographies*, 7(1): 63–85.

Conway, H. (1991) *People's Parks: The Design and Development of Victorian Parks in Britain*, Cambridge: Cambridge University Press.

Cooke, K. (1982) 'Guidelines for socially appropriate tourism development in British Columbia', *Journal of Travel Research*, 21(1): 22–8.

Cooke, P. (ed.) (1986) *Global Restructuring, Local Responses*, London: Economic and Social Research Council.

Cooke, P. (1989) *Localities: The Changing Face of Urban Britain*, London: Unwin Hyman.

Cooper, C.E. (1947) 'Tourism', *Journal of Geography*, 46: 115–20.

Cooper, C.P. (1981) 'Spatial and temporal patterns of tourist behaviour', *Regional Studies*, 15: 359–71.

Cooper, C.P. (1987) 'The changing administration of tourism in Britain', *Area*, 19(3): 249–53.

Cooper, C.P. (1990) 'Resorts in decline: The management response', *Tourism Management*, 11: 63–7.

Cooper, C.P. (1992) 'The life cycle concept and tourism', in P. Johnson and B. Thomas (eds) *Choice and Demand in Tourism*, London: Mansell, pp. 145–60.

Cooper, C.P. (1994) 'Product lifecycle', in S.F. Witt and L. Moutinho (eds) *Tourism Marketing and Management Handbook*, Englewood Cliffs, NJ: Prentice Hall, pp. 145–60.

Cooper, C.P. and Jackson, S. (1989) 'Destination life cycle: The Island of Man case study', *Annals of Tourism Research*, 16(3): 377–98.

Cooper, C.P., Fletcher, J., Gilbert, D.G. and Wanhill, S. (1993) *Tourism: Principles and Practice*, London: Pitman.

Cooper, M.J. and Pigram, J.J. (1984) 'Tourism and the Australian economy', *Tourism Management*, 5(1): 2–12.

Cope, A., Doxford, D. and Probert, C. (2000). 'Monitoring visitors to UK countryside resources: The approaches of land and recreation resource management organisations to visitor monitoring', *Land Use Policy*, 17: 59–66

Coppock, J.T. (1966) 'The recreational use of land and water in rural Britain', *Tidschrift voor Economische en Sociale Geografie*, 57: 81–96.

Coppock, J.T. (1970) 'Geographers and conservation', *Area*, 2: 24–26.

Coppock, J.T. (1974) 'Geography and public policy: Challenges, opportunities and implications', *Transactions of the Institute of British Geographers*, 63: 1–16.

Coppock, J.T. (1976) 'Geography and public policy: Challenge, opportunities and implications', in J.T. Coppock and W. Sewell (eds) *Spatial Dimensions of Public Policy*, Oxford: Pergamon.

Coppock, J.T. (ed.) (1977a) *Second Homes: Curse or Blessing?*, Oxford: Pergamon.

Coppock, J.T. (1977b) 'Tourism as a tool for regional development', in B.S. Duffield (ed.) *Tourism: A Tool for Regional Development*, Edinburgh: Tourism and Recreation Research Unit, University of Edinburgh, pp. 1.1–1.5.

Coppock, J.T. (1980) 'The geography of leisure and recreation', in E.H. Brown (ed.) *Geography Yesterday and Tomorrow*, London: Royal Geographical Society, pp. 243–79.

Coppock, J.T. (1982) 'Geographical contributions to the study of leisure', *Leisure Studies*, 1: 1–27.

Coppock, J.T. and Duffield, B. (1975) *Outdoor Recreation in the Countryside: A Spatial Analysis*, London: Macmillan.

Coppock, J.T. and Sewell, W. (1976) *Spatial Dimensions of Public Policy*, Oxford: Pergamon.

Corbin, A. (1995) *The Lure of the Sea: The Discovery of the Seaside 1750–1840*, London: Penguin.

Cordell, H., Betz, C. and Green, G. (2002) 'Recreation and the environment as cultural dimensions in contemporary American society', *Leisure Sciences* 24: 13–41.

Corner, J. and Harvey, S. (eds) (1991) *Enterprise and Heritage: Crosscurrents of National Culture*, London and New York: Routledge.

Cornish, V. (1930) 'The claim of the coast', *Geography*, 15(5): 384–7.

Cornish, V. (1934) 'A national park at the Lands End', *Geography*, 19(4): 288–91.

Cornwall, G.W. and Holcomb, C.J. (eds) (1966) *Guidelines to the Planning, Developing, and Managing of Rural Recreation Enterprises*, Bulletin 301, Blacksburg, VA: Cooperative Extension Service, Virginia Polytechnic Institute.

Corsi, T.M. and Harvey, M.E. (1979) 'Changes in vacation travel in response to motor fuel shortages and higher prices', *Journal of Travel Research*, 17(4): 6–11.

Cosgrove, I. and Jackson, R. (1972) *The Geography of Recreation and Leisure*, London: Hutchinson.

Council of Nature Conservation Ministers (CONCOM) Working Group on Management of National Parks (1985) *Identification and Management of Wilderness Areas in Australia*, Discussion Paper, Canberra: CONCOM.

Council of Nature Conservation Ministers (CONCOM) Working Group on Management of National Parks (1986) *Guidelines for Reservation and Management of Wilderness Areas in Australia*, Canberra: CONCOM.

Countryside Agency (2000) *The State of the Countryside 1999*, Cheltenham: Countryside Agency.

Countryside Agency (2003) *Living Landscapes*, Cheltenham: Countryside Agency, http://www.countryside.gov.uk.

Countryside Commission (1970) *Countryside Recreation Glossary*, London: Countryside Commission.

Countryside Commission (1974) *Advice Note on Country Parks*, Cheltenham: Countryside Commission.

Countryside Commission (1983) *A Management Plan for the Green Belt Area in Barnet and South Havering*, CCP 147, Cheltenham: Countryside Commission.

Countryside Commission (1987) *Visitors to the countryside*, Countryside Commission: Cheltenham.

Countryside Commission (1988) *Countryside Management in the Urban Fringe*, CCP 136, Cheltenham: Countryside Commission.

Countryside Commission (1992) *Enjoying the Countryside – Policies for People*, CCP 371, Cheltenham: Countryside Commission.

Coventry, N. (1998) 'December dive', *Inside Tourism*, March: 1.

Cowie, I. (1985) 'Housing policy options in relation to the America's Cup', *Urban Policy and Research*, 3: 40–1.

Crabtree, R., Leat, P.M., Santarossa, J. and Thompson, K.J. (1994) 'The economic impact of wildlife sites in Scotland', *Journal of Rural Studies*, 10(1): 61–72.

Crandall, R. (1980) 'Motivations for leisure', *Journal of Leisure Research*, 12: 45–54.

Crang, M. and Travelou, S. (2001) 'The city and topology of memory', *Environment and Planning D*, 19(2): 161–77.

Crawford, D. and Godbey, G. (1987) 'Reconceptualising barriers to family leisure', *Leisure Sciences*, 9: 119–27.

Crawford, D., Jackson, E. and Godbey, G. (1991) 'A hierarchical model of leisure constraints', *Leisure Sciences*, 13: 309–20.

Crisler, R.M. and Hunt, M.S. (1952) 'Recreation regions in Missouri', *Journal of Geography*, 51(1): 30–9.

Crompton, J.L. (1979) 'An assessment of the image of Mexico as a vacation destination', *Journal of Travel Research*, 17(fall): 18–23.

Crompton, J.L. and Richardson, S.L. (1986) 'The tourism connection where public and private leisure services merge', *Parks and Recreation*, October: 38–44, 67.

Crompton, J.L. and Van Doren, C. (1976) 'Amusement parks, theme parks, and municipal leisure services: Contrasts in adaption to cultural change', *Journal of Physical Education and Recreation*, 47: 18–22.

Cronan, W. (1990) 'Modes of prophecy and production: Placing nature in history', *Journal of American History*, 76(4): 1122–31.

Crosby, A.W. (1995) 'The past and present of environmental history', *American Historical Review*, 100(4): 1177–90.

Crotty, R. (1979) 'Capitalist colonialism and peripheralisation: The Irish case', in D. Seers, B. Schaffer and M.L. Kiljunen (eds) *Under-developed Europe: Studies in Core–Periphery Relations*, Totowa, NJ: Humanities Press, pp. 225–35.

Crouch, D. (1989a) 'Patterns of cooperation in the cultures of outdoor leisure – the case of allotments', *Leisure Studies*, 8(2): 189–99.

Crouch, D. (1989b) 'The allotment, landscape and locality', *Area*, 21(3): 261–7.

Crouch, D. (1994) 'Home, escape and identity: Rural identities and sustainable tourism', *Journal of Sustainable Tourism*, 2(1/2): 93–101.

Crouch, D. (1999a) 'Introduction: Encounters in leisure/tourism', in D. Crouch (ed.) *Leisure/Tourism Geographies: Practices and Geographical Knowledge*, London: Routledge, pp. 1–16.

Crouch, D. (ed.) (1999b) *Leisure/Tourism Geographies: Practices and Geographical Knowledge*, London: Routledge.

Crouch, D. (2000) 'Places around us: Embodied lay geographies in leisure and tourism', *Leisure Studies*, 19(2): 63–76.

Crouch, D. and Lübbren, N. (eds) (2003) *Visual Culture and Tourism*, Oxford: Berg.

Crouch, G. (1994) 'The study of tourism demand: A review of findings', *Journal of Travel Research*, 33(1): 2–21.

Croy, G. and Hall, C.M. (2003) 'Developing a tourism knowledge: Educating the student, developing the rural area', *Journal of Teaching in Travel and Tourism*, 3(1): 3–24.

Csikszentmihalyi, M. (1975) *Beyond Boredom and Anxiety*, San Francisco, CA: Jossey Bass.

Curiel, J. and Radvansky, G. (2002) 'Mental maps in memory retrieval and comprehension', *Memory*, 10(2): 113–26.

Curry, N. (1992) 'Recreation, access, amenity and conservation in the United Kingdom: The failure of integration', in I.R. Bowler, C.R. Bryant and M.D. Nellis (eds) *Contemporary Rural Systems in Transition*, Vol. 2, Wallingford: CAB International, pp. 141–54.

Curry, N. (1994) *Countryside Recreation: Access and Land Use Planning*, London: E&FN Spon.

Curry, N. (2000) 'Community participation in outdoor recreation and the development of Millennium Greens in England', *Leisure Studies*, 19(1): 17–35.

Curry, N. and Ravenscroft, N. (2001) 'Countryside recreation provision in England: Exploring a demand-led approach', *Land Use Policy* 18(3): 281–91.

Cushman, G., Veal, A. and Zuzanek, J. (eds) (1996a) *World Leisure Participation: Free Time in the Global Village*, Wallingford: CAB International.

Cushman, G., Veal, A. and Zuzanek, J. (eds) (1996b) 'National participation surveys: An overview', in G. Cushman, A. Veal and J. Zuzanek (eds.) *World Leisure Participation: Free Time in the Global Village*, Wallingford: CAB International, pp. 1–15.

Cutter, S. (2000) 'President's column: Bring geography back to Harvard and Yale and . . .', *AAG Newsletter*, 35(10): 2–3.

Cybriwsky, R. (1999) 'Changing patterns of urban public space: Observations and assessments from the Tokyo and New York metropolitan areas', *Cities: The International Journal of Urban Policy and Planning*, 4: 223–31.

Daby, D., Turner, J. and Jago, C. (2002) 'Microbial and nutrient pollution of coastal bathing waters in Mauritius', *Environmental International*, 27(7): 555–66.

Dagenais, M. (2002) 'Inscribing municipal power in urban space: The formation of a network of parks at Montreal and Toronto, 1880–1940', *Canadian Geographer*, 46(4): 347–64.

Dahles, H. (1998) 'Redefining Amsterdam as a tourism destination', *Annals of Tourism Research*, 25: 55–69.

Damette, F. (1980) 'The regional framework of monopoly exploitation: new problems and trends', in J. Carney, R. Hudson and J.R. Lewis (eds) *Regions in Crisis*, London: Croom Helm, pp. 76–92.

Dann, G. (1981) 'Tourist motivation: An appraisal', *Annals of Tourism Research*, 8 (2): 187–219.

Dann, G. (1993) 'Limitations in the use of nationality and country of residence variable', in D. Pearce and R. Butler (eds) *Tourism Research: Critique and Challenges*, London: Routledge, pp. 88–112.

DART (1974) *Farm Recreation and Tourism in England and Wales*, Report to the Countryside Commission, English Tourist Board and Wales Tourist Board, Publication No. 14, CCP 83, Cheltenham: Countryside Commission.

Dasmann, R.F. (1973) *Classification and Use of Protected Natural and Cultural Areas*, IUCN Occasional Paper No. 4, Morges, Switzerland: International Union for the Conservation of Nature and Natural Resources.

Davidson, R. and Maitland, R. (1997) *Tourism Destinations*, London: Hodder & Stoughton.

Davies, E. (1971) *Farm Tourism in Cornwall and Devon: Some Economic and Physical Considerations*, Report No. 184, Exeter: Agricultural Economics Unit, University of Exeter.

Davies, E. (1987) 'Planning in the New Zealand National Parks', *New Zealand Geographer*, 43(2): 73–8.

Davis, B. (1981) 'Characteristics and influence of the Australian conservation movement', unpublished PhD thesis, Hobart: University of Tasmania.

Dawson, J. and Doornkamp, J. (eds) (1973) *Evaluating the Human Environment: Essays in Applied Geography*, London: Edward Arnold.

Dear, M. (1994) 'Postmodern human geography: A preliminary assessment', *Erdkunde*, 48(1): 2–13.

Dear, M. (1999) 'The relevance of post modernism', *Scottish Geographical Magazine*, 115(2): 143–50.

Dear, M. and Flusty, S. (1998) 'Postmodern urbanism', *Annals of the Association of American Geographers*, 88(1): 50–72.

Dear, M. and Flusty, S. (1999) 'Engaging postmodern urbanism', *Urban Geography*, 20(5): 412–16.

Dearden, P. (1993) 'Cultural aspects of tourism and sustainable development: Tourism and the hill-tribes of Northern Thailand', in J.G. Nelson, R. Butler and G. Wall (eds) *Tourism and Sustainable Development: Monitoring, Planning and Managing*, Waterloo, Ont.: Department of Geography, University of Waterloo.

Dearden, P. and Rollins, R. (eds) (1993) *Parks and Protected Areas in Canada: Planning and Management*, Toronto: Oxford University Press.

Deasy, G.F. (1949) 'The tourist industry in a north woods county', *Economic Geography*, 25(2): 240–59.

Deasy, G.F. and Griess, P.R. (1966) 'Impact of a tourist facility on its hinterland', *Annals of the Association of American Geographers*, 56(2): 290–306.

Debarbieux, B. (1995) *Tourisme et montagne*, Paris: Economica.

Debbage, K.G. (1990) 'Oligopoly and the resort cycle in the Bahamas', *Annals of Tourism Research*, 18(2): 251–68.

Debbage, K.G. (1991) 'Spatial behaviour in a Bahamian resort', *Annals of Tourism Research*, 18(2): 251–68.

Debbage, K.G. and Ioannides, D. (eds) (1998) *The Economic Geography of the Tourism Industry*, London: Routledge.

Debbage, K.G. and Ioannides, D. (2004) 'The cultural turn? Towards a more critical economic geography of tourism', in A. Lew, C.M. Hall and A. Williams (eds) *Companion to Tourism*, Oxford: Blackwell, pp. 99–109.

Deblock, A. (1986) 'Le tourisme pêche en France', *Espaces*, 82: 22–5.

de Botton, A. (2003) *The Art of Travel*, London: Penguin.

Deegan, J. and Dineen, D. (1996) *Tourism Policy and Performance*, London: International Thomson.

Deem, R. (1986) *All Work and No Play? The Sociology of Women and Leisure*, Milton Keynes: Open University Press.

de Freitas, C.R. (1990) 'Recreation climate assessment', *International Journal of Climatology*, 10: 89–103.

de Freitas, C.R. (2003) 'Tourism climatology: Evaluating environmental information for decision making and business planning in the recreation and tourism sector', *International Journal of Biometeorology*, 47(4): 190–208.

De Kadt, E. (ed.) (1979) *Tourism – Passport to Development?*, Oxford: Oxford University Press.

Del Casino, V. and Hanna, S. (2000) 'Representations and identities in tourism map spaces', *Progress in Human Geography*, 24(1): 23–46.

Deller, S.C., Marcouiller, D.W and Green, G.P. (1997) 'Recreational housing and local government finance', *Annals of Tourism Research*, 24(3): 687–705.

Denman, R. (1978) *Recreation and Tourism in Farms, Crofts and Estates*, Report to the Highlands and Islands Development Board and the Scottish Tourist Board, Edinburgh.

Department for Culture, Media and Sport (1999) *Policy Action Team 10: Report on Social Exclusion*, London: Department for Culture, Media and Sport.

Department of Regional Economic Expansion (1972) *The Canada Land Inventory: Land Capability Classification for Outdoor Recreation*, Report No. 6, Ottawa: Queen's Printer for Canada.

Department of the Environment (DoE) (1990) *Tourism and the Inner City*, London: HMSO.

Department of the Environment (1996) *Coastal Zone Management: Towards Best Practice*, London: DoE.

Department of the Environment and Ministry of Agriculture, Fisheries and Food (DoE/MAFF) (1995) *Rural England: A Nation Committed to a Living Countryside*, London: HMSO.

Department of the Environment, Transport and the Regions (DETR) (2000) *Our Countryside: The Future. A Fair Deal for Rural England* (Rural White Paper), London: HMSO.

Department of Tourism and Transport (1989) *Improving the Performance of Irish Tourism: A Summary Report*, Dublin: Stationery Office.

Deprest, F. (1997) *Enquête sur le tourisme de masse: l'écologie face au territoire*, Paris: Belin.

Dernoi, L.A. (1983) 'Farm tourism in Europe', *Tourism Management*, 4(3): 155–66.

Deutsch, K. (1970) *Politics and Government: How People Decide their Fate*. Boston, MA: Houghton Mifflin.

Dewailly, J. and Flament, E. (eds) (1993) *Géographie du tourisme et des loisirs*, Paris: SEDES.

d'Hauteserre, A. (1996) 'A response to Dimitri Ioannides, "Strengthening the ties between tourism and economic geography: A theoretical agenda"', *Professional Geographer*, 48(2): 218–19.

Dickinson, G. (2000) 'The use of Loch Lomond area for recreation', *Scottish Geographical Journal*, 116(3): 231–44.

Dietvorst, A. (1993) 'Planning for outdoor recreation and tourism in the Netherlands', in H. van Lier and

P. Taylor (eds) *New Challenges in Recreation and Tourism Planning*, Amsterdam: Elsevier Science, pp. 69–86.

Dietz, T. and Kwaad, F. (2000) *Dutch Geography 1996–2000*, Utrecht, Netherlands: International Geographical Union.

Dilley, R.S. (1986) 'Tourist brochures and tourist images', *Canadian Geographer*, 30(1): 59–65.

Dilsaver, L.M. and Tweed, W.C. (1990) *Challenge of the Big Trees: A Resource History of Sequoia and Kings Canyon National Parks*, Three Rivers, Quebec: Sequoia Natural History Association.

Ding, P. and Pigram, J. (1995) 'Environmental audits: An emerging concept for sustainable tourism development', *Journal of Tourism Studies*, 2: 2–10.

Dingsdale, A. (1986) 'Ideology and leisure under socialism: The geography of second homes in Hungary', *Leisure Studies*, 5: 35–55.

Doering, T.R. (1976) 'A reexamination of the relative importance of tourism to state economies', *Journal of Travel Research*, 15(1): 13–17.

Domestic Tourism Statistics, WTO: Madrid.

Donajgrodski, A. (ed.) (1978) *Social Control in Nineteenth Century Britain*, London: Croom Helm.

Doorne, S. (1998) 'The last resort: a study of power and participation on the Wellington waterfront', unpublished PhD thesis, Wellington, NZ: Department of Tourism and Services Management, Victoria University of Wellington.

Doornkamp, J. (1982) *Applied Geography*, Nottingham Monographs in Applied Geography No. 1, Nottingham: Department of Geography, University of Nottingham.

Doren, C., Priddle, G. and Lewis, J. (1979) *Land and Leisure: Concepts and Methods in Outdoor Recreation*, London: Methuen.

Douglas, N. and Douglas, N. (1996) 'Tourism in the Pacific: Historical factors', in C.M. Hall and S.J. Page (eds) *Tourism in the Pacific: Issues and Cases*, London: International Thomson Business Press, pp. 19–35.

Dovers, S. (ed.) (1994) *Australian Environmental History: Essays and Cases*, Melbourne: Oxford University Press.

Dovers, S. (ed.) (2000a) *Environmental History and policy: Still Settling Australia*, Melbourne: Oxford University Press.

Dovers, S. (2000b) 'On the contribution of environmental history to current debate and policy', *Environment and History*, 6: 131–50.

Dower, M. (1965) *The Challenge of Leisure*, London: Civic Trust.

Dower, M. (1977) 'Planning aspects of second homes', in J.T. Coppock (ed.) *Second Homes: Curse or Blessing*, Oxford: Pergamon.

Dower, M. and McCarthy, P. (1967) 'Planning for conservation and development', *Journal of the Royal Town Planning Institute*, 53(1): 99–105.

Dowling, R.K. (1993) 'Tourism planning, people and the environment in Western Australia', *Journal of Travel Research*, 31(4): 52–8.

Dowling, R.K. (1997) 'Plans for the development of regional ecotourism: Theory and practice', in C.M. Hall, J. Jenkins and G. Kearsley (eds) *Tourism Planning and Policy in Australia and New Zealand: Cases, Issues and Practice*, Sydney: Irwin, pp. 110–26.

Downs, R.M. (1970) 'Geographic space perception: Past approaches and future prospects', *Progress in Geography*, 2: 65–108.

Downs, R.M. and Stea, D. (1973) *Image and Environment*, New York: Aldine.

Downs, R.M. and Stea, D. (1977) *Maps in Minds: Reflections on Cognitive Mapping*, New York: Harper & Row.

Doxey, G.V. (1975) 'A causation theory of visitor–resident irritants: Methodology and research inferences', in *Proceedings of the Travel Research Association sixth Annual Conference*, San Diego, CA: Travel Research Association, pp. 195–8.

Driver, B.L. (1989) 'Recreation Opportunity Spectrum: A framework for planning, management and research', in *Proceedings of a North American Workshop on Visitor Management in Parks and Protected Areas*, Waterloo, Ont.: Tourism Research and Education Centre, University of Waterloo and Environment, Canada Park Service, pp. 127–58.

Drost, A. (1996) 'Developing sustainable tourism for World Heritage sites', *Annals of Tourism Research*, 23(2): 479–92.

Drummond, L. (2000) 'Street scenes: Practices of public and private space in urban Vietnam', *Urban Studies* 37(12): 2377–2391.

Dubaniewicz, H. (1976) 'An appraisal of the natural environment of the Ködz Region for the needs of economic development and recreation', *Geographica Polonica*, 34: 265–71.

Dubé, P. and Gordon, G. (2000) 'Capital cities: Perspectives and convergence', *Plan Canada*, 40(3): 6–7.

Duffield, B. (1984) 'The study of tourism in Britain: A geographical perspective', *GeoJournal*, 9(1): 27–35.

Duffield, B. and Coppock, J. (1975) 'The delineation of

recreational landscapes: The role of computer-based information systems', *Transactions of the Institute of British Geographers*, 66(2): 141–8.

Duffield, B. and Long, J. (1981) 'Tourism in the Highlands and Islands of Scotland: Rewards and conflicts', *Annals of Tourism Research*, 8(3): 403–31.

Duffield, B. and Owen, M. (1970) *Leisure + Countryside = A Geographical Appraisal of Countryside Recreation in Lanarkshire*, Edinburgh: University of Edinburgh.

Duffield, B. and Walker, S. (1983) *Urban Parks and Open Spaces: A Review*, Edinburgh: Tourism and Recreation Research Unit.

Dumas, D. (1982) 'Le commerce de detail dans une grande station touristique balneaire espagnole: Benidorm', *Annales de Géographie*, 506: 486–9.

Dunning, J. and McQueen, M. (1982) *Transnational Corporations in International Tourism*, New York: United Nations.

Dunphy, M.J. (1973) 'How the Sydney Bushwalkers began' (Compiled from the Minutes Book of the Mountain Trails Club, September, 1948), *The Sydney Bushwalker*, October: 3–5, 7.

Dunphy, M.J. (1979a) *The Incidence of Major Parklands in New South Wales*, Book 1, unpublished manuscript held by the New South Wales National Park and Wildlife Service Library, Sydney.

Dunphy, M.J. (1979b) 'The bushwalking conservation movement, 1914–1965', *Parks and Wildlife*, 2(3–4): 54–64.

Durbarry, R. and Sinclair, M.T. (2003) 'Market shares analysis: The case of French tourism demand', *Annals of Tourism Research*, 30(4): 927–41.

Durie, A. (2003) *Scotland for the Holidays: Tourism in Scotland 1780–1939*, East Linton: Tuckwell.

Dutton, I. and Hall, C.M. (1989) 'Making tourism sustainable: The policy/practice conundrum', in *Proceedings of the Environment Institute of Australia Second National Conference*, Melbourne: Environment Institute of Australia, pp. 196–296.

Duval, D.T. (2003) 'When hosts become guests: Return visits and diasporic identities in a Commonwealth Eastern Caribbean community', *Current Issues in Tourism*, 6(4): 267–308.

Duval, D.T. (ed.) (2004) *Tourism in the Caribbean*, London: Routledge.

Dwyer, L. and Forsyth, P. (1996) 'Economic impacts of cruise tourism in Australia', *Journal of Tourism Studies*, 7(2): 36–43.

Dwyer, L. and Forsyth, P. (1998) 'Economic significance of cruise tourism', *Annals of Tourism Research*, 25(2): 393–415.

Dye, T. (1992) *Understanding Public Policy*, 7th edn, Englewood Cliffs, NJ: Prentice Hall.

Eagles, P. (1992) 'The travel motivations of Canadian ecotourists', *Journal of Travel Research*, 31(2): 3–7.

Eaton, B. and Holding, D. (1996) 'The evaluation of public transport alternatives to the car in British National Parks', *Journal of Transport Geography*, 4(1): 55–65.

Economic Development and Tourism Department (EDTD) (2003) *Cruise Ship Impacts City of St. John's – 2002*, St John's, Nfld: Economic Development and Tourism Department, City of St John's.

Edensor, T. (2000) 'Staging tourism: Tourists as performers', *Annals of Tourism Research*, 27: 322–44.

Edgerton, R. (1979) *Alone Together: Social Order on an Urban Beach*, Berkeley, CA: University of California Press.

Edington, J.M. and Edington, M.A. (1986) *Ecology, Recreation and Tourism*, Cambridge: Cambridge University Press.

Edwards, J. (1987) 'The UK heritage coasts: An assessment of the ecological impacts', *Annals of Tourism Research*, 14: 71–87.

Edwards, J. (1991) 'Guest–host perceptions of rural tourism in England and Portugal', in M.T. Sinclair and M.J. Stabler (eds) *The Tourism Industry: An International Analysis*, Wallingford: CAB International, pp. 143–64.

Egner, H. (2002) 'Freizeit als "Individualisierungsplattform": Entwicklung und Ausdifferenzierung sportorientierter Freizeitaktivitaten aus systemtheoretischer Perspektive' (Leisure as a platform for individualization: A systems theory approach to the evolution and diversification of sports oriented leisure activities), *Geographische-Zeitschrift*, 90(2): 89–102.

Eide, A. and Heen, K. (2002) 'Economic impacts of global warming: A study of the fishing industry in North Norway', *Fisheries Research*, 56(3): 261–74.

Eidsvik, H.K. (1980) 'National parks and other protected areas: Some reflections on the past and prescriptions for the future', *Environmental Conservation*, 7(3): 185–90.

Eidsvik, H.K. (1985) 'Wilderness policy – an international perspective', paper presented at the National Wilderness Resources Conference, Fort Collins, Colorado, July.

Eidsvik, H.K. (1987) *Categories Revision – A Review*

and a Proposal, Commission on National Parks and Protected Areas*, Morges, Switzerland: International Union for the Conservation of Nature and Natural Resources.

Eiselen, E. (1945) 'The tourist industry of a modern highway, US16 in South Dakota', *Economic Geography*, 21: 221–30.

Ellerbrook, M.J. and Hite, J.C. (1980) 'Factors affecting regional employment in tourism in the United States', *Journal of Travel Research*, 18(3): 26–32.

Elliott-White, M. and Finn, M. (1998) 'Growing in sophistication: The application of GIS in post-modern marketing', *Journal of Travel and Tourism Marketing*, 7(1): 65–84.

Elson, M. (1977) *A Review and Evaluation of Countryside Recreation Site Surveys*, Cheltenham: Countryside Commission.

Elson, M. (1979) *The Leisure Use of Green Belts and Urban Fringes*, London: Sports Council and Social Science Research Council.

Elson, M. (1986) *Green Belts: Conflict Mediation in the Urban Fringe*, London: Heinemann.

Elson, M. (1993) 'Sport and recreation in the green belt countryside', in S. Glyptis (ed.) *Leisure and the Environment: Essays in Honour of Professor J.A. Patmore*, London: Belhaven Press, pp. 131–7.

English Historic Towns Forum (1992) *Retailing in Historic Towns: Research Study 1992*, London: Donaldsons.

English Tourist Board/Employment Department (1991) *Tourism and the Environment: Maintaining the Balance*, London: English Tourist Board.

Environmental Impact Services Limited (1991) *Great Blasket Island National Park Visitor Centre*, Dun Chaoirsn, Co. Kerry, Dublin: Environmental Impact Services Limited.

Environmental Planning Group of Canada [EPGC] (2002) *Newfoundland and Labrador Tourism Marketing Strategy Review. Final Report*, Halifax: Environmental Planning Group of Canada.

Enzenbacher, D.J. (1992) 'Antarctic tourism and environmental concerns', *Marine Pollution Bulletin*, 25(9–12): 258–65.

Enzenbacher, D.J. (1995) 'The regulation of Antarctic tourism', in C.M. Hall and M. Johnston (eds) *Polar Tourism: Tourism in the Arctic and Antarctic Regions*, Chichester: Wiley, pp. 179–216.

Erkip, F. (1997) 'The distribution of urban public services: The case of parks and recreational services in Ankara', *Cities: The International Journal of Urban Policy and Planning*, 14(6): 353–61.

ESCAP (1995a) *Guidelines on Environmentally Sound Development of Coastal Tourism*, ST/ESCAP/1371, Bangkok: ESCAP.

ESCAP (1995b) *Planning Guidelines on Coastal Environmental Management*, ST/ESCAP/1316, Bangkok: ESCAP.

Escourrou, P. (1993) *Tourisme et environnement*, Paris: SEDES.

Esser, J. and Hirsch, J. (1989) 'The crisis of fordism and the dimensions of a "post-fordist" regional and urban structure', *International Journal of Urban and Regional Research*, 13: 417–37.

Ettema, D.F. and Timmermans, H.J.P. (1997) *Activity-based Approaches to Travel Analysis*, Oxford: Pergamon.

Euromonitor (1992) *European Tourism Report*, London: Euromonitor.

European Commission (1997) *Better Management of Coastal Resources – A European Programme for Integrated Coastal Zone Management*, Luxembourg: Official Publication of the European Communities.

Evans, B. (1997) 'From town planning to environmental planning', in A. Blowers and B. Evans (eds) *Town Planning into the 21st Century*, London and New York: Routledge, pp. 1–14.

Evans, G. (1998) 'Urban leisure: Edge city and the new leisure periphery', in M. Collins and I. Cooper (eds) *Leisure Management: Issues and Applications*, Wallingford: CAB International, pp. 113–38.

Evans, N.J. (1992a) 'Advertising and farm-based accommodation: A British case study', *Tourism Management*, 13(4): 415–22.

Evans, N.J. (1992b) 'The distribution of farm-based accommodation in England and Wales', *Journal of the Royal Agricultural Society of England*, 153: 67–80.

Evans, N.J. (1992c) 'Towards an understanding of farm-based tourism in Britain', in A.W. Gilg (ed.) *Progress in Rural Policy and Planning*, Vol. 2, London: Belhaven Press.

Evans, N.J. and Ilbery, B.W. (1989) 'A conceptual framework for investigating farm-based accommodation and tourism in Britain', *Journal of Rural Studies*, 5(3): 257–66.

Evernden, N. (1992) *The Social Creation of Nature*, Baltimore, MD: Johns Hopkins University Press.

Ewert, A. and Hollenhurst, S. (1989) 'Testing the adventure model: Empirical support for a model of risk recreational participation', *Journal of Leisure Research*, 21: 124–9.

Fabbri, P. (ed.) (1990) *Recreational Use of Coastal Areas: A Research Project of the Commission on the Coastal Environment*, International Geographical Union, Dordrecht: Kluwer.

Fagence, M. (1990) 'Geographically-referenced planning strategies', *Journal of Environmental Management*, 3(1): 1–18.

Fagence, M. (1991) 'Geographic referencing of public policies in tourism', *Revue de Tourisme*, 3(3): 8–19.

Farmers Markets Ontario (2001) History http://www.fmo.reach.net/history.html

Farrell, B.H. (ed.) (1978) *The Social and Economic Impact of Tourism on Pacific Communities*, Santa Cruz, CA: Centre for South Pacific Studies, University of California.

Farrell, B.H. and McLellan, R.W. (1987) 'Tourism and physical environment research', *Annals of Tourism Research*, 14: 1–16.

Farrell, B.H. and Runyan, D. (1991) 'Ecology and tourism', *Annals of Tourism Research*, 18: 26–40.

Farrell, T.A. and Marion, J.L. (2001) 'Identifying and assessing ecotourism visitor impacts in eight protected areas in Costa Rica and Belize', *Environmental Conservation*, 28: 215–25.

Farsari, Y. and Prastacos, P. (2004) 'GIS applications in the planning and management of tourism', in A. Lew, C.M. Hall and A. Williams (eds) *Companion to Tourism Communities*, Clevedon: Channel View, pp. 596–607.

Faulkner, B. and Tideswell, C. (1996) 'Gold Coast resident attitudes toward tourism: The influence of involvement in tourism, residential proximity, and period of residence', in G. Prosser (ed.) *Tourism and Hospitality Research: Australian and International Perspectives*, Canberra: Bureau of Tourism Research, pp. 19–36.

Featherstone, M. (1987) 'Leisure, symbolic power and the life course', in J. Horne, D. Jary and A. Tomlinson (eds) *Sport, Leisure and Social Relations*, London: Routledge & Kegan Paul, pp. 113–38.

Fedler, A. (1987) 'Introduction: Are leisure, recreation and tourism interrelated?', *Annals of Tourism Research*, 14(3): 311–13.

Feehan, J. (ed.) (1992) *Tourism on the Farm*, Dublin: Environmental Institute, University College.

Feller, M., Hooley, D., Dreher, T., East, I. and Jung, R. (1979) *Wilderness in Victoria: An Inventory*, Monash Publications in Geography No. 21, Clayton, Vic.: Department of Geography, Monash University.

Fennell, D. (1999) *Ecotourism: An Introduction*, London: Routledge.

Fennell, D. (2001) 'A content analysis of ecotourism definitions', *Current Issues in Tourism*, 4(5): 403–21.

Ferguson, M. and Munton, R. (1978) *Informal Recreation in the Urban Fringe: Provision and Management of Sites in London's Green Belt*, Working Paper No. 2, Land for Informal Recreation, London: Department of Geography, University College.

Ferguson, M. and Munton, R. (1979) 'Informal recreation sites in London's green belt', *Area*, 11: 196–205.

Ferrario, F.F. (1979a) 'The evaluation of tourist resources: An applied methodology part I', *Journal of Travel Research*, 17(3): 18–22.

Ferrario, F.F. (1979b) 'The evaluation of tourist resources: An applied methodology part II', *Journal of Travel Research*, 17(4): 24–9.

Fesenmaier, D.R. and Lieber, S.R. (1987) 'Outdoor recreation expenditure and the effects of spatial structure', *Leisure Sciences*, 9(1): 27–40.

Fianna Fail (1987) *Putting Growth Back into Tourism*, Dublin: Fianna Fail.

Filoppovich, L. (1979) 'Mapping of recreational development around a large city', *Soviet Geography*, 20: 361–9.

Fines, K. (1968) 'Landscape evaluation: A research project in East Sussex', *Regional Studies*, 2(1): 41–5.

Finn, A. and Erden, T. (1995) 'The economic impact of a mega-multi mall: Estimation issues in the case of West Edmonton Mall', *Tourism Management*, 16(5): 367–73.

Finnveden, B. (1960) 'Den dubbla bosattingen och sommermigrationen: Exempel från Hallandskustens fritidsbebyggelse', *Svensk Geografisk årsbok*, 36: 58–84.

Fisher, D., Lewis, J. and Priddle, G. (eds) (1974) *Land and Leisure: Concepts and Methods in Outdoor Recreation*, Chicago: Maaroufa Press.

Fitton, M. (1976) 'The urban fringe and the less privileged', *Countryside Recreation Review*, 1: 25–34.

Fitton, M. (1979) 'Countryside recreation: The problems of opportunity', *Local Government Studies*, 5: 57–90.

Fitzpatrick, J. and Montague, M. (1989) 'Irish Republic outbound', *Travel and Tourism Analyst*, 6: 40–55.

Fleischer, A. and Tsur, Y. (2003) 'Measuring the recreational value of open space', *Journal of Agricultural Economics* 54(2): 262–83.

Fletcher, J. and Snee, H.R. (1989) 'Tourism multiplier

efforts', in S.F. Witt and L. Moutinho (eds) *Tourism Marketing and Management Handbook*, Hemel Hempstead: Prentice Hall, pp. 529–31.

Flognfeldt, T. (1998) 'A spectator's view of the results of the development of an Olympic host town, before and after the games', *Festival Management and Event Tourism*, 5: 93–4.

Flognfeldt, T. (2002) 'Second home ownership: A sustainable semi-migration', in C.M. Hall and A.M. Williams (eds) *Tourism and Migration: New Relationships between Production and Consumption*, Dordrecht: Kluwer, pp. 187–203.

Floor, H. (1990) *Aktiviteten Systemen en Bereikboaheid*, Amsterdam: Siswo.

Floyd, M. (1998) 'Getting beyond marginality and ethnicity: The challenge for race and ethnic studies in leisure research', *Journal of Leisure Research*, 30(1): 3–22.

Floyd, M. and Johnson, C. (2002) 'Coming to terms with environmental justice in outdoor recreation: A conceptual discussion with research implications', *Leisure Sciences*, 24(1): 59–77

Ford, N. and Eiser, J. (1996) 'Risk and liminality: The HIV-related socio–sexual interaction of young tourists', in S. Clift and S.J. Page (eds) *Health and the International Tourist*, London: Routledge, pp. 152–78.

Forer, P. (1999) 'Fabricating space', in R. Le Heron, L. Murphy, P. Forer and M. Goldstone (eds) *Explorations in Human Geography: Encountering Place*, Auckland: Oxford University Press, pp. 85–117.

Forer, P. and Pearce, D.G. (1984) 'Spatial patterns of package tourism in New Zealand', *New Zealand Geographer*, 40: 34–42.

Forster, J. (1964) 'The sociological consequences of tourism', *International Journal of Comparative Sociology*, 5: 217–27.

Forsyte Research (2000) 'Topline results of the 1999 Domestic Travel Study', paper presented at the NZTIA Conference, Wellington, 11 August.

Fountain, J. and Hall, C.M. (2002) 'The impact of lifestyle migration on rural communities: A case study of Akaroa, NewZealand', in C.M. Hall and A.M. Williams (eds) *Tourism and Migration: New Relationships between Production and Consumption*, Dordrecht: Kluwer, pp. 153–68.

Fowler, J. (1991) 'Farm house holidays in Ireland', *Tourism Recreation Research*, 16: 72–5.

Frändberg, L. and Vilhelmson, B. (2003) 'Personal mobility – a corporeal dimension of transnationalisation: The case of long-distance travel from Sweden', *Environment and Planning A*, 35(10): 1751–68.

Frankel, O.H. (1978) 'The value of wilderness to science', in G. Mosley (ed.) *Australia's Wilderness: Conservation Progress and Plans, Proceedings of the First National Wilderness Conference, Australian Academy of Science, Canberra, 21–23 October, 1977*, Hawthorn, Vic.: Australian Conservation Foundation, pp. 101–5.

Frater, J. (1982) *Farm Tourism in England and Overseas*, Research Memorandum No. 93, Birmingham: Centre for Urban and Regional Studies, University of Birmingham.

Frater, J. (1983) 'Farm tourism in England', *Tourism Management*, 4(3): 167–79.

Frazier, J. (1982) *Applied Geography: Selected Perspectives*, Englewood Cliffs, NJ: Prentice Hall.

Freathy, P. (2004) 'The changing airport environment: Past, present and future imperfect?', in L. Lumsdon and S.J. Page (eds) *Tourism and Transport: Issues and Agendas for the New Millennium*, Oxford: Elsevier, pp. 105–16.

Frechtling, D.C. (1976a) 'Proposed standard definitions and classifications for travel research', *Marketing Travel and Tourism, Seventh Annual Conference Proceedings*, Boca Raton, FL: Travel Research Association, pp. 59–74.

Frechtling, D.C. (1976b) 'Travel as an employer in the state economy', *Journal of Travel Research*, 15(4): 8–12.

Frechtling, D.C. (1987) 'Assessing the impacts of travel and tourism: Introduction to travel impact estimation', in J.R.B. Ritchie and C.R. Goeldner (eds) *Travel, Tourism and Hospitality Research: A Handbook for Managers and Researchers*, New York: Wiley, pp. 325–31.

Frechtling, D.C. (1996) *Practical Tourism Forecasting*, Oxford: Butterworth-Heinemann.

Freeman, T.W. (1961) *A Hundred Years of Geography*, London: Gerald Duckworth.

Fretter, A.D. (1993) 'Place marketing: A local authority perspective', in G. Kearns and C. Philo (eds) *Selling Places: The City as Cultural Capital, Past and Present*, Oxford: Pergamon, pp. 163–74.

Friedmann, J. (1966) *Regional Development Policy: A Case Study of Venezuela*, Boston, MA: MIT Press.

Friedmann, J. (1973) 'A conceptual model for the analysis of planning behaviour', in A. Faludi (ed.) *A Reader in Planning Theory*, Oxford: Pergamon, pp. 344–70.

Fritz, R. (1982) 'Tourism, vacation home development

and residential tax burden: A case of the local finances of 240 Vermont towns', *American Journal of Economics and Sociology*, 41(4): 375–85.

Fritz, S., Carver, S. and See, L. (2000) 'New GIS approaches to wild land mapping in Europe', in S.F. McCool, D.N. Cole, W.T. Borrie and J. O'Loughlin, *Wilderness Science in a Time of Change Conference*, Volume 2: *Wilderness within the Context of Larger Systems*, Missoula, 23–7 May 1999, Proceedings RMRS-P-15-VOL-2, Ogden, UT: US Department of Agriculture, Forest Service, Rocky Mountain Research Station.

Fukaz, G. (1989) 'Hungary: More work, less leisure', in A. Olszewska and K. Roberts (eds) *Leisure and Lifestyle: A Comparative Analysis of Free Time*, London: Sage, pp. 39–46.

Funk, R.W. (1959) 'The wilderness', *Journal of Biblical Literature*, 78: 205–14.

Furmidge, J. (1969) 'Planning for recreation in the countryside', *Journal of the Royal Town Planning Institute*, 55(2): 62–7.

Furnham, A. (1984) 'Tourism and culture shock', *Annals of Tourism Research*, 11: 41–58.

Fyfe, N. and Banister, J. (1996) 'City watching: Closed circuit television surveillance in public spaces', *Area*, 28(1): 37–46.

Galatowitsch, S.M. (1990) 'Using the original land survey notes to reconstruct presettlement landscapes of the American West', *Great Basin Naturalist*, 50(2): 181–91.

Gale, F. and Jacobs, J.M. (1987) *Tourists and the National Estate Procedures to Protect Australia's Heritage*, Australian Heritage Commission Special Australian Heritage Publication Series No. 6, Canberra: Australian Government Publishing Service.

Gallent, N. (1997) 'Improvement grants, second homes and planning control in England and Wales: A policy review', *Planning Practice and Research*, 12(4): 401–10.

Gallent, N. and Tewdwr-Jones, M. (2000) *Rural Second Homes in Europe: Examining Housing Supply and Planning Control*, Aldershot: Ashgate.

Gannon, J. and Johnston, K. (1995) 'The global hotel industry: The emergence of continental hotel companies', *Progress in Tourism and Hospitality Research*, 1: 31–42.

Gardner, J.S. (1978) 'The meaning of wilderness: A problem of definition', *Contact – Journal of Urban and Environmental Affairs*, 10(1): 7–33.

Garland, A. (1997) *The Beach*, London: Penguin.

Garner, C. (1996) 'Park life is given £50 million injection', *The Independent*, 29 January.

Garreau, J. (1991) *Edge City: Life on the New Frontier*, New York: Doubleday.

Garrod, B. and Wilson, J.C. (eds) (2003) *Marine Ecotourism: Issues and Experiences*, Clevedon: Channel View.

Garrod, B. and Wilson, J.C. (2004) 'Nature on the edge? Marine ecotourism in peripheral coastal areas', *Journal of Sustainable Tourism*, 12(2): 95–120.

Gartner, W.C. (1986) 'Temporal influences on image change', *Annals of Tourism Research*, 13: 635–44.

Gartner, W.C. (1987) 'Environmental impacts of recreational home developments', *Annals of Tourism Research*, 14(1): 38–57.

Gaviria, M. (1975) *Turismo de Playa en Espana*, Madrid: Edicione S. Turner.

German Federal Agency for Nature Conservation (ed.) (1997) *Biodiversity and Tourism: Conflicts on the World's Seacoasts and Strategies for their Solution*, Berlin: Springer.

Getz, D. (1977) 'The impact of tourism on host communities: A research approach', in B.S. Duffield (ed.) *Tourism: A Tool for Regional Development*, Edinburgh: Tourism and Recreation Research Unit, University of Edinburgh, pp. 9.1–9.13.

Getz, D. (1981) 'Tourism and rural settlement policy', *Scottish Geographical Magazine*, 97 (December): 158–68.

Getz, D. (1983) 'Capacity to absorb tourism: Concepts and implications for strategic planning', *Annals of Tourism Research*, 10: 239–63.

Getz, D. (1984) 'Tourism, community organisation and the social multiplier', in J. Long and R. Hecock (eds) *Leisure, Tourism and Social Change*, Dunfermline: Centre for Leisure Research, Dunfermline College of Physical Education, pp. 85–100.

Getz, D. (1986a) 'Models in tourism planning towards integration of theory and practice', *Tourism Management*, 7(1): 21–32.

Getz, D. (1986b) 'Tourism and population change: Long term impacts of tourism in the Badenoch–Strathspey District of the Scottish Highlands', *Scottish Geographical Magazine*, 102(2): 113–26.

Getz, D. (1987) 'Tourism planning and research: Traditions, models and futures', paper presented at the *Australian Travel Research Workshop*, Bunbury, Western Australia, 5–6 November.

Getz, D. (1991a) *Festivals, Special Events, and Tourism*, New York: Van Nostrand Reinhold.

Getz, D. (1991b) 'Assessing the economic impacts of festivals and events: Research issues', *Journal of Applied Recreation Research*, 16(1): 61–77.

Getz, D. (1992) 'Tourism planning and destination life cycle', *Annals of Tourism Research*, 19: 752–70.

Getz, D. (1993a) 'Planning for tourism business districts', *Annals of Tourism Research*, 20: 583–600.

Getz, D. (1993b) 'Tourist shopping villages: Development and planning strategies', *Tourism Management*, 14(1): 15–26.

Getz, D. (1993c) 'Impacts of tourism on residents' leisure: Concepts, and a longitudinal case study of Spey Valley, Scotland', *Journal of Tourism Studies*, 4(2): 33–44.

Getz, D. (1994a) 'Students' work experiences, perceptions and attitudes towards careers in hospitality and tourism: A longitudinal case study in Spey Valley, Scotland', *International Journal of Hospitality Management*, 13(1): 25–37.

Getz, D. (1994b) 'Residents' attitudes towards tourism: A longitudinal study in Spey Valley, Scotland', *Tourism Management*, 15(4): 247–58.

Getz, D. (1997) *Event Management and Tourism*, New York: Cognizant.

Getz, D. and Carlsen, J. (2000) 'Characteristics and goals of family and owner-operated businesses in the rural tourism and hospitality sectors', *Tourism Management*, 21: 547–60.

Getz, D., Carlsen, J. and Morrison, A. (2004) *The Family Business in Tourism and Hospitality*, Wallingford: CAB International.

Ghelardoni, P. (1990) 'Tourist planning along the coast of Aquitane, France', in P. Fabbri (ed.) *Recreational Use of Coastal Areas*, Dordrecht: Kluwer, pp. 191–8.

Gibson-Graham, J.K. (1996) *The End of Capitalism (as we knew it): A Feminist Critique of Political Economy*, Oxford: Blackwell.

Giddens, A. (1984) *The Constitution of Society: Outline of the Theory of Structuration*, Cambridge: Polity Press.

Giddens, A. (1990) 'Modernity and utopia', *New Statesmen and Society*, 2 November, pp. 20–2.

Gilbert, D. and Clark, M. (1997) 'An exploratory examination of urban tourism impact with reference to residents' attitudes in the cities of Canterbury and Guildford', *Cities: The International Journal of Urban Policy and Planning*, 14(6): 343–52.

Gilbert, D. and Joshi, I. (1992) 'Quality management and the tourism and hospitality industry', in C. Cooper and A. Lockwood (eds) *Progress in Tourism, Recreation and Hospitality Management*, Vol. 4, London: Belhaven Press, pp. 149–68.

Gilbert, E.W. (1939) 'The growth of inland and seaside health resorts in England', *Scottish Geographical Magazine*, 55: 16–35.

Gilbert, E.W. (1949) 'The growth of Brighton', *Geographical Journal*, 114: 30–52.

Gilbert, E.W. (1951) 'Geography and regionalism', in G. Taylor (ed.) *Geography in the Twentieth Century*, London: Methuen.

Gilbert, E.W. (1954) *Brighton: Old Ocean's Bauble*, London: Methuen.

Gilg, A. (1985) *An Introduction to Rural Geography*, London: Edward Arnold.

Gill, A. (2004) 'Tourism communities and growth management', in A. Lew, C.M. Hall and A. Williams (eds) *Companion to Tourism*, Oxford: Blackwell, pp. 569–84.

Gill, A. and Williams, P.W. (1994) 'Managing growth in mountain tourism communities', *Tourism Management*, 15(3): 212–20.

Girard, T.C. and Gartner, W.C. (1993) 'Second home second view: Host community perceptions', *Annals of Tourism Research*, 20(4): 685–700.

Glacken, C. (1967) *Traces on the Rhodian Shore, Nature and Culture in Western Thought from Ancient Times to the End of the Eighteenth Century*, Berkeley, CA: University of California Press.

Glasson, J., Godfrey, K. and Goodey, B. with Absalom, H. and Van Der Borg, J. (1995) *Towards Visitor Impact Management: Visitor Impacts, Carrying Capacity and Management Responses in Europe's Historic Towns and Cities*, Aldershot: Avebury.

Glyptis, S. (1979) 'Countryside visitors: Site use and leisure lifestyles', unpublished PhD thesis, Hull: University of Hull.

Glyptis, S. (1981a) 'Leisure life-styles', *Regional Studies*, 15: 311–26.

Glyptis, S. (1981b) 'People at play in the countryside', *Geography*, 66(4): 277–85.

Glyptis, S. (1981c) 'Room to relax in the countryside', *The Planner*, 67(5): 120–2.

Glyptis, S. (1989a) 'Recreational resource management', in C. Cooper (ed.) *Progress in Tourism, Recreation and Hospitality Management*, Vol. 1, London: Belhaven Press, pp. 135–53.

Glyptis, S. (1989b) *Leisure and Unemployment*, Milton Keynes: Open University Press.

Glyptis, S. (1991) *Countryside Recreation*, Harlow: Longman.

Glyptis, S. (1993) 'Leisure and the environment', in S. Glyptis (ed.) *Essays in Honour of Professor J.A. Patmore*, London: Belhaven Press, pp. 3–12.
Glyptis, S. and Chambers, D. (1982) 'No place like home', *Leisure Studies*, 1(3): 247–62.
Go, F. (1991) *Competitive Strategies for the International Hotel Industry*, Economist Intelligence Unit (EIU) Special Report, London: EIU.
Go, F. and Pine, R. (1995) *Globalization Strategy in the Hotel Industry*, London: Routledge.
Gobster, P. (2002) 'Managing urban parks for a racially and ethnically diverse clientele', *Leisure Sciences*, 24(2): 143–59.
Godbey, G. (1976) *Recreation and Park Planning: The Exercise of Values*, Waterloo, Ont.: University of Waterloo.
Godfrey-Smith, W. (1979) 'The value of wilderness', *Environmental Ethics*, 1: 309–19.
Godfrey-Smith, W. (1980) 'The value of wilderness: A philosophical approach', in R.W. Robertson, P. Helman and A. Davey (eds) *Wilderness Management in Australia, Proceedings of a Symposium Held at the Canberra College of Advanced Education 19–23 July 1978*, Canberra: School of Applied Science, Canberra College of Advanced Education, pp. 56–71.
Gold, J. (1980) *An Introduction to Behavioural Geography*, Oxford: Oxford University Press.
Gold, J. and Gold, M. (1995) *Imaging Scotland: Tradition, Representation and Promotion in Scottish Tourism since 1750*, Aldershot: Ashgate.
Gold, J. and Ward, S. (eds) (1994) *Place Promotion: The Use of Publicity and Public Relations to Sell Places*, London: Belhaven Press.
Gold, S. (1973) *Urban Recreation Planning*, Philadelphia, PA: Lea & Febiger.
Gold, S. (1980) *Recreation Planning and Design*, New York: McGraw Hill.
Goodall, B. (ed.) (1989) Tourism Accommodation (special issue), *Built Environment*, 15(2).
Goodall, B. (1990) 'The dynamics of tourism place marketing', in G.J. Ashworth and B. Goodall (eds) *Marketing Tourism Places*, London: Routledge, pp. 259–79.
Goodall, B. and Whittow, J. (1975) *Recreation Requirements and Forest Opportunities*, Geographical Paper No. 378, Reading: Department of Geography, University of Reading.
Goodenough, R. and Page, S.J. (1994) 'Evaluating the environmental impact of a major transport infrastructure project: The Channel Tunnel high speed rail link', *Applied Geography*, 14(1): 26–50.
Goodhead, T. and Johnson, D. (eds) (1996) *Coastal Recreation Management: The Sustainable Development of Maritime Leisure*, London: E&FN Spon.
Goodwin, M. (1993) 'The city as commodity: The contested spaces of urban development', in G. Kearns and C. Philo (eds) *Selling Places: The City as Cultural Capital, Past and Present*, Oxford: Pergamon, pp. 145–62.
Gormsen, E. (1982) 'Tourism as a development factor in tropical countries: A case study of Cancun, Mexico', *Applied Geography and Development*, 19: 46–63.
Gössling, S. (2001) 'The consequences of tourism for sustainable water use on a tropical island: Zanzibar, Tanzania', *Journal of Environmental Management*, 61: 179–91.
Gössling, S. (2002) 'Global environmental consequences of tourism', *Global Environmental Change*, 12(4): 283–302.
Gössling, S. (2003) *Tourism and Development in Tropical Islands: Political Ecology Perspectives*, Aldershot: Edward Elgar.
Gössling, S. and Hall, C.M. (eds) (2005) *Tourism and Global Environmental Change*, London: Routledge.
Gössling, S., Borgström-Hansson, C., Hörstmeier, O. and Saggel, S. (2002) 'Ecological footprint analysis as a tool to assess tourism sustainability', *Ecological Economics*, 43(2–3): 199–211.
Gottmann, J. (1983) 'Capital cities', *Ekistics*, 50: 88–93.
Graber, K. (1997) 'Cities and the destination life cycle', in J.A. Mazanec (ed.) *International City Tourism: Analysis and Strategy*, London: Pinter, pp. 39–53.
Graber, L.H. (1978) *Wilderness as Sacred Space*, Monograph No. 8, Washington, DC: Association of American Geographers.
Graburn, N.H.H. (1983) 'The anthropology of tourism', *Annals of Tourism Research*, 10: 9–33.
Graefe, A.R. (1989) 'Visitor management in Canada's national parks', in *Towards Serving Visitors and Managing our Resources, Proceedings of a North American Workshop on Visitor Management in Parks and Protected Areas*, Waterloo, Ont.: Tourism Research and Education Centre, University of Waterloo and Canada Parks Service.
Graefe, A.R. (1991) 'Visitor impact management: An integrated approach to assessing the impacts of tourism in national parks and protected areas', in A.J. Veal, P. Jonson and G. Cushman (eds) *Leisure and Tourism: Social and Environmental Change, Papers*

from the World Leisure and Recreation Association Congress, Sydney, Sydney: University of Technology, pp. 74–83.
Graefe, A.R. and Vaske, J.J. (1987) 'A framework for managing quality in the tourist experience', *Annals of Tourism Research*, 14: 389–404.
Graefe, A.R., Vaske, J.J. and Kuss, F.R. (1984a) 'Social carrying capacity: An integration and synthesis of twenty years of research', *Leisure Sciences*, 6(4): 395–431.
Graefe, A.R., Vaske, J.J. and Kuss, F.R. (1984b) 'Resolving issues and remaining questions about social carrying capacity', *Leisure Sciences*, 6(4): 497–507.
Graham, B. (1995) *Geography and Air Transport*, Chichester: Wiley.
Graham, B. (1998) 'Liberalisation, regional economic development and the geography of demand for air transport in the European Union', *Journal of Transport Geography* 6(2): 87–104.
Graham, B., Ashworth, G.J. and Tunbridge, J.E. (2000) *A Geography of Heritage*, London: Arnold.
Grahn, P. (1991) 'Landscaped in our minds: People's choice of recreative places in towns', *Landscape Research*, 16: 11–19.
Gramann, J.H. (1982) 'Toward a behavioural theory of crowding in outdoor recreation: An evaluation and synthesis of research', *Leisure Sciences*, 5(2): 109–26.
Grano, O. (1981) 'External influence and internal change in the development of geography', in D.R. Stoddart (ed.) *Geography, Ideology and Social Concern*, Oxford: Blackwell, pp. 17–36.
Gratton, C. and Richards, G. (1997) 'Structural change in the European package tour industry – UK and German comparisons', *Tourism Economics*, 3(3): 213–26.
Graves, H.S. (1920) 'A crisis in national recreation', *American Forestry*, 26(July): 391–400.
Greater London Council (GLC) (1968) *Surveys of the Use of Open Space*, Vol. 1, GLC Research Paper No. 3, London: GLC.
Greater London Council (GLC) (1969) *Greater London Development Plan*, London: GLC.
Greater London Council (1975) *Greater London Recreation Study*, London: GLC.
Greater London Council (1976) *Greater London Recreation Study: Part 1, Demand*, London: GLC.
Green, B. (1990) *Countryside Conservation*, London: Unwin Hyman.
Green, E., Hebron, S. and Woodward, D. (1987) *Leisure and Gender: A Study of Sheffield Women's Leisure Experiences*, Sheffield: Sports Council/Economic and Social Research Council.
Green, E., Hebron, S. and Woodward, D. (1990) *Women's Leisure, What Leisure?*, London: Macmillan.
Green, G., Marcouiller, D., Deller, S., Erkkil, D. and Sumathi, N. (1996) 'Local dependency, land use attitudes, and economic development: Comparisons between seasonal and permanent residents', *Rural Sociology*, 61(3): 427–45.
Greenhut, M. (1956) *Plant Location in Theory and Practice*, Chapel Hill, NC: University of North Carolina Press.
Greer, T. and Wall, G. (1979) 'Recreational hinterlands: A theoretical and empirical analysis', in G. Wall (ed.) *Recreational Land Use in Southern Ontario*, Department of Geography Publication Series No. 14, Waterloo, Ont.: University of Waterloo, pp. 227–46.
Gregory, J. (1988) *Perceptions of Open Space: A Report on Research Undertaken by the Urban Wildlife Group*, Birmingham: Urban Wildlife Trust.
Grekin, J. and Milne, S. (1996) 'Toward sustainable tourism development: The case of Pond Inlet, NWT', in R.W. Butler and T. Hinch (eds) *Tourism and Indigenous Peoples*, London: International Thomson Business, pp. 76–106.
Griffin, K. (1999) 'The inter-organisational relationships in Irish tourism', *Irish Geography*, 32(1): 57–72.
Griffith, D. and Elliot, D. (1988) *Sampling Errors on the IPS*, London: OPCS New Methodology Series.
Griffiths, T. (1991) 'History and natural history: Conservation movements in conflict', in D.J. Mulvaney (ed.) *The Humanities and the Australian Environment*, Canberra: Australian Academy of the Humanities, pp. 87–109.
Griffiths, T. and Libby, R. (eds) (1997) *Ecology and Empire: Environmental History of Settler Societies*, Edinburgh: Keele University Press.
Grinstein, A. (1955) 'Vacations: A psycho-analytic study', *International Journal of Psycho-Analysis*, 36: 177–86.
Grocott, A. (1990) 'Parks for people', *Leisure Management*, 8: 31–2.
Groome, D. and Tarrant, C. (1984) 'Countryside recreation: Achieving access for all?', *Countryside Planning Yearbook 1984*: 77–98.
Groundwork Foundation (1986) *Putting Wasteland to Good Use*, Birmingham: Groundwork Foundation.
Gunn, A. (2002) *Tourism Planning: Basics, Concepts, Cases*, 4th edn, London: Routledge.
Gunn, C. (1972) *Vacationscape: Designing Tourist Regions*, Austin, Tx: University of Texas.

Gunn, C. (1988) *Tourism Planning*, 2nd edn, London: Taylor & Francis.

Guo, L., Wu, B., Liu, F. and Fau, Y. (2000) 'Study on the tourist resources classification system and types evaluation in China', *Acta Geographica Sinica*, 55(3): 294–301.

Gustafson, P. (2002a) Place, place attachment and mobility: Three sociological studies. Göteborg Studies in Sociology No. 6, Göteborg: Department of Sociology, Göteborg University.

Gustafson, P. (2002b) 'Tourism and seasonal retirement migration', *Annals of Tourism Research*, 29(4): 899–918.

Guthrie, H.W. (1961) 'Demand for goods and services in a world market', *Regional Science Association Papers*, 7: 159–75.

Guy, B.S. and Curtis, W.W. (1986) 'Consumer learning or retail environment: A tourism and travel approach', paper presented at the American Academy of Marketing Conference, Tourism Services Marketing: Advances in Theory and Practice, Cleveland, OH: American Academy of Marketing Conference, Cleveland University.

Gvozdeva, G. (1999) 'Time balance changes and women's use of their right to rest', *Loisir et Société*, 22(1): 127–44.

Haeberli, W. and Beniston, M. (1998) 'Climate change and its impacts on glaciers and permafrost in the Alps', *Ambio*, 27: 258–65.

Hägerstrand, T. (1970) 'What about people in Regional Science?', *Papers of the Regional Science Association*, 24: 7–21.

Hägerstrand, T. (1984) 'Escapes from the cage of routines: Observations of human paths, projects and personal scripts', in J. Long and R. Hecock (eds) *Leisure, Tourism and Social Change*, Dunfermline: Dunfermline College of Physical Education, pp. 7–19.

Haggett, P. (1979) *Geography: A Modern Synthesis*, New York: Harper & Row.

Haggett, P. (1986) 'Geography', in R.J. Johnston, D. Gregory and D.M. Smith (eds) *The Dictionary of Human Geography*, Oxford: Blackwell, pp. 175–8.

Haines, A.L. (1977) *The Yellowstone Story*, 2 vols, Yellowstone National Park, WY: Yellowstone Library and Museum Association, and Niwot, CO: University Press of Colorado.

Haley, A. (1979) 'Municipal recreation and park standards in the United States: Central cities and suburbs', *Leisure Sciences*, 2: 277–91.

Halkett, I. (1978) 'The recreational use of private gardens', *Journal of Leisure Research*, 10(1): 13–20.

Hall, C.M. (1985) 'Outdoor recreation and national identity: A comparative study of Australia and Canada', *Journal of Canadian Culture*, 2(2): 25–39.

Hall, C.M. (1987) 'Wilderness inventories in Australia', in A. Conacher (ed.) *Readings in Australian Geography, Proceedings of the Twenty-first Institute of Australian Geographers' Conference*, Perth, 10–18 May 1986, Nedlands, WA: Department of Geography, University of Western Australia, pp. 466–76.

Hall, C.M. (1988) 'The geography of hope', PhD thesis, Nedlands, WA: Department of Geography, University of Western Australia.

Hall, C.M. (1989) 'The definition and analysis of hallmark tourist events', *GeoJournal*, 19(3): 263–8.

Hall, C.M. (1990) 'From cottage to condominium: Recreation, tourism and regional development in northern New South Wales', in D.J. Walmesley (ed.) *Change and Adjustment in Northern New South Wales*, Armidale, NSW: Department of Geography and Planning, University of New England, pp. 85–99.

Hall, C.M. (1992a) *Wasteland to World Heritage: Preserving Australia's Wilderness*, Carlton, Vic.: Melbourne University Press.

Hall, C.M. (1992b) *Hallmark Events: Impacts, Management and Planning*, London: Belhaven Press.

Hall, C.M. (1994) *Tourism and Politics: Policy, Power and Place*, Chichester: Wiley.

Hall, C.M. (1995) *Introduction to Tourism in Australia*, 2nd edn, Melbourne: Longman Australia.

Hall, C.M. (1996a) 'Tourism and the Maori of Aoteroa/New Zealand', in R.W. Butler and T. Hinch (eds) *Tourism and Indigenous Peoples*, London: International Thomson Business, pp. 155–70.

Hall, C.M. (1996b) 'Wine tourism in New Zealand', in *Proceedings of Tourism Down Under II: A Tourism Research Conference*, Dunedin, NZ: University of Otago, pp. 109–19.

Hall, C.M. (1997a) *Tourism in the Pacific: Development, Impacts and Markets*, 2nd edn, Melbourne: Addison Wesley Longman.

Hall, C.M. (1997b) 'Geography, marketing and the selling of places', *Journal of Travel and Tourism Marketing*, 6(3–4): 61–84.

Hall, C.M. (1998) *Introduction to Tourism: Development, Dimensions and Issues*, 3rd edn, Melbourne: Addison Wesley Longman.

Hall, C.M. (1999) 'Rethinking collaboration and

partnership: A public policy perspective', *Journal of Sustainable Tourism*, 7(3–4): 274–89.

Hall, C.M. (2000a) *Tourism Planning: Policies, Processes and Relationships*, Harlow: Prentice Hall.

Hall, C.M. (2000b) 'Tourism and the establishment of national parks in Australia', in R. Butler and S. Boyd (eds) *Tourism and National Parks*, Chichester: Wiley, pp. 29–38.

Hall, C.M. (2000c) 'Tourism, national parks and aboriginal populations', in R. Butler and S. Boyd (eds) *Tourism and National Parks*, Chichester: Wiley, pp. 57–71.

Hall, C.M. (2001a) 'Territorial economic integration and globalisation', in C. Cooper and S. Wahab (eds) *Tourism in the Age of Globalisation*, London: Routledge, pp. 22–44.

Hall, C.M. (2001b) 'Imaging, tourism and sports event fever: The Sydney Olympics and the need for a social charter for mega-events', in C. Gratton and I.P. Henry (eds) *Sport in the City: The Role of Sport in Economic and Social Regeneration*, London: Routledge, pp. 166–83.

Hall, C.M. (2002a) 'Travel safety, terrorism and the media: The significance of the issue–attention cycle', *Current Issues in Tourism*, 5(5): 458–66.

Hall, C.M. (2002b) 'Tourism in capital cities', *Tourism: An International Interdisciplinary Journal*, 50(3): 235–48.

Hall, C.M. (2003a) *Introduction to Tourism in Australia*, 4th edn, Melbourne: Hospitality Press.

Hall, C.M. (2003b) 'Wine and food tourism networks: A comparative study', in K. Pavlovich and M. Akoorie (eds) *Strategic Alliances and Collaborative Partnerships: A Case Book*, Palmerston North, NZ: Dunmore Press, pp. 262–8.

Hall, C.M. (2003c) 'Biosecurity and wine tourism: Is a vineyard a farm?', *Journal of Wine Research*, 14(2–3): 121–6.

Hall, C.M. (2004a) 'Reflexivity and tourism research: Situating myself and/with others', in J. Phillimore and L. Goodson (eds) *Qualitative Research in Tourism: Ontologies, Epistemologies and Methodologies*, London: Routledge, pp. 137–55.

Hall, C.M. (2004b) 'Small firms and wine and food tourism in New Zealand: Issues of collaboration, clusters and lifestyles', in R. Thomas (ed.) *Small Firms in Tourism: International Perspectives*, Oxford: Elsevier, pp. 167–81.

Hall, C.M. (2005a) *Tourism: Rethinking the Social Science of Mobility*, Harlow: Prentice Hall.

Hall, C.M. (2005b) 'Reconsidering the geography of tourism and contemporary mobility', *Australian Geographical Research*, 43: 125–39.

Hall, C.M. (2005c) 'Space-time accessibility and the tourist area cycle of evolution: The role of geographies of spatial interaction and mobility in contributing to an improved understanding of tourism', in R. Butler (ed.) *The Tourism Life Cycle: Conceptual and Theoretical Issues*, Vol. 2, Clevedon: Channel View.

Hall, C.M. (2005d) 'Demography', in D. Buhalis and C. Costa (eds) *Tourism Dynamics: Present and Future Issues*, Oxford: Butterworth-Heinemann, pp. 9–18.

Hall, C.M. (2005e) 'Biosecurity and wine tourism', *Tourism Management*, in press.

Hall, C.M. and Boyd, S. (eds) (2005) *Tourism and Nature-based Tourism in Peripheral Areas: Development or Disaster*, Clevedon: Channel View.

Hall, C.M. and Härkönen, T. (2006) 'Lake tourism: An introduction to lacustrine tourism systems', in C.M. Hall and T. Härkönen (eds) *Lake Tourism: An Integrated Approach to Lacustrine Tourism Systems*, Clevedon: Channel View.

Hall, C. M. and Higham, J.E.S. (2000) 'Wilderness management in the forests of New Zealand: Historical development and contemporary issues in environmental management', in X. Font and J. Tribe (eds) *Forest Tourism and Recreation: Case Studies in Environmental Management*, Wallingford: CAB International, pp. 143–60.

Hall, C.M. and Higham, J. (eds) (2005) *Tourism, Recreation and Climate Change*, Clevedon: Channel View.

Hall, C.M. and Hodges, J. (1996) 'The party's great, but what about the hangover? The housing and social impacts of mega-events with special reference to the Sydney 2000 Olympics', *Festival Management and Event Tourism*, 4(1–2): 13–20.

Hall, C.M. and Jenkins, J. (1995) *Tourism and Public Policy*, London: Routledge.

Hall, C.M. and Jenkins, J. (1998) 'The policy dimensions of rural tourism and recreation', in R. Butler, C.M. Hall and J. Jenkins (eds) *Tourism and Recreation in Rural Areas*, Chichester: Wiley, pp. 19–42.

Hall, C.M. and Jenkins, J. (2004) 'Tourism and public policy', in A. Lew, C.M. Hall and A. Williams (eds) *Companion to Tourism*, Oxford: Blackwell, pp. 525–40.

Hall, C.M. and Johnston, M.E. (eds) (1995) *Polar Tourism: Tourism in the Arctic and Antarctic Regions*, Chichester: Wiley.

Hall, C.M. and Kearsley, G.W. (2001) *Tourism in New Zealand: An Introduction*, Melbourne: Oxford University Press.

Hall, C.M. and Lew, A.A. (eds) (1998) *Sustainable Tourism Development: Geographical Perspectives*, Harlow: Addison Wesley Longman.

Hall, C.M. and McArthur, S. (1994) 'Commercial whitewater rafting in Australia', in D. Mercer (ed.) *New Viewpoints in Australian Outdoor Recreation Research and Planning*, Melbourne: Hepper Marriott, pp. 109–18.

Hall, C.M. and McArthur, S. (eds) (1996) *Heritage Management in Australia and New Zealand: The Human Dimension*, Sydney: Oxford University Press.

Hall, C.M. and McArthur, S. (1998) *Integrated Heritage Management*, London: The Stationery Office.

Hall, C.M. and Macionis, N. (1998) Wine tourism in Australia and New Zealand', in R.W. Butler, C.M. Hall and J.M. Jenkins (eds) *Tourism and Recreation in Rural Areas*, Chichester: Wiley, pp. 267–98.

Hall, C.M. and Mark, S.R. (1985) *Saving All the Pieces: Wilderness and Inventory and Prospect in Western Australia, A Working Paper*, Nedlands, WA: Department of Geography, University of Western Australia.

Hall, C.M. and Mitchell, R. (2002) 'The changing nature of the relationship between cuisine and tourism in Australia and New Zealand: From fusion cuisine to food networks', in A-M. Hjalager and G. Richards (eds) *Tourism and Gastronomy*, London: Routledge.

Hall, C.M. and Müller, D. (eds) (2004) *Tourism, Mobility and Second Homes: Between Elite Landscape and Common Ground*, Clevedon: Channel View.

Hall, C.M. and Page, S.J. (eds) (1996) *Tourism in the Pacific: Cases and Issues*, London: International Thomson Business.

Hall, C.M. and Page, S.J. (eds) (2000) *Tourism in South and South-East Asia: Cases and Issues*, Oxford: Butterworth-Heinemann.

Hall, C.M. and Page, S.J. (2002) *Geography of Tourism and Recreation: Environment, Place and Space*, 2nd edn, London: Routledge.

Hall, C.M. and Piggin, R. (2001) 'Tourism and World Heritage in OECD countries', *Tourism Recreation Research*, 26(1): 103–5.

Hall, C.M. and Rusher, K. (2004) 'Risky lifestyles? Entrepreneurial characteristics of the New Zealand bed and breakfast sector', in R. Thomas (ed.) *Small Firms in Tourism: International Perspectives*, Oxford: Elsevier, pp. 83–97.

Hall, C.M. and Selwood, H.J. (1987) 'Cup gained, paradise lost? A case study of the 1987 America's Cup as a hallmark event', in *Proceedings of the New Zealand Geography Society Conference*, Palmerston North, NZ: Department of Geography, Massey University, pp. 267–74.

Hall, C.M. and Tucker, H. (eds) (2004) *Tourism and Postcolonialism*, London: Routledge.

Hall, C.M. and Williams, A.M. (eds) (2001) *Tourism and Migration*, Dordrecht: Kluwer.

Hall, C.M. and Williams, A.M. (eds) (2002) *Tourism and Migration: New Relationships between Consumption and Production*, Dordrecht: Kluwer.

Hall, C.M., Selwood, H.J. and McKewon, E. (1995) 'Hedonists, ladies and larrikins: Crime, prostitution and the 1987 America's Cup', *Visions in Leisure and Business*, 14(3): 28–51.

Hall, C.M., Jenkins, J.M. and Kearsley, G. (eds) (1997) *Tourism Planning and Policy in Australia and New Zealand: Cases and Issues*, Sydney: Irwin.

Hall, C.M., Cambourne, B., Macionis, N. and Johnson, G. (1997–8) 'Wine tourism and network development in Australia and New Zealand: Review, establishment and prospects', *International Journal of Wine Marketing*, 9(2–3): 5–31.

Hall, C.M., Johnson, G. and Mitchell, R. (2000a) 'Wine tourism and regional development', in C.M. Hall, E. Sharples, B. Cambourne and N. Macionis (eds) *Wine Tourism around the World: Development, Management and Markets*, Oxford: Butterworth-Heinemann, pp. 169–225.

Hall, C.M., Sharples, E., Cambourne, B. and Macionis, N. (eds) (2000b) *Wine Tourism around the World: Development, Management and Markets*, Oxford: Butterworth-Heinemann.

Hall, C.M., Mitchell, R. and Sharples, E. (2003a) 'Consuming places: the role of food, wine and tourism in regional development', in C.M. Hall, E. Sharples, R. Mitchell, B. Cambourne and N. Macionis (eds) *Food Tourism around the World: Development, Management and Markets*, Oxford: Butterworth-Heinemann, pp. 25–59.

Hall, C.M., Timothy, D. and Duval, D. (2003b) 'Security and tourism: Towards a new understanding?, *Journal of Travel and Tourism Marketing*, 15(2–3): 1–18.

Hall, C.M., Duval, D. and Timothy, D. (eds) (2004a) *Safety and Security in Tourism: Relationships, Management and Marketing*, New York: Haworth Press.

Hall, C.M., Williams, A.M. and Lew, A. (2004b) 'Tourism: Conceptualisations, institutions and issues', in A. Lew, C.M. Hall, C.M. and A.M. Williams (eds) *Companion to Tourism*, Oxford: Blackwell, pp. 3–21.

Hall, D.R. (ed.) (1991) *Tourism and Economic Development in Eastern Europe and the Soviet Union*, London: Belhaven Press.

Hall, D.R. and O'Hanlon, L. (eds) (1998) *Rural Tourism Management: Sustainable Options, Proceedings of an International Conference*, Scottish Agricultural College Auchincruive, Ayr, 9–12 September.

Hall, J.M. (1972) 'Leisure motoring in Great Britain: Patterns and policies', *Geographica Polonica*, 24: 211–25.

Hall, J.M. (1974) 'The capacity to absorb tourists', *Built Environment*, 3: 392–7.

Hall, P. (1982a) *Urban and Regional Planning*, 2nd edn, Harmondsworth: Penguin.

Hall, P. (1982b) *Great Planning Disasters*, Harmondsworth: Penguin.

Hall, P. (1992) *Urban and Regional Planning*, 3rd edn, London: Routledge.

Hall, P. (2000) 'The changing role of capital cities', *Plan Canada*, 40(3): 8–12.

Halseth, G. (1998) *Cottage Country in Transition: A Social Geography of Change and Contention in the Rural-Recreational Countryside*, Montreal: McGills-Queen's University Press.

Halseth, G. and Rosenberg, M.W. (1995) 'Cottagers in the urban field', *Professional Geographer*, 47: 148–59.

Hamilton, L.M. (2002) 'The American farmers market', *Gastronomica*, 2(3): 73–7.

Hamilton-Smith, E. (1980) 'Wilderness: Experience or land use', in R.W. Robertson, P. Helman and A. Davey (eds) *Wilderness Management in Australia, Proceedings of a Symposium Held at the Canberra College of Advanced Education 19–23 July 1978*, Canberra: School of Applied Science, Canberra College of Advanced Education, pp. 72–81.

Hammitt, W.E. and Cole, D.N. (1998) *Wildland Recreation*, 2nd edn, Chichester: Wiley.

Hannigan, J. (1998) *Fantasy City: Pleasure and Profit in the Postmodern Metropolis*, London: Routledge.

Hantel, M., Ehrendorfer, M. and Haslinger, A. (2000) 'Climate sensitivity of snow cover duration in Austria', *International Journal of Climatology*, 20: 615–40.

Harmston, F.K. (1980) 'A case study of secondary impacts comparing through and vacationing travelers', *Journal of Travel Research*, 18(3): 33–6.

Harris, C.C., McLaughlin, W.J. and Ham, S.H. (1987) 'Integration of recreation and tourism in Idaho', *Annals of Tourism Research*, 14(3): 405–19.

Harrison, C. (1980–1) 'Recovery of lowland grassland and heathland in Southern England from disturbance by trampling', *Biological Conservation*, 19: 119–30.

Harrison, C. (1981) *Preliminary Results of a Survey of Site Use in the South London Green Belt*, Working Paper No. 9, Land for Informal Recreation, London: Department of Geography, University College.

Harrison, C. (1983) 'Countryside recreation and London's urban fringe', *Transactions of the Institute of British Geographers*, 8: 295–313.

Harrison, C. (1991) *Countryside Recreation in a Changing Society*, London: TML Partnership.

Harrop, A. and Palmer, G. (2002) *Indicators of Poverty and Social Exclusion in Rural England: 2002*, London: New Policy Institute.

Hart, W. (1966) *A Systems Approach to Park Planning*, Morges, Switzerland: International Union for the Conservation of Nature.

Hartmann, R. (1984) 'Tourism, seasonality and social change', in J. Long and R. Hecock (eds) *Leisure, Tourism and Social Change*, Dunfermline: Centre for Leisure Research, Dunfermline College of Physical Education, pp. 101–12.

Harvey, D. (1974) 'What kind of geography, for what kind of public policy', *Transactions of the Institute of British Geographers*, 63: 18–24.

Harvey, D. (1984) 'On the historical and present condition of geography: An historical materialist manifesto', *Professional Geographer*, 36: 1–11.

Harvey, D. (1987) 'Flexible accumulation through urbanisation', *Antipode*, 19: 260–86.

Harvey, D. (1988) 'Voodoo cities', *New Statesman and Society*, 30 September, pp. 33–5.

Harvey, D. (1989a) 'From managerialism to entrepreneurialism: The transformation in urban governance in late capitalism', *Geografiska Annaler*, 71B: 3–17.

Harvey, D. (1989b) *The Condition of Postmodernity: An Enquiry into the Origins of Cultural Change*, Oxford: Blackwell.

Harvey, D. (1990) 'Between space and time: Reflection on the geographic information', *Annals of the Association of American Geographers*, 80: 418–34.

Harvey, D. (1993) 'From space to place and back again: Reflections on the condition of postmodernity', in J. Bird, B. Curtis, T. Putnam, G. Robertson and L. Tickner (eds) *Mapping the Futures: Local Cultures, Global Change*, London: Routledge, pp. 3–29.

Harvey, D. (2000) *Spaces of Hope*, Berkeley, CA: University of California Press.

Harwood, C. and Kirkpatrick, J.B. (1980) *Forestry and Wilderness in the South West*, rev. edn, Hobart: Tasmanian Conservation Trust.

Hastenrath, S. and Greischar, L. (1997) 'Glacier recession on Kilimanjaro, East Africa, 1912–89', *Journal of Glaciology*, 43: 455–59.

Haughton, G. and Hunter, C. (1994) *Sustainable Cities*, London: Jessica Kingsley.

Havighurst, R. and Feigenbaum, K. (1959) 'Leisure and lifestyle', *American Journal of Sociology*, 64: 396–405.

Hawes, M. (1981) 'In search of wilderness that speaks to the heart', *Habitat*, 9(6): 3.

Hawes, M. and Heatley, D. (1985) *Wilderness Assessment and Management, A Discussion Paper*, Hobart: The Wilderness Society.

Hawkins, J.P. and Roberts, C.M. (1994) 'The growth of coastal tourism in the Red Sea: Present and future effects on coral reefs', *Ambio*, 23(8): 503–8.

Haynes, R. (1980) *Geographical Images and Mental Maps*, London: Macmillan.

Hays, S.P. (1998) *Explorations in Environmental History*, Pittsburgh, PA: University of Pittsburgh Press.

Haywood, K.M. (1986) 'Can the resort–area life cycle be made operational?', *Tourism Management*, 7: 154–67.

Haywood, K.M. and Muller, T.E. (1988) 'The urban tourist experience: Evaluating satisfaction', *Hospitality Education and Research Journal*, 12: 453–9.

Healey, P. (1997) *Collaborative Planning: Shaping Places in Fragmented Societies*, London: Macmillan.

Heath, E. and Wall, G. (1992) *Marketing Tourism Destinations: A Strategic Planning Approach*, Chichester: Wiley.

Heclo, H. (1978) 'Issue networks and the executive establishment', in A. King (ed.) *Annual Review of Energy*, Vol. 4, Palo Alto, CA: Annual Reviews.

Heeley, J. (1981) 'Planning for tourism in Britain', *Town Planning Review*, 52: 61–79.

Helber, L.E. (1988) 'The roles of government in planning in tourism with special regard for the cultural and environmental impact of tourism', in D. McSwan (ed.) *The Roles of Government in the Development of Tourism as an Economic Resource*, Seminar Series No. 1, Townsville, Qld: Centre for Studies in Travel and Tourism, James Cook University, pp. 17–23.

Helburn, N. (1977) 'The wilderness continuum', *Professional Geographer*, 29: 337–47.

Helman, P.H. (1979) *Wild and Scenic Rivers: A Preliminary Study of New South Wales*, Occasional Paper No. 2, Sydney: New South Wales National Parks and Wildlife Service.

Helman, P.H., Jones, A.D., Pigram, J.J.J. and Smith, J.M.B. (1976) *Wilderness in Australia: Eastern New South Wales and South-East Queensland*, Armidale, NSW: Department of Geography, University of New England.

Hendee, J.C., Stankey, G.H. and Lucas, R.C. (1978) *Wilderness Management*, Miscellaneous Publication No. 1365, Washington, DC: US Department of Agriculture, Forest Service.

Henderson, K. (1997) 'A critique of constraints theory: A response', *Journal of Leisure Research*, 29(4): 453–7.

Hendry, L., Shucksmith, J., Love, J. and Glendinning, A. (1993) *Young People's Leisure and Lifestyles*, London: Routledge.

Heneghan, P. (1976) 'The changing role of Bord Fáilte 1960–1975', *Administration*, 24: 394–406.

Henning, D.H. (1971) 'The ecology of the political/administrative process for wilderness classification', *Natural Resources Journal*, 11: 69–75.

Henning, D.H. (1974) *Environmental Policy and Administration*, New York: Elsevier.

Henning, D.H. (1987) 'Wilderness politics: Public participation and values', *Environmental Management*, 11(3): 283–93.

Henry, I. (1988) 'Alternative futures for the public leisure service', in J. Benington and J. White (eds) *The Future of Leisure Services*, Harlow: Longman, pp. 207–44.

Henry, I. (ed.) (1990) *Management and Planning in the Leisure Industries*, London: Macmillan.

Henry, I. and Spink, J. (1990) 'Planning for leisure: The commercial and public sectors', in I. Henry (ed.) *Management and Planning in the Leisure Industries*, London: Macmillan, pp. 33–69.

Herbert, D.T. (1987) 'Exploring the work–leisure relationship: An empirical study of South Wales', *Leisure Studies*, 6: 147–65.

Herbert, D.T. (1988) 'Work and leisure: Exploring a relationship', *Area*, 20(3): 241–52.

Herbertson, A.J. (1905) 'The major natural regions', *Geographical Journal*, 25: 300–10.

Higgott, R. (1999) 'The political economy of globalisation in East Asia: The salience of "region building"', in K. Olds, P. Dicken, P.F. Kelly, L. Kong and H.W. Yeung (eds) *Globalisation and the Asia-Pacific: Contested Territories*, Warwickshire Studies in Globalisation Series, London: Routledge, pp. 91–106.

Higham, J.E.S. (1996) 'Wilderness perceptions of

international visitors to New Zealand: The perceptual approach to the management of international tourists visiting wilderness areas within New Zealand's Conservation Estate', unpublished PhD thesis, Dunedin, NZ: Centre for Tourism, University of Otago.

Higham, J.E.S. (1997) 'Visitors to New Zealand's backcountry conservation estate', in C.M. Hall, J. Jenkins and G. Kearsley (eds) *Tourism Planning and Policy in Australia and New Zealand*, Sydney: Irwin, pp. 75–86.

Higham, J.E.S. (1998) 'Tourists and albatrosses: The dynamics of tourism at the Northern Royal Albatross Colony, Taiaroa Head, New Zealand', *Tourism Management*, 19: 521–31.

Higham, J.E.S. and Kearsley, G.W. (1994) 'Wilderness perception and its implications for the management of the impacts of international tourism on natural areas in New Zealand', in C. Ryan (ed.) *Tourism Down-under: A Tourism Research Conference*, 6–9 December, Palmerston North, NZ: Department of Management Systems, Massey University, pp. 505–29.

Higham, J.E.S. and Lück, M. (2002) 'Urban ecotourism: A contradiction in terms?', *Journal of Ecotourism*, 1(1): 36–51.

Hill, H., Kelley, J., Belknap, D. and Dickson, S. (2002) 'Co-measurement of beaches in Maine, USA: Volunteer profiling of beaches and Annual meetings', *Journal of Coastal Research*, 36: 374–80.

Hillman, M. and Whalley, A. (1977) *Fair Play for All: A Study of Access to Sport and Informed Recreation*, Political and Economic Planning Broadsheet No. 571, London.

Hilton Group plc (2002) *Annual Report 2001*, Watford: Hilton Group plc.

Hinch, T.D. (1990) 'A spatial analysis of tourist accommodation in Ontario: 1974–1988', *Journal of Applied Recreation Research*, 15(4): 239–64.

Hinch, T.D. (1996) 'Urban tourism: Perspectives on sustainability', *Journal of Sustainable Tourism*, 4(2): 95–110.

Hinch, T.D. (1998) 'Ecotourists and indigenous hosts: Diverging views on their relationship with nature', *Current Issues in Tourism*, 1: 120–4.

Hinch, T, and Higham, J. (2003) *Sport Tourism Development*, Clevedon: Channel View.

Hitunen, M.J. and Pitkänen, K. (2004) 'Second housing in Finland: Perspective of mobility', paper presented at the Thirteenth Nordic Symposium on Tourism and Hospitality, Aalborg, Denmark, November.

Hobson, J.P. (2000) 'Tourist shopping in transit: The case of BAA plc', *Journal of Vacation Marketing*, 6(2): 170–83.

Hockin, R., Goodall, B. and Whitlow, J. (1978) *The Site Requirements and Planning of Outdoor Recreation Activities*, Geographical Paper No. 54, Reading: University of Reading.

Hoggart, K. (1988) 'Not a definition of rural', *Area*, 20: 35–40.

Hoggart, K. (1990) 'Let's do away with rural', *Journal of Rural Studies*, 6: 245–57.

Hoggart, K. and Green D. (eds) (1991) *London: A New Metropolitan Geography*, London: Edward Arnold.

Holden, A. (2000) *Environment and Tourism*, London: Routledge.

Hollis, G.E. and Burgess, J.A. (1977) 'Personal London: Students perceive the urban scene', *Geographical Magazine*, 50(3): 155–61.

Hooper-Greenhill, E. (1992) *Museums and the Shaping of Knowledge*, London: Routledge.

Hopley, D., van Woesik, R., Hoyal, D.C.J.D., Rasmussen, C.E. and Steven, A.D.L. (1993) *Sedimentation Resulting from Road Development, Cape Tribulation Area*, Great Barrier Reef Marine Park Authority Technical Memorandum No. 24, Townsville, Qld: Great Barrier Reef Marine Park Authority.

Horne, J. (1998) 'Understanding leisure time and leisure space in contemporary Japanese society', *Leisure Studies*, 17: 37–52.

Horwath and Horwath (1986) *London's Tourism Accommodation in the 1990s*, London: Horwath and Horwath.

Hötelling, H. (1929) 'Stability in competition', *Economic Journal*, 39: 41–57.

Houghton Evans, W. and Miles, J. (1970) 'Environmental capacity in rural recreation areas', *Journal of the Royal Town Planning Institute*, 56(10): 423–7.

Houinen, G. (1995) 'Heritage issues in urban tourism: An assessment of new trends in Lancaster County', *Tourism Management*, 16(5): 381–8.

Howell, S. and McNamee, M. (2003) 'Local justice and public sector leisure policy', *Leisure Studies*, 22(1): 17–35.

Hoyle, B. (2001) 'Lamu: Waterfront revitalization in an East African port-city', *Cities*, 18(5): 297–313.

Hoyle, B.S. and Pinder, D. (eds) (1992) *European Port Cities in Transition*, London: Belhaven Press.

Hoyles, M. (1994) *Lost Connections and New Directions*, Working Paper No. 6, London: Comedia & Demos.

Hudman, L. (1978) 'Tourist impacts: The need for

regional planning', *Annals of Tourism Research*, 9: 563–83.

Hudson, B. (1996) 'Paradise lost: A planner's view of Jamaican tourist development', *Caribbean Quarterly*, 42(4): 22–31.

Hudson, K. (1987) *Museums of Influence*, Cambridge: Cambridge University Press.

Hudson, P. (1990a) 'Stresses in small towns in north-western Australia: The impact of tourism and development', paper presented at the Twenty-fourth Institute of Australian Geographers Conference, University of New England, Armidale, NSW, September.

Hudson, P. (1990b) 'Structural changes in three small north-western Australian communities: The relationship between development and local quality of life', paper presented at the Annual Conference of Regional Science Association, Australian and New Zealand section, Perth, December.

Hudson, R. (2000) *Production, Places and the Environment: Changing Perspectives in Economic Geography*, Harlow: Prentice Hall, Pearson Education.

Hudson, R. and Townsend, A. (1992) 'Tourism employment and policy choices for local government', in P. Johnson and B. Thomas (eds) *Perspectives on Tourism Policy*, London: Mansell, pp. 49–68.

Huggins, M. (2000) 'More sinful pleasures? Leisure, respectability and the male middle classes in Victorian England', *Journal of Social History* 33(3): 585–600.

Hughes, G. (2004) 'Tourism, sustainability and social theory', in A. Lew, C.M. Hall and A. Williams (eds) *Companion to Tourism*, Oxford: Blackwell, pp. 498–509.

Hughes, H.L. (1984) 'Government support for tourism in the UK: A different perspective', *Tourism Management*, 5(1): 13–19.

Hughes, J.D. (1978) *In the House of Stone and Light: A Human History of the Grand Canyon*, Grand Canyon, AZ: Grand Canyon Natural History Association.

Hull, J. (1998) 'How sustainable is ecotourism in Costa Rica?', in C.M. Hall and A.A. Lew (eds) *Sustainable Tourism Development: Geographical Perspectives*, Harlow: Addison Wesley Longman, pp. 107–18.

Human Rights Watch (1999) *Trafficking*, http://www.hrw.org/about/projects/traffcamp/intro.html

Hummelbrunner, R. and Miglbauer, E. (1994) 'Tourism promotion and potential in peripheral areas: The Austrian case', *Journal of Sustainable Tourism*, 2: 41–50.

Hunter, C. and Green, H. (1995) *Tourism and the Environment*, London: Routledge.

Hurst, F. (1987) 'Enroute surveys', in J.B. Ritchie and C. Goeldner (eds) *Travel Tourism and Hospitality Research: A Handbook for Managers and Researchers*, 1st edn, New York: Wiley, pp. 401–16.

Hutchinson, B. (2004) 'Vancouver adores its stinking herons', *National Post*, 12 May: A1, A6

Huxley, T. (1970) *Footpaths in the Countryside*, Edinburgh: Countryside Commission for Scotland.

Iazzarotti, O. (1995) *Les Loisirs à la conquête des espaces périurbains*, Paris: L'Harmattan.

Iazzarotti, O. (2002) 'French tourism geographies: A review', *Tourism Geographies*, 4(2): 135–47.

Ilbery, B. (1991) 'Farm diversification as an adjustment strategy on the urban fringe of the West Midlands', *Journal of Rural Studies*, 7(3): 2–18.

Ilbery, B. and Kneafsey, M. (2000a) 'Registering regional specialty food and drink products in the United Kingdom: The case of PDOs and PGIs', *Area*, 32(3): 317–25.

Ilbery, B. and Kneafsey, M. (2000b) 'Producer constructions of quality in regional speciality food production: A case study from South West England', *Journal of Rural Studies*, 16: 217–30.

Ilbery, B., Bowler, I., Clark, G., Crockett, A. and Shaw, A. (1998) 'Farm-based tourism as an alternative farm enterprise: A case study from the Northern Pennines, England', *Regional Studies*, 32(4): 355–64.

Industry Commission (1995) *Tourism Accommodation and Training*, Melbourne: Industry Commission.

Inskeep, E. (1991) *Tourism Planning: An Integrated and Sustainable Development Approach*, New York: Van Nostrand Reinhold.

Inskeep, E. (1994) *National and Regional Tourism Planning*, London: Routledge.

International Association of Antarctica Tour Operators (1993a) *Guidelines of Conduct for Antarctica Tour Operators as of November 1993*, Kent: IAATO.

International Association of Antarctica Tour Operators (IAATO) (1993b) *Guidelines of Conduct for Antarctica Visitors as of November 1993*, Kent: IAATO.

International Union for the Conservation of Nature and Natural Resources (IUCN) (1978) *Categories, Objectives and Criteria for Protected Areas: A Final Report Prepared by Committee on Criteria and Nomenclature Commission on National Parks and Protected Areas* (CNPPA), Morges, Switzerland: IUCN.

International Union of Tourism Organisations (IUOTO) (1974) 'The role of the state in tourism', *Annals of Tourism Research*, 1(3): 66–72.

Ioannides, D. (1992) 'Tourism development agents: The

Cypriot resort cycle', *Annals of Tourism Research*, 19: 711–31.
Ioannides, D. (1995) 'Strengthening the ties between tourism and economic geography: A theoretical agenda', *Professional Geographer*, 47(1): 49–60.
Ioannides, D. (1996) 'Tourism and economic geography nexus: A response to Anne-Marie d'Hauteserre', *Professional Geographer*, 48(2): 219–21.
Ioannides, D. (1998) 'Tour operators: The gatekeepers of tourism', in D. Ioannides and K. Debbage (eds) *The Economic Geography of the Tourist Industry: A Supply-side Analysis*, London: Routledge, pp. 139–58.
Ioannides, D. and Debbage, K. (eds) (1998) *The Economic Geography of the Tourist Industry: A Supply-side Analysis*, London: Routledge.
Ioffe, G. and Nefedova, T. (2001) 'Land use changes in the environs of Moscow', *Area*, 33(3): 273–86.
Isard, W. (1956) *Location and Space Economy*, Cambridge, MA: MIT Press.
Iso-Ahola, S. (1980) *The Social Psychology of Leisure and Recreation*, Springfield, IL: C. Thomas.
Ivanov, V.V. (1999) 'Effects of global changes on the hydrological regime, surface water (freshwater) and estuarian ecology of the Barnets Sea: Consequences for water resources and environmental threats', in M.A. Lange, B. Bartling, and K. Grosfeld (eds) *Global Changes and the Barents Sea Region*, Proceedings of the First International BASIS Research Conference St Petersburg, Russia, 22–25 February 1998, Münster: Institute for Geophysics, University of Münster, pp. 63–90.
Ivy, R. (2001) 'Geographical variations in alternative tourism and recreation establishments', *Tourism Geographies*, 3(3): 338–55.
Jaakson, R. (1986) 'Second-home domestic tourism', *Annals of Tourism Research*, 13: 367–91.
Jackson, E. (1988) 'Leisure constraints: A survey of past research', *Leisure Sciences*, 10: 203–15.
Jackson, E. (1990) 'Variations in the desire to begin a leisure activity: Evidence of antecedent constraints', *Journal of Leisure Research*, 22: 55–70.
Jackson, E. (1994) 'Geographical aspects of constraints on leisure', *Canadian Geographer*, 38: 110–21.
Jackson, E., Crawford, D. and Godbey, G. (1993) 'Negotiation of leisure constraints', *Leisure Sciences*, 15(1): 1–11.
Jackson, P. (1985) 'Urban ethnography', *Progress in Human Geography*, 9: 157–76.
Jackson, P. and Smith, S.J. (1984) *Exploring Social Geography*, London: Allen & Unwin.
Jacob, G. and Schreyer, R. (1980) 'Conflict in outdoor recreation: A theoretical perspective', *Journal of Leisure Research*, 12(4): 368–80.
Jacobs, C. (1973) *Farms and Tourism in Upland Denbighshire*, Tourism and Recreation Report No. 4, Denbigh: Denbighshire County Council.
Jacobs, M. (1991) *The Green Economy*, London: Pluto Press.
Jafari, J. and Aaser, D. (1988) 'Tourism as the subject of doctoral dissertations', *Annals of Tourism Research*, 15: 407–29.
Jamal, T.B. and Getz, D. (1995) 'Collaboration theory and community tourism planning', *Annals of Tourism Reseach*, 22: 186–204.
James, P.E. (1972) *All Possible Worlds: A History Of Geographical Ideas*, 1st edn, Indianapolis, IN: Odyssey Press.
Janiskee, R. and Mitchell, L. (1989) 'Applied recreation geography', in M. Kenzer (ed.) *Applied Geography Issues, Questions and Concerns*, Dordrecht: Kluwer, pp. 151–64.
Jansen-Verbeke, M. (1986) 'Inner-city tourism: Resources, tourists and promoters', *Annals of Tourism Research*, 13(1): 79–100.
Jansen-Verbeke, M. (1988) *Leisure, Recreation and Tourism in Inner Cities. Explorative Case Studies*, Netherlands Geographical Studies 58, Amsterdam: Koninklijk Nederlands Aardrijk skundig Genootschap.
Jansen-Verbeke, M. (1989) 'Inner cities and urban tourism in the Netherlands: New challenges for local authorities', in P. Bramham, I. Henry, H. Mommass and H. van der Poel (eds) *Leisure and Urban Processes: Critical Studies of Leisure Policy in Western European Cities*, London: Routledge, pp. 233–53.
Jansen-Verbeke, M. (1990) 'Leisure and shopping: Tourism product mix', in G.J. Ashworth and B. Goodall (eds) *Marketing Tourism Places*, London: Routledge, pp. 128–37.
Jansen-Verbeke, M. (1991) 'Leisure shopping: A magic concept for the tourism industry', *Tourism Management*, 12(1): 9–14.
Jansen-Verbeke, M. (1992) 'Urban recreation and tourism: Physical planning issues', *Tourism Recreation Research*, 17(2): 33–45.
Jansen-Verbeke, M. (1995) 'Urban tourism and city trips', *Annals of Tourism Research*, 22(3): 699–700.
Jansen-Verbeke, M and Ashworth, G.J. (1990) 'Environmental integration of recreation and tourism', *Annals of Tourism Research*, 17(4): 618–22
Jansen-Verbeke, M. and Dietvorst, A. (1987)

'Leisure, recreation and tourism: A geographic view on integration', *Annals of Tourism Research*, 14: 361–75.

Jansen-Verbeke, M. and Rekom, J. (1996) 'Scanning museum visitors: Urban tourism marketing', *Annals of Tourism Research*, 23(2): 364–75.

Jansson, B. and Müller, D.K. (2003) *Fritidsboende i Kvarken*, Umeå, Sweden: Kvarkenrådet.

Jeans, D. (1990) 'Beach resort morphology in England and Australia: A review and extension', in P. Fabbri (ed.) *Recreational Use of Coastal Areas*, Dordrecht: Kluwer, pp. 277–85.

Jenkins, C. and Henry, B. (1982) 'Government involvement in tourism in developing countries', *Annals of Tourism Research*, 9(4): 499–521.

Jenkins, J. (1993) 'Tourism policy in rural New South Wales: Policy and research priorities', *GeoJournal*, 29(3): 281–90.

Jenkins, J. (1997) 'The role of the Commonwealth Government in rural tourism and regional development in Australia', in C.M. Hall, J. Jenkins and G. Kearsley (eds) *Tourism Planning and Policy in Australia and New Zealand: Cases, Issues and Practice*, Sydney: Irwin, pp. 181–91.

Jenkins, J. (2000) 'The dynamics of regional tourism organisations in New South Wales, Australia: History, structures and operations', *Current Issues in Tourism*, 3(3): 175–203.

Jenkins, J. (2001) 'Editorial: Special issue tourism policy', *Current Issues in Tourism*, 4(2/3/4): 69–77.

Jenkins, J. and Pigram, J. (1994) 'Rural recreation and tourism: Policy and planning', in D. Mercer (ed.) *New Viewpoints in Australian Outdoor Recreation Research and Planning*, Melbourne: Hepper Marriott, pp. 119–28.

Jenkins, J. and Prin, E. (1998) 'Rural landholder attitudes: The case of public recreational access to "private" lands', in R. Butler, C.M. Hall and J. Jenkins (eds) *Tourism and Recreation in Rural Areas*, Chichester: Wiley, pp. 179–96.

Jenkins, J. and Walmesley, D.J. (1993) 'Mental maps of tourists: A study of Coffs Harbour, New South Wales', *GeoJournal*, 29(3): 233–41.

Jenkins, J., Hall, C.M. and Troughton, M. (1998) 'The restructuring of rural economies: Rural tourism and recreation as a government response', in R. Butler, C.M. Hall and J. Jenkins (eds) *Tourism and Recreation in Rural Areas*, Chichester: Wiley, pp. 43–68.

Jenkins, R.L. (1978) 'Family vacation decision-making', *Journal of Travel Research*, 16(spring): 2–7.

Jenkins, W.I. (1978) *Policy Analysis: A Political and Organizational Perspective*, New York: St Martin's Press.

Jessop, B. (1999) 'Reflections on globalisation and its (il)logic(s)', in K. Olds, P. Dicken, P.F. Kelly, L. Kong and H.W. Yeung (eds) *Globalisation and the Asia-Pacific: Contested Territories*, Warwickshire Studies in Globalisation Series, London: Routledge, pp. 19–38.

Johnson, C., Bowker, J., English, D. and Worthen, D. (1998) 'Wildland recreation in the rural South: An examination of marginality and ethnic theory', *Journal of Leisure Research*, 30(1): 101–20.

Johnson, D. (2002) 'Towards sustainability: Examples from the UK coast', in R. Harris, T. Griffin and P. Williams (eds) *Sustainable Tourism: A Global Perspective*, Oxford: Butterworth-Heinemann, pp. 167–79.

Johnson, D., Snepenger, J. and Akis, S. (1994) 'Residents' perceptions of tourism development', *Annals of Tourism Research*, 21(3): 629–42.

Johnston, R.J. (1983a) 'On geography and the history of geography', *History of Geography Newsletter*, 3: 1–7.

Johnston, R.J. (1983b) 'Resource analysis, resource management and the integration of human and physical geography', *Progress in Physical Geography*, 7: 127–46.

Johnston, R.J. (1985a) 'Introduction: Exploring the future of geography', in R.J. Johnston (ed.) *The Future of Geography*, London: Methuen, pp. 3–26.

Johnston, R.J. (1985b) 'To the ends of the earth', in R. Johnston (ed.) *The Future of Geography*, London: Methuen, pp. 326–38.

Johnston, R.J. (1986) 'Applied geography', in R.J. Johnston, D. Gregory and D.M. Smith (eds) *The Dictionary of Human Geography*, Oxford: Blackwell, pp. 17–20.

Johnston, R.J. (1991) *Geography and Geographers: Anglo-American Human Geography since 1945*, 4th edn, London: Edward Arnold.

Johnston, R.J., Gregory, D. and Smith, D.M. (eds) (1986) *The Dictionary of Human Geography*, 2nd edn, Oxford: Blackwell.

Johnston, R.J., Gregory, D. and Smith, D.M. (eds) (1994) *The Dictionary of Human Geography*, 4th edn, Oxford: Blackwell.

Johnston, S. (1985) 'The beauty and significance of wild places', *Habitat*, 13(1): 27–8.

Jones Lang Wooten (1989) *Retail, Leisure and Tourism*, London: English Tourist Board.

Jones, A.D. (1978) 'Measuring our wilderness', *Habitat*, 6(2): 16–19.

Jones, D.R.W. (1986) 'Prostitution and tourism', in J.S. Marsh (ed.) *Canadian Studies of Parks, Recreation and Tourism in Foreign Lands*, Occasional Paper No. 11, Peterborough: Department of Geography, Trent University, pp. 241–8.

Jones, S.B. (1933) 'Mining tourist towns in the Canadian Rockies', *Economic Geography*, 9: 368–78.

Jones, T. (1994) 'Theme park development in Japan', in C. Cooper and A. Lockwood (eds) *Progress in Tourism, Recreation and Hospitality Management*, Vol. 6, Chichester: Wiley, pp. 111–25.

Jordan, J.W. (1980) 'The summer people and the natives: Some effects of tourism in a Vermont vacation village', *Annals of Tourism Research*, 7(1): 34–55.

Jordison, S. and Kieran, D. (2003) *Crap Towns: The 50 Worst Places to Live in the UK*, London: Boxtree.

Judd, D. (1995) 'Promoting tourism in US cities', *Tourism Management*, 16(3): 175–87.

Judd, D. (2000) 'Strong leadership', *Urban Studies*, 37(5–6): 951–61.

Judd, D. and Fainstein, S. (1999) *The Tourist City*, New Haven, CT: Yale University Press.

Jung, B. (1994) 'For what leisure? The role of culture and recreation in post-communist Poland', *Leisure Studies*, 13(4): 262–76.

Jung, B. (1996) 'Poland', in G. Cushman, A. Veal and J. Zuzanek (eds) *World Leisure Participation Free Time in the Global Village*, Wallingford: CAB International, pp. 183–99.

Kabanoff, B. (1982) 'Occupational and sex differences in leisure needs and leisure satisfaction', *Journal of Occupational Behaviour*, 3: 233–45.

Kaltenborn, B.P. (1997a) 'Recreation homes in natural settings: Factors affecting place attachment', *Norsk Geografisk Tidsskrift*, 51: 187–98.

Kaltenborn, B.P. (1997b) 'Nature of place attachment: A study among recreation homeowners in southern Norway', *Leisure Sciences*, 19: 175–89.

Kaltenborn, B.P. (1998) 'The alternate home: Models of recreation home use', *Norsk Geografisk Tidsskrift*, 52: 121–34.

Kassem, M. (1987) 'Marketing of tourism: An investigation of the application of marketing concepts and practices in promoting Egypt as a tourist destination in Britain and Ireland', unpublished PhD thesis, Glasgow: University of Strathclyde.

Kay, R. and Alder, J. (1999) *Coastal Planning and Management*, London: E&FN Spon.

Kay, T. and Jackson, G. (1991) 'Leisure despite constraint: The impact of leisure constraints on leisure participation', *Journal of Leisure Research*, 23: 301–13.

Keage, P.L. and Dingwall, P.R. (1993) 'A conservation strategy for the Australian Antarctic Territory', *Polar Record*, 29(170): 242–4.

Keane, M.J. and Quinn, J. (1990) *Rural Development and Rural Tourism*, Galway: SSRC, University College.

Keane, M.J., Briassoulis, H. and van der Stratten, J. (1992) 'Rural tourism and rural development', in H. Briassoulis and J. van der Stratten (eds) *Tourism and the Environment: Regional, Economic and Policy Issues, Environment and Assessment*, Vol. 2, Dordrecht: Kluwer, pp. 43–56.

Kearns, G. and Philo, C. (eds) (1993) *Selling Places: The City as Cultural Capital, Past and Present*, Oxford: Pergamon.

Kearsley, G.W. (1990) 'Tourism development and the user's perceptions of wilderness in Southern New Zealand', *Australian Geographer*, 21(2): 127–40.

Kearsley, G.W. (1997) 'Managing the consequences of over-use by tourists of New Zealand's conservation estate', in C.M. Hall, J. Jenkins and G. Kearsley (eds) *Tourism Planning and Policy in Australia and New Zealand*, Sydney: Irwin, pp. 87–98.

Kearsley, G.W., Hall, C.M. and Jenkins, J. (1997) 'Tourism planning and policy in natural areas: Introductory comments', in C.M. Hall, J. Jenkins and G. Kearsley (eds) *Tourism Planning and Policy in Australia and New Zealand*, Sydney: Irwin, pp. 66–86.

Keeble, D., Owens, P. and Thompson, C. (1982) 'Regional accessibility and economic potential in the European Community', *Regional Studies*, 16: 419–32.

Keen, D. and Hall, C.M. (2004) 'Second homes in New Zealand', in C.M. Hall and D. Müller (eds) *Tourism, Mobility and Second Homes: Elite Landscapes or Common Ground*, Clevedon: Channel View.

Keirle, I. (2002) 'Should access to the coastal lands of Wales be developed through a voluntary or statutory approach? A discussion', *Land Use Policy*, 19(2): 177–85.

Keller, C.P. (1984) 'Centre–periphery tourism development and control', in J. Long and R. Hecock (eds) *Leisure, Tourism and Social Change*, Dunfermline: Centre for Leisure Research, Dunfermline College of Physical Education, pp. 77–84.

Kelletat, D. (1993) 'Coastal geomorphology and tourism on the German North Sea coast', in P. Wong (ed.)

Tourism vs Environment: The Case for Coastal Areas, Dordrecht: Kluwer, pp. 139–66.

Kelly, J. (1982) *Leisure*, Englewood Cliffs, NJ: Prentice Hall.

Kelly, P.F. and Olds, K. (1999) 'Questions in a crisis: The contested meanings of globalisation in the Asia-Pacific', in K. Olds, P. Dicken, P.F. Kelly, L. Kong and H.W. Yeung (eds) *Globalisation and the Asia-Pacific: Contested Territories*, Warwickshire Studies in Globalişation Series, London: Routledge, pp. 1–15.

Ken, S. and Rapoport, R. (1975) 'Beyond palpable mass demand – Leisure provision and human demands: The life cycle approach, paper presented to Planning and Transport Research and Computation (International) Company Ltd, Summer Annual Meeting.

Kent, M., Newham, R. and Essex, S. (2002) 'Tourism and sustainable water supply in Mallorca: A geographical analysis', *Applied Geography*, 22(3): 351–74.

Kent, W.E., Meyer, R.A. and Reddam, T.M. (1987) 'Reassessing wholesaler marketing strategies: The role of travel research', *Journal of Travel Research*, 25(3): 31–3.

Kenzer, M. (ed.) (1989) *Applied Geography Issues, Questions and Concerns*, Dordrecht: Kluwer.

Keogh, B. (1984) 'The measurement of spatial variations in tourist activity', *Annals of Tourism Research*, 11: 267–82.

Keown, C. (1989) 'A model of tourists' propensity to buy: The case of Japanese visitors to Hawaii', *Journal of Travel Research*, winter: 31–4.

Kerr, W. (2003) *Tourism Public Policy in Scotland: The Strategic Management of Failure*, Oxford: Pergamon.

Kester, J.G.C. (2003) 'Cruise tourism', *Tourism Economics*, 9(3): 337–50.

Khan, N. (1997) 'Leisure and recreation among women of selected hill-farming families in Bangladesh', *Journal of Leisure Research*, 29(1): 5–20.

Killan, G. (1993) *Protected Places: A History of Ontario's Provincial Parks System*, Toronto: Dundurn Press.

Kim, K. (2000) 'Topics of human geography', in W. Yu and I. Son (eds) *Korean Geography and Geographers*, Seoul: Hanul, pp.195–265.

Kim, S. and Kim, J. (1996) 'Overview of coastal and marine tourism in Korea', *Journal of Tourism Studies*, 7(2): 46–53.

King, R. (1995) 'Tourism, labour and international migration', in A. Montanari and A.M. Williams (eds) *European Tourism: Regions, Spaces and Restructuring*, Chichester: Wiley, pp. 177–90.

King, R., Warnes, A.M. and Williams A.M. (1998) 'International retirement migration in Europe', *International Journal of Population Geography*, 4(2): 91–112.

King, R., Warnes, A.M. and Williams, A.M. (2000) *Sunset Lives: British Retirement to the Mediterranean*, Oxford: Berg.

Kinnaird, V. and Hall, D. (eds) (1994) *Tourism: A Gender Analysis*, Chichester: Wiley.

Kirkby, S. (1996) 'Recreation and the quality of Spanish coastal waters', in M. Barke, J. Towner and M. Newton (eds) *Tourism in Spain: Critical Issues*, Wallingford: CAB International, pp. 189–212.

Kirkpatrick, J.B. (1980) 'Hydro-electric development and wilderness: Report to the Department of the Environment', attachment to *Department of the Environment (Tas.), Assessment of the HEC Report on the Lower Gordon River Development Stage Two*, Hobart: Department of the Environment.

Kirkpatrick, J.B. and Haney, R.A. (1980) 'The quantification of developmental wilderness loss: The case of forestry in Tasmania', *Search*, 11(10): 331–5.

Kissling, C. (1989) 'International tourism and civil aviation in the South Pacific: Issues and innovations', *GeoJournal*, 19(3): 309–16.

Kline, M.B. (1970) *Beyond the Land Itself: Views of Nature in Canada and the United States*, Cambridge, MA: Harvard University Press.

Kliskey, A.D. (1994) 'A comparative analysis of approaches to wilderness perception mapping', *Journal of Environmental Management*, 41: 199–236.

Kliskey, A.D. and Kearsley, G.W. (1993) 'Mapping multiple perceptions of wilderness in southern New Zealand', *Applied Geography*, 13: 203–23.

Knafou, R. (1978) *Les Stations de sports d'hiver des Alpes françaises: L'améagement de la montagne à la françaises*, Paris: Masson.

Knafou, R. (2000) 'Tourismes en France: Vivre de la diversité', in Union Géographique Internationale Comité National Français de Géographie, *Historiens & géographes: Vivre en France dans la diversité*, Paris: Union Géographique Internationale Comité National Français de Géographie, pp. 367–84.

Knafou, R., Bruston, M., Deprest, F., Duhamel, P., Gay, J. and Sacareau, I. (1997) 'Une approache géographique du tourisme', *L'Espace géographique*, 3: 193–204.

Kneafsey, M. (1998) 'Tourism and place identity: A case study in rural Ireland', *Irish Geography*, 31(2): 111–23.

Knetsch, J. (1969) 'Assessing the demand for outdoor recreation', *Journal of Leisure Research*, 1(2): 85.

Koenig, U. and Abegg, B. (1997) 'Impacts of climate change on winter tourism in the Swiss Alps', *Journal of Sustainable Tourism*, 5: 46–57.

Konrad, V.A. (1982) 'Historical artifacts as recreational resources', in G. Wall and J. Marsh (eds) *Recreational Land Use*, Ottawa: Carleton University Press, pp. 393–416.

Koskela, H. and Pain, R. (2000) 'Revisiting fear and place: Women's fear of attack and the built environment', *Geoforum*, 31: 269–80.

Kosters, M.J. (1984) 'The deficiencies of tourism social science without political science: Comment on Richter', *Annals of Tourism Research*, 11: 609–13.

Kraas, F. and Taubmann, W. (eds) (2000) *German Geographical Research on East and Southeast Asia*, Sankt Augustin, Germany: Asgard-Verlag.

Kreisel, W. (2004) 'Geography of leisure and tourism research in the German-speaking world: Three pillars of progress', *Tourism Geographies*, 6(2): 163–85.

Kretchmann, J. and Eagles, P. (1990) 'An analysis of the motives of ecotourists in comparison to the general Canadian population', *Society and Leisure*, 13(2): 499–507.

Kreutzwiser, R. (1989) 'Supply', in G. Wall (ed.) *Outdoor Recreation in Canada*, Toronto: Wiley, pp. 21–41.

Kruzhalin, K. (2002) 'Economic geographical trends in the formation of the tourism market in Russia', *Vestnik-Moskovskogo-Universiteta-Seriya-5:-Geografiya*, 5: 72–7.

Kuhn, T. (1969) *The Structure of Scientific Revolutions*, 2nd edn, Chicago: University of Chicago Press.

Kuji, T. (1991) 'The political economy of golf', *AMPO, Japan-Asia Quarterly Review*, 22(4): 47–54.

Kwiatkowska, A. (1999) 'Nomadic-symbolic and settle-consumer leisure practices in Poland', in D. Crouch (ed.) *Leisure/Tourism Geographies: Practices and Geographical Knowledge*, London: Routledge, pp. 126–36.

Lane, B. (1994) 'What is rural tourism?', *Journal of Sustainable Tourism*, 2: 7–21.

Lang, R. (1988) 'Planning for integrated development', in F.W. Dykeman (ed.) *Integrated Rural Planning and Development*, Sackville, NB: Mount Allison University, pp. 81–104.

Lashley, C. (2000) 'Towards theoretical understanding', in C. Lashley and A. Morrison (eds) *In Search of Hospitality: Theoretical Perspectives and Debates*, Oxford: Butterworth-Heinemann, pp. 1–17.

Latham, J. (1989) 'The statistical measurement of tourism', in C.P. Cooper (ed.) *Progress in Tourism, Recreation and Hospitality Management*, Vol. 1, London: Belhaven Press, pp. 57–76.

Latham, J. (1998) 'Patterns of international tourism', *Progress in Tourism and Hospitality Research* 4(1): 45–52.

Latham, J. and Edwards, C. (2003) 'The statistical measurement of tourism' in C. Cooper (ed) *Classic Reviews in Tourism*, Channel View, Clevedon, 55–76.

Lavery, P. (1971a) 'The demand for recreation', in P. Lavery (ed.) *Recreational Geography*, Newton Abbot: David and Charles, pp. 21–50.

Lavery, P. (1971b) 'Resorts and recreation', in P. Lavery (ed.) *Recreational Geography*, Newton Abbot: David and Charles, pp. 167–98.

Lavery, P. (ed.) (1971c) *Recreational Geography*, Newton Abbott: David and Charles.

Lavery, P. (1975) 'The demand for leisure: A review of studies', *Town Planning Review*, 46: 185–200.

Law, C.M. (1988) 'Conference and exhibition tourism', *Built Environment*, 13(2): 85–92.

Law, C.M. (1992) 'Urban tourism and its contribution to economic regeneration', *Urban Studies*, 29(3–4): 599–618.

Law, C.M. (1993) *Urban Tourism: Attracting Visitors to Large Cities*, London: Mansell.

Law, C.M. (ed.) (1996) *Tourism in Major Cities*, London: International Thomson Business.

Law, C.M. and Warnes, A.M. (1973) 'The movement of retired people to seaside resorts', *Town Planning Review*, 44: 373–90.

Law, S. (1967) 'Planning for outdoor recreation', *Journal of the Town Planning Institute*, 53: 383–6.

Lawrence, D., Kenchington, R. and Woodley, S. (2002) *The Great Barrier Reef: Finding the Right Balance*, Melbourne: Melbourne University Press.

Lawton, G. and Page, S.J. (1997a) 'Evaluating travel agents' provision of health advice to tourists', *Tourism Management*, 18(2): 89–104.

Lawton, G. and Page, S.J. (1997b) 'Health advice to the travellers to the Pacific Islands: Whose responsibility?', in M. Oppermann (ed.) *Pacific Rim Tourism*, Wallingford: CAB International, pp. 184–95.

Lawton, G., Page, S. and Hall, C.M. (1996) 'The provision of health advice to tourists', paper presented at the International Geographical Union Conference, The Hague, August.

Lawton, R. (1978) 'Population and society 1730–1900', in R. Dodgson and R. Butlin (eds) *An Historical Geography of England and Wales*, London: Academic Press, pp. 291–366.

Lea, J. (1988) *Tourism and Development in the Third World*, London: Routledge.

Leafe, R., Pethich, J. and Townsend, I. (1998) 'Realising the benefits of shoreline management', *Geographical Journal*, 164(3): 282–90.

Lee, H. (2000) 'Applied geography', in W. Yu and I. Son (eds) *Korean Geography and Geographers*, Seoul: Hanul, pp. 340–82.

Lee, I., Floyd, M. and Shinew, K. (2002) 'The relationship between information use and park awareness: A study of urban park users', *Journal of Park and Recreation Administration* 20(1):22–41.

Lee, R.G. (1977) 'Alone with others: The paradox of privacy in the wilderness', *Leisure Services*, 1: 3–19.

Leiper, N. (1984) 'Tourism and leisure: The significance of tourism in the leisure spectrum', *Proceedings of the Twelfth New Zealand Geography Conference*, Christchurch, NZ: New Zealand Geographical Society, pp. 249–53.

Leiper, N. (1989) *Tourism and Tourism Systems*, Occasional Paper No. 1, Palmerston North, NZ: Department of Management Systems, Massey University.

Leiper, N. (1990) *Tourism Systems: An Interdisciplinary Perspective*, Occasional Paper No. 2, Palmerston North, NZ: Department of Management Systems, Massey University.

Lenĉek, L. and Bosker, G. (1999) *The Beach: The History of Paradise on Earth*, London: Pimlico.

Lennon, J. (ed.) (2003) *Tourism Statistics: International Perspectives and Current Issues*, London: Continuum.

Leopold, A. (1921) 'The wilderness and its place in forest recreational policy', *Journal of Forestry*, 19(7): 718–21.

Leopold, A. (1925) 'Wilderness as a form of land use', *Journal of Land and Public Utility Economics*, 1(4): 398–404.

Lesslie, R.G. (1991) 'Wilderness survey and evaluation in Australia', *Australian Geographer*, 22: 35–43.

Lesslie, R.G. and Taylor, S.G. (1983) *Wilderness in South Australia*, Occasional Paper No. 1, Adelaide: Centre for Environmental Studies, University of Adelaide.

Lesslie, R.G. and Taylor, S.G. (1985) 'The wilderness continuum concept and its implications for Australian wilderness preservation policy', *Biological Conservation*, 32: 309–33.

Lesslie, R.G., Mackey, B.G. and Preece, K.M. (1987) *National Wilderness Inventory: A Computer Based Methodology for the Survey of Wilderness in Australia*, prepared for the Australian Heritage Commission, Canberra: Australian Heritage Commission.

Lesslie, R G., Mackey, B.G. and Shulmeister, J. (1988a) *Wilderness Quality in Tasmania, National Wilderness Inventory: Stage II*, report to the Australian Heritage Commission, Canberra: Australian Heritage Commission.

Lesslie, R.G., Mackey, B.G. and Preece, K.M. (1988b) 'A computer-based method for the evaluation of wilderness', *Environmental Conservation*, 15(3): 225–32.

Lesslie, R.G., Abrahams, H. and Maslen, M. (1991a) *Wilderness Quality on Cape York Peninsula, National Wilderness Inventory: Stage III*, Canberra: Australian Heritage Commission.

Lesslie, R.G., Maslen, M., Canty, D., Goodwins, D. and Shields, R. (1991b) *Wilderness on Kangaroo Island, National Wilderness Inventory: South Australia*, Canberra: Australian Heritage Commission.

Lesslie, R., Taylor, D. and Maslen, M. (1993) *National Wilderness Inventory: Handbook of Principles, Procedures and Usage*, Canberra: Australian Heritage Commission.

Lesslie, R., Taylor, D. and Maslen, M. (1995) *National Wilderness Inventory: Handbook of Principles, Procedures and Usage*, 2nd edn, Canberra: Australian Heritage Commission.

Lew, A.A. (1985) 'Bringing tourists to town', *Small Town*, 16: 4–10.

Lew, A.A. (1987) 'A framework for tourist attraction research', *Annals of Tourism Research*, 14(4): 553–75.

Lew, A.A. (1989) 'Authenticity and sense of place in the tourism development experience of older retail districts', *Journal of Travel Research*, 27(4): 15–22.

Lew, A.A. (2001) 'Defining a geography of tourism', *Tourism Geographies*, 3(1): 105–14.

Lew, A.A. and van Otten, G.A. (eds) (1997) *Tourism on American Indian Lands*, New York: Cognizant Communications Corporation.

Lew, A.A. and Wu, L. (eds) (1995) *Tourism in China: Geographic, Political and Economic Perspectives*, Boulder, CO: Westview Press.

Lew, A.A., Hall, C.M. and Williams, A. (eds) (2004) *Companion to Tourism*, Oxford: Blackwell.

Ley, D. and Olds, K. (1988) 'Landscape as spectacle: World's Fairs and the culture of heroic consumption', *Environment and Planning D*, 6: 191–212.

Li, Y. (2000) 'Geographical consciousness and tourism experience', *Annals of Tourism Research*, 27(4): 863–83.

Liddle, M. (1997) *Recreation Ecology*, London: Chapman and Hall.

Limb, M. (1986) 'Community involvement in the management of open space for recreation in the urban fringe, unpublished PhD thesis, London: University of London.

Lindberg, K. and McKercher, B. (1997) 'Ecotourism: A critical overview', *Pacific Tourism Review*, 1: 65–79.

Linton, D. (1968) 'The assessment of scenery as a recreation resource', *Scottish Geographical Magazine*, 84(3): 219–38.

Lipscombe, N. (1993) 'Recreation planning: Where have all the frameworks gone?', in *Track to the Future, Managing Change in Parks and Recreation*, Cairns, Qld: Royal Australian Institute of Parks and Recreation.

Livingstone, D.N. (1992) *The Geographical Tradition: Episodes in the History of a Contested Enterprise*. Oxford: Blackwell.

Llewelyn-Davis Planning/Leisureworks (1987) *Tourism Development in London Docklands: Themes and Facts*, London: London Docklands Development Corporation.

Lloyd, P. and Dicken, P. (1987) *Location in Space: A Theoretical Approach to Human Geography*, 2nd edn, London: Harper & Row.

Locke, S. (1985) *Country Park Visitor Surveys: Lessons from a Study at Sherwood Forest and Rufford Country Parks, Nottinghamshire*, CCP 180, Cheltenham: Countryside Commission.

Löfgren, O. (2002) *On Holiday: A History of Vacationing*, Berkeley, CA: University of California Press.

Logan, J.R., Whaley, R.B. and Crowder, K. (1997) 'The character and consequences of the growth regimes: An assessment of 20 years of research', *Urban Affairs Review*, 32(May): 603–30.

London Borough of Newham (1993) *Newham's Unitary Development Plan: Written Statement Parts One and Two*, London: London Borough of Newham.

London Tourist Board (1987) *The Tourism Strategy for London*, London: London Tourist Board.

London Tourist Board (1988) *London Tourism Statistics*, London: London Tourist Board.

Long, J.A. (1984) 'Introduction – tourism and social change', in J. Long and R. Hecock (eds) *Leisure, Tourism and Social Change*, Dunfermline: Centre for Leisure Research, Dunfermline College of Physical Education, pp. 69–76.

Long, J.A (1987) 'Continuity as a basis for change: Leisure and male retirement', *Leisure Studies*, 6: 55–70.

Long, J.A. (2002) *Count Me In: The Dimensions of Social Inclusion through Culture, Media and Sport*, Leeds: Leeds Metropolitan University.

Long, P.E. (2000) 'Tourism development regimes in the inner city fringe: The case of Discover Islington, London', in B. Bramwell and B. Lane (eds) *Tourism Collaboration and Partnerships: Politics, Practice and Sustainability*, Clevedon: Channel View, pp. 183–99.

Long, P.T. and Nuckolls, J.S. (1994) 'Organising resources for rural tourism development: The importance of leadership, planning and technical assistance', *Tourism Recreation Research*, 19(2): 19–34.

Long, P. and Perdue, R. (1990) 'The economic impact of rural festivals and special events: Assessing the spatial distribution of expenditures', *Journal of Travel Research*, 28(4): 10–14.

Long, P.T., Perdue, R.R. and Allen, L. (1990) 'Rural residents' perception and attitudes by community level of tourism', *Journal of Travel Research*, 29: 3–9.

Lösch, A. (1944) *Die Raümliche Ordnung der Wirtschaft*, Jena, Germany: Gustav Fischer.

Lovingwood, P. and Mitchell, L. (1978) 'The structure of public and private recreational systems: Columbia, South Carolina', *Journal of Leisure Research*, 10: 21–36.

Lowenthal, D. (1975) 'Past time, present place: Landscape and memory', *Geographical Review*, 65: 1–36.

Lowenthal, D. (1985) *The Past is a Foreign Country*, Cambridge: Cambridge University Press.

Lowyck, E., Van Langenhove, L. and Bollaert, L. (1992) 'Typologies of tourist roles', in P. Johnson and T. Barry (eds) *Tourism Policy*, London: Mansell, pp. 13–32.

Lozato, J. (1985) *Géographie du tourisme*, Paris: Masson.

Lucas, P. (1986) 'Fishy business', *Leisure Manager*, 4: 18–19.

Lucas, R. (1964) 'Wilderness perception and use: The example of the Boundary Waters Canoe Area', *Natural Resources Journal*, 3(1): 394–411.

Lumsdon, L. and Page, S.J. (eds) (2004) *Tourism and Transport: Issues and Agendas for the New Millennium*, Oxford: Pergamon.

Lundgren, J.O. (1984) 'Geographic concepts and the development of tourism research in Canada', *GeoJournal*, 9: 17–25.

Lundmark, L. and Marjavaara, R. (2004) 'Second home localization in the Swedish mountain range', paper presented at the Thirteenth Nordic Symposium on Tourism and Hospitality, Aalborg, Denmark, November.

Lutz, R.J. and Ryan, C. (1997) 'The impact inner city tourism projects: The case of the International Convention Centre, Birmingham, UK', in P. Murphy (ed.) *Quality Management in Urban Tourism*, Chichester: Wiley, pp. 41–53.

Lynch, K. (1960) *The Image of the City*, Cambridge, MA: MIT Press.

Lynch, K. (1984) 'Reconsidering the image of the city', in L. Rodwin and R. Hollister (eds) *Cities of the Mind*, New York: Plenum Press, pp. 151–61.

McAlvoy, L. (1977) 'Needs and the elderly: An overview', *Parks and Recreation*, 12(3): 31–5.

McArthur, S. (1996) 'Beyond the limits of acceptable change: Developing a model to monitor and manage tourism in remote areas', in *Tourism Down Under: 1996 Tourism Conference Proceedings*, Dunedin, NZ: Centre for Tourism, University of Otago.

McArthur, S. (2000a) 'Visitor management in action: An analysis of the development and implementation of visitor management models at Jenolan Caves and Kangaroo Island', unpublished PhD thesis, Belconnen, ACT: University of Canberra.

McArthur, S. (2000b) 'Beyond carrying capacity: Introducing a model to monitor and manage visitor activity in forests', in X. Font and J. Tribe (eds) *Forest Tourism and Recreation: Case Studies in Environmental Management*, Wallingford: CAB International, pp. 259–78.

McAvoy, L. (2002) 'American Indians, place meanings and the old/new west', *Journal of Leisure-Research*, 34(4): 383–396.

MacCannell, D. (1973) 'Staged authenticity: Arrangements of social space in tourist settings', *American Journal of Sociology*, 69: 578–603.

MacCannell, D. (1976) *The Tourist: A New Theory of the Leisure Class*, London: Macmillan.

McCool, S. (1978) 'Recreation use limits: Issues for the tourism industry', *Journal of Travel Research*, 17(2): 2–7.

McCool, S. and Cole, D. (1997) *Proceedings – Limits of Acceptable Change and related Planning Processes: Progress and Future Directions*, INT-GTR-371, Missoula, MT: USDA, Forest Service, Rocky Mountain Research Station.

McDermott, D. and Horner, A. (1978) 'Aspects of rural renewal in Western Connemara', *Irish Geography*, 11: 176–9.

McDowell, A., Carter, R. and Pollard, J. (1990) 'The impact of man on the shoreline environment of the Costa del Sol, Southern Spain', in P. Wong (ed.) *Tourism vs Environment: The Case for Coastal Areas*, Dordrecht: Kluwer, pp. 189–210.

McEwen, L., Hall, T., Hunt, J., Dempsey, M. and Harrison, M. (2002) 'Flood warning, warning response and planning control issues associated with caravan parks: The April 1998 floods on the lower Avon floodplain, Midlands region, UK'. *Applied Geography* 22(3): 271–305.

McGibbon, J. (2000) *The Business of Alpine Tourism in a Globalising World: An Anthropological Study of International Tourism in the Village of St. Anton am Arlberg in the Tirolean Alps*, Rosenheim, Germany: Vetterling Druck.

McGrath, F. (1989) 'Characteristics of pilgrims to Lough Derg', *Irish Geography*, 22: 44–7.

McIntosh, R.W. and Goeldner, C. (1990) *Tourism: Principles, Practices and Philosophies*, New York: Wiley.

McKenry, K. (1972a) *Value Analysis of Wilderness Areas*, Combined Universities Recreation Research Group, Monograph 2, Clayton, Vic.: Monash University.

McKenry, K. (1972b) 'A history and critical analysis of the controversy concerning the Gordon River Power Scheme', in Australian Conservation Foundation, *Pedder Papers Anatomy of a Decision*, Parkville, Vic.: Australian Conservation Foundation, Parkville, pp. 9–30.

McKenry, K. (1977) 'Value analysis of wilderness areas', in D. Mercer (ed.) *Leisure and Recreation in Australia*, Malvern, Vic.: Sorrett, pp. 209–21.

McKenry, K. (1980) 'The beneficiaries of wilderness', in R.W. Robertson, P. Helman and A. Davey (eds) *Wilderness Management in Australia, Proceedings of a Symposium Held at the Canberra College of Advanced Education 19–23 July 1978*, Canberra: School of Applied Science, Canberra College of Advanced Education, pp. 82–91.

McKercher, B. (1993a) 'Some fundamental truths about tourism: Understanding tourism's social and environmental impacts', *Journal of Sustainable Tourism*, 1(1): 6–16.

McKercher, B. (1993b) 'The unrecognized threat to tourism: Can tourism survive sustainability', *Tourism Management*, 14(2): 131–6.

McKercher, B. (1993c) 'Australian conservation organisations' perspectives on tourism in National Parks: A critique', *GeoJournal*, 29(3): 307–13.

McKercher, B. (1997) 'Benefits and costs of tourism in Victoria's Alpine National Park: Comparing attitudes of tour operators, management staff and public interest group leaders', in C.M. Hall, J. Jenkins and G. Kearsley (eds) *Tourism Planning and Policy in Australia and New Zealand: Cases, Issues and Practice*, Sydney: Irwin, pp. 99–109.

McKie, R. (2004) 'Fight to the last resort as Alpine crisis looms', *Observer*, 19 September, News: 3.

MacLellan, L.R. (1999) 'An examination of wildlife tourism as a sustainable form of tourism development in North West Scotland', *International Journal of Tourism Research*, 1(5): 375–87.

MacLeod, M., Silva, C. and Cooper, J. (2002) 'A comparative study of the perception and value of beaches in rural Ireland and Portugal: Implications for coastal zone management', *Journal of Coastal Research*, 18(1): 14–24.

McMillan, S. (1997) 'Balancing the books: Economic returns and corporate citizenship', mimeo of a paper presented at Business With Style: Adapting Heritage Buildings for Commercial Use, New South Wales Government, Heritage Office, Sydney.

McMurray, K.C. (1930) 'The use of land for recreation', *Annals of the Association of American Geographers*, 20: 7–20.

McMurray, K.C. (1954) 'Recreational geography', in P.E. James and C.F. Jones (eds) *American Geography: Inventory and Prospect*, Syracruse, NY: Syracruse University Press, pp. 251–7.

McVey, M. (1986) 'International hotel chains in Europe: Survey of expansion plans as Europe is rediscovered', *Travel and Tourism Analyst*, September: 3–23.

Madge, C. (1997) 'Public parks and the geography of fear', *Tijdschrift Voor Economische en Sociale Geografie*, 88: 237–50.

Madsen, H. (1992) 'Place-marketing in Liverpool: A review', *International Journal of Urban and Regional Research*, 16(4): 633–40.

Maitland, D. (1992) 'Space, vulnerability and dangers', *Operational Geographer*, 9: 28–9.

Malamud, B. (1973) 'Gravity model calibration of tourist travel to Las Vegas', *Journal of Leisure Research*, 5(1): 13–33.

Mandell, M.P. (1999) 'The impact of collaborative efforts: Changing the face of public policy through networks and network structures', *Policy Studies Review*, 16(1): 4–17.

Manidis Roberts Consultants (1991) *National Estate NSW Wilderness Review*, Sydney: National Estate Grants Program, Department of Planning.

Manidis Roberts Consultants (1996) *Tourism Optimisation Management Model for Kangaroo Island*, Adelaide: South Australian Tourism Commission.

Manning, R.E. (1984) 'Man and mountains meet: Journal of the Appalachian Mountains Club, 1876–1984', *Journal of Forest History*, 28(1): 24–33.

Manning, R.E. (1985) 'Crowding norms in backcountry settings: A review and synthesis', *Journal of Leisure Research*, 17(2): 75–89.

Mansfeld, Y. (1992) 'Industrial landscapes as positive settings for tourism development in declining industrial cities: The case of Haifa, Israel', *GeoJournal*, 28(4): 457–63.

Mansfield, N. (1969) 'Recreational trip generation', *Journal of Transport Economics and Public Policy*, 3(2): 152–64.

Marcouiller, D.W., Green, G.P, Deller, S.C., Sumathi, N.R and Erikkila, D.C (1998) *Recreational Homes and Regional Development: A Case Study from the Upper Great Lakes States*, Madison, WI: Cooperative Extension Publications.

Marine Conservation Society (1998) *Readers Digest Good Beach Guide*, Newton Abbot: David and Charles.

Mariussen, A. and Heen, K. (1999) 'Dependence, uncertainty and climatic change: The case of fishing', in M.A. Lange, B. Bartling and K. Grosfeld (eds) *Global Changes and the Barents Sea Region*, Proceedings of the First International BASIS Research Conference St Petersburg, Russia, 22–25 February 1998, Münster: Institute for Geophysics, University of Münster, pp. 91–104.

Mark, S. (1984) 'Wilderness review in the East Mojave National Scenic Area, California', unpublished MSc thesis, Ashland, OR: South Oregon State College.

Mark, S. (1985) 'Wilderness inventory of Western Australia', *Environment W.A.*, 7(3): 30–2.

Mark, S. (1991) 'Planning and development at Rim Village', in *Administrative History, Crater Lake National Park, Oregon*, Seattle, WA: US Department of the Interior, National Park Service.

Mark, S. (1996) 'Writing environmental and park histories', in C.M. Hall and S. McArthur (eds) *Heritage Management in Australia and New Zealand: The Human Dimension*, Melbourne: Oxford University Press, pp. 153–9.

Marketpower (1991) *A Report on the Structure of the UK Catering Industry*, London: Market Power.

Markusen, A. (1985) *Profit Cycles, Oligopoly and Regional Development*, Cambridge, MA: MIT Press.

Marne, P. (2001) 'Whose public space is it anyway? Class,

gender and ethnicity in the creation of the Sefton and Stanley Parks, Liverpool: 1858–72', *Social and Cultural Geography* 2(4):421–44.

Marsh, G.P. (1864 (1965)) *Man and Nature; Or, Physical Geography as Modified by Human Action*, ed. D. Lowenthal, Cambridge, MA: Belknap Press of Harvard University Press.

Marsh, J.G. (1983) 'Canada's parks and tourism: A problematic relationship', in P.E. Murphy (ed.) *Tourism in Canada: Selected Issues and Options*, Western Geographical Series, Vol. 21, Victoria, BC: Department of Geography, University of Victoria, pp. 271–307.

Marsh, J.G. (1985) 'The Rocky and Selkirk Mountains and the Swiss connection 1885–1914', *Annals of Tourism Research*, 12: 417–33.

Marsh, J.G. and Staple, S. (1995) 'Cruise tourism in the Canadian Arctic and its implications', in C.M.Hall and M.E. Johnston (eds) *Polar Tourism: Tourism in the Arctic and Antarctic Regions*, Chichester: Wiley, pp. 63–72.

Marsh, J.G. and Wall, G. (1982) 'Themes in the investigation of the evolution of outdoor recreation', in G. Wall and J. Marsh (eds) *Recreational Land Use, Perspectives on its Evolution in Canada*, Ottawa: Carleton University Press, pp. 1–12.

Marshall, R. (1930) 'The problem of the wilderness', *Scientific Monthly*, 30: 141–8.

Martin, R.L. (1999) 'The new "geographical turn" in economics: Some critical reflections', *Cambridge Journal of Economics*, 23: 65–91.

Martin, W. and Mason, S. (1979) *Broad Patterns of Leisure Expenditure*, London: Sports Council and Social Science Research Council.

Maslow, A. (1954) *Motivation and Personality*, New York: Harper & Row.

Mason, P. (2003) *Tourism Impacts, Planning and Management*, Oxford: Butterworth-Heinemann.

Masser, I. (1966–7) 'The use of outdoor recreational facilities', *Town Planning Review*, 37(1): 41–53.

Massey, D. and Allen, J. (eds) (1984) *Geography Matters! A Reader*, Cambridge: Cambridge University Press.

Mather, A. (2003) 'Access rights and rural sustainability in Britain', paper presented at the International Geographical Commission on Sustainable Rural Systems, Rio de Janeiro.

Mathieson, A. and Wall, G. (1982) *Tourism: Economic, Physical and Social Impacts*, London: Longman.

Matley, I.M. (1976) *The Geography of International Tourism*, Resource Paper No. 76–1, Washington, DC: Association of American Geographers.

Matson, J. (1892) 'The Australasian indigenous park', *New Zealand Country Journal*, 16(4): 356–60.

Matsui, Y. (1999) *Women in the New Asia*, London: Zed Books.

Matthews, H.G. (1983) 'Editor's page: On tourism and political science', *Annals of Tourism Research*, 10(4): 303–6.

Maude, A.J.S. and van Rest, D. J. (1985) 'The social and economic effects of farm tourism in the United Kingdom', *Agricultural Administration*, 20: 85–99.

Maver, I. (1998) 'Glasgow's public parks and the community 1850–1914', *Urban History*, 25(3): 323–47.

Mawhinney, K.A. (1979) 'Recreation', in D.A. Gilmore (ed.) *Irish Resources and Land Use*, Dublin: Institute of Public Administration.

Mawhinney, K.A. and Bagnall, G. (1976) 'The integrated social economic and environmental planning of tourism', *Administration*, 24: 383–93.

May, V. (1993) 'Coastal tourism, geomorphology and geological conservation: The example of South Central England', in P. Wong (ed.) *Tourism vs Environment: The Case for Coastal Areas*, Dordrecht: Kluwer, pp. 3–10.

Mazanec, J. (ed.) (1997) *International City Tourism: Analysis and Strategy*, London: Pinter.

Medlik, S. (1993) *Dictionary of Travel, Tourism and Hospitality*, Oxford: Butterworth-Heinemann.

Meethan, K. (1996) 'Consumed (in) in civilised city', *Annals of Tourism Research*, 32(2): 322–40.

Meethan, K. (1997) 'York: Managing the tourist city', *Cities: The International Journal of Urban Policy and Planning*, 14(6): 333–42.

Meethan, K. (1998) 'New tourism for old? Policy developments in Cornwall and Devon', *Tourism Management*, 19(6): 583–93.

Meethan, K. (2004) 'Transnational corporations, globalization and tourism', in A. Lew, C.M. Hall and A. Williams (eds) *Companion to Tourism*, Oxford: Blackwell, pp. 110–21.

Meinecke, E.P. (1929) *The Effect of Excessive Tourist Travel on California Redwood Parks*, Sacramento, CA: California State Printing Office.

Melbourne Parks (1983) *A Survey of the Use of Selected Sites*, Melbourne: Melbourne and Metropolitan Board.

Meleghy, T., Preglau, M. and Tafertsofer, A. (1985) 'Tourism development and value change', *Annals of Tourism Research*, 12: 201–19.

Mels, T. (1999) *Wild Landscapes: The Cultural Nature*

of Swedish National Parks, Lund, Sweden: Lund University Press.

Mels, T. (2002) 'Nature, home, and scenery: The official spatialities of Swedish national parks', *Environment and Planning D: Society and Space*, 20: 135–54.

Mercer, D. (1970) 'The geography of leisure: A contemporary growth point', *Geography*, 55(3): 261–73.

Mercer, D. (1971a) 'Perception in outdoor recreation', in P. Lavery (ed.) *Recreational Geography*, Newton Abbot: David and Charles, pp. 51–69.

Mercer, D. (1971b) 'Discretionary travel behaviour and the urban mental map', *Australian Geographical Studies*, 9: 133–43.

Mercer, D. (1972) 'Beach usage in the Melbourne region', *Australian Geographer*, 12(2): 123–9.

Mercer, D. (1973) 'The concept of recreational need', *Journal of Leisure Research*, 5: 37–50.

Mercer, D. (1979a) 'Outdoor recreation: Contemporary research and policy issues', in T. O'Riordan and R.D. Arge (eds) *Progress in Resource Management and Environmental Planning*, Vol. 1, New York: Wiley, pp. 87–142.

Mercer, D. (1979b) 'Victoria's land conservation council and the alpine region', *Australian Geographical Studies*, 17(1): 107–30.

Mercer, D. (1994) 'Native peoples and tourism: Conflict and compromise', in W.F. Theobald (ed.) *Global Tourism: The Next Decade*, Boston, MA: Butterworth-Heinemann, pp. 124–45.

Mercer, D. (2000) *A Question of Balance: Natural Resources Conflict Issues in Australia*, 3rd edn, Leichhardt, NSW: Federation Press.

Mercer, D. (2004) 'Tourism and resource management', in A. Lew, C.M. Hall and A. Williams (eds) *Companion to Tourism*, Oxford: Blackwell, pp. 462–73.

Meyer-Arendt, K. (1990) 'Recreational Business Districts in Gulf of Mexico seaside resorts', *Journal of Cultural Geography*, 11: 39–55.

Meyer-Arendt, K. (1993) 'Geomorphic impacts of resort evolution along the Gulf of Mexico coast: Applicability of resort cycle models', in P.P. Wong (ed.) *Tourism vs. Environment: The Case for Coastal Areas*, Dordrecht: Kluwer, pp. 125–38.

Meyer-Arendt, K. (2000) 'Commentary: Tourism geography as the subject of North American doctoral dissertations and masters theses, 1951–98', *Tourism Geographies*, 2(2): 140–57.

Meyer-Arendt, K. and Lew, A. (1999) 'A decade of American RTS geography', *Tourism Geographies*, 1(4): 477–87.

Micallel, A. and Williams, A. (2002) 'Theoretical strategy considerations for beach management', *Ocean and Coastal Management*, 45: 261–75.

Mieczkowski, Z. (1985) 'The tourism climatic index: A method of evaluating world climates for tourism', *Canadian Geographer*, 29(3): 220–33.

Michael, E. (2001) 'Public choice and tourism analysis', *Current Issues in Tourism*, 4(2): 308–30.

Michaud, J. (1983) *Le Tourisme face à l'environnement*, Paris: PUF.

Michaud, J. (ed.) (1992) *Tourismes: Chance pour l'économie, risque pour les sociétés?*, Paris: PUF.

Middleton, V. (1988) *Marketing in Travel and Tourism*, Oxford: Butterworth-Heinemann.

Mihalic, T. (2002) 'The European Blue Flag campaign for beaches in Slovenia: A programme for raising environmental awareness', in R. Harris, T. Griffin and P. Williams (eds) *Sustainable Tourism: A Global Perspective*, Oxford: Butterworth-Heinemann, pp. 89–102.

Miller, G. and Kirk, E. (2002) 'The Disability Discrimination Act: Time for the stick?', *Journal of Sustainable Tourism*, 10(1): 82–8.

Miller, G.A. and Ritchie, B.W. (2003) 'A farming crisis or a tourism disaster? An analysis of the Foot and Mouth disease in the UK', *Current Issues in Tourism*, 6(2): 150–71.

Miller, M. (1987) 'Tourism in Washington's coastal zone', *Annals of Tourism Research*, 14(1): 58–70.

Miller, M. (1993) 'The rise of coastal and marine tourism', *Ocean and Coastal Management*, 21(1–3): 183–99.

Miller, M.L. and Auyong, J. (1991) 'Coastal zone tourism: A potent force affecting environment and society', *Marine Policy*, 15(2): 75–99.

Milne, S. (1990) 'The impact of tourism development in small Pacific Island states', *New Zealand Journal of Geography*, 89: 16–21.

Milne, S. (1998) 'Tourism and sustainable development: The global–local nexus', in C.M. Hall and A.A. Lew (eds) *Sustainable Tourism Development: Geographical Perspectives*, Harlow: Addison Wesley Longman, pp. 35–48.

Milton Keynes Development Corporation (1988) *Study of the Use and Perception of Parks in Milton Keynes*, Milton Keynes: Milton Keynes Recreation Unit Study 18.

Milton Keynes Development Corporation (1989) *Parks Visitor Survey*, Milton Keynes: Milton Keynes Recreation Unit Study 18.

Milward, H.B. (1996) 'Symposium on the hollow state: Capacity, control and performance in interorganizational settings', *Journal of Public Administration Research and Theory*, 6(2): 193–5.

Minerbi, L. (1992) *Impacts of Tourism Development in Pacific Islands*, San Francisco, CA: Greenpeace Pacific Campaign.

Mings, R.C. (1978) 'The importance of more research on the impacts of tourism', *Annals of Tourism Research*, July/September: 340–4.

Ministry of Housing and Local Government (1955) *Green Belts*, Circular 42/55, London: HMSO.

Mitchell, B. (1989) *Geography and Resource Analysis*, 2nd edn, Harlow: Longman.

Mitchell, C.J.A. (2004a) 'Making sense of counterurbanization', *Journal of Rural Studies*, 20(1): 15–34.

Mitchell, C.J.A. (2004b) 'Visual artists: Counter-urbanites in the Canadian countryside', *Canadian Geographer*, 48(2): 152–67.

Mitchell, L.S. (1969a) 'Recreational geography: Evolution and research needs', *Professional Geographer*, 21(2): 117–19.

Mitchell, L.S. (1969b) 'Towards a theory of public urban recreation', *Proceedings of the Association of American Geographers*, 1: 103–8.

Mitchell, L.S. (1979) 'The geography of tourism: An introduction', *Annals of Tourism Research*, 6: 235–44.

Mitchell, L.S. (1984) 'Tourism research in the United States: A geographical perspective', *GeoJournal*, 9: 5–15.

Mitchell, L.S. (1991) *A Conceptual Matrix for the Study of Tourism*, Les Cahiers du Tourisme, Aix en Provence, France: Centre des Haute Etudes Touristiques.

Mitchell, L.S. (1997) 'Rediscovering geography (i.e. RTS)', personal communication to Michael Hall, 13 June.

Mitchell, L.S. and Lovingwood, P. (1976) 'Public urban recreation: An investigation of spatial relationships', *Journal of Leisure Research*, 8: 6–20.

Mitchell, L.S. and Murphy, P.E. (1991) 'Geography and tourism', *Annals of Tourism Research*, 18(1): 57–70.

Mitchell, M. and Hall, D. (eds) (2005) *Rural Tourism and Sustainable Business*, Clevedon: Channel View.

Mitchell, N.C. (1970) 'Irish ports, recent developments', in N. Stephens and R. Glassock (eds) *Irish Geographical Studies in Honour of E. Estyn Evans*, Belfast: Queen's University of Belfast, pp. 325–41.

Mitchell, R. and Hall, C.M. (2001) 'The winery consumer: A New Zealand perspective', *Tourism Recreation Research*, 26(2): 63–75.

Mitchell, R. and Hall, C.M. (2003) 'Consuming tourists: Food tourism consumer behaviour', in C.M. Hall, E. Sharples, R. Mitchell, B. Cambourne and N. Macionis (eds) *Food Tourism Around the World: Development, Management and Markets*, Oxford: Butterworth-Heinemann, pp. 60–80.

Modern Maturity (1999) 'Results of travel survey', *Modern Maturity*, January: 12.

Montanari, A. and Williams, A.M. (eds) (1995) *European Tourism: Regions, Spaces and Restructuring*, Chichester: Wiley.

Moore, K., Cushman, G. and Simmons, D. (1995) 'Behavioural conceptualisation of tourism and leisure', *Annals of Tourism Research*, 22(1): 67–85.

Moran, W. (1993) 'Rural space as intellectual property', *Political Geography*, 12(3): 263–77.

Moran, W. (2000) 'Culture et nature dans la géographie de l'industrie vinicole néo-zélandaise', *Annales de Géographie*, 614–15: 525–51.

Moran, W. (2001) 'Terroir – the human factor', *Australian and New Zealand Wine Industry Journal of Oenology, Viticulture, Finance and Marketing*, 16(2): 32–51.

Morgan, C. and King, J. (1966) *Introduction to Psychology*, New York: McGraw-Hill.

Morgan, G. (1980) 'Wilderness areas in Queensland: The rake's approach', in R.W. Robertson, P. Helman and A. Davey (eds) *Wilderness Management in Australia, Proceedings of a Symposium held at the Canberra College of Advanced Education, 19–23 July 1978*, Natural Resources, School of Applied Science, Canberra College of Advanced Education, Canberra, pp. 103–7.

Morgan, G. (1991) *A Strategic Approach to the Planning and Management of Parks and Open Space*, Reading: Institute of Leisure and Amenity Management.

Morgan, N.J. and Pritchard, A. (1999) *Power and Politics at the Seaside*, Exeter: University of Exeter Press.

Morgan, R. (1999) 'A novel, user-based rating system for tourist beaches', *Tourism Management*, 20: 393–410.

Morgan, R., Jones, T. and Williams, A. (1993) 'Opinions and perceptions of England and Wales Heritage coast beach users: Some management implications from the Glamorgan Heritage Coast, Wales', *Journal of Coastal Research*, 9(4): 1083–93.

Mormont, M. (1987) 'Tourism and rural change', in M. Bouquet and M. Winter (eds) *Who from their Labours Rest? Conflict and Practice in Rural Tourism*, Aldershot: Avebury, pp. 35–44.

Mormont, M. (1990) 'Who is rural? Or how to be rural: Towards a sociology of the rural' in T. Marsden, P.

Lowe and S. Whatmore (eds) *Rural Restructuring*, London, David Fulton, 21–44.

Morris, A. (1996) 'Environmental management in coastal Spain', in M. Barke, J. Towner and M. Newton (eds) *Tourism in Spain: Critical Issues*, Wallingford: CAB International, pp. 213–28.

Morrison, A. and Dickinson, G. (1987) 'Tourist development in Spain: Growth versus conservation on the Costa Brava', *Geography*, 72: 16–25.

Mosley, J.G. (1983) 'Australia's World Heritage areas', *Habitat*, 11(1): 16–26.

Moutinho, L. (1987) 'Consumer behaviour in tourism', *European Journal of Marketing*, 21(10): 3–44.

Mowforth, M. and Munt, I. (1997) *Tourism and Sustainability: New Tourism in the Third World*, London: Routledge.

Mowforth, M. and Munt, I. (2003) *Tourism and Sustainability: New Tourism in the Third World*, 2nd edn, London: Routledge.

Mowl, G. and Turner, J. (1995) 'Women, gender leisure and place: Towards a more "humanistic" geography of women's leisure', *Leisure Studies*, 14: 102–16.

Mucciaroni, G. (1991) 'Unclogging the arteries: The defeat of client politics and the logic of collective action', *Policy Studies Journal*, 19(3–4): 474–94.

Mulford, C.L. and Rogers, D.L. (1982) 'Definitions and models', in D.L. Rogers and D.A. Whetten (eds) *Interorganizational Coordination: Theory, Research and Implementation*, Ames, IA: Iowa State University Press.

Müller, D.K. (1999) *German Second Home Owners in the Swedish Countryside: On the Internationalization of the Leisure Space*, Umeå, Sweden: Kulturgeografiska institutionen.

Müller, D.K. (2002a) 'German second home development in Sweden', in C.M. Hall and A.M. Williams (eds) *Tourism and Migration: New Relationships between Production and Consumption*, Dordrecht: Kluwer, pp. 169–86.

Müller, D.K. (2002b) 'Second home ownership and sustainable development in Northern Sweden', *Tourism and Hospitality Research*, 3: 343–55.

Müller, D.K. (2002c) 'German second home owners in Sweden: Some remarks on the tourism-migration nexus', *Revue Européenne des Migrations Internationales*, 18: 67–86.

Müller, D.K. (2002d) 'Reinventing the countryside: German second home owners in southern Sweden', *Current Issues in Tourism*, 5: 426–46.

Müller, D.K. (2004) 'Tourism, mobility and second homes', in A.A. Lew, C.M. Hall and A.M. William (eds) *A Companion to Tourism*, Oxford: Blackwell, pp. 387–98.

Müller, D.K. and Hall, C.M. (2003) 'Second homes and regional population distribution: On administrative practices and failures in Sweden', *Espace, populations, sociétés*, 2003(2): 251–61.

Mullins, G. and Heywood, J. (1984) *Unobtrusive Observation: A Visitor Survey Technique*, Columbus, OH: Ohio Agricultural Research Development Circular, Ohio Agricultural Development Centre No. 20.

Mullins, P. (1984) 'Hedonism and real estate: Resort tourism and Gold Coast development', in P. Williams (ed.) *Conflict and Development*, Sydney: Allen & Unwin.

Mullins, P. (1990) 'Tourist cities as new cities: Australia's Gold Coast and Sunshine Coast', *Australian Planner*, 28(3): 37–41.

Mullins, P. (1991) 'Tourism urbanization', *International Journal of Urban and Regional Research*, 15: 326–43.

Murdoch, J. (1993) 'Sustainable rural development: Towards a research agenda', *Geoforum*, 24(3): 225–41.

Murdock, J. (1997) 'Inhuman/nonhuman/human: Actor-network theory and prospects for a non-dualistic and symmetrical perspective on nature and society', *Environment and Planning D: Society and Space*, 15: 731–56.

Murphy, A. (2004) 'Geography and a liberal education', *AAG Newsletter*, 39(5): 3.

Murphy, L. and Le Heron, R. (1999) 'Encountering places, peoples and environments: Introducing human geography', in R. Le Heron, L. Murphy, P. Forer and M. Goldstone (eds) *Explorations in Human Geography: Encountering Place*, Auckland: Oxford University Press, pp. 1–23.

Murphy, P.E. (1982) 'Tourism planning in London: An exercise in spatial and seasonal management', *Tourist Review*, 37: 19–23.

Murphy, P.E. (1985) *Tourism: A Community Approach*, New York: Methuen.

Murphy, P.E. (1988) 'Community driven tourism planning', *Tourism Management*, 9(2): 96–104.

Murphy, P.E. (1994) 'Tourism and sustainable development', in W. Theobold (ed.) *Global Tourism: The Next Decade*, Oxford: Butterworth-Heinemann, pp. 274–90.

Murphy, P.E. (ed.) (1997) *Quality Management in Urban Tourism*, International Western Geographical Series, Chichester: Wiley.

Murphy, P.E. and Keller, C.P. (1990) 'Destination travel patterns: An examination and modelling of tourism patterns on Vancouver Island, British Columbia', *Leisure Sciences*, 12(1): 49–65.

Murphy, P.E. and Murphy, A.E. (2004) *Strategic Management for Tourism Communities: Bridging the Gaps*, Clevedon: Channel View.

Murphy, P.E. and Rosenblood, L. (1974) 'Tourism: An exercise in spatial search', *Canadian Geographer*, 18(3): 201–10.

Murphy, P.E. and Staples, W.A. (1979) 'A modernized family life cycle', *Journal of Consumer Research*, 6(1): 12–22.

Murphy, R.E. (1963) 'Geography and outdoor recreation: An opportunity and an obligation', *Professional Geographer*, 15(5): 33–4.

Murphy, W. and Gardiner, J.J. (1983) 'Forest recreating economics', *Irish Forestry*, 40: 12–19.

Naranjo, F. (2001) 'Relaciones entre formacion y dedicacion professional en la geografia espanola', *Documents d'Analisi Geografica*, 39: 37–56.

Nash, D. (1996) *The Anthropology of Tourism*, Oxford: Pergamon.

Nash, R. (1963) 'The American wilderness in historical perspective', *Journal of Forest History*, 6(4): 2–13.

Nash, R. (1967) *Wilderness and the American Mind*, New Haven, CT: Yale University Press.

Nash, R. (1982) *Wilderness and the American Mind*, 3rd edn, New Haven, CT: Yale University Press.

Nash, R. (1990) *The Rights of Nature: A History of Environmental Ethics*, Leichhardt, NSW: Primavera Press.

National Capital Commission (1991) *NCR Visitor Survey, Volume 1 – Analysis of Findings*, conducted for the National Capital Commission by Gallup Canada, Ottawa: National Capital Commission.

National Capital Commission (1998) *A Capital in the Making*, Ottawa: National Capital Commission.

National Capital Commission (1999) *Plan for Canada's Capital: A Second Century of Vision, Planning and Development*, Ottawa: National Capital Commission.

National Capital Commission (2000a) *Summary of the Corporate Plan 2000–2001 to 2004–2005*, Ottawa: National Capital Commission.

National Capital Commission (2000b) *Planning Canada's Capital Region*, Ottawa: National Capital Commission.

National Oceanic and Atmospheric Administration (NOAA) (1997) *1998 Year of the Ocean – Coastal Tourism and Recreation*, discussion paper, http://www.yoto98.noaa.gov/yoto/meeting/tour_rec_316.html

Naylon, J. (1967) 'Tourism – Spain's most important industry', *Geography*, 52: 23–40.

Nefedova, V. and Zemlianoi, O. (1997) 'Geographical forecast of recreation activity of development (the Moscow region case study)', *Vestnik-Moskovskogo-Universiteta-Seriya-Geografiya*, 4: 25–8.

Nelson, J.G. (ed.) (1970) *Canadian Parks in Perspective*, Montreal: Harvest House.

Nelson, J.G. (1973) 'Canada's national parks: Past, present and future', *Canadian Geographical Journal*, 86(3): 68–89.

Nelson, J.G. (1982) 'Canada's national parks: Past, present and future', in G. Wall and J.S. Marsh (eds) *Recreational Land Use Perspectives on its Evolution in Canada*, Carleton Library Series, Ottawa: Carleton University Press, pp. 41–61.

Nelson, J.G. (1986) *An External Perspective on Parks Canada Strategies*, Occasional Paper No. 2, Waterloo, Ont.: University of Waterloo Parks Canada Liaison Committee, University of Waterloo.

Neulinger, J. (1981) *The Psychology of Leisure*, Springfield, IL: C. Thomas.

New Zealand Tourism Board (1991a) *Tourism in the 90s*, Wellington: New Zealand Tourism Board.

New Zealand Tourism Board (1991b) *New Zealand Domestic Tourism Study*, Wellington: New Zealand Tourism Board.

New Zealand Tourism Board (1995) *New Zealand Tourism in the 90s*, Wellington: New Zealand Tourism Board.

New Zealand Travel and Publicity Department (1987) *The New Zealand Domestic Travel Study 1986–1987: General Report*, Wellington: New Zealand Travel and Publicity Department.

Newham Borough Council (1991a) *Newham's Policy for the Environment: A Consultation Document*, London: London Borough of Newham.

Newham Borough Council (1991b) *Shaped for Success: Leisure Development Strategy 1990–94*, London: London Borough of Newham.

Newsome, D., Moore, S. and Dowling, R. (2002) *Natural Area Tourism: Ecology, Impacts and Management*, Clevedon: Channel View.

Ngoh, T. (1985) 'Guidelines for the harmonisation of international tourism statistics among PATA member countries', in *The Battle for Market Share: Strategies in Research and Marketing*, Sixteenth Annual Conference Tourism and Travel Research Association, Salt

Lake City, UT: Graduate School of Business, University of Utah, pp. 291–306.

Nicholls, S. (2001) 'Measuring the accessibility and equity of public parks: A case study using GIS', *Managing Leisure*, 6(4): 201–19.

Nichols, K. (1999) 'Coming to terms with integrated coastal management', *Professional Geographer*, 51(3): 388–99.

Nichols, L.L. (1976) 'Tourism and crime', *Annals of Tourism Research*, 3: 176–81.

Nicholson, M.H. (1962) *Mountain Gloom and Mountain Glory*, New York: Norton.

Nicholson-Lord, D. (1994) 'Space for green reinvention', *The Independent*, 4 April.

Nickels, S., Milne, S. and Wenzel, G. (1991) 'Inuit perceptions of tourism development: The case of Clyde River, Baffin Island, NWT', *Etudes/Inuit/Studies*, 15(1): 157–69.

Nicol, J.I. (1969) 'The National Parks movement in Canada', in J.G. Nelson and R.C. Scace (eds) *The Canadian National Parks: Today and Tomorrow*, Vol. 1, Studies in Land Use History and Landscape Change National Park Series, Calgary, Alta: Department of Geography, University of Calgary, pp. 35–52.

Nielsen, N. (1990) ' Construction of a recreational beach using the original coastal morphology, Koege Bay, Denmark', in P. Fabbri (ed.) *Recreational Use of Coastal Areas*, Dordrecht: Kluwer, pp. 177–90.

Nordstrom, K., Lampe, R. and Vandemark, L. (2000) 'Reestablishing naturally functioning dunes on developed coasts', *Environmental Management*, 25(1): 37–51.

Norkunas, M.K. (1993) *The Politics of Memory: Tourism, History, and Ethnicity in Monterey, California*, Albany, NY: State University of New York Press.

Observer (1944) 'Britain can fight for her beaches: Seaside slums must go', *Observer*, 11 June: 7.

Oc, T. and Tiesdell, S. (eds) (1997) *Safer City Centres: Reviving the Public Realm*, London: Chapman and Hall.

O'Dell, A. (1935) 'European air services, June 1934', *Geography*, 19(4): 288–91.

Oelschlaeger, M. (1991) *The Idea of Wilderness: From Prehistory to the Age of Ecology*, New Haven, CT: Yale University Press.

Office of the Deputy Prime Minister (ODPM) (2002) *Cleaner, Safer, Greener Public Space*, London: ODPM.

Office for National Statistics (ONS) (2000) *Social Trends 30*, London: The Stationery Office.

Office for National Statistics (2002) *Time Use Survey*, London: ONS.

Office for National Statistics (2003) *Social Trends 33*, London: ONS.

Office of National Tourism (1997) *Ecotourism*, Tourism Facts No. 16, May, http://www.tourism. gov.au/new/cfa/cfa_fs16.html (accessed 31 December).

Office of Population Censuses and Surveys (OPCS) (1992) *1991 Census: Inner London*, London: OPCS.

Oglethorpe, M. (1984) 'Tourism and development in the Maltese Islands', in J. Long and R. Hecock (eds) *Leisure, Tourism and Social Change*, Dunfermline: Centre for Leisure Research, Dunfermline College of Physical Education, pp. 121–34.

Oguz, D. (2000) 'User surveys of Ankara's urban parks', *Landscape and Urban Planning*, 52(2–3): 165–71.

O'Hagan, J. and Harrison, M. (1984a) 'UK and US visitor expenditure in Ireland: Some econometric findings', *Economic and Social Review*, 15: 195–207.

O'Hagan, J. and Harrison, M. (1984b) 'Market share of US tourist expenditure in Europe: An econometric analysis', *Applied Economics*, 16: 919–31.

O'Hagan, J. and Mooney, D. (1983) 'Input–output multipliers in a small open economy: An application to tourism', *Economic and Social Review*, 14: 273–9.

Ohmae, K. (1995) *The End of the Nation State: The Rise of Regional Economies*, New York: HarperCollins and The Free Press.

Olds, K. (1998) 'Urban mega-events, evictions and housing rights: The Canadian case', *Current Issues in Tourism*, 1(1): 2–46.

O'Leary, J.T. (1976) 'Land use definition and the rural community: Disruption of community leisure space', *Journal of Leisure Research*, 8: 263–74.

Olkusnik, M. (2001) 'Countryside holidays as a cultural and social phenomenon in Warsaw at the end of the nineteenth century', *Kwartalnik Historii Kultury Materialnej* 69 (4): 367–86.

Olszewska, A. (1989) 'Poland: The impact of the crisis on leisure patterns', in A. Olszewska and K. Roberts (eds) *Leisure and Lifestyle: A Comparative Analysis of Free Time*, London: Sage, pp. 17–38.

Olwig, K. and Olwig, K. (1979) 'Underdevelopment and the development of "natural" parks ideology', *Antipode*, 11(2): 16–25.

ONS (2003) *Focus on London*, HMSO: London

Open Spaces Society (1992) *Making Space: Protecting and Creating Open Space for Local Communities*, Henley-on-Thames: Open Spaces Society.

Oppermann, M. (1992) 'International tourist flows in Malaysia', *Annals of Tourism Research*, 19(3): 482–500.

Oppermann, M. (1993) 'German tourists in New Zealand', *New Zealand Geographer*, 49(1): 31–4.

Oppermann, M. (1994) 'Regional aspects of tourism in New Zealand', *Regional Studies*, 28: 155–67.

Oppermann, M. (1995) 'Holidays on the farm: A case study of German hosts and guests', *Journal of Travel Research*, 33: 57–61.

Oppermann, M. (1998a) 'What is new with the resort cycle?', *Tourism Management*, 19(2): 179–80.

Oppermann, M. (1998b) 'Farm tourism in New Zealand', in R. Butler, C.M. Hall and J. Jenkins (eds) *Tourism and Recreation in Rural Areas*, Chichester: Wiley, pp. 225–35.

Oppermann, M. and Chon, K. (1997) *Tourism in Developing Countries*, London: International Thomson Business.

Orams, M. (1999) *Marine Tourism*, London: Routledge.

Orams, M. (2002) 'Feeding wildlife as a tourism attraction: A review of issues and impacts', *Tourism Management*, 22(3): 281–93.

Orams, M. (2005) 'Dolphins, whales and ecotourism in New Zealand: What are the impacts and how should the industry be managed?', in C.M. Hall and S. Boyd (eds) *Nature-based Tourism in Peripheral Areas: Development or Disaster*, Clevedon: Channel View, pp. 231–45.

Organisation for Economic Co-operation and Development (OECD) (1980) *The Impact of Tourism on the Environment*, Paris: OECD.

O'Riordan, T. (1971) *Perspectives on Resource Management*, London: Pion Press.

O'Riordan, T. and Paget, G. (1978) *Sharing Rivers and Canals*, Study 16, London: Sports Council.

O'Riordan, T. and Turner, R.K. (eds) (1984) *An Annotated Reader in Environmental Planning and Management*, Oxford: Pergamon.

O'Toole, L. (1997) 'Treating networks seriously: Practical and research based agendas in public administration', *Public Administration Review*, 57(1): 45–52.

Outdoor Recreation Resources Review Commission (1962) *Outdoor Recreation for America*, Washington, DC: Government Printing Office.

Ovington, J.D. and Fox, A.M. (1980) 'Wilderness – a natural asset', *Parks*, 5(3): 1–4.

Owen, C. (1990) 'Tourism and urban regeneration', *Cities: The International Journal of Urban Policy and Planning*, 7: 194–201.

Owen, J.G. (2003) 'The stadium game: Cities versus teams', *Journal of Sports Economics*, 4: 183–202.

Owens, P. (1984) 'Rural leisure and recreation research: A retrospective evaluation', *Progress in Human Geography*, 8: 157–85.

Pacione, M. (1999a) 'Applied geography: In pursuit of useful knowledge', *Applied Geography*, 19: 1–12.

Pacione, M. (1999b) 'In pursuit of knowledge: The principles and practice of applied geography', in M. Pacione (ed.) *Applied Geography: Principles and Practice*, London: Routledge, pp. 3–18.

Pacione, M. (ed.) (1999c) *Applied Geography: Principles and Practice*, London: Routledge.

Pacione, M. (2005) *Urban Geography: A Global Perspective*, London: Routledge.

Page, S.J. (1988) 'Poverty in Leicester 1881–1911: A geographical perspective', unpublished PhD thesis, Leicester: Department of Geography, University of Leicester.

Page, S.J. (1989) 'Tourist development in London Docklands in the 1980s and 1990s', *GeoJournal*, 19(3): 291–5.

Page, S.J. (1992) 'Perspectives on the environmental impact of the Channel Tunnel on tourism', in C. Cooper and A. Lockwood (eds) *Progess in Tourism, Recreation and Hospitality Management*, Vol. 4, London: Belhaven Press, pp. 82–102.

Page, S.J. (1994a) 'European bus and coach travel', *Travel and Tourism Analyst*, 1: 19–39.

Page, S.J. (1994b) *Transport for Tourism*, London: Routledge.

Page, S.J. (1994c) 'Perspectives on tourism and peripherality: A review of tourism in the Republic of Ireland', in C. Cooper and A. Lockwood (eds) *Progress in Tourism, Recreation and Hospitality Management*, Vol. 5, Chichester: Wiley, pp. 26–53.

Page, S.J. (1994d) 'Developing heritage tourism in Ireland in the 1990s', *Tourism Recreation Research*, 19(2): 79–90.

Page, S.J. (1995a) *Urban Tourism*, London: Routledge.

Page, S.J. (1995b) 'Waterfront revitalisation in London: Market-led planning and tourism in London Docklands', in S. Craig-Smith and M. Fagence (eds) *Recreation and Tourism as a Catalyst for Urban Waterfront Development*, Westport, CT: Greenwood Publishing, pp. 53–70.

Page, S.J. (1997a) 'Urban tourism: Analysing and evaluating the tourist experience', in C. Ryan (ed.) *The Tourist Experience: A New Introduction*, London: Cassell, pp. 112–35.

Page, S.J. (1997b) *The Cost of Accidents in the Adventure Tourism Industry*, Consultant's Report for the Tourism Policy Group, Ministry of Commerce, Wellington, NZ.

Page, S.J. (1998) 'Transport for recreation and tourism', in B. Hoyle and R. Knowles (eds) *Modern Transport Geography*, 2nd edn, Chichester: Wiley, pp. 217–40.

Page, S.J. (1999) *Transport and Tourism*, London: Addison Wesley Longman 1st edition.

Page, S.J. (2000) 'Urban tourism', in C. Ryan and S.J. Page (eds) *Tourism Management: Towards the New Millennium*, Oxford: Pergamon, pp. 197–202.

Page, S.J. (2001) 'Hubs and gateways in South East Asia: Implications for tourism,' in P. Teo and T. Chang (eds) *Interconnected Worlds: South East Asian Tourism in the Twenty-First Century*, Oxford: Pergamon, pp. 81–96.

Page, S.J. (2002) 'European rail travel', *Travel and Tourism Analyst*, 4:1–49.

Page, S.J. (2003a) *Tourism Management: Managing for Change*, Oxford: Butterworth-Heinemann.

Page, S.J. (2003b) 'Evaluating research performance in tourism: The UK experience', *Tourism Management*, 24(6): 607–22.

Page, S.J. (2003c) 'European bus travel', *Travel and Tourism Analyst*, 4:1–48.

Page, S.J. (2005) Transport and Tourism, 2nd edition, Harlow: Pearson Education.

Page, S.J. and Connell, J. (2006) Tourism: A Modern Synthesis, 2nd edition, London: Thomson Learning.

Page, S.J. and Dowling, R. (2001) *Ecotourism*, Harlow: Pearson Education.

Page, S.J. and Getz, D. (eds) (1997) *The Business of Rural Tourism: International Perspectives*, London: International Thomson Business Press.

Page, S.J. and Hall, C.M. (2002) *Managing Urban Tourism*, Harlow: Pearson Education.

Page, S.J. and Hall, C.M. (2003) *Managing Urban Tourism*, Harlow: Prentice-Hall.

Page, S.J. and Hardyman, R. (1996) 'Place marketing and town centre management: A new tool for urban revitalisation', *Cities: The International Journal of Urban Policy and Planning*, 13(3): 153–64.

Page, S.J. and Lawton, G. (1997) 'The impact of urban tourism on destination communities: Implications for community tourism planning in Auckland', in C.M. Hall, J. Jenkins and G. Kearsley (eds) *Tourism Planning and Policy in Australia and New Zealand: Cases, Issues and Practice*, Sydney: Irwin, pp. 209–26.

Page, S.J. and Meyer, D. (1996) 'Tourist accidents: An exploratory analysis', *Annals of Tourism Research*, 23(3): 666–90.

Page, S.J. and Sinclair, M.T. (1989) 'Tourism accommodation in London: Alternative policies and the Docklands experience', *Built Environment*, 15(2): 125–37.

Page, S.J. and Thorn, K. (1997) 'Towards sustainable tourism planning in New Zealand: Public sector planning responses', *Journal of Sustainable Tourism*, 5(1): 59–78.

Page, S.J. and Thorn, K. (1998) 'Sustainable tourism development and local government in New Zealand', in C.M. Hall and A. Lew (eds) *The Geography of Sustainable Tourism: Approaches, Issues and Experiences*, Harlow: Addison Wesley Longman, pp. 173–84.

Page, S.J. and Thorn, K. (2002) 'Towards sustainable tourism development and planning in New Zealand: The public sector response revisited', *Journal of Sustainable Tourism*, 10(3): 222–39.

Page, S.J., Nielsen, K. and Goodenough, R. (1994) 'Managing urban parks: User perspectives and local leisure needs in the 1990s', *Service Industries Journal*, 14(2): 216–37.

Page, S.J., Forer, P. and Lawton, G. (1999) 'Tourism and small business development: Terra incognita', *Tourism Management*, 20(3): 435–59.

Page, S.J., Brunt, P., Busby, G. and Connell, J. (2001) *Tourism: A Modern Synthesis*, London: Thomson Learning.

Page, S.J., Bentley, T. and Walker, L. (2005) 'Scoping the nature and extent of adventure tourism operations in Scotland: How safe are they?', *Tourism Management*, 26(3): 381–97.

Pahl, R.E. (1975) *Whose City? And Further Essays in Urban Society*, Harmondsworth: Penguin.

Pain, R. (1997) 'Social geographies of women's fear of crime', *Transactions of the Institute of British Geographers*, 22: 231–44.

Palm, R. and Brazel, A. (1992) 'Applications of geographic concepts and methods', in R. Abler, M. Marcus and J. Olsson (eds) *Geography's Inner Worlds*, New Brunswick, NJ: Rutgers University Press, pp. 342–62.

Panchuk, S. and Yudina, Y. (1977) 'Cottage settlements and garden cooperatives in the Moscow area', *Soviet Geography*, 18: 329–38.

Papatheodorau, A. (2003) 'Corporate strategies of British tour operators in the Mediterranean region: An economic geography approach', *Tourism Geographies*, 5(3): 280–304.

Papson, S. (1981) 'Spuriousness and tourism: Politics of two Canadian provincial governments', *Annals of Tourism Research*, 8: 220–35.

Parasuraman, A., Zeithmal, V. and Berry, L. (1985) 'A conceptual model of service quality and its implications for future research', *Journal of Marketing*, 49(4): 41–50.

Park, R., Burgess, E. and McKenzie, R. (1925) *The City*, Chicago: University of Chicago Press.

Parker, S. (1999) *Leisure in Contemporary Society*, Wallingford: CAB International.

Parliamentary Commissioner for the Environment (1997) *Management of the Environmental Effects Associated with the Tourism Sector*, Wellington, NZ: Office of the Parliamentary Commissioner for the Environment.

Passmore, J. (1974) *Man's Responsibility for Nature*, London: Duckworth.

Patmore, J.A. (1968) 'The spa towns of Britain', in R. Beckinsale and J. Houston (eds) *Urbanization and its Problems*, Oxford: Blackwell, pp. 47–69.

Patmore, J.A. (1970) *Land and Leisure*, Newton Abbot: David and Charles.

Patmore, J.A. (1971) 'Routeways and recreation', in P. Lavery (ed.) *Recreational Geography*, Newton Abbot: David and Charles, pp. 70–96.

Patmore, J.A. (1973) 'Recreation', in J. Dawson and J. Doornkamp (eds) *Evaluating the Human Environment: Essays in Applied Geography*, London: Edward Arnold, pp. 224–48.

Patmore, J.A. (1977) 'Recreation and leisure', *Progress in Human Geography*, 1: 111–17.

Patmore, J.A. (1978) 'Recreation and leisure', *Progress in Human Geography*, 2: 142–7.

Patmore, J.A. (1979) 'Recreation and leisure', *Progress in Human Geography*, 3: 126–32.

Patmore, J.A. (1980) 'Recreation and leisure', *Progress in Human Geography*, 4: 91–8.

Patmore, J.A. (1983) *Recreation and Resources: Leisure Patterns and Leisure Places*, Oxford: Blackwell.

Patmore, J.A. and Collins, M. (1981) 'Recreation and leisure', *Progress in Human Geography*, 5(1): 87–92.

Patmore, J.A. and Rodgers, J. (eds) (1972) *Leisure in the North-West*, Salford: North-West Sports Council.

Paul, A.H. (1972) 'Weather and the daily use of outdoor recreation areas in Canada', in J.A. Taylor (ed.) *Weather Forecasting for Agriculture and Industry*, Newton Abbot: David and Charles, pp. 132–46.

Pawson, E. and Brooking, T. (eds) (2002) *Environmental Histories of New Zealand*, Melbourne: Oxford University Press.

Pearce, D.G. (1978) 'Form and function in French resorts', *Annals of Tourism Research*, 5(1): 142–56.

Pearce, D.G. (1979) 'Towards a geography of tourism', *Annals of Tourism Research*, 6: 245–72.

Pearce, D.G. (1981) *Tourist Development*, Harlow: Longman.

Pearce, D.G. (1986) 'The spatial structure of coastal tourism: A behavioural approach', paper presented at the International Geographical Union Commission on the Geography of Tourism and Leisure, Palma de Mallorca.

Pearce, D.G. (1987a) *Tourism Today: A Geographical Analysis*, Harlow: Longman.

Pearce, D.G. (1987b) 'Motel location and choice in Christchurch', *New Zealand Geographer*, 43(1): 10–17.

Pearce, D.G. (1987c) 'Tourist time-budgets', *Tourism Management* 25(2): 106–21.

Pearce, D.G. (1988a) 'The spatial structure of coastal tourism: A behavioural approach', *Tourism Recreation Research*, 13(2): 11–14.

Pearce, D.G. (1988b) 'Tourist time-budgets', *Annals of Tourism Research*, 15: 106–21.

Pearce, D.G. (1988c) 'Tourism and regional development in the European Community', *Tourism Management*, 9: 11–22.

Pearce, D.G. (1989) *Tourist Development*, 2nd edn, Harlow: Longman.

Pearce, D.G. (1990a) 'Tourism, the regions and restructuring in New Zealand', *Journal of Tourism Studies*, 1(2): 33–42.

Pearce, D.G. (1990b) 'Tourism in Ireland: Questions of scale and organisation', *Tourism Management*, 11: 133–51.

Pearce, D.G. (1992a) 'Tourism and the European regional development fund: The first fourteen years', *Journal of Travel Research*, 30: 44–51.

Pearce, D.G. (1992b) *Tourist Organizations*, Harlow: Longman.

Pearce, D.G. (1993a) 'Comparative studies in tourism research', in D. Pearce and R. Butler (eds) *Tourism Research: Critiques and Challenges*, London: Routledge, pp. 113–34.

Pearce, D.G. (1993b) 'Domestic tourist travel patterns in New Zealand', *GeoJournal*, 29(3): 225–32.

Pearce, D.G. (1995a) *Tourism Today: A Geographical Analysis*, 2nd edn, Harlow: Longman.

Pearce, D.G. (1995b) 'Planning for tourism in the 90s: An integrated, dynamic, multi-scale approach', in R.W. Butler and D.G. Pearce (eds) *Change in*

Tourism: People, Places, Processes, London: Routledge, pp. 229–44.
Pearce, D.G. (1998) 'Tourism development in Paris: Public intervention', *Annals of Tourism Research*, 25(2): 457–76.
Pearce, D.G. (1999a) 'Towards a geography of the geography of tourism: Issues and examples from New Zealand', *Tourism Geographies*, 1(4): 406–24.
Pearce, D.G. (1999b) 'Tourism districts in Paris: Structure and functions', *Tourism Management*, 19(1): 49–65.
Pearce, D.G. and Butler, R.W. (eds) (1993) *Tourism Research: Critiques and Challenges*, London: Routledge.
Pearce, D.G. and Kirk, D. (1986) 'Carrying capacities for coastal tourism', *Industry and Environment*, 9(1): 3–6.
Pearce, D.G. and Mings, R. (1984) 'Geography, tourism and recreation in the Antipodes', *GeoJournal*, 9(1): 91–5.
Pearce, J.A. (1980) 'Host community acceptance of foreign tourists: strategic considerations', *Annals of Tourism Research*, 7: 224–33.
Pearce, P.L. (1977) 'Mental souvenirs: A study of tourists and their city maps', *Australian Journal of Psychology*, 29: 203–10.
Pearce, P.L. (1981) 'Route maps: A study of travellers' perceptions of a section of countryside', *Journal of Environmental Psychology*, 1: 141–55.
Pearce, P.L. (1982) *The Social Psychology of Tourist Behaviour*, Oxford: Pergamon.
Pearce, P.L. (1984) 'Tourist guide interaction', *Annals of Tourism Research*, 11: 129–46.
Pearce, P.L. (1993) 'The fundamentals of tourist motivation', in D. Pearce and R. Butler (eds) *Tourism Research: Critique and Challenges*, London: Routledge.
Pearce, P.L. (2005) *Tourist Behaviour: Themes and Conceptual Issues*, Clevedon: Channel View.
Pearson, R. (1968) 'Railways in relation to resort development in East Lincolnshire', *East Midland Geographer*, 4: 281–95.
Pedersen, K. and Viken, A. (1996) 'From Sami nomadism to global tourism', in M.F. Price (ed.) *People and Tourism in Fragile Environments*, Chichester: Wiley, pp. 69–88.
Peet, R. (ed.) (1977a) *Radical Geography: Alternative Viewpoints on Contemporary Social Issues*, London: Methuen.
Peet, R. (1977b) 'The development of radical geography in the United States', *Progress in Human Geography*, 1: 240–63.
Penning-Rowsell, E. (1973) *Alternative Approaches to Landscape Appraisal and Evaluation*, Planning Research Group, Report No. 11, Enfield: Middlesex Polytechnic.
Penning-Rowsell, E. (1975) 'Constraints on the application of landscape evaluation', *Transactions of the Institute of British Geographers*, 66: 49–55.
Penning-Rowsell, E., Green, C., Thompson, P., Coker, A., Tunstall, S., Richards, C. and Parker, D. (1992) *The Economics of Coastal Management: A Manual of Benefit Assessment Techniques*, London: Belhaven Press.
Pentz, D. (2002) *Towards an Open Space Strategy for the Papakura District*, Briefing Paper, Auckland, NZ: Papakura District Council.
Pepper, D. (1984) *The Roots of Modern Environmentalism*, London: Croom Helm.
Perdue, R. (1985) 'The 1983 Nebraska Visitor Survey: Achieving a high response rate', *Journal of Travel Research*, 24(2): 23–6.
Perkins, H. (1993) 'Human geography, recreation and leisure', in H. Perkins and G. Cushman (eds) *Leisure, Recreation and Tourism*, Auckland: Longman Paul, pp. 116–29.
Perkins, H. and Gidlow, B. (1991) 'Leisure research in New Zealand: Patterns, problems and prospects', *Leisure Studies*, 10: 93–104.
Perry, A.H. and Illgner, P. (2000) 'Dimensions of winter severity in Southern Africa: Is a skiing industry in the Drakensberg Mountains viable?', *Journal of Meteorology*, 25: 226–30.
Pettersson, R. (2004) *Sami Tourism in Northern Sweden: Supply, Demand and Interaction*, ETOUR European Tourism Research Institute 2004: 14, Umeå, Sweden: Department of Social and Economic Geography, Umeå University.
Phelps, N. (1992) 'External economies, agglomeration and flexible accumulation', *Transactions of the Institute of British Geographers*, 17: 35–46.
Pigram, J.J. (1977) 'Beach resort morphology', *Habitat International*, 2(5–6): 525–41.
Pigram, J.J. (1980) 'Environmental implications of tourism development', *Annals of Tourism Research*, 7: 554–83.
Pigram, J.J. (1983) *Outdoor Recreation and Resource Management*, London: Croom Helm.
Pigram, J.J. (1985) *Outdoor Recreation and Resource Management*, 2nd edn, London: Croom Helm.
Pigram, J.J. (1987) *Tourism in Coffs Harbour: Attitudes, Perceptions and Implications*, Coffs Harbour, NSW: North Coast Regional Office, Department of Continuing Education, University of New England.

Pigram, J.J. (1990) 'Sustainable tourism: Policy considerations', *Journal of Tourism Studies*, 1(2): 2–9.

Pigram, J.J. and Jenkins, J. (1999) *Outdoor Recreation Management*, London: Routledge.

Pimlico Li, Y. (2000) 'Geographical consciousness and tourism experience', *Annals of Tourism Research*, 27(4): 863–83.

Piperoglou, J. (1966) 'Identification and definition of regions in Greek tourist planning', *Regional Science Association Papers*, pp. 169–76.

Piven, F. (1995) 'Is it global economics or neo-laissez-faire?' *New Left Review*, 213: 107–14.

Pizam, A. (1978) 'Tourism's impacts: The social costs to the destination community as perceived by its residents', *Journal of Travel Research*, 16(4): 8–12.

Place, S.E. (1998) 'How sustainable is ecotourism in Costa Rica?', in C.M. Hall and A.A. Lew (eds) *Sustainable Tourism Development: Geographical Perspectives*, Harlow: Addison Wesley Longman, pp. 107–18.

Plog, S. (1974) 'Why destination areas rise and fall in popularity', *Cornell Hotel and Restaurant Administration Quarterly*, 14(4): 55–8.

Plog, S. (1977) 'Why destination areas rise and fall in popularity', in E. Kelly (ed.) *Domestic and International Tourism*, Wellesey, MA: Institute of Certified Travel Agents.

Plog, S. (2001) 'Why destination areas rise and fall in popularity: An update of a Cornell Quarterly classic', *Cornell Hotel and Restaurant Administration Quarterly*, 42(3): 13–24.

Pocock, D. (1997) 'Some reflections on World Heritage', *Area*, 29(3): 260–8.

Pollard, D.A., Lincoln Smith, M.P. and Smith, A.K. (1996) 'The biology and conservation of the grey nurse shark (*Carcharias taurus*) in New South Wales, Australia', *Aquatic Conservation: Marine and Freshwater Ecosystems*, 6: 1–20.

Pollard, J. (1995) 'Tourism and the environment', in P. Breathnach (ed.) *Irish Tourism Development*, Maynooth: Geographical Society of Ireland, pp. 61–77.

Pompl, W. and Lavery, P. (eds) *Tourism in Europe: Structures and Development*, Wallingford: CAB International.

Poon, A. (1989) *Tourism, Technology and Competitive Strategies*, Wallingford: CAB International.

Population Reference Bureau (2004) *2004 World Population Data Sheet*, Washington, DC: Population Reference Bureau.

Poria, Y., Butler, R.W. and Airey, D. (2003) 'Revisiting Mieczkowski's conceptualisation of tourism', *Tourism Geographies*, 5(1): 26–38.

Porter, M. (1980) *Competition in Global Industries*, Boston, MA: Harvard Business School Press.

Potier, F. and Cazes, G. (1996) *Le Tourisme urbain*, Paris: PUF.

Potier, F. and Cazes, G. (1998) *Le Tourisme et la ville: Expériences européennes*, Paris: L'Harmattan.

Powell, J. (1985) 'Geography, culture and liberal education', in R. Johnston (ed.) *The Future of Geography*, London: Methuen, pp. 307–25.

Powell, J.M. (1978) *Mirrors of the New World: Images and Image – Makers in the Settlement Process*, Canberra: Australian National University Press.

Pratt, A. (1998) 'The cultural industries production system: A case study of employment change in Britain, 1984–91', *Environment and Planning A*, 29: 1953–74.

Pred, A. (1977) 'The choreography of existence: Comments on Hagerstrand's time-geography and its usefulness', *Economic Geography*, 53: 207–21.

Pred, A. (1981) 'Production, family and free-time projects: A time-geographic perspective on the individual and societal changes in nineteenth century US cities', *Journal of Historical Geography*, 7: 3–86.

Preece, K.M. and Lesslie, R.G. (1987) *A Survey of Wilderness Quality in Victoria*, Melbourne/Canberra: Ministry for Planning and Environment (Vic) and Australian Heritage Commission.

Preston-Whyte, R.A. (2002) 'Construction of surfing space at Durban, South Africa', *Tourism Geographies*, 4(3): 307–28.

Preston-Whyte, R.A. (2004) 'The beach as liminal space', in A. Lew, C.M. Hall and A. Williams (eds) *Companion to Tourism*, Oxford: Blackwell, pp. 349–59.

PriceWaterhouseCooper (1999) Landscape Heritage Trust Report, PWC: London.

Priestley, G. and Mundet, L. (1998) 'The post-stagnation phase of the resort cycle', *Annals of Tourism Research*, 25(1): 85–111.

Prineas, P. (1976–7) 'The story of the park proposal', *National Parks Journal*, December/January: 9–11.

Prineas, P. and Gold, H. (1983) *Wild Places: Wilderness in Eastern New South Wales*, Chatswood, NSW: Kalianna Press.

Pritchard, A. and Morgan, N. (2000) 'Privileging the male gaze: Gendered tourism landscapes', *Annals of Tourism Research*, 27(4): 884–905.

Pritchard, R. (1976) *Housing and the Spatial Structure of the City*, Cambridge: Cambridge University Press.

Pritchard, A., Morgan, N. and Sedgley, D. (2002) 'In search of lesbian space? The experience of Manchester's gay village', *Leisure Studies* 21(2): 105–23.

Prosser, G. (1986a) 'The limits of acceptable change: An introduction to a framework for natural area planning', *Australian Parks and Recreation*, autumn: 5–10.

Prosser, G. (1986b) 'Beyond carrying capacity: Establishing limits of acceptable change for park planning', in *Developing Communities into the 21st Century: Proceedings from the 59th National Conference of the Royal Australian Institute of Parks and Recreation*, Melbourne: Royal Australian Institute of Parks and Recreation, pp. 223–33.

Purvis, A. (2002) 'So what's your beef?', *Observer*, 14 April, http://www.observer.co.uk/foodmonthly/story/0,9950,681828,00.html

Queensland Department of Environment and Heritage (1993) *Green Island and Reef Management Plan*, Cairns, Qld: Department of Environment and Heritage.

Ragatz, R.L. (1977) 'Vacation homes in rural areas: Towards a model for predicting their distribution and occupancy patterns', in J.T. Coppock (ed.) *Second Homes: Curse or Blessing*, Oxford: Pergamon.

Ralph, E. (2000) 'Oppose the trafficking of women and children', Testimony before the Senate Committee on Foreign Relations Subcommittee on Near Eastern and South Asian Affairs by Regan E. Ralph, Executive Director,Women's Rights Division, Human Rights Watch, International Trafficking of Women and Children, 22 February.

Rapoport, R.N. and Rapoport, R. (1975) *Leisure and the Family Life Cycle*, London: Routledge & Kegan Paul.

Ravenscroft, N. (1992) *Recreation Planning and Development*, London: Macmillan.

Ravenscroft, N. and Markwell, S. (2000) 'Ethnicity and the integration and exclusion of young people through urban park and recreation provision', *Managing Leisure*, 5(3): 135–50.

Redclift, N. and Sinclair, M.T. (eds) (1991) *Working Women: International Perspectives on Labour and Gender Ideology*, London: Routledge.

Reeves, N. (2000) 'The condition of public urban parks and greenspace in Britain', *Water and Environmental Management*, 14(3): 157–63.

Reid, D.G. (2003) *Tourism, Globalization and Development: Responsible Tourism Planning*, London: Pluto Press.

Reilly, W. (1931) *The Law of Retail Gravitation*, New York: Putnam Press.

Reisel, W. (2004) 'Geography of leisure and tourism research in the German-speaking world: Three pillars to progress', *Tourism Geographies*, 6(2): 163–85.

Relph, E. (1976) *Place and Placelessness*, London: Pion.

Relph, E. (1981) *Rational Landscapes and Humanistic Geography*, London: Croom Helm.

Restaurant Brands (1997) *Restaurant Brands New Zealand Ltd. Prospectus 1997*, Auckland: F R Partners Limited and Merrill Lynch and Company.

Rethinking Tourism Project (2000) 'EPA solicits public input on cruise ship discharges', *EPA Water News, Electronic Newsletter*, 29 August.

Reynolds, P.C. (1993) 'Food and tourism: Towards an understanding of sustainable culture', *Journal of Sustainable Tourism*, 1(1): 48–54.

Rhind, D. (1990) 'Global databases and GIS', in M. Foster and P. Shands (eds). The Association for Geographic Information Yearbook 1990, Taylor & Francis: London 218–23.

Rhodes, R.A.W. (1997) 'From marketisation to diplomacy: It's the mix that matters', *Australian Journal of Public Administration*, 56(2): 40–53.

Ribeiro, M. and Marques, C. (2002) 'Rural tourism and the development of less favoured areas – between rhetoric and practice', *International Journal of Tourism Research*, 4(3): 211–20.

Richards, G. (1995) 'Politics of national tourism policy in Britain', *Leisure Studies*, 14(3): 153–73.

Ride, W.D.L. (1980) 'Wilderness: An Australian perspective', in R.W. Robertson, P. Helman and A. Davey (eds) *Wilderness Management in Australia, Proceedings of a Symposium Held at the Canberra College of Advanced Education 19–23 July 1978*, Occasional Papers in Recreational Planning, Natural Resources, School of Applied Science, Canberra: Canberra College of Advanced Education, pp. 35–45.

Rink, D.R. and Swan, J.E. (1979) 'Product life cycle research: Literature review', *Journal of Business Research*, 78: 219–42.

Riordan, J. (1982) 'Leisure: The state and the individual in the USSR', *Leisure Studies*, 1(l): 65–80.

Ritchie, J.R.B. (1975) 'Some critical aspects of measurement theory and practice in travel research', in R. McIntosh and C. Goeldner, *Tourism Principles, Practices and Philosophies*, New York: Wiley, pp. 437–51.

Ritchie, J.R.B. (1984) 'Assessing the impact of hallmark events: Conceptual and research issues', *Journal of Travel Research*, 23(1): 2–11.

Ritchie, J.R.B. and Aitken, C. (1984) 'Assessing the impacts of the 1988 Olympic Winter Games: The research program and initial results', *Journal of Travel Research*, 22(3): 17–25.

Ritchie, J.R.B. and Beliveau, D. (1974) 'Hallmark events: An evaluation of a strategic response to seasonality in the travel market', *Journal of Travel Research*, 14(fall): 14–20.

Ritchie, J.R.B. and Yangzhou, H. (1987) 'The role and impact of mega-events and attractions on national and regional tourism: A conceptual and methodological overview', Thirty-seventh Annual Congress of the International Association of Scientific Experts in Tourism (AIEST), Calgary, Alta: AIEST.

Ritter, W. and Schafer, C. (1999) 'Cruise-tourism: A chance of sustainability', *Tourism Recreation Research*, 23(1): 65–71.

Ritzer, G. (1993) *The McDonaldization of Society*, Thousand Oaks, CA: Pine Forge.

Roberts, K. (1999) *Leisure in Contemporary Society*, Wallingford: CAB International.

Roberts, K., Fagan, C., Bontenko, I. and Razlogov, K. (2001) 'Economic polarization, leisure practices and policies, and the quality of life: A study in post-communist Moscow', *Leisure Studies*, 20(3): 161–72.

Roberts, R. (1971) *The Classic Slum: Salford Life in the First Quarter of the Century*, Harmondsworth: Penguin.

Roberts, R. (1976) *A Ragged Schooling: Growing Up in the Classic Slum*, London: Fontana.

Robinson, D. (1991) 'Living with peripherality', *Transport*, November/December: 177–85.

Robinson, G.M. (1990) *Conflict and Change in the Countryside*, London: Belhaven Press.

Robinson, G.M. (1999) 'Countryside recreation management', in M. Pacione (ed.) *Applied Geography: Principles and Practice*, London: Routledge, pp. 257–73.

Robinson, G.W. (1972) 'The recreational geography of South Asia', *Geographical Review*, 62(4): 561–73.

Robinson, H. (1976) *A Geography of Tourism*, Harlow: Longman.

Robinson, R. (1973) *The Drift of Things: An Autobiography 1914–52*, Melbourne: Macmillan.

Roche, F.W. and Murray, J.A. (1978) *Tourism and Archaeology: A Study of Wood Quay*, Dublin: McIver.

Roche, M. (1992) 'Mega-events and micro-modernisation: On the sociology of the new urban tourism', *British Journal of Sociology*, 43(4): 563–600.

Roche, M. (2000) *Mega-Events and Modernity: Olympics and Expos in the Growth of Global Culture*, London: Routledge.

Rodgers, H. (1969) *British Pilot National Recreation Survey Report No. 1*, London: British Travel Association/University of Keele.

Rodgers, H. (1973) 'The demand for recreation', *Geographical Journal*, 13(9): 467–73.

Rodgers, H. (1977) 'The leisure future: Problems of prediction', in J. Settle (ed.) *Leisure in the North-West: A Tool for Forecasting*, Sports Council Study No. 11, Manchester: Sports Council.

Rodgers, H. (1993) 'Estimating local leisure demand in the context of a regional planning strategy', in S. Glyptis (ed.) *Leisure and the Environment: Essays in Honour of Professor J. A. Patmore*, London: Belhaven Press, pp. 116–30.

Rodgers, H. and Patmore, J.A. (eds) (1972) *Leisure in the North-West*, Manchester: North-West Sports Council.

Roe, M. and Benson, J. (2001) 'Planning for conflict resolution: Jet-ski use on the Northumberland coast', *Coastal Management*, 29(1): 19–39.

Rogers, G.F., Malde, H.E. and Turner, R.M. (1984) *Bibliography of Repeat Photography for Evaluating Landscape Change*, Salt Lake City, UT: University of Utah Press.

Rogerson, C.M. and Visser, G. (eds) (2004) *Tourism and Development Issues in Contemporary South Africa*, Pretoria, SA: Africa Institute of South Africa.

Romeril, M. (1984) 'Coastal tourism: The experience of Great Britain', *Industry and Environment*, 7(1): 4–7.

Romeril, M. (1988) 'Coastal tourism and the Heritage Coast programme in England and Wales', *Tourism Recreation Research*, 13(2): 15–19.

Rose, M. (ed.) (1985) *The Poor and the City: The English Poor Law in its Urban Context 1834–1914*, Leicester: Leicester University Press.

Rosemary, J. (1987) *Indigenous Enterprises in Kenya's Tourism Industry*, Geneva: Unesco.

Rosenfried, S. (1997) 'Global sex slavery', *San Francisco Examiner*, 6 April.

Rothman, R.A. (1978) 'Residents and transients: Community reaction to seasonal visitors', *Journal of Travel Research*, 16(3): 8–13.

Rothman, R.A., Donnelly, P.G. and Tower, J.K. (1979) 'Police departments in resort communities: Organizational adjustments to population undulation', *Leisure Sciences*, 2: 105–18.

Rowntree, S. and Lavers, G. (1951) *English Life and Leisure: A Social Study*, London: Longmans, Green.

Royer, L.E., McCool, S.F. and Hunt, J.D. (1974) 'The relative importance of tourism to state economies', *Journal of Travel Research*, 11(4): 13–16.

Rubio, F. (1998–9) 'La imagen geográphica del turismo en Espana (1962–1998): Creónica breve de una gran expansión', *Boletín de la Real Sociedad Geográfica*, 134–5: 67–103.

Rudkin, B. and Hall, C.M. (1996) 'Unable to see the forest for the trees: Ecotourism development in Solomon Islands', in R. Butler and T. Hinch (eds) *Tourism and Indigenous Peoples*, London: International Thomson Business, pp. 203–26.

Runte, A. (1972a) 'How Niagara Falls was saved: The beginning of aesthetic conservation in the United States', *The Conservationist*, 26(April–May): 32–5, 43.

Runte, A. (1972b) 'Yellowstone: It's useless, so why not a park', *National Parks and Conservation Magazine: The Environment Journal*, 46(March): 4–7.

Runte, A. (1973) '"Worthless" lands – our national parks: The enigmatic past and uncertain future of America's scenic wonderlands', *American West*, 10(May): 4–11.

Runte, A. (1974a) 'Pragmatic alliance: Western railroads and the national parks', *National Parks and Conservation Magazine: The Environmental Journal*, 48(April): 14–21.

Runte, A. (1974b) 'Yosemite Valley Railroad highway of history', *National Parks and Conservation Magazine: The Environmental Journal*, 48(December): 4–9.

Runte, A. (1977) 'The national park idea: Origins and paradox of the American experience', *Journal of Forest History*, 21(2): 64–75.

Runte, A. (1979) *National Parks The American Experience*, Lincoln, NE: University of Nebraska Press.

Runte, A. (1990) *Yosemite: The Embattled Wilderness*, Lincoln, NE: University of Nebraska Press.

Runte, A. (2002) 'Why national parks?', *The George Wright Forum*, 19(2): 67–71.

Runyan, D. and Wu, C. (1979) 'Assessing tourism's more complex consequences', *Annals of Tourism Research*, 6: 448–63.

Rural Development Commission (1991a) *Tourism in the Countryside: A Strategy for Rural England*, London: Rural Development Commission.

Rural Development Commission (1991b) *Meeting the Challenge of Rural Adjustment: A New Rural Development Commission Initiative*, London: Rural Development Commission.

Russell, E.W.B. (1997) *People and the Land through Time: Linking Ecology and History*, New Haven, CT: Yale University Press.

Russell, J.A., Matthews, J.H. and Jones, R. (1979) *Wilderness in Tasmania: A Report to the Australian Heritage Commission*, Occasional Paper No. 10, Hobart: Centre for Environmental Studies, University of Tasmania.

Ryan, C. (1991) *Recreational Tourism: A Social Science Perspective*, London: Routledge.

Ryan, C. (1995) *Researching Tourism Satisfaction: Issues, Concepts, Problems*, London: Routledge.

Ryan, C. (ed.) (1997) *The Tourist Experience: A New Introduction*, London: Cassell.

Ryan, C. and Hall, C.M. (2001) *Sex Tourism: Travels in Liminality*, London: Routledge.

Ryan, C. and Huyton, J. (2002) 'Tourists and aboriginal peoples', *Annals of Tourism Research*, 29: 631–47.

Saarinen, J. (1998) 'Cultural influence on response to wilderness encounters: A case study from Finland', *International Journal of Wilderness*, 4(1): 28–32.

Saarinen, J. (2001) 'The transformation of a tourist destination: Theory and case studies on the production of local geographies in tourism in Finnish Lapland', *Nordia Geographical Publications*, 30(1): 1–105.

Saarinen, J. (2003) 'Tourism and recreation as subjects of research in Finnish geographical journals', *Tourism Geographies*, 5(2): 220–7.

Saarinen, J. (2005) 'Tourism in the northern wildernesses: Wilderness discourses and the development of nature-based tourism in northern Finland', in C.M. Hall and S. Boyd (eds) *Nature-based Tourism in Peripheral Regions: Development or Disaster*, Clevedon: Channel View, pp. 36–49.

Saarinen, J. and Hall, C.M. (eds) (2004) *Nature-Based Tourism Research in Finland: Local Contexts, Global Issues*, Finnish Forest Research Institute, Research Paper No. 916, Rovaniemi, Finland: Rovaniemi Research Station.

Sadler, D. (1993) 'Place-marketing, competitive places and the construction of hegemony in Britain in the 1980s', in G. Kearns and C. Philo (eds) *Selling Places: The City as Cultural Capital, Past and Present*, Oxford: Pergamon, pp. 175–92.

Saeter, J.A. (1998) 'The significance of tourism and economic development in rural areas: A Norwegian case study', in R. Butler, C.M. Hall and J. Jenkins (eds) *Tourism and Recreation in Rural Areas*, Chichester: Wiley, pp. 237–47.

Samdahl, D. and Jekubovich, N. (1997) 'A critique of

leisure constraints: Comparative analyses and understandings', *Journal of Leisure Research*, 29(4): 430–52.
Sant, M. (1982) *Applied Geography*, Harlow: Longman.
Sawicki, D. (1989) 'The festival marketplace as public policy', *Journal of the American Planning Association*, 55 (summer): 347–61.
Schaer, U. (1978) 'Traffic problems in holiday resorts', *Tourist Review*, 33: 9–15.
Schafer, A. (2000) 'Regularities in travel demand: An international perspective', *Journal of Transportation and Statistics*, 3(3): 1–31.
Schafer, A. and Victor, D. (2000) 'The future mobility of the world population', *Transportation Research A*, 34(3): 171–205.
Scheyvens, R. (2002) *Tourism for Development*, Harlow: Prentice-Hall.
Schofield, P. (1996) 'Cinematographic images of a city: Alternative heritage tourism in Manchester', *Tourism Management*, 17(5): 333–40.
Schollmann, A., Perkins, H.C. and Moore, K. (2001) 'Rhetoric, claims making and conflict in touristic place promotion: The case of central Christchurch, New Zealand', *Tourism Geographies*, 3(3): 300–25.
Schwarz, C.F., Thor, E.C. and Elsner, G.H. (1976) *Wildland Planning Glossary*, Washington, DC: US Department of Agriculture, Forest Service.
Scott, N.R. (1974) 'Towards a psychology of the wilderness experience', *Natural Resource Journal*, 14: 231–7.
Scraton, S., Bramham, P. and Watson, B. (1998) 'Staying in and going out: Elderly women, leisure and the postmodern city', in S. Scraton (ed.) *Leisure, Time and Space: Meanings and Values in People's Lives*, 101–120, Leisure Studies Association, Eastbourne.
Seaton, A. and Bennett, M. (eds) (1996) *Marketing Tourism Products*, London: International Thomson Business.
Seeley, I. (1983) *Outdoor Recreation and the Urban Environment*, London: Macmillan.
Seers, D. and Ostrom, K. (eds) (1982) *The Crisis of the European Regions*, New York: St Martin's Press.
Seers, D., Schaffer, B. and Kiljunen, M. (eds) (1979) *Underdeveloped Europe: Studies in Core–Periphery Relations*, Hassocks, Sussex: Harvester Press.
Segrelles-Serrano, J. (2002) 'Luces y sombras de la geografia aplicada', *Documents d'Analisi Geografica*, 40: 153–72.
Selin, S. (1993) 'Collaborative alliances: New interorganizational forms in tourism', *Journal of Travel and Tourism Marketing*, 2(2–3): 217–27.
Selin, S. (1998) 'The promise and pitfalls of collaborating', *Trends*, 35(1): 9–13.
Selin, S. and Chavez, D. (1994) 'Characteristics of successful tourism partnerships: A multiple case study design', *Journal of Park and Recreation Administration*, 12(2): 51–62.
Selke, A.C. (1936) 'Geographic aspects of the German tourist trade', *Economic Geography*, 12: 206–16.
Selwood, H.J. and Hall, C. (1986) 'The America's Cup: A hallmark tourist event', in J.S. Marsh (ed.) *Canadian Studies of Parks, Recreation and Tourism in Foreign Lands*, Occasional Paper No. 11, Peterborough: Department of Geography, Trent University.
Selwood, J. and May, A. (2001) 'Resolving contested notions of tourism sustainability on Western Australia's "Turquoise Coast": The squatter settlements', *Current Issues in Tourism*, 4: 381–91.
Selwood, J., Curry, G. and Koczberski, G. (1995) 'Structure and change in a local holiday resort: Peaceful Bay, on the southern coast of Western Australia', *Urban Policy and Research*, 13: 149–157.
Semple, E.C. (1891) *Influences of Geographic Environment*, New York: Henry Holt.
Sessa, A. (1993) *Elements of Tourism*, Rome: Catal.
Sewell, W.R.D. and Dearden, P. (1989) Wilderness: Past, Present and Future (special issue), *Natural Resources Journal*, 29: 1–222.
Shackleford, P. (1980) 'Keeping tabs on tourism: A manager's guide to tourism statistics', *International Journal of Tourism Management*, 1(3): 148–57.
Shackley, M. (ed) (1998) *Visitor Management: Case Studies from World Heritage Sites*, Oxford: Butterworth-Heinemann.
Share, B. (1992) *Shannon Departures: A Study in Regional Initiatives*, Dublin: Gill & Macmillan.
Sharpley, R. (1993) *Tourism and Leisure in the Countryside*, Managing Tourism Series No. 5, Huntingdon: Elm.
Sharpley, R. and Sharpley, J. (1997) *Rural Tourism*, London: International Thomson Business.
Sharpley, R. and Telfer, D. (eds) (2002) *Tourism and Development: Concepts and Issues*, Clevedon: Channel View.
Shaw, B.J. (1985) 'Fremantle and the America's Cup . . . the spectre of development?', *Urban Policy and Research*, 3: 38–40.
Shaw, B.J. (1986) *Fremantle W.A. and the America's Cup: The Impact of a Hallmark Event*, Working Paper No. 11, London: Australian Studies Centre,

Institute for Commonwealth Studies, University of London.
Shaw, D.J. (1979) 'Recreation and the socialist city', in R. French and F. Hamilton (eds) *The Socialist City: Spatial Structure and Urban Policy*, Chichester: Wiley, pp. 119–44.
Shaw, G. and Williams, A.M. (1990) 'Tourism, economic development and the role of entrepreneurial activity', in C. Cooper (ed.) *Progress in Tourism, Recreation and Hospitality Management*, Vol. 2, London: Belhaven Press, pp. 67–81.
Shaw, G. and Williams, A.M. (1994) *Critical Issues in Tourism: A Geographical Perspective*, Oxford: Blackwell.
Shaw, G. and Williams, A.M. (eds) (1997) *The Rise and Fall of British Coastal Resorts: Cultural and Economic Perspectives*, London: Mansell.
Shaw, G. and Williams, A.M. (2002) *Critical Issues in Tourism: A Geographical Perspective*, 2nd edn, Oxford: Blackwell.
Shaw, G. and Williams, A.M. (2004) *Tourism and Tourism Spaces*, Beverly Hills, CA: Sage.
Shaw, G., Agarwal, S. and Bull, P. (2000) 'Tourism consumption and tourist behaviour: A British perspective', *Tourism Geographies*, 2(3): 264–89.
Shaw, S., Bonen, A. and McCabe, J. (1991) 'Do more constraints mean less leisure? Examining the relationship between constraints and participation', *Journal of Leisure Research*, 23: 286–300.
Shelby, B. and Heberlein, T.A. (1984) 'A conceptual framework for carrying capacity', *Leisure Sciences*, 6: 433–51.
Shelby, B. and Heberlein, T.A. (1986) *Carrying Capacity in Recreation Settings*, Corvallis, OR: Oregon State University Press.
Shelby, B., Bregenzer, N.S. and Johnston, R. (1988) 'Displacement and product shift: Empirical evidence from Oregon Rivers', *Journal of Leisure Research*, 20(4): 274–88.
Shelby, B., Vaske, J.J. and Heberlein, T.A. (1989) 'Comparative analysis of crowding in multiple locations: Results from fifteen years of research', *Leisure Sciences*, 11(4): 269–91.
Shields, R. (1991) *Places on the Margin: Alternative Geographies of Modernity*, London: Routledge.
Shinew, K. and Arnold, M. (1998) 'Gender equity in the leisure services field', *Journal of Leisure, Research*, 30(2): 177–94.
Shoard, M. (1976) 'Fields which planners should conquer', *Forma*, 4: 128–35.
Short, J.R. (1991) *Imagined Country: Society, Culture and Environment*, London: Routledge.
Short, R. (2001) *Wanderlust: A History of Walking*, London: Verso.
Shucksmith, M. (1983) 'Second homes: A framework for policy', *Town Planning Review*, 54(2): 174–93.
Shurmer-Smith, P. and Hannam, K. (1994) *Worlds of Desire, Realms of Power: A Cultural Geography*, London: Arnold.
Sidaway, R. and Duffield, B. (1984) 'A new look at countryside recreation in the urban fringe', *Leisure Studies*, 3: 249–71.
Simeon, R. (1976) 'Studying public policy', *Canadian Journal of Political Science*, 9(4): 558–80.
Simmons, D.G. (1997) *National Profiles: Domestic Tourism Prototype Survey*, Lincoln: Lincoln University.
Simmons, I.G. (1974) *The Ecology of Natural Resources*, London: Edward Arnold.
Simmons, I.G. (1975) *Rural Recreation in the Industrial World*, London: Edward Arnold.
Simmons, I.G. (1993) *Environmental History: A Concise Introduction*, Cambridge: Blackwell.
Simmons, R., Davis, B.W., Chapman, R.J. and Sager, D.D. (1974) 'Policy flow analysis: A conceptual model for comparative public policy research', *Western Political Quarterly*, 27(3): 457–68.
Simpson Xavier Horwath (1990) *Irish Hotel Industry Review*, Dublin: Simpson Xavier Horwath.
Sinclair, J. (1986) 'Counting the loss of wilderness', *Habitat*, 14(3): 14–15.
Sinclair, M.T. (1991) 'The economics of tourism', in C. Cooper (ed.) *Progress in Tourism, Recreation and Hospitality Management*, Vol. 3, London: Belhaven Press, pp. 1–27.
Sinclair, M.T. (1998) 'Tourism and economic development: A survey', *Journal of Development Studies*, 34(5): 1–51.
Sinclair, M.T. and Stabler, M. (eds) (1992) *The Tourism Industry: An International Analysis*, Wallingford: CAB International.
Sinclair, M.T., Blake, A. and Sugiyarto, G. (2003) 'The economics of tourism', in C. Cooper (ed) *Classic Reviews of Tourism*, Clevedon: Channel View.
Singapore Tourism Board (STB) (1996) *Tourism 21: Vision of a Tourism Capital*, Singapore: STB.
Singh, S., Timothy, D. and Dowling, R. (eds) (2003) *Tourism in Destination Communities*, Wallingford: CAB International.
Siwiński, W. (1998) 'Leisure preferences of Polish students with disabilities', in S. Scraton (ed.) *Leisure,*

Time and Space: Meanings and Values in People's Lives, Brighton: Leisure Studies Association, pp. 193–8.

Slatyer, R. (1983) 'The origin and evolution of the World Heritage Convention', *Ambio*, 12(3–4): 138–45.

Slee, W. (1982) *An Evaluation of Country Park Policy*, Gloucestershire Papers in Local and Rural Planning No. 16, Cheltenham: GLOSCAT.

Slee, B. (2002) 'Social exclusion in the countryside', *Countryside Recreation*, 10(1): 2–7.

Smith, A. and Hall, C.M. (2003) 'Restaurants and local food in New Zealand', in C.M. Hall, E. Sharples, R. Mitchell, B. Cambourne and N. Macionis (eds) *Food Tourism around the World: Development, Management and Markets*, Oxford: Butterworth-Heinemann, pp. 248–68.

Smith, D.M. (1977) *Human Geography: A Welfare Approach*, London: Edward Arnold.

Smith, K. (1990) 'Tourism and climate change', *Land Use Policy*, April: 176–80.

Smith, M. and Turner, L. (1973) 'Some aspects of the sociology of tourism', *Society and Leisure*, 3: 55–71.

Smith, P.E. (1977) 'A value analysis of wilderness', *Search*, 8(9): 311–17.

Smith, R.A. (1991) 'Beach resorts: A model of development evolution', *Landscape and Urban Planning*, 21: 189–210.

Smith, R.A. (1992a) 'Beach resort evolution: Implications for planning', *Annals of Tourism Research*, 19: 304–22.

Smith, R.A. (1992b) 'Review of integrated beach resort development in South East Asia', *Land Use Policy*, 211–17.

Smith, R.A. (1994) 'Planning and management for coastal eco-tourism in Indonesia: A regional perspective', *Indonesian Quarterly*, 22(2): 148–57.

Smith, R.V. and Mitchell, L.S. (1990) 'Geography and tourism: A review of selected literature', in C. Cooper (ed.) *Progress in Tourism, Recreation and Hospitality Management*, Vol. 2, London: Belhaven Press, pp. 50–66.

Smith, S.J. (1987) 'Fear of crime: Beyond a geography of deviance', *Progress in Human Geography*, 11: 1–23.

Smith, S.L.J. (1982) 'Reflections on the development of geographic recreation in recreation: Hey, buddy, can you s'paradigm?', *Ontario Geography*, 19: 5–29.

Smith, S.L.J. (1983a) *Recreational Geography*, Harlow: Longman.

Smith, S.L.J. (1983b) 'Restaurants and dining out: Geography of a tourism business', *Annals of Tourism Research*, 10(4): 515–49.

Smith, S.L.J. (1987) 'Regional analysis of tourism resources', *Annals of Tourism Research*, 14: 253–73.

Smith, S.L.J. (1989) *Tourism Analysis*, Harlow: Longman.

Smith, S.L.J. (1990a) 'A test of Plog's allocentric/psychocentric model: Evidence from seven nations', *Journal of Travel Research*, 28(4): 40–2.

Smith, S.L.J. (1990b) 'Another look at the carpenter's tools: Reply to Plog', *Journal of Travel Research*, 29(2): 50–1.

Smith, S.L.J. (1994) 'The tourism product', *Annals of Tourism Research*, 21(3): 582–95.

Smith, S.L.J. (1995) *Tourism Analysis*, 2nd edn, Harlow: Longman.

Smith, S.L.J. (2000) 'New developments in measuring tourism as an area of economic activity', in W.C. Gartner and D.W. Lime (eds) *Trends in Outdoor Recreation, Leisure, and Tourism*, Wallingford: CAB International, pp. 225–34.

Smith, S.L.J. and Brown, B.A. (1981) 'Directional bias in vacation travel', *Annals of Tourism Research*, 8: 257–70.

Smith, S.L.J. and Wilton, D. (1997) 'TSAs and the WTTC/WEFA methodology: Different satellites or different planets?', *Tourism Economics*, 3: 249–64.

Smith, V.L. (ed.) (1977) *Hosts and Guests: The Anthropology of Tourism*, Philadelphia, PA: University of Pennsylvania Press.

Smith, V.L. (ed.) (1992) *Hosts and Guests: An Anthropology of Tourism*, 2nd edn, Philadelphia, PA: University of Pennsylvannia Press.

Smyth, H. (1994) *Marketing the City: The Role of Flagship Developments in Urban Regeneration*, London: E&FN Spon.

Snaith, T. and Haley, A. (1999) 'Resident opinions of tourism development in the historic city of York, England', *Tourism Management*, 20(5): 595–603.

Snepenger, D., Murphy, L., O'Connell, R. and Gregg, E. (2003) 'Tourists and residents use of a shopping space', *Annals of Tourism Research*, 30(3): 567–580.

Soja, E.W. (1989) *Postmodern Geographies: The Reassertion of Space in Critical Social Theory*, London: Verso.

Solecki, W. and Welch, J. (1995) 'Urban parks: Green spaces or green walls?', *Landscape and Urban Planning*, 32: 93–106.

Sopher, D. (1968) 'Pilgrim circulation in Gujurat', *Geographical Review*, 58: 392–45.

Spencer, J. and Thomas, W. (1948) 'The hill stations and summer resorts of the Orient', *Geographical Review*, 38: 637–51.

Spink, J. (1994) *Leisure and the Environment*, Oxford: Butterworth- Heinemann.

Squire, S.J. (1993) 'Valuing countryside: Reflections on Beatrix Potter tourism', *Area*, 25(1): 5–10.

Squire, S.J. (1994) 'Accounting for cultural meanings: The interface between geography and tourism studies revisited', *Progress in Human Geography*, 18: 1–16.

Stabler, M. (1990) 'The concept of opportunity sets as a methodological framework for the analysis of selling tourism places: The industry view', in G.J. Ashworth and B. Goodall (eds) *Marketing Tourism Places*, London: Routledge, pp. 23–41.

Stamp, D. (1948) *The Land of Britain: Its Use and Misuse*, Harlow: Longman.

Stamp, D. (1960) *Applied Geography*, London: Penguin.

Stankey, G.H. (1973) *Visitor Perception of Wilderness Carrying Capacity*, USDA, Forest Service Research Paper, INT–42, Ogden, UT: Intermountain Forest and Range Experiment Station.

Stankey, G.H. (1989) 'Beyond the campfire's light: Historical roots of the wilderness concept', *Natural Resources Journal*, 29: 9–24.

Stankey, G.H. and McCool, S.F. (1984) 'Carrying capacity in recreational settings: Evolution, appraisal, and application', *Leisure Sciences*, 6(4): 453–73.

Stankey, G.H. and Schreyer, R. (1987) 'Attitudes toward wilderness and factors affecting visitor behaviour: A state of knowledge review', in *Proceedings – National Wilderness Research Conference: Issues, State of Knowledge and Future Directions*, General Technical Report INT–220, Ogden, UT: Intermountain Research Station, pp. 246–93.

Stankey, G.H., Cole, D.N., Lucas, R.C., Petersen, M.E. and Frissell, S. (1985) *The Limits of Acceptable Change System for Wilderness Planning*, USDA, Forest Service Research Paper, INT–176, Ogden, UT: Intermountain Forest and Range Experiment Station.

Stansfield, C.A. (1972) 'The development of modern seaside resorts', *Parks and Recreation*, 5(10): 14–46.

Stansfield, C.A. (1978) 'Atlantic City and the resort cycle: Background to the legalization of gambling', *Annals of Tourism Research*, 5(2): 238–51.

Stansfield, C.A. and Rickert, J.E. (1970) 'The recreational business district', *Journal of Leisure Research*, 2(4): 213–25.

Stanton, J.P. and Morgan, M.G. (1977) *Project 'RAKES' – A Rapid Appraisal of Key and Endangered Sites, Report No. 1: The Queensland Case Study*, report to the Department of Environment, Housing and Community Development, Armidale, NSW: School of Natural Resources, University of New England.

Stea, R. and Downs, R. (1970) 'From the outside looking in at the inside looking out', *Environment and Behaviour*, 2: 3–12.

Stebbins, R.A. (1979) *Amateurs: On the Margin between Work and Leisure*, Beverly Hills, CA: Sage.

Stebbins, R.A. (1982) 'Serious leisure: A conceptual statement', *Pacific Sociological Review*, 25: 251–72.

Steffen, R., deBarnardis, C. and Banos, A. (2003) 'Travel epidemiology – a global perspective', *International Journal of Antimicrobial Agents*, 21(2): 89–95.

Stevens, T. (1987) 'Going underground', *Leisure Management*, 7: 48–50.

Stevens, T. (1991) 'Irish eyes are smiling', *Leisure Management*, 11: 46–8.

Stockdale, J.E. (1985) *What is Leisure? An Empirical Analysis of the Concept of Leisure and the Role of Leisure in People's Lives*, London: Sports Council.

Stoddart, D.R. (1981) 'Ideas and interpretation in the history of geography', in D.R. Stoddart (ed.) *Geography, Ideology and Social Concern*, Oxford: Blackwell, pp. 1–7.

Stodolska, M. (2000) 'Changes in leisure participation patterns after immigration', *Leisure Sciences*, 22(1): 39–63.

Stoffle, R.W., Last, C. and Evans, M. (1979) 'Reservation-based tourism: Implications of tourist attitudes for Native American economic development', *Human Organization*, 38(3): 300–6.

Stokowski, P. (2002) 'Languages of place and discourses of power: Constructing new senses of place', *Journal of Leisure Research*, 34(4): 368–82.

Stone, G. and Taves, M. (1957) 'Research into the human element in wilderness use', *Proceedings of the 1956 Meeting of the Society of American Foresters*, Memphis, TN, pp. 26–32.

Strachan, A. and Bowler, I. (1976) 'The development of public parks in the City of Leicester', *East Midland Geographer*, 6: 275–83.

Stringer, P. (1984) 'Studies in the socio-environmental psychology of tourism', *Annals of Tourism Research*, 11: 147–66.

Stringer, P. and Pearce, P.L. (1984) 'Towards a symbiosis of social psychology and tourism studies', *Annals of Tourism Research*, 11: 5–18.

Strong, R. (1997) 'External factors: State and local government controls; community expectations', mimeo of paper presented at Business With Style: Adapting

Heritage Buildings for Commercial Use, New South Wales Government, Heritage Office, Sydney.
Sun, D. and Walsh, D. (1998) 'Review of studies on environmental impacts of recreation and tourism in Australia', *Journal of Environmental Management*, 53: 323–38.
Survey Research Associates (1991) *London Docklands Visitor Survey: Summary of Findings*, London: London Docklands Development Corporation.
Svenson, S. (2004) 'The cottage and the city: An interpretation of the Canadian second home experience', in C.M. Hall and D. Müller (eds) *Tourism, Mobility and Second Homes: Between Elite Landscape and Common Ground*, Clevedon: Channel View, pp. 55–74.
Swaffield, S. and Fairweather, J. (1998) 'In search of arcadia: The persistence of the rural idyll in New Zealand rural sub-divisions', *Journal of Environmental Planning and Management*, 4(1): 111–27.
Szulczewska, B. and Kaliskuk, E. (2003) 'Challenges in the planning and management of green structure in Warsaw, Poland', *Built Environment*, 29(2): 144–56.
Takeuchi, K. (1984) 'Some remarks on the geography of tourism in Japan', *GeoJournal*, 9(1): 85–90.
Talbot, M. (1979) *Women and Leisure*, London: Sports Council/Social Science Research Council Joint Panel on Leisure and Recreation Research.
Tanner, M. (1971) 'The planning and management of water recreation areas', in P. Lavery (ed.) *Recreational Geography*, Newton Abbot: David and Charles, pp. 197–214.
Tanner, M. (1973) 'The recreational use of inland waters', *Geographical Journal*, 139: 486–91.
Tanner, M. (1977) *Recreational Use of Water Supply Reservoirs in England and Wales*, Research Report No. 3, London: Waterspace Amenity Commission.
Tarlow, P.E. and Muehsam, M.J. (1992) 'Wide horizons: Travel and tourism in the coming decades', *The Futurist*, 26(5): 28–33.
Tarrant, M. and Cordell, H. (1999) 'Environmental justice and the spatial distribution of outdoor recreation sites: An application of geographic information systems', *Journal of Leisure Research*, 31(1): 18–34.
Taylor, D. (1999) 'Central Park as a model for social control: Urban parks, social class and leisure behaviour in nineteenth century America', *Journal of Leisure Research*, 31(4): 426–77.
Taylor, G. (ed.) (1951) *Geography in the Twentieth Century*, London: Methuen.
Taylor, J., Legellé, J.G. and Andrew, C. (eds) (1993) *Capital Cities: International Perspectives/Les Capitales: Perspectives internationales*, Ottawa: Carleton University Press.
Taylor, P.J. (1985) 'The value of a geographical perspective', in R.J. Johnston (ed.) *The Future of Geography*, London: Methuen, pp. 92–110.
Taylor, R., Shumaker, S. and Gottfredson, S. (1985) 'Neighbourhood-level links between physical features and local sentiments: Deterioration, fear of crime and confidence', *Journal of Architectural and Planning Research*, 2: 261–75.
Taylor, S.G. (1990) 'Naturalness: The concept and its application to Australian ecosystems', *Proceedings of the Ecological Society of Australia*, 16: 411–18.
Tchistiakova, E. and Pabane, C. (1997) 'Urban tourism and rural tourism in Russia', *Norois* 176: 571–83.
Teisl, M. and Reiling, S. (1992) 'Measuring tourism impacts at the community level: The impact of tourism on local government public service expenditures', www.msue.edu/msue/imp/modtd/33519758.htr
Telfer, D.J. (2000a) 'The Northeast Wine Route: Wine tourism in Ontario, Canada and New York State', in C.M. Hall, E. Sharples, B. Cambourne and N. Macionis (eds) *Wine Tourism around the World: Development, Management and Markets*, Oxford: Butterworth-Heinemann, pp. 253–71.
Telfer, D.J. (2000b) 'Tastes of Niagara: Building strategic alliances between tourism and agriculture', *International Journal of Hospitality and Tourism Administration*, 1: 71–88.
Telfer, D.J. (2001) 'Strategic alliances along the Niagara Wine Route', *Tourism Management*, 22: 21–30.
Telfer, D.J. and Wall, G. (1996) 'Linkages between tourism and food production', *Annals of Tourism Research*, 23(3): 635–53.
Teo, P. and Chang, T.C. (2000) 'Singapore: Tourism development in a planned context', in C.M. Hall and S.J. Page (eds) *Tourism in South and South-East Asia: Cases and Issues*, Oxford: Butterworth-Heinemann, pp. 117–28.
Terkenli, T. (2002) 'Landscapes of tourism: Towards a global cultural economy of space?', *Tourism Geographies*, 4(3): 227–54.
Therborn, G. (1996) *Monumental Europe: The National Years of the Iconography of European Capital Cities*, Gothenberg: University of Gothenberg.
Thomas, R. (ed.) (2003) *Tourism and Small Firms*, Oxford: Pergamon.
Thompson, P. (1985) 'Dunphy and Muir: Two mountain men', *Habitat*, 13(2): 26–7.

Thompson, P. (1986) *Myles Dunphy: Selected Writings*, Sydney: Ballagirin.

Thompson, P.M., Van Parijs, S.M. and Kovacs, K.M. (2001) 'Local declines in the abundance of harbour seal, implications for the designation and monitoring of protected areas', *Journal of Applied Ecology*, 38: 117–25.

Thoreau, H.D. (1854 (1968)) *Walden*, Everyman's Library, London: Dent.

Thorpe, H. (1970) 'A new deal for allotments: Solutions to a pressing land use problem', *Area*, 3: 1–8.

Thorsell, J. and Sigaty, T. (2001) 'Human use in World Heritage natural sites: A global inventory', *Tourism Recreation Research*, 26(1): 85–101.

Thorsen, E.O. and Hall, C.M. (2001) 'What's on the wine list? Wine policies in the New Zealand restaurant industry', *International Journal of Wine Marketing*, 13(3): 94–102.

Threndyle, S. (1994) 'Towns in transition: Careful tourism-planning can soften the blows of changing times in resource-based economies, but there's no panacea', *Georgia Straight*, 22–29 July.

Thrift, N. (1977) *An Introduction to Time Geography*, Norwich: Catmog 13.

Thurot, J.M. and Thurot, G. (1983) 'The ideology of class and tourism confronting the discourse of advertising', *Annals of Tourism Research*, 10: 173–89.

Tillman, A. (1974) *The Program Book for Recreation Professionals*, Palo Alto, CA: National Press Books.

Timmermans, H.J.P. and Morgansky, M. (eds) (1999) Direct Marketing: Where the Old Meets the New (special issue), *Journal of Business Research*, 45: 247–304.

Timothy, D.J. (2002) 'Tourism and community development issues', in R. Sharpley and D.J. Telford (eds) *Tourism and Development: Concepts and Issues*, Clevedon: Channel View. pp. 149–64.

Timothy, D.J. (2004) 'Political boundaries and regional cooperation in tourism', in A. Lew, C.M. Hall and A. Williams (eds) *Companion to Tourism*, Oxford: Blackwell, pp. 584–95.

Tinsley, H.E.A., Tinsley, D.J. and Croskeys, C.E. (2002) 'Park usage, social milieu, and psychosocial benefits of park use reported by older urban park users from four ethnic groups', *Leisure Sciences*, 24(2): 199–218.

Tissot, L. (2000) *Naissance d'une industrie touristique: Les Anglais et la Suisse au XIXe siècle*, Lausanne: Editions Payot.

Tombaugh, L.W (1970) 'Factors influencing home location', *Journal of Leisure Research*, 2(1): 54–63.

Torkildsen, G. (1983) *Leisure and Recreation Management*, London: E&FN Spon.

Torkildsen, G. (1992) *Leisure and Recreation Management*, 3rd edn, London: E&FN Spon.

Tourism Council of the South Pacific (1988) *Nature Legislation and Nature Conservation as a Part of Tourism Development in the Island Pacific: A Report Covering Cook Islands, Fiji, Kiribati, Niue, Papua New Guinea, Solomon Islands, Tonga, Tuvulu, Vanuatu and Western Samoa*, Suva: Tourism Council of the South Pacific.

Towner, J. (1985) 'The Grand Tour: A key phase in the history of tourism', *Annals of Tourism Research*, 12(3): 297–333.

Towner, J. (1996) *An Historical Geography of Recreation and Tourism in the Western World 1540–1940*, Chichester: Wiley.

Townsend, A. (1991) 'Services and local economic development', *Area*, 23: 309–17.

Townsend, P. (1979) *Poverty in the UK: A Survey of Household Resources and Standards of Living*, Harmondsworth: Penguin.

Tress, G. (2002) 'Development of second-home tourism in Denmark', *Scandinavian Journal of Hospitality and Tourism*, 2: 109–22.

Tuan, Yi-Fu (1971) *Man and Nature*, Washington, DC: Commission on College Geography, Association of American Geographers.

Tuan, Yi-Fu (1974) *Topophilia: A Study of Environmental Perception, Attitudes, and Values*, Englewood Cliffs, NJ: Prentice Hall.

Tuan, Yi-Fu (1979) *Landscapes of Fear*, New York: Pantheon.

Tubridy, M. (ed.) (1987) *Heritage Zones: The Co-existence of Agriculture, Nature Conservation and Tourism: The Clonmacnoise Example*, Environmental Science Unit Occasional Publication, Dublin: Trinity College.

Tunbridge, J.E. (1998) 'Tourism management in Ottawa, Canada: Nurturing in a fragile environment', in D. Tyler, Y. Guerrier and M. Robertson (eds) *Managing Tourism in Cities: Policy, Process and Practice*, London: Wiley, pp. 91–108.

Tunbridge, J.E. (2000) 'Heritage momentum or maelstrom? The case of Ottawa's Byward Market', *International Journal of Heritage Studies*, 6(3): 269–91.

Tunbridge, J.E. and Ashworth, G.J. (1996) *Dissonant Heritage: The Management of the Past as a Resource in Conflict*, Chichester: Wiley.

Tunstall, S. and Penning-Rowsell, E. (1998) 'The English

beach: Experience and values', *Geographical Journal*, 164(3): 319–32.
Turner, R., Lorenzon, I., Beaumont, N., Bateman, J., Langford, I. and McDonald, A. (1998) 'Coastal management for sustainable development: Analysing environmental and socio-economic changes', *Geographical Journal*, 164(3): 269–81.
Turnock, D. (2002) 'Prospects for sustainable rural cultural tourism in Maramure, Romania', *Tourism Geographies*, 4(1): 62–94.
Twight, B. (1983) *Organizational Values and Political Power: The Forest Service Versus the Olympic National Park*, University Park, PA: Pennsylvania State University Press.
Tyler, D., Guerrier, Y. and Robertson, M. (eds) (1998) *Managing Tourism in Cities: Policy, Process and Practice*, Chichester: Wiley.
Ullman, E.L. (1954) 'Amenities as a factor in regional growth', *Geographical Review*, 54: 119–32.
Ullman, E.L. and Volk, D.J. (1961) 'An operational model for predicting reservoir attendance and benefits: Implications of a location approach to water recreation', *Papers of the Michigan Academy of Science, Arts and Letters*, 47: 473–84.
UNEP/WTO (1996) *Awards for Improving the Coastal Environment: The Example of the Blue Flag*, Paris: UNEP/WTO.
Unesco (United Nations Educational, Scientific and Cultural Organisation) (1976) 'The effects of tourism on socio-cultural values', *Annals of Tourism Research*, November/December: 74–105.
Unesco (1995) 'Tourism and World Heritage', *The World Heritage Newsletter*, 8, http://www.unesco.orgLwhc/news/8newseng.htm, accessed 1 April 2001.
United Nations (UN) (1994) *Recommendations on Tourism Statistics*, New York: UN.
United Nations, Division for Social Policy and Development (1998) *The Ageing of the World's Population*, New York: UN, http://www.un.org/esa/socdev/agewpop.htm
United States Department of the Interior (1978) *National Urban Recreation Study*, Washington, DC: Department of the Interior.
Unwin, K. (1976) 'The relationship of observer and landscape in landscape evaluation', *Transactions of the Institute of British Geographers*, 66: 130–4.
Urry, J. (1987) 'Some social and spatial aspects of services', *Society and Space*, 5: 5–26.
Urry, J. (1988) 'Cultural change and contemporary holidaymaking', *Theory, Culture and Society*, 5: 35–55.
Urry, J. (1990) *The Tourist Gaze: Leisure and Travel in Contemporary Societies*, London: Sage.
Urry, J. (1991) 'The sociology of tourism', in C.P. Cooper (ed.) *Progress in Tourism, Recreation and Hospitality Management*, Vol. 3, London: Belhaven Press, pp. 48–57.
Urry, J. (1995) *Consuming Places*, London: Routledge.
Urry, J. (2000) *Sociology Beyond Societies: Mobilities for the Twenty-First Century*, London: Routledge.
Urry, J. (2004) 'Small worlds and the new "social physics"', *Global Networks*, 4(2): 109–30.
Uysal, M. (1998) 'The determinants of tourism demand: A theoretical perspective', in D. Ioannides and K. Debbage (eds) *The Economic Geography of the Tourist Industry: A Supply-side Analysis*, London: Routledge, pp. 79–95.
Uysal, M. and Crompton, J.L. (1985) 'An overview of approaches to forecasting tourist demand', *Journal of Travel Research*, 23(4): 7–15.
Uzzell, D. (1984) 'An alternative structuralist approach to the psychology of tourism marketing', *Annals of Tourism Research*, 11: 79–100.
Uzzell, D. (1995) 'The myth of the indoor city', *Journal of Environmental Psychology*, 15: 299–310.
Valentine, G. (1989) 'The geography of woman's fear', *Area*, 21(4): 385–90.
Valentine, G. (1990) 'Women's fear and the design of public space', *Built Environment*, 16(4): 288–303.
Valentine, P. (1980) 'Tropical rainforest and the wilderness experience', in V. Martin (ed.) *Wilderness*, Moray, Scotland: Findhorn Press, pp. 123–32.
Valentine, P. (1984) 'Wildlife and tourism: Some ideas on potential and conflict', in B. O'Rourke (ed.) *Contemporary Issues in Australian Tourism, 19th Institute of Australian Geographer's Conference and International Geographical Union Sub-Commission on Tourism in the South West Pacific*, Sydney: Department of Geography, University of Sydney, pp. 29–54.
Valentine, P. (1992) 'Review: Nature-based tourism', in B. Weiler and C.M. Hall (eds) *Special Interest Tourism*, London: Belhaven Press.
Van der Knaap, W. (1999) 'Research report: GIS-oriented analysis of tourist time–space patterns to support sustainable tourism development', *Tourism Geographies*, 1(1): 56–69.
Van Parijs, S., Van Parijs, S.M. and Lydersen, C. (2004) 'The effects of ice cover on the behaviour of aquatic mating male bearded seals', *Animal Behaviour*, 68: 89–96.
Van Raaij, W.F. (1986) 'Consumer research on tourism:

Mental and behavioural constructs', *Annals of Tourism Research*, 13: 1–10.
Van Raaij, W.F. and Francken, D.A. (1984) 'Vacation decisions, activities, and satisfactions', *Annals of Tourism Research*, 11: 101–13.
Van Westering, J. (1999) 'Heritage and gastronomy: The pursuits of the "new" tourist', *International Journal of Heritage Studies*, 5(2): 75–81.
Vaughan, D.R. (1977) 'Opportunity cost and the assessment and development of regional tourism', in B.S. Duffield (ed.) *Tourism: A Tool for Regional Development*, Edinburgh: Tourism and Recreation Research Unit, University of Edinburgh, pp. 8.1–8.9.
Vaughan, D.R., Farr, H. and Slee, W. (2000) 'Estimating and interpreting the local economic benefits of visitor spending', *Leisure Studies*, 19(2): 95–118.
Veal, A.J. (1987) *Leisure and the Future*, London: Unwin & Hyman.
Veal, A.J. (1992) *Research Methods for Leisure and Tourism: A Practical Guide*, Harlow: Longman.
Veal, A.J. (1994) *Leisure Policy and Planning*, London: Pitman.
Veal, A. (2001) 'Using Sydney's Parks', *Australian Parks and Leisure* 4(3):21–23.
Veal, A. and Travis, T. (1979) 'Local authority leisure services – the state of play', *Local Government Studies*, 5: 5–16.
Vendenin, Y. (1978) 'Evolution of the recreational functions of a territory', *Soviet Geography*, 19: 646–59.
Vetter, F. (ed.) (1985) *Big City Tourism*, Berlin: Dietrich Verlag.
Vickerman, R. (1975) *The Economics of Leisure and Recreation*, London: Macmillan.
Vidal, J. (1994) 'Parks: Who needs them?', *Guardian*, 21 July.
Virden, R. and Walker, G. (1999) 'Ethnic/racial and gender variations among meanings given to, and preferences for, the natural environment', *Leisure Sciences*, 21(3): 219–39.
Visser, G. (2004) 'Second homes and local development: Issues arising from Cape Town's De Waterkant', *GeoJournal*, 60(3): 259–71.
Visser, G. and Rogerson, C. (eds) (2004) Tourism and Development Issues in South Africa (special issue), *GeoJournal*, 60(3).
Visser, N. and Njunga, S. (1992) 'Environmental impacts of tourism on the Kenya coast', *Industry and Environment*, 15(3–4): 42–52.
Vogeler, I. (1977) 'Farm and ranch vacationing', *Journal of Leisure Research*, 9: 291–300.
Wagar, J.A. (1964) *The Carrying Capacity of Wildlands for Recreation*, Forest Service Monograph No. 7, Washington, DC: Society of American Foresters.
Wager, J. (1995) 'Developing a strategy for the Angkor World Heritage site', *Tourism Management*, 16(7): 515–23.
Waitt, G. (1997) 'Selling paradise and adventure: Representations of landscape in the tourist advertising of Australia', *Australian Geographical Studies*, 35(1): 47–60.
Waitt, G. (1999) 'Naturalizing the "primitive" a critique of marketing Australia's indigenous peoples as "hunter-gatherers"', *Tourism Geographies*, 1(2): 142–63.
Waitt, G. and McGuirk, P.M. (1997) 'Marking time: Tourism and heritage representation at Millers Point, Sydney', *Australian Geographer*, 27(1): 11–29.
Walker, L. and Page, S. J. (2003) 'Risk, rights and responsibilities in tourist well-being: Who should manage visitor well-being at the destination?', in J. Wilks and S.J. Page (eds) *Managing Tourist Health and Safety in the New Millennium*, Oxford: Pergamon, pp. 215–36.
Wall, G. (1971) 'Car-owners and holiday activities', in P. Lavery (ed.) *Recreational Geography*, Newton Abbot: David and Charles, pp. 97–111.
Wall, G. (1972) 'Socio-economic variations in pleasure trip patterns: The case of Hull car-owners', *Transactions of the Institute of British Geographers*, 57: 45–58.
Wall, G. (1983a) 'Atlantic City tourism and social change', *Annals of Tourism Research*, 10: 555–6.
Wall, G. (1983b) 'Cycles and capacity: A contradiction in terms?', *Annals of Tourism Research*, 10: 268–70.
Wall, G. (ed.) (1989) *Outdoor Recreation in Canada*, Toronto: Wiley.
Wall, G. and Badke, C. (1994) 'Tourism and climate change: an international perspective', *Journal of Sustainable Tourism*, 2(4): 193–203.
Wall, G. and Marsh, J. (eds) (1982) *Recreational Land Use: Perspectives on its Evolution in Canada*, Ottawa: Carleton University Press.
Wall, G. and Wright, C. (1977) *The Environmental Impacts of Outdoor Recreation*, Publication Series No. 11, Waterloo, Ont.: Department of Geography, University of Waterloo.
Wall, G., Dudycha, D. and Hutchinson, J. (1985) 'Point pattern analysis of accommodation in Toronto', *Annals of Tourism Research*, 12(4): 603–18.
Wall, G., Harrison, R., Kinnaird, V., McBoyle, G. and Quinlan, C. (1986) 'The implications of climatic

change for camping in Ontario', *Recreation Research Review*, 13(1): 50–60.
Wall, S. (2004) 'Protected areas as tourist attractions', paper presented at *Tourism Crossroads – Global Influences, Local Responses*, Thirteenth Nordic Symposium in Tourism and Hospitality Research, Aalborg, Denmark, 4–7 November.
Walle, A. (1997) 'Quantitative versus qualitative tourism research', *Annals of Tourism Research*, 24(3): 524–36.
Walmesley, D.J. and Jenkins, J. (1992) 'Tourism cognitive mapping of unfamiliar environments', *Annals of Tourism Research*, 19(3): 268–86.
Walmesley, D.J. and Jenkins, J. (1994) 'Evaluations of recreation opportunities: Tourist impacts of the New South Wales North Coast', in D. Mercer (ed.) *New Viewpoints in Australian Outdoor Recreation Research and Planning*, Melbourne: Hepper Marriott, pp. 89–98.
Walmesley, D.J. and Lewis, G.J. (1993) *People and Environment: Behavioural Approaches in Human Geography*, 2nd edn, Harlow: Longman.
Walmesley, D.J., Boskovic, R.M. and Pigram, J.J. (1981) *Tourism and Crime*, Armidale, NSW: Department of Geography, University of New England.
Walmesley, D.J., Boskovic, R.M. and Pigram, J.J. (1983) 'Tourism and crime: An Australian perspective', *Journal of Leisure Research*, 15: 136–55.
Walpole, M. and Goodwin, H. (2000) 'Local economic impacts of dragon tourism in Indonesia', *Annals of Tourism Research*, 27(3): 559–76.
Walsh, K. (1988) 'The consequences of competition', in J. Bennington and J. White (eds) *The Future of Leisure Services*, Harlow: Longman, pp. 37–56.
Walter, R.D. (1975) *The Impact of Tourism on the Environment*, Australian Recreation Research Association (ARRA) Monograph No. 7, Melbourne: ARRA.
Walton, J. (1983) *The English Seaside Resort: A Social History 1750–1914*, Leicester: Leicester University Press.
Walton, J. (2000) 'The hospitality trades: A social history', in C. Lashley and A. Morrison (eds) *In Search of Hospitality: Theoretical Perspectives and Debates*, Oxford: Butterworth-Heinemann, pp. 56–76.
Walton, J. and Smith, J. (1996) 'The first century of beach tourism in Spain: San Sebastian and the Playas del Norte from the 1830s to the 1930s', in M. Barke, J. Towner and M. Newton (eds) *Tourism in Spain: Critical Issues*, Wallingford: CAB International, pp. 189–212.
Walvin, J. (1978) 'Beside the Seaside: A Popular History of the Seaside Holiday', Allen Lane: London.
Ward, C. and Hardy, D. (1986) *Goodnight Campers: The History of the British Holiday Camp*, London: Mansell.
Ward, S. (1998). *Selling Places: The Marketing and Promotion of Towns and Cities 1850–2000*, London: E&FN Spon.
Ward, S. (2001) *Selling Places: The Marketing and Promotion of Towns and Cities 1850–2000*, London: E&FN Spon.
Warnes, A.M. (1992) 'Migration and the lifecourse', in A.G. Champion and A. Fielding (eds) *Migration Processes and Patterns*, Volume 1: *Research Progress and Prospects*, London: Belhaven Press, pp. 175–87.
Warnes, A.M. (2001) 'The international dispersal of pensioners from affluent countries', *International Journal of Population Geography*, 7(6): 373–88.
Warnes, T. (1994) 'Permanent and seasonal international retirement prospects for Europe', *Nederlandse Geografische Studies*, 173: 69–79.
Warnken, J. and Buckley, R. (2000) 'Monitoring diffuse impacts: Australian tourism developments', *Environmental Management*, 25: 453–61.
Warr, M. (1985) 'Fear of rape among urban women', *Social Problems*, 32: 238–50.
Watmore, S. (1998) 'Wild(er)ness: Reconfiguring the geographies of wildlife', *Transactions, Institute of British Geographers*, NS23: 435–54.
Watmore, S. (2000) 'Elephants on the move: Spatial formations of wildlife exchange', *Environment and Planning D: Society and Space*, 18: 185–203.
Wayens, B. and Grimmeau, J.P. (2003) 'L'influence du tourisme sur le géographie du commerce de détail en Belgique', *Belgeo*, 3: 289–302.
Weaver, D. (1998) *Ecotourism in the Less Developed World*, Wallingford: CAB International.
Weaver, D. (2000) 'A broad context model of destination development scenarios', *Tourism Management*, 21: 217–34.
Weaver, D. (ed.) (2001) *The Encyclopedia of Ecotourism*, Wallingford: CAB International.
Weaver, D. (2004) 'Tourism and the elusive paradigm of sustainable development', in A. Lew, C.M. Hall and A. Williams (eds) *Companion to Tourism*, Oxford: Blackwell, pp. 510–20.
Weightman, B. (1981) 'Towards a geography of the gay community', *Journal of Cultural Geography*, 1: 106–12.
Weiler, B. (1991) *Ecotourism: Conference Proceedings*, Canberra: Bureau of Tourism Research.

Weiler, B. and Hall, C.M. (1991) 'Meeting the needs of the recreation and tourism partnership: A comparative study of tertiary education programmes in Australia and Canada', *Leisure Options: Australian Journal of Leisure and Recreation*, 1(2): 7–14.
Weiler, B. and Hall, C.M. (eds) (1992) *Special Interest Tourism*, London: Belhaven Press.
Welch, D. (1991) *The Management of Urban Parks*, Harlow: Longman.
Westover, T. (1985) 'Perceptions of crime and safety in three midwestem parks', *Professional Geographer*, 37: 410–20.
Whatmore, S. (1993) 'Sustainable rural geographies', *Progress in Human Geography*, 17(4): 538–47.
Whetton, P.H., Haylock, M.R. and Galloway, R. (1996) 'Climate change and snow cover duration in the Australian Alps', *Climatic Change*, 32: 447–79.
Whitbeck, R.H. (1920) 'The influence of Lake Michigan upon its opposite shores, with comments on the declining use of the lake as a waterway', *Annals of the Association of American Geographers*, 10: 41–55.
White, A., Barker, V. and Tantrigama, G. (1997) 'Using integrated coastal management and economics to conserve coastal tourism resources in Sri Lanka', *Ambio*, 26(6): 335–44.
White, G. (1972) 'Geography and public policy', *Professional Geographer*, 24: 101–4.
White, K. and Walker, M. (1982) 'Trouble in the travel account', *Annals of Tourism Research*, 9(1): 37–56.
White, L., Jr (1967) 'The historical roots of our ecological crisis', *Science*, 155(10 March): 1203–7.
Whitehead, J.W.R. (1993) *The Making of the Urban Landscape*, Oxford: Blackwell.
Whyte, D. (1978) 'Have second homes gone into hibernation?', *New Society*, 45: 286–8.
Wight, P.A. (1993) 'Sustainable ecotourism: Balancing economic, environmental and social goals within an ethical framework', *Journal of Tourism Studies*, 4(2): 54–66.
Wight, P.A. (1995) 'Sustainable ecotourism: Balancing economic, environmental and social goals within an ethical framework', *Tourism Recreation Research*, 20(1): 5–13.
Wight, P.A. (1998) 'Tools for sustainability analysis in planning and managing tourism and recreation in the destination', in C.M. Hall and A.A. Lew (eds) *Sustainable Tourism Development: A Geographical Perspective*, Harlow: Addison Wesley Longman, pp. 75–91.
Wilks, J. and Page, S.J. (eds) (2003) *Managing Tourist Health and Safety in the New Millennium*, Oxford: Elsevier.
Williams, A. (2000) 'Consuming hospitality: Learning from post-modernism?', in C. Lashley and A. Morrison (eds) *In Search of Hospitality: Theoretical Perspectives and Debates*, Oxford: Butterworth-Heinemann, pp. 217–32.
Williams, A. and Zelinsky, W. (1970) 'On some patterns of international tourism flows', *Economic Geography*, 46(4): 549–67.
Williams, A.M. (2004) 'Toward a political economy of tourism', in A. Lew, C.M. Hall and A.M. Williams (eds) *Companion to Tourism*, Oxford: Blackwell, pp. 61–73.
Williams, A.M. and Balaz, V. (2000) *Tourism in Transition Economic Change in Central Europe*, London: I.B. Tauris.
Williams, A.M. and Hall, C.M. (2000) 'Tourism and migration: New relationships between production and consumption', *Tourism Geographies*, 2(1): 5–27.
Williams, A.M. and Hall, C.M. (2002) 'Tourism, migration, circulation and mobility: The contingencies of time and place', in C.M. Hall and A.M. Williams (eds) *Tourism and Migration*, Dordrecht: Kluwer.
Williams, A.M. and Morgan, R. (1995) 'Beach awards and rating systems', *Shore and Beach*, 63(4): 29–33.
Williams, A.M. and Shaw, G. (eds) (1988) *Tourism and Economic Development: Western European Experiences*, London: Belhaven Press.
Williams, A.M. and Shaw, G. (eds) (1991) *Tourism and Economic Development: Western European Experiences*, 2nd edn, London: Belhaven Press.
Williams, A.M. and Shaw, G. (1998) 'Tourism and the environment: Sustainability and economic restructuring', in C.M. Hall and A.A. Lew (eds) *Sustainable Tourism Development: Geographical Perspectives*, Harlow: Addison Wesley Longman, pp. 49–59.
Williams, A.M., King, R. and Warnes, A.M. (1997) 'A place in the sun: International retirement migration from Northern to Southern Europe', *European Urban and Regional Studies*, 4: 15–34.
Williams, A.T., Alveirinho-Dias, J., Garcia Novo, F., Garcia-Mora, M., Curr, R. and Pereira, A. (2001) 'Integrated coastal dune management: Checklists', *Continental Shelf Research*, 21: 1937–60.
Williams, C.H. (1985) *Language Planning, Marginality and Regional Development in the Irish Gaeltacht*, Discussion Paper in Geolinguistics No. 10, Stoke-on-

Trent: Department of Geography and Recreation Studies, North Staffordshire Polytechnic.

Williams, D. and Kaltenborn, B. (1999) 'Leisure places and modernity: The use and meaning of recreational cottages in Norway and the USA', in D. Cronin (ed.) *Leisure/Tourism Geographies: Practices and Geographical Knowledge*, London: Routledge, pp. 214–31.

Williams, G.H. (1962) *Wilderness and Paradise in Christian Thought*, New York: Harper & Brothers.

Williams, P. (1978) 'Building societies and the inner city', *Transactions of the Institute of British Geographers*, 3(1): 23–49.

Williams, R. (1976) *Keywords*, London: Fontana.

Williams, S. (1995) *Recreation in the Urban Environment*, London: Routledge.

Williams, S. (1998) *Tourism Geography*, London: Routledge.

Williams, W.M. (1979) 'Some applications in social geography', in P. Whiteley (ed.) *Geography*, London: Sussex Books, pp. 115–26.

Willis, A. (1992) *Women and Crime. Key Findings from the Report on Crime Prevention in the Leicester City Challenge Area*, Leicester: School of Social Work, Leicester University.

Winsberg, M.P. (1966) 'Overseas travel by American civilians since World War II', *Journal of Geography*, 65: 73–9.

Winter, M. (1987) 'Farm-based tourism and conservation in the uplands', *Ecos: A Review of Conservation*, 5(3): 10–15.

Winterbottom, D. (1967) 'How much urban space do we need', *Journal of the Royal Town Planning Institute*, 53: 144–7.

Wirth, L. (1938) 'Urbanism as a way of life', *American Journal of Sociology*, 44: 1–24

Withington, W. (1961) 'Upland resorts and tourism in Indonesia: Some recent trends', *Geographical Review*, 51: 418–23.

Withyman, W. (1985) 'The ins and outs of international travel and tourism data', *International Tourism Quarterly*, Special Report No. 55.

Witt, S. and Martin, C. (1989) 'Demand forecasting in tourism and recreation', in C.P. Cooper (ed.) *Progress in Tourism, Recreation and Hospitality Management*, Vol. 1, London: Belhaven Press, pp. 4–32.

Witt, S. and Martin, C. (1992) *Modelling and Forecasting Demand in Tourism*, London: Academic Press.

Witt, S., Brooke, M. and Buckley, P. (1991) *The Management of International Tourism*, London: Routledge.

Wolfe, R.J. (1951) 'Summer cottages in Ontario', *Economic Geography*, 27(1): 10–32.

Wolfe, R.J. (1952) 'Wasage Beach: The divorce from the geographic environment', *Canadian Geographer*, 1(2): 57–65.

Wolfe, R.J. (1964) 'Perspectives on outdoor recreation: A bibliographical survey', *Geographical Review*, 54(2): 203–38.

Wolfe, R.J. (1966) 'Recreational travel: The new migration', *Canadian Geographer*, 10: 1–14.

Wolfe, R.J. (1967) 'Recreational travel: The new migration', *Geographical Bulletin*, 9: 73–9.

Wolfe, R.J. (1970) 'Discussion of vacation homes, environmental preferences and spatial behaviour', *Journal of Leisure Research*, 2(1): 85–7.

Women's Equality Unit (1993) *Women and Safety Project*, Leicester: Leicester City Council.

Wong, J. and Law, R. (2003) 'Difference in shopping satisfaction levels: a study of tourists in Hong Kong', *Tourism Management*, 24(4): 401–10.

Wong, P.P. (1986) 'Tourism development and resorts on the east coast of Peninsula Malaysia'. *Singapore Journal of Tropical Geography*, 7(2): 152–62.

Wong, P.P. (1990) 'Recreation in the coastal areas of Singapore', in P. Fabbri (ed.) *Recreational Use of Coastal Areas*, Dordrecht: Kluwer, pp. 53–62.

Wong, P.P. (1993a) 'Island tourism development in Peninsula Malaysia: Environmental perspective', in P. Wong (ed.) *Tourism vs Environment: The Case for Coastal Areas*, Dordrecht: Kluwer, pp. 83–98.

Wong, P.P. (ed.) (1993b) *Tourism vs Environment: The Case for Coastal Areas*, Dordrecht: Kluwer.

Wong, P. (2003) 'Where have al the beaches gone? Coastal erosion in the tropics', Singapore *Journal of Tropical Geography* 24(1)111–32.

Wong, P.P. (2004) 'Environmental impacts of tourism', in A. Lew, C.M. Hall and A. Williams (eds) *Companion to Tourism*, Oxford: Blackwell, pp. 450–61.

Woo, Kyung-Sik (1996) 'Korean tourists' urban activity patterns in New Zealand', unpublished research report, Master of Business Studies, Massey University at Albany, Auckland, NZ.

Wood, R.E. (2000) 'Caribbean cruise tourism: Globalization at sea', *Annals of Tourism Research*, 27(2): 345–70.

Woods, B. (2000) 'Beauty and the beast: Preferences for animals in Australia', *Journal of Tourism Studies*, 11(2): 25–35.

Woolley, H. and Noor-Ul-Amin (1999) 'Pakistani

teenagers' use of public open space in Sheffield', *Managing Leisure*, 4(3): 156–67.
World Tourism Organisation (WTO) (1981) *Guidelines for the Collection and Presentation of Domestic and International Tourism Statistics*, Madrid: WTO.
World Tourism Organisation (1983) *Definitions Concerning Tourism Statistics*, Madrid: WTO.
World Tourism Organisation (1985) *The Role of Transnational Tourism Enterprises in the Development of Tourism*, Madrid: WTO.
World Tourism Organisation (1991a) *Guidelines for the Collection and Presentation of Domestic and International Tourism Statistics*, Madrid: WTO.
World Tourism Organisation (1991b) *Resolutions of International Conference on Travel and Tourism, Ottawa, Canada*, Madrid: WTO.
World Tourism Organisation (1996) *International Tourism Statistics*, Madrid: WTO.
World Tourism Organisation (1998) 'WTO revises forecasts for Asian tourism', Press Release, 27 January, Madrid: WTO.
World Tourism Organization (1999) *Tourism Satellite Account: The Conceptual Framework*, Madrid: WTO.
World Tourism Organisation (2001) 'Millennium tourism boom in 2001', Press Release, 31 January, Madrid: WTO.
World Tourism Organisation (2003) *Climate Change and Tourism*, Madrid: WTO.
World Tourism Organisation (2004a) 'Global troubles took toll on tourism in 2003, growth to resume in 2004', WTO New Release, 27 January, Madrid: WTO.
World Tourism Organisation (2004b) 'Spectacular rebound of international tourism in 2004', WTO New Release, 27 October, Madrid: WTO.
World Travel and Tourism Council (WTTC) (2000) 'Tourism satellite accounting confirms travel and tourism as world's foremost economic activity', WTTC Press Release, 11 May.
World Travel and Tourism Council (2001a) 'World Travel and Tourism Council forecast places tourism among leading economic and employment generators', WTTC Press Release, 8 May.
World Travel and Tourism Council (2001b) 'Demographic trends and economic research lead international tourism conferences', WTTC Press Release, 7 May.
Worster, D. (1977) *Nature's Economy: A History of Ecological Ideas*, Cambridge: Cambridge University Press.
Worster, D. (ed.) (1988) *The Ends of the Earth: Perspectives on Modern Environmental History*, Cambridge: Cambridge University Press.
Wrathall, J.E. (1980) 'Farm-based holidays', *Town and Country Planning*, 49(6): 194–5.
Wright, D. (trans.) (1957) *Beowulf*, Harmondsworth: Penguin.
Wright, J. (1980) 'Wilderness, waste and history', *Habitat*, 8(1): 27–31.
Wrigley, G.M. (1919) 'Fairs of the Central Andes', *Geographical Review*, 2: 65–80.
Wu, C-T. (1982) 'Issues of tourism and socioeconomic development', *Annals of Tourism Research*, 9: 317–30.
Yilmaz, S. and Zengin, M. (2003) 'User surveys of Erzincan's urban parks', *Pakistan Journal of Applied Sciences*, 3(1): 47–51.
Young, G. (1973) *Tourism: Blessing or Blight*, Harmondsworth: Penguin.
Young, M. and Wilmott, P. (1973) *The Symmetrical Family*, London: Routledge & Kegan Paul.
Young, T. (1996) 'Modern urban parks', *Geographical Review*, 85(4): 535–51.
Yüksel, A. (2004) 'Shopping experience evaluation: A case of domestic and international visitors', *Tourism Management*, in press.
Zetter, F. (1971) *The Evolution of Country Park Policy*, Cheltenham: Countryside Commission.
Zhang, H.Q., Chong, K. and Ap, J. (1999) 'An analysis of tourism policy development in modern China', *Tourism Management*, 20: 471–85.
Zurick, D.N. (1992) 'Adventure travel and sustainable tourism in the peripheral economy of Nepal', *Annals of the Association of American Geographers*, 82: 608–28.
Zuzanek, J., Beckers, T. and Peters, P. (1998) 'The "harried leisure class" revisited: Dutch and Canadian trends in the use of time from the 1970s to the 1990s', *Leisure Studies*, 17(1): 1–20.

译后记

旅游地理学最早起源于北美，自20世纪70年代末传入中国大陆。随着我国旅游业的迅猛发展，旅游地理学的作用日益显著，引起了不少专家学者的积极关注，使旅游地理学这门学科在理论和实践研究方面都取得了很大成绩。鉴于中国旅游业发展所处的阶段及国内旅游需求的基本特征，国内学术界的研究主要侧重于旅游现象的研究，而对具有重大现实意义的休闲游憩活动的关注明显不足。从具体内容来看，虽然先后出现了一些对旅游者行为、旅游市场、旅游规划等较深层次的理论性研究，但国内旅游地理学的侧重点仍然集中在对旅游资源、环境、交通等要素的描述性研究上。要推动国内旅游地理学的理论建设向纵深方面发展，有必要学习西方的先进研究经验。正是在这种背景下，旅游教育出版社决定引进代表旅游地理学最新研究水平的著作《旅游休闲地理学》。

由C. 米歇尔·霍尔与斯蒂芬·J. 佩奇合著的《旅游休闲地理学》(*the Geography of Tourism & Recreation*，确切地说，书名应译为《旅游与游憩地理学》，但考虑到游憩与休闲概念含义的重叠性以及休闲概念的更易接受性，故译为《旅游休闲地理学》)，以地理学对旅游休闲研究的贡献为切入点，全面分析了旅游、休闲与游憩等领域的重大问题，对该学科有重要影响的研究进行了较系统的回顾和评述。该书主要探讨了旅游、休闲、游憩的概念，休闲旅游的供求分析，休闲旅游的影响，休闲旅游规划与政策，城市、乡村、海滨、荒原和国家公园等类资源地发展休闲旅游方面的问题。尤其值得借鉴的是，作者在每一部分都分别从休闲和旅游两个角度探讨了相关问题，正如前面所说，休闲研究是我国国内旅游地理学研究比较欠缺的领域。书中对旅游休闲地理学领域的最新研究成果进行了较为详尽的分析评述，并通过案例分析进行了论证，为我们了解旅游休闲地理学的研究动向提供了依据。

本书全文由周昌军翻译，由何佳梅逐章逐节进行了全面细致的审阅和校译。周昌军，英语专业学士，人文地理学硕士，现为山东师范大学旅游系副教授，担任过山东省旅游发展总体规划和山东省海滨度假旅游规划等山东省政府与世界旅游组织合作项目的主要翻译任务，并参与过许多旅游研究课题，在休闲旅游英语翻译方面有较为丰富的经验；何佳梅，人文地理学硕士，现为山东师范大学旅游系教授、主任、硕士生导师，主持或参与地理和旅游研究课题二十多项，出版或发表相关专著、论文近五十件，对地理学和休闲旅游的基础理论和实践有着深入扎实的把握。因此，该书的中文译本为两人通力合作的结果。尽管如此，我们深感此次翻译工作责任重大，译本仍有许多不尽如人意或不妥之处，敬请同行专家和广大读者批评指正，不吝赐教。我们将在此基础上进一步予以完善修订。

最后，在此感谢所有为该书的引进、翻译和出版提供帮助的单位和个人。

周昌军　何佳梅

2007. 4. 1